HEINZ HARTMANN

Ich-Psychologie

Studien zur psychoanalytischen Theorie

ERNST KLETT VERLAG

STUTTGART

Aus dem Englischen übersetzt von: Marianne von Eckardt—Jaffé (Einleitung, Kap. 1, 2, 4, 11, 15), Käte Hügel (Kap. 3), Marcel Heiman (Kap. 5), Elisabeth Goldner (Kap. 6), Henry D. von Witzleben (Kap. 7), Lilian Baechi-Simons (Kap. 8), Walter Seemann (Kap. 9, 12), Ruth S. Eissler (Kap. 10), Martin Wangh (Kap. 13), Heinrich und Yela Lowenfeld (Kap. 14), K. R. Eissler (Kap. 16). Kap. 17—20 wurden von Heinz Hartmann in deutscher Sprache geschrieben.

Die vorliegende Fassung wurde von Dora Hartmann und Lottie M. Newman revidiert
Die Originalausgabe erschien unter dem Titel
»Essays on Ego-Psychology · Selected Problems in Psychoanalytic Theory«
© International Universities Press, Inc., New York 1964

Über alle Rechte der deutschen Ausgabe verfügt der
Ernst Klett Verlag, Stuttgart
Fotomechanische Wiedergabe nur mit Genehmigung des Verlages
Printed in Germany 1972
Satz und Druck: Ernst Klett, Stuttgart
ISBN 3-12-903340-8

INHALT

VORWORT ZUR AMERIKANISCHEN AUSGABE

Der erste Teil dieses Bandes besteht aus einer Auswahl von Essays zur psychoanalytischen Theorie, die zwischen 1939 und 1959 geschrieben und veröffentlicht wurden. Der zweite Teil enthält einige frühere Publikationen, die sich nicht in erster Linie mit der Entwicklung der analytischen Theorien befaßten, die mir aber doch auf die eine oder andere Weise zu ihr beizutragen scheinen. Die im ersten Teil enthaltenen Aufsätze sind in chronologischer Ordnung wiedergegeben und kaum verändert worden. So war eine gewisse Zahl von Wiederholungen unvermeidbar. Da die Essays — selbst diejenigen, die den ersten Teil des Bandes ausmachen — die Entwicklung meines Denkens über eine vergleichsweise lange Periode darstellen, unterscheiden sich gelegentlich Formulierungen über den gleichen Gegenstand in früheren und späteren Aufsätzen. Schließlich möchte ich erwähnen, daß Hinweise auf Arbeiten, die nach dem ersten Erscheinen der einzelnen Artikel datieren, nur in sehr wenigen Fällen hinzugefügt wurden.

Ich danke Dr. Stefan Betlheim für seine Erlaubnis, den Aufsatz, der in Zusammenarbeit mit mir verfaßt wurde, in diesem Band zu veröffentlichen (17. Kapitel).

Besonders dankbar bin ich Mrs. Lottie Maury Newman, sowohl für ihre vielen wertvollen redaktionellen Ratschläge wie für ihre Überprüfung der Übersetzungen. Vor allem schätze ich ihre umfassende Kenntnis des Gebietes, die in ihrer Arbeit zum Ausdruck kommt, ihre ständige Hilfsbereitschaft und ihr klares Urteil.

EINLEITUNG

Die in diesen Band aufgenommenen Aufsätze befassen sich mit verschiedenen Aspekten der psychoanalytischen Theorie, die überwiegende Mehrzahl spezifischer mit dem Thema, das der Haupttitel des Buches anzeigt. Dies ist nicht der Ort, um im einzelnen ihre Position in Hinsicht auf die verschiedenen Tendenzen in der Entwicklung der psychoanalytischen Psychologie zu bestimmen, aber in manchen der Aufsätze wird ausführlicher auf diesen Punkt Bezug genommen. Die Geschichte der späteren Gedankengänge Freuds, besonders seiner Überlegungen zur Ich-Psychologie, ist wiederholt von mir, Ernst Kris und David Rapaport verfolgt worden. Diese historischen Untersuchungen beschreiben teilweise Freuds eigenes Werk und teilweise das späterer Mitarbeiter. Hier muß es genügen festzustellen, daß wir heute, als Ergebnis der Freudschen Arbeiten über das Ich in den zwanziger und dreißiger Jahren, dem Ich größere Bedeutung innerhalb der menschlichen Gesamtpersönlichkeit zumessen und allmählich dahin gelangt sind, die teilweise Unabhängigkeit des Ichs hinsichtlich seiner strukturellen, dynamischen und ökonomischen Aspekte hervorzuheben.

Freuds struktureller Gesichtspunkt und vor allem seine späteren Hypothesen über die Funktionen und die Entwicklung des Ichs haben der psychoanalytischen Psychologie neue Dimensionen hinzugefügt. Sie deuteten auf ein inhärentes Potential zum Wachstum hin, und ihre Fruchtbarkeit wurde bald erkannt. Während Freud in seinen späteren Arbeiten einen sehr umfassenden Überblick über das Gebiet gab, konnte er ihm nicht mehr die gleiche Art systematischer Ausarbeitung zuteil werden lassen wie den anderen Kapiteln der Psychoanalyse. Allerdings wurde noch während seiner Lebenszeit von Anna Freud ein wichtiger Schritt in dieser Richtung unternommen, durch ihre subtile Klassifizierung der Mechanismen, die das Ich bei seiner Abwehr gegen die Triebe und gegen die äußere Realität anwendet. Die anregende Wirkung dieser Arbeiten auf die klinischen, theoretischen und technischen Entwicklungen der Psychoanalyse war weitreichend und einschneidend.

Meine erste Stellungnahme zu manchen der Fragen, die auf dem neuen Forschungsgebiet gestellt wurden oder hätten gestellt werden können, wurde in meiner Arbeit »Ich-Psychologie und Anpassungsprobleme« niedergelegt (1939). In manchen Fällen stellen die in diesem Band gesammelten Aufsätze die Weiterentwicklung von Gesichtspunkten und Hypothesen dar, die ich dort einführte.

Die konsequente Untersuchung des Ichs und seiner Funktionen versprach, die Analyse dem Ziel näherzubringen, das Freud ihr vor langer Zeit gesetzt hatte: eine allgemeine Psychologie im weitesten Sinne zu werden. Die sorgfältige Erforschung der Triebe und ihrer Entwicklung stand lange im Zentrum der psychoanalytischen Psychologie; dem wurde später eine gründliche Prüfung der Abwehrtätigkeiten des Ichs hinzugefügt. Ein nächster Schritt ging dahin, die analytische Angehungsmethode auf die mannigfaltigen Aktivitäten des Ichs auszudehnen, die unter dem Begriff der »konfliktfreien Sphäre« subsumiert werden können. Allerdings können die so beschriebenen Ich-Funktionen unter Umständen sekundär in Konflikte verschiedener Art einbezogen werden. Andererseits üben sie oft Einfluß auf die Bedingungen und Ergebnisse von Konflikten aus. Das bedeutet, daß unsere Versuche, die konkreten Konfliktsituationen zu erklären, häufig auch die nicht-konfliktuösen Elemente berücksichtigen müssen. Diese Beobachtungen und Überlegungen können uns zu einem besseren Verständnis von Gesundheit und Leistung führen, neben dem Verständnis für die Schädigung und Verzerrung der Funktion — ein Gebiet, das strenggenommen niemals der alleinige Gegenstand der Psychoanalyse gewesen ist, obwohl es noch immer der Gegenstand ist, zu dem die Analyse die wesentlichen Beiträge geleistet hat. Die Ausweitung der psychoanalytischen Angehungsmethode, an die ich hier denke, ist bisher vermutlich am fruchtbarsten bei der direkten Beobachtung der kindlichen Entwicklung durch Analytiker gewesen. Dies setzt ganz offenbar eine Theorie der Anpassung (und der Integration) voraus, die ihrerseits auch eine Theorie der Objektbeziehungen und Sozialbeziehungen im allgemeinen bedeutet. Solch eine Anpassungstheorie wird für unsere Zwecke um so brauchbarer sein, je deutlicher sie die Wechselwirkung zwischen adaptiven Funktionen und den synthetischen (oder organisierenden) Funktionen zeigt — auf welche Weisen die ersteren die letzteren fördern oder sie stören, und umgekehrt.

In einer seiner letzten Arbeiten (1937) weist Freud darauf hin, daß nicht nur die Triebe, sondern auch das Ich einen hereditären Kern haben könnte. Ich glaube, wir haben das Recht zu der Annahme, daß es beim Menschen angeborene Apparate gibt, die ich als primäre Autonomie bezeichnet habe, und daß diese primär autonomen Apparate des Ichs und ihre Reifung eine der Grundlagen für die Beziehungen zur äußeren Realität bilden. Unter diesen Faktoren, die aus dem hereditären Kern des Ichs stammen, sind auch diejenigen, die dem Aufschub der Entladung dienen, das heißt, die ihrem Wesen nach hemmend wirken. Sie könnten durchaus als Modelle für spätere Abwehrmechanismen dienen.

Andererseits können viele, wenn auch nicht alle Ich-Aktivitäten genetisch auf Determinanten im Es oder auf Konflikte zwischen Ich und Es zurückgeführt werden. Im Lauf der Entwicklung allerdings erwerben sie normalerweise einen gewissen Betrag an Autonomie von diesen genetischen Faktoren. Die Errungenschaften des Ichs können unter manchen Umständen reversibel sein, aber es ist wichtig zu wissen, daß unter normalen Bedingungen viele von ihnen das nicht sind. Das Ausmaß, in dem ihre Aktivitäten funktionell unabhängig von ihren Ursprüngen geworden sind, ist wesentlich für das ungestörte Funktionieren des Ichs, und so ist es das Ausmaß, in dem sie gegen Regression und Triebhaftwerdung geschützt sind. Wir sprechen von den Graden dieser Unabhängigkeit des Ichs als den Graden der sekundären Autonomie.

Diese Ansicht — ich erwähne das hier, weil dieser Punkt manchmal nicht ganz verstanden wurde — bedeutet ganz gewiß nicht irgendeine Vernachlässigung des genetischen Standpunkts, der für die Psychoanalyse grundlegend ist. Aber sie bedeutet eine Differenzierung in unserem Zugang zu den Prozessen der seelischen Entwicklung; und sie bedeutet eine klarere Unterscheidung zwischen den Begriffen der Funktion und der Genese, die in der Psychologie des Ichs besonders notwendig ist. Selbst beim gleichen Individuum können verschiedene Ich-Funktionen verschiedene Grade von sekundärer Autonomie aufweisen. Das ist einer von mehreren Gründen, warum nicht nur die Unterschiede zwischen Ich und Es und zwischen Ich und Über-Ich bedeutsam sind, sondern auch Unterschiede im Ich selbst und die Zusammenarbeit und die Antagonismen zwischen seinen verschiedenen Funktionen (der Begriff der intrasystemischen Konflikte gehört in diesen Zusammenhang). Wir können sowohl ganz allgemein, wie bei der Untersuchung konkreter Situationen im seelischen Leben, von einer Hierarchie der Funktionen und von Schichten der Motivation sprechen. Die Ich-Psychologie ist für eine allgemeine Psychologie nicht nur wichtig, weil sie bestimmte Schichten von Motivationen zu anderen, in der Psychoanalyse lange schon bekannten, hinzufügt. Sie ist auch wichtig, weil nur auf dieser Ebene die Analyse zu einem volleren Verständnis für die Arten gelangt ist, in denen die verschiedenen Schichten untereinander zusammenhängen. Freuds spätere Theorie der Angst könnte das beste Beispiel dafür liefern. Vergleichbare mehrdimensionale strukturelle Überlegungen und besonders wiederum die Kenntnis des menschlichen Ichs führen auch zu einer treffenderen

Definition, nicht des psychoanalytischen Feldes, sondern der psychoanalytischen Angehungsweise im Gegensatz zur »biologischen«, und erlauben uns, eine signifikante Unterscheidung zwischen Mensch und niedrigerem Tier zu verstehen: die schärfere Differenzierung zwischen Ich- und Es-Funktionen beim Menschen schließt die funktionelle Gleichsetzung von »tierischen Instinkten« mit dem, was in der Analyse als Triebe bezeichnet wird, aus. Die gesonderte Untersuchung des Ichs legt auch eine Erweiterung des Strukturbegriffs nahe, und es ist sinnvoll geworden, von »Strukturen im Ich« und von »Strukturen im Über-Ich« zu sprechen. Das weist, im Gegensatz zur »Flexibilität«, auf eine »relative Stabilität« von Funktionen hin, was zum Beispiel beim Automatismus deutlich zu beobachten ist.

Alle diese Probleme müssen auch vom ökonomischen Standpunkt aus gesehen werden. Viele der Aktivitäten des Ichs sind objektgerichtet. Eine weitere klärende Unterscheidung ist die zwischen den Besetzungen von Funktionen und den Besetzungen von Inhalten. Und der Begriff der Ich-Besetzung (im Gegensatz zur Besetzung des Es oder Über-Ichs) deckt sich nicht mit der Besetzung des »Selbst« (im Gegensatz zur Objekt-Besetzung). Ich habe daher vorgeschlagen, daß wir die libidinöse Besetzung des »Selbst« oder des »Selbst-Bildes« (die »Selbst-Repräsentation«) von der Besetzung der Ich-Funktionen unterscheiden und uns für den ersten Vorgang den Ausdruck Narzißmus vorbehalten.

Freud hat wiederholt festgestellt, daß das Ich mit desexualisierter Energie arbeitet. Es erschien mir und auch anderen Analytikern vernünftig, diese Feststellung so zu erweitern, daß sie auch aus der Aggression stammende Energien mit umfaßt, die durch die Vermittlung des Ichs in einer der Desexualisierung analogen Weise modifiziert werden können.

Der Ausdruck Neutralisierung bezieht sich also auf den Prozeß, durch den sowohl libidinöse wie aggressive Energien vom triebhaften Modus fort auf einen nicht triebhaften hin verändert werden — oder auf die Ergebnisse dieser Veränderung. (Um der Klarheit willen möchte ich erwähnen, daß der Ausdruck neutralisierte Energie, wie er hier verwendet wird, nicht völlig synonym mit dem Ausdruck »indifferente Energie« ist, den Freud an einer Stelle in »Das Ich und das Es« benutzte). Mit Hilfe dieser Verbegrifflichung können wir den klinisch wichtigen Unterschied von Sexualisierung (oder Triebhaftwerdung im allgemeinen) und Neutralisierung eindeutig beschreiben. Sekundäre Autonomie und Neutralisierung sind eng miteinander und mit dem Realitätsprinzip verwandt. Ihre Entwicklung gestattet dem Es, über den Druck der Bedürfniserfüllung hinaus realitätssyntone Leistungen zu vollbringen. Sie sind biologisch wesentlich, wenn wir Freuds These zustimmen, daß es beim Menschen in erster Linie das Ich ist, dem die Selbsterhaltung anvertraut ist. Außerdem ist die Neutralisierung der Aggression von besonderer Wichtigkeit, insofern sie dem Menschen einen Ausweg aus dem schrecklichen Dilemma bietet, entweder die Objekte oder sich selbst zu zerstören.

Es ist gerechtfertigt und nützlich, verschiedene Stadien oder Grade der Neutralisierung zu postulieren, das heißt Übergangsstadien zwischen Triebenergie und völlig neutralisierter Energie. Wir dürfen auch annehmen, daß das optimale Funktionieren verschiedener Ich-Aktivitäten (das heißt einerseits Abwehrmechanismen und andererseits Denkprozesse) von den verschiedenen Abstufungen der Neutralisierung abhängig ist. Diese Grade der Neutralisierung scheinen mit Übergangsstadien in der Ersetzung primärer durch sekundäre Prozesse in Wechselbeziehung zu stehen, doch bedarf dieser Punkt offensichtlich noch weiterer Untersuchung.

Wie ich eben sagte oder andeutete, wäre es falsch zu erwarten, daß alle erfolgreichen Aktivitäten des Ichs immer unbedingt am besten mit dem Maximum an Neutralisierung arbeiten.

Es ist auch offensichtlich, z. B. im Falle von Anpassungsprozessen, daß, funktionell gesprochen, die Anwendung der höchstdifferenzierten Ich-Aktivitäten allein noch nicht unbedingt ein Optimum der Anpassung garantiert; es bedarf unter Umständen primitiver Funktionen, um sie zu ergänzen. Es kommt sogar vor, daß das Ich selbst, für seine eigenen Zwecke, manche seiner hochdifferenzierten Funktionen zeitweilig außer Aktion setzt. Das führt zurück zum Problem einer hierarchischen Organisation der Ich-Funktionen.

Wenn sich das Ich erst einmal zu einem separaten Persönlichkeitssystem entwickelt hat, besitzt es auch ein angesammeltes Reservoir neutralisierter Energie, was bedeutet, daß die für seine Funktionen benötigten Energien nicht ganz von einer ad-hoc-Neutralisierung abhängig sein müssen. Das ist Teil seiner relativen Unabhängigkeit von unmittelbarem inneren oder äußeren Druck, und diese relative Unabhängigkeit ist wiederum Teil einer allgemeinen Tendenz in der menschlichen Entwicklung. Vermutlich stammt ein Teil der Energie, die das Ich verwendet, nicht (durch Neutralisierung) von den Trieben her, sondern gehört von Anfang an zum Ich oder zu den angeborenen Vorläufern dessen, was später spezifische Ich-Funktionen sein werden. Wir können sie als primäre Ich-Energie bezeichnen.

Diese kurzen Bemerkungen, die einer Zusammenfassung gleichkommen, müssen natürlich auf jeden Anspruch der Vollständigkeit verzichten. Aber ich möchte auch noch bemerken, daß all die in diesen Aufsätzen diskutierten Probleme und vorgebrachten Gedanken noch keine systematische Darstellung der Ich-Psychologie ausmachen, viel weniger eine systematische Darstellung der Theorien der Psychoanalyse im allgemeinen. Das Lehrbuch einer Ich-Psychologie muß noch geschrieben werden.

Eine Tendenz aber in Richtung einer zumindest teilweisen Integration oder »architektonischen Anpassung« der Theorien, mit denen ich mich beschäftige, ist in einer beträchtlichen Zahl von Kapiteln dieses Buches nicht zu übersehen. Sie besitzen genug inneren Zusammenhang, thematische Beziehung und Kontinuität in der Methode, um mir das Gefühl zu geben, daß ihre Veröffentlichung als Einheit gerechtfertigt, und wie ich hoffe, von Nutzen ist.

Ich könnte an diesem Punkt noch ausdrücklich bemerken, daß meine überwiegende Beschäftigung mit der Theorie keine Vernachlässigung der klinischen Grundlagen der Psychoanalyse bedeutet; auch daß ich das Hauptgewicht auf die Ich-Psychologie lege, will nicht besagen, daß ich die anderen Aspekte der analytischen Theorie unterschätze. Die Entwicklung und Klärung der Theorie haben sich als wesentlich für den Fortschritt der klinischen Analyse erwiesen; darüber hinaus hat ein gewisses Maß an Spezialisierung in der Forschungsarbeit eine heilsame Wirkung in der Psychoanalyse — wie auch auf anderen Gebieten — gehabt. Natürlich können die »Theorien durch Reduktion«, die heute in verschiedenen Veröffentlichungen zahlreich zu finden sind und die ihre Bemühungen um Erklärung auf nur sehr wenige der vielen Faktoren stützen, die ich für wesentlich halte, der Gefahr der Sterilität kaum entgehen. Ich war immer bestrebt, die Probleme der Ich-Psychologie dadurch zu lösen, daß ich sie im Rahmen der allgemeinen Grundsätze der psychoanalytischen Theorie untersuchte, und ich hoffe, daß mir das gelungen ist. Einige Autoren haben den Vorschlag gemacht, eine Theorie des Ichs zu entwickeln, die die grundlegenden Einsichten in die Psychologie der Triebe und in ihre Wechselwirkung mit Ich-Funktionen, die wir Freud verdanken, unberücksichtigt ließe. Ich würde solch einen Versuch für entschieden aussichtslos halten.

Der Zugang zu den entwicklungsmäßigen, integrativen, adaptiven und ökonomischen Aspekten des Ichs, den ich in diesen Aufsätzen in Vorschlag bringe, könnte den Austausch zwischen Wissen, das in der Analyse und dem, das durch andere Methoden der Psychologie gewonnen wurde, durchaus erleichtern. Manche der von mir verwendeten Begriffe wurden auch mit der Absicht eingeführt, eine leichtere Korrelation analytischer Daten mit Daten aus der direkten Kinderbeobachtung zu ermöglichen. Es ließe sich auch voraussehen, daß die Tendenz in der Analyse, über die ich schreibe, Möglichkeiten für die Entwicklung von Thesen enthält, die zum Ausgangspunkt für psychologische Experimente werden könnten. Die Forschungen der letzten Jahre scheinen diese Erwartung zu bestätigen.

ERSTER TEIL

1. KAPITEL

PSYCHOANALYSE UND GESUNDHEITSBEGRIFF

(1939)

Vielleicht wäre es richtig zu sagen, daß wir in analytischen Kreisen der Unterscheidung zwischen gesundem und pathologischem Verhalten weniger Wichtigkeit beimessen, als das außerhalb dieser Kreise häufig der Fall ist. Aber die Begriffe der »Gesundheit« und »Krankheit« üben immer einen sozusagen »latenten« Einfluß auf unsere analytischen Denkgewohnheiten aus, und es kann nur nützlich sein, uns klar zu machen, was diese Termini bedeuten. Außerdem wäre es ein Irrtum, zu glauben, daß der Gegenstand nur theoretisches Interesse besitzt, daß er jeder praktischen Bedeutung entbehrt. Denn wenn alles gesagt und getan ist, hängt es oft vom analytischen Gesundheitsbegriff ab, ob wir eine analytische Behandlung empfehlen — so daß die Sache als ein Faktor in unserer Beurteilung der vorliegenden Indikationen wichtig ist — oder welche Veränderungen wir gerne bei einem Patienten herbeigeführt sähen, oder wann wir eine Analyse als reif zum Abschluß ansehen. Unterschiede des Standpunkts auf diesem Gebiet müssen letztlich zu entsprechenden Unterschieden in unserer therapeutischen Technik führen, was Ernest Jones (1913) schon vor vielen Jahren deutlich voraussah.

Solange die Psychoanalyse noch in den Kinderschuhen steckte, schien es eine relativ einfache Sache, geistige Gesundheit und geistige Krankheit zu definieren. Während dieser Periode begegneten wir zum ersten Mal den Konflikten, die Neurosen verursachen, und wir glaubten, damit das Recht erworben zu haben, zwischen Gesundheit und Krankheit zu unterscheiden. Später wurde die Entdeckung gemacht, daß Konflikte der Art, die wir als pathogen anzusehen gelernt hatten, sich auch bei gesunden Menschen nachweisen ließen; es wurde deutlich, daß die Wahl zwischen Gesundheit und Krankheit vielmehr durch zeitliche und quantitative Faktoren bestimmt war. In einem viel größeren Ausmaß als alle theoretischen Überlegungen war es unsere therapeutische Erfahrung, die uns zwang, diese Wahrheit zu erkennen. Es hat sich herausgestellt, daß unseren Bemühungen sehr unterschiedliche Erfolge beschieden waren, und wir sind nicht immer in der Lage, die üblichen Erklärungen für die verantwortlichen Gründe dieser Sachlage zu akzeptieren. Wir sind schließlich zu der Folgerung gezwungen worden, daß der quantitative Faktor der Triebstärke und ein quantitativer Faktor, der der Ich-Funktion innewohnt, hier, natürlich Seite an Seite mit anderen Faktoren, eigene Bedeutung gewonnen haben. Außerdem sind Mechanismen offenbar nicht als solche pathogen, sondern nur kraft ihres topographischen Wertes im Raum und ihres dynamischen Wertes im Handeln, wenn ich mich so ausdrücken darf. Eine Stufe weiter wurde der Prozeß der Modifizierung des ursprünglichen analytischen Gesundheitsbegriffes durch die Beiträge zur Ich-Psychologie gefördert, die jetzt seit fast zwanzig Jahren in der vordersten Front des psychoanalytischen Interesses steht. Aber je mehr wir das Ich und seine Taktiken und Leistungen im Umgang mit der Außenwelt zu verstehen beginnen, desto mehr neigen wir dazu, diese Funktionen der Anpassung, der Leistung usw. zum Prüfstein des Gesundheitsbegriffs zu machen.

Eine psychoanalytische Definition der Gesundheit stellt uns allerdings vor gewisse Schwierigkeiten, die zu untersuchen wir jetzt fortfahren wollen. Es ist allgemein bekannt, daß es niemals einfach ist, festzustellen, was wir tatsächlich unter »Gesundheit« und »Krankheit« verstehen, und vielleicht ist die Schwierigkeit der Unterscheidung sogar noch größer, wenn wir es mit den sogenannten »psychologischen Krankheiten« zu tun haben, als es bei den körperlichen Krankheitszuständen der Fall ist. Gesundheit ist entschieden nicht ein rein statistischer Durchschnitt. Wäre sie es, dann müßten wir die außerordentlichen Leistungen einzelner Individuen als pathologisch ansehen, was dem gewöhnlichen Sprachgebrauch widerspräche; und außerdem weist die Mehrzahl der Menschen Eigenschaften auf, die im allgemeinen als pathologisch gelten (das häufigst angeführte Beispiel ist die Karies der Zähne). »Anormal« im Sinne einer Abweichung vom Durchschnitt ist also nicht synonym mit »pathologisch«.

Bei den verbreitetsten vorherrschenden Gesundheitsbegriffen spielen subjektive Bewertungen eine beträchtliche Rolle, sei es explizit, sei es implizit, und das ist auch der Hauptgrund, warum solche Konzeptionen, besonders wenn sie sich auf geistige Gesundheit oder Krankheit beziehen, zu verschiedenen Zeiten und unter verschiedenen Völkern ziemlich voneinander abweichen können. Das Urteil wird hier von einem subjektiven Faktor beeinflußt, je nach den kulturellen und sozialen Bedingungen und sogar je nach persönlichen Wertschätzungen. Innerhalb einer einheitlichen Gesellschaft werden diese Urteile weitreichende Ähnlichkeit zeigen, aber das entkleidet sie nicht im geringsten ihres subjektiven

Charakters. »Gesundheit« ist im allgemeinen ein Ausdruck der Vorstellung von vitaler Perfektion; und diese selbst schließt die Subjektivität des Urteils über sie mit ein. Eine logische Analyse des Gesundheitsbegriffs müßte den Werturteilen, die in den verschiedenen Gesundheitsbegriffen verkörpert sind, besondere Aufmerksamkeit widmen [1].

Aber das sind nicht die einzigen Schwierigkeiten, die einer psychoanalytischen Definition der Gesundheit anhaften. Solange wir zum Beispiel die Symptomfreiheit zum Kriterium der geistigen Gesundheit machen, ist es vergleichsweise einfach, in der Praxis zu einer Entscheidung zu kommen. Aber selbst nach diesem Maßstab gibt es keine absolut objektive Grundlage für unser Urteil; denn auf die Frage, ob eine bestimmte seelische Manifestation dem Wesen nach als ein Symptom oder ob sie im Gegenteil als eine »Leistung« anzusehen ist, ergibt sich nicht leicht eine einfache Antwort. Es ist oft schwierig zu entscheiden, ob die Pedanterie oder der Ehrgeiz eines Individuums oder die Art seiner Objektwahl Symptome im neurotischen Sinn sind oder Charakterzüge, die einen positiven Wert für die Gesundheit besitzen. Trotzdem bietet uns dieser Maßstab, wenn nicht eine Grundlage für ein objektives Urteil, so auf alle Fälle einen Consensus der Meinung, der gewöhnlich für alle praktischen Zwecke ausreicht. Aber Gesundheit, wie sie die Psychoanalyse versteht, ist etwas, das viel mehr bedeutet als nur dies. Unserer Ansicht nach genügt die Freiheit von Symptomen nicht, um Gesundheit zu bedeuten, und wir hegen höhere Erwartungen hinsichtlich der therapeutischen Auswirkungen der Psychoanalyse. Darüber hinaus aber ist die Psychoanalyse Zeuge der Entwicklung einer Anzahl theoretischer Gesundheitsbegriffe geworden, die oft sehr strenge Maßstäbe aufstellen. Wir haben uns folglich zu fragen, was Gesundheit im psychoanalytischen Sinn bedeutet.

Als Vorbemerkung würde ich sagen, daß die Beziehung des Menschen zu Gesundheit und Krankheit oft selbst Züge ausgesprochen neurotischer Art aufweist. Wenn diese Probleme sehr im Vordergrund stehen, ist man manchmal tatsächlich verlockt, von einer »Gesundheits-Neurose« zu sprechen. Dieser Gedanke ist der Ausgangspunkt eines Aufsatzes, den Melitta Schmideberg (1938) [2] veröffentlichte. Ein auffälliges Kennzeichen bei bestimmten klar umrissenen Typen ist deren Überzeugung, daß sie sich selbst überlegener Gesundheit erfreuen, begleitet von einem zwanghaften Drang, bei anderen Abweichungen, hauptsächlich

---

[1] Ausführlicheres zu diesem Problem siehe Hartmann (1960 a, 1960 b).

[2] Siehe auch die Beobachtung, die Glover in der anschließenden Diskussion beisteuerte und die auf S. 139 zitiert ist.

neurotischer oder psychotischer Art, von ihrem Gesundheitsideal zu entdecken. Unter bestimmten Umständen sind solche Leute befähigt, gerade
aufgrund ihrer besonderen Neurosenform, die sie für die Rolle einer
ewigen Krankenschwester ihrer Mitmenschen ausersehen kann, eine
nützliche Funktion in der Gesellschaft zu erfüllen. Bei der einfachsten
Form dieses Verhaltens ist der wirksame Mechanismus gewöhnlich die
Projektion; indem man beständig die anderen als Patienten sieht, die unserer Hilfe bedürfen, vermeidet man es, die eigene Neurose zu erkennen.
In gleicher Weise brachte Freud einmal die Ansicht zum Ausdruck, daß
viele Analytiker vermutlich lernen, sich selbst von der persönlichen Un-
terwerfung unter die Verpflichtungen der Analyse freizusprechen, indem
sie es von anderen fordern. Wir wissen auch, daß eine ähnliche Neigung,
die neurotischen und psychotischen Reaktionen seiner Mitmenschen zu
überschätzen, zu den Wachstumsschmerzen vieler Analytiker gehört. Es
ist ein gemeinsamer Zug der »Gesundheits-Neurosen«, daß die davon
Befallenen sich nicht gestatten können, zu leiden oder sich krank oder
deprimiert zu fühlen (Schmideberg, 1938). Aber ein gesunder Mensch
muß die Fähigkeit haben, zu leiden und deprimiert zu sein. Unsere klinische Erfahrung hat uns die Konsequenzen erkennen lassen, die sich ergeben, wenn man über Krankheiten und Leiden hinwegsieht, wenn man
unfähig ist, sich selbst die Möglichkeit der Krankheit und des Leidens
einzugestehen. Es ist sogar zu vermuten, daß ein begrenzter Betrag an
Leiden und Krankheit sozusagen einen integralen Teil des Gesundheits-
schemas bildet oder eigentlich, daß Gesundheit nur auf indirekten
Wegen erreicht wird. Wir wissen, daß erfolgreiche Anpassung zu Fehlanpassung führen kann — die Entwicklung des Über-Ichs ist ein hierher
gehörender Fall — und es ließen sich viele andere Beispiele anführen.
Aber umgekehrt kann Fehlanpassung zu erfolgreicher Anpassung werden.
Typische Konflikte sind ein wichtiger Bestandteil der »normalen« Entwicklung, und Anpassungsstörungen gehören in ihren Rahmen. In bezug
auf den therapeutischen Prozeß der Analyse entdecken wir einen ähnlichen Sachverhalt. Hier schließt die Gesundheit deutlich pathologische
Reaktionen als Mittel ihrer Verwirklichung mit ein.

Aber wir müssen zum Gesundheitsbegriff zurückkehren und uns noch
einmal fragen, welche Kriterien wir in der Analyse besitzen, um seelische Gesundheit und Krankheit zu bemessen. Ich habe schon festgestellt, daß wir Gesundheit nicht mit Symptomfreiheit gleichsetzen. Und
wir befinden uns noch auf verhältnismäßig zugänglichem Grund — vom
empirischen, wenn auch natürlich nicht vom prognostischen Standpunkt
aus — wenn wir das Maß in Betracht ziehen, in dem diese Immunität

gegenüber Symptomen von Dauer und in der Lage ist, Schocks zu widerstehen. Aber die weiteren Implikationen, die der Ausdruck Gesundheit für uns voraussetzt, und das, worauf die Analyse in diesem Sinn abzielt, lassen sich nicht so leicht auf eine wissenschaftliche Formel reduzieren. Gleichzeitig finden wir eine Anzahl brauchbarer theoretischer Formulierungen hinsichtlich der Merkmale des Gesundheitszustandes, in den wir unsere Patienten mit Hilfe der der Analyse zugänglichen Methoden versetzen möchten.

Die allgemeinste dieser Formulierungen ist Freuds »Wo Es war, soll Ich werden« (1932); oder es gibt Nunbergs »Die Energien des Es werden mobiler, das Über-Ich wird toleranter, das Ich angstfreier und seine synthetische Funktion wird wiederhergestellt« (1932, S. 312). Aber der Abstand zwischen solchen notwendigerweise schematischen Formulierungen und der Messung tatsächlicher Zustände geistiger Gesundheit, des tatsächlichen Maßes an geistiger Gesundheit, deren sich ein bestimmtes Individuum erfreut, ist bei weitem größer, als man vermuten möchte. Es ist keineswegs eine einfache Sache, diese theoretischen Gesundheitsbegriffe auf eine Linie mit dem zu bringen, was wir tatsächlich wirklich »gesund« nennen. Außerdem bekommt man den Eindruck, daß unter den Analytikern selber die individuellen Auffassungen von der Gesundheit sich weit unterscheiden, je nach den Zielen, die jeder sich auf der Grundlage seiner Ansichten über menschliche Entwicklung und natürlich auch seiner Weltanschauung, seiner politischen Sympathien usw. gesetzt hat. Vielleicht ist es für den Augenblick ratsam, mit Vorsicht vorzugehen, ehe wir versuchen, zu einer genauen theoretischen Formulierung des Gesundheitsbegriffes zu gelangen — anderenfalls geraten wir in die Gefahr zuzulassen, daß unsere Maßstäbe der Gesundheit von unseren moralischen Neigungen und anderen subjektiven Bestrebungen abhängig werden. Es ist offenbar wesentlich, daß wir in rein empirischer Richtung vorgehen, das heißt, daß wir die Persönlichkeiten derjenigen, die tatsächlich als gesund gelten, vom Standpunkt ihrer Struktur und Entwicklung untersuchen, statt unseren theoretischen Spekulationen zu erlauben, uns zu diktieren, was wir als gesund ansehen »sollten«. Das ist genau die Haltung, die die Psychoanalyse gegenüber den normativen Disziplinen einnimmt. Sie fragt nicht, ob diese Normen berechtigt sind, sondern konzentriert sich auf ein völlig anderes Problem, nämlich das der Genese und Struktur des Verhaltens, dem man faktisch, aus welchen Gründen auch immer, einen Platz auf einer Skala positiver und negativer Werte angewiesen hat. Und außerdem sind die theoretischen Maßstäbe der Gesundheit gewöhnlich zu eng, insofern sie die große Verschiedenartigkeit der Typen, die in der Praxis als gesund hingenommen werden, unterschätzen. Überflüssig zu sagen, daß die Analyse selbst über Kriterien verfügt, die dazu gedacht sind, als rein praktische Richtschnur zu dienen, wie etwa die so häufig angewendeten Tests auf Leistungs- oder Genußfähigkeit.

Ich mache aber hier den Vorschlag, die theoretischen Schemata zur Klassifizierung der geistigen Gesundheit und Krankheit, die man, entweder ausdrücklich oder implizit, in der psychoanalytischen Literatur findet, einer genaueren Prüfung zu unterziehen; und zu diesem Zweck sollten wir uns fragen, welche Auffassungen von der Gesundheit tatsächlich vorgebracht worden sind, und nicht, ob bestimmte Konzeptionen vorgebracht werden »sollten«. Diese Darstellungen eines gesunden oder »biologisch angepaßten« Individuums zeigen, wenn wir uns ganz auf ihre deutlichsten allgemeinen Umrisse beschränken, eine ausgesprochene Entwicklung in zwei Richtungen. Es braucht kaum gesagt zu werden, daß es sich in keiner Richtung nur um die Frage irgendeines subjektiven Faktors, um irgendeine persönliche Vorliebe, die zum Ausdruck kommt, handelt; es sind die Ergebnisse einer reichen Ernte an klinischer Erfahrung und an vielen wertvollen Erkenntnissen über den analytischen Heilungsprozeß. Die beiden Richtungen heben als Ziel der Entwicklung und der Gesundheit auf der einen Seite das rationale Verhalten hervor, auf der anderen das Triebleben. Schon diese zweifache Orientierung fordert unser Interesse, denn sie spiegelt den zweifachen Ursprung der Psychoanalyse in der Geschichte des Denkens wider — den Rationalismus des Zeitalters der Aufklärung und den Irrationalismus der Romantik. Der Umstand, daß diese beiden Aspekte in Freuds Werk hervorgehoben werden, spiegelt zweifellos eine genuine Einsicht in den Dualismus wider, der das Problem tatsächlich erfüllt. Nun gehen die analytischen Konzeptionen der Gesundheit, die sich auf der Grundlage von Freuds Anregungen entwickelt haben, häufig so vor, daß sie dem einen dieser Standpunkte auf Kosten des anderen ungebührliche Bedeutung zumessen.

Wenn man in der Analyse den Fehler begeht, das Es als den biologischen Teil der Persönlichkeit mit dem Ich als der nichtbiologischen Komponente zu kontrastieren, dann ermutigt man natürlich die Tendenz, »Leben« und »Geist« zu Absoluta zu machen. Wenn zusätzlich alle biologischen Werte als überlegen anerkannt werden, dann hat man sich der Krankheit der Zeit gefährlich genähert, deren Art es ist, den Trieb zu verehren und die Vernunft mit Verachtung zu strafen. Sicherlich spielen diese Tendenzen, die zu einer Glorifizierung des Triebmenschen führen und die gegenwärtig einen höchst aggressiven und politischen Charakter angenommen haben, in der Literatur, die die Psychoanalyse betrifft oder die ihren Einflüssen offensteht, eine weniger auffällige Rolle, als sie es anderswo tun.

Am anderen Ende der Skala treffen wir auf das Ideal der rationalen Haltung, und hier wird der »vollkommen rationale« Mensch als das Modell der Gesundheit und allgemein als Idealfigur hingestellt. Diese Konzeption der geistigen Gesundheit verdient nähere Betrachtung. Daß zwischen Vernunft und erfolgreicher Anpassung irgendeine Beziehung besteht, scheint deutlich genug, aber sie ist keine so einfache, wie in vielen psychoanalytischen Schriften angenommen wird. Wir sollten es nicht für selbstverständlich halten, daß das Erkennen der Realität gleichbedeutend mit der Anpassung an die Realität ist. Die rationalste Haltung stellt nicht unbedingt ein Optimum für die Zwecke der Anpassung dar. Wenn wir sagen, daß eine Idee oder ein System von Ideen »in Übereinstimmung mit der Wirklichkeit« steht, dann kann das bedeuten, daß der theoretische Inhalt des Systems richtig ist, es kann aber auch bedeuten, daß die Übersetzung dieser Ideen ins Handeln in einem Verhalten resultiert, das der Gelegenheit angemessen ist. Ein richtiges Bild von der Realität ist nicht das einzige Kriterium dafür, ob ein bestimmtes Handeln in Einklang mit der Wirklichkeit steht. Wir müssen auch bedenken, daß ein gesundes Ich fähig sein sollte, das System rationaler Kontrollen anzuwenden und gleichzeitig die Tatsache des irrationalen Wesens anderer geistiger Aktivitäten in Rechnung zu stellen. (Dies ist ein Teil seiner koordinierenden oder organisierenden Funktion; siehe 3. Kapitel). Das Rationale muß das Irrationale als ein Element in seinen Plan mit aufnehmen. Außerdem werden wir zugeben müssen, daß das Vordringen der »rationalen Haltung« nicht sozusagen gleichmäßig auf einer einzigen Front vonstatten geht. Man hat oft den Eindruck, daß ein Teilfortschritt in dieser Hinsicht eine teilweise Regression in anderen Richtungen nach sich ziehen kann. Offensichtlich verhält es sich mit dem Prozeß der Zivilisation als Ganzes sehr ähnlich. Der technologische Fortschritt kann durchaus von einer geistigen Regression begleitet werden oder sie faktisch durch Massenmethoden verursachen (Mannheim, 1935). Hier kann ich diese Gedanken nur in Umrissen andeuten, aber ich habe sie an anderer Stelle ausführlicher entwickelt (1939 a). Sie beweisen uns die Notwendigkeit, jene analytischen Auffassungen zu revidieren, die den Standpunkt vertreten, daß dasjenige Individuum, das am vernünftigsten (im gewöhnlichen Sinn des Wortes) ist, auch psychologisch das gesündeste sei.

Ein anderes grundlegendes Kriterium der geistigen Gesundheit, über das die Psychologie verfügt, hat etwas weniger allgemeinen Charakter, aber ist fester in den strukturellen Konzeptionen der Analyse verankert: ich spreche von dem Kriterium der Freiheit. Unter Freiheit verstehe ich hier nicht das philosophische Problem des freien Willens, vielmehr die Freiheit von Angst und Affekten oder die Freiheit, eine Aufgabe zu erfüllen. Das Verdienst, dieses Kriterium in die Analyse eingeführt zu haben, gebührt Waelder (1936 b). Ich glaube, daß an der Wurzel dieser Konzeption eine wohlbegründete Idee liegt, doch hätte ich den Ausdruck Freiheit gerne vermieden, da er so doppelsinnig in seiner Bedeutung ist und von Generationen von Philosophen so stark in Anspruch genommen wurde. Im vorliegenden Zusammenhang bedeutet er nicht mehr, als mittels des bewußten und vorbewußten Ichs ausgeübte Kontrolle, und könnte durchaus durch diese Beschreibung ersetzt werden. Die Beweglichkeit oder Plastizität des Ichs ist sicher eine der Voraussetzungen der geistigen Gesundheit, während ein starres Ich den Anpassungsprozeß stören kann. Aber ich würde hinzufügen, daß ein gesundes Ich nicht nur und nicht jederzeit plastisch ist. So wichtig diese Eigenschaft ist, scheint sie einer anderen Ich-Funktion unterstellt zu sein. Ein klinisches Beispiel wird das deutlich machen. Wir alle kennen die Furcht des Zwangsneurotikers, seine Selbstkontrolle zu verlieren — ein Faktor, der es ihm so schwer macht, frei zu assoziieren. Die Erscheinung, an die ich denke, ist bei den Personen sogar noch deutlicher ausgeprägt, die aus Angst, ihr Ich zu verlieren, unfähig sind, den Orgasmus zu erreichen. Diese pathologischen Manifestationen lehren uns, daß ein gesundes Ich offenbar in der Lage sein muß zu gestatten, daß einige seiner wesentlichsten Funktionen, einschließlich seiner »Freiheit«, gelegentlich außer Aktion gesetzt werden, so daß es sich dem »Zwang« (der zentralen Kontrolle) überlassen kann. Das bringt uns zu dem bisher fast gänzlich vernachlässigten Problem einer biologischen Hierarchie der Ich-Funktionen und zu der Annahme einer Integration der Gegensätze, auf die wir schon im Zusammenhang mit dem Problem des rationalen Verhaltens gestoßen sind. Ich glaube, daß diese Überlegungen bezüglich der Beweglichkeit des Ichs und der automatischen Ausschaltung vitaler Ich-Funktionen uns instand gesetzt haben, sehr beachtliche Fortschritte in der Aufdeckung einer wichtigen Bedingung der geistigen Gesundheit zu machen. Die Fäden, die uns von diesem Punkt zum Begriff der Ich-Stärke führen, sind deutlich sichtbar. Aber ich will dies reichlich abgenutzte Thema jetzt nicht diskutieren [3].

---

[3] Siehe hierzu und zu den im folgenden besprochenen Themen auch Hartmann (1939 a).

Statt dessen möchte ich diese kritische Darlegung der analytischen Gesundheitsvorstellungen nun in einer Richtung fortentwickeln, die uns befähigen wird, tiefer in den Bereich der Ich-Theorie einzudringen. Die Psychoanalyse hat sich bisher aus naheliegenden Gründen hauptsächlich mit Situationen befaßt, in denen das Ich sich im Konflikt mit dem Es und dem Über-Ich und — in neueren Untersuchungen — mit der Außenwelt befindet. Nun begegnet man manchmal dem Gedanken, daß sich der Kontrast zwischen einer konfliktbeladenen und einer friedlichen Entwicklung automatisch in Wechselbeziehung zu dem Kontrast setzen läßt, den geistige Gesundheit und geistige Krankheit darbieten. Das ist eine ganz irrtümliche Ansicht: Konflikte sind wichtige Bestandteile der menschlichen Entwicklung, für die sie den nötigen Anreiz liefern. Auch entspricht die Unterscheidung zwischen gesunden und pathologischen Reaktionen nicht der zwischen Verhalten, das aus der Abwehr erwächst, und das nicht aus ihr erwächst. Trotzdem ist es keineswegs unmöglich, in der psychoanalytischen Literatur Passagen zu entdecken, in denen behauptet wird, daß alles, was durch die Bedürfnisse der Abwehr veranlaßt wird oder sonst aus erfolgloser Abwehr resultiert, irgendwie als pathologisch anzusehen ist. Es ist jedoch völlig klar, daß eine Maßnahme, die in Beziehung auf defensive Erfordernisse erfolgreich ist, vom Standpunkt der positiven Leistung ein Versagen sein kann und umgekehrt. Tatsächlich haben wir es hier mit zwei verschiedenen Methoden der Klassifizierung der gleichen Fakten zu tun und nicht mit zwei verschiedenen Gruppen von Fakten. Diese Überlegung entkräftet unsere Erfahrung nicht, daß die pathologische Funktion uns den fruchtbarsten Zugang zum Problem des seelischen Konflikts bietet. Ähnlich wurden wir mit den Abwehrmechanismen zuerst durch ihren pathogenen Aspekt bekannt, und erst jetzt beginnen wir allmählich die Rolle zu erkennen, die sie in der normalen Entwicklung spielen. Es hat den Anschein, als könnten wir den positiven oder negativen Wert, den solche Prozesse für die seelische Gesundheit haben, nicht adäquat abschätzen, solange wir nur an die Probleme des seelischen Konflikts denken und versäumen, diese Dinge auch vom Standpunkt der Anpassung aus zu sehen.

Wenn wir diese Situationen aufmerksamer untersuchen, machen wir häufig die interessante Entdeckung, daß der kürzeste Weg zur Realität vom Standpunkt der Anpassung aus nicht immer der vielversprechendste ist. Wir lernen häufig, unsere Orientierung in bezug auf die Realität durch Umwege zu finden, und es ist unumgänglich und nicht nur »zufällig«, daß das so ist. Es gibt offenbar eine typische Reihenfolge dabei — die Abkehr von der Realität führt zu einer erhöhten Beherrschung derselben. (In seinen wesentlichen Zügen ist dieser Grundvorgang schon in unserem Denkprozeß verwirklicht; die gleiche Bemerkung gilt für die Aktivität der Phantasie, die Vermeidung unbefriedigender Situationen usw.). Die Theorie der Neurosen hat den Mechanismus der Abwendung von der Realität immer nur im Sinn pathologischer Prozesse dargestellt: aber ein Zugang vom Standpunkt der Anpassungsprobleme her lehrt uns, daß solche Mechanismen einen positiven Wert für die Gesundheit haben (siehe auch Anna Freud, 1936).

In diesem Zusammenhang hat noch ein weiteres Problem Anspruch auf unser Interesse: ich spreche von der Art, in der wir die Ausdrücke »Regression« und »regressiv« innerhalb des analytischen Systems von Kriterien zur Bemessung der geistigen Gesundheit anwenden. Wir sind im allgemeinen gewohnt, regressives Verhalten als die Antithese zu einem an die Realität angepaßten Benehmen anzusehen. Wir kennen alle die Rolle, die die Regression in der Pathogenese spielt, und ich brauche diesen Aspekt des Problems daher nicht zu berücksichtigen. Tatsächlich müssen wir aber zwischen progressiven und regressiven Formen der Anpassung unterscheiden. Wir werden keine Schwierigkeit haben, die progressive Anpassung zu definieren: sie bedeutet eine Anpassung in Richtung der Entwicklung. Aber wir finden auch Fälle erfolgreicher Anpassung, die auf dem Weg der Regression erreicht wird. Dahin gehören viele Beispiele der Phantasietätigkeit; weitere Illustrationen liefern die künstlerische Aktivität ebenso wie jene symbolischen Kunstgriffe zur Erleichterung des Denkens, die man selbst in der Wissenschaft findet, wo sie am strengsten rational ist.

Auf den ersten Blick verstehen wir nicht ohne weiteres, warum die Anpassung vergleichsweise so häufig nur auf diesen regressiven Umwegen erreicht werden kann. Vermutlich ist die wahre Lage die, daß der Mensch in seinem Ich, besonders wie es im rationalen Denken und Handeln, in seiner synthetischen und differenzierenden Funktion (Fuchs, 1936) zum Ausdruck kommt, mit einem höchst differenzierten Anpassungsorgan ausgestattet ist, aber dieses höchst differenzierte Organ ist offensichtlich allein nicht fähig, ein Optimum an Anpassung zu garantieren. Ein Regulationssystem, das auf der höchsten Entwicklungsstufe funktioniert, reicht nicht aus, um ein stabiles Gleichgewicht aufrechtzuerhalten; ein primitives System ist notwendig, um es zu ergänzen.

Die Einwände, die ich gegen die zuletzt erwähnten Definitionen der geistigen Gesundheit und Krankheit vorzubringen mich gedrängt fühlte (im Zusammenhang mit den Problemen der Abwehr, der Regression usw.) können folgendermaßen zusammengefaßt werden: diese Konzeptionen der Gesundheit gehen das Problem zu ausschließlich vom Gesichtspunkt der Neurosen an, oder vielmehr, sie sind in Hinsicht auf den Gegensatz mit den Neurosen formuliert. Mechanismen, Entwicklungsstadien, Reaktionsweisen, mit denen wir wegen der Rolle, die sie bei der Entwicklung von Neurosen spielen, vertraut geworden sind, werden automatisch dem Bereich des Pathologischen zugewiesen — Gesundheit wird als ein Zustand charakterisiert, bei dem diese Elemente fehlen. Aber der so festgelegte Kontrast mit den Neurosen kann keinen Sinn haben, solange wir versäumen, richtig abzuschätzen, wieviel von diesen Mechanismen, Entwicklungsstadien, Reaktionsweisen in gesunden Individuen oder in der Entwicklung derjenigen, die später gesund werden, aktiv ist, das heißt, solange eine analytische »Normalpsychologie« sehr weitgehend noch nicht existiert. Das ist einer der Gründe, warum heute gerade die Analyse des realitätsangepaßten Verhaltens für so wichtig gilt.

Ich sollte hinzufügen, daß die willkürliche Art solcher Definitionen der geistigen Gesundheit und Krankheit in der psychoanalytischen Literatur selbst sehr viel weniger zu finden ist als in vielen ihrer Anwendungen auf soziale Zustände, künstlerische Betätigung, wissenschaftliche Produktion usw. Wo ethische, ästhetische und politische Wertungen sehr deutlich ins Spiel kommen und das Konzept der Gesundheit für ihre eigenen Zwecke benutzen, wird solchen willkürlichen Urteilen ein bedeutend weiteres Feld eingeräumt. Wenn man mit dieser Art von Maßstäben geschickt Zusammenhänge heraufbeschwört, dann wird es einfach genug, zu beweisen, daß diejenigen, die nicht unsere politische oder allgemeine Ansicht vom Leben teilen, neurotisch oder psychotisch sind und daß soziale Bedingungen, gegen die wir aus irgendeinem Grund opponieren, als pathologisch anzusehen sind. Ich glaube, daß wir uns alle darüber im klaren sind, daß derartige Urteile — ob wir sie persönlich teilen oder nicht — nicht das Recht haben, im Namen der psychoanalytischen Wissenschaft zu sprechen.

Es wird uns inzwischen ganz klar sein, an welchen Stellen viele der in dieser Arbeit besprochenen Auffassungen von Gesundheit und Krankheit am dringensten der Erweiterung bedürfen, nämlich in der Richtung der Beziehungen des Subjekts zur Realität und seiner Anpassung an diese. Ich will damit nicht sagen, daß bei diesen Versuchen eine Definition zu formulieren, zu einem theoretischen Gesundheitsbegriff zu gelangen, der Faktor der Anpassung vernachlässigt worden sei; das ist keineswegs der Fall. Aber in der Form, in der er ausgedrückt wird, ist der Anpassungsbegriff selbst in vielen Hinsichten zu schlecht definiert — und wie ich schon bemerkt habe, hat das »realitätsangepaßte Verhalten« bisher wenig Möglichkeit für eine psychoanalytische Untersuchungsmethode geboten.

Offensichtlich steht das, was wir als Gesundheit oder Krankheit bezeichnen, in inniger Verbindung mit der Anpassung des Individuums an die Realität (oder, um eine oft gebrauchte Formel zu wiederholen, mit seinem Selbsterhaltungssinn). Ich habe kürzlich einen Versuch unternommen, tiefer in die Probleme einzudringen, mit denen die Psychoanalyse an diesem Punkt konfrontiert ist (1939 a). Hier will ich mich auf einige Vorschläge beschränken, die mir für die Ausformung einer Definition der Gesundheit der Überlegung wert scheinen. Die Realitätsanpassung des Individuums kann der der Rasse im Wege stehen. Nun stimmt es zwar, daß wir vom Standpunkt unserer therapeutischen Ziele aus den Forderungen der individuellen Anpassung einen wesentlichen Vorsprung gegenüber denen der Rasse zubilligen. Aber wenn wir darauf bestehen, daß zwischen geistiger Gesundheit und Anpassung irgendwelche Beziehungen bestehen, dann müssen wir, angesichts unserer voranstehenden Bemerkungen zugeben, daß der Gesundheitsbegriff widersprechende Bedeutung haben kann, je nachdem wir an ihn in Beziehung zum Individuum oder zur Gemeinschaft denken. Außerdem wird es zweckdienlich sein, zwischen dem Zustand des Angepaßtseins und dem Prozeß, durch den dies erreicht wird, zu unterscheiden. Und zuletzt muß ich darauf hinweisen, daß Anpassung sich nur in Beziehung auf etwas anderes definieren läßt, mit der Bezugnahme auf spezifische Umweltmilieus. Der tatsächliche Gleichgewichtszustand, den ein bestimmtes Individuum erreicht, sagt nichts über seine Anpassungsfähigkeit aus, solange wir nicht seine Beziehungen zur Außenwelt erforscht haben. Die unbehinderte »Leistungs- und Genußfähigkeit«, die einfach isoliert betrachtet wird, hat uns also nichts Entscheidendes über die Fähigkeit zu sagen, sich an die Realität anzupassen. Andererseits dürfen Störungen in der Leistungs- und Genußfähigkeit (der Einfachheit halber werde ich bei diesen bekannten Kriterien bleiben) nicht einfach als ein Zeichen mißlungener Anpassung gewertet werden. Das ist wirklich selbstverständlich, und ich erwähne es nur, weil es gelegentlich bei den Versuchen, eine Definition zu formulieren, übersehen wird. Als unentbehrlicher Faktor für die Einschätzung der Anpassungskräfte eines Individuums würde ich seine Beziehung zu einer »typischen durchschnittlichen Umgebung« hervorheben. Wir müssen alle diese Aspekte des Anpassungsbegriffs im Auge behalten, wenn wir Kriterien der Gesundheit aufstellen wollen, die auf der Anpassung oder der Fähigkeit dazu basieren. Ich würde behaupten, daß Anpassungsprozesse immer nur einer beschränkten Reihe von Umweltsbedingungen angemessen sind; und daß erfolgreiche Bemühungen um Anpassung an spezifische äußere Situationen auf indirekte Weise gleichzeitig zu Anpassungshemmungen führen können, die den Organismus beeinträchtigen. Freud hat (1937 a) diesen Zustand charakterisiert, indem er Goethes »Vernunft wird Unsinn, Wohltat Plage« zitierte. Umgekehrt verliert unter diesem Blickwinkel die Behauptung, die Umwelt könne derart sein, daß eine pathologische Entwicklung eine befriedigendere Lösung bietet als eine normale, ihren paradoxen Charakter.

Diese zwangsläufig kondensierte Darstellung muß die hier skizzierten Gedankengänge etwas trocken erscheinen lassen — das ist unvermeidlich; aber ich bin überzeugt, daß es keinem Analytiker schwerfallen würde, sie aus seiner klinischen Erfahrung zu illustrieren. In diesem Zusammenhang möchte ich noch einmal feststellen, daß wir zweifellos besser in der Lage sein werden, alle diese Definitionen mit konkreten, klinisch manifesten Zuständen zu korrelieren und so den Gesundheitsbegriff in eindeutiger und zuverlässiger Weise anzuwenden, wenn es uns erst gelungen ist, weiter in die Sphäre der analytischen »Normalpsychologie« einzudringen, das heißt in die Analyse des angepaßten Verhaltens. Ich glaube auch, daß eine gründlichere Erforschung des Phänomens der Anpassung uns helfen könnte, dem Gegensatz zwischen »biologischen« und »soziologischen« Auffassungen der seelischen Entwicklung zu entrinnen, der eine gewisse Rolle in der Analyse spielt, aber im Grunde unfruchtbar ist. Nur wenn wir die sozialen Phänomene der Anpassung in ihrem biologischen Aspekt betrachten, können wir wirklich damit anfangen, »die Psychologie auf ihren berechtigten Platz in der Hierarchie der Wissenschaften zu stellen, nämlich als eine der biologischen Wissenschaften« (Jones, 1936).

Es ist wichtig, daß wir uns zwei Dinge deutlich vergegenwärtigen: daß eine enge Beziehung zwischen Anpassung und Synthese besteht und welches Ausmaß sie hat. Eine »Organisation des Organismus«, deren spezifischen Repräsentanten in der psychischen Sphäre wir mit der synthetischen Funktion in Verbindung bringen (und auch mit der differenzierenden Funktion, die aber weniger vollständig erforscht ist), ist eine Voraussetzung für die erfolgreiche Anpassung; andererseits hängt ihre Wirksamkeit zweifellos vom Maß der erreichten Anpassung ab. Ein Prozeß kann sich, wenn er »von innen her« gesehen wird, oft als Störung der seelischen Harmonie präsentieren, während wir den gleichen Prozeß, wenn er »von außen« gesehen wird, als Anpassungsstörung charakterisieren müßten. So sind auch Triebkonflikte sehr häufig mit einer gestörten Beziehung zur Umwelt verbunden. In diesem Zusammenhang ist es auch bedeutsam, daß der gleiche Abwehrprozeß ganz allgemein dem doppelten Zweck dient, Herrschaft über die Triebe zu erlangen und eine Anpassung an die Außenwelt zu erreichen.

Indem wir so versuchten, die Anpassung, und besonders die Synthese zur Grundlage unseres Gesundheitsbegriffs zu machen, scheinen wir bei einem »evolutionären« Gesundheitsbegriff angelangt zu sein. Und tatsächlich stellt das einen psychoanalytischen Beitrag zum Begriff der seelischen Gesundheit dar, der nicht unterschätzt werden sollte. Andererseits leidet eine Konzeption, die das Maß der seelischen Gesundheit in Beziehung zum Maß der tatsächlich erreichten Entwicklung setzt (vergleiche den Faktor der rationalen Kontrolle und, auf der Triebebene, die Erreichung des genitalen Stadiums als Voraussetzung der Gesundheit), an gewissen Beschränkungen, zumindest in Hinsicht auf das Ich, auf die ich schon kurz hingewiesen habe.

Um zusammenzufassen: Ich habe es unternommen, eine Anzahl von Standpunkten zu erklären und zu diskutieren, die die Psychoanalyse gegenüber dem Gesundheitsbegriff tatsächlich eingenommen hat, sei es ausdrücklich, sei es als stillschweigende Folgerung. Auf einseitige Weise bin ich so vorgegangen, daß ich fast ausschließlich die Aufmerksamkeit auf jene Zustände der seelischen Gesundheit gelenkt habe, die man als in Beziehung zum Ich stehend ansieht. Ich habe mich absichtlich in dieser Weise beschränkt. Es schien mir, daß es gute Gründe dafür gegeben hat, daß die Psychologie des Es uns keinen Schlüssel zum Problem der seelischen Gesundheit liefern konnte. Außerdem sah ich mich, indem ich meinen Überblick vom Standpunkt des Ichs aus unternahm, in der Lage, bestimmte Probleme der Ich-Theorie zu besprechen, die entschieden nicht weniger wichtig sind als die Frage nach unseren Kriterien der Gesundheit. Der Beitrag, den ich selbst zur weiteren Entwicklung und zur Kritik dieser Ansichten leisten konnte, ermöglicht es uns sicherlich noch nicht, einen Gesundheitsbegriff einfach, eindeutig und endgültig zu formulieren. Aber ich glaube, daß er uns helfen kann, ganz klar zu erkennen, in welcher Richtung diese Prolegomena zu einer künftigen analytischen Theorie der Gesundheit weiterentwickelt werden müssen.

2. KAPITEL

PSYCHOANALYSE UND SOZIOLOGIE

(1944)

Heute ist evident geworden, daß viele Probleme, die den Sozialwissenschaften zugehören, nicht nur auch vom psychologischen Standpunkt aus gesehen werden können, sondern daß sie so gesehen werden müssen. Die Soziologen ziehen in immer zunehmendem Maß die Ergebnisse der Psychoanalyse und der nicht-analytischen Psychiatrie zu Rate. Ähnlich haben Psychologen und Psychiater, besonders aber die Psychoanalytiker, Eingriffe in das Gebiet der Soziologie vorgenommen. Wo praktische Probleme wie Erziehung, Kriminalität, Moral, Propaganda und ähnliche Fragen diskutiert werden, da wird auch der Psychologe herangezogen.

Es war zu erwarten, daß jede Psychologie, die sich nicht auf isolierte Ausdrucksformen der menschlichen Persönlichkeit oder auf ihre oberflächlichen Schichten beschränkt, wie das bei manchen Psychologen der älteren Schule der Fall war, schließlich vor der Aufgabe stand, die Beziehung des Individuums zu seiner sozialen Umwelt zu erklären — andererseits muß jede soziologische Erfassungsmethode auf gewissen Annahmen hinsichtlich der Struktur und des Verhaltens der menschlichen Persönlichkeit begründet sein. Tatsächlich ist die Soziologie eine Untersuchung menschlichen Verhaltens, auch wenn sie sich nur auf einen einzigen Aspekt beschränkt. Es leuchtet daher durchaus ein, daß die Soziologie ihre Grundlage in den Gesetzen der Psychologie finden sollte. Die früheren Konzepte der Gesellschaft, wie die Psychologen sie verwendeten, und die Vorstellung von der menschlichen Persönlichkeit, die die Soziologen hegten, waren höchst schematisch und daher nicht eben fruchtbar. Es waren Konzepte, die selten über den Punkt hinausgingen, auf den der gesunde Menschenverstand unter den Voraussetzungen einer Durchschnittserziehung kommen würde.

Einige Soziologen, die von den zu ihrer Zeit gültigen Methoden der wissenschaftlichen Psychologie enttäuscht waren, begründeten eine eigene Psychologie, die ihren Bedürfnissen besser entsprach. Sie schlugen damit den gleichen Weg ein wie die Pädagogen, Kriminologen und Ästheten, die durch das Fehlen einer systematischen Zusammenstellung des empirischen Wissens über die für sie bedeutsamen Persönlichkeitsfunktionen behindert waren.

Aber nicht jede Psychologie ist geeignet, Fragen der Sozialwissenschaft zu beantworten, nicht einmal eine Psychologie, die richtige und verifizierbare Ergebnisse liefern kann. Viele psychologische Schulen haben die sozialen Beziehungen des Individuums vollständig außer acht gelassen. Sie sprechen von Gesetzen, die die Denkprozesse lenken, ohne die Welt, auf die sich das Denken bezieht, in Rechnung zu stellen, sie sprechen von Gesetzen der Affektivität und vernachlässigen dabei die Gegenstände der Gefühle und die Situationen, die sie hervorgerufen haben. Mit anderen Worten: sie lassen die konkreten Objekte, in Beziehung zu denen das Verhalten auftrat, außer acht, ebenso wie die Wurzeln des Verhaltens in konkreten Lebenssituationen. Das kommt daher, daß sie das Individuum so untersuchen, als wäre es vollständig isoliert von der Welt sozialer Phänomene. Für diese Art psychologischer Methoden sind daher die Phänomene der Gruppenpsychologie völlig unzugänglich. Eine derartige Trennung des Individuums von der Welt, in der es lebt, ist ganz und gar künstlich. Diese Tendenz bildete ein schweres Hindernis für die Entwicklung der Psychologie, nicht nur bei ihren sozialen Anwendungen, sondern ebenso in vielen anderen Zusammenhängen.

Freud und die Psychoanalyse veranlaßten eine entscheidende Richtungsänderung der Wissenschaft. Am Ende des letzten Jahrhunderts hätten gewiß wenige Forscher vorausgesehen, daß die Grundlage für eine Psychologie der Beziehungen zwischen menschlichen Wesen aus der Untersuchung der Neurosen ihren Ursprung nehmen würde. Was sich tatsächlich ereignete war, daß durch die neue Art und Weise, sich der Neurose zuzuwenden — eine Art und Weise, die der Atmosphäre des psychologischen Laboratoriums völlig fremd war — die ganze Komplexität der Beziehungen des Einzelnen zu seinen Mitmenschen als Objekten von Liebe, Haß, Furcht und Rivalität in den eigentlichen Mittelpunkt des psychologischen Interesses rückte, wahrscheinlich ohne daß Freud selbst vorausgesehen hatte, welche Richtung sein Werk nehmen würde. Wie ich schon sagte, ging der Weg dahin über die Pathologie und darüber hinaus über die Erforschung der menschlichen Triebe, ihrer Entwicklung, ihrer Umformungen und ihrer Hemmungen. Seit damals hat sich die Psychoanalyse zu einer allgemeinen Psychologie entwickelt, die auch die Analyse des Normalverhaltens und der anderen seelischen Strukturen umfaßt. Die Tatsache allerdings, daß die Psychoanalyse diesen Usprung hatte, daß sie als eine Psychologie der »irrationalen« seelischen Erscheinungen und des Unbewußten oder eigentlich des »Es« begann, war im ganzen gesehen entscheidend für ihre Entwicklung wie auch für die der Sozialpsychologie. Es ist ohne weiteres ersichtlich, daß eine Psychologie, die nur die bewußten Interessen des Individuums an Macht, sozialer Position, Geldverdienen und dergleichen analysiert, ohne die Quellen dieser Interessen im Es zu beachten, zu eng ist, um der außerordentlichen Vielfalt der sozialen Phänomene, die der Aufklärung bedürfen, gerecht zu werden. Sogar viele Verhaltensformen, die »rational« erscheinen, nehmen einen anderen Aspekt an, wenn man sie nicht als isolierte Phänomene sondern im Licht des Gesamtverhaltens eines Individuums sieht. In psychoanalytischen Ausdrücken würden wir sagen: die Phänomene erscheinen in einem anderen Licht, wenn wir nicht nur die Ich-Aspekte beachten, sondern auch die des Es und des Über-Ichs.

Wir könnten fragen, in welcher Form die Beziehungen eines Individuums zu seinen Mitmenschen und zur »Gesellschaft« in die Sphäre der Psychoanalyse geraten. In erster Linie haben die Liebesbeziehungen des Menschen im weitesten Sinn des Wortes, das heißt von den sinnlichen bis zu den sublimierten Manifestationen (der Freundschaft zum Beispiel) und der Protest der Gesellschaft gegen viele Formen des sexuellen Ausdrucks das Interesse der Wissenschaftler auf diesem Gebiet erregt. Später hat sich die Psychoanalyse auch mit anderen Beziehungsformen, wie etwa den aggressiven Tendenzen und den Identifizierungen beschäftigt, die ebenso wichtig für die Gruppenpsychologie wurden. Die wesentliche Methode für das Verständnis dieser Phänomene, hier wie auch sonst in der Psychoanalyse, war das genetische Vorgehen. Von Anfang an war die Untersuchung der Entwicklung der menschlichen Objektbeziehungen einer der wichtigsten Teile der Analyse. Die Art, in der das Kind lernt, Objekte zu wählen und wiederzuerkennen, und die Art, in der diese infantilen Objektbeziehungen durch Wiederholungen, Verschiebungen, Umkehrungen und so fort die Liebesbeziehungen des Erwachsenen ebenso wie seine sozialen Beziehungen im beruflichen und politischen Leben entscheidend beeinflussen, bilden eines der Hauptthemen der analytischen Erfahrung, das bis heute noch nicht völlig ausgeschöpft wurde. Hier habe ich nur eine Gruppe von Problemen ausgewählt, die mir als Grundlage für gewisse Überlegungen geeignet scheint.

Vom Augenblick seiner Geburt an (tatsächlich sogar noch früher) steht der Säugling in beständigem Kontakt mit seiner sozialen Umwelt, und sein Leben hängt für eine lange Zeitspanne von diesen frühen Kontakten ab. Aber am Anfang erkennt das Neugeborene überhaupt keine Objekte im psychologischen Sinn. Der Prozeß der tatsächlichen Auskristallisierung von Objekten folgt nach einer Periode, in der ein bemerkenswerter Mangel an Differenzierung in allen Reaktionen herrschte. Dieser Prozeß steht in naher Beziehung zu den Bedürfnissen der Triebe einerseits und der Entwicklung des Ichs andererseits. Das Gewahrwerden der Welt der Objekte beruht teilweise auf der Ersetzung (oder Modifizierung) des Lustprinzips durch das Realitätsprinzip und hängt von der wachsenden Reife und Stärke des Ichs ab. Freud hat erkannt, daß die verlängerte Hilflosigkeit des Säuglings und seine protrahierte Abhängigkeit von der Welt der Erwachsenen zwei hauptsächliche Konsequenzen mit sich bringen, die vom Standpunkt seiner Entwicklung von Bedeutung sind. Diese frühe Abhängigkeit fördert eine weitreichende Differenzierung zwischen dem Es und dem Ich, und sie begünstigt die Möglichkeiten der Ich-Reifung und der Lernprozesse. Aber diese Abhängigkeit erhöht auch die Bedeutung äußerer Gefahren, ebenso wie diejenige der Objekte, die Schutz bieten, in einem Ausmaß, das bei den niedrigeren Tieren unbekannt ist. Angesichts dieser vollständigen Ahängigkeit von der Fürsorge und dem Schutz durch andere ist es natürlich, daß das Bedürfnis des Menschen nach Liebe und seine Angst, die Liebe des Objekts zu verlieren, besonders stark entwickelt sind.

Es leuchtet ein, daß analytische Funde dieser Art von großer Bedeutung für die Soziologie sind. Gleichzeitig stellen sie, vom Standpunkt der Anpassung, der Reifung und des Lernens gesehen, ein wesentliches Gebiet der menschlichen Biologie dar. Die Beziehung des Säuglings zu seiner Mutter, die Aufrichtung des Realitätsprinzips, die Veränderungen in den Arten der Triebbefriedigung lassen sich alle sowohl »biologisch« wie »soziologisch« beschreiben. Es gibt natürlich Elemente, auf die das nicht zutrifft, wie etwa die triebhafte Anlage, die Ich-Konstitution, die Reifung usw. Die Psychoanalyse ist in der Tat besonders an der psychologischen Untersuchung derartiger »sozialer« Faktoren interessiert, die gleichzeitig von »biologischer« Bedeutung sind. Ich bin mir des unklaren Charakters dieser Ausdrücke durchaus bewußt, und es wäre vielleicht am besten, einfach festzustellen, daß diese verschiedenen Gebiete ihren Platz sowohl im Rahmen der Soziologie wie der Biologie finden können. Wenn ich mich hier ausschließlich auf die soziologische Betrachtungsweise konzentriere, so weil mein Gegenstand das erfordert. Ich unterschätze die biologischen Folgerungen keineswegs.

Die beim Kind so lange währende Abhängigkeit und Hilflosigkeit sind Erscheinungen, die wir bei allen menschlichen Wesen antreffen, unabhängig von ihrer Kultur und Zivilisation, wenn sie auch bei strengem Vergleich vielleicht nicht völlig identisch sind. Die Art aber, in der die Welt der Erwachsenen mit diesen Tatsachen umgeht, unterscheidet sich in den verschiedenen Kulturen. Ferner wird das Problem innerhalb einer gegebenen Kultur nicht in allen Familien auf die gleiche Weise behandelt, und in der gleichen Familie gibt es Variationen von einem Kind zum anderen. Unter diesen Faktoren gibt es also einige, die konstant und einige, die variabel sind. Sie stimmen keineswegs mit den biologischen und soziologischen Faktoren überein. Hinsichtlich der Grenze zwischen den beiden oder der Art, dem Ausmaß und der Zeit, in der die Impulse des sehr jungen Kindes durch kulturelle Einflüsse kontrolliert werden, oder der Befriedigungen und Frustrationen, die das Kind während des Prozesses und der speziellen Entwicklung seines Ichs erlebt, das mit mehr oder weniger Erfolg die Forderungen der Außenwelt mit seinen infantilen Bedürfnissen in Einklang bringt, kann man zu Durchschnittswerten gelangen, die für jede spezifische Kultur charakteristisch sind. Das trifft zu, obgleich in jedem Fall auch andere Faktoren, wie etwa konstitutionelle und entwicklungsmäßige eine Rolle spielen. Da Freud die Ergebnisse der Psychoanalyse der Anthropologie zugänglich machte (darüber soll später gesprochen werden), kann man in diesem Zusammenhang die Anthropologie benutzen, um analytische Probleme zu lösen. Unterm Einfluß der Psychoanalyse begannen die Anthropologen, die genannten und andere, der gleichen Sphäre zugehörige Faktoren mit in Rechnung zu stellen. Wie in anderen Sozialwissenschaften auch, förderten Begriffe, die auf analytischer Erfahrung basierten, neue Tatsachen und neue Beziehungen innerhalb des Materials ans Licht und rief die neue Art, Fragen zu stellen, neue Antworten hervor, die ihrerseits innerhalb des psychoanalytischen Rahmens Relevanz gewannen. Die Plastizität der infantilen Situation und ihrer Grenzen, das Maß, in dem sie durch kulturelle Faktoren beeinflußt werden können oder nicht, werden am besten durch anthropologische Untersuchungen statt durch die Analyse einzelner Individuen der gleichen Kultur abgegrenzt. Für solche Probleme besitzt die Anthropologie einen gewissen experimentellen Wert und trägt in bestimmten Fällen Material bei, das psychoanalytische Annahmen bestätigt oder negiert.

Der historische Aspekt des psychoanalytischen Denkens bewahrt die Analyse davor, nichts anderes als eine Lehre von »der Natur des Menschen« zu sein, in dem Sinn, in dem zum Beispiel die Philosophen des 18. Jahrhunderts dies Problem sahen. Die Psychoanalyse befaßt sich mit den Modifikationen, die wechselnde Bedingungen auf die allgemeinen menschlichen Situationen und Eigenschaften ausüben. Unter diesen Bedingungen spielen die sozialen Faktoren eine einzigartige Rolle. Obwohl wir das Vorhandensein aggressiver Triebimpulse bei allen Menschen voraussetzen, können wir nicht den Schluß ziehen, daß ein völlig umgrenzter Ausdruck dieses Impulses, Kriegführen zum Beispiel, in der menschlichen Geschichte unvermeidlich sei. Der Ausdruck grundlegender aggressiver Tendenzen wird durch Faktoren bestimmt, die sich im Laufe der Generationen verändern können. Andererseits wird natürlich die Negation aller konstanten Elemente unter denjenigen, von denen man nachweisen kann, daß sie den Prozeß der Menschwerdung beeinflussen, durch die Erfahrung widerlegt. Die Psychoanalyse kann noch weitergehen und nachweisen, daß das Es, das Ich und das Über-Ich den Einflüssen der Außenwelt und ganz besonders den Einflüssen kultureller Faktoren Widerstände verschiedenen Ausmaßes entgegensetzen. Die Psychoanalyse vermittelt uns einen Eindruck von der Art und Weise, in der das Ich und das Über-Ich modifiziert werden können, und ähnlich gibt sie uns einen nachdrücklichen Hinweis auf die Hartnäckigkeit, mit der das Es sich Einflüssen aus der Außenwelt widersetzt. (Ich will an diesem Punkt nicht die typischen Umformungen des Es während der Entwicklung des Individuums und die Möglichkeit, das Es durch den therapeutischen Prozeß der Analyse zu beeinflussen, näher besprechen.) Auf alle Fälle möchte ich nicht nur betonen, daß Freud die Bedeutung der sozialen Faktoren für die Charakterentwicklung und für die Neurose völlig erkannte, sondern auch, daß er der erste war, der ihnen einen wissenschaftlich faßbaren Platz in den verschiedenen Bereichen der Psychologie und der Psychopathologie zuwies.

Es ist vielleicht nützlich, die große Vielfalt der Weisen, in denen das Verhalten des Individuums durch kulturelle Faktoren beeinflußt werden kann, von mindestens zwei verschiedenen Standpunkten aus zu gruppieren, beginnend mit den Schichten der Persönlichkeit, auf die diese Faktoren Einfluß ausüben. Sie können, zusammen mit anderen Einflüssen, die zentrale Struktur der Persönlichkeit mitbestimmen, indem sie zum Beispiel die frühe Errichtung spezifischer Reaktionsbildungen hervorrufen, oder sie können das Maß der Strenge des Über-Ichs oder das Maß der Beweglichkeit des Ichs mitbestimmen. Andererseits kann ihre Auswirkung ein wenig weiter entfernt vom Kern der Persönlichkeit statthaben. Individuen mit der gleichen (oder richtiger, mit ähnlicher) Konstitution und Kindheitsgeschichte werden trotzdem in unterschiedliche Entwicklungsbahnen gedrängt werden, je nachdem sie zu einer Gesellschaft mit der einen oder der anderen Sozialstruktur gehören und innerhalb dieser Gesellschaft zu der einen oder anderen sozialen Schicht, da ja die Frustrationen und die Sublimierungsmöglichkeiten und so weiter charakteristisch für die Gesellschaft und die soziale Schicht sind. (Selbstverständlich lasse ich hier nichtpsychologische Faktoren außer Betracht.) Es gibt also kulturelle Faktoren, die die geistige Struktur einer Person oder die Art, in der sie Konflikte löst, nicht beeinflussen, sondern ausschließlich die oberflächlichen Schichten der Persönlichkeit, das heißt die Wahl von Rationalisierungen, die begriffliche Sprache, gewisse geistige Inhalte und so fort. Diese Unterscheidung dient nur dazu, unser Problem zu konkretisieren und eine Tendenz zu bekämpfen, angesichts vollständig ungleichartiger psychologischer Inhalte soziale Faktoren als gleichbedeutend anzusehen. Natürlich gibt es Übergänge zwischen den drei Gruppen von Faktoren, die ich erwähnt habe. Ein weiterer, ebenso unerläßlicher Beitrag zur Organisation sozialer Fakten entsprechend ihrer psychologischen Bedeutung besteht darin, ihre spezifischen Auswirkungen auf das Es, das Ich und das Über-Ich zu beachten.

Wenn wir zum Beispiel mit der Frage konfrontiert werden: welches sind die kulturellen Faktoren, die einen Einfluß auf die Häufigkeit und den Typus der Neurosen ausüben, dann muß man viele der oben erwähnten Faktorengruppen, entsprechend ihrer individuellem Bedeutsamkeit in Betracht ziehen. Die Tatsache, daß die Neurose das spezifische Ergebnis eines Konflikts zwischen den Trieben und dem Ich und Über-Ich ist, bleibt das grundlegende psychologische Charakteristikum der Neurose, wenn man sie ätiologisch ansieht. Allerdings kommt es auch zu Umformungen (Transformationen) des Typus der neurotischen Erscheinungen. Veränderungen in den Formen der Neurosen innerhalb der westlichen Kultur während der letzten Generation zum Beispiel legen nahe, daß die Tiefenstruktur der Persönlichkeit durch kulturelle Bedingungen modifiziert wurde. Außerdem spielen verschiedene soziale Faktoren eine Rolle. Das wird durch die Tatsache erwiesen, daß die gleiche Neurosenform für Menschen, die in unterschiedlichen sozialen und ökonomischen Situationen existieren, unterschiedliche Auswirkungen hat. Schließlich finden wir auch Unterschiede in der Symptomatologie der Neurosen in unterschiedlichen Kulturen, der ausschließlich mit dem Inhalt (der Wahl des Objekts der Angst in den Phobien zum Beispiel) zu tun hat. Die relative Bedeutung der sozialen Elemente im Vergleich zu anderen Faktoren, die einen Einfluß auf Entstehung und Form der Neurose ausüben, bildet ein Problem, dem ich mich jetzt nicht zuwenden will. Ich habe dies Beispiel nur erwähnt, um zu zeigen, auf welche Art man Begriffe wie »Kultur«, »Zivilisation« und »Gesellschaftsformen« auflösen muß, die ursprünglich nicht durch das Begriffssystem der Psychologie sondern durch das anderer Wissenschaften definiert sind, wenn man die Wechselwirkungen zwischen Mensch und Gesellschaft untersuchen will.

Ich möchte mich nicht weiter in Richtung auf eine zunehmende Spezifizierung in dieser Hinsicht bewegen, sondern mich lieber auf ein allgemeines Charakteristikum dieser wechselseitigen Beziehungen konzentrieren. Lassen Sie uns das Problem durch einen Vergleich mit bestimmten lehrreichen Beobachtungen einführen, die mit der Theorie der Neurosen zu tun haben. Wir wissen, daß bei der Hysterie die Wahl des betroffenen Organs teilweise durch die besonderen physischen Eigenschaften dieses Organs determiniert ist. Freud beschreibt das als *somatisches Entgegenkommen*. Zwischen der seelischen Struktur des Individuums und seiner sozialen Umgebung besteht eine analoge Beziehung. Das gibt uns das Recht, von *sozialem Entgegenkommen* zu sprechen, worunter wir die Tatsache verstehen, daß soziale Faktoren auch psychologisch in einer Art beschrieben werden müssen, daß ihre selektiven Auswirkungen sichtbar werden; sie operieren in Richtung auf die Auswahl und die Bewirkung bestimmter Tendenzen und deren Ausdruck hin sowie auf bestimmte entwicklungsmäßige Trends unter denjenigen, die in jedem gegebenen Moment in der Struktur des Individuums potentiell nachweisbar sind. Diese selektiven Prozesse sind in jedem Stadium der menschlichen Entwicklung gegenwärtig.

Uns interessiert daher in erster Linie die Frage: in welcher Weise und in welchem Ausmaß bringt zum Beispiel eine bestimmte Gesellschaftsstruktur gewisse Triebtendenzen oder gewisse Sublimierungen an die Oberfläche, provoziert oder verstärkt sie? Andererseits verdient die Art, in der verschiedene Gesellschaftsstrukturen die Lösung bestimmter seelischer Konflikte durch eine Beteiligung der gegebenen gesellschaftlichen Realitäten — durch Handlung oder in der Phantasie — erleichtern, eine spezielle Untersuchung. Lassen Sie uns ein Beispiel nehmen, das auf die Pathologie übergreift. Freud (1924 b) beschreibt einen Menschentyp (die moralischen Masochisten), bei dem die Moral sexualisiert ist und bei dem die üblichen Konflikte zwischen dem Ich und dem Über-Ich regressiv in sozialen Beziehungen und gegen Institutionen in der Außenwelt ausgedrückt werden. Solche Menschen erwarten und provozieren Leiden und Strafen von Repräsentanten der Eltern, von persönlichen oder unpersönlichen Autoritäten und vom Schicksal. Die Existenz in einem absolut autoritären System — das für andere Persönlichkeitstypen unerträglich wäre — macht es solch einem Menschen möglich, durch die Verwertung der Realität eine Lösung für seine Konflikte zu finden.

Es gibt also eine große Anzahl von Menschen, bei denen aktives gesellschaftliches Betragen kein rationales Handeln darstellt sondern ein Ausagieren in bezug auf die soziale Realität, das mehr oder weniger neurotisch ist. Mit diesem Agieren wiederholen sie infantile Situationen und suchen ihr soziales Verhalten dazu zu benutzen, intrapsychische Konflikte zu lösen. Ein zu starkes Sichverlassen auf die Wirklichkeit kann auch dazu verwendet werden, Furcht zu überwinden. Es kann den Charakter eines Symptoms haben, muß es aber nicht. Es hängt auch von den Besonderheiten des sozialen Milieus ab, welche Konflikte und Angstspannungen durch das soziale Verhalten überwunden werden. Andererseits führt eine Modifizierung der Gesellschaftsstruktur, die diese Aktivität einschränkt oder die zum Beispiel bestimmte sublimierte Aktivitäten schwieriger macht, manchmal zu einem Wiederauftauchen jener Konflikte, die zeitweise überwunden waren, und dient dazu, eine Neurose herbeizuführen. (Das gilt natürlich nur dort, wo es Kindheitssituationen gab, die den Menschen prädisponierten, solch eine Neurose zu entwickeln.)

Die Möglichkeiten der Anpassung der gleichen (oder etwa der gleichen) psychischen Struktur kann in verschiedenen Formen der Gesellschaft und in verschiedenen Klassen der Gesellschaft unterschiedlich sein. Ein bestimmter Grad von zwanghafter Charakterbildung zum Beispiel, der sich innerhalb bestimmter Gruppen oder angesichts bestimmter Institutionen als Anpassungsstörung manifestiert und das veranlaßt, was wir als soziales Versagen bezeichnen könnten, kann sich unter anderen gesellschaftlichen Bedingungen nicht nur als nicht störend bei der Erfüllung wesentlicher sozialer Verpflichtungen erweisen, sondern tatsächlich für sie verantwortlich sein. Vergegenwärtigen wir uns das Problem entsprechend den von mir bisher vorgetragenen Gedankengängen, so können wir die verschiedenen Möglichkeiten der Konfliktlösung und die verschiedenen Maße an psychischer Stabilität, die die Gesellschaftsstruktur dem Individuum bietet, ins Auge fassen. Andererseits kann man die Frage nach dem Beitrag der sozialen Umwelt zur Entwicklung des spezifischen Grundverhaltensmusters, zur Lösung von Konflikten und zum Ausmaß des erreichten Gleichgewichts völlig ignorieren und eine andere Frage stellen: welches sind die sozialen Funktionen, die in jedem gegebenen sozialen Milieu, für jede gegebene Persönlichkeitsstruktur entweder leicht oder mit Schwierigkeiten oder überhaupt nicht zugänglich sind, unabhängig von der Art, in der die Persönlichkeitsstruktur entwickelt wurde. (Ich beschränke mich hier auf die psychologische Seite des Problems.) Es ist kaum nötig, darauf hinzuweisen, daß diese Frage nur *ceteris paribus* beantwortet werden kann, da eine große Anzahl nichtpsychologischer Faktoren, sowohl ökonomische als andere, an dem Prozeß beteiligt sind. Wir dürfen daher sagen: die Beziehung zwischen dem Individuum und der Gesellschaft kann für spezifische Typen von Menschen und für spezifische Gesellschaftssysteme und Gesellschaftsschichten beschrieben werden, nicht nur hinsichtlich der Auswirkung, die das System auf das Individuum hat, sondern auch hinsichtlich der sozialen Funktionen, die das System ihm abfordert. Erstere besteht aus dem Zum-Vorschein-Kommen, der Unterdrückung und der Verschiebung psychologsicher Impulse des Individuums, insofern diese durch den Einfluß der Gesellschaft bedingt sind. Im zweiten Fall könnte man von einer Art von sozialer Selektion sprechen und diese als die Verschiebungen in der sozialen Umwelt verstehen, die für einen gegebenen Typus des Individuums zugänglich oder untersagt sind. Auch dies könnte man unter dem Thema des sozialen Entgegenkommens sehen, wenn man den Begriff breiter auffaßt. Nicht nur die erste sondern beide Fragen müssen beantwortet werden, damit die Psychoanalyse etwas Wesentliches zu Problemen wie etwa dem beitragen kann, wie sich in einem gegebenen Gesellschaftssystem die Wahl der politischen Führer vermutlich abspielt.

Wir sind nun an dem Punkt angekommen, wo man die soziologische Anwendung der Entdeckungen und Standpunkte der psychoanalytischen Forschung ins Auge fassen kann. Ich will versuchen, einige der Prämissen, Möglichkeiten und Schwierigkeiten des analytischen Vorgehens in Beziehung auf dies Gebiet der Wissenschaft zu skizzieren. Man kann aus dem, was schon gesagt wurde, mindestens *einen* Schluß ziehen. Ein häufiges Argument gegen die Anwendung der Psychologie auf die Soziologie ist, daß die Psychologie nur den Einzelnen verstehen kann, während sich die Soziologie mit dem kollektiven Verhalten befaßt. Aber dies Argument ist nur insoweit gültig, als die Psychologie die Beziehungen zwischen dem Individuum und seiner Umwelt, besonders seiner sozialen, aus ihren Überlegungen ausschließt. Nicht gültig ist es, wenn die wechselseitigen Beziehungen zwischen dem Menschen und seinen Mitmenschen in all ihren Variationen und Tönungen den Kern der Beobachtungen und der theoretischen Schlußfolgerungen bilden, wie das in der Psychoanalyse der Fall ist. Außerdem benutzen die Soziologen heute ebenfalls in zunehmendem Maß lebensgeschichtliche Dokumente für ihre Untersuchungen.

Ein anderes Argument lautet, daß man soziales Verhalten nicht oder wenigstens nicht völlig verstehen kann, wenn man nicht die soziale Wirklichkeit in Rechnung stellt, um die herum das Verhalten sich orientiert. Eine kurze Überlegung zeigt aber, daß das, was ich über die Position der Psychoanalyse hinsichtlich der zwischenmenschlichen Beziehungen gesagt habe, allgemeinere Bedeutung hat. Dies war nur ein spezieller Fall der allgemeinen Art, in der die Psychoanalyse die Beziehung zwischen dem Menschen und der Realität sieht. Das menschliche Verhalten ist auf seine Umwelt hin orientiert und die psychoanalytische Methode schließt in ihre Darstellung die Realitätsstruktur ein. Das wird besonders deutlich in Freuds letzter Version seiner Theorie der Angst (1926 a), die die innere Gefahr zu der äußeren in Beziehung setzt, und in Anna Freuds Darstellung (1936) der Formen der Abwehr, die das Kind gegen das Unbehagen und die Gefahren entwickelt, die es von der Außenwelt her bedrohen. Wir glauben nicht, daß man das gesamte Verhalten eines Individuums aus seinen Trieben und Phantasien erklären kann. Wenn wir als Analytiker uns nach den Ursachen von Krieg und Frieden oder denen einer religiösen Bewegung fragen, wenn wir uns fragen, warum bestimmte politische Führer zur Macht gelangen und warum manche spezifische Gruppen sich in der Beziehung zu ihrem Führer auf die eine statt auf die andere Weise verhalten, dann glauben wir, daß wir durch unser Verständnis der Reaktionen von Individuen und Typen in konkreten Situationen zur Lösung dieser Probleme beitragen können. Aber unter keinen Umständen kann man die Rolle übersehen oder vernachlässigen, die die ökonomische oder die Sozialstruktur als teilweise unabhängige Faktoren spielen. In der angewandten Psychoanalyse treten sie an die Stelle der »Realität« in dem Sinn, den ich umrissen habe, und es wäre völlig sinnlos, ihre Autonomie zu leugnen. Das wäre so, als übersähen wir in unserer analytischen Praxis die Tatsache, daß der Patient sein spezifisches Verhalten an seiner besonderen Umgebung orientiert.

Die Beiträge, die die Psychoanalyse zur Sozialwissenschaft leisten kann, differieren bei den verschiedenen Zweigen dieser Wissenschaft in ihrer Bedeutung und Wichtigkeit. Überall verstreut in Freuds Arbeiten finden wir zahlreiche Bemerkungen zu diesem Gegenstand, unter denen einige sehr scharfsinnig sind. In seinem Aufsatz »Die ›kulturelle‹ Sexualmoral und die moderne Nervosität« (1908 b) aber legt er zum ersten Mal ausdrücklich und systematisch seine Ansichten über die Beziehung der Psychoanalyse zu einem soziologischen Problem dar. Der Inhalt der Untersuchung handelt von dem Einfluß kultureller Faktoren auf das Triebleben und dessen Bedeutung für Neurosen und Perversionen. Einige Jahre später folgte diesem Aufsatz das Buch »Totem und Tabu« (1913—14). Es stellt einen weitreichenderen Versuch dar, psychoanalytische Ergebnisse auf die Anthropologie anzuwenden. Der Gegenstand des Buches hat mit der Inzestangst der Primitiven, mit der Beziehung zwischen

Tabus und Ambivalenz zu tun. Der Vergleichspunkt ist hier in erster Linie die analytische Psychologie der Zwangsneurose. In bezug auf das Problem des Totemismus findet Freud ebenfalls in der empirisch gut begründeten analytischen Erfahrung eine Methode, anthropologische Fragen anzugehen. Diesmal ist es die Tier-Phobie bei Kindern und der Ödipuskomplex im allgemeinen. Seine Deutung führt eine These über die sehr frühe Geschichte des Menschen ein, die sich um die Vatertötung dreht. Freuds zweiter entscheidender Beitrag zur Soziologie wird in seinem Buch »Massenpsychologie und Ich-Analyse« (1921) vorgelegt. Die Phänomene der Massenpsychologie werden hier auf der Grundlage der Hypothese beschrieben, daß in der kurzlebigen Massenbildung Mitglieder der Gruppe das Ich-Ideal durch den Führer ersetzen und daher ihr eigenes Ich mit denen der anderen identifizieren. Andererseits werden die in dem Buch erarbeiteten neuen Gesichtspunkte für eine Erweiterung der analytischen Ich-Psychologie benutzt. Eine andere Reihe von Untersuchungen Freuds dient ebenfalls diesem doppelten Zweck, indem gleichzeitig soziale Phänomene erklärt und zu einer breiteren Entwicklung der psychoanalytischen Psychologie beigetragen wird. Wir sehen das in seiner späteren Arbeit »Das Unbehagen in der Kultur« (1930), die in erster Linie von den Beziehungen zwischen den aggressiven Trieben und der Kultur handelt, zur gleichen Zeit aber eine völlig neue Einsicht in das Problem der Schuldgefühle und in das Schicksal der Aggressionen während der Entwicklung des Über-Ichs vermittelt. Es wäre ebenso untunlich wie überflüssig, wenn ich hier weiter auf Einzelheiten eingingen, um die außerordentliche Fruchtbarkeit der Gedanken nachzuweisen, die in diesen Arbeiten Freuds hervortreten. Es genügt festzustellen, daß diese Gedankengänge das erste große Vordringen der Psychologie des Persönlichkeitskernes auf breiter Front in den Bereich der Sozialwissenschaften darstellen [1]. An diesem Punkt möchte ich nur betonen, daß es sicherlich nicht Zufall war, daß Freud für diese höchst wichtigen Untersuchungen Gegenstände wählte, die nur durch die Fruchtbarmachung einer Psychologie der unbewußten psychischen Impulse und des »irrationalen« Verhaltens zu klären sind. Außerdem behandelt Freud in der

---

[1] Hier, wie bei anderen Gelegenheiten, spreche ich von der Sozialwissenschaft im allgemeinen, statt mich auf die Soziologie zu beschränken, weil wir, wenn wir die Psychoanalyse auf die Soziologie anwenden, auf Probleme stoßen, die bei der Anwendung auf die Geschichte, die Anthropologie usw. von gleicher Bedeutung sind.
Einige dieser allgemeinen Probleme lassen sich u. U. besser erhellen, wenn man Beispiele aus diesen anderen Zweigen der Sozialwissenschaft heranzieht.

Mehrzahl der Situationen, die er darstellt, Ereignisse, die nicht nur einmal in der Geschichte vorfielen. Es sind Ereignisse von einer Art, die sich wiederholen, wobei wesentliche Elemente unverändert bleiben.

Viele andere soziologische Probleme, wie etwa die Marktforschung, Reklame, politische Statistik usw. werden vermutlich keinen so großen Gewinn von der Psychoanalyse haben. In diesen Fällen entstammt das menschliche Verhalten, das untersucht werden soll, in hohem Maß jenen Schichten der Persönlichkeit, die nicht im Mittelpunkt des analytischen Interesses und der Forschung stehen. Ich werde darauf zurückkommen. Inzwischen aber möchte ich die Überlegung anstellen, an welchen Punkten man tatsächlich die komplizierten sozialen Vorkommnisse analytisch interpretieren kann und welcher Voraussetzungen es bedarf, um diese analytischen Deutungen zu ermöglichen.

Theoretisch sollte man imstande sein, die Ergebnisse persönlicher Analysen, von denen jetzt eine große Anzahl zugänglich sind, zu benutzen, um viele der gegenwärtigen soziologischen Probleme zu untersuchen. Jede dieser Analysen bietet uns eine unvergleichliche Einsicht in die intimen Beziehungen zwischen der Persönlichkeitsstruktur und der Sozialstruktur. Aber die einschlägigen Erfahrungen der Psychoanalytiker sind bis heute nicht in systematischer Weise verwendet worden. Es gibt noch eine andere Methode, die die Psychoanalyse sehr früh entdeckt hat, mit deren Hilfe sie Kulturen aus diversen Epochen untersuchen könnte. Zu ihr gehört das Studium der Mythen, der kollektiven Symbole und der Ideologie eines Volkes, die der analytischen Deutung zugänglich sind. In manchen Situationen haben solche Analysen unser Verständnis beträchtlich gefördert, aber in anderen ist es schwierig, sich ein hinreichend deutliches Bild von der tatsächlichen sozialen Bedeutung, Verteilung und Funktion dieser kollektiven Phänomene zu machen. Die analytische Untersuchung sozialer Institutionen gestattet uns häufig, in hinreichend zuverlässiger Weise festzustellen, welche Triebimpulse, Ich-Interessen oder Formen von Schuldgefühl durch diese Art von Institution befriedigt werden. Es kommt nicht selten vor, daß solch eine analytische Deutung auch zum Verständnis der Entstehung dieser Phänomene beiträgt. Mittels solcher Analysen kann man die psychischen Tendenzen und die Reaktionstypen der Mitglieder der Gesellschaft, der diese Institutionen zugehören, mehr oder weniger erhellen. In der Regel ist eine soziologische Untersuchung notwendig, um eine zuverlässige Antwort auf die Frage zu erhalten: bis zu welchem Maß drücken Institutionen die psychischen Tendenzen der einzelnen Mitglieder einer gegebenen Gesellschaft aus und welche Schichten der Gesellschaft werden auf diese Weise repräsentiert? Eine

Institution wird manchmal die Bedürfnisse der Mehrheit befriedigen, aber sie kann auch durch eine Minderheitengruppe aufgezwungen sein; oder andererseits kann sie Teil einer Tradition sein, die ihrerseits aus psychologischen Gründen aufrechterhalten wird usw.

Aber in diesem Zusammenhang müssen wir auch an das Phänomen des »Funktionswandels« denken, da ja bestimmte soziale Phänomene, die ihren Ursprung als Ausdruck genau bestimmter psychologischer Tendenzen nahmen, während ihrer historischen Entwicklung zum Ausdruck anderer Tendenzen werden können. Institutionen, die sich auf Traditionen aufbauen, drängen sich, selbst wenn sie historisch ganz oder teilweise auf die psychologischen Trends der vorangehenden Generationen zurückgeführt werden können, den nachfolgenden Generationen als Realitäten auf, in dem Sinn, in dem ich das oben dargestellt habe. Häufig befriedigen sie weiterhin in breitem Strom dieselben psychologischen Bedürfnisse, denen sie ursprünglich ihre Erschaffung verdankten. Aber das tritt, wie ich schon sagte, nicht immer ein. Selbstverständlich sind auch die Schlüsse, die man aus dem sichtbaren politischen Verhalten eines Individuums in bezug auf seine Motive oder seine Persönlichkeitsstruktur ziehen kann, in einem demokratischen System andere, als das in einem totalitären System der Fall wäre; und entsprechend sind sie in einer modernen Diktatur andere, als sie in einer Diktatur der Vergangenheit gewesen wären. Etwas Ähnliches trifft auf all das zu, was wir unter der Rubrik der technischen Ausstattung zusammenfassen, deren Gebrauch eine Gesellschaft charakterisiert. Die auf einen Einzelnen angewandte Psychoanalyse ermöglicht es uns, die psychologische Signifikanz seiner Wahl eines technischen Mittels statt eines anderen zur Erreichung seines Ziels zu verstehen.

Wendet man die Psychoanalyse auf die Soziologie an, dann fehlt uns diese direkte Quelle der Information. Gewiß ist es selbst in dieser Situation häufig möglich, aus den benutzten Mitteln Schlüsse hinsichtlich der zugrundeliegenden psychologischen Tendenzen zu ziehen. Es ist aber selbstverständlich unmöglich, den Schluß zu ziehen, daß das Ausmaß der zerstörerischen Kraft der Kriegswerkzeuge, die in irgendeiner Epoche benutzt wurden, an sich einen direkten Maßstab für die relative Aggressivität der teilnehmenden Individuen liefern könnte. Die Relationen zwischen den beiden Faktoren sind nicht eindeutig. Andererseits kann es durchaus möglich sein, auf der Grundlage einer vorangegangenen Analyse der historischen Situation, der Sozialstruktur und des Standes der technischen Entwicklung solche Schlüsse zu ziehen. Das bedeutet, daß man Grundmuster aufstellen muß, die in bezug sowohl auf ihre psychologischen wie ihre soziologischen Aspekte so spezifisch wie möglich sind. Diese Grundmuster werden uns dann gestatten, unsere psychoanalytischen Funde hinsichtlich der Kräfte und Mechanismen, die unter gegebenen Umständen wirken, auf sie anzuwenden.

Die vorangehende Diskussion zielte auf die Klärung der Prämissen ab, die in bestimmten soziologischen Sphären eine analytische Deutung möglich machen. Ich wende mich nun für einen Augenblick zu der oben erwähnten Unterscheidung zwischen soziologischen Problemen, die mehr und solchen die weniger zugänglich für die Analyse sind, zurück. In jeder Situation, in der menschliches Verhalten überwiegend rational ist, kann man die Reaktion der durchschnittlichen Person mit einem gewissen Grad an Genauigkeit vorhersagen, ohne psychoanalytische Begriffe in Anspruch nehmen zu müssen. Das trifft auf solche Situationen zu, bei denen das Verhalten weitgehend vom bewußten oder vorbewußten Ich bestimmt wird. Natürlich muß man auch hier das Verhalten psychologisch erklären. Trotzdem gibt es Situationen, in denen man das Verhalten ziemlich genau voraussagen kann, wobei man die tieferen Schichten der Persönlichkeit sozusagen in Klammern setzt. Abgesehen davon werden in allen Situationen, in denen das Es, das Über-Ich oder die unbewußten Anteile des Ichs eine wichtige Rolle spielen, Feststellungen nur dann verläßlich sein, wenn sie sich auf psychoanalytische Funde stützen.

Im Kern der analytischen Fragestellung fand man immer, und findet noch heute jene psychologischen Bereiche, die mit menschlichen Konflikten zu tun haben, wie etwa den Konflikten zwischen Gewissen und Trieben, den Konflikten mit der Außenwelt usw. Erst in einer späten Periode unserer analytischen Erfahrung begannen wir, die nichtkonfliktuöse Entwicklung und die ganzen konfliktfreien Sphären des Ichs zu untersuchen; und wenn wir es taten, so weil wir irgendwelche speziellen Punkte verfolgten. Zum Beispiel untersucht die Psychoanalyse die Art, in der der Reifungsprozeß, Begabungen und auch jene Ich-Interessen, die diesen Faktoren entsprechen, Konflikte und ihre Lösung beeinflussen. Entsprechend stellt bei der Anwendung der Psychoanalyse auf soziologische Probleme die Theorie des menschlichen Konflikts den wichtigsten Beitrag zur Sozialwissenschaft dar. Außerdem muß, da wir fanden, daß Konflikte und Konfliktlösungen nur dann gründlich verstanden werden können, wenn man die Entwicklungsgeschichte des Individuums mit einschließt, der genetische Standpunkt ein integraler Teil der psychoanalytischen Forschung sein. Die Frage nach der Stabilität von Charakterzügen zum Beispiel oder die Frage, ob man ein bestimmtes spezifisches Verhalten von einem Individuum erwarten kann oder nicht, läßt sich in vielen Fällen nicht ohne die Kenntnis seiner Entwicklung beantworten. Häufig gestattet ein Querschnitt noch keine Prognose; der Soziologe aber muß sich gewöhnlich mit diesem Stand der Dinge zufriedengeben. Allgemein gesprochen, kann er Konflikte und deren Lösung nicht mit in Rechnung stellen und muß sich in seinen Untersuchungen oft darauf beschränken, das offen zutage liegende Verhalten des Individuums zu untersuchen. Für viele Soziologen scheint nichts als das aktuelle gesellschaftliche Verhalten relevant. Statt die komplexen Determinanten des menschlichen Verhaltens, die die Psychoanalyse nachgewiesen hat und die häufig über das Bewußtsein hinausreichen, in Betracht zu ziehen, beschränken sich die Soziologen meist auf das Wissen über die bewußte Motivation. Ich habe schon gezeigt, unter welchen Umständen dies zuverlässige Resultate ergeben kann und unter welchen Umständen nicht. Viele Phasen des menschlichen Verhaltens, die für die Psychoanalyse bedeutsam sind, liegen für die Soziologie an der Peripherie und umgekehrt. Selbst wenn wir als Prinzip aufstellen möchten, daß die Soziologie auf der Psychologie basiert, müssen wir zugeben, daß die beiden Bereiche verschiedene Zentren haben. Trotzdem aber haben neuere Forschungen, bei denen Soziologen und Psychoanalytiker an einer gemeinschaftlichen Untersuchung zusammenarbeiteten und die gleichen Phänomene unter verschiedenen Blickwinkeln angingen, zum allmählichen Entstehen einer gemeinschaftlichen wissenschaftlichen Sprache geführt. Manche analytisch ausgebildeten Anthropologen haben begonnen, sich in ihrer Feld-Arbeit und bei ihren Schlußfolgerungen mit Aspekten des primitiven Verhaltens zu beschäftigen, die früher ihrer Aufmerksamkeit entgangen wären. Gewisse charakteristische Züge, die sie früher wahrscheinlich ignoriert hätten, scheinen ihnen heute in ihren Darstellungen wichtig. Das gilt auch für die Geschichtsforschung. Im vollsten Maß kann die Analyse erst angewendet werden, wenn die Historiker Daten in den Lebensphären gesammelt haben, die dem Analytiker von größter Bedeutung für die Persönlichkeitsentwicklung scheinen. Bei den Fragen, die der Analytiker an den Historiker stellt, handelt es sich um eine Menge von Details in bezug auf Sitten, Gewohnheiten, Moden, die das Privatleben der Mitglieder einer Berufsgruppe, einer Gesellschaftsklasse, einer Nation oder einer spezifischen geschichtlichen Ära lenken. Selbstverständlich ist der Analytiker an den verschiedenen Arten interessiert, in denen Säuglinge behandelt werden. Bis heute hat die historische Forschung uns viel zu wenige Daten zu der Frage geliefert, wie im Mittelalter, in der Renaissance oder im 18. Jahrhundert das Säugen, Abstillen, die Reinlichkeitserziehung des kleinen Kindes geregelt wurden oder in welcher Weise die Eltern oder ihre Stellvertreter die sexuellen und aggressiven Triebe des Kindes handhaben. Aber der Analytiker muß sich gerade auf diese Art von Information verlassen können, zusammen mit einer Menge anderer Daten, wenn er die Fragen des Historikers beantworten will. Andererseits haben eine ganze Reihe von Wechselwirkungen, auf die der Soziologe bei seiner Arbeit trifft, wie etwa die zwischen sozialem Status und Berufswahl oder Sexualleben, oder die Verteilungskurven bestimmter gesellschaftlicher Haltungen in verschiedenen Nationen und viele andere soziologische Funde eine Auswirkung auf die Psychoanalyse, indem sie ihr Begriffsystem klären und sie anregen, ihr Tatsachenmaterial zu revidieren und zu erweitern. Von diesem Standpunkt gesehen, scheint die Beziehung zwischen Psychoanalyse und Soziologie (und den Sozialwissenschaften im allgemeinen) nicht bloß ein Austausch von Entdeckungen zu sein, vielmehr ein dynamischer Prozeß wechselseitiger Inspiration, der auf neue Forschungen abzielt, die sich für beide Seiten als fruchtbar erweisen können.

3. KAPITEL

ÜBER RATIONALES UND IRRATIONALES HANDELN

(1947)

Seit ihren Anfängen hat die Psychoanalyse zur Psychologie des Handelns wichtige Beiträge geleistet, die deutlich die aufeinander folgenden Ebenen analytischer Erfahrung und Denkarbeit widerspiegeln. Nachdem in der analytischen Ich-Theorie ein solides Fundament gelegt war, wurde das Thema noch genauer angesprochen. Wir besitzen jedoch noch keine systematische Darstellung einer analytischen *Theorie des Handelns* als eines anerkannten oder wenigstens allgemein bekannten Gesamts von Fakten und Hypothesen, auf die ich mich hier beziehen könnte. Die vorliegende Arbeit beschäftigt sich vor allem mit gewissen Aspekten des rationalen und irrationalen Verhaltens, aber sie muß auch eine Anzahl von Themen aufgreifen, die zu einer solchen allgemeinen Theorie gehören würden.

Vom Standpunkt eines älteren Konzepts der Psychoanalyse, die ihren Arbeitsbereich auf eine Hilfswissenschaft der Psychiatrie beschränkt hatte, scheinen Fragen, wie ich sie vorzulegen gedenke, peripher. In unausgesprochener Form von Anfang an und ganz ausdrücklich in den letzten zwei oder drei Dekaden hat sich die Psychoanalyse jedoch die Aufgabe gesetzt, den Grund für eine, normales wie pathologisches Verhalten umfassende, allgemeine Psychologie zu legen. Die Psychoanalyse hat ihren Ursprung in der klinischen Untersuchung des allgemein »irrational« genannten Verhaltens, nämlich der Triebe und Triebentwicklungen und der Rolle, die sie hauptsächlich in pathologischen Erscheinungen spielen. Solange diese Forschung um die Es-Psychologie zentriert war, beschäftigte sie sich mit einem von der nicht-analytischen Psychologie vernachlässigten Beobachtungsfeld. Durch die Entwicklung der Ich-Psychologie weitete die Psychoanalyse ihren Arbeitsbereich jedoch auf Erscheinungen aus, die bis dahin mittels anderer Methoden studiert worden waren. In diesem weiten Bereich, in welchem die analytische mit anderen Methoden zusammentraf, ist es gerade die Besonderheit dieser Methode und die Einsicht in die unbewußten Vorgänge, die das gemeinsame Beobachtungsobjekt oft in einem anderen Licht erscheinen läßt.

Vor allem erlaubt das analytische Wissen, die beobachteten Tatsachen innerhalb der Persönlichkeitsstruktur an ihren richtigen Platz zu stellen.

Die Probleme rationalen und irrationalen Verhaltens liegen auf der Kreuzung mehrerer Wissenschaftszweige. Außer der Psychologie haben auch Geschichte, Soziologie und Wirtschaftswissenschaft ihren Anteil daran. Gerade wenn wir vor Grenzfragen zwischen Analyse und Sozialwissenschaften stehen, erkennen wir die Notwendigkeit der Ausweitung und Klärung unseres Wissens über diese Probleme am deutlichsten. Noch ist es nicht gelungen, den verschiedenen soziologischen und ökonomischen Untersuchungen über menschliches Handeln die notwendige psychologische Basis zu geben. Viele Theorien des Handelns, so etwa die von den Wirtschaftswissenschaftlern aufgestellten, tendieren dazu, die Motivierungen und die sehr komplexen Beziehungen des Handelns zu anderen Verhaltensaspekten auf ein paar als typisch betrachtete Einzelfälle zu reduzieren; in der Regel vernachlässigen sie die Grundtatsachen der Persönlichkeitsstruktur, der Triebkräfte und der Anpassungsfähigkeit des Menschen. Wenn man aber die psychologischen Grundlagen auf solche Modellsituationen reduziert, gefährdet man das volle Verständnis selbst der wenigen Verhaltensweisen, die diese Theorien überhaupt in Betracht ziehen. Ich habe nicht vor, hier zu beschreiben, welchen Einfluß die Psychoanalyse auf die Sozialwissenschaften haben könnte. Hier will ich nur feststellen, daß eine Theorie des Handelns, die sich auf die Kenntnis der strukturellen Aspekte der Persönlichkeit und ihrer Motivationen stützt, wahrscheinlich der wichtigste Beitrag wäre, den die Psychoanalyse eines Tages zu diesem Problem leisten könnte.

Was ist also — um mit dieser Seite des vielgestaltigen Problems zu beginnen — die Stellung des Handelns in der *Persönlichkeitsstruktur*, wie sie von der Psychoanalyse beschrieben wird? Die seelischen Instanzen (Ich, Es, Über-Ich) werden in der Psychoanalyse aufgrund ihrer Funktionen definiert, wobei die Begriffsbildung hier ungefähr der in der Biologie, spezieller in der Physiologie gebrauchten folgt. Das normale Handeln in all seinen Spielarten, selbst trieb- und gefühlshaftes Handeln, ist Angelegenheit des Ichs. Aber zwischen Handeln und dem Ich bestehen mannigfache Beziehungen. So gehört zum Handeln ein Ziel, und die motorischen und sonstigen zur Erreichung dieses Ziels aufgebotenen Kräfte werden entsprechend diesem Ziel gesteuert und geordnet (die Zielbewußtheit und die Steuerung und Ordnung der auf das Ziel gerichteten Kräfte können mehr oder weniger vollständig sein und können auf vielen verschiedenen Ebenen stattfinden, wie wir später sehen werden). Freud hat gezeigt, daß die teilweise Ersetzung rein reaktiver motorischer Abfuhr und Triebdurchbrüche durch zielgerichtetes und organisiertes Handeln eine wichtige Stufe der Ich-Entwicklung und ein bedeutsamer Schritt bei der Ersetzung des Lustprinzips durch das Realitätsprinzip ist. Die Objektivierung, eine andere Funktion, die wir dem Ich zuschreiben, ist ebenfalls an der Organisierung des Handelns beteiligt, indem sie uns hilft, unser Wissen von der äußeren Welt aufzubauen. Genaugenommen besteht eine wechselseitige Abhängigkeitsbeziehung zwischen diesen beiden Vorgängen: die Einsicht in die Struktur der Realität lenkt das Handeln, aber das Handeln gehört auch zu unseren leistungsfähigsten Instrumenten für die Entwicklung von Einsicht oder Wissen.

Einige Bemerkungen über den *Entwicklungsaspekt* wenigstens mancher der beteiligten Faktoren mögen nützlich sein. Wenn die Wünsche eines Kindes einen gewissen Grad überschreiten, ohne befriedigt zu werden, und auch nicht länger mittels der Phantasie befriedigt werden können, fühlt das Kind sich völlig auf die Außenwelt verwiesen, um durch Wahrnehmung und Tätigkeit Lust zu suchen und Schmerz zu vermeiden. Dieses Verhalten kann auch einen Schutz gegen phantasierte Ängste bedeuten; es kann dazu dienen, die Angst zu bewältigen. In beiden Fällen steht die Wendung zur Außenwelt unter dem Lustprinzip und ist dessen Fortsetzung mit anderen Mitteln. Bei der Errichtung des Realitätsprinzips ist jedoch noch ein weiterer entscheidender Faktor beteiligt: »Eine momentane, in ihren Folgen unsichere Lust wird aufgegeben, aber nur darum, um auf dem neuen Wege eine später kommende, gesicherte zu gewinnen.« (Freud, 1911 a, S. 236). Dieser Schritt kann, wie ich andernorts gezeigt habe (Hartmann, 1939 a, siehe auch Kapitel 12), nicht vom Lustprinzip allein abgeleitet werden. Die *Antizipierung der Zukunft,* eine der wichtigsten Leistungen der frühen Ich-Entwicklung, geht als unabhängige Variable in den Prozeß ein. Nun ist die Antizipierung auch eine Vorbedingung für die Entwicklung des Handelns und ist bis zu einem gewissen Grade an jedem Tun beteiligt. Wir kennen viele antizipatorische Aktivitäten des Ichs; die am gründlichsten studierte ist das Angstsignal, das von einer bestimmten Entwicklungshöhe an vom Individuum in Gefahrsituationen benutzt wird. Ich glaube, man kann nicht daran zweifeln, daß diese spezielle Form der Antizipation, weil sie die Stabilität des seelischen Apparats schützt, auch die wichtigste der Formen der Vorwegnahme ist, die das organisierte Handeln möglich machen.

In der psychoanalytischen Literatur der letzten Jahre bestand eine Tendenz, von einer teilweise *autonomen Ich-Entwicklung* zu sprechen, die nicht gänzlich auf Trieberscheinungen zurückgeführt werden könne (siehe z. B. Freud, 1937 a). Ich möchte hier nur erwähnen, daß dieser Bereich der Ich-Entwicklung zum Teil auf dem Funktionieren des somatischen oder psychischen Apparates beruht, der dem Ich, gemäß dem jeweiligen Reifezustand, zur Verfügung steht. Das läuft auch weitgehend parallel zur Libidoentwicklung, deren aufeinanderfolgende Phasen wir u. a. mit dem anatomischen und physiologischen Wachstum (etwa der Zähne, der Sphinktermuskeln usw.) in Verbindung bringen. Nun haben die Funktionen des besagten Ich-Bereichs einschließlich derer, die dem kontrollierten, gerichteten Handeln zugrunde liegen, oft den Charakter der Hemmung einer unmittelbaren Befriedigung der Triebe; Aufschub oder Verlagerung der Befriedigung ist eine häufige Folge ihrer Tätigkeit. Andererseits kann die Entwicklung neuer Ich-Funktionen, wie z. B. des Handelns in der äußeren Welt, neue Wege für direkte und indirekte (sublimierte) Befriedigungen der Triebstrebungen eröffnen. Änderungen in der Verteilung der psychischen Energie in Richtung auf eine stärkere Investierung der Ich-Funktionen gehen mit diesen Entwicklungen parallel.

Wenn wir die Bedeutung von Faktoren wie Vorausschau, Aufschub der Befriedigung usw. in der Entwicklung des Handelns hervorheben, ordnen wir zugleich das Handeln in einen allgemeinen Entwicklungstrend des Menschen ein: in den Zug zu wachsender Unabhängigkeit vom Druck des momentanen Triebreizes, in die Unabhängigkeit vom »jetzt und hier«. Dieser Zug kann auch als zunehmende »Verinnerlichung« beschrieben werden (Hartmann, 1939 a). Das Gefahrsignal ist ein Beispiel hierfür. Es hilft in vielen Fällen, die »innere« Gefahr zu bewältigen, bevor sie zu einer von außen drohenden Gefahr wird. Gerichtetes, organisiertes Handeln (organisiert hinsichtlich seiner Motivationen und Durchführung) tritt, wie oben erwähnt, allmählich an die Stelle unmittelbarer Reaktionen motorischer Entladung. Das Probehandeln, mit dessen Hilfe wir eine Situation zu meistern, ein Problem zu lösen versuchen, wird allmählich verinnerlicht: in diesem Sinne ist das Denken ein Probehandeln mit kleinen Mengen psychischer Energie (Freud, 1911 a). Schließlich sind die Internalisierungen auch wichtig für die Bildung des Über-Ichs und führen zu wachsender Unabhängigkeit von der Außenwelt, insofern ein Prozeß innerer Regulierung die Reaktionen und Aktionen ersetzt, die auf der Furcht vor der sozialen Umwelt beruhen (»soziale Angst«).

Über den Einsatz psychischer Energie beim Handeln mögen einige wenige Worte genügen. Wir arbeiten in der Psychoanalyse mit der Hypothese, daß jede der drei seelischen Instanzen, sobald sie sich gebildet haben, über seelische Energie verfügt (siehe Kapitel 7 und 12). Zum

Handeln werden selbstverständlich Ich-Energien benötigt. Das bedeutet jedoch nicht, daß beim Handeln nicht auch Es- oder Über-Ich-Energien zur Verfügung stehen. Die Trennung des Ichs von den anderen Instanzen ist in der Regel nicht so vollständig. So wird sich das Handeln häufig des Energiereservoirs der anderen Funktionseinheiten der Persönlichkeit bedienen.

Analytische Beobachtungen haben uns gelehrt, daß das menschliche Verhalten weitgehend überdeterminiert ist und daß bei jedem Verhaltensquerschnitt (von einem bestimmten Alter an) der Einfluß aller drei seelischen Instanzen aufgespürt werden kann. Wir nennen dies das *Prinzip der mehrfachen Funktion* (Waelder, 1930). Nach diesem Prinzip ist das Resultat der Aktivierung etwa einer Ich-Funktion mitbestimmt vom Zustand im Es und im Über-Ich; wir haben einzusehen gelernt, daß bei jeder Analyse des aktuellen Verhaltens eine Vielzahl interdependenter Faktoren in Rechnung gestellt werden muß. Das macht es jedoch nicht überflüssig oder unmöglich, die Funktionen mit den Instanzen zu korrelieren, so daß im einen Fall mehr, im anderen weniger deutliche Zusammenhänge bestehen. Wenn wir das Handeln in diesem Sinne eine Ich-Funktion genannt haben, müssen wir jetzt hinzufügen, daß man eine Vielfalt von Handlungsarten beschreiben kann, in erster Linie vom Gesichtspunkt des Einflusses aus, den andere Instanzen darauf ausüben. Während die Gestaltung der Handlung normalerweise vom Ich geleistet wird, können gewisse andere Charakteristiken vom Es oder vom Über-Ich stammen. Der Reiz, der die Tat auslöst, kann auch von einer der beiden anderen Instanzen ausgehen, und die treibende Kraft zum Handeln kann ebenfalls von jeder der drei Instanzen herrühren. Die Konfiguration des Handelns ist bei der Triebhandlung anders als beim rationalen Handeln. Das Handeln kann vorwiegend dem Ich oder auch vorwiegend der Befriedigung von Triebbedürfnissen dienen; es kann auch hauptsächlich im Dienste des Über-Ichs stehen, z. B. wenn es durch starke, unbewußte Schuldgefühle provoziert wird. Diese Typen des Handelns sind in der Regel verschieden in bezug auf die Klarheit der Motivation, den Grad der Deutlichkeit in der Vorstellung des Objekts und die somatischen Begleiterscheinungen.

Hinsichtlich der Beteiligung verschiedener Ich-Funktionen an der Handlung und dem Grad ihrer Beteiligung können wir sagen: Die Unterschiede im Typus der Handlung entsprechen den Unterschieden im Niveau der sie steuernden Ich-Stufe (Niveau der Integration, Differenzierung usw.); ferner den Unterschieden in der Organisation der Motive, der Art der Ziele, der Organisation der Mittel. Die Unterschiede hängen davon ab, ob diese Faktoren auf bewußter oder unbewußter Ebene aktiv werden, vom Grad der Automatisierung usw. Die Handlung kann gewisse Ich-Tendenzen befriedigen und gleichzeitig von anderen abgelehnt werden. Sie kann mehr oder weniger unter dem Einfluß der rationalen Elemente des Verhaltens stehen. Ein Gesichtspunkt, unter dem das Handeln beschrieben werden muß, ist nun derjenige, mit dem wir in der vorliegenden Arbeit uns hauptsächlich beschäftigen wollen, nämlich sein rationaler oder irrationaler Charakter [1] (der später definiert werden soll).

Über die *Zwecke, Ziele und Resultate des Handelns* können hier nur einige wenige, gänzlich unsystematische Bemerkungen gemacht werden [2]. Man muß unterscheiden zwischen den Zwecken und Zielen des Handelns und dem, was wir Triebziel nennen. Wenn wir sagen, daß der Trieb ein Ziel hat, so meinen wir nichts anderes, als daß diese Tendenz, wenn sie nicht gehemmt wird, sich in Richtung auf Befriedigung bewegt. Wenn wir dagegen vom Zweck oder Ziel einer Handlung sprechen, meinen wir, daß die Vorausschau des Erfolgs der Handlung bei ihrer Instrumentierung eine Rolle spielt.

Die Ziele der Handlungen eines Menschen spiegeln seine Beziehungen zur Außenwelt wider, aber auch seine Triebe, Interessen, seine moralischen Forderungen, den Zustand seines seelischen Gleichgewichts uw. Auf die vielen hiermit zusammenhängenden Fragen erhält man in jeder Analyse eine Fülle von Antworten, aber dieses Material ist von der Analyse noch nicht spezifisch erforscht worden. Wir betonen die komplexe Natur dieser Ziele, die Tatsache, daß sie überdeterminiert sind und auch, daß in der Struktur des Ziels häufig Widersprüche enthalten sind.

---

[1] Es ist vorgeschlagen worden, den Begriff des irrationalen Handelns völlig aufzugeben (L. v. Mises, 1944). Das wird folgendermaßen begründet: Da die Psychoanalyse gezeigt habe, daß das Verhalten von Neurotikern und selbst von Psychotikern sinnvoll ist, verstanden werden kann und daß Geisteskranke genauso wie Normale grundsätzlich nach Befriedigung streben (wenn auch mit anderen Mitteln), ist alles, was man bisher für irrationales Handeln hielt, eben keineswegs irrational, und die Bezeichnung ist daher irreführend. Uns scheint jedoch weder die Tatsache, daß psychologisches wie normales Handeln nach Befriedigung strebt, noch daß beides durch Analyse verstanden und erklärt werden kann, zu bedeuten, daß beide rational sind. Wir betrachten Rationalität und Irrationalität als empirische psychologische Merkmale des Handelns, deren Vorhandensein oder Nichtvorhandensein wir feststellen. In diesem Sinne sind die Bezeichnungen rational und irrational sinnvoll und nützlich.
[2] Hinsichtlich eines wichtigen Aspekts dieses Problems siehe French (1941).

Normalerweise findet jedoch im Ich eine gegenseitige Anpassung der verschiedenen Zielkomplexe statt, so daß die den moralischen Forderungen entsprechenden Ziele mit denen, die mit Anpassung an die Umwelt einhergehen oder Ich-Interessen repräsentieren, vereinbar werden usw. Schon Aristoteles hat »Gewinn, Lust, Sittlichkeit« als die Grundziele menschlichen Handelns bezeichnet. Diese Klassifizierung stimmt zwar nicht ganz, aber doch in etwa mit der analytischen Einteilung in die auf die Zielbildung Einfluß ausübenden Ich-, Es- und Über-Ich-Funktionen überein. Wir sind uns klar darüber, daß diese drei Zielkomplexe in enger Wechselbeziehung miteinander stehen. Ziele, die unter dem Einfluß des Über-Ichs gebildet werden, können gleichzeitig auch Ich- oder Es-Ziele sein. Die Wertsysteme, die ihren Ursprung im Über-Ich haben, sind Zielvorstellungen, die das Individuum mit vielen anderen teilt; ihre Übernahme erleichtert dem Ich seine Aufgabe der sozialen Anpassung, und wir wissen, daß die Über-Ich-Funktionen indirekt auch Triebtendenzen befriedigen. Darüber hinaus können Über-Ich-Ziele, z. B. das Bedürfnis, Triebforderungen zu verdrängen, auch Änderungen im Ich und in den Zielen des Ichs im Zusammenhang mit der Umwelt herbeiführen. So sehen wir im Falle der Intellektualisierung, daß eine Funktion, die (teilweise) als Abwehr gegen Triebe entwickelt wurde, ein selbständiges Ziel des Ichs werden kann (A. Freud, 1936). Wir müssen in der Tat erkennen, daß viele der Ich-Ziele auf solche Weise entstehen. Dies ist ein Spezialfall des »Funktionswechsels« (ein in der Biologie gebräuchlicher Terminus). Andererseits üben die Ich-Ziele einen Einfluß auf Über-Ich-Forderungen aus. Das geschieht normalerweise bei der in der Latenz und Adoleszenz stattfindenden Bearbeitung und Vereinheitlichung dieser Forderungen. Besondere Bedingungen bei der Über-Ich-Bildung, starke unbewußte Schuldgefühle, eine auf eine Vielzahl von Faktoren zurückzuführende Ich-Schwäche sind oft dafür verantwortlich, daß das Ich die Ziele des Über-Ichs nicht verarbeiten kann. Diese fordern dann strikte Befolgung und haben »absoluten« Charakter. Das ist jedoch eine Frage des Grades, denn selbst beim Durchschnittsmenschen, der ein Über-Ich entwickelt hat, sind dessen Forderungen oder doch einzelne dieser Forderungen »absoluter« als andere, die ihnen geopfert werden müssen, und die Über-Ich-Ziele werden nicht ohne weiteres praktischen Erwägungen unterworfen. Dewey (1922, 1939) hat mehrmals darauf hingewiesen, daß die Ziele nur im Rahmen des Handelns funktionieren, daß sie bloße Wendepunkte der Aktivität sind und das Stecken »fester Ziele« nur ein Aspekt des Sicherheitsbedürfnisses des Menschen ist, das er zum Ideal erhebt. Deweys Theorie der Ziele, Mittel und Werte soll hier nicht erörtert werden. Ich möchte nur erwähnen, daß die Tatsache, daß Menschen ihre Handlungen auf mehr oder weniger feste oder gar »absolute« Ziele hin orientieren und daß ihr Handeln zum Teil von derartigen Faktoren bestimmt ist, in der Analyse auf das Wirken des Über-Ichs zurückverfolgt werden kann.

In seiner klinischen Arbeit ist der Analytiker ständig mit rationalem im Gegensatz zu irrationalem Handeln konfrontiert, aber auch mit anderen Phänomenen, die man üblicherweise als rational oder irrational bezeichnet. Er erfährt etwas über die Faktoren, die die Entwicklung der Vernunft verhindern oder die rationalen Funktionen hemmen. Er sieht vor allen Dingen irrationale Verhaltenselemente, die störend in das gesunde Verhalten, die Anpassung, die Vorwärtsentwicklung eingreifen, und er sieht sie in einer mehr oder weniger deutlichen Korrelation mit Pathologie, Fehlanpassung und Regression. Diese klinische Erfahrung hat in Freuds Neurosen- und Psychosentheorie ihren klassischen Ausdruck gefunden. Natürlich gibt es auch eine Fülle von Beobachtungen, die darauf hindeuten, daß irrationales, z.B. affektives Verhalten in Wirklichkeit sich positiv auf die normale Anpassung auswirken kann. Aber diese Seite des Problems, die zur analytischen Psychologie der normalen Persönlichkeit gehört, ist bisher nicht so deutlich und umfassend formuliert worden wie die Neurosentheorie. Schwierigkeiten ergeben sich auch daraus, daß die Bezeichnungen »rational« und »irrational«, obwohl von Psychoanalytikern oft gebraucht, innerhalb wie außerhalb der Analyse in recht unverbindlicher Weise verwendet werden.

Es scheint daher notwendig, hier einige Worte über den *Gebrauch und Mißbrauch dieser Termini* einzuflechten. Das Wort »rational« wird häufig als Synonym für »verstandesmäßig« oder »vernünftig« gebraucht. Wenn »Verstand« nur ein anderes Wort für »Intellekt« ist und vernünftiges Verhalten ein Verhalten, das auf Einsicht und Denken beruht, dann kommt diese Terminologie der nahe, die wir später einführen wollen. Aber »Vernunft« und »vernünftig« haben ja noch viele andere Bedeutungen und sind im allgemeinen sehr unscharf definierte Begriffe. Natürlich benutzt man diese Wörter sehr häufig bei der Beurteilung menschlichen Verhaltens; wir sollten aber nicht vergessen, daß sie mehrdeutig sind, es sei denn, wir spezifizieren sie hinsichtlich des Gesichtspunktes, von dem aus wir solche Urteile fällen. Was vernünftig genannt wird, beruht häufig zum Teil auf impliziten oder expliziten Werturteilen, deren Gültigkeit als selbstverständlich vorausgesetzt wird, und dementsprechend variiert die Bedeutung des Wortes. Wenn es als ein legitimes Ziel des Individums angesehen wird, gewisse persönliche Interessen über andere Erwägungen zu stellen, so wird man eine Handlungsweise, die diesen Zielen dient, ohne Zweifel vernünftig nennen; wenn man jedoch von einem anderen Wertsystem ausgeht, kann gerade die Aufopferung jener Interessen als Inbegriff vernünftigen Verhaltens betrachtet werden. Natürlich ist in diesen Fällen die Feststellung, ein Verhalten sei vernünftig, keine rein psychologische Aussage; ein Element moralischen Urteils ist dann unentwirrbar damit vermengt. Dieses subjektive Element in der Begriffsbildung läßt es nicht ratsam erscheinen, das Wort »rational« zu verwenden, wenn wir den psychologischen Begriff meinen.

Die Geschichte der Philosophie enthält zahlreiche Versuche, den Begriff *Vernunft* an bestimmte psychische Funktionen zu knüpfen. Die »rationalistische« Methode führt jedoch nicht sehr weit, unter anderem z. B. aus dem Grunde, weil der Rationalismus, zumindest in einigen seiner Folgerungen, der Empirie widerspricht. Auch wurden einige Philosophen wegen des hohen Wertakzents, der auf der »Vernunft« lag, dazu verleitet, fast an eine Omnipotenz des Intellekts zu glauben und die Stärke der irrationalen Faktoren zu skotomisieren. Dagegen warf die Romantik mit ihrem Irrationalismus manches Licht auf die unbewußten seelischen Funktionen und auf die dynamische Bedeutung irrationaler Kräfte. Aber ebensowenig wie der Aufklärung gelang es der Romantik, das empirische Wissen über die Persönlichkeitsstruktur zu einer Höhe zu entwikkeln, wo es möglich war, den rationalen wie den irrationalen Funktionen ihren Platz anzuweisen und ihre wechselseitigen Beziehungen zu verstehen. Heute gelten »Vernunft«, »Unvernunft«, »vernünftig« und »unvernünftig« kaum als wissenschaftliche Begriffe.

Wenn aber immer noch so viel Verwirrung über die Bedeutung und Funktion der Rationalität herrscht, so zum Teil deshalb, weil dieser Begriff viele Nebenbedeutungen hat, die ihren Ursprung in den philosophischen Schulen der Vergangenheit haben. Auch andere Faktoren tragen zu diesem Mangel an Klarheit bei. Wir wollen daher etwas abschweifen und sehen, wie die unausgesprochenen Wertmaßstäbe in der Beurteilung, von denen wir oben sprachen, die Begriffsbildung und unsere Einsicht in die Zusammenhänge der Tatsachen beeinflussen. Es besteht eine starke Tendenz, rationales Verhalten mehr oder weniger mit gesundem Verhalten oder mit Verhalten gleichzusetzen, das wir »gut« oder »recht« nennen, und irrationales Verhalten mit den entsprechenden negativen Adjektiven zu belegen. Selbst analytische Autoren sind sich nicht immer klar darüber, daß rationales Verhalten in den Dienst destruktiver oder selbstdestruktiver Ziele gestellt werden kann. Nun besteht ja zweifellos zwischen rationalem und angepaßtem Verhalten, zwischen rationalem und gesundem Verhalten eine positive Korrelation, wie man seit langem weiß. Der implizite Wertfaktor macht es jedoch schwer zu erkennen, daß die Wechselbeziehungen zwischen rationalem und irrationalem Verhalten viel komplexer sind, als diese einfachen Korrelationen es erscheinen lassen. Wenn wir die Wirkung dieser implizierten Werturteile untersuchen, finden wir eine recht allgemeine Erscheinung, die ich als Tendenz zur *Agglutination der Werte* bezeichnen möchte. Geben wir z. B. einem Verhaltenselement einen positiven Wertakzent, dann werden wir in unserem Denken dazu neigen, gleichfalls positiv bewertete Elemente leichter damit zu identifizieren, sie als einen Teil dieses Verhaltens anzusehen oder in eine Kausalbeziehung dazu zu bringen, als Elemente, die einen negativen Wertakzent haben. Die gleiche Agglutination findet im Bereich der Verhaltenselemente statt, die negativ beurteilt werden. So werden die wahren Zusammenhänge durch solche allgemeinen Werturteile ersetzt, und die Einsicht in die reale Struktur wird dadurch gestört. Eine zweite solcher Tendenzen können wir *Ausstrahlung der Werte* nennen. Sie folgt den Gesetzen der Affektausstrahlung. Wenn ein Element einen positiven Wertakzent hat, können andere Elemente, die für uns irgendwie in Zusammenhang damit stehen, an diesem Wertakzent partizipieren (der Fall, daß die Mittel durch das Ziel aufgewertet werden, ist komplizierter und kann hier nicht mitbehandelt werden). Nach dem ersten Prinzip bringen wir zusammen, was wir mit den gleichen Wertakzenten belegen; nach dem zweiten werten wir gleich, was unseres Wissens irgendwie zusammenhängt. Beide Tendenzen deuten auf regressive Elemente in unserem Denken hin (und die Kinderbeobachtung zeigt uns ähnliche Erscheinungen in noch eindrucksvollerem Ausmaß). Aber sie beeinflussen in der Tat unser psychologisches Denken, bilden häufig die Grundlage von politischen Fehlurteilen und sind überall da zu finden, wo hochbesetzte Werturteile ins Spiel kommen. Ihr Charakter der Akzentverschiebung, der Herstellung und Lösung von Zusammenhängen ungeachtet der Objektstruktur läßt an Primärprozesse denken. Während die Wertausstrahlung nach dem Prinzip stattfindet, dem das emotionale Denken allgemein unterliegt, treten im Falle der Wert-Agglutination eventuell auch andere Faktoren ins Spiel. Hier handelt es sich manchmal darum, daß eine Über-Ich-Funktion mit einer Ich-Funktion, z. B. der Realitätsprüfung, interferiert (es sind auch andere Beispiele solcher Interferenzen in der Analyse beschrieben worden; siehe Freud, 1936); es handelt sich um eine Vermischung von Über-Ich-

mit Ich-Schemata. Nun wissen wir, daß das Über-Ich, die Quelle wenigstens eines Teils unserer Werturteile, seine Wurzeln in Schichten der
Persönlichkeit hat, die vom Primärprozeß beherrscht werden. Die bekannte Tatsache, daß die Realitätsprüfung leidet, wenn die Objekte
einen starken (moralischen, ästhetischen usw.) Wertakzent haben, kann
vielleicht zum Teil damit erklärt werden. Ich möchte hinzufügen, daß
ich nicht glaube, daß die hier gegebene Erklärung der Wert-Agglutination ausreichend ist. Man muß auch andere Faktoren in Rechnung stellen, z. B. eine Tendenz zur Isolierung (»Gutes« darf nicht von »Bösem«
angesteckt werden — mit der Folge, daß der Kausalzusammenhang
zwischen den Fakten unterbrochen wird, nicht in Erscheinung treten
darf usw.). Es dürfte sich auch lohnen, den Einfluß der Ambivalenz auf
die Wert-Agglutination zu beschreiben.

Nach dieser langen Abschweifung möchte ich die streng *psychologische Bedeutung* der Begriffe »rational« und »irrational« definieren: Das
irrationale Verhalten kann im negativen Sinne als Wegfall der rationalen
Kontrolle oder als Steuerung durch andere Prinzipien als die, welche das
rationale Verhalten lenken, definiert werden. Positiv ausgedrückt nennen wir ein Verhalten irrational, das vorwiegend affektiv oder triebhaft
ist. Es ist auch versucht worden, die zumindest einen beträchtlichen Teil
irrationalen Verhaltens beherrschenden Gesetze mit etwas positiveren
Kennzeichen zu definieren: ein Teil davon folgt gewiß den Gesetzen des
Primärprozesses. Die Triebe sind in beiderlei Sinne irrational, desgleichen im allgemeinen alle unbewußten Funktionen. Es ist nur eine Aussage über den derzeitigen Gebrauch des Wortes und stellt keine Ergänzung zu diesen Definitionen (oder Kennzeichnungen) dar, wenn wir erwähnen, daß in der Analyse das Wort vorzugsweise benutzt wird, um
ein Verhalten zu beschreiben, zu dem es eine rationale Alternative gibt.
So sprechen wir von irrationalem (trieb- oder affektgesteuertem) Handeln im Gegensatz zu rationalem Denken.

Auf das Denken angewandt, bedeutet das Adjektiv rational logisches,
korrektes Denken. Aber es bedeutet nicht nur dies (außer im Falle der
Logik und der Mathematik). Es umfaßt auch die Berücksichtigung der
zur Verfügung stehenden Tatsachen und ihre Verbindung nach den allgemein akzeptierten Regeln.

Hinsichtlich *rationalen Handelns* beginne ich mit einer Definition, die
der Soziologe Max Weber (1921) gegeben hat: »Zweckrational handelt,
wer sein Handeln nach Zweck, Mitteln und Nebenfolgen orientiert und
dabei sowohl die Mittel gegen die Zwecke, wie die Zwecke gegen die

Nebenfolgen, wie endlich auch die verschiedenen möglichen Zwecke gegeneinander *rational* abwägt ...«

Wir fügen hinzu, daß dieser Prozeß der Kalkulation auf bewußter, aber auch auf vorbewußter Ebene stattfinden kann. Natürlich wird hier wie beim rationalen Denken die Realität (in vielen Fällen sowohl innere als äußere Realität) in Rechnung gestellt. Eine gründliche Einsicht in die Realitätsstruktur kann mit einer starken Neigung zur Abwägung der Zwecke gegen die Mittel einhergehen; aber diese Faktoren variieren teilweise unabhängig voneinander. So kann man eine Vielzahl von Typen beobachten. Um der Klarheit willen ist es vielleicht nützlich, hier eine Unterscheidung zwischen zwei Formen realitätsgerechten Verhaltens einzuführen. Das Verhalten kann in dem Sinne mit der realen Situation zusammenpassen, daß es dazu verhilft, ein gewisses Ziel zu erreichen, ohne doch hierfür berechnet zu sein. In diesem Fall nennen wir es *objektiv realitätsgerecht*. Oder das Verhalten kann ein gegebenes Ziel erreichen, für das es berechnet war; dies nennen wir dann *subjektiv realitätsgerecht* (Hartmann, 1939 a). »Triebhaftes« oder affektives Verhalten paßt oft im objektiven Sinne sehr gut zur realen Situation. Der höchste Grad, in welchem ein Verhalten subjektiv realitätssynton genannt werden kann, ist das zweckgerichtete rationale Handeln.

Aus dem bisher Gesagten wird hoffentlich klar hervorgehen, daß ich rationales und irrationales Handeln im realen Verhalten keinesfalls als scharf getrennt ansehe; zwischen den extremen Fällen, die wir beschrieben haben, kann man normalerweise zahlreiche Übergänge beobachten.

Wir haben die psychologische Bedeutung der Bezeichnung »rationales Handeln« erörtert. Aber wir haben keinen Versuch gemacht, irgendwelche Ziele als rational zu definieren. Eine Zielsetzung kann mehr oder minder auf rationalem Denken beruhen; aber die Ziele selbst, das heißt, solange wir sie als Ziele im Unterschied zu anderen Elementen des Handelns betrachten, können im Sinne der psychologischen Beschreibung nicht rational oder irrational genannt werden (wogegen wir natürlich sagen können, daß sie mit dem Wertsystem, dem seelischen Gleichgewicht, den Anpassungschancen in einer gegebenen Situation usw. einer Person übereinstimmen oder nicht übereinstimmen). Andererseits sind die Bezeichnungen rational und irrational anwendbar, wenn wir Mittel und Zwecke im größeren Rahmen betrachten, wobei der fragliche Zweck als Mittel für weitere Ziele betrachtet werden kann. Wenn gesellschaftlicher Erfolg vom einen Gesichtspunkt her ein Ziel ist, vom anderen jedoch ein Mittel, um Reichtümer zu erwerben, so kann diese Zielsetzung mehr oder weniger rational sein; aber auch hier ist es nicht die

Zielfunktion, die man korrekterweise damit charakterisieren dürfte. Ich erwähne diesen Tatbestand hauptsächlich, um die notwendige Unterscheidung zwischen »rational« und »vernünftig« zu unterstreichen; gewöhnlich meint man, wenn man von rationalen Zielen spricht, nur, daß die Ziele in einer der verschiedenen Bedeutungen des Wortes vernünftig sind. Wir dürfen hier jedoch nicht vergessen, daß es ohne Zweifel zwischen den Zielen eines Menschen und den Mitteln, die er wählt, um diese Ziele zu erreichen, psychische Verbindungen gibt; objektiv gesehen sind bestimmte Ziele auch leichter als andere durch rationale Mittel zu erreichen.

Ich sagte schon, daß unsere Einsicht in die wechselseitige Beziehung zwischen rationalem und irrationalem Verhalten von Simplifikationen, Schwarz-Weiß-Vorstellungen eingeengt und recht unvollständig ist. Unser Verständnis für die tatsächliche Kompliziertheit des Problems wird vielleicht erleichtert, wenn wir ein Beispiel betrachten, das wir aus dem Grenzgebiet zwischen Psychoanalyse und Soziologie wählen. Freuds Theorie der *Massenbildung* (1921) ist so bekannt, daß es mir erlaubt sein wird, hier nur auf einige Elemente hinzuweisen, die in dieser Beziehung von besonderem Interesse sind, ohne eine vollständige Darstellung anzustreben. Bei seiner Beschreibung gruppenpsychologischer Erscheinungen und seinem Versuch, sie zu erklären, dachte Freud an Verhaltensweisen, die nicht auf bestimmte geschichtliche Epochen beschränkt sind, sondern die unter bestimmten Bedingungen sich in der Geschichte der Menschheit sozusagen ständig wiederholen, wobei wesentliche Elemente unverändert die gleichen bleiben. Der irrationale Charakter des Verhaltens des Einzelnen in einer Masse wird dem vergleichsweise rationalen Verhalten des gleichen Individuums außerhalb der Gruppensituation gegenübergestellt. Die Veränderungen, die wir an einem Menschen beobachten, der zum Glied einer Masse wird, können zum Teil als regressive Erscheinungen gedeutet werden. Ferner tritt eine Aufspaltung des Über-Ichs ein; als Mitglied einer Masse übernimmt das Individuum moralische Standpunkte, die es als Einzelperson zurückweisen würde; so kann das von seinem privaten Über-Ich verbotene Töten von seinem Gruppen-Über-Ich gefordert werden. Diese »Über-Ich-Spaltung« ist so charakteristisch, daß Waelder (1929) sie als Grundlage für seine Definition der hier in Frage kommenden Gruppen benutzt (im Gegensatz zu den »Assoziationen«, die stabile, mehr oder weniger dauernde soziale Organisationen darstellen). Wenn die Masse einen persönlichen Führer hat, setzen die Mitglieder der Masse ihn als ihr Über-

Ich ein, und auf dieser Grundlage kommt es auch zur gegenseitigen Identifikation der Massenglieder.

In der Weiterführung dieses Gedankenganges können wir kurz ein Beispiel aus der Geschichte unserer Zeit kommentieren, nämlich die Massenbildung in totalitären Gesellschaften. Natürlich lassen sich verschiedene Typen unterscheiden. Bei manchen sehen wir als entscheidenden Faktor eine deutliche Tendenz zur Regression, zur Aufgabe der individuellen Freiheit zugunsten der Abhängigkeit von einem Führer, der moralischen Selbstverantwortung zugunsten des Gruppenkodex. Heftige aggressive Ausbrüche und außerordentliche Grausamkeiten kommen vor, die einen völlig irrationalen Charakter haben. Diese Formen kommen dem oben skizzierten Schema nahe. Analytiker und Sozialwissenschaftler haben wiederholt darüber berichtet. Es gibt jedoch auch komplexere Formen, die andere Aspekte totalitärer Massenbildung enthüllen. Wenn wir die Faktoren näher betrachten, die im jeweiligen Fall diese Formen hervorbringen, die oft nicht weniger virulent sind als die anderen, so wird die Bedeutung zweckhafter, rationaler Tendenzen, im oben definierten Sinne, als determinierender Faktor in der Gruppenbildung erkennbar. Wir sehen auch, daß totalitäre Gesellschaften, deren regressiver Charakter uns deutlich ist, die »Rationalisierung« des Lebens des Einzelnen erhöht haben, einschließlich der Routine seines Alltags, und zwar über die Grenzen dessen hinaus, was wir von anderen sozialen Systemen wissen. Wir wollen hier jedoch nicht die Beziehung zwischen dem in der Soziologie viel benutzten Terminus »Rationalisierung« und dem »rationalen Verhalten« diskutieren. Hier interessiert uns die Tatsache, daß nicht nur die Bildung kollektiver Mythologien, sondern daß auch der Durchbruch von Trieben planvoll herbeigeführt sein kann. Ich will damit natürlich nicht behaupten, daß nicht auch regressive Erscheinungen beteiligt sind; ich meine damit vielmehr, daß die Schwelle für ihre Manifestierung gesenkt werden kann und in den fraglichen Fällen durch zweckdienliche Berechnung tatsächlich gesenkt wurde. Diejenigen Mitglieder der Gesellschaft, die die Planung betreiben, übernehmen diese Mythologie vielleicht auch für ihre Person, aber nicht alle tun dies.

Erstens scheint doch ein gewisser Grad rational berechneter Aktivität in der Organisation und Entwicklung jener Untergruppe, die die Planung durchführt, vorhanden zu sein; aber in manchen Fällen scheint das auch bei der Auswahl der Gruppenglieder der Fall zu sein, die ihre Aggression frei agieren sollen. Die Tendenz zur »Rationalisierung« und Steuerung von immer mehr Lebensbereichen aller umfaßt auch zielbewußte Versuche, in den Gruppenmitgliedern, auch wenn sie nicht direkt in der Masse sind, gewisse Charakterzüge fest zu verankern, die nach der klassischen Beschreibung der Massenpsychologie sich nur in Gruppensituationen manifestieren, z. B. die Über-Ich-Spaltung und die Einstellung zum Führer. Das Ziel ist hierbei ein zweifaches: man will, daß diese Menschen sich fest an gewisse, den Zusammenhalt fördernde Werte binden, soweit es die Aufrechterhaltung des Machtsystems betrifft, und andererseits sollen sie ihre Aggression gegen Außenstehende frei ausleben — als Konsequenz der induzierten Veränderungen in der Idealbildung.

Ernst Kris (1941) hat in einem überaus klaren Beitrag zu diesem Thema darauf hingewiesen, wie die totalitäre Propaganda, weit mehr als die demokratische, bei Massenversammlungen sich des Lautsprechers bedient; die Zuhörer »sollen die Affekte der vielen teilen, die auf den Zauber der Massensituation reagieren«. In anderen Fällen wird die soziale Realität so manipuliert, daß sie gewisse Züge des massenpsychologischen Verhaltens auch beim physisch isolierten Individuum provoziert oder verstärkt, indem man Prämien auf dieses Verhalten setzt, wie wir später sehen werden. In diesen Fällen ist der Unterschied zwischen der Massenpsychologie und der Gesellschafts-Psychologie mehr oder weniger aufgehoben.

Recht ähnliche Bedingungen kann man bei manchen politischen Parteien und auch in Fällen religiöser »Fanatisierung« finden. Aber da bestehen doch auch auffallende Unterschiede. In totalitären Systemen wird im allgemeinen eine viel intensivere und direktere Aggressionsabfuhr erwartet als bei anderen politischen Parteien. Auch dominieren hier die Zweckfaktoren viel stärker als bei religiösen Gruppenbildungen. Es besteht ferner ein Unterschied in der Zielstruktur, insofern in totalitären Gesellschaften, wenigstens gegenüber dem Außenstehenden, ein fast vollständiges Aufopfern menschlicher Werte zugunsten eines sehr niedrig strukturierten politischen Ziels gefordert wird. Im Falle religiöser Systeme ist in die Zielstruktur immer auch ein für das System charakteristischer Wertekomplex eingebaut, der unter keinen Umständen geopfert werden darf.

Affektive Reglementierung zum Zwecke der Unterordnung der meisten anderen Ziele unter das eine, momentan als das wichtigste erscheinende Ziel, kann auch bei nicht-totalitären Systemen beobachtet werden, z. B. in Kriegszeiten. Aber im Totalitarismus geht die Einengung der Zielstruktur und die Erniedrigung aller anderen Werte als Mittel zur Erreichung jenes einzigen Ziels so viel weiter, daß man sie als Kennzeichen solcher Systeme betrachten kann. Ferner ist dieses Opfer an Werten nicht als zeitweilige Maßnahme beabsichtigt, sondern soll eine dauernde

Eigenschaft der Menschen sein. Auch das setzt tiefe Veränderungen in der Über-Ich-Struktur voraus.

In welchem Maße alle diese Veränderungen erreicht werden könnten und welche psychischen Nebenerscheinungen das zeitigen würde, soll hier nicht diskutiert werden. Es sei nur ein kennzeichnender Zug erwähnt, den man als einen Teufelskreis beschreiben kann: indem man die Struktur der Ziele des Einzelnen vereinfacht, indem man seine moralische Autonomie vermindert, appelliert man an regressive Tendenzen, die dann ihrerseits die Bereitschaft des Individuums zur Kooperation mit den betreffenden Massen intensivieren und erlauben, daß sein Verhalten gemäß den Zielen der Führer geplant werden kann.

Ich möchte hier neben dem geplanten Durchbruch der Triebe und den beabsichtigten Veränderungen in der Über-Ich-Bildung einen dritten Faktor hervorheben, der bei diesem Typus der Gruppenbildung in Erscheinung tritt. Wir dürfen nicht vergessen, daß soziale Institutionen und ein psychologisches Klima auf eine Weise sich entwickeln oder aufgebaut werden, daß die Handlung, wenn sie in Übereinstimmung mit der veränderten Einstellung zu den Trieben und dem Über-Ich erfolgt, zugleich die Ich-Interessen zu befriedigen geeignet ist (z. B. gesellschaftlichen Status, Einfluß, Besitz usf.). Belohnung und Strafe sind entsprechend verteilt. Nun wird nicht nur an die regressiven Tendenzen appelliert, sondern auch an die Ich-Interessen und das rationale Verhalten des Individuums. Es kann also gut mit dieser sozialen Realität in Einklang stehen und (objektiv) nützlich sein, wenn man gemäß dieser erniedrigten Aggressionsschwelle und den Veränderungen in der Über-Ich-Struktur handelt; in eine andere Gesellschaftsform würde das natürlich nicht so gut passen. Aber das Individuum wird sich dieses Verhaltens auch in zweckhafter, rationaler Weise bedienen, um mit der Realität, das heißt der sozialen Situation, konform zu gehen (nach der oben gemachten Unterscheidung ist das Handeln in diesem Falle subjektiv realitätsgerecht). Von diesem Gesichtspunkt aus betrachtet, ist dies ein Fall, den wir »soziales Entgegenkommen« nennen würden (siehe Kapitel 2). Der Synergismus der Ich-Interessen mit den beiden anderen, zuerst beschriebenen Faktoren ist auch deshalb von Bedeutung, weil er ein Element einführt, das dem sekundären Krankheitsgewinn der Neurosen entspricht. Es ist indessen offenlichtlich, daß der Appell, den diese Systeme an das Ich richten, sich nicht auf die sogenannten Ich-Interessen beschränkt; reale oder eingebildete Gefahrensituationen werden benutzt, um an die tieferliegenden Reaktionen des Selbstschutzes zu appellieren (Kris und Speier, 1944).

Diese Darstellung des Problems der Gruppenpsychologie in totalitären Systemen ist hinsichtlich seiner soziologischen und psychologischen Aspekte natürlich unvollständig. Ich habe nicht versucht, die Argumente zu formulieren, die analytisch gegen die psychologische Möglichkeit der Dauer dieses Gebäudes vorgebracht werden könnten: daß die Ziele teilweise unvereinbar sind, daß die Planung sich zum Teil auf sehr instabile Faktoren stützt, daß die Bedingungen sich der Synthese widersetzen usw.; ich will auch nicht entscheiden, inwieweit psychische Faktoren dieser Art zur tatsächlichen Schwächung derartiger Systeme beigetragen haben. Ich habe absichtlich nur jene Gesichtspunkte hervorgehoben, die m. E. zur Darstellung des Problems, wie wir es in der analytischen Literatur vorfinden, etwas Ergänzendes beitragen, und ich glaube, daß das hier dargelegte Schema die Beziehungen zwischen Rationalität, Über-Ich-Bildung und den Trieben, die wir in solchen Fällen beobachten, besser beleuchtet. Es gibt noch viele andere soziale Phänomene, die deutlich die Wechselbeziehung der rationalen und irrationalen Faktoren zeigen, in dem Sinne, daß eine Faktorengruppe die andere provoziert oder stärkt. Auch wie »Rationalisierung« im sozialen Feld das rationale oder irrationale Verhalten des Individuums beeinflußt, ist oft beschrieben worden; eines der am besten untersuchten Beispiele sind die psychologischen Veränderungen, die mit der Industrialisierung einhergehen (Mannheim, 1935). Aber ich schlage vor, den Gegenstand der Massenbildung hier zu verlassen, um diese Wechselbeziehung auf Gebieten zu untersuchen, die der klinischen psychoanalytischen Beobachtung näherstehen.

Ich habe schon die Tatsache erwähnt, daß in der analytischen Literatur das rationale bzw. irrationale Verhalten sehr häufig gleichgesetzt wird mit angepaßtem bzw. unangepaßtem oder normalem bzw. pathologischem Verhalten. Wir können nun fragen, welches die *Beziehungen zwischen Rationalität*, wie wir sie definiert haben, *und Anpassung* sind. Wir setzen den positiven Wert rationalen Denkens und Handelns für die Anpassung des Individuums an seine Umwelt voraus. Hierbei handelt es sich um allgemeines psychologisches Wissen, das durch die analytische Erfahrung mit Recht neuen Antrieb erfahren hat. Freuds Einstellung zum adaptiven Wert der Rationalität war die eines vorsichtigen Optimismus. Ich werde nicht versuchen, zu dieser Seite des Problems etwas Aufklärendes beizutragen. Aber (empirische) Belege stützten die These, daß die Beziehungen zwischen rationalem Verhalten und Anpassung oft komplexer sind, als wir erwarten würden. Ich werde unter Zugrundelegung dessen, was der Strukturgesichtspunkt der Psychoanalyse uns in dieser Hinsicht gelehrt hat, einige dieser Fälle erörtern.

Zunächst gibt es Aktivitäten, die nur angemessen vollbracht werden können, wenn die höheren Ich-Funktionen, darunter rationales Denken und Handeln, zeitweilig stillgelegt werden. Die Unfähigkeit, diese Funktionen vorübergehend auszuschalten, kann den Charakter eines neurotischen Symptoms haben und eine gute Anpassung stören. Es gibt hierfür wohlbekannte klinische Beispiele, so gewisse sexuelle Störungen oder Einschlafschwierigkeiten, die beide auf eine pathologische Furcht vor dem Verlust der Ich-Kontrolle zurückgehen.

Was unser Problem angeht, so sind im Falle des vorbewußten, sogenannten automatischen Handelns die Dinge zwar ähnlich, aber nicht völlig gleich. Es ist zweifellos richtig, daß dieser Verhaltenstypus, wie von Analytikern hervorgehoben, in vielen Fällen einer realitätsfernen Tendenz dient; auch kann die Ent-Automatisierung, falls dabei Störungen auftreten, die Anpassung erschweren. Das zeigt sich z. B. deutlich bei zwanghaften Persönlichkeiten. Andererseits dient aber das automatisierte Verhalten der Anpassung in einem weiten Tätigkeitsumkreis (indem es Standardmethoden für Problemlösungen und für die Umschaltung der psychischen Energie bereitstellt; ökonomisch betrachtet, wird psychische Energie gespart). In manchen Fällen wird das automatische Handeln zweckdienlicher sein als die jeweils neue Berechnung jeder Zwischenphase des Verhaltens, die beim rationalen Handeln vorgenommen wird. Ferner wird allgemein angenommen, daß das Einschalten rationalen Handelns in die automatisierten Aktivitäten häufig den Anpassungswert der letzteren beeinträchtigt. Natürlich ist nicht abzustreiten, daß der entgegengesetzte Fall wahrscheinlich von noch größerer Bedeutung ist: die Starrheit der Automatismen erfordert häufige Berichtigung durch das rationale Denken und Handeln; in unserem Zusammenhang verdient jedoch der erstere Fall unser spezielles Interesse. Er erinnert uns an die Tatsache, daß die verschiedenen Anpassungswege im allgemeinen nur für einen begrenzten Umkreis von Situationen angemessen sind und daß die erfolgreiche Anpassung an eine Situationengruppe zu einer Beeinträchtigung der Anpassung an eine andere führen kann. Auch können Anpassungsleistungen bezüglich einer Funktion Anpassungsstörungen anderer Funktionen bedeuten. »Jede der seelischen Differenzierungen, die uns bekanntgeworden sind, stellt eine neue Erschwerung der seelischen Funktion dar, steigert deren Labilität und kann der Ausgangspunkt eines Versagens der Funktion, einer Erkrankung werden.« (Freud, 1921, S. 146.) Andererseits können Anpassungsstörungen sich durchaus zu Anpassungsleistungen entwickeln. Nicht nur die pathologische Entwicklung, sondern auch die Entwicklung zu einem Zustand erfolgreicher

Anpassung geht über Konflikte, und zwar nicht nur gelegentlich, sondern notwendigerweise.

Daß die Fixierung auf veraltete Formen der Problemlösung häufig störend in die erfolgreiche Anpassung eingreift, ist allen Analytikern vertraut; hier ist die bessere rationale Einsicht und Rationalität des Handelns bei der Überwindung eines solchen Anpassungsrückstandes oft hilfreich. In manchen historischen Epochen zeigt sich auch die typische Erscheinung, daß Anpassungsschwierigkeiten auf den erhöhten Anforderungen an das Ich von seiten der rasch sich wandelnden Strukturen der Umwelt beruhen. Es sei hier nur kurz die Situation erwähnt, die heutzutage oft diskutiert wird (z. B. bei Lowenfeld, 1944): der Mensch in einer Welt, in der die traditionellen Zielstrukturen und Verhaltensnormen zusammengebrochen sind. Er steht vor der Aufgabe, anstelle des nach überlieferten Vorbildern organisierten Verhaltens neue, zweckdienliche, rationale Bewertungen und eine neue Organisation seiner Ziele einzusetzen. In dieser Situation erhöhen sich die Anforderungen an die integrative Funktion des Ichs, stabile Anpassungsformen zu finden, und das Ich ist nicht immer imstande, damit Schritt zu halten. Infolgedessen kann sich zwischen den verschiedenen Tendenzen, die sich in der Zielstruktur ausdrücken, eine Art von Ataxie entwickeln, und auch in der Verteilung zweckdienlichen rationalen und irrationalen Verhaltens in den verschiedenen Feldern der Anpassungsprozesse können ungleichförmige Entwicklungen eintreten. In der Übergangsphase, in der die Rationalität sich mittels Versuch und Irrtum einzuspielen versucht, und ehe das Ich seine Ziele und die Mittel, sie zu erreichen, wieder ausbalanciert hat, kann die Anpassung Schaden erleiden. Im Endergebnis kann jedoch eine Stärkung des Ichs und eine Erweiterung seines Aktionsfeldes eintreten, und es kann dann imstande sein, nicht nur einen höheren Grad von Rationalität, sondern auch Steuerungs-Aufgaben zu integrieren, die vordem vom Über-Ich ausgingen.

Unser nächstes Beispiel bezieht sich auf das Abwägen von Mittel und Zweck, das kennzeichnendste Beispiel einer zweckdienlichen rationalen Handlung. Solange das Kind den sofortigen Lustgewinn höher bewertet als zukünftige Befriedigungen, kann es seine Handlungen noch nicht oder nur unvollkommen planen. Dieses Stadium wird gewöhnlich im Laufe der Entwicklung überwunden, und wenn wir es noch beim Erwachsenen vorfinden, halten wir es für pathognomonisch. Aber man kann auch das völlig Entgegengesetzte als pathologisch betrachten. Es gibt Menschen, die dem Ziel, sobald sie es erreicht haben oder noch bevor sie es erreicht haben, den Zielcharakter absprechen und es immer weiter hinausschieben.

So verlegen sie die normalerweise mit der Erreichung des Ziels verbundene Befriedigung in eine immer fernere Zukunft. Jeder Schritt in dieser unendlichen Stufenfolge wird als unvollkommen und vorläufig erlebt. Der Unterschied zwischen dem Realen und dem Möglichen geht verloren. Andererseits kann auch der Vorgang der rationalen Berechnung selbst zu einem Ziel geworden sein. Hier möchte ich jedoch nicht auf Einzelheiten eingehen; die Triebelemente und die Abwehrmaßnahmen, die dabei eine Rolle spielen, sind von der analytischen Neuroseforschung her wohlbekannt. Worauf es hier ankommt, ist die Erkenntnis, wie die Berechnung von Mitteln und Zwecken unter bestimmten Bedingungen sozusagen entarten kann.

Wenn wir das Gesagte zusammenfassen und es mit Erfahrungen aus anderen Beobachtungsfeldern vergleichen, können wir sagen, daß hochdifferenzierte Funktionen wie z. B. das rationale Verhalten trotz des augenscheinlichen Anpassungswertes von sich aus keine optimale Anpassung garantieren; sie müssen mit anderen Regulationssystemen koordiniert und durch solche ergänzt werden, auch wenn diese auf einer viel primitiveren Organisationsstufe funktionieren (siehe 1. Kapitel). Deshalb ist das Bild eines »vollkommen rationalen« Menschen eine Karikatur und stellt keinesfalls den höchsten zu erreichenden Grad der Anpassung dar. Es weist in dieselbe Richtung, wenn Freud in einer seiner letzten Arbeiten sagt, es sei nicht zu erwarten, daß der noch so »gründlich Analysierte« über alle Leidenschaften erhaben sei (1937 a).

Das Problem hat noch eine andere interessante Seite. Von jedem Fortschritt in Wachstum und Entwicklung des Menschen kann man auch sagen, daß er die Bedingungen ändert, unter welchen die Anpassung stattfindet, und daß sich infolgedessen die Methoden ändern, die man im Umgang mit den Realitätsforderungen verwendet. Selbst diejenigen Abwehrmaßnahmen, die nicht in erster Linie gegen die Außenwelt gerichtet sind, sondern die Triebe zügeln sollen, modifizieren gleichzeitig die Realitätseinstellung des Individuums. Die Psychoanalyse hat besonders den entwicklungsmäßigen Aspekt der Anpassung unterstrichen. Im Bereich der Triebe hat man z. B. in der Erreichung des letzten Stadiums der Libidoentwicklung, der genitalen Phase, eine der wichtigsten Vorbedingungen für die Anpassung des Erwachsenen erkannt, und wir sind mit der Tatsache vertraut, daß das reife Ich eher der Verstellung fähig ist als das infantile. Die klinische Erfahrung hat uns auch auf höchst eindrucksvolle Weise gelehrt, welche Rolle die Regression in der Pathogenese spielt. Ich möchte hier jedoch hinzufügen, daß daneben noch eine viel allgemeinere Parallele zwischen Fortschritt und Anpassung besteht, nämlich die Erscheinungen, die den Charakter *regressiver Anpassung* haben. Es sind die Fälle, in denen das angepaßte, normale Verhalten Erwachsener tatsächlich mittels Regression zustande kommt. Ich denke hier nicht einmal so sehr an die jedem Analytiker wohlbekannten Tatsachen, daß prägenitale Sublimierungen die Sublimierungen auf der genitalen Stufe ergänzen oder ersetzen können, um eine Realitätsanpassung zu erreichen. Ich möchte hervorheben, daß sogar im schöpferischen wissenschaftlichen Denken der Umweg über irrationale Elemente, visuelle Phantasien in allgemeinen Bildern oder Symbolen, durchaus kein Hindernis darstellt, sondern im Gegenteil vorwärtshelfen kann. In jeglicher Form künstlerischer Tätigkeit hat man diesen regressiven Umweg schon immer als ein wichtiges Element erkannt. Zur Bezeichnung solcher Phänomene könnten wir den von E. Kris (1936) geprägten Terminus »Regression im Dienste des Ichs« heranziehen. Auch diese Erscheinungen muß man von dem Gesichtspunkt aus betrachten, daß zur Erreichung optimaler Anpassung primitivere Funktionen die hochdifferenzierten ergänzen müssen.

Man muß noch eine weitere Tatsache in Betracht ziehen, wenn man die Beziehungen nachprüfen will, die zwischen der jeweiligen Entwicklungsphase und der Anpassung bestehen. Eine unharmonische Frühreife in der Entwicklung gewisser Tendenzen ist uns aus der Pathogenese der Neurosen bekannt. Eine infolge von reifungs- oder entwicklungsmäßigen Prozessen eingetretene vorzeitige Entwicklung der Triebe, die der Ich-Entwicklung weit vorausgeht, erscheint ebenfalls als häufiger pathogener Faktor. Wir müssen auch die Möglichkeit in Betracht ziehen, daß die vorzeitige Entwicklung bestimmter Ich-Funktionen, darunter der Rationalität, eine der Ursachen in der Genese der Zwangsneurose sein könnte. Diese und einige andere, bereits erwähnte Fakten machen uns geneigt, die Bedingungen für die Gesundheit im Sinne eines Gleichgewichts zu formulieren, das zwischen den Substrukturen der Persönlichkeit einerseits und zwischen diesen und der Umwelt andererseits besteht.

Ich hoffe, daß die vorstehenden Bemerkungen uns etwas tiefer in das Verständnis für die weniger augenfälligen Wechselbeziehungen zwischen Rationalität und Anpassung einführen können, ohne daß wir die überragende Rolle, die das rationale Verhalten in der menschlichen Anpassung spielt, aus den Augen verlieren. Wenn wir das Problem vom biologischen Standpunkt betrachten, was ja mit mindestens einem Grundzug des psychoanalytischen Denkens im Einklang steht, so können wir sagen, daß das Wort »rational« nicht als ein Zauberwort und ungeachtet der

Bedingungen benutzt werden darf, unter denen die verschiedenen Formen von Rationalität Anpassungswert haben; die allgemeinen Kriterien der Anpassung müssen auf sie angewendet werden. Es ist genau so irreführend, alles Verhalten »rational« zu nennen, das der Selbsterhaltung dient, und »irrational«, was der Selbsterhaltung zuwiderläuft. Es ist natürlich richtig, daß Rationalität typischerweise zum Zwecke der Selbsterhaltung benutzt wird, aber wir dürfen nicht vergessen, daß sie z. B. auch im Dienst der Selbstzerstörung benutzt werden kann. Übrigens beruht die Selbsterhaltung beim Menschen auf einer Interaktion von rationalen und irrationalen Ich-Funktionen, aber auch von Ich-Apparaten, Trieben usw. Wenn wir dieses alles rational nennen, dann verwischen wir die spezifische psychologische Bedeutung des Begriffs.

Aus unserer Diskussion einiger typischer Situationen ist auch deutlich geworden, daß der Anpassungswert der Rationalität teilweise dadurch determiniert wird, ob sie in den Gleichgewichtszustand hineinpaßt, der zu einer gegebenen Zeit zwischen den Funktionen der verschiedenen psychischen Systeme besteht. Ich habe erwähnt, daß die adaptive Meisterung einer Situation durchaus die adaptive Meisterung einer anderen beeinträchtigen kann. Diese Tatsache spielt im biologischen Denken eine erhebliche Rolle und ist auch in der Psychoanalyse gründlich untersucht worden. Die Übernahme von Realitätsforderungen über eine gewisse individuelle Schwelle hinaus kann zu Konflikten mit den Trieben und unter Umständen zur Entwicklung von Phänomenen führen, die die erfolgreiche Anpassung stören. Den Forderungen der Außenwelt zu genügen, wie es vom Ich gefordert wird, ist für das Individuum nur so lange günstig, als dadurch nicht das Gleichgewicht mit den anderen Instanzen erschüttert wird. Die Art und Weise, wie die eventuell entstehenden Inkongruenzen vermieden oder ausgeglichen werden, entspricht den Prozessen, die man in der Biologie unter verschiedenen Bezeichnungen beschrieben hat, z. B. als »Organisation des Organismus«. Diese Koordination der Teile des Organismus und ihrer Funktionen ist auf den einzelnen Entwicklungsstufen verschieden, und beim Erwachsenen kann man mehrere Schichten unterscheiden. In dem Gebiet, mit dem sich die Psychoanalyse beschäftigt, kennen wir als einen Ausdruck der Koordinierungstendenzen die synthetische Funktion. Es ist nicht die primitivste regulierende Funktion, die wir aus analytischer Erfahrung kennen; sie entwickelt sich nur allmählich, parallel zur Ich-Entwicklung. Im Laufe ihrer Entwicklung als einer speziellen Ich-Aktivität tritt die synthetische Funktion teilweise an die Stelle primitiverer Regulationen. Freud hat erkannt, daß das Element der Synthese in die psychische Struktur selbst Eingang findet, wie aus der Über-Ich-Entwicklung klar hervorgeht. Wenn das Über-Ich sich einmal gebildet hat und die psychische Struktur im Sinne der drei Funktionszentren beschrieben werden kann, vollzieht sich das ständige Ausbalancieren dieser drei Instanzen gegeneinander sowie die Abwägung der Forderungen der Außenwelt gegen die Bedürfnisse des psychischen Systems mittels der synthetischen Funktion.

Obwohl es sich nur um eine Frage der Nomenklatur handelt, die nicht so wichtig erscheint, möchte ich doch kurz erwähnen, daß ich mich frage, ob die Verwendung eines anderen Terminus statt des Begriffs »synthetische Funktion«, der in der Psychoanalyse gebräuchlich ist, nicht besser wäre. Bei den hier gemeinten Erscheinungen spielt das, was man Synthese nennen könnte, zweifellos eine wichtige Rolle. Häufig gehört zu dem Bilde jedoch auch ein Element von Differenzierung und etwas, was man als »Arbeitsteilung« bezeichnen könnte. Nunberg (1930) hat die Elemente der Synthese in der Entwicklung des kausalen Denkens und der Tendenz zur Verallgemeinerung korrekt beschrieben. Aber diese beiden Phänomene sind gleichzeitig klare Anzeichen einer Differenzierung, die sich in der Entwicklung des Denkens vollzieht. Die Bildung des Über-Ichs, dieses ominöse Resultat der Synthese, bedeutet ebenfalls Differenzierung im Sinne einer Spezialisierung der Funktion. Daher würde es den Tatsachen besser entsprechen, wenn wir von *organisierender Funktion* statt von *synthetischer Funktion* sprächen, weil der Begriff der Organisierung nicht nur die integrierenden, sondern auch die differenzierenden Tendenzen umfaßt. Hinsichtlich der vor allem von Nunberg aufgestellten Hypothese, mit der er versucht, die synthetische Funktion des Ichs mit den »Bindungs«-Eigenschaften der Libido zu verknüpfen, meine ich, daß sie erweitert werden müßte, um nicht nur die libidinösen, sondern auch nicht-libidinöse Tendenzen zu umfassen, die aus den aggressiven Trieben stammen, als dem Urgrund der integrativen und differenzierenden Aspekte der Organisation.

Auch mit diesen Bemerkungen über die organisierende Funktion verfolgen wir noch das Ziel, die Beziehung des Handelns zum Aufbau der psychischen Struktur zu beschreiben. Wir sagten, daß das Handeln sich auf der Grundlage und parallel zur Übernahme des Realitätsprinzips durch das Kind entwickelt. Es bedeutet einen weiteren entschiedenen Schritt in der Entwicklung (über die Annahme des Realitätsprinzips hinaus), wenn die komplexeren Regulationen des psychischen Systems und ihrer Beziehungen zur Realität, von denen wir eben sprachen (und auch die Art und Weise, wie sie auf die beabsichtigte Tat reagieren können), mit in die

Handlungsplanung aufgenommen werden können. Bei seinem Versuch, die Realität auf alloplastische Weise zu beherrschen, lernt das Ich des etwas älteren Kindes auch den Zustand in seinen seelischen Instanzen in Betracht zu ziehen, zu nutzen und autoplastisch zu entwickeln.

Seit Sokrates, Aristoteles und den Stoikern sind Begriffe wie Organisation, Gleichgewicht, Harmonie verwendet worden, um das menschliche Verhalten zu erklären. Manche dieser Begriffe scheinen denen der Psychoanalyse recht nahe zu kommen. Die Bedeutung des psychoanalytischen Begriffs der *Organisation* beruht jedoch auf der Tatsache, daß er weder ein philosophisches Prinzip noch eine moralische Forderung ist, sondern daß er sich rein auf empirische Befunde stützt. Der analytische Begriff der Organisation deckt sich wohl zum Teil mit dem, was die Philosophen meinen, wenn sie von »Vernunft« sprechen, und wenn wir von vernünftigem Verhalten sprechen, beziehen wir uns oft auf Erscheinungen, die wir in der Analyse als Verhalten beschreiben würden, das von der organisierenden Funktion gelenkt wird. Diese psychische Funktion steht dem, was man gewöhnlich Vernunft nennt, näher als die Rationalität; aufgrund des vorher Gesagten ziehe ich es aber vor, den Ausdruck »Vernunft« nicht als einen psychologischen Terminus zu gebrauchen.

Indem wir also die Theorie des Handelns auf den Strukturbegriffen der Analyse aufbauen, können wir versuchen, einen Typus des Handelns zu skizzieren, von dem allgemein angenommen wird, daß er beim Menschen vorherrscht; er ist für die »utilitaristischen« Schulen in den Sozialwissenschaften von hervorragender Bedeutung. Tatsächlich ist dieser Typus auch in vielen Situationen normal und adaptiv. Wir diskutieren ihn hier, um zu zeigen, daß er trotzdem nur beurteilt werden kann, wenn wir Einsicht in seine strukturelle Position nehmen. Die Form des Handelns, die hier gemeint ist, ist auch eine, die ohne nähere Kennzeichnung rational genannt wird. Ihr Ziel ist das, was man gemeinhin »nützlich« nennt. Das Streben nach dem, was »nützlich« ist, umschreibt das Ziel aber noch nicht eindeutig genug. Vom psychologischen Standpunkt aus können wir diese Strebungen zu den *Ich-Interessen* zählen, von denen die Psychoanalyse spricht, Strebungen, die sich z. B. auf den gesellschaftlichen Status, Einfluß, den beruflichen Erfolg, auf Reichtum, Komfort usw. beziehen. Genetisch können wir den Ursprung vieler Ich-Interessen mehr oder weniger vollständig auf Es-Tendenzen zurückverfolgen. Wenn aber die Strukturbildung einmal eingetreten ist, werden sie im Dienste des Ichs teilweise selbständig, und diese Entwicklung ist unter normalen Umständen nicht völlig reversibel[3]; daher muß die Psychoanalyse sie als eine getrennte Erscheinung bzw. Gruppe von Erscheinungen betrachten. Das Gewicht, das die eben angedeuteten Ich-Interessen innerhalb der Dynamik des individuellen Verhaltens und im sozialen Leben haben, ist wohlbekannt. Aber sie repräsentieren doch nur einen Teil des Ichs, und es wird wichtig, zwischen diesen und anderen Ich-Tendenzen zu unterscheiden, wenn wir versuchen, verschiedene Handlungsarten zu charakterisieren. Hier möchte ich nur auf einen Punkt hinweisen, auf den unsere klinische Erfahrung etwas Licht werfen kann.

Das hier gemeinte Verhalten beobachten wir oft in übersteigerter Form, die bei manchen Patienten bis zur Karikatur geht. Ich denke an den wohlbekannten Typ, der ständig betont, wie sachlich er das Leben betrachte, welche realistische Einstellung und welchen hohen Grad an sogenannter Rationalität er erreicht habe. Jedes Verhalten, das nicht offenkundig einem »nützlichen« Zweck dient, wird als archaisch, als abergläubisch oder vorurteilsvoll abgelehnt; wo es auftritt, wird es als Heuchelei entlarvt. Diese Patienten zwingen sich, auch ihre sexuellen Aktivitäten unter dem Gesichtspunkt der Zweckmäßigkeit zu betrachten (etwa dem der seelischen Hygiene), und sie versuchen, sich dementsprechend zu verhalten. Ihre charakteristische Reaktion auf den Tod ist die Unterdrückung der Trauer.

Diese Haltungen sind natürlich hinsichtlich ihres Ursprungs und ihrer Struktur sehr komplex. Für unseren Zweck heben wir den dazugehörigen bevorzugten Typus des Handelns hervor und erinnern, wie dieses Handeln mit einer besonderen Beziehung zur Realität korreliert ist: daß nämlich einzelne Teile akzentuiert, andere, vor allem Anteile der inneren Realität, skotomisiert werden. Wir entdecken bald, daß dieses Verhalten voller Selbsttäuschung steckt. Es geht von einer ganz beschränkten Vorstellung der »Realität« aus, wie ja eine Strategie, die sich stolz realistisch nennt, das sehr oft tut. Wir verstehen, daß dies Verhalten ein Versuch ist, innere Konflikte zu verleugnen und sich vor Furcht zu schützen; sein defensiver Charakter ist offenkundig. Natürlich besagt das nicht, daß es unbedingt pathologisch sei. Bei manchen Menschen finden wir es als einen mehr oder weniger zentralen Zug ihrer Neurose. Aber bei anderen gehört ein gewisser Grad davon offenbar zu ihrem normalen Verhalten und erweist sich in vielen Situationen als eher nützlich für die Anpassung; aber selbst dann dient es oft zu Abwehrzwek-

---

[3] Über die Entwicklung des Begriffs der sekundären Autonomie siehe Hartmann (1939 a) und Kapitel 7 und 8.

ken. Der Anpassungswert ist selbstverständlich verschieden, je nach den sozialen Gegebenheiten der betreffenden Umwelt.

Von den verschiedenen Wertsystemen aus gesehen, die sich auf der Grundlage der Über-Ich-Forderungen entwickeln, wird der in Frage stehende Typus des Handelns sehr verschieden beurteilt. Man findet häufig, daß er zu Konflikten mit den moralischen Normen des Individuums führt. Dieser Hinweis ist nicht ohne Bedeutung, da die psychoanalytische Methode in der Hauptsache jene Seite der moralischen Forderungen untersucht hat, die Schranken gegen die Triebe errichtet. Aber auch die verschiedensten Ich-Strebungen — Handeln innerhalb der Ich-Interessen, auch das Element der Berechnung selbst bei zweckhaftem rationalem Handeln — werden in vielen Situationen von den einzelnen ethischen Systemen negativ beurteilt, und keinesfalls nur wegen der möglichen triebhaften Anteile. Ich denke, daß diese Werturteile wie auch jene, die triebhaftes Verhalten verurteilen, in letzter Instanz auf die Bedingungen zurückverfolgt werden können, unter denen sich das Über-Ich entwickelte. Das ist jedoch eine besondere Frage, die über den Rahmen dieses Aufsatzes hinausgeht und andernorts behandelt wurde (siehe Hartmann, 1960; Hartmann und Loewenstein, 1962).

Die Analyse deckt die vielen genetischen und strukturellen Wechselbeziehungen der Ich-Interessen mit den anderen Triebkräften auf. Kein Analytiker zweifelt daran, daß das Bild des Menschen, das ihn als nur von dieser oder jener Gruppe von Ich-Interessen geleitet zeichnet, der psychischen Realität nicht gerecht wird. Es spielt jedoch immerhin eine Rolle, wenn es sich um Normen der Gesundheit, Therapieziele und pädagogische Probleme handelt. So wird oft behauptet, daß die Freiheit des Individuums, andere Strebungen den für es nützlichen unterzuordnen, darüber entscheidet, ob sein Verhalten gesund oder neurotisch ist. Aber das ist eine zu schmale Basis, um die Definition von Gesundheit darauf aufzubauen. Die Ich-Interessen sind nur eine Gruppe von Ich-Funktionen unter anderen; sie fallen z. B. nicht mit jener Ich-Funktion zusammen, die auch den Forderungen der anderen psychischen Instanzen Rechnung trägt und die wir als die organisierende Funktion beschrieben haben; wenn sie bei einem Menschen überwiegen, so garantiert das noch nicht, daß auch die Triebe harmonisch in das Ich integriert und die Über-Ich-Forderungen harmonisiert sind.

Sogar die Art des Handelns, die man gemeinhin »normal« nennt, kann offensichtlich ohne strukturelle Analyse nicht richtig beurteilt werden. Es ergibt sich keine zuverlässige Korrelation zur Gesundheit, wenn die drei Instanzen und ihre Wechselbeziehungen nicht mit einbezogen

werden. Wenn wir von der Unterordnung anderer psychischer Tendenzen nicht unter die Ich-Interessen, sondern unter die Ich-Kontrolle sprechen, speziell unter die organisierende Funktion, so werden wir besser
imstande sein zu beschreiben, was wir gesundes Verhalten nennen; obwohl selbst dann die Charakterisierung noch unvollständig bleibt. Es
zeigt sich nun auch ganz deutlich, warum die vielen Versuche, das
menschliche Dasein zu planen, die sich nur auf einen Appell an gewisse
Gruppen von Ich-Interessen beschränken, wenig aussichtsreich sind;
vom psychologischen Gesichtspunkt aus werden sie sich wahrscheinlich
als unzulänglich erweisen und sogar zu unvorhergesehenen Konflikten
führen, wo ein strukturell zentraler und komplexer Sektor menschlichen
Verhaltens angesprochen wird. Ich kann hier nicht versuchen, das Feld
abzustecken, auf welchem sie noch am ehesten Erfolg haben könnten.

Welchen Veränderungen die psychischen Instanzen des Patienten
während der psychoanalytischen Behandlung unterliegen und welche
Rolle die organisierende Funktion dabei spielt, ist oft beschrieben worden. In diesem Zusammenhang möchte ich darauf hinweisen, daß der
psychoanalytische Prozeß an sich als ein Modell dafür betrachtet werden kann, wie zweckvolles, rationales Handeln sich oft mit Erfolg irrationaler Verhaltenselemente bedienen kann. Hier wird offenbar in den
Plan einer rationalen Technik, die das Verhalten des Patienten ändern
soll, das Irrationale mit einbezogen. Es werden sogar rationale Mittel
benutzt, um irrationale Kräfte zu mobilisieren, von denen wir aus Erfahrung wissen, daß sie schließlich in einen neuen Gleichgewichtszustand
integriert werden. Das Ich wird gestärkt, und es kommt zu einer Synthese derjenigen Aufgaben, die es sich selbst setzt, und derer, die ihm die
Triebe, die Ansprüche des moralischen Gewissens und die Realität stellen; das Individuum lernt, seine Ziele zu koordinieren. Im psychoanalytischen Verfahren stellt die rationale Einsicht sich selbst als eine Teilfunktion neben und mit Bezug auf andere psychische Funktionen in
Rechnung. So läßt diese Methode der »Planung« absichtlich eine gewisse
Freiheit für die Trieb- und emotionalen Kräfte. Die Möglichkeiten und
Grenzen der Rationalität werden in jeder Analyse empirisch getestet. In
dieser Methode sind sowohl »Rationalität« wie »Irrationalität« integriert.

Freuds Ausspruch: »Wo Es war, soll Ich werden« weist in allgemeiner
Form auf die Ziele der psychoanalytischen Therapie hin. Er besagt
gewiß nicht, daß die rationalen Funktionen oder die Ich-Interessen
die Funktionen der anderen Instanzen jemals gänzlich ersetzen könnten

oder sollten. Er dachte hauptsächlich an die Lenkung durch das Ich, an die Vorherrschaft der organisierenden Funktion, wie wir sie beschrieben haben. Es besteht jedoch kein Zweifel daran, daß die Stärkung des Ichs, eine Konsequenz der Psychoanalyse, wenn sie erfolgreich war, auch dazu führen kann, daß das Ich gewisse Funktionen übernimmt, die vorher von den anderen Substrukturen der Persönlichkeit ausgeübt wurden. Dieser Fall ist sehr verschieden von dem oben diskutierten Versuch, gewisse Ich-Interessen an die Stelle der Funktionen der anderen Instanzen — oft als eine Abwehrmaßnahme gegen diese — einzusetzen. Woran wir hier denken, ist die erfolgreiche Integration jener Funktionen in das Ich; dies setzt Ich-Stärke, relative Angstfreiheit und Intaktheit der organisierenden Funktionen voraus. Wieweit man hoffen darf, daß dieser Grad von Reorganisation auch durch andere, nicht-analytische Methoden erreicht werden kann, will ich hier nicht diskutieren. Wir hoffen jedoch, daß die Erkenntnisse der Analyse, insbesondere auch das, was unsere Einsicht in das analytische Verfahren selbst uns über die Dialektik rationalen und irrationalen Verhaltens gelehrt hat, als Modell dienen kann für das Verständnis und die Handhabung sozialer Phänomene auf breiterer Ebene.

4. KAPITEL

BEMERKUNGEN ZUR PSYCHOANALYTISCHEN THEORIE DER TRIEBE*

(1948)

Das Gebiet, das die psychoanalytische Instinkt- oder Triebtheorie umfassen soll, ist nicht allzu deutlich definiert. Es kann, wie Freud das selbst empfand, durchaus sein, daß manche Aspekte dieser Theorie nicht das gleiche Maß an Klarheit aufweisen, wie wir das bei vielen anderen grundsätzlichen Definitionen finden. Es scheint daher ratsam, von Zeit zu Zeit den Platz dieser Theorie im Gesamt der Psychoanalyse zu überprüfen, besonders angesichts der Art, in der die Analyse sich bisher entwickelt hat. Fortschritte in der einen Richtung haben häufig Änderungen mit sich gebracht — zumindest Änderungen im Gewicht — die nicht explizit festgestellt worden sind. Die empirischen Grundlagen der Analyse sind mannigfaltige, ihre Theorien sind komplex, die Verifizierung ist schwierig und fordert Zeit; daher ist die tatsächliche Wechselwirkung ihrer verschiedenen Teile auf der (chronologisch gesprochen) gleichen Ebene nicht immer deutlich realisiert worden. Trotz unvollständiger Versuche einer mehr oder weniger systematischen Darstellung müssen wir sagen, daß selbst heute ein Verständnis der Analyse ohne eine detaillierte Kenntnis ihrer Geschichte kaum möglich ist. Arbeitet man ohne solches Wissen auf der Grundlage irgendeiner analytischen These, so wird man höchstwahrscheinlich seinen Weg durch Hypothesen verwirrt finden, die in ganz andere Stadien der Entwicklung der Analyse gehören. Dieser Zustand ist beschwerlich für das Verständnis und natürlich für den Unterricht in der Analyse. Das Unternehmen, eine architektonische Ordnung herbeizuführen, eine bessere Koordinierung der theoretischen und

---

* Dieser Aufsatz H. Hartmanns bietet insofern gewisse Schwierigkeiten, als der Autor hier unter anderem den Gebrauch der Begriffe Trieb und Instinkt in der englischsprachigen analytischen Literatur überprüft, wo für den von Freud festgelegten Begriff des Triebes sowohl das eine wie das andere Wort zur Anwendung kommen. Ich habe, um der Ausführung Hartmanns nicht vorzugreifen, mich an seinen Text gehalten und »instinct« mit Instinkt übersetzt, auch wo wir heute auf Grund dieser Ausführungen Hartmanns sicher Trieb sagen würden. »Drive« und »instinctual drives« sind mit Trieb und instinkthafte Triebe übersetzt. Alle anderen Anwendungen klärt der Aufsatz selbst (d. Übers.).

der Tatsachen-Aspekte, kann vielleicht auch dazu behilflich sein, neue Einsichten in bestimmte Probleme zu gewinnen, die entweder vernachlässigt oder unvollständig verstanden wurden. Da das wie ein ziemlich anspruchsvolles Programm klingt, beeile ich mich, festzustellen, daß meine Absicht sich auf die Diskussion einiger weniger Aspekte der Triebtheorie beschränkt. Ich werde versuchen, einen Standpunkt zu finden, von dem aus verschiedene Auffassungen dessen, was als Instinkt oder Trieb bezeichnet wird, innerhalb der menschlichen Psychologie richtig bewertet werden kann. Danach werde ich einige Gedanken zur Erwägung stellen, über die so oft aber vielleicht noch immer ungenügend diskutierten Beziehungen zwischen den Instinkten der Biologie und den instinkthaften Trieben (instinctual drives) und Drängen (instinctual urges) der Psychoanalyse und über die Klärung, die unsere Einsicht in die seelischen Strukturen vielleicht für diese Probleme bringen kann. Das führt dann zu der Frage nach den vermutlichen Unterschieden in der Funktion des Lustprinzips in Beziehung zu Instinkten und zu Trieben. Ich will auch kurz besprechen, was die Analyse zum Verständnis der Selbsterhaltungstendenzen beim Menschen und der selbstregulierenden Systeme im allgemeinen beitragen kann. Schließlich möchte ich wenigstens einen Blick auf die Art werfen, in der die spezifische Verfahrensmethode der Analyse gegenüber manchen Problemen der Allgemeinbiologie behilflich sein kann und wie die Unterschiede in der Methode sich in einem Problem der Klassifizierung der Instinkte widerspiegeln.

Es ist wiederholt gesagt worden, daß die Definition der Instinkte letzten Endes einfach eine Sache der Übereinkunft sei, was natürlich in einem Sinn richtig ist; dennoch sind nicht alle tatsächlichen oder möglichen Konzeptionen des Instinkts im gleichen Maß brauchbar. Außerdem kann es durchaus sein, daß sich für verschiedene Bobachtungsgebiete und für verschiedene Methoden der Annäherung der Gebrauch von etwas unterschiedlichen Instinkt- oder Triebbegriffen als vorteilhaft erweist. Wenn das, was wir in der Analyse als instinkthaften Trieb bezeichnen, sich tatsächlich in manchen Hinsichten von den meisten Definitionen des Instinkts unterscheidet, die die Biologen benutzen, so liegt das zweifellos mit daran, daß Freuds unmittelbares und hauptsächliches Interesse der menschlichen Psychologie galt, während die Beobachtungsdaten der Biologen in erster Linie anderen Spezies, vor allen niedrigeren Tieren, zugehören und die Funde und Hypothesen von da auf menschliche Wesen extrapoliert werden. Einen zweiten Grund für diese Unterschiede, der in naher Beziehung zu dem ersten steht, finden wir in den spezifischen Verfahrensmethoden, die auf der einen und auf der anderen Seite benutzt werden. Natürlich müssen alle Hypothesen über Instinkte auf die gleiche Weise nachkontrolliert werden, wie jede wissenschaftliche These: hinsichtlich der Folgerichtigkeit und Übereinstimmung mit allem Tatsachenwissen, das wir auf dem Gebiet, mit dem wir uns beschäftigen, besitzen. Außerdem müssen, vom Standpunkt der Analyse als Zweig der menschlichen Psychologie aus gesehen, Hypothesen in bezug auf Instinkte danach bewertet werden, ob sie in der menschlichen Psychologie tatsächlich oder potentiell nützlich sind oder nicht.

Es wäre naiv, den positiven Beitrag zu unterschätzen, den der Triebbegriff, wie Freud ihn definierte, zur Entwicklung der Analyse beigetragen hat. Offensichtlich stellt dieser Begriff den Niederschlag einer detaillierten und lange währenden Untersuchung des menschlichen Verhaltens unter kontrollierten Bedingungen dar und das Ergebnis der Anwendung einer Beobachtungstechnik, die Daten erbringt, die — mindestens zum Teil — keiner anderen Methode direkt zugänglich sind. Wir dürfen auch nicht vergessen, daß wissenschaftliche Konzepte, obgleich sie dazu gedacht sind, die Koordination und die Erklärung von Fakten zu erleichtern, diese auch behindern können; und nicht nur die Formulierung von Hypothesen sondern den Prozeß der Auffindung von Fakten selbst. In beiden Fällen bedeutet es einen entscheidenden Unterschied, ob der Triebbegriff auf der Plastizität und Vielfalt an Bedürfnissen beruht, die wir bei der Sexualität finden oder nur auf jener geringeren Plastizität und Vielfalt, die wir zum Beispiel im Fall der Nahrungsaufnahme oder im Fall der Atmung antreffen. Die Geschichte der Analyse zeigt in besonders schlüssiger Weise die wechselseitige Förderung von Beobachtung und theoretischer Formulierung. Während hinsichtlich der Folgerichtigkeit der Freudschen Triebtheorie und hinsichtlich mancher ihrer weiteren Konsequenzen bei einigen Analytikern und anderen Leuten eine ganze Anzahl von Fragen auftaucht, gibt es kaum einen Zweifel hinsichtlich der Geeignetheit seines Konzepts in bezug auf die Methoden, die er anwandte und auf das Feld der Beobachtung, für das das Konzept geschaffen war und das zu erweitern es beitrug.

Um Mißverständnisse zu vermeiden, füge ich hinzu, daß ich hier und bei den folgenden Überlegungen auf den Triebbegriff Bezug nehme, den wir tatsächlich in der klinischen psychoanalytischen Psychologie antreffen, während ich Freuds andere, hauptsächlich biologisch orientierte Reihe von Hypothesen vom »Lebens«- und »Todestrieb« übergehe, deren Wechselspiel die »Erscheinungen des Lebens« erklären sollte (Freud, 1930). Diese Begriffe gehören einer anderen Ordnung an, was Freud auch klar erkannte, und die entsprechenden Hypothesen müssen biologisch bewiesen oder widerlegt werden; auch können sie nur einen Aspekt der hier in Betracht stehenden psychologischen Probleme berücksichtigen und haben bisher nicht viel zu unserem Verständnis für die spezifische Funktion der Triebe (im psychologischen Sinn) in Unterscheidung zu anderen psychischen Funktionen beigetragen.

Freud definiert einen Trieb im ersteren Sinn als mit einem Drang, einem Ziel, einer Quelle und einem Objekt ausgestattet. Er spricht von einem Trieb als einer Forderung, die der Körper an den psychischen Apparat stellt; allerdings sah er selbst in diesem vergleichsweise frühen Stadium der Theoriebildung, in dem er diese Formulierungen einführte (1915 a), gelegentlich Triebe nicht nur als Faktoren an, die »von außen« auf den seelischen Apparat wirken, sondern auch in dem Sinn, als wirkten sie im seelischen Apparat selbst. Später definierte er ihre Position genauer, indem er ihren psychischen Aspekt den Funktionen des Es zuordnete. Bibring (1936) wies genau die Schritte nach, durch die Freud zur Entwicklung seiner Theorie der Triebe und ihrer Beziehungen zu seelischen Funktionen und auch zu den Prinzipien, welche diese Funktionen regulieren, gelangte: hier möchte ich Freuds Instinkt-Konzept aber von einem anderen Blickpunkt aus besprechen. Es ist an diesem Punkt vielleicht nützlich, kurz einige der spezifischen Züge dieser Theorie zusammenzufassen, die zu dem Fortschritt der menschlichen Psychologie beigetragen haben, der auf die Analyse zurückzuführen ist. Man braucht kaum zu erwähnen, daß es die Untersuchung der Sexualtriebe war, die sich als entscheidend für die Entwicklung des größten Teils dieser Züge erwies.

Auf dem Gebiet der Psychologie ließ die Bedeutung der Ziele und Objekte der Triebe bald die Bedeutung ihrer Quellen weit hinter sich, obgleich die Quellen wegen ihrer entwicklungsmäßigen Aspekte relevant bleiben und weil die Einsicht in die Quellen der Triebe zu ihrer Klassifizierung beitragen kann. Dieser Teil von Freuds Konzept bietet auch eine Hoffnung — nicht die einzige — auf ein zukünftiges Zusammentreffen von Psychoanalyse und Physiologie. Das Interesse an den Triebzielen trat immer mehr in den Vordergrund, besonders wegen ihrer großen Variabilität, die für die Spezies Mensch charakteristisch ist. Von diesem Standpunkt aus gesehen (mit all seinen Folgerungen für Ersatzbefriedigung und zielgehemmten Ausdruck), wurde es möglich, ein ziemlich umfassendes Bild der Korrelationen zwischen den Bedürfnissen einer Person auf verschiedenen Ebenen, ihren Emotionen, ihrer Art, Probleme zu lösen usw. zu zeichnen: eine Fülle konkreter Züge, so heterogen sie bei einer anderen Zugangsmethode erscheinen würden, stimmen jetzt überein. Das natürlich unterstreicht auch die relative Freiheit von reaktiver

Erstarrung, die relative Unabhängigkeit von und Vielfalt der möglichen Reaktionen auf äußere und innere Reize, die wir dem Menschen in höherem Maß zuschreiben als anderen Spezies. Das Studium des Triebobjekts bildete den ersten und ist noch heute eine grundlegende Methode des Zugangs der Analyse zur gegenseitigen Abhängigkeit von Individuum und Umwelt. Es führte zu einer detaillierten Untersuchung der mannigfaltigen typischen und individuellen »Situationen«, in denen die Person sich mit der Realität konfrontiert findet. Genetisch verfolgte Freud die Wechselbeziehungen der Forderungen des Kindes auf der einen und der Objektbildung und Objektbeziehungen auf der anderen Seite durch die aufeinanderfolgenden Stadien der Triebentwicklung hindurch. Auch diese Untersuchung ergab bedeutsame Einsichten in manche mehr oder weniger spezifische Züge der menschlichen Natur. So wurde die verlängerte Hilflosigkeit und Abhängigkeit des Jungen der Spezies Mensch von seinen Objekten verantwortlich für die Tatsache gemacht, daß »der Einfluß der realen Außenwelt ... verstärkt, die Differenzierung des Ichs vom Es frühzeitig gefördert, die Gefahren der Außenwelt (für den Säugling) in ihrer Bedeutung erhöht und der Wert des Objekts, das allein gegen diese Gefahren schützen ... kann, enorm gesteigert« werden (Freud 1926 a, S. 186). Aufgrund der tatsächlichen Vorherrschaft der menschlichen Objekte gegenüber allen anderen Kategorien von Objekten öffnete die genaue Untersuchung der Objektbeziehungen den Weg für die Analyse, zu einem grundlegenden Zugang zu den Sozialwissenschaften zu werden. Aber indem man so eine Fülle an Material über die Arten sammelte, in denen die Bedürfnisse einer Person sich auf ihre Beziehungen zur Objektwelt auswirken und umgekehrt, und indem man auf diese Weise Einsicht in den wechselseitigen Einfluß von äußeren und inneren Reizen erhielt, wurde ein Feld betreten, das heute für die Instinktforschung der Biologen von der gleichen Bedeutung ist. Außerdem erleichterte die Unterscheidung typischer Stadien der Triebentwicklung — die am genauesten im Fall der Sexualtriebe untersucht wurde — und ihres Einflusses auf Ziele, Haltungen gegenüber den Objekten, Arten und Weisen des Handelns usw. die Aufgabe, einen Bezugsrahmen für viele Daten sowohl über Wachstum als Entwicklung zu finden, das heißt für den immer fruchtbareren genetischen Aspekt der allgemeinen Psychologie. Es wurde möglich, den genetischen Aspekt des menschlichen Verhaltens im Sinn einer typischen Aufeinanderfolge von Trieb-Organisationen, von Konflikten zwischen den Trieben und zwischen Trieben und Ich und Über-Ich anzusehen, die diesen Stadien entsprechen. Das Gewicht, das Freud auf den Energie-Aspekt der seelischen Funktionen legte und den er bald, mindestens teilweise, mit den Trieben in Verbindung setzte, da sie eine unerwartet starke bewegende Kraft im Hintergrund des menschlichen Verhaltens zu sein schienen, wurde von Psychologen und Biologen häufig kritisiert. In der Analyse allerdings ist diese Energie keineswegs etwas wie ein metaphysischer *élan vitale;* sie stellt vielmehr ein Arbeitskonzept dar, geschaffen, um beobachtungsmäßige Daten zu koordinieren. Das Konzept einer Kontinuität dieser »treibenden Kräfte« und die Betrachtung einer großen Vielfalt von psychischen Akten von diesem Blickwinkel aus, machen diese Akte vergleichbar und ihre Zusammenhänge häufig aufspürbar, zumindest hinsichtlich dieses einen Aspekts. Die Hypothese, daß es verschiedene Formen oder Zustände dieser Energie geben, und daß sie ineinander transformiert werden können, hat sich auch für die Beschreibung des Energie-Aspekts des psychischen Systems als hilfreich erwiesen. Ich schließe diese Aufzählung mit der Erwähnung eines Punktes, der wegen seiner Wichtigkeit vielleicht zuerst hätte genannt werden sollen: daß nämlich Freuds Beginnen, die Position der Triebe in der menschlichen Persönlichkeit zu untersuchen, von Anfang an die Erwägung des Konflikts (zwischen den Trieben selbst oder zwischen Trieben und anderen psychischen Tendenzen) in sich schloß und daß dies Element im Mittelpunkt der psychoanalytischen Psychologie durch alle ihre Stadien verblieben ist.

Obwohl es in dem, was ich bisher gesagt habe, vielleicht schon mitenthalten ist, möchte ich doch ausdrücklich hinzufügen, daß es sich, um den Bedürfnissen einer dynamischen und genetischen Psychologie gerecht zu werden, als notwendig erwiesen hat, den Begriff der Triebe in mindestens drei Hinsichten zu erweitern. Erstens muß er über die physiologische Grundlage hinaus erweitert werden, die sich heute nachweisen läßt. Zweitens kann er nicht auf die Daten des äußeren Verhaltens beschränkt werden. Wir müssen zu den »Quellen der inneren Labilität« vordringen, wie Gardner Murphy (1947, S. 90) sagt, der mit Recht betont, daß eine Klassifizierung der Motivation entsprechend dem äußeren Verhalten nicht allzu befriedigend ist, weil das beobachtbare Verhalten häufig keine zuverlässige Information über das liefert, was innen vor sich geht. Auch sind wir in der Analyse daran gewöhnt, unsere Schlußfolgerungen auf die Wechselbeziehung sowohl innerer wie äußerer Faktoren zu begründen. Drittens: der Begriff der Triebe, der in der Analyse nicht so sehr dazu benötigt wird, Erscheinungen zu beschreiben, als sie zu erklären, muß den phänomenologischen Aspekt überschreiten, was hier bedeutet, den Aspekt der inneren oder subjektiven Erfahrung; das heißt, das bewußte Phänomen des Bedürfnisses, der Begierde, des Zwanges usw. Derartige Erweiterungen, auch wenn sie von einer begrenzteren Angehungsweise her willkürlich erscheinen können, sind angezeigt, um die Vielfalt der Aspekte, die die Psychoanalyse in Betracht ziehen muß, miteinander in Beziehung zu setzen.

Wenn ich diese, für den analytischen Zugang zum Problem der Triebe wirklich fruchtbaren Punkte hervorhebe, will ich damit gewiß nicht irgend etwas wie einen Glauben an die Unveränderlichkeit oder Vollständigkeit dieser Theorie zum Ausdruck bringen. Aber ich glaube, daß das, was ich bisher gesagt habe, uns einige Orientierungspunkte für die Bewertung der potentiellen Bedeutsamkeit verschiedener Angehungsmethoden gibt. Um kurz zwei kontrastierende Beispiele zu erwähnen: es gibt eine ganze Anzahl von Psychologen, die einen sehr weitgespannten Triebbegriff bevorzugen, manchmal sogar weiter gespannt als der, den wir heute in der Psychoanalyse benutzen. Aber da diese Begriffe nicht spezifisch genug sind und ihnen eine enge Beziehung zu klinischen Daten fehlt, erscheinen sie etwas dünn und versagen, wenn man sie auf unsere empirischen Funde anwendet. Im Gegensatz dazu haben viele Psychologen versucht, den Begriff einzuengen, ihn mehr oder weniger um nur den einen oder den anderen der Aspekte zu zentrieren, den er in der Psychoanalyse umfaßt — entweder auf die Quellen der Instinkte oder auf die »Bedürfnisse« oder auf die Grundmuster des »triebhaften Verhaltens«; entweder auf die Reifungs- oder auf die kulturellen Aspekte usw. Zweifellos haben diese Methoden, die sich mit umschriebenen Situationen auf begrenzten Beobachtungsgebieten befassen, eine Fülle an empirischen Daten und lohnenden theoretischen Beiträgen erbracht. Vieles davon — Experimentelles und Theoretisches — könnte auch dazu beitragen, manche Phasen der analytischen Theorie zu klären und weiter zu entwickeln. Aber wenn sie mit komplizierteren Wechselbeziehungen von Zielen, Objekten und Quellen konfrontiert werden, wie man sie bei der klinischen Arbeit antrifft, dann erweisen sich diese Versuche als nicht allzu hilfreich, besonders nicht für die genetische Methode. Höchstwahrscheinlich wird es in Zukunft nötig und auch durchführbar sein, das was an diesen Zugängen zu unserem Problem gültig ist, auf einer umfassenderen psychologischen Ebene zu integrieren. Während viele dieser Versuche, historisch gesprochen, damit begannen, den Anwendungsbereich und die Begriffe der analytischen Theorie abzulehnen, könnte sich diese Integration schließlich gar nicht so unähnlich zu der erweisen, die sich in der Analyse selbst entwickelt hat und noch entwickelt wird [1].

[1] Siehe M. Schur (1961), der die Ansicht eines Psychoanalytikers über die neuere ethologische Forschung zum Ausdruck bringt.

Wenn ich mich jetzt dem zuwende, was die Biologen als Instinkt bezeichnen, beschränke ich mich auf einige wenige Punkte. Auch in der Biologie variieren die Ansichten über Instinkte ziemlich weitgehend, selbst unter Wissenschaftlern, die auf dem gleichen Gebiet arbeiten. Hinsichtlich der Beziehung zwischen Reflexen, Tropismen und Instinkten bestehen noch einige Streitpunkte, ebenso hinsichtlich der jeweiligen Rollen von »äußeren« und »inneren« Faktoren beim instinkthaften Verhalten; Bedürfnisse, Appetite und Instinkte werden in kaleidoskopischer Vielfalt der begrifflichen Modelle zueinander in Beziehung gesetzt. Über Erbfaktoren, über das Ausmaß der Starrheit der Instinkte, über die Rolle des Lernens herrscht keine völlige Übereinstimmung. Ein Blick auf die Konzepte Lloyd Morgans, Drevers, Lashleys, Myers' und Wheelers — um nur einige wenige aus der großen Zahl wohlbekannter Autoren zu nennen — werden das bestätigen.

Viele Beobachter des tierischen Verhaltens betonen gerne die fast vollständige Starrheit der Instinkte. Sie sind höchst beeindruckt von dem, was Forel als primären oder hereditären Automatismus bezeichnete, wobei ein Ausdruck dieser fehlenden Elastizität darin besteht, daß die geringsten Veränderungen in der Situation »die ganze instinktive Reihenfolge in Unordnung bringen«. Andere haben diese Ansichten um einiges modifiziert. Sie bemerken, daß die »Intelligenz« bis zu einem gewissen Grad, der mit der Spezies variiert, in das instinktive Verhalten eindringt. Das gleiche gilt auch, in geringem Maß, für Variationen von einem Individuum zum anderen. Es gibt auch eine gewisse Variabilität je nach der Natur der Umgebung. Systematischere Kenntnisse wurden über das instinktive Verhalten bei höheren Tieren, besonders bei Säugetieren, und über die Rolle des Lernens gewonnen, die dazu beigetragen haben, die Ansichten der älteren biologischen Schule zu modifizieren. Diese Entdeckungen haben als zusätzlicher Anreiz zu Formulierungen über den Instinkt gewirkt, die sowohl das menschliche Verhalten wie das Verhalten niedrigerer Tiere umfassen. Diese wenigen dürren Sätze können einem der faszinierendsten Kapitel der Biologie nicht gerecht werden.

An diesem Punkt stoßen wir wieder auf eine große Zahl divergierender Meinungen. Nicht mehr befriedigt von den umfassenden Verallgemeinerungen, die man in der älteren Literatur antrifft, ist es schwierig, eine Definition zu finden, die sich sowohl auf niedrigere Tiere wie auf den Menschen anwenden läßt. Was sich beim Menschen mit »Instinkten« vergleichen läßt, stellt ein Autor fest, besteht »... weit weniger wesentlich aus zweckmäßigen, angeborenen, mechanisierten Reflexen, weit weniger wesentlich in irgendeinem stereotypisierten Mittel, gewisse ›Ziele‹ zu erreichen, als im Gewahrwerden ... dieser Ziele, in dem Interesse für und in den Wünschen nach ihnen, in den ›angeborenen determinierten Neigungen‹, die wachgerufen werden ... und in der Anwendung von Intelligenz, die zu ihrer Erfüllung aufgewendet wird ... Beim Menschen hat die Intelligenz tatsächlich die Funktionen des spezifischen angeborenen Verhaltens übernommen« (Myers, 1945). Dieser klaren und inhaltsvollen Feststellung können wir ohne weiteres zustimmen. Es ist bemerkenswert, daß dabei psychologische Ausdrücke verwendet werden; und tatsächlich ist die Anwendung auch psychologischer Untersuchungsmethoden von vielen Forschern empfohlen worden, die das Problem der Äquivalente der Instinkte beim Menschen untersuchten. Hier und dort sind sogar ein paar Elemente der psychoanalytischen Triebtheorie akzeptiert worden, aber um die spezifische Position der Triebe in der menschlichen Psychologie zu beschreiben, genügt es nicht, zu sagen, daß es einen Gradunterschied zwischen Trieben und Instinkten gäbe. Hier bedarf es struktureller Konzepte.

Manche der Charakteristika des menschlichen Verhaltens, die sich durch das biologische Konzept der Instinkte oft nur schwer erklären lassen, stimmen ziemlich genau mit den Erscheinungen überein, die zu erfassen die analytische Triebtheorie entwickelt wurde: die relative Unabhängigkeit von äußeren Reizen, die zu einer größeren Plastizität des adaptiven Verhaltens beiträgt; die größere Variabilität der Reaktionen auf innere Reize; die Kontinuität der treibenden Kräfte; die Tatsache, daß eine ständige Umformung der Energien, die wir den Trieben zuordnen, stattfindet — weswegen die Spannungsminderung in einem System immer im Zusammenhang mit den Spannungen in anderen Systemen gesehen werden muß usw. Ich wähle diese Beispiele aufs Geratewohl, viele andere fallen einem ein. Um den spezifischeren Wechselbeziehungen dieser und anderer Erscheinungen, die wir als charakteristisch für das menschliche Verhalten ansehen, besser Rechnung zu tragen, mußte die psychoanalytische Triebtheorie noch durch eine weitere Reihe von Konzepten und Hypothesen ergänzt werden.

In Hinsicht auf den fraglichen Punkt haben die von Biologen geleisteten Arbeiten zur Frage der Instinkte für uns ein zweifaches Interesse: indem sie auf Elemente hinweisen, die dem Verhalten niedrigerer Tiere und des Menschen gemeinsam sind, fordern sie uns auch heraus, ein klareres und vollständigeres Verständnis für die Unterschiede zu entwikkeln. Analoge Situationen und Fragen ergeben sich bei der Forschung der Biologen wie der Analytiker, wenn auch in einem unterschiedlichen

Arrangement der Fakten und Begriffe. Ein Autor, Brun, der Biologe und Psychoanalytiker ist, untersuchte das Verhalten niedrigerer Tiere im Sinn von psychoanalytischen Konzepten, wie dem Lustprinzip, dem Konflikt, der Verschiebung usw. [2]. Doch selbst wo die Methode und die Terminologie der Biologen sich weit von unseren unterscheiden, können wir viel von ihren Entdeckungen und Schlußfolgerungen profitieren. Um ein Beispiel zu geben: in seiner glänzenden Untersuchung über die experimentelle Analyse des Instinktverhaltens lehnt Lashley (1938) ein allgemeines Konzept des Triebes ab und stützt sich ganz auf »sehr spezifische sensorisch-motorische Mechanismen«. Aber seine Arbeit bringt eine Fülle von Anregungen, die fruchtbar für die Analyse sein können: allerdings muß in solchen Fällen, ehe man derartigen Anregungen einen Platz in unserer eigenen Erfahrung zuweist, erst eine sorgfältige Übersetzungs- und Überprüfungsarbeit geleistet werden, um festzustellen, ob oder wie weit scheinbar gleiche Probleme wirklich homolog sind.

Selbst wenn man eine Definition finden könnte, die alles umfaßt, was Biologen, Physiologen, Psychologen, Psychoanalytiker und Philosophen als Instinkt bezeichnen, müßte die Erwartung, daß dieses allgemeinste Konzept das geeignetste für, sagen wir, die biologische oder für die analytische Zugangsmethode wäre, noch bewiesen werden. Es könnte sich herausstellen, daß ein gewisses Maß an Differenzierung, je nach dem Gebiet, von Nutzen wäre. Eine allumfassende Definition würde die Kontinuität der Erscheinungen vom tierischen zum menschlichen Verhalten unterstreichen, die sich in vieler Hinsicht in der Biologie als brauchbar erwiesen hat. Aber diese Kontinuität ist letzten Endes eine genetische, und es bedürfte noch eine Menge weiterer empirischer Untersuchungsarbeit, um festzustellen, welch ein Maß an tatsächlicher Homologie der Erscheinungen auf verschiedenen Ebenen existiert. Instinkte und Triebe gleichzusetzen, hat sich, obwohl es in manchen Hinsichten anregend ist, in anderen als irreführend erwiesen.

Was die Terminologie anbetrifft, so benutzte Freud das Wort »Trieb« in Gegenüberstellung zu dem Wort »Instinkt«, das in der Biologie benutzt wird. Freuds Übersetzer hielten es nicht für wichtig, eine entsprechende Unterscheidung zu machen. Allerdings wurde häufig von Analytikern wie auch von anderen Beteiligten festgestellt, daß es zur Klärung beitragen würde, wenn der Akzeptierung der betreffenden tatsächlichen und begrifflichen Unterschiede eine terminologische Differenzierung folgen

---

[2] In seinem Buch (1946) bringt Brun eine allgemeine Theorie der Instinkte zum Vorschlag, die teilweise von dem abweicht, was in diesem Aufsatz angeregt wird.

würde, und es wurde vorgeschlagen, in der Analyse von Trieben oder instinkthaften Trieben oder Drängen (drives, instinctual drives, instinctual urges) zu sprechen. An den alten Ausdruck gewöhnt, benutzen wir alle gelegentlich »Instinkt«, wo »Triebe« angemessener wäre. Natürlich wäre diese terminologische Gewohnheit ohne Bedeutung, wenn sie nicht theoretische Folgerungen hätte. Auf alle Fälle wird uns die Ausmerzung begrifflicher Doppeldeutigkeit besser instand setzen, uns mit dem sehr realen Problem zu befassen, was die tatsächlichen Beziehungen zwischen den beiden Faktorenreihen sind, die die Ausdrücke Instinkt und Trieb umfassen sollen.

Lassen Sie uns das Problem diesmal vom Standpunkt der strukturellen Psychologie aus ansehen. Man hat die psychoanalytische Psychologie häufig nur für eine Psychologie der Triebe gehalten. Diese Meinung, die von vielen vertreten wird, ist unrichtig, sogar mehr noch in den späteren Stadien der psychonalytischen Entwicklung, als das in den früheren der Fall war. Es stimmt nicht mit der psychologischen Theorie der Analyse überein, alle Aspekte seelischer Funktionen in die Trieb-Psychologie mit aufzunehmen, nicht einmal, genaugenommen, in einem genetischen Sinn — und in diesem Zusammenhang verweise ich den Leser auf einige Feststellungen über einen autonomen Aspekt der Ich-Entwicklung in Freuds letzten Schriften (1937 a) [3]. Dieses Stück seiner Arbeit befindet sich noch in der Latenzperiode, die viele seiner wichtigen Entdeckungen durchlaufen mußten, bevor sie allgemein anerkannt wurden, selbst unter Analytikern. Energetisch können wir durchaus sagen, daß das Es, der Bereich der Triebe, das wichtigste Reservoir psychischer Energie ist; doch nehmen wir an, daß, wenn erst die Differenzierung in drei psychische Systeme stattgefunden hat, jedes dieser Systeme psychische Energie abgibt. Wir beschreiben die Systeme auch in Hinsicht auf die Formen und Zustände der Energie, die sie aufwenden. Von den Formen und Zuständen der aufgewendeten Energie, von ihrem Ursprung und ihrem Austausch genügt zu sagen, daß die Antriebskraft zur Aktivität, die dynamischen und energetischen Aspekte, für alle Systeme der Persönlichkeit gelten, aber daß wir Unterschiede zwischen dem Es, dem Ich und dem Über-Ich nicht nur hinsichtlich ihrer Organisation sondern auch hinsichtlich dieser Antriebskraft finden.

Sicherlich hätte ohne die Kenntnis der Trieb-Psychologie keine gründliche Einsicht in die psychische Struktur und in die psychischen Kon-

---

[3] Siehe Hartmann (1939 a).

flikte erreicht werden können. Aber heute können wir die umgekehrte Feststellung hinzufügen: wir können die Funktionen dieser Triebe nicht wirklich verstehen, ohne ihre Position im Gebäude der psychischen Struktur anzusehen. Außerdem werden die Unterschiede zwischen den Instinkten der niedrigeren Tiere und den Trieben des Menschen nur dann ganz deutlich, wenn wir in Betracht ziehen, welche Einsicht in die Bildung der psychischen Struktur die Psychoanalyse vermittelt hat.

In der ersten, der undifferenzierten Phase der seelischen Entwicklung (Hartmann, 1939 a; Hartmann, Kris und Loewenstein, 1946) finden wir beim Kind eine gewisse Anzahl von Bedürfnissen, Impulsen und Verhaltens-Grundmustern, die kaum weder einem Ich noch einem Es in dem Sinn, wie wir diese Ausdrücke auf spätere Entwicklungen anwenden, zugeschrieben werden können. Mit der Differenzierung der Ich-Funktionen verändert sich das Bild. Das Ich wächst und entwickelt sich zu einem spezifischen Organ der Anpassung und der Organisation, und das Es wird zu einem teilweise abgetrennten System mit seinen spezifischen Eigenschaften. Dieser Differenzierungsprozeß läßt sich zum Teil auf einen charakteristischen Zug der menschlichen Entwicklung zurückführen, auf die »lang hingezogene Hilflosigkeit und Abhängigkeit des kleinen Menschenkindes« (Freud, 1926 a). Vor einigen Jahren (1939 a) habe ich darauf hingewiesen, daß es gerade dieser Prozeß der strukturellen Differenzierung ist, auf den die erwähnten Unterschiede zwischen dem instinktiven Verhalten der niedrigeren Tiere und dem Verhalten des Menschen zurückzuführen ist. Offenbar sind viele Funktionen, die bei den ersteren von Instinkten gelenkt werden, beim Menschen Funktionen des Ichs. Die charakteristische Plastizität des adaptiven Verhaltens des Menschen im Gegensatz zu der relativen Starrheit des tierischen Verhaltens und seine größere Lernfähigkeit sind hervorragende Beispiele für die resultierenden Unterschiede. Die Befreiung vieler Fähigkeiten aus der engen Verbindung mit nur einer engumschriebenen instinktiven Tendenz könnten wir analytisch als das Auftreten des Ichs als definierbares seelisches System beschreiben. Von einer größeren oder geringeren Plastizität, von mehr oder weniger Intelligenz, die dabei beteiligt ist, zu sprechen, wie das häufig geschah, heißt eine ziemlich unzureichende Darstellung der Tatsachen zu geben: wir brauchen daher ein Modell der psychischen Struktur, das die wechselseitigen Beziehungen von Trieb, Intellekt, Anpassung, Integration usw. zeigt, indem es ihnen ihren Platz in Beziehung zu den Zentren des psychischen Funktionierens zuweist, die wir in der Analyse als Systeme bezeichnen.

Wir nehmen an, daß bei der Evolution des Psychischen vom Funktio-

nieren der niedrigeren Tiere bis zur menschlichen Psyche eine Kontinuität besteht, und daß es eine genetische Beziehung zwischen den Instinkten der ersteren und den Determinanten des menschlichen Betragens
gibt. Heute ist allerdings ganz klar geworden, daß es einseitig ist, nur
die genetischen Beziehungen zwischen dem tierischen Instinkt und dem
menschlichen Trieb in Betracht zu ziehen: es würde bedeuten, die nicht
weniger wichtigen Beziehungen zwischen tierischem Instinkt und
menschlichen Ich-Funktionen zu übersehen. Dieser Irrtum wird durch
Formulierungen nahegelegt, die die Identität von Instinkten und Trieben hervorheben.

Ich halte es für ziemlich wahrscheinlich, daß die Unterscheidung, von
der ich sprach, uns nicht nur ein spezifisches Organ der Anpassung liefern kann, das Ich; manche Eigenschaften der Triebe, des Es selbst, wie
wir sie beim Menschen kennen, können unter Umständen das Ergebnis
von Veränderungen sein, die sich auf den gleichen Differenzierungsprozeß zurückverfolgen lassen. Auch das Es scheint nicht eine einfache Erweiterung der Instinkte der niedrigeren Tiere zu sein. Während das Ich
sich in Richtung auf eine immer engere Angleichung an die Realität
entwickelt, zeigt uns die klinische Erfahrung, daß die Triebe, die Es-
Tendenzen, der Realität viel ferner sind als die sogenannten tierischen
Instinkte im allgemeinen (Hartmann, 1939 a), obgleich die instinktiven
Reaktionen niedrigerer Tiere keineswegs immer adaptiv sind. Das ist ein
zweiter Punkt, wo die Beschreibung der Triebe im Sinne von Instinkten
meiner Ansicht nach den Fortschritt der Psychologie ziemlich verzögert
hat.

Auch bei anderen höheren Tieren läßt sich ein gewisser Grad an
struktureller Differenzierung finden, obgleich nicht im gleichen Ausmaß
wie beim Menschen; hier also könnten wir erwarten, etwas mehr oder
weniger Ähnliches wie die Triebe des Menschen zu finden. Andererseits
lassen sich sogar beim Menschen, besonders bei sehr jungen Kindern,
Reste von Instinkten im Sinne der Biologie auffinden.

Was die Beziehung vom Lustprinzip zum Selbsterhaltungstrieb angeht, so darf man annehmen, daß Freuds Feststellung »Vom Lustprinzip
zum Selbsterhaltungstrieb ist noch ein weiter Weg ...« vermutlich nicht
im selben Maß für niedrigere Tiere wie für menschliche Wesen gilt. Die
berühmte These Malebranches und vieler anderer über dieses Thema beschreibt die Situation beim Menschen ziemlich unvollständig. Die These
sagt aus, daß Gott Lust an bestimmte Gegenstände geknüpft hat, nach
denen der Mensch trachten, und Schmerz an andere, die er im Interesse
der Selbsterhaltung meiden sollte. Was Malebranche hier meint, kommt

in gewisser Weise dem recht nahe, was moderne Autoren über die Instinkte sagen, kann aber auf die Triebe des Menschen nur mit größeren Modifizierungen angewendet werden. Um den Tatsachen vollständiger gerecht zu werden, müßten wir die Veränderungen der Lustbedingungen in Betracht ziehen, die sich aus Wachstum und Lernen ergeben, und die Unterschiede zwischen der Lust, die das Ich bietet, und der auf Es-Funktionen zurückzuführenden Lust ausfindig machen.

Der annehmbarste Weg, dies mit der psychoanalytischen Erfahrung zu koordinieren, scheint darin zu bestehen, es wiederum auf den Prozeß der Strukturbildung zurückzuführen; allerdings kommt vielleicht auch ein reziproker Einfluß in Frage. Während die strukturelle Differenzierung wahrscheinlich die Beziehungen zwischen Lust und Selbsterhaltung kompliziert — was natürlich nicht heißen soll, daß sie beim Menschen nicht vorhanden wären — macht dieser Faktor die Entwicklung eines spezifischen Systems für das Lernen und die Realitätsanpassung tatsächlich sogar noch notwendiger, wenn man es mir erlaubt, für einen Augenblick teleologisch zu denken.

Was können wir also von unserem Standpunkt aus über jene psychischen Funktionen sagen, die tatsächlich der Selbsterhaltung beim Menschen dienen? Hier müssen wir natürlich die Triebe nennen, sowohl die sexuellen wie die aggressiven, da sie offensichtlich zur Selbsterhaltung beitragen, obgleich es so aussieht, als stünden sie viel weniger direkt zu ihr in Beziehung (und auch zur Erhaltung der Art) als die Instinkte der Biologie. Aber ich würde zögern, von solchen Beiträgen zur Selbsterhaltung, soweit immer sie vorhanden sind, so zu reden, als bildeten sie einen unabhängigen und festbegrenzten Trieb. Freud hat einmal solch einen Versuch unternommen, indem er diesen angenommenen Trieb mit dem zu identifizieren suchte, was er als Ich-Triebe oder Ich-Instinkte bezeichnete, während er später die selbsterhaltenden Triebe zu den libidinösen rechnete. In der Tat verloren sie im Lauf der Entwicklung der psychoanalytischen Theorie allmählich mehr oder weniger ihren Status als unabhängige Einheit. Die Tendenzen, deren Ziel es ist, die Umgebung zu beherrschen, und die eine festbegrenzte Beziehung zur Selbsterhaltung aufweisen, hatten eine ziemlich undefinierte Position im System inne; heute neigen wir eher dazu, die aggressiven Elemente, die wir in ihnen entdecken, und die Rolle, die Ich-Tendenzen in ihrem Arrangement spielen, hervorzuheben.

Dies könnte die Stelle sein, um ein paar Worte über das zu sagen, was die Psychologen als »Funktionslust« bezeichnen, die Lust an den Tätigkeiten selbst, an der Überwindung von Schwierigkeiten, die Freude des Kindes an der Ausübung einer neu erlernten Funktion (Bühler, 1930), usw., im Gegensatz zu der Lust, die wir aus der Auswirkung einer Aktivität beziehen. Die für die Entwicklung wichtige Rolle der Funktionslust läßt sich teilweise auf die Tatsache zurückführen, daß durch Reifung und Lernen eine Reihe von Apparaten in der konfliktfreien Sphäre des Ichs und die entsprechenden Aktivitäten für das Kind zugänglich werden (Hartmann, 1939 a). Was Lust ist und was nicht, entspricht — wenigstens in gewissem Maß — der Entwicklung des Ichs, und die Möglichkeiten des Lustgewinns, die die Entwicklung der Ich-Funktionen bietet, spielen eine überragende Rolle bei der Akzeptierung des Realitätsprinzips (siehe 13. Kapitel). Etwa die gleichen Gedanken kommen in einem Aufsatz von Hendrick (1942) zum Ausdruck, aber ich bin nicht überzeugt, daß die Einführung eines grundlegenden »Bemächtigungstriebes« wirklich, wie er das möchte, unumgänglich ist.

Von Freuds Prinzipien trägt das Realitätsprinzip natürlich direkt zur Selbsterhaltung bei [4]. Die anderen Prinzipien (das Lustprinzip, das Nirvanaprinzip und ich darf hier auch den Wiederholungszwang erwähnen) zielen nicht in direkter Weise auf Selbsterhaltung ab, aber sie können in Zusammenarbeit mit und unter dem Einfluß von anderen Faktoren, indirekt veranlaßt werden, ihren Zwecken zu dienen. Tatsächlich gibt es sogar beim Menschen ein weites Feld, auf dem Lustgewinn und Selbsterhaltung sich decken, worüber ich schon ein paar Worte gesagt habe. Was ich hier besonders hervorheben möchte ist aber, daß es die durch das Lernen und die Reifung entwickelten Funktionen des Ichs sind — der Aspekt des Ichs, der die Beziehungen mit der Umwelt reguliert und seine organisierende Fähigkeit, Lösungen zu finden, die gleichzeitig der Umweltsituation und den psychischen Systemen angepaßt sind —, die für die Selbsterhaltung des Menschen überragende Wichtigkeit erhalten. Auf andere und weniger spezifische Weise trägt auch das Über-Ich teilweise dazu bei, wie etwa im Fall der sozialen Anpassung.

Es sind hauptsächlich die Ich-Funktionen, aber auch die anderen erwähnten Faktoren und ihre Wechselwirkung mit Situationen, denen das Individuum gerecht werden muß, an die wir denken, wenn wir in der

---

[4] Die Beziehung dieses Prinzips zu anderen Formen der Regulierung ist nicht immer ganz klar. Freuds andere Prinzipien sind Tendenzen, die dem Zweck dienen, mit den Erregungsmengen des psychischen Apparats umzugehen, sie in bezug auf Quantität, Qualität oder Rhythmus zu modifizieren. Aber das Realitätsprinzip deutet eher auf die Art und Weise hin, in der derartige Tendenzen, infolge der Anpassung des Individuums an die Außenwelt, verändert werden; es ist daher schwierig, es auf derselben Ebene zu betrachten wie die anderen Prinzipien.

Analyse von Selbsterhaltung sprechen. Alle diese Faktoren zusammenzuwerfen und die Gesamtsumme als Selbsterhaltungstrieb zu bezeichnen, stimmt mit unserer Auffassung von Trieben nicht überein und verdunkelt das Problem eher, als daß es es klärt. Welche Rolle die Triebe auch immer in diesem Arrangement spielen, es kann kein Zweifel bestehen, daß andere wichtige Elemente daran teilnehmen. Es ist sicherlich nicht einfach, die jeweilige Stärke so vieler beteiligter Faktoren abzuschätzen. Aber ich würde eher dem zustimmen, was Freud in seinem »Abriß der Psychoanalyse«, der nach seinem Tod erschien, sagt: »Das Ich hat sich die Aufgabe der Selbsterhaltung gestellt, die das Es zu vernachlässigen scheint« (1940 a, S. 130.)

Freuds Prinzipien stellen mehrere Arten von Regulierungsprozessen dar, die verschiedene Typen des Gleichgewichts anstreben. Er wurde durch tatsächliche Beobachtungen, und nicht nur durch irgendwelche Forderungen aus seiner Theorie, veranlaßt, diese Pluralität zu akzeptieren, statt eine monistische Theorie der Regulierung aufzustellen. Tatsächlich überschneiden sich diese Tendenzen; außerdem verursacht ein Prozeß, der einen Gleichgewichtszustand in bezug auf einen solchen selbstregulierenden Mechanismus herstellt, häufig einen Zustand des gestörten Gleichgewichts in einem anderen. Das ist besonders deutlich in den Fällen des Lustprinzips und des Realitätsprinzips. Diese Prinzipien mit der Homöostase zu vergleichen, ist entschieden ein verlockendes Unternehmen. Unter anderen haben Hendrick (1946), Orr (1942), Kubie (1948) und vor kurzem Karl Menninger (1954) das Problem aus diesem Blickwinkel angegriffen. Es könnte allerdings notwendig sein, einen Unterschied zwischen den Prinzipien zu machen hinsichtlich des Grades, in dem sie sich für solch einen Vergleich eignen. Nur vom Realitätsprinzip können wir sagen, daß es direkt der Selbsterhaltung dient und zu etwas tendiert, was sich mit Recht als »adaptive Stabilisierung« (Cannon, 1932) bezeichnen ließe. Was die anderen Prinzipien anbelangt, so gilt für sie dies Kriterium der Homöostase nicht. Die Tendenz, die Fechner und Freud dem psychischen Apparat zuschreiben, die Erregung auf einem konstanten Niveau zu halten, führt einen Typus des Gleichgewichts herbei, der nicht direkt adaptiv ist; und das Nirvanaprinzip, das wir von dieser Tendenz unterscheiden können, da es eine Herabsetzung der Erregung anstrebt, ist sogar noch weiter entfernt von Anpassung. Andererseits können wir hinzufügen, daß diese von Freud eingeführten Selbstregulationsmechanismen ein anderes Charakteristikum der Homöostase besitzen (nämlich die Erreichung einer größeren Unabhängigkeit von der tatsächlichen Stimulierung).

Die Selbstregulierung kann auf verschiedenen Ebenen beschrieben werden; mindestens beim Erwachsenen lassen sich verschiedene Schichten unterscheiden. Abgesehen von den Prinzipien gibt es eine Ebene der Selbstregulierung, die dem entspricht, was wir gewöhnlich die synthetische Funktion des Ichs nennen, oder wie ich es lieber bezeichnen möchte, die organisierende Funktion des Ichs (siehe 3. Kapitel): sie bringt die psychischen Systeme miteinander ins Gleichgewicht und reguliert die Beziehungen zwischen dem Individuum und seiner Umwelt. Diese Form der Regulierung wird im Laufe der Entwicklung teils weniger spezialisierten Mechanismen hinzugefügt, teils an ihre Stelle gesetzt. Die Entwicklung dieser organisierenden Funktion scheint Teil eines allgemeinen biologischen Trends zur Internalisierung zu sein; sie trägt auch zu einer wachsenden Unabhängigkeit von der unmittelbaren Einwirkung von Reizen bei. Andererseits können, wenn diese höchst differenzierte Form der Regulierung gestört wird, allgemeinere und primitivere Formen an ihre Stelle treten. Eine bezeichnende Parallele zu dieser psychoanalytischen Einsicht findet sich in der experimentellen Psychologie (Richter, 1941).

Es leuchtet ein, daß Freuds Annäherung an das Triebproblem Hand in Hand mit dem Wachstum der psychoanalytischen Einsicht und der Verfeinerung der Methode ging. Anfangs wandte Freud auf sein Material die konventionelle Dychotomie von Trieben an, die der Erhaltung des Individuums dienen (zu einer Zeit wurden sie mit Ich-Trieben gleichgesetzt), und Trieben, die der Erhaltung der Art dienen — während er sich ganz bewußt war, daß es sich nur um eine Arbeitshypothese handelte, die bloß so lange beibehalten werden sollte, als sie sich als brauchbar erwies (Freud, 1915 a). Später wurde viel von dem, was man Ich-Triebe genannt hatte, dem Funktionieren des Systems »Ich« zugeschrieben, und alle Triebe wurden dem System »Es« zugeordnet. Auch die frühere dualistische Theorie wurde allmählich aufgegeben und nach einigen versuchsweisen, vermittelnden theoretischen Schritten richtete sich Freuds Interesse am Ende ganz auf einen anderen Dualismus der Primärtriebe, die Sexualität und die Aggression [5]. Strukturell hat die Aggression in dem hier gebrauchten Sinn die gleiche Stellung wie die Sexualität; sie ist keineswegs ein »Ich-Trieb« sondern Teil des Es. Diese strukturelle Position unterscheidet sie übrigens auch von dem älteren Begriff der Aggression, wie Alfred Adler ihn verwendete. Aus der Psycho-

---

[5] Eine historische Darstellung bringen, außer dem Aufsatz von Bibring (1936), Jones (1936) und Hitschmann (1947).

logie der Aggression will ich nur einen Punkt erwähnen, der eine Parallele mit der Libido unterstreicht [6]. Während die beiden Triebe sich hinsichtlich der Beiträge, die sie zur Bildung von Ich und Über-Ich leisten, unterscheiden, glaube ich, daß für beide gilt, daß ihre Energie im Dienst von Ich und Über-Ich neutralisiert werden kann. Die aggressive Energie hat Anteil an der Entwicklung der psychischen Struktur, aber wenn die psychischen Systeme erst einmal gebildet sind, liefern sie ihr auch spezifische Formen des Ausdrucks. Beim Menschen fordern Realsituationen manchmal den ungehinderten Ausdruck der Aggression heraus, aber in viel mehr Fällen ihre Sublimierung (K. Menninger, 1942). Beide Triebe können offensichtlich für die Erhaltung des Lebens von Nutzen sein, aber es gilt natürlich, sogar noch mehr für die Aggression als für die Sexualität, daß ihre Ziele häufig der Selbsterhaltung zuwiderlaufen, besonders im Fall jenes typischen Ausdrucks der Aggression, der Selbstzerstörung. Wenn wir allerdings die Hypothese einer neutralisierten Form der aggressiven Energie akzeptieren, die im Ich wirksam ist (die keine Selbstzerstörung darstellt), dann können wir den weitreichenden Gedanken Freuds in Frage stellen, der im strengsten Sinne bedeutet, daß die Selbstdestruktion die einzige Alternative zur Destruktion sei (1932). Von diesem Gedanken kann man sagen, daß er, während er historisch in den späteren Phasen des Freudschen Denkens auftritt, systematisch dem prästrukturellen Stadium der psychoanalytischen Psychologie angehört.

Darf ich wiederholen, was ich schon früher sagte: weder die Ziele der Sexualität noch die der Aggression — wie wir diese Termini heute anwenden — genügen, um dem seelischen Mechanismus, der der Selbsterhaltung beim Menschen dient, Rechnung zu tragen. Aber es ist auch schon lange erkannt worden, daß die Ziele der Sexualität ebenfalls keineswegs auf den Zweck der Arterhaltung beschränkt sind. Wir können uns fragen, was diese Absonderung unserer Triebtheorie von den Problemen der Erhaltung des Individuums und der Art tatsächlich bedeutet. Teilweise ist sie, wie schon erwähnt, sicherlich einem besseren Verständnis für den Platz der Triebe in der psychischen Struktur zuzuschreiben; von hier aus kann der Beitrag anderer Faktoren als der Triebe deutlicher gesehen und beschrieben werden. Aber ich glaube, daß diese Absonderung auch eine bessere Einsicht in die analytische Angehungsweise im Gegensatz zur biologischen widerspiegelt. Ich rede nur von einem Unterschied in der Methode, weil wir in einem systematischen Sinn durchaus behaupten

---

[6] Ausführlicheres über die Aggression findet sich bei Hartmann, Kris und Loewenstein (1949).

können, daß die Analyse auch eine biologische Wissenschaft ist. Wir finden in der psychoanalytischen Literatur älteren Datums, manchmal aber auch sogar im heutigen Schrifttum die Diskussion von Selbsterhaltungstrieben und von sexuellen und aggressiven Trieben auf einer Ebene. Es kann durchaus sein, daß solch eine Nebeneinanderstellung völlig irreführend ist; man kann sie nicht nebeneinanderstellen, wenn sie verschiedene Klassifizierungsprinzipien wiedergeben. Wie die biologische, die »äußere« Angehungsmethode dazu kam, zwischen Selbsterhaltung und Erhaltung der Arten zu unterscheiden, bedarf keines Kommentars. Wieweit unterscheidet sich die analytische Methode von ihr und wie kann diese noch in den Dienst der Beantwortung von Fragen auf der biologischen Ebene gestellt werden? Ich glaube, daß die Rolle der Analyse hinsichtlich solcher Probleme etwa folgende ist: wir finden heraus, was die Triebe in unserem Sinn (in wechselseitiger Abhängigkeit vom Ich und anderen Tendenzen) dazu beitragen, jene Reaktionen zu bilden, die dann — von »außen« oder biologisch gesehen — sich als Selbsterhaltung oder als Arterhaltung manifestieren. Die Analyse zeigt, auf welchen Wegen, wann und unter Benutzung welchen psychischen Materials Verhalten, wie die Biologie es charakterisiert, tatsächlich zustande kommt und unter welchen Bedingungen es sich manifestiert. Ich kann hinzufügen, daß, wenn man auf diese Weise vorgeht, die spezifischen Vorteile der psychoanalytischen Methode in bezug auf biologische Probleme voll ausgenutzt werden können und mindestens *eine* Gefahr der Doppeldeutigkeit vermieden wird. Wenn das, was ich gesagt habe zutrifft, dann ist jene Nebeneinanderstellung, von der ich sprach, wirklich, wie ich das behauptet habe, ambivalent.

Wenn wir annehmen, daß die analytische Untersuchung der Triebe den eben skizzierten Beitrag zur Biologie leisten kann, dann könnte es uns interessieren zu wissen, ob die analytische Angehungsmethode eine analoge Funktion in bezug auf andere Probleme auf der biologischen Ebene ausüben könnte. Um Ihnen ein Beispiel zu geben: wie viele andere Psychologen auch, sah Freud (1926 a) im Angstsignal eine »biologische Notwendigkeit«. Da er dies als erwiesen hielt, bestand der eigentliche Inhalt seiner Untersuchungen in der Frage nach der Art, in der beim Menschen mit dieser biologischen Notwendigkeit umgegangen wird, wie sie beim Menschen zustande kam, was die Vorbedingungen der Angst sind, was ihre strukturelle Position ist und was die typischen Reihenfolgen ihrer Entwicklungsstadien sind.

Als zweites Beispiel wähle ich die psychoanalytische Theorie des Spielens im Vergleich zu anderen Theorien. Es gibt eine biologische Theorie des Spieles, deren klarste Formulierung es als eine Art von Übung sieht, mit der Funktion, das Kind für Situationen vorzubereiten, denen es im zukünftigen Leben gegenübertreten muß (Groos, 1901). Die analytische Theorie betrachtet das Spiel entsprechend seinem Inhalt, dem Erlebnis, das das Kind auf diese Weise meistern kann, der Rollen des Lustprinzips und des Wiederholungszwangs im Spiel und wie, je nach der Entwicklungsstufe, die Beiträge dieser Faktoren variieren. Hier liegen die Theorien wieder nicht auf der gleichen Ebene. Die Rolle der Analyse bei der Erklärung des kindlichen Spiels entspricht der, die sie bei der Erklärung der Angst spielt. Bei beiden tendiert sie dahin, eine dynamisch-genetische Erklärung an Stelle einer teleologischen zu setzen.

5. KAPITEL

DIE ANWENDUNG PSYCHOANALYTISCHER BEGRIFFE AUF DIE SOZIALWISSENSCHAFT

(1950)

Vom Gesichtspunkt der psychoanalytischen Interpretation her gesehen, erscheinen viele Theorien und Befunde der Soziologie doppeldeutig; andrerseits werden von den Soziologen gewisse Aspekte psychoanalytischer Befunde und Theorien, so wichtig sie auch für das Studium der Einzelperson sein mögen, für belanglos gehalten. Zum gegenseitigen Verständnis wäre es wünschenswert, eine gemeinsame begriffliche Sprache zu schaffen oder soziologische Probleme auch nach ihrer psychologischen Bedeutung zu definieren und, wie Parsons (1950) es zum Ausdruck brachte, psychologische Probleme in direkter Beziehung zu der sozialen Struktur zu formulieren.

Gewiß, wenn beide Wissenschaften sich mit etwas beschäftigen, was als der gleiche Gegenstand erscheint, brauchen die wesentlichen Faktoren nicht die gleichen zu sein, und die Zentren fruchtbarer Interessen müssen nicht unbedingt zusammenfallen. Der Psychoanalytiker mag gewisse Merkmale, die die Soziologen interessieren, als für seine Zwecke nicht so bedeutend ansehen; Soziologen mögen auf gewissen Gebieten der Sozialwissenschaften stichhaltige Voraussagen machen, ohne auf die Gesamtpersönlichkeiten von Individuen Bezug zu nehmen. Solche Voraussagen werden sich höchstwahrscheinlich am ehesten dort als richtig erweisen, wo das soziale Handeln überwiegend durch das bewußte oder vorbewußte Ich (Waelder, 1936 a) bestimmt ist, wie etwa bei einer rationalen Handlung oder einer Handlung, die solchen Ich-Interessen folgt, die wir mit Wahrscheinlichkeit bei dem durchschnittlichen Mitglied einer bestimmten Gruppe voraussetzen können. Ein klares Beispiel dafür ist die Wirtschaftstheorie.

Aber es gibt andere soziale Handlungen und Funktionen, bei denen man sich nicht auf solche einfachen psychologischen Modelle verlassen kann, wenn man gültige Voraussagen machen will. Solche Modelle werden sich dem Soziologen dort als nutzlos erweisen, wo andere Funktionen der Persönlichkeit jenseits der rationalen oder Ich-Interessen in einer Weise mitspielen, die dynamisch entscheidend und von Person zu

Person verschieden ist. Wenden wir aber diese recht allgemeine Formulierung auf konkrete soziologische Probleme an, so würden wir uns gewiß auf festerem Boden befinden, wenn wir die psychologische Bedeutung der soziologischen Daten auf systematische Weise in Betracht ziehen könnten. Wir würden zum Beispiel die Bedeutung der soziologischen Daten nicht nur für das Ich der in Frage stehenden Personen kennen wollen, sondern für alle drei psychischen Systeme der Persönlichkeit: Ich, Über-Ich und Es. Es wäre von großem Nutzen, wenn auch die soziologische Bedeutung der psychologischen Daten bekannt wäre. Ein solches systematisches Wissen würde uns beim Erkennen der Richtung, des Grades und der spezifischen Probleme helfen, bei denen solche Abstraktionen von der »gesamten Motivierung der konkreten Persönlichkeit« gemacht werden müssen, oder wahrscheinlich ergiebig sein würden. Ihre Bedeutung für die Analyse auf der Ebene der sozialen Struktur wurde von Parsons betont.

Eine wechselseitige Interpretation psychoanalytischer Daten durch die Soziologie und soziologischer Daten durch die Psychoanalyse setzt die vorherige Übereinkunft zwischen beiden über eine Theorie des sozialen Handelns voraus, durch die eine Wechselbeziehung ermöglicht würde. Am Anfang seines klaren und umfassenden Entwurfs bringt Parsons zum Ausdruck, daß sowohl die soziologische als auch die psychoanalytische Theorie eine gemeinsame Basis innerhalb des von der Theorie des sozialen Handelns bestimmten Rahmens besitzen; aber es besteht ein ungleiches Verhältnis oder ein Mangel an Symmetrie: soziales Handeln mag der grundlegendste Begriff der Soziologie sein, aber er ist es nicht in der Psychoanalyse — noch ist es Handlung überhaupt. Nach Ansicht der Psychoanalyse entspringt Handeln in struktureller und genetischer Hinsicht aus fundamentaleren menschlichen Eigenschaften. Eine vollständige systematische psychoanalytische Theorie des Handelns ist bisher nicht zustande gekommen oder formuliert worden; jedoch sind die psychoanalytischen Beiträge zu einer Theorie des Handelns wichtig genug, um vermuten zu lassen, daß die soziologische Theorie des Handelns Gesichtspunkte der psychoanalytischen Theorie benötigt und enthalten muß, noch über diejenigen hinaus, die Parsons als beiden Gebieten gemeinsam anerkannt hat [1]. Es erweist sich in der Wissenschaft oft als nützlich, verschiedenartige Probleme auf verschiedenen Ebenen der Konzeptualisierung zu behandeln, und die Reduzierung der Probleme auf ihren allgemeinsten Nenner stellt nicht unbedingt das beste Vor-

---

[1] Siehe jetzt auch Parsons und Shils (1951).

gehen dar. Wenn es nichtsdestoweniger eine allgemeine Theorie des Handelns geben soll, gibt es keine andere Möglichkeit, als sie auf den fundamentalsten psychologischen Begriffen aufzubauen.

In der Psychoanalyse wird die Handlung in erster Linie durch ihre Stellung innerhalb der Persönlichkeitsstruktur und durch die Beiträge definiert, die von den psychischen Systemen für die verschiedenen Aspekte der Handlung geliefert werden. Handeln wird aber auch genetisch betrachtet und in Beziehung zu den in Frage kommenden Energiebeiträgen beschrieben, ebenso im Hinblick auf seine Motivierung, auf die motorischen (oder anderen) Mittel zur Erreichung seines Zieles und im Verhältnis zur Realität. Was die Psychoanalyse bezüglich der verschiedenen Handlungstypen entdeckt hat — über ihre strukturellen, dynamischen und Realitätsaspekte, die Überdeterminierung und Konflikte in der Zielstruktur —, kann eine Bereicherung für die Theorien der Sozialwissenschaftler bedeuten, die bisher die Motivierungen des Handelns und ihre Beziehungen zu anderen Asepkten des menschlichen Verhaltens zu sehr vereinfacht haben (siehe 3. Kapitel). Aktionen in verschiedenen Formen (rationale und irrationale, utilitaristische, moralische, realitätssyntone und -dystone) können alle in ihren Wechselwirkungen mit Hilfe der Psychoanalyse untersucht werden, welche ihnen den angemessenen Platz in der Struktur der Persönlichkeit anweisen kann. Die Frage der gegenseitigen Anwendbarkeit der psychologischen und soziologischen Daten kann nur mit Hilfe einer mehrdimensionalen Theorie und struktureller Begriffe gelöst werden.

Wir möchten besonders betonen, daß das meiste, was wir in der Psychoanalyse über Handlung wissen, aus der Untersuchung sozialen Handelns stammt. Die Psychoanalyse untersucht das menschliche Verhalten in seiner Beziehung zur Umgebung. Im Gegensatz zu einigen anderen Schulen der Psychologie schließt die Psychoanalyse die Struktur der Realität mit in ihr Interessengebiet ein. Da Menschen bei weitem die wichtigsten realen Objekte sind, ist die Gesellschaftsstruktur für Psychoanalytiker die interessanteste Realitätsstruktur. Die Gesellschaft ist keine Projektion unbewußter Phantasien, obgleich sie viele Möglichkeiten für eine derartige Projizierung bietet, und deren Studium offenbart uns den Einfluß, den unbewußte Faktoren auf die Haltung der Menschen gegenüber der Gesellschaft haben. Wir müssen die soziale Realität als einen selbständigen Faktor akzeptieren; die meisten Psychoanalytiker versuchen gewiß nicht, das menschliche Verhalten ausschließlich in Begriffen von unbewußten Trieben und Phantasien zu interpretieren. Dieser »Realitätsaspekt« ist ein kompliziertes Kapitel und hat vielfältige

Nebenbedeutungen; wir sind uns bewußt, daß dieselbe Institution als Ventil für eine große Zahl verschiedenster Tendenzen verwendet werden kann.

Es ergibt sich aus diesen Erwägungen, daß die eingehende psychoanalytische Erforschung der Wechselbeziehung des Individuums mit seiner gesellschaftlichen Umgebung zu den Methoden der Sozialwissenschaft gezählt werden kann. Die Psychoanalyse hat uns über die verschiedenen Familienstrukturen ebensoviel gelehrt wie über biologische menschliche Bedürfnisse. Die Aufmerksamkeit der Psychoanalytiker war notwendigerweise auf die Objektbeziehungen der Kindheit gerichtet, denn diese sind für die Entwicklung der Persönlichkeit von unendlich größerer Bedeutung als die des späteren Lebens; das allgemeine und berechtigte Überwiegen des genetischen Gesichtspunktes in der Arbeit des Psychoanalytikers hat diese Einstellung verstärkt. Dies ist neben der allgemeinen Theorie des Handelns ein zweiter Punkt, in dem psychoanalytische Daten und Hypothesen für die Soziologie unentbehrlich sind, obwohl in beiden Disziplinen eine Divergenz des Interesses besteht. Diese Feststellung verleugnet in keiner Weise, daß die aktuelle soziale Umgebung unserer Patienten ständig auf das psychoanalytische Bild einwirkt, ganz im Gegenteil. Sie soll nur als Erklärung dienen, warum dieser Gesichtspunkt weniger nachdrücklich untersucht worden ist und warum unsere Kenntnis des gegenwärtigen Milieus in unseren vornehmlich genetischen psychologischen Begriffen weniger klar zum Ausdruck kommt. Ich stimme mit Parsons darin überein, daß in dieser Beziehung unsere Beschreibungen psychoanalytischer Arbeit aufschlußreicher sein könnten. Wenn systematisch ein gemeinsamer Versuch in dieser Richtung gemacht würde, so würde er wahrscheinlich eine vollkommenere Einsicht in die psychologische Bedeutung spezifischer sozialer Strukturen gewähren, als man durch irgendeine andere Methode gewinnen könnte.

Der Ausdruck »Bedeutung«, der hier ziemlich vage gebraucht ist, bezieht sich auf die Tatsache, daß eine gegebene soziale Struktur spezifische psychologische Tendenzen zur Wirkung bringt. Dieses Verhältnis kann — in Analogie zu Freuds Begriff des »somatischen Entgegenkommens« — als »soziales Entgegenkommen« bezeichnet werden; oder vielmehr ist diese Beziehung ein Teil von etwas, das so bezeichnet werden könnte — eine Seite des sozialen Entgegenkommens. Der andere Teil erstreckt sich auf die Beziehung zwischen den psychologischen Merkmalen eines Individuums und den Möglichkeiten von sozialer Funktion, Status usw., welche eine konkrete soziale Struktur dem Individuum bietet (siehe 2. Kapitel). Parsons' Warnung eingedenk wiederhole ich, daß zwischen dem Persönlichkeitstypus und der sozialen Institution keine einfache Entsprechung besteht. Ich verweise auf seine Feststellung über die »strukturelle Verallgemeinerung von Zielen«. Die Strukturierung motivierender Kräfte als »eine Funktion institutioneller Situationen und weniger von besonderen Persönlichkeitsstrukturen« ist Psychoanalytikern bekannt, obgleich sie andere Worte benutzen. Um sich mit diesem Problem auf der Ebene des Individuums zu beschäftigen, müssen wir über das hinausgehen, was wir gewöhnlich als »Persönlichkeitstypen« bezeichnen. Wir haben in der Psychoanalyse die Beobachtung gemacht, daß die meisten psychologischen Typologien, besonders jene, die nur deskriptiv sind und nicht auf genetischen Prinzipien beruhen — obwohl für gewisse Zwecke nützlich — doch keine vollkommene Erklärung für die vielfältigen dynamischen Wechselbeziehungen der besonderen Merkmale eines Individuums bieten. Daher lassen sie uns oft im Stich, wenn wir festzustellen versuchen, ob solche Eigenschaften modifizierbar sind oder in Übereinstimmung mit inneren und äußeren Situationen durch andere verdrängt oder ersetzt werden können; und gerade solche Fragestellungen sind am bedeutsamsten für das Thema.

Modifizierbarkeit, Ersetzbarkeit und ähnliche Eigenschaften erklären, warum das äußere Verhalten und ein Teil der Motivation von Menschen (die nach einer der gängigen Typologien zu verschiedenen Persönlichkeitstypen gehören) viel öfter gegenüber einer bestimmten institutionellen Struktur gleich sind, als wir auf Grund einer solchen typologischen Diagnose erwarten würden, vorausgesetzt natürlich, daß ihr Verhältnis zur Realität nicht beeinträchtigt ist. Diese Eigenschaften verraten uns mehr über derartige Verhaltensmöglichkeiten und Motivierungen, als man aus einer rein typologischen Diagnose lernen kann. Die Verschiedenheit dieser Qualitäten hängt offensichtlich auch von der institutionellen Struktur ab, der das Individuum gegenübersteht. Dies steht zu den vorangehenden Bemerkungen über soziales Entgegenkommen nicht in Widerspruch; gleiche Aufmerksamkeit muß den eben erwähnten Faktoren zugewendet werden. Es ist besonders wichtig, daß die Untersuchung der Plastizität eines Individuums gegenüber der konkreten Realität — ihr Grad und ihre Bedingungen — in der psychologischen Methodik nicht fehlt. Gerade weil psychoanalytische Typologien weniger deskriptiv und stärker genetisch orientiert sind als andere, ziehen sie dieses Element in Betracht und definieren das zu erwartende Verhalten mit Bezug auf innere und äußere Situationen. Auch in der klinischen Arbeit ist sich der Psychoanalytiker stets dieses Problems bewußt, mit allem, was es in bezug auf realitätssyntones Verhalten in seinen strukturellen und genetischen Aspekten bedeutet, wie auch der möglichen Beteiligung von Über-Ich-Funktionen.

Bisher habe ich mich nur auf solche Beiträge zur Soziologie beschränkt, die in der analytischen Situation gewonnen werden können. Was der Psychoanalytiker in der psychoanalytischen Situation hinsichtlich bewußter und unbewußter Motivierungen, psychologischer Mechanismen und Haltungen gegenüber der sozialen Realität findet, kann er auch — wie es verschiedene Psychoanalyiker versucht haben — anderweitig im Umgang mit sozialen Phänomenen anwenden. Diese »Anwendung« der Analyse, wie man es oft bezeichnet, auf die Deutung von Mythen und anderes anthropologisches Material, wurde zuerst benutzt, um das Vorhandensein von gewissen Inhalten des Es, die in der Analyse entdeckt worden waren, in den verschiedensten Zeitaltern und Zivilisationsformen zu zeigen. Unsere allmählich wachsende Kenntnis von den Abwehrmechanismen des Ichs wurde auch auf diesen Bereich ausgedehnt. Rekonstruktionen über die Vergangenheit der Menschheit beschäftigen sich mehr mit vorgeschichtlichen als mit geschichtlichen Zeiten (Freud, 1913/14 u. a.). Es ist unnötig, hier die Entwicklung dieses Zweiges der Psychoanalyse zu verfolgen; es genügt, daß Freud in seinem zweiten entscheidenden Beitrag zu diesem Gebiet, nämlich der Beschreibung und Erklärung der Massenpsychologie (1921), als Thema wieder einen Verhaltenstypus wählte, der weder auf eine bestimmte geschichtliche Epoche, noch auf eine bestimmte soziale Organisation beschränkt war.

Wir ersehen daraus, daß in der Behandlung spezifisch sozialer Strukturen in spezifischen historischen Situationen unser Zugang nicht nur auf dem Verständnis der unbewußten Inhalte und Mechanismen beruhen kann; er muß durch eine Untersuchung ihrer Wechselwirkung mit den Realitätsaspekten des Verhaltens und der institutionellen Struktur ergänzt werden. Eine Deutung der Gruppenbildung in einer totalitären Gesellschaft unseres Zeitalters zum Beispiel würde sich nicht auf die von Freud verwendeten Kategorien beschränken. Das soll nicht bedeuten, daß ein psychoanalytisches Vorgehen auf diesen Gebieten zum Mißerfolg verurteilt ist, aber die Methode muß entsprechend der vorher besprochenen gegenseitigen Durchdringung von psychologischen und soziologischen Problemen modifiziert werden.

Parsons hat auch vor dem Versuch einer zu »direkten« Erklärung von soziologischen Phänomenen durch die Anwendung von psychologischen Kategorien gewarnt, und ich stimme ihm teilweise zu. Zweifellos muß die Arbeit auf vielen dieser Gebiete eine sicherere methodologische

Grundlage haben. Wenn man sich Problemen außerhalb der klinischen Psychoanalyse zuwendet, vergißt man häufig, was der Psychoanalytiker in seiner klinischen Arbeit kaum je vergessen würde: wir können menschliche Wesen nicht losgelöst von der Realität, in der sie leben, verstehen. Institutionen, die ein soziales System charakterisieren, sind oft nur als direkter Ausdruck von unbewußten und bewußten Wünschen der Menschen, die unter dem System leben, gedeutet worden, als ob die Realität nicht mehr sei als eine Wunscherfüllung. Diese Betrachtungsweise umgeht das schon erwähnte Problem, daß soziale Strukturen dem heranwachsenden Individuum in erster Linie als eine äußere Realität auferlegt werden. Dabei übersieht man die interessante Rolle, die die Tradition in diesem Zusammenhang spielt, und auch die Beiträge der verschiedenen sozialen Schichten zur Bildung von Institutionen. Zugleich wird manchmal die Verschiedenheit der individuellen Haltungen ihnen gegenüber ganz vernachlässigt, die Wege, auf welchen die Individuen durch Institutionen beeinflußt werden, und die Art, in der sie in der Lage sind — oder nicht in der Lage sind —, sich ihnen anzupassen. Die Umgebung dieser Fragen ist keine einfache, weise und technisch legitime Beschränkung auf die — wie es oft genannt wird — »psychologische Seite« des Problems. Sie führt unvermeidlich zu einer falschen Deutung dieser »psychologischen Seite« selbst.

Eine andere Schwierigkeit kommt zum Beispiel in einem großen Teil der umfangreichen anthropologischen Literatur zum Ausdruck, die gegenwärtig der Untersuchung des »Nationalcharakters« gewidmet wird [2]. Wenn man das unendlich komplizierte Phänomen der westlichen Zivilisation aufgreift, in die wir eine ungleich genauere extra-anthropologische Einsicht als in irgendeine primitive Kultur haben, gleicht die Anwendung der gewöhnlichen Methoden der Anthropologie oft der eigenwilligen Umwandlung einer wissenschaftlichen Ökonomie der Fülle in eine Ökonomie der Knappheit. Von unserem Gesichtspunkt aus gesehen, bleibt das benutzte Material doppeldeutig, solange es nicht bezüglich seiner Motivations-Struktur, Dynamik, Orientierung zur Realität, besonders zur sozialen Realität, und ihrer Geschichte analysiert werden kann. Ein Konzept des »Nationalcharakters«, wie auch der eines Charakters im allgemeinen, muß selbstverständlich viel mehr als nur Feststellungen über aktuelles Verhalten enthalten; wir sind berechtigt zu erwarten, daß er uns etwas über die Möglichkeiten des Verhaltens in bedeutsamen intrapsychischen und äußeren Situationen mitteilt. Wie bereits gesagt, zeigen deskriptive

---

[2] Siehe hierzu Hartmann, Kris und Loewenstein, 1951.

Typologien nur unzureichend solche Möglichkeiten; wir brauchen hier dynamische und genetische Typologien, wie sie in der Psychoanalyse angewandt werden. Die Studien des »Nationalcharakters«, die auf Untersuchungen von typischen Kindheitssituationen gegründet sind und Faktoren wie die Unterschiede in der Erziehung der Kinder betonen, bedeuten einen erheblichen Fortschritt, obgleich sie nicht in unserem Sinne genetisch sind. Wenn auch Kardiners Begriff der grundlegenden Persönlichkeitstypen (1945) nicht alle Aspekte des Problems umfaßt, so erscheint er doch in gewisser Hinsicht nützlich.

Die Psychoanalyse kann bei der Untersuchung des »Nationalcharakters« behilflich sein, hauptsächlich indem sie auf wertvolle Zugangswege hinweist, gewisse Mängel vermeidet und auf einer komplexeren Auffassung besteht. Potentiell könnte sie einen noch wesentlicheren Beitrag leisten, indem sie die eigene Methode in ihrer ursprünglichen Form anwendet, zumindest bei Kulturen, in denen Psychoanalytiker und Analysanden zur Verfügung stehen. Eine vergleichende Studie, die die psychoanalytische Untersuchung und Behandlung von Vertretern verschiedener Kulturen zur Grundlage hat, ist noch nie systematisch durchgeführt worden, scheint aber durchaus möglich. Die Methode der Psychoanalyse eignet sich sehr wohl dazu, die komplexen Aspekte dieses Problems zu behandeln.

Es genügt nicht, psychoanalytische Befunde und Theorien auf soziologische Phänomene »anzuwenden«. Wir müssen vielmehr eine gegenseitige Durchdringung soziologischer und psychoanalytischer Theorien anstreben, wie auch neue Fragestellungen und die Entwicklung neuer Methoden, um die Daten auf beiden Gebieten miteinander in Beziehung setzen zu können. Das bedeutet, daß man Modelle aufstellen muß, die sowohl in ihren psychologischen wie auch in ihren soziologischen Aspekten so spezifisch wie möglich sind (siehe 2. Kapitel).

6. KAPITEL

PSYCHOANALYSE
UND ENTWICKLUNGSPSYCHOLOGIE

(1950)

Zwischen unserer früheren Diskussion über psychoanalytische Theorien (1949) und den Vorträgen, die wir heute hören werden, besteht ein thematischer Zusammenhang. Durch die Wahl unseres Themas, »Psychoanalyse und Entwicklungspsychologie«, wollten wir die zunehmende Bedeutung dieser Seite der Psychoanalyse hervorheben und gleichzeitig eine umfassendere Darstellung der Gedanken und Erfahrungen geben, die dem Kongreß im vorigen Jahr vorgelegt wurden. Einiges, was ich sagen werde, wird sich zweifellos mit dem Gebiet überschneiden, das bei der Zusammenkunft in Stockbridge (1950) von Anna Freud und anderen über die heutige Lage der psychoanalytischen Kinderpsychologie erörtert wurde. In Anbetracht der Unvollständigkeit unseres Wissens auf diesem Gebiet und des Provisorischen unserer Hypothesen kann meines Erachtens ein erneuter Versuch, diese schwierigen Probleme durchzuarbeiten, nur nützlich sein.

Vor vielen Jahren beklagte Freud sich darüber, daß die direkten Beobachtungen der Kinderpsychologen häufig fragwürdig seien, weil sie Phänomene beschreiben, deren Wechselbeziehungen und dynamische Tragweite nicht voll verstanden sind, während andererseits Rückschlüsse auf die Kindheit aus der Psychoanalyse Erwachsener den Nachteil haben, daß sie nur durch komplizierte Rekonstruktion und viele gedankliche Umwege möglich sind. Diese Lücke konnte nur teilweise durch die Kinderanalyse geschlossen werden. Deshalb ist die Kombination direkter longitudinaler Beobachtungen von früher Kindheit an mit den rekonstruierten Daten, die sich aus der Psychoanalyse ergeben, von äußerster Wichtigkeit. Aber diese zweifache Annäherung an das Problem ist erst möglich geworden infolge der systematischen analytischen Arbeit an der Ich-Psychologie bzw. der strukturellen Psychologie im allgemeinen, die uns mit den unentbehrlichen Richtlinien und den notwendigen Werkzeugen für ein fruchtbares Zusammenarbeiten ausgestattet haben.

Es ist bemerkenswert, daß Freud mit Hilfe von Rekonstruktionsme-

thoden nicht nur typische oder atypische Erlebnisse der frühen Kindheit
aufdecken konnte, sondern auch typische Reifungsprozesse, die der
direkten Beobachtung bis dahin entgangen waren, wie etwa die Phasen
der Libido-Entwicklung. Es ist jedoch richtig, daß gewisse Gruppen von
Tatsachen und ihre Verbindungen bestimmten Methoden der Beobachtung zugänglicher sind als anderen. Selbstverständlich werden die
Methoden dem Gegenstand der Untersuchung angepaßt, aber was ich
hier im Sinne habe, ist die Tatsache, daß jede Methode eine Auswahl
von Daten voraussetzt, und daß je nach der angewandten Methode bald
diese und bald jene Daten im Mittelpunkt des Blickfeldes erscheinen. Im
Fall der psychoanalytischen Methode sind Beobachtungen zugänglich
geworden, vielfach zum ersten Mal, die um seelische Konflikte kreisen.
Obgleich eine dauernde Wechselwirkung zwischen konfliktbeladener
und konfliktfreier Entwicklung besteht, hat die Psychoanalyse bisher die
konfliktfreie Sphäre nur wenig erhellt.

Wenn ich sagte, daß die psychoanalytische »Methode« den Weg
zur entwicklungsmäßig zentralen Stellung des Konflikts eröffnet, hätte
ich mich eigentlich auf drei Faktoren berufen sollen, nicht nur auf
einen, obwohl diese drei offensichtlich miteinander in Zusammenhang
stehen. Da ist neben der psychoanalytischen Methode im engeren Sinne
des Wortes, in dem wir es gebrauchen, die analytische Situation, die
viele ihrer Möglichkeiten der Tatsache verdankt, daß sie trotz ihrer
strengen Begrenzung eine Situation des wirklichen Lebens ist und auch
als Teil des therapeutischen Prozesses Bedeutung hat. Der dritte Faktor
ist die Haltung des Analytikers gegenüber den Daten, die er aufdeckt.
Diese Frage habe ich in Stockbridge ausführlich diskutiert. Ich möchte
mich hier nur auf wenige Bemerkungen beschränken. Ich denke besonders an die Berücksichtigung dessen, was auf anderen Gebieten die
»persönliche Gleichung« genannt wird, nämlich die Berücksichtigung
möglicher Schwierigkeiten der Beobachtung, die durch die Persönlichkeit des Beobachters und durch seine Interventionen im Beobachtungsfeld hervorgerufen werden. Da der Analytiker gleichzeitig Beobachter
und Teilnehmer in der psychoanalytischen Situation ist, hat man behauptet, daß die Psychoanalyse eigentlich eine Art »Technosophie« sei,
und daß dies ihrem Anspruch, eine wahre Wissenschaft zu sein, wider-
spreche. Es ist wahr, daß die Psychoanalyse nicht nur neue Faktoren in
die analytische Situation, sondern auch in die direkte Beobachtung von
Kindern eingeführt hat, Faktoren, die von anderen Beobachtungsmetho-
den vernachlässigt wurden, und daß in diesem Falle das Feld der Beobachtung nicht nur vom Verhalten des Kindes bestimmt ist, sondern auch

von bewußten und unbewußten Verhaltensweisen des Beobachters und von der Wechselwirkung beider Faktorengruppen abhängt. Aber alle diese Faktoren werden ständig einer genauen psychologischen Prüfung unterzogen. Durch aktive Beteiligung im Beobachtungsfeld und durch sorgsame Untersuchung von »Aktion« und »Reaktion« erhält man Daten, die keiner anderen Methode zugänglich gewesen sind, und wir lernen, die persönliche Beziehung zu verstehen, die die Grundlage der Beobachtungssituation bildet. Das hat auch Kris (1951 b) gemeint, als er von »Aktionsforschung« und »reiner Forschung« sprach. Durch die sorgfältige Untersuchung der Wechselbeziehung zwischen dem Beobachter und seinem Objekt im Feld der Beobachtung haben wir Analytiker tatsächlich auf radikale und konsequente Weise bereits etwas getan, das auf einigen Gebieten der Naturwissenschaften und auch der Sozialwissenschaften immer wesentlicher wird.

Alle drei Faktoren, die ich soeben erwähnt habe, sind charakteristisch für die Psychoanalyse, fehlen aber in anderen psychologischen Methoden. Die direkte Beobachtung durch Nichtanalytiker mußte notwendigerweise viele zentrale Entwicklungsstadien und -richtungen übersehen, weil sie die kindlichen Trieb- und anderen Konflikte, und ganz besonders ihre unbewußten Aspekte, skotomisiert. Was häufig als ein kaum verständliches und anscheinend unbedeutsames Detail erscheint, kann vom Standpunkt der Psychoanalyse aus gesehen außerordentlich wichtig sein. Eine große Anzahl von Kindheitserlebnissen, die von einschneidender Bedeutung für die Entwicklung der erwachsenen Persönlichkeit sind, hat eine nur geringe »Wahrscheinlichkeit direkter Manifestation«, wenn ich diesen Ausdruck der Erbwissenschaft entlehnen darf; aber die analytische Einsicht, die hauptsächlich auf Rekonstruktion beruht, ermöglicht uns in solchen Fällen, die Kontinuität der Entwicklung zu verstehen. Die Wachstumsstufen, wie sie von den Kinderpsychologen beschrieben wurden, erfaßten hauptsächlich Reifungsaspekte und gaben nur einen Teil des Bildes wieder. Der Vergleich und die wechselseitige Überprüfung von Daten, die mit Hilfe beider Methoden beobachtet wurden, versprechen ein vollständigeres Verständnis. Theorien über frühere Entwicklungsstadien müssen sich sowohl auf Daten der Rekonstruktion als auch auf solche direkter Beobachtungen stützen.

Selbstverständlich stelle ich mir den Zugang zu diesem Problem nicht als ein bloßes Aneinanderreihen rekonstruierender Daten an die Daten der direkten Beobachtung vor, sondern nehme an, daß er nur durch sinnvolles wechselseitiges Durchdringen des Materials gewonnen werden kann. Wie ein Konflikt, der kaum den sogenannten objektiven Methoden zugänglich ist, die intellektuellen oder motorischen Leistungen eines Kindes beeinflussen kann, wie andererseits Reifungsphasen, die den intellektuellen oder motorischen Leistungen zugrunde liegen, Einfluß auf die Ich-Entwicklung des Kindes und seine Art der Konfliktlösung haben mögen — all dies kann am besten auf der Grundlage einer solchen Vergleichsstudie erkannt werden. Ein anderer wichtiger Aspekt kommt noch hinzu. Diese Studien müssen zu einem wachsenden Verständnis der Zeichen- und Signalfunktion führen, welche die einzelnen Verhaltensweisen für den Beobachter haben, das heißt, zu einem besseren oder systematischeren Verständnis dafür, wie Daten der direkten Beobachtung als Indikatoren der strukturell zentralen, teilweise unbewußten Entwicklung verwendet werden können — in einem Sinn, der bei weitem die Möglichkeiten der Zeichendeutung, die den verschiedenen »Test-Methoden« zugänglich sind, überschreitet. Sie werden verstehen, wie entscheidend dies auch für psychoanalytisch geplante Vorbeugungsmaßnahmen werden kann.

Zu dem, was ich über das selektive Moment bei jeder Methode sagte, möchte ich jetzt noch hinzufügen, daß auch eine zeitliche Begrenzung der Anwendung der analytischen Methode besteht. Sie liefert uns keine Daten (Erinnerungen) über die undifferenzierte Entwicklungsphase, während der noch keine Scheidung zwischen Ich und Es, zwischen Selbst und Objekt besteht. Auch über die präverbale Phase gibt sie uns keine direkte Auskunft. Die direkte Beobachtung hilft uns in erster Linie, solche Hypothesen aufzugeben, die nicht mit Daten des Verhaltens übereinstimmen. Aber sie ist auch insofern relevant, als sie positive Hinweise für die Formulierung unserer entwicklungspsychologischen Hypothesen gibt.

Ferner hat dieser Faktor mit dem genetischen Charakter so vieler analytischer Hypothesen zu tun. Die analytischen Begriffe sind, ganz im Gegensatz zu denen der meisten anderen Zweige der Psychologie, häufig genetischer Natur (Hartmann, 1929; Hartmann und Kris, 1945). Sie umfassen psychische Phänomene aufgrund ihres gemeinsamen Ursprungs, anstatt nur deskriptiv zu sein. Zum Beispiel ist unsere Einteilung nach Typen, wie oraler Charakter, analer Charakter usw., aufgrund der jeweils überwiegenden genetischen Faktoren vorgenommen worden. Diese Charaktertypen können Elemente enthalten, die in rein beschreibendem Sinne einander widersprechen: Habgier und Verschwendung, Sadismus und Mitleid usw. Dieses Vorgehen erweist sich als überlegen, weil es uns gestattet, die dynamischen Möglichkeiten solcher Charakterzüge zu bewerten und auf diese Weise verläßliche Voraussagungen zu machen.

Eben dieses genetische analytische Denken findet sich durch die zeitlichen Grenzen, an welche die analytische Methode stößt, behindert und herausgefordert, sich Einsichten über diese Grenzen hinaus zu beschaffen. Eine solche Erweiterung kann durch Extrapolation analytischer Befunde auf die präverbale Phase (siehe Glover über »Basic Concepts«, 1947) oder durch direkte, aber analytisch orientierte Beobachtung erreicht werden. Beide Methoden sind notwendig. Aus dem vorher Gesagten ergibt sich, daß das Studium der präverbalen Phase ein Versuchsfeld für unsere allgemeinsten Annahmen ist, aber auch eine Voraussetzung für theoretische Fortschritte in verschiedenen Richtungen. Aus diesem Grund habe ich gemeint, daß im Rahmen einer Diskussion über Theorien der Psychoanalyse ihren Beziehungen zur Entwicklungspsychologie ein besonderer Platz eingeräumt werden sollte.

Aus dem oben Gesagten wird klar, daß wir heute dieser verhältnismäßig neuen Richtung der psychoanalytischen Forschung eine besondere Bedeutung zumessen. Wir sind zu dem Schluß gekommen, daß die psychoanalytische Psychologie sich nicht auf das beschränkt, was sie durch die Verwendung der psychoanalytischen Methode gewinnen kann, und zweitens, daß die Bedeutung, die wir der Psychoanalyse zuschreiben, ihre psychiatrischen Aspekte überschreitet. Die Psychoanalyse ist, und war es in Freuds Arbeiten immer, auch eine allgemeine Psychologie. Es war bereits in den neunziger Jahren (1887—1902) Freuds Ziel, Einsicht in die Gesamtheit der psychischen Funktionen zu gewinnen, und nicht nur in die Pathologie der Neurosen. Daß das Studium des normalen Verhaltens ein wesentliches Element der Psychoanalyse ist, trifft besonders deutlich auf den Aspekt zu, den wir heute besprechen. Wenn ein Vergleich mit der organischen Medizin erlaubt ist: Die engere Auffassung der Psychoanalyse, als einer Erklärung der nervösen Erkrankungen, gibt uns nur die Pathologie und klinische Daten ohne »Physiologie«, oder nur mit der Physiologie als einem Nebenprodukt. Der umfassendere Begriff fügt ihr eine »Physiologie« mit der vollen Bedeutung hinzu, die dies für unsere Einsicht in das normale wie auch das pathologische Verhalten notwendigerweise haben muß. Wie stichhaltig unsere allgemeinen Behauptungen und unsere Voraussagen sein können, hängt letzten Endes hier, wie auch auf anderen Gebieten, davon ab, wie weit eine allgemeine Theorie entwickelt werden kann, und das kann im Falle der Pyschoanalyse nur eine Theorie sein, die sich sowohl mit der normalen als auch mit der pathologischen Entwicklung beschäftigt.

Die Beschreibung gewisser typischer Phasen der Libido-Entwicklung und ihrer Beziehungen zu Zielen, Haltungen zu Objekten, Verhaltensweisen usw. war Freuds erster Versuch, ein Bezugssystem für eine große Anzahl von Daten des Wachstums und der Entwicklung zu finden — nach einer kurzen, mehr »umweltorientierten« Phase, während der Freud die Häufigkeit und entwicklungsgeschichtliche Bedeutung des tatsächlichen Vorkommens der Verführung von Kindern durch Erwachsene überbetont hatte. Er war imstande, individuelle Abweichungen gegenüber den typischen Abläufen zu beschreiben. Diese typischen Phasen hängen zu einem gewissen Grade vom physiologischen Wachstum ab; Freud erwähnt die Entwicklung der Zähne oder der analen Sphinktermuskulatur als typische Beispiele. Während sie Stufen der Reifung darstellen, zeigen sie jedoch auch einen gewissen Grad der Formbarkeit durch Umwelteinflüsse, wie das bei allen Anlagefaktoren der Fall ist. Außerdem hat die Bedeutung dieser biologischen Abläufe für die Sphäre der Objektbeziehungen und deren Wichtigkeit im biologischen Zusammenhang — das heißt, des gegenseitigen Einflusses von inneren und äußeren Reizen — von jeher in der Psychoanalyse eine zentrale Stellung eingenommen.

Was wir sagen wollen, wenn wir von diesen Phasen sprechen, ist tatsächlich nicht immer wirklich auf die Libido-Positionen und ihre Abkömmlinge oder auf ihr Zusammenwirken mit den Objekten oder anderen Umwelt-Faktoren beschränkt. Wir sind uns bewußt, daß man keine Querschnitte der Entwicklung im Sinne der inneren und äußeren Schicksale der Sexualtriebe allein beschreiben kann. Es ist wichtig, sie auch im Sinne der Einbeziehung anderer, zum Teil unabhängiger Variablen zu beschreiben, wie zum Beispiel der Schicksale der Aggressionstriebe. Dies bedeutet bereits eine erhebliche Erweiterung und Differenzierung unseres entwicklungsgeschichtlichen Gesichtspunktes.

Ein weiterer Schritt wurde durch ein genaueres und systematisches Studium des Ichs ermöglicht. Und auch hier finden wir wieder die engste Wechselwirkung mit den Objektbeziehungen: Während die Entwicklung der Objektbeziehungen durch die Ich-Entwicklung mitbestimmt wird, sind Objektbeziehungen auch einer der Hauptfaktoren, welche ihrerseits die Entwicklung des Ichs bestimmen. Viele Beiträge zu diesem Symposium (Hoffer, 1950; Kris, 1950 b; Loewenstein, 1950; Rank und MacNaughton, 1950; Spitz, 1950) beschreiben den Einfluß, den der Fortschritt der Ich-Psychologie auf unser Verständnis der Reifungsprozesse und der Entwicklung ausgeübt hat. Tatsächlich hat sich der neue Stand der Ich-Psychologie als entscheidend für das wiedererwachte psychoanalytische Interesse an dem Problem der Entwicklungspsychologie und für eine systematischere Beziehung zwischen rekonstruierten Daten und denen der direkten Beobachtung erwiesen. Auch bei praktischen Fragen, wie zum Beispiel in der präventiven Psychiatrie oder in der Pädagogik, war es möglich, Beschränkungen zu überwinden, die den früheren Methoden anhafteten.

Die Ich-Entwicklung basiert, ebenso wie die Libido-Entwicklung, zum Teil auf Reifungsprozessen. Einige Analytiker stimmen darin überein, daß der Ich-Aspekt als eine teilweise primäre, unabhängige Variable angesehen werden muß, die nicht völlig auf die Wechselwirkung zwischen Trieb und Umgebung zurückgeführt werden kann, und ferner, daß er zum Teil durch Sekundärvorgänge von den Trieben unabhängig werden kann. Das ist es, was ich meine, wenn ich von der *primären* und *sekundären Autonomie* der Ich-Entwicklung spreche. Die sekundäre Autonomie der Ich-Funktionen wirkt sich wiederum auf die Stabilität des durch die Entwicklung Erworbenen aus — ein Problem, das ich aber in diesem Zusammenhang nicht erörtern kann. Hier möchte ich nur sagen, daß das Ich ebenso wie die beiden primären Triebe zum Teil unabhängige Variabeln zu sein scheinen. Aber während wir für wissenschaftliche Untersuchungen oder zu Darstellungszwecken den einen oder den anderen Gesichtspunkt isolieren können oder müssen, dürfen wir nicht vergessen, daß nur alle diese Aspekte zusammen ein Bild von der Entwicklung eines Menschen geben können, wie wir es in der Psychoanalyse sehen.

So könnte ein Entwurf zu Vergleichsstudien, der sich sowohl auf Rekonstruktion wie auf Daten aus der direkten Beobachtung stützt, zum Teil auf die typischen Wachstums- und Entwicklungsphasen, mit denen wir aus dem klinischen Material in der Psychoanalyse so vertraut sind, ausgerichtet sein. Gewisse Grundsätze der genetischen Psychologie der Analyse können besonders gut an Freuds Auffassung dieser Phasen gezeigt werden; einiges darüber werde ich später erörtern. Aber jener Entwurf müßte auch den strukturellen Aspekt, die Entwicklung der psychischen Systeme umfassen, und eine solche vergleichende Studie könnte sogar für die Vorstufen der Strukturbildung besonders fruchtbar sein.

Unter den Funktionen des Ichs, die in ihrer Beziehung zu den Trieben und zur Realität am systematischsten untersucht worden sind, befinden sich zweifellos die Abwehrmechanismen (Anna Freud, 1936). Gewisse Aspekte ihrer Psychologie bieten uns jedoch immer noch ungelöste Probleme. Eine chronologische Anordnung der Abwehrmechanismen ist versucht worden, aber es sind nur vage Umrisse deutlich geworden, und wir wissen wenig über die Faktoren, welche die individuelle Wahl der Abwehrmechanismen bestimmen. Hier möchte ich nur auf eine Möglichkeit des Zuganges zu diesen Problemen hinweisen, nämlich, daß man bei

Kindern diejenigen primitiven Funktionen des autonomen Ichs beobachtet, welche wir als die ersten Entwicklungselemente ansehen können, die später in dem Vorgang der Abwehr benutzt werden; z. B. das, was Freud als »Reizschutz« bezeichnete oder die verschiedenen Funktionen von Hemmung und Aufschub der Abfuhr, die wir schon vorfinden, bevor sich das Ich als endgültiges System entwickelt hat. Es ist sehr wohl möglich, daß eine Korrelation zwischen den beobachtbaren individuellen Unterschieden solcher primärer Faktoren und den späteren Abwehrmechanismen besteht. Aus diesem Grund erwähne ich diesen Punkt hier [1]. Es ist wahrscheinlich, daß die Methoden, mit denen das Kleinkind auf Reize reagiert, später vom Ich in aktiver Weise benutzt werden, besonders für Zwecke der Abwehr. Dies könnte zum Verständnis der Wahl der Abwehrmechanismen beitragen, vielleicht auch ihrer zeitlichen Folge. Aber solche autonomen Faktoren sind nicht nur für die »negativen« Aspekte der Abwehr von Bedeutung. Faktoren in der konfliktfreien Sphäre sind auch für andere Aspekte der Methoden mitbestimmend, mittels derer ein Triebreiz erledigt wird — seine Neutralisierung, sein Gebrauch für mannigfaltige Funktionen des Ichs usw. —, und beeinflussen dadurch auf verschiedene Weise die individuelle Art und Weise der Konfliktlösung. (Siehe Loewenstein, 1950, mit einem eindrucksvollen Beispiel.) Dies sind einige wesentliche Punkte, bei denen die direkte Beobachtung der frühen autonomen Ich-Entwicklung sich nützlich für das Verständnis derjenigen späteren Konfliktsituationen erweisen könnte, denen wir in unserer klinischen Arbeit begegnen.

Im Zusammenhang mit solchen vergleichenden Forschungen möchte ich fernerhin noch erwähnen, daß die klinisch notwendige und fruchtbare Konzentrierung auf das Problem des Konfliktes zwischen den psychischen Systemen uns oft dazu verführt, einen Teil mit dem Ganzen zu verwechseln; zum Beispiel sprechen wir von einer Beteiligung »des Ichs« oder der »Ich-Entwicklung«, wo bei Entwicklungsstudien eine besondere Betrachtung der einzelnen Ich-Funktionen angezeigt wäre. Was ich sage, ist in gewisser Weise bereits in einer Warnung Freuds (1926 a) enthalten, sich das Ich und das Es nicht so vorzustellen, als ob sie zwei verschiedene Heerlager seien. In ähnlicher Weise wäre es öfters möglich und nützlich, globale Beschreibungen wie »Frühreife« oder »verzögerte Ich-Entwicklung« durch detaillierte Aussagen zu ersetzen und anzugeben, welche Ich-Funktionen tatsächlich in bezug auf die Triebe und in bezug aufeinander eine frühzeitige oder verzögerte Entwicklung durchgemacht

---

[1] Diese Frage wird ausführlich im 7. Kapitel besprochen.

haben. Einflüsse, denen die Ich-Entwicklung unterliegt, wirken sich nicht immer gleichermaßen auf alle Ich-Funktionen im Sinne ihrer Entwicklung oder Verzögerung aus. Wir wissen, daß in einigen Fällen nicht nur einzelne Ich-Funktionen, sondern ganze Sektoren des Ichs zurückgeblieben sein können. Beispiele dafür sind die von Spitz (1945) beschriebenen Fälle von Hospitalismus, der durch das Fehlen der Mutter verursacht war. Aber in anderen Fällen ist es klar, daß da, wo wir oft von einer »akzelerierten Ich-Entwicklung« sprechen, wie in der Pathogenese der Zwangsneurose, tatsächlich nur die intellektuellen oder die Abwehrfunktionen des Ichs vorzeitig entwickelt worden sind, während zum Beispiel die Fähigkeit, Unlust zu ertragen, retardiert ist. Diese Unterschiede sind bedeutsam und können zum Teil durch direkte Beobachtung bestätigt werden.

Solche Unregelmäßigkeiten in der funktionellen und strukturellen Entwicklung gehören tatsächlich zu den fesselndsten Problemen, die in der psychoanalytischen Kinderpsychologie auftreten. Fälle von starker Disharmonie in der Ich-Entwicklung wurden von Beata Rank (1949) als »fragmentiertes Ich« beschrieben und in ihren Wechselwirkungen mit den Objektbeziehungen untersucht. Wir beschreiben solche Abweichungen im Zusammenhang mit dem, was wir von den typischen Abfolgen wissen. Zu dem, was ich bisher über die Entwicklungsphasen im allgemeinen gesagt habe, möchte ich noch hinzufügen, daß die entscheidenden Phasen der Reifung gewöhnlich zum großen Teil mit jenen Phasen zusammenfallen, die auch vom Standpunkt des Umgebungseinflusses gesehen entscheidend sind [2]. Im Falle der Libido-Entwicklung hat die kritische anale, bzw. phallische Phase einen Reifungsaspekt, ist aber auch von den gleichzeitigen Verboten und Anforderungen der Umgebung bestimmt. Dasselbe trifft für die entscheidenden Schritte in der Ich-Entwicklung zu. Die durchschnittlichen Wechselbeziehungen zwischen Reifung und Entwicklung des Kindes, den psychologischen Eigenarten der wichtigen Beziehungspersonen seiner Umwelt, und der kulturellen Ausstattung, mit der diese Umwelt die Bedürfnisse des Kindes befriedigt, ergeben die Erscheinungen, die typisch für die bestimmten Phasen sind; der Begriff der »Phase« ist hier im vorher erwähnten weiteren Sinne gebraucht. Sie sind das Resultat von verschiedenen Entwicklungsrichtungen, ihrer Chronologie, ihrer Intensität, welche gewöhnlich zu einer bestimmten Zeit und in einer spezifischen Weise zusammentreffen — und alle diese Aspekte müssen beschrieben werden. Ihre von Freud durch

---

[2] Siehe auch E. H. Erikson (1940).

Rekonstruktion gefundene Reihenfolge können wir heute als erwiesen betrachten, ebenso das, was er über ihr regelmäßiges Sich-Überschneiden und den deutlich nachweisbaren Einfluß früherer Phasen auf spätere gesagt hat. Sie sind als Durchschnitt und als Maßstab für die genetischen Untersuchungen unerläßlich. Ihre vereinfachte Auslegung, in der zu ausschließlich entweder der Reifungsprozeß oder die Objektbeziehung oder irgendeiner der anderen Faktoren, die ich erwähnt habe, betont wird, gibt jedoch ein einseitiges Bild der Entwicklung. Dies scheint bei Melanie Kleins Überbetonung des sogenannten »biologischen« Faktors oder auf der anderen Seite bei der Überbetonung des Kulturellen der Fall zu sein.

Jeder dieser Faktoren ist jedoch veränderlich, obwohl nicht alle im selben Maße. Dadurch können sich Abweichungen im zeitlichen Auftreten oder in der Form der typischen Phasen ergeben. Wir sollten nicht zu überrascht sein, wenn Erscheinungen, die wir gewöhnlich als charakteristisch für eine Phase ansehen, manchmal früher auftreten, das heißt, bevor die Hauptelemente der Phase, mit der wir gewöhnlich diese Erscheinungen verbinden, dominieren. So mögen Züge verfrüht zu beobachten sein, die in der Regel erst im Zusammenhang mit einem phasenspezifischen Konflikt erscheinen. Dies kann vorkommen, wenn einige Aspekte des Ichs aufgrund von Faktoren in der autonomen Sphäre sich vorzeitig entwickelt haben, aufgrund von frühen intensiven Identifizierungen, aufgrund einer atypischen Entwicklung des »Körper-Ichs« oder aus noch anderer Ursachen. Die besondere Erscheinung, die sich ergibt, mag ähnlich aussehen wie das Bild, das wir sonst als Ergebnis späterer Reifungsphasen oder Wandlungen der Umgebung sehen. Reaktionsbildungen wie Ordentlichkeit und Sauberkeit, Verschiebungen, allgemeine Haltungen, die wir gewöhnlich mit der analen Phase verbinden, können dann auftreten, bevor die eigentlichen Probleme der Analität das Leben des Kindes beherrschen. Auf diesem Gebiet verfügen wir leider bisher nur über wenige empirische Beweise [3], aber einige Beobachtungen scheinen diese Auffassung nahezulegen. Was ich gerade gesagt habe, ist ebenso wie das, was ich vorher über die Vorläufer der Abwehr sagte, als Anregung zur Beobachtung gemeint, denn ich glaube, daß diese Hypothese der direkten Überprüfung zugänglich ist. Die Werkzeuge, mit denen uns die psychoanalytische Theorie ausstattet, sind nicht nur ein verläßlicher Schlüssel zur Rekonstruktion; wenn sie folgerichtig angewendet werden, sind sie auch gut geeignet, in der Entwicklungsforschung richtunggebend zu

---

[3] Ein neueres Beispiel siehe bei M. Kris (1957).

sein und es uns zu ermöglichen, die Punkte aufzuzeigen, an welchen direkte Beobachtungen am ertragreichsten sein und uns wirklich neue Einsichten vermitteln könnten.

Der Begriff der Phase, den ich soeben umrissen habe, eröffnet einen der wesentlichen Zugänge der Psychoanalyse zur Kinderpsychologie. Ein anderer ist das Prinzip der Phasenspezifität. Selbstverständlich finden wir »phallische« Erlebnisse auch auf der oralen Stufe und »orale« Erlebnisse in der phallischen Phase, aber wir sehen in der Psychoanalyse ganz allgemein, daß die Wichtigkeit von Faktoren jeder Art, welche die Entwicklung beeinflussen, zu einem großen Teil von der spezifischen Phase, in der sie auftreten, abhängt. Wie Sie wissen, ist dies auch ein allgemeines Prinzip der Entwicklungsphysiologie oder Embryologie. Wir finden hier, daß für jeden experimentellen Eingriff eine bestimmte kritische Zeitspanne besteht.

Die Reaktionsbasis auf einer gewissen Stufe hat auch einen historischen Aspekt. Sie ist durch Wachstum und Entwicklung bestimmt, die ihr vorangehen. Ich möchte hier an ein bekanntes Beispiel erinnern: die Situationen, die Angst und ihre Folgen hervorrufen, sind spezifisch für die jeweilige Entwicklungsstufe; jedoch ist die Disposition zur Angst in jeder Phase auch historisch bestimmt. Obwohl diese Komplikation wohlbekannt ist, mag sie dennoch gelegentlich eine gewisse Verwirrung in unserem Denken über die genetische Verursachung und im besonderen über die Pathogenese hervorgerufen haben. Wir können diese Komplikation zwar nicht beseitigen, aber wir können versuchen, wenigstens einen Punkt aufzuklären. Zum Beispiel kann die krankmachende Verletzlichkeit, die wir auf einer gewissen Stufe sehen — eine besondere Empfindlichkeit inneren oder äußeren Reizen gegenüber —, ihren Ausdruck auf einem Weg finden, der spezifisch für diese Stufe ist, auch wenn diese Verletzlichkeit definitiv auf die Vorgeschichte zurückzuführen ist, das heißt auf das, was wir über die Faktoren der Reifung und Umgebung wissen, welche die früheren Phasen einer individuellen Entwicklung bestimmt haben. Wir sind uns klar darüber, wie häufig die spezifische Kastrationsangst beim Knaben durch seine orale und anale Geschichte bestimmt ist. Anderseits kann die phallische Kastrationsangst hauptsächlich durch Faktoren der Reifung oder der Umgebung hervorgerufen sein, die spezifisch sind für die Phase, in der sie sich manifestiert. Während entscheidende Faktoren der Empfindlichkeit in einer gewissen Phase verschieden sein können, können ihre Symptomatologie oder andere Erscheinungsformen doch sehr ähnlich sein.

Es scheint mir wünschenswert, den Unterschied zwischen diesen beiden Möglichkeiten klarzumachen: 1. Der Fall, in welchem die für die Phase spezifische Empfindlichkeit (und ihr möglicher Ausdruck in spezifischen Symptomen) durch das bestimmt ist, was in früheren Stadien geschehen ist; und 2. der Fall, in dem sowohl die betreffende Empfindlichkeit als auch ihre Hauptursachen spezifisch für die Phase sind, in der sie auftreten. Dies könnte uns helfen, die spezifischen Erscheinungen einer gegebenen Phase deutlicher von ihren genetisch entscheidenden Faktoren zu unterscheiden. Es könnte uns helfen, eine klare Unterscheidung zwischen dem Element der genetischen Kontinuität und dem der Phasenspezifität zu treffen. Es sollte uns auch davon abhalten, das, was tatsächlich die spezifische Disposition einer späteren Phase ist, als charakteristisch für ihre genetischen Vorläufer anzusehen, wie es häufig im analytischen Schrifttum geschieht; so etwa, wenn ganz frühe Objektbeziehungen im Sinne spezifischer Erscheinungen des Ödipuskomplexes oder frühe hemmende Ich-Funktionen im Sinne spezifischer Über-Ich-Leistungen gedeutet werden; dies nur als Beispiele.

Was ich über die Phasen-Spezifität vom Standpunkt der Verletzbarkeit und der möglichen pathologischen Entwicklung gesagt habe, gilt ebenfalls für den positiven Einfluß auf Wachstum und Entwicklung und für die Möglichkeit normaler Entwicklung. Es gibt spezifische optimale Phasen für jeden Schritt der Anpassung, Integrierung, Überwindung von Konflikten usw. Alle Maßnahmen in Gestalt von Geboten und Verboten im Rahmen der Pflege, Aufzucht und Erziehung des Kindes und infolgedessen auch die psychische Prophylaxe müssen in ihrer zeitlichen Folge und Dosierung auf Phasenspezifität und ihre genetischen Determinanten hin orientiert sein.

Anna Freud hat dieses Problem klar dargestellt. Für diese Orientierung kann die Anwendung von Daten der direkten Beobachtung sehr nützlich sein. Damit stoßen wir wieder auf die Frage der Signalfunktion von Verhaltensdaten. Hier erweist sich die Notwendigkeit, frühe Entwicklungsdaten als Anzeichen eines tatsächlichen oder möglichen Konfliktes und, was nicht das gleiche ist, einer tatsächlichen oder möglichen Pathologie mit größerer Differenzierung zu benutzen. Die größte praktische Wichtigkeit dessen, was wir heute besprechen, liegt zweifellos auf dem Gebiet der Prävention.

Die Diskussion dieser wenigen Punkte, die ich für meine Einführung ausgewählt habe, zeigt wohl die komplizierte Verflechtung der Entwicklungsproblematik, wie wir sie sehen, und auch die komplizierte Verflechtung unserer Begriffsbildung, die keineswegs willkürlich ist, sondern in direkter Beziehung zu jener Problematik steht. Ich möchte hier erwähnen, daß wir heutzutage als Reaktion auf die große Anzahl von Variablen und auf die komplizierten Kausalbezüge in der analytischen Arbeit sowohl an der Peripherie der Analyse als auch in bestimmten Tendenzen der Kinderpsychologie und auch in der Anthropologie eine zunehmende Zahl voreiliger Verallgemeinerungen und vereinfachender Hypothesen vorfinden. Aus der großen Vielfalt der Faktoren, die zu berücksichtigen uns die Erfahrung gelehrt hat, wird nur der eine oder andere ausgewählt und zur Grundlage »neuer« Theorien gemacht. Solche Vereinfachungen können wir als »Theorien durch Reduktion« bezeichnen. Diese betrachten eine spezifische Phase oder eine spezifische Maßnahme der frühen Kindererziehung als den einzigen kausalen Faktor für einen Charaktertypus oder für einen allgemeinen Mangel von Anpassung. Oder sie machen die Tatsache, daß die Mutter nicht ununterbrochen »gut« zu dem Kleinkind war, verantwortlich für alle die Störungen, die einen Menschen befallen können [4]. Ob ein Kind nach gewissen Grundsätzen genährt oder nicht genährt worden ist, wird in direkten und ausschließlichen Kausalzusammenhang mit dem späteren Persönlichkeitstypus gebracht usw. Die Elemente dieser Behauptungen sind, wenn man so will, »psychoanalytisch«, aber der Gebrauch, den man von ihnen macht, ist es gewiß nicht. Sie müssen mich aber nicht mißverstehen: Alle diese Faktoren sind relevant und dürfen für bestimmte Zwecke isoliert werden, aber was uns unsere Methodik über die Ganzheit der Persönlichkeitsentwicklung zeigt, gibt ein ganz anderes Bild. Wir beobachten die komplexe Wechselwirkung einer großen Mannigfaltigkeit von Entwicklungsfaktoren und viele alternative Möglichkeiten, die in jeder der einander folgenden Entwicklungsphasen abzweigen.

Darf ich nun zum Schluß mit Bezug auf den Sinn und Zweck von Symposia über Theorie sagen, daß die Psychoanalyse heute ein Stadium erreicht hat, in dem es selbstverständlich sein sollte, daß Theorien nicht mehr nur als ein mehr oder weniger zufälliges Nebenprodukt klinischer Erfahrung oder als eine intellektuelle Spielerei einiger Analytiker angesehen werden darf [5]. Vielleicht mag der eine oder der andere unter uns so denken, aber Freud hat sicher nicht so gedacht. Es hat sich ganz klar erwiesen, daß ohne Theorie Klinik und Technik aufs Äußerste behindert wären und notwendigerweise stagnieren müßten. Wir wollen auch nicht vergessen, daß die Verhütung, wie erwähnt, möglicherweise von wesentlicherer Bedeutung ist als die Therapie und daß sie direkt von der Forschungsrichtung, die wir heute diskutieren wollen, abhängt.

---

[4] Siehe jetzt auch Anna Freud (1954 a).
[5] Vgl. auch Hartmann, Kris und Loewenstein (1953), und das 15. Kapitel.

7. KAPITEL

BEMERKUNGEN ZUR PSYCHOANALYTISCHEN
THEORIE DES ICHS

(1950)

Schon in den neunziger Jahren des vorigen Jahrhunderts und schon bevor sich sein Interesse von der physiologischen ab- und der psychologischen Theorie zuwandte, spricht Freud von einem Ich, zum Teil in einem Sinn, der seine erst viel später entwickelte Ich-Psychologie vorwegnimmt. Aber die ausführlichere Ausarbeitung dieses Teils seines Werkes mußte zu der Zeit, in der er hauptsächlich mit der Entwicklung anderer psychoanalytischer Aspekte beschäftigt war, zurückgestellt werden. Die gesamte revolutionäre Arbeit jener Jahre behandelte das Problem der Persönlichkeit auf eine Weise, die wir heute als Untersuchung des Es bezeichnen würden. Es wurde somit in der Psychoanalyse ein breites Fundament von Tatsachen und Hypothesen geschaffen — welche die Gesetze des Ablaufes unbewußter seelischer Prozesse, die Eigenschaften und die Entwicklung der Triebe und die psychischen Konflikte betreffen —, dessen Fehlen ein schwerwiegendes Handicap für die voranalytische Psychologie gewesen war. Die Tatsache, daß Freuds Erforschung des Es der Schaffung einer Struktur-Psychologie vorausging, ist in der Tat eines der wichtigsten Ereignisse in der Geschichte der Psychologie [1]. Als dann Freud, nach einer Periode verhältnismäßig latenten Interesses am Ich, in den frühen zwanziger Jahren eine explizite Ich-Psychologie als ein Kapitel der Psychoanalyse zu begründen begann, wurde dieser Schritt ermöglicht, und in der Tat notwendig, durch das Zusammentreffen inzwischen erworbener klinischer, technischer und theoretischer Einsichten. Heute wird diese Phase in der Entwicklung der Ich-Psychologie von den meisten Analytikern als ein wesentlicher Bestandteil ihres theoretischen und praktischen Denkens akzeptiert. Sie hat auch viele frühe Hypothesen auf anderen Gebieten der Psychoanalyse stark beeinflußt, z. B. auf dem Gebiet der Technik, der Angsttheorie oder der

---

[1] Einen Überblick über die Entwicklung des Ich-Begriffs bei Freud gibt das 14. Kapitel.

Theorie der Triebe. Trotzdem gewinnt man den Eindruck, daß Freud selbst seine Formulierungen aus dieser Zeit eher als einen kühnen Vorstoß in ein neues Gebiet, aber nicht als eine systematische Darstellung der Ich-Psychologie oder als endgültige Fassung der strukturellen Seite der Persönlichkeitslehre betrachtet hat. In seinen späteren Arbeiten, bis zu den letzten, finden wir Änderungen und Neuformulierungen, deren Bedeutung bis jetzt noch immer nicht ganz erkannt worden ist. Auf einige davon werde ich später eingehen.

Der Begriff des »Ichs« wird oft auch von Analytikern in sehr unbestimmter Weise benutzt. Im Vergleich zu anderen Ich-Begriffen ist in der Psychoanalyse »Ich«, wenn man es in dreifacher Hinsicht negativ definieren will, nicht mit »Persönlichkeit« oder »Individuum« gleichzusetzen, es ist nicht dasselbe wie das »Subjekt« im Gegensatz zum »Objekt« der Erfahrung, und es ist keinesfalls nur das »Bewußtsein« oder das »Gefühl« des eigenen Selbst. In der Psychoanalyse ist das Ich ein Begriff ganz anderer Art. Es ist ein Teilgebiet der Persönlichkeit und wird durch seine Funktionen bestimmt.

Welche Funktionen schreiben wir dem Ich zu? Eine Aufzählung der Ich-Funktionen würde sehr lang werden, länger als eine Aufzählung der Funktionen des Es oder des Über-Ichs. Kein Analytiker hat es je versucht, eine vollständige Liste der Ich-Funktionen zusammenzustellen, und auch ich habe nicht die Absicht, dies hier zu tun. Ich will nur einige der wichtigsten erwähnen. Bekanntlich hat Freud (1932) unter ihnen immer diejenigen besonders betont, die sich um die Beziehung zur Wirklichkeit gruppieren. »Die Beziehung zur Außenwelt ist entscheidend für das Ich.« Das Ich organisiert und kontrolliert Motilität und Wahrnehmung, Wahrnehmung der Außenwelt und wohl auch des Selbsts. (Dagegen halten wir die Selbstkritik, obwohl sie auf Selbstwahrnehmung beruht, für eine getrennte Funktion, die wir dem Über-Ich zuschreiben.) Das Ich dient ferner als schützende Schranke gegen übermäßige Reize von außen und in etwas anderem Sinne auch gegen Reize von innen. Die Realitätsprüfung ist eine Funktion des Ichs. Weitere Funktionen des Ichs sind Handeln, zum Unterschied von bloßer motorischer Entladung, und Denken, das nach Freud (1911 a) ein Probehandeln mit kleinen Mengen psychischer Energie ist. Beiden wird ein hemmendes, die Abfuhr verzögerndes Element zugeschrieben. In diesem Sinne können viele Aspekte des Ichs als »Umweg«-Leistungen angesehen werden. Sie fördern eine genauere und sicherere Form der Anpassung durch Einschaltung eines Faktors zunehmender Unabhängigkeit von unmittelbarer Reizwirkung. In diese Tendenz, die man eine Tendenz zur »Verinnerlichung« nennen kann, ist auch das Gefahrensignal neben anderen Funktionen, die man als antizipierend bezeichnen kann, eingeschlossen. Hier möchte ich auch an Freuds Auffassung von der Beziehung des Ichs zur Zeitwahrnehmung erinnern. Aus dem Gesagten geht hervor, daß ein großer Teil der Ich-Funktionen auch vom Gesichtspunkt ihrer hemmenden Natur betrachtet werden kann. Sie wissen, daß Anna Freud (1936) von einer primär feindlichen Einstellung des Ichs zu den Trieben spricht; und diejenige Funktion des Ichs, die in der Psychoanalyse in jeder Hinsicht am gründlichsten untersucht worden ist, nämlich die Abwehr, ist ein spezifischer Ausdruck seiner hemmenden Natur. Eine weitere Gruppe von Funktionen, die wir dem Ich zuschreiben, ist der sogenannte Charakter des Menschen. Noch andere, die begrifflich von dem bisher Erwähnten abgegrenzt werden können, sind die koordinierenden oder integrierenden Tendenzen, die sogenannte synthetische Funktion. Diese können wir zusammen mit differenzierenden Faktoren im Begriff einer organisierenden Funktion zusammenfassen. Sie stellen eine (wenn auch nicht die einzige oder früheste) Phase der psychischen Selbstregulierung im Menschen dar. Wenn wir vom Realitätsaspekt des Ichs, seiner hemmenden oder seiner organisierenden Natur usw. sprechen, sind wir uns darüber klar, daß seine spezifischen Tätigkeiten viele dieser charakteristischen Züge gleichzeitig ausdrücken können und in der Tat auch ausdrücken.

In unserem klinischen und theoretischen Denken sind wir mit all diesen Ich-Funktionen in ständigem Kontakt. Während aber einige dieser Funktionen sorgfältig untersucht wurden, haben andere nur gelegentlich die Aufmerksamkeit der Analytiker auf sich gelenkt. Wie Freud (1932) sagt: »Die Psychoanalyse konnte nicht jeden Teil dieses Gebietes gleichzeitig studieren.« Dementsprechend enthält Freuds Entwurf des Ichs viele Motive und Perspektiven, die in der psychoanalytischen Literatur bisher noch nicht bearbeitet worden sind. Ein naheliegender Grund dafür ist natürlich der, daß bestimmte Aspekte des Ichs der psychoanalytischen Methode zugänglicher sind als andere. Wir brauchen nur an die Psychologie des Konfliktes oder die Psychologie der Abwehr zu denken. Andererseits gibt es Ich-Funktionen, die man gewöhnlich als ausschließliche Domäne direkter Beobachtung oder experimenteller Methoden ansieht, obwohl wir uns darüber klar sein sollten, daß auch diese Gebiete vom Standpunkt der psychoanalytischen Psychologie aus neu betrachtet werden müssen. Es ist ferner richtig, daß gewisse Seiten der Ich-Psychologie eine größere oder geringere Bedeutung haben, je nachdem in welchem Zusammenhang man sie ansieht: ob wir sie vom Standpunkt der Technik, der Klinik oder der allgemeinen psychologischen Theorie betrachten. Den letzterwähnten Gesichtspunkt habe ich für die heutige Diskussion gewählt. Historisch gesehen, hatte das Studium des Ichs zu verschiedenen Zeiten verschiedene Bedeutung, je nachdem ob technische Fragen die theoretischen überwogen oder umgekehrt. Anderseits hatte Freud, obwohl er es eher ablehnte, die Analyse als ein psychologisches »System« anzusehen — zum mindesten in ihrem gegenwärtigen Zustand —, zweifellos alle diese Aspekte im Sinn, und eines seiner Ziele, besonders bei seiner Arbeit an der Ich-Psychologie, war es, die Analyse zur Grundlage einer allgemeinen Psychologie zu machen. Auch ist in der heutigen Ich-Psychologie die Tendenz deutlich, über den medizinischen Ursprung hinaus eine psychoanalytische Psychologie zu entwickeln, die eine stetig zunehmende Zahl von normalen und pathologischen Aspekten des Verhaltens umfaßt. Techniken der Realitätsanpassung und der »Leistung« treten immer deutlicher hervor (A. Freud, 1936; French, 1936, 1937; Hartmann 1939 a; Hendrick, 1943, u. a.), und Irrtümer in der Perspektive, die bei bloßer Berücksichtigung des pathologischen Gesichtspunktes unvermeidlich sind, können korrigiert werden. Diese umfassendere Betrachtungsweise ist auch angezeigt — und in der Tat erforderlich —, wo immer psychoanalytische Hypothesen in der sogenannten »angewandten« Psychoanalyse verwendet werden, desgleichen in dem weiten Feld, in dem sich Analyse und Sozialwissenschaften begegnen. Aber selbst die eigentliche Psychopathologie in ihren klinischen und technischen Aspekten hat schon weitgehend von dieser Tendenz in Freuds Werk und in dem vieler seiner Schüler profitiert; das Ziel ist hier ein umfassenderer Begriff der Analyse im Sinne einer allgemeinen Psychologie. Wir wissen, wieviel die Psychologie der Pathologie verdankt, besonders der Pathologie der Neurosen; hier findet auf Umwegen das Umgekehrte statt.

Diese Bestrebung sollte nicht als eine von dem medizinischen Aspekt der Psychoanalyse oder ihrer biologisch-physiologischen Betrachtungsweise wegführende Tendenz ausgelegt werden. Das muß betont werden, weil am Anfang Freuds Ich-Psychologie von vielen — Analytikern und Nicht-Analytikern — als Abkehr von den ursprünglichen Anschauungen über die biologischen Grundlagen der Psychoanalyse mißverstanden worden ist. In Wirklichkeit ist eher das Gegenteil der Fall; es handelt sich in gewisser Hinsicht vielmehr um eine Wiederannäherung. Zwar ist in der Psychoanalyse zweifellos der Zsuammenhang mit der Biologie zuerst durch das Studium der Triebe begründet worden; aber durch die Erforschung der adaptiven Fähigkeiten des Ichs und seiner »synthetischen«, »integrierenden« oder »organisierenden« Funktionen (Nunberg,

1930; French, 1941, 1945 und 3. Kapitel), das heißt der Zentralisierung der Funktionenkontrolle, hat die Ich-Psychologie das Feld so erweitert, daß sich eines Tages analytische und physiologische, besonders hirnphysiologische Begriffe begegnen können.

Im folgenden beabsichtige ich nicht, eine systematische Darstellung der Ich-Psychologie zu geben. Ich möchte nur einige Gesichtspunkte für die Diskussion auswählen und eine bessere Abstimmung einiger Hypothesen auf diesem Gebiet erreichen; das bedeutet manchmal deren Ausarbeitung oder Modifizierung, manchmal ihre Synchronisierung entsprechend dem heutigen Stand der Theoriebildung.

Wir wollen mit den Problemen der Entwicklung des Ichs beginnen. Ein Teil unserer Hypothesen auf diesem Gebiet beruht auf der soliden Grundlage mannigfacher und verifizierbarer Ergebnisse der psychoanalytischen Klinik. Jedoch trifft dies leider nicht für die frühesten Stadien zu, für die undifferenzierte Phase; und ebenso gilt es nicht für die weitere Entwicklung, die bis zum Ende des vor-sprachlichen Stadiums reicht. Die Übereinstimmung oder Nicht-Übereinstimmung der Hypothesen über diese frühen Stadien mit den grundlegenden Begriffen der analytischen Theorie kann nachgeprüft werden, worauf Glover (1947) hingewiesen hat. Die Rekonstruktion dieser Periode muß sich zweier Gefahren bewußt sein: des »adultomorphen« (Spitz) und des »psychomorphen« (Hartmann) Fehlers. Direkte Beobachtung des aufwachsenden Kleinkindes, besonders wenn sie von analytisch erfahrenen Beobachtern durchgeführt wird, kann in dieser Beziehung sehr nützlich sein, und wird es noch mehr in der Zukunft sein, nicht nur weil sie Behauptungen, die im Widerspruch zum Verhalten stehen, ausmerzen kann (Hartmann, Glover), sondern weil sie auch die Bildung von Hypothesen in positiver Weise beeinflussen kann. Ich teile nicht den extremen Skeptizismus, den einige Analytiker einer solchen Möglichkeit gegenüber hegen. Wir sollten nicht vergessen, daß auch Freud bei der Entwicklung seiner Ideen über die frühesten Stadien infantiler Entwicklung sich manchmal — wenn auch nicht systematisch — von Erkenntnissen leiten ließ, die er aus nichtanalytischen Quellen schöpfte.

Wir wollen methodologische Fragen im Augenblick beiseite lassen und können sagen, daß wir heute eine Menge zuverlässiger und mehr oder weniger systematischer Kenntnisse besitzen, die aus vielen Quellen stammen und die u. a. folgende Fragen betreffen: Wie bildet sich das Ich unter dem Einfluß der realen Umwelt und der Triebe; wie lernt das Ich, sich nach beiden Richtungen zu verteidigen; welche Beziehung besteht zwischen seiner Entwicklung und der Entwicklung der Beziehung zum Objekt? Wir versuchen wenigstens, die Entwicklung des Ichs zu einem definiten System in metapsychologischen Begriffen zu erfassen. Ich möchte hier besonders auf die Rolle hinweisen, die nach unserer Meinung die Einsetzung der Sekundär-Prozesse dabei spielt. Wir sagen, daß das Ich von den vorbewußten Gedächtnisspuren seinen Ansatz nimmt. Glover (1935) hat versucht, die Kluft zwischen Systemen der Gedächtnisspuren und dem Ich als struktureller Einheit durch eine Hypothese zu überbrücken, die besagt, daß eine Synthese solcher psychischer Elemente, die mit Triebkomponenten assoziiert sind, in der Bildung von Ich-Kernen erfolgt. Eine andere Möglichkeit des Ursprungs von Ich-Kernen soll später erwähnt werden.

In dem Bestreben, den Ursprung des kindlichen Verhältnisses zur Realität zu verstehen, hat man besonders den Selbsterhaltungstrieb herangezogen. Ich ziehe eine Formulierung vor, die nicht von Selbsterhaltung als Resultat einer unabhängigen Gruppe von Trieben spricht (siehe 4. Kapitel), sondern die Rolle hervorhebt, die libidinöse und aggressive Tendenzen, neben physiologischen Mechanismen, spielen, und vor allem die Rolle des Ichs und derjenigen autonomen Vorstufen des Ichs, auf die ich in Kürze eingehen werde. Wir sind uns alle darin einig, daß das Kind in seiner Entwicklung zur Realität lernen muß, Befriedigung aufzuschieben; ein gewisser Grad dieser Fähigkeit ist schon vorausgesetzt, wenn das Kind die Existenz konstanter und unabhängiger Objekte in der Außenwelt erkennt. Aber für die Akzeptierung der Realität sind auch die Lustmöglichkeiten, die sich mit der Entwicklung der Ich-Funktionen ergeben, ausschlaggebend, ebenso wie Liebe und andere Belohnungen von seiten der Objekte und in einem späteren Stadium Gratifikationen für den Verzicht auf Triebbefriedigung (Freud, 1937—39).

Ein Weg zum Verständnis der Ich-Entwicklung ist in der psychoanalytischen Theorie ziemlich vernachlässig worden, obwohl er eine bessere Integrierung von analytischen Ergebnissen und Hypothesen mit den Daten direkter Beobachtung verspricht. Einige Aspekte der frühen Ich-Entwicklung sehen ganz anders aus, wenn wir uns mit dem Gedanken vertraut machen, daß das Ich mehr sein könnte — und wahrscheinlich auch ist — als nur ein Nebenprodukt des Einflusses der Realität auf die Triebe; daß es einen teilweise unabhängigen Ursprung hat, jenseits der erwähnten formativen Einflüsse, die natürlich kein Analytiker unterschätzen wird, und daß wir von einem autonomen Faktor in der Ich-Entwicklung sprechen können (Hartmann, 1939 a), genauso wie wir die Triebe für autonome Kräfte der Entwicklung halten. Das heißt natürlich nicht, daß das Ich als ein definitives psychisches System angeboren ist; es besagt vielmehr, daß man die Entwicklung dieses Systems nicht nur auf den Einfluß der Realität und der Triebe zurückführen kann, sondern auch auf eine Gruppe von Faktoren, die sich nicht mit den beiden genannten identifizieren läßt. Diese Feststellung besagt auch, daß nicht alle bei der Geburt vorhandenen Anlagen zur psychischen Entwicklung ein Teil des Es sind. Das geht bereits aus dem hervor, was ich an anderer Stelle gesagt habe, als ich den Begriff einer undifferenzierten Phase einführte. Wenn die Annahme dieses Begriffes in der Geschichte der psychoanalytischen Theorie lange Zeit bekämpft wurde, so geschah es vor allem deshalb, weil man so sehr gewohnt war anzunehmen, daß »das Es älter ist als das Ich«. Die letztgenannte Hypothese hat auch einen phylogenetischen Aspekt, doch möchte ich vorschlagen, daß wir auch im Hinblick auf diese Bedeutung eine neuere Formulierung versuchen. Ich möchte lieber sagen, daß beide, das Ich und das Es, sich als Ergebnis einer Differenzierung aus einer Matrix tierischer Instinkte entwickelt haben. Aus dieser Matrix hat sich durch Differenzierung nicht nur das für den Menschen spezifische »Organ« der Anpassung, das Ich, entwickelt, sondern auch das Es. Die Abwendung von der Realität, die für das menschliche Es so charakteristisch ist, stammt von dieser Differenzierung, ist aber keineswegs eine direkte Fortsetzung dessen, was wir über die Instinkte der niederen Tiere wissen (siehe 4. Kapitel). Was die ontogenetische Seite betrifft, die uns hier mehr angeht, besteht kein Zweifel darüber, obwohl es nicht allgemein erkannt ist, daß Freud seine Theorie in einer Richtung entwickelt hat, die seinen früheren Standpunkt zumindest in einem ausschlaggebenden Punkt modifiziert. So sagt er in seiner Arbeit über »Die endliche und die unendliche Analyse« (1937 a), die vielleicht die weitestblickende seiner letzten Veröffentlichungen ist: »Es besteht kein Grund, die Existenz und Bedeutung ursprünglicher, mitgeborener Ichverschiedenheiten zu bestreiten«, und weiter: »Wenn wir von ›archaischer Erbschaft‹ sprechen, denken wir gewöhnlich nur an das Es und scheinen anzunehmen, daß ein Ich am Beginn des Eigenlebens noch nicht vorhanden ist. Aber wir wollen nicht übersehen, daß Es und Ich ursprünglich eins sind, und es bedeutet noch keine mystische Überschätzung der Erblichkeit, wenn wir für glaubwürdig halten, daß dem noch nicht existierenden Ich bereits festgelegt ist, welche Entwicklungsrichtungen, Tendenzen und Reaktionen es späterhin zum Vorschein bringen wird.« (S. 86).

Wir müssen also die Ich-Entwicklung als das Resultat von drei Faktorengruppen ansehen: ererbte Ich-Eigenschaften (und ihre Wechselwirkung), Einflüsse der Triebe und Einwirkungen der Außenwelt. Was die Entwicklung und das Wachstum der autonomen Eigenschaften des Ichs angeht, so können wir annehmen, daß sie als ein Ergebnis von Erfahrung (Lernen) auftreten, aber zum Teil auch als Produkt der Reifung; das steht in Parallele zu der in der Analyse besser bekannten Annahme, daß an der Entwicklung der sexuellen Triebe Reifungsprozesse beteiligt sind (z. B. in der Aufeinanderfolge der libidinösen Organisationen) und in etwas anderer Weise auch an der Entwicklung der Aggression (Hartmann, Kris und Loewenstein, 1949). Die Beachtung der Reifungsvorgänge in der Ich-Entwicklung wird uns auch bei der Rekonstruktion seelischer Vorgänge der frühesten Kindheit vor einer Gefahr bewahren, nämlich frühe seelische Prozesse als Mechanismen zu interpretieren, die uns aus viel späteren Reifungsstadien bekannt sind.

Das Problem der Reifung hat einen physiologischen Aspekt. Wir können dabei auf das Wachstum der physiologischen Grundlagen derjenigen Funktionen verweisen, die wir psychologisch das Ich nennen. Oder wir können auf die Entwicklung solcher Apparate hinweisen, die früher oder später spezifisch vom Ich benutzt werden (z. B. die motorischen Apparate, die in der Handlung verwendet werden). Die Rolle, die diese Apparate für das Ich spielen, ist nicht auf ihre Funktion als Mittel beschränkt, die dem Ich zu einer bestimmten Zeit zur Verfügung stehen. Wir müssen annehmen, daß Unterschiede im Zeitpunkt und in der Intensität ihres Wachstums die Ich-Entwicklung als eine teilweise unabhängige Variable beeinflussen, z. B. der Zeitpunkt des Auftretens des Greifens, Gehens, des motorischen Aspekts der Sprache (Hendrick, 1943). Auch scheint es nicht unwahrscheinlich, daß das kongenitale motorische Rüstzeug zu den Faktoren gehört, die von Geburt an dazu beitragen, gewisse Haltungen des sich entwickelnden Ichs zu modifizieren (Fries und Lewi, 1938). Da solche Faktoren bei allen Verhaltensweisen des Kindes vorhanden sind, bilden sie auch einen wesentlichen Bestandteil der Entwicklung seines Selbsterlebens. Wir können annehmen, daß von den frühesten Stadien an die entsprechenden Erfahrungen in seinen Gedächtnisspuren aufbewahrt werden. Wir haben auch Grund anzunehmen, daß die Reproduktion von Umgebungsdaten ganz allgemein mit Elementen dieser Art (z. B. der Reproduktion motorischer Erfahrungen) verschmolzen ist und von ihnen mitgebildet wird.

Freud hat wiederholt die Bedeutung des Körper-Ichs für die Ich-Entwicklung hervorgehoben. Dies deutet einerseits auf den Einfluß des Körperschemas besonders auf die Differenzierung des Selbst von der Objektwelt hin, aber auch darauf, daß die Funktionen derjenigen Organe, die den Kontakt mit der Außenwelt herstellen, allmählich unter die Kontrolle des Ichs kommen. Die Art und Weise, wie das Kleinkind seinen Körper erlebt und dessen Funktionen lernt, ist als ein der Identifizierung ähnlicher Vorgang beschrieben worden (Müller-Braunschweig, 1925). Obwohl dieser Prozeß zu einer Eingliederung in das Ich führt, scheint es doch zweifelhaft zu sein, ob es wirklich derselbe Vorgang ist, den wir annehmen, wenn wir in der Psychoanalyse von Identifizierung als einem spezifischen Mechanismus sprechen.

Die oben eingeführten autonomen Faktoren der Ich-Entwicklung können — oder können auch nicht — im Laufe der Entwicklung in der konfliktfreien Sphäre des Ichs bleiben. Was ihre Beziehung zu den Trieben anbelangt — die nicht unbedingt mit der Beziehung zum Konflikt zusammenfallen muß —, wissen wir aus klinischer Erfahrung, daß sie sekundär unter den Einfluß der Triebe geraten können, wie z. B. im Falle von Sexualisierung oder im Falle der Aggressivierung. Um nur ein Beispiel zu nennen: In der Analyse beobachten wir, wie das Wahrnehmungsvermögen, das bestimmt einen autonomen Aspekt hat, dadurch beeinflußt — und häufig beeinträchtigt — werden kann, daß es zum Ausdruck oral-libidinöser oder oral-aggressiver Strebungen wird. In der Struktur der Entwicklungspsychologie hat diese Beziehung zu den Trieben eine allgemeinere Bedeutung. In den frühesten Stadien der Entwick-
repräsentiert werden — sehr deutlich. Es ist also klar, daß in diesen Sta-
lung ist die Abhängigkeit etwa des Wahrnehmungsvermögens von »Be-
dürfnissituationen« — und von den Trieben, die durch diese Bedürfnisse
dien die Wahrnehmung ganz allgemein nicht nur von der autonomen
Seite her beschrieben werden sollte, sondern auch nach der Art ihrer Verwendung durch sexuelle und aggressive Tendenzen. Jedoch entwickelt sich das Realitäts-Ich gerade dadurch, daß es sich von der Beeinträchtigung durch solche Triebtendenzen befreit. So kann das, was wir später Sexualisierung (oder Aggressivierung) nennen, auch eine Folge der Regression sein. Dieser Zusatz war nötig, um es ganz klar zu machen, daß die autonomen Zentren, obwohl unabhängig in ihren Ursprüngen, später in ständiger Wechselwirkung mit den Triebschicksalen stehen.

Die autonomen Faktoren können auch in die Abwehr des Ichs gegen Triebtendenzen, gegen die Realität und gegen das Über-Ich einbezogen werden. Bis jetzt haben wir es in der Analyse hauptsächlich mit dem Eingreifen von Konflikten in ihre Entwicklung zu tun gehabt. Für die Entwicklungspsychologie wie für die Klinik ist es aber von beträchtlichem Interesse, auch den umgekehrten Einfluß zu untersuchen, das heißt den Einfluß, den die Intelligenz eines Kindes, sein Wahrnehmungsvermögen und seine motorischen Möglichkeiten, seine besonderen Begabungen und die Entwicklung all dieser Faktoren auf das zeitliche Element, die Intensität der Konflikte und die Art, wie ihnen Ausdruck verliehen wird, haben. Wir wissen erheblich mehr und systematischeres über die andere Seite, nämlich die Entwicklung des Ichs im Zuge seiner Konflikte mit Trieben und mit der Wirklichkeit. Ich brauche nur an Anna Freuds (1936) klassischen Beitrag auf diesem Gebiet zu erinnern. Hier will ich nur kurz eine Seite dieses komplizierten Problems streifen. Was in einer Konfliktsituation begann, mag sekundär infolge eines, wie man es nennen könnte, »Funktionswechsels« (Hartmann, 1939 a) ein Teil der konfliktlosen Sphäre werden. Viele Ziele, Haltungen, Interessen und Strukturen des Ichs sind auf diese Weise entstanden (vgl. auch G. Allport 1937). Was sich als Folge einer Abwehrmaßnahme gegen die Triebe entwickelt hat, mag sich in eine mehr oder weniger unabhängige und mehr oder weniger strukturierte Funktion wandeln. Dieser Vorgang kann verschiedenen Funktionen wie Anpassung, Organisation usw. dienen. Um ein Beispiel zu nennen: Jede reaktive Charakterbildung, deren Ursprung in der Triebabwehr liegt, wird allmählich einen großen Teil anderer Funktionen im Rahmen des Ichs übernehmen. Da wir wissen, daß das Ergebnis dieser Entwicklung ziemlich stabil und unter normalen Bedingungen meist nicht umkehrbar ist, können wir derartige Funktionen als autonom bezeichnen, aber als sekundär autonom (zum Unterschied von der früher erwähnten primären Ich-Autonomie).

Es sollte überflüssig sein zu erwähnen, daß die Betonung der Unabhängigkeit der Ich-Funktionen nicht einer Unterschätzung anderer Aspekte, die in der Analyse früher bekannt waren und systematischer studiert worden sind, gleichkommt. Wenn es beabsichtigt wäre, in dieser Arbeit ein Gesamtbild des Ichs zu geben, bei dem die Länge jedes Kapitels proportional seiner Bedeutung wäre, dann müßten meine Ausführungen ganz anders aufgebaut sein. Aber ich möchte an das erinnern, worauf ich bereits am Anfang aufmerksam gemacht habe, daß ich nur einige Punkte der Ich-Theorie erörtern will, nicht das ganze System.

Es gibt viele Punkte, die den Ursprung von Abwehrmechanismen betreffen, die wir bis jetzt noch nicht verstehen. Nach Freud sind einige Elemente vielleicht erblich; aber er betrachtete die Vererbung natürlich nicht als das einzige Moment, das für ihre Wahl oder ihre Entwicklung entscheidend ist. Die Annahme ist berechtigt, daß diese Mechanismen nicht als Abwehr in dem Sinne entstehen, den wir gebrauchen, nachdem sich das Ich als ein genau abgrenzbares System entwickelt hat (Hartmann, 1939 a; Helene Deutsch, 1944). Sie können in anderen Bereichen entstehen, und in einigen Fällen können diese primitiven Prozesse verschiedenen Funktionen dienen, bevor sie sekundär für das verwendet werden, was wir in der Psychoanalyse spezifisch Abwehr nennen. Die Schwierigkeit liegt darin, die genetischen Verbindungen zwischen diesen primordialen Funktionen und den Abwehrmechanismen des Ichs nachzuweisen. Einige von ihnen sind vielleicht gewissen Formen des triebhaften Verhaltens nachgebildet: Introjektion — um nur ein Beispiel zu nennen — besteht wahrscheinlich als Form der Triebbefriedigung, ehe sie im Dienste der Abwehr verwandt wird. Wir müssen ferner daran denken, daß das Ich zum Zwecke der Abwehr charakteristische Merkmale der Primärprozesse benutzt, wie z. B. bei der Verschiebung (Anna Freud, 1936). Aber diese beiden Fälle erschöpfen nicht die Möglichkeiten der Bildung von Abwehrmaßnahmen. Andere können autonomen Vorstufen von Ich-Funktionen und für die Ich-Apparate charakteristischen Prozessen nachgebildet sein. Ich denke z. B. an die Tatsache, daß diese Ich-Apparate zwar letzten Endes dem Kind differenzierte und sicherere Arten der Befriedigung verbürgen, aber im Hinblick auf die Abfuhr von Triebenergien oft auch eine deutlich hemmende Seite haben. Das können wir mit der — wie Anna Freud es nennt — primären Feindschaft des Ichs gegen die Triebe in Beziehung setzen, und es könnte eine der genetischen Grundlagen späterer Abwehrhandlungen gegen die Triebe sein. Ich möchte noch ein anderes Beispiel anführen. Freud (1926 a) hat zwischen dem Mechanismus der Isolierung und dem normalen Prozeß der Aufmerksamkeit eine Parallele gezogen. Von meinem hier vertretenen Standpunkt aus müssen wir uns für die Frage interessieren, ob zwischen der oft frühzeitigen Entwicklung gewisser Ich-Funktionen bei Zwangsneurosen und der Wahl dieses für sie charakteristischen Abwehrmechanismus eine genetische Beziehung besteht, die nicht unbedingt direkt oder einfach zu sein braucht. Anderseits hat Freud oft auf die Analogie zwischen Abwehrmaßnahmen gegen Triebe und den Mitteln hingewiesen, mit denen das Ich Gefahren von der Außenwelt vermeidet, das heißt Flucht und Kampf; darüber mehr an anderer Stelle. Hier möchte ich betonen, daß es in der Tat naheliegt, sehr frühe Prozesse in der autonomen Sphäre als Vorstadien späterer Abwehr gegen innere und äußere Gefahr anzusehen. Einige Aspekte der Übergangsstufen sind in der Kinderpsychologie wohlbekannt, z. B. das Schließen der Augen bei Lichteinfall, das wir bei Neugeborenen beobachten, oder die eindeutigen, nicht mehr diffusen Fluchtreaktionen im Alter von etwa vier Monaten oder andere derartige spätere, spezifischere Phänomene. Diese Reaktionen wirken wie Vorbilder für spätere Abwehrmaßnahmen. In diesem Zusammenhang muß auf Freuds Ausführungen zum Reizschutz hingewiesen werden, und wir möchten dessen mögliche Beziehung zur späteren Ich-Entwicklung in Erwägung ziehen. Glover (1947) hat recht, wenn er feststellt, daß wir strenggenommen den Begriff des Mechanismus nicht auf einfachere Bestandteile zurückführen können. Er fährt fort: »Wir müssen gewisse angeborene Tendenzen voraussetzen, die durch das Es vermittelt werden und dann zur Entwicklung von Mechanismen führen.« Auch hiermit bin ich einverstanden, wie aus dem vorher Gesagten hervorgeht. Aber ich möchte Ihre Aufmerksamkeit nicht nur auf »diese angeborenen Tendenzen, die durch das Es vermittelt werden« lenken, sondern auch auf die mindestens ebenso wichtigen Anlagen, die ihren Ursprung nicht im Es, sondern in den autonomen Präliminarstadien der Ich-Bildung haben. Es kann gut sein, daß die Art und Weise, wie Kleinkinder auf Reize reagieren — auch solche, schon erwähnte Funktionen wie die Verzögerung und den Aufschub von Triebabfuhr —, später vom Ich in aktiver Weise benutzt werden. Diese aktive Verwendung primitiver Reaktionsformen für seine eigenen Zwecke sehen wir bekanntlich als ein ziemlich allgemeines Charakteristikum des entwickelten Ichs an. Ich möchte anregen, daß diese Hypothese einer genetischen Korrelation zwischen den individuellen Verschiedenheiten solcher primärer Faktoren und den späteren Abwehrmechanismen (unabhängig von den Wechselbeziehungen, die unserer Meinung nach zwischen Abwehrmechanismen und anderen Entwicklungsfaktoren, der Art der beteiligten Triebe, der Gefahrsituation usw. bestehen) von Analytikern, die Gelegenheit haben, Entwicklungsstudien bei Kindern im Längsschnitt durchzuführen, durch weitere Untersuchungen geprüft wird. Ich halte eine direkte Bestätigung oder Widerlegung dieser Hypothese nicht für ausgeschlossen.

Wenn wir uns nun dem zweiten Punkt zuwenden, den ich für die heutige Besprechung gewählt habe, nämlich der Frage der Ich-Besetzung, so sehen wir uns dem vielseitigen und noch immer rätselhaften Problem des Narzißmus gegenüber. Viele Analytiker finden es nicht ganz leicht, die Rolle zu definieren, die der Begriff des Narzißmus in der heutigen analytischen Theorie einnimmt. Das scheint mir hauptsächlich daran zu liegen, daß dieser Begriff nicht ausdrücklich entsprechend Freuds späterer struktureller Psychologie neu definiert worden ist. Was meine eigenen Bemerkungen in diesem Zusammenhang angeht, so muß ich wegen der recht skizzenhaften Darstellung dieses ungewöhnlich wichtigen Problems der analytischen Theorie um Entschuldigung bitten. Ich will mich auf die Punkte beschränken, die wesentlich sind, um eventuelle Mißverständnisse dessen, was ich zur Ich-Besetzung sagen möchte, zu vermeiden. Ich will dabei die Neuformulierungen mancher Aspekte des Narzißmus übergehen, die sich in einer Reihe von Veröffentlichungen von Federn (1929, 1936) finden, da dieser Autor im Laufe seiner Untersuchungen den Begriff des Ichs in einer Weise modifiziert hat, die mir nicht gänzlich überzeugend erscheint. Ich würde vorziehen, Freuds frühe Formulierungen des Narzißmus mit seinen späteren Anschauungen über die seelische Struktur in Einklang zu bringen, als irgendeinen Hauptaspekt seiner späteren Formulierungen zu ändern.

Wir sprechen von einem narzißtischen Persönlichkeitstyp, von narzißtischer Objektwahl, von einer narzißtischen Haltung gegenüber der Wirklichkeit, von Narzißmus als einem topographischen Problem usw. Topographie und Besetzung sind fundamentale Gesichtspunkte der analytischen Theorie. In seinem Aufsatz »Zur Einführung des Narzißmus« (1914 a) spricht Freud über die Beziehung des Narzißmus zum Autoerotismus und sagt: »Die autoerotischen Triebe sind aber uranfänglich; es muß also irgend etwas zum Autoerotismus hinzukommen, eine neue psychische Aktion, um den Narzißmus zu gestalten.« Etwas später sagt Freud, daß der »Narzißmus der allgemeine und ursprüngliche Zustand ist, aus welchem sich erst später die Objektliebe herausbildete« (1916/17); aber selbst dann kann der größte Teil der Libido im Ich bleiben. Zu der Zeit, als Freud seinen Aufsatz über den Narzißmus schrieb, waren erst knappe Umrisse einer strukturellen Psychologie sichtbar geworden. Im folgenden Jahrzehnt wurden die Prinzipien einer Ich-Psychologie niedergelegt, und es entstand eine Vielzahl von Formulierungen, die leider hier nicht im einzelnen angeführt werden können. In einigen wird immer noch auf das Ich als ursprüngliches Reservoir der Libido hingewiesen, aber in seinem Buch »Das Ich und das Es« (1923 a) macht Freud ausdrücklich klar, daß er nicht an das Ich, sondern an das Es dachte, als er von diesem Reservoir der Libido sprach. Die dem Ich durch Identifizierung zugewachsene Libido wurde »sekundärer Narzißmus« genannt. Die Gleichwertigkeit von Narzißmus und Libidobesetzung des Ichs war und ist in der psychoanalytischen Literatur noch weitgehend üblich, aber an einigen Stellen spricht Freud über den Narzißmus auch als Besetzung der eigenen Person, des Körpers oder des Selbst. In der Analyse wird nicht immer klar zwischen Ich, Selbst und Persönlichkeit unterschieden. Aber eine solche Trennung der Begriffe erscheint wesentlich, wenn wir diese komplizierten Probleme konsequent im Lichte der Freudschen Strukturpsychologie sehen wollen. Tatsächlich scheinen aber bei der Anwendung des Begriffes Narzißmus oft zwei verschiedene Gegensatzpaare in eins verschmolzen zu sein. Das eine bezieht sich auf das Selbst (die eigene Person) im Gegensatz zum Objekt, die andere auf das Ich (als ein psychologisches System) im Gegensatz zu den anderen Teilstrukturen der Persönlichkeit. Das Gegenteil von Objektbesetzung ist jedoch nicht Ich-Besetzung, sondern Besetzung der eigenen Person, das heißt Selbstbesetzung. Mit dem Wort Selbstbesetzung wollen wir nicht andeuten, wo diese Besetzung lokalisiert ist, im Es, im Ich oder im Über-Ich. Diese Formulierung berücksichtigt die Tatsache, daß sich »Narzißmus« in allen drei psychologischen Systemen findet; aber in allen diesen Fällen besteht ein Gegensatz (und wechselseitige Beziehung) zur Objektbesetzung. Es trägt deshalb zur Klärung bei, wenn wir Narzißmus als Libidobesetzung nicht des Ichs, sondern des Selbsts definieren. (Es mag außerdem nützlich sein, den Ausdruck Selbst-Repräsentanz, im Gegensatz zur Objekt-Repräsentanz, anzuwenden.) Wenn wir von Ich-Libido sprechen, meinen wir oft nicht, daß diese Form der Energie das Ich besetzt, sondern vielmehr daß die eigene Person und nicht eine Objekt-Repräsentanz besetzt wird. Auch wenn wir oft sagen: »Die Libido ist in das Ich zurückgezogen worden« oder »Objektbesetzung wurde durch Ich-Besetzung ersetzt«, sollten wir eigentlich »Zurückziehung auf das Selbst« und im zweiten Fall »durch Selbstliebe« oder durch eine »neutralisierte Form der Selbstbesetzung« sagen. Wenn wir von dem theoretisch und praktisch wichtigen Teil der Selbstbesetzung, der im Ich-System lokalisiert ist, sprechen, würde ich es vorziehen, nicht einfach von »Narzißmus« sondern von narzißtischer Ich-Besetzung zu sprechen.

Diese Unterschiede sind für unsere Kenntnis mancher Seiten der Strukturpsychologie sehr wichtig, und ihre Berücksichtigung kann uns helfen, Fragen der Besetzungen und ihrer Topographie zu klären. Ist der Rückzug der Libido von den Objekten auf das System Ich die Quelle für Größenideen? Oder ist es nicht vielmehr das Zurückziehen auf das Selbst — ein Vorgang, bei dem die Anhäufung von Libido im (regredierten) Ich nur ein Aspekt ist? Weder diese Frage noch ihre vielfachen Auswirkungen können hier besprochen werden [2]. Im folgenden soll nur noch kurz ein anderer Aspekt von Abzug der Libido von Objekten erwähnt werden, nämlich die Energiequalität der in Frage kommenden Libido.

Im Laufe der Entwicklung der analytischen Theorie, die Freud ver-

---

[2] Manches davon wird im 10. Kapitel aufgegriffen.

anlaßte, einerseits seine Ideen über die Beziehung von Angst und Libido zu revidieren, anderseits das Ich als ein eigenes System zu begründen, hat er auch die Hypothese aufgestellt, daß das Ich mit desexualisierter Libido arbeite. Man hat vorgeschlagen (siehe z. B. Menninger, 1938, oder Hartmann, Kris und Loewenstein, 1949), daß es vernünftig und fruchtbar sei, diese Hypothese zu erweitern und außer desexualisierter Libido auch ent-aggressivierte Energie in den energetischen Aspekt von Ich-Funktionen einzuschließen. Aggressive wie auch sexuelle Energie kann neutralisiert werden [3]. In beiden Fällen geht dieser Neutralisierungsprozeß durch Vermittlung des Ichs vor sich (wahrscheinlich auch schon durch seine autonomen Vorstadien). Wir vermuten, daß diese neutralisierten Energien einander näherstehen als die rein triebhaften der beiden Triebe. Jedoch können sie einige Eigenschaften der letztgenannten beibehalten. Theoretische und klinische Überlegungen sprechen dafür, daß es Abstufungen in der Neutralisierung dieser Energien gibt, das heißt, daß nicht alle in gleichem Maße neutral sind. Wir sollten sie nach dem Grade ihrer Nähe zur Triebenergie unterscheiden, das heißt, danach, ob und in welchem Ausmaß sie noch charakteristische Züge der Sexualität (objekt-libidinös oder narzißtisch) oder Aggression (gegen das Objekt oder das Selbst gerichtet) aufweisen. (Freud hält es für möglich, daß die Objektlibido im Laufe der Sublimierung zuerst in narzißtische Libido umgeformt wird, so daß sie sich dann neuen Zielen zuwenden kann. Wie erwähnt, geht nach einem Aspekt dieser Hypothese die Sublimierung durch Vermittlung des Ichs vor sich. Aber die Hypothese hat noch einen anderen Aspekt, den ich im 12. Kapitel diskutieren will.)

Die Fähigkeit, beträchtliche Mengen Triebenergie zu neutralisieren, mag ein Zeichen von Ich-Stärke sein. Ferner möchte ich noch die klinisch gut erhärtete Tatsache erwähnen, daß die Fähigkeit des Ichs zu neutralisieren zum Teil von dem Grad einer mehr triebhaften Besetzung abhängt, die auf das Selbst gerichtet wird. Der Grad der Neutralisierung ist ein anderer Punkt, der berücksichtigt werden muß — neben den schon vorher erwähnten —, wenn wir den Übergang vom »narzißtischen« Zustand des Ichs zu seiner späteren, realitätsgerechten Funktion angemessen beschreiben wollen. Außerdem kann die relative Nähe der Ich-Energien zu den Trieben ein entscheidender Faktor in der Pathologie werden. Nehmen wir wiederum ein Beispiel aus dem Gebiet des »Narzißmus«. Für unser Verständnis der verschiedenen Formen des Zu-

---

[3] Ich gebrauche diesen Ausdruck, den auch K. Menninger benutzt, lieber als »sublimiert«; denn diesen Begriff hat Freud ausdrücklich für desexualisierte Libido reserviert.

rückziehens von Libido von der Wirklichkeit und ihrer Wirkung auf die Ich-Funktionen ist von ausschlaggebender Bedeutung, daß wir uns darüber klar sind, ob der Teil der daraus resultierenden, im Ich lokalisierten Selbstbesetzung noch eng zur Sexualität gehört oder einen gründlichen Neutralisierungsprozeß durchgemacht hat. Eine Zunahme der neutralisierten Ich-Besetzung wird wohl kaum pathologische Symptome hervorrufen, aber eine Überschwemmung mit ungenügend neutralisierter Triebenergie kann unter bestimmten Bedingungen derartige Folgen haben. In dieser Beziehung gewinnt die Neutralisierungsfähigkeit des Ichs an Bedeutung und, falls pathologische Symptome entstehen, auch das Ausmaß, in dem diese Fähigkeit infolge von Ich-Regression gehemmt wird. Was ich gerade über den Einfluß der Neutralisierung auf den Ausgang des Libidoabzugs sagte, trifft ebenso zu, wenn nicht libidinöse, sondern aggressive Besetzungen von den Objekten auf das Selbst und teilweise auf das Ich zurückgezogen werden. Wenn Aggression zurückgezogen wird, müssen wir natürlich immer auch die Neigung des Über-Ichs berücksichtigen, gewisse Abstufungen aggressiver Energie zu benutzen. Diese Beispiele der Rolle der Neutralisierung für das Funktionieren des Ichs habe ich ganz willkürlich aus einer großen Anzahl gewählt. Ein anderes Beispiel werde ich später im einzelnen besprechen.

Ich bin nicht in der Lage, die Frage zu beantworten, ob alle, dem Ich zur Verfügung stehende Energie ihren Ursprung in den Trieben hat. Freud glaubt, daß »beinahe alle Energie«, die im psychischen Apparat wirksam ist, von den Trieben herrührt, was aber auch bedeutet, daß ein Teil einen anderen Ursprung haben könnte. Aber welche andere Quelle könnte es für die psychische Energie geben? Auf diese Frage sind mehrere Antworten möglich, aber die Entscheidung fällt bei dem augenblicklichen Stand unseres Wissens schwer. Es könnte sein, daß ein Teil der Energie von dem, was ich früher als autnomomes Ich bezeichnet habe, stammt. Doch führen alle diese, auf den primordialen Ursprung psychischer Energie hinweisenden Fragen letzten Endes zur Physiologie zurück. Das gilt natürlich auch für die Triebenergie. Unsere gegenwärtige Kenntnis und unsere begrifflichen Mittel machen eine positive Antwort auf die Frage nach möglichen nicht-triebhaften Quellen ebenso schwierig wie eine negative [4].

Kehren wir zum Ich zurück. Gleichgültig, ob sein energetischer Aspekt ganz oder nur teilweise auf die Triebe zurückzuverfolgen ist, nehmen wir an, daß das Ich, nachdem es einmal gebildet ist, über unabhängige

---

[4] Im 12. Kapitel gebe ich eine entscheidende Antwort.

psychische Energie verfügt, mit anderen Worten: das Ich besitzt die Merkmale eines isolierten psychischen Systems. Es soll nicht gesagt sein, daß die Umwandlung von triebhafter in neutralisierte Energie zu irgendeinem Zeitpunkt aufhört; sie ist kontinuierlich. Die Energie des Ichs steht, wie bereits erwähnt, einer großen Vielzahl von Ich-Funktionen zur Verfügung. In diesem Zusammenhang möchte ich hinzufügen, daß viele Ich-Tendenzen, die diese Funktionen zum Ausdruck bringen, objekt-gerichtet sind, das heißt nicht »narzißtisch« in dem Sinne, daß sie das Selbst zum Objekt nehmen; ebenso arbeiten nicht alle nur mit den verschiedenen Abstufungen der Selbstbesetzung.

Wenn man von verschiedenen Schattierungen der Desexualisierung und Desaggressivierung spricht, muß man zwei verschiedene Punkte berücksichtigen. Man kann auf verschiedene Energiearten oder -zustände hinweisen. Diese energetische Auffassung der Neutralisierung mag teilweise mit der Ablösung der primären durch die sekundären Prozesse zusammenfallen, was alle möglichen Übergangsstadien einschließt. Wir sind gewohnt, den Sekundär-Prozeß als spezifisches Charakteristikum des Ichs anzusehen. Das schließt nicht aus, daß das Ich sich primärer Prozesse bedient, noch schließt es aus, daß im Ich Unterschiede im Ausmaß, in dem Energien gebunden sind, bestehen [5]. Der zweite Gesichtspunkt, von dem aus wir diese Schattierungen der Neutralisierung zu betrachten haben, ist das Ausmaß, in dem gewisse andere Charakteristika der Triebe (z. B. ihre Richtung, ihr Ziel) noch aufzeigbar sind (Neutralisierung im Hinblick auf die Ziele) [6].

Wir wollen uns nun wieder die Psychologie der Abwehr ansehen — diesmal vom Gesichtspunkt der Besetzungen aus — und benutzen als Ausgangspunkt eine grobe Schematisierung eines typischen Falles: Die vorbewußte Besetzung ist zurückgezogen, und das Ich verteidigt sich gegen das Wiederauftreten einer Triebtendenz durch Gegenbesetzung. Entsprechend einer Hypothese Freuds (1915 b) ist die Energie, die zur Bildung der Gegenbesetzung gebraucht wird, dieselbe — oder kann dieselbe sein — die von den Trieben zurückgezogen wurde. Nunberg (1932) führt diesen Prozeß als ein besonders gutes Beispiel für die Ökonomie der psychischen Organisation an. In der psychoanalytischen Literatur heißt es, daß die Gegenbesetzung aus (desexualisierter) Libido besteht. Doch stammen die meisten dieser Formulierungen aus einer Zeit der analytischen Theorieentwicklung, in der die Aggression noch nicht als primärer

---

[5] Siehe auch E. Kris (1934, 1950 a) und Rapaport (1950).
[6] Heute wird das Wort »Neutralisierung« in dieser Bedeutung nicht mehr verwendet.

und unabhängiger Trieb erkannt war. Heute würden wir annehmen, daß Gegenbesetzung ebenfalls aus (neutralisierter) Aggression bestehen kann. Nach Freuds Hypothese würde dies immer dann zutreffen, wenn der abgewehrte Trieb aggressiv ist (ein anderer Teil der abgewehrten Aggression erscheint als Schuldgefühl; Freud, 1930). Aber Freuds Hypothese, daß die Energie der Gegenbesetzung von den Trieben abgezogen wird, ist von ihm nicht als unbedingt allgemeingültig angesehen worden. »Es ist durchaus möglich, daß es so ist«, hat er einmal darüber gesagt.

Andere Überlegungen deuten auf die Möglichkeit hin, daß mehr oder weniger neutralisierte aggressive Energie in der Gegenbesetzung sogar eine weit allgemeinere und viel belangreichere Rolle spielt [7]. Ich erinnere nochmals an die Analogie, die Freud zwischen Abwehr gegen Triebe und gegen äußere Gefahren sah. Die beiden in dem soeben angeführten schematischen Abwehrbeispiel erwähnten Prozesse lassen eine solche Parallele in der Tat sehr eindrucksvoll erscheinen: Flucht und Kampf sind ihre Hauptcharakteristika, wobei Abzug der Besetzung der Flucht und Gegenbesetzung dem Kampf entspricht. Das führt zu der Antwort, die ich hier vorschlagen möchte: Die Gegenbesetzung benutzt weitgehend eine von jenen Formen mehr oder weniger neutralisierter aggressiver Energie, die noch einige charakteristische Merkmale des ursprünglichen Triebes (in diesem Falle Kampf) enthält. Es ist nicht unwahrscheinlich, daß solche Energieformen — man braucht nicht anzunehmen, daß alle Gegenbesetzungen mit demselben Ausmaß an Neutralisierung operieren — zur Gegenbesetzung beitragen, selbst wenn der abgewehrte Trieb nicht aggressiv war.

Die Annahme, daß das Ich zur Abwehr ausschließlich Energie benutzt, die von den Trieben, gegen die es sich verteidigt, abgezogen ist, stimmt nicht mehr recht mit dem überein, was wir heute über den hohen Grad an Aktivität und Plastizität wissen, der dafür charakteristisch ist, wie das Ich seine Mittel zum Zweck wählt. Es ist ebenso von größtem Interesse, die bestehende gegenseitige Abhängigkeit zwischen den Abwehrfunktionen des Ichs und anderen Ich-Funktionen zu bedenken. Wie schon erwähnt, kann kein Zweifel bestehen, daß die Abwehr tatsächlich genetisch und dynamisch von anderen Vorgängen im Ich beeinflußt wird, und daß sie ebenso in eine Vielzahl verschiedener Prozesse im Ich eingreift. Dies habe ich als einen wesentlichen Teil der Entwicklungspsychologie besprochen. Wir müssen annehmen, daß diese gegenseitige Abhängigkeit auch einen energetischen Aspekt hat. Dies führt zu dem

---

[7] Ich möchte erwähnen, daß ich nach der Formulierung dieses Vorschlages eine ähnliche Idee in einem Aufsatz von M. Brierley (1947) gefunden habe.

Schluß, daß, obwohl Gegenbesetzung Energien benützen kann, die von abgewehrten Trieben stammen — und ich werde später solch einen Fall anführen —, dies nicht die einzige zur Verfügung stehende Energiequelle ist.

Hier möchte ich an eine andere von Freuds späteren Hypothesen (1937 a) erinnern, von denen ich sagte, daß ihre Bedeutung für unser theoretisches Denken noch nicht klar erkannt worden ist. Sie deutet auf die Möglichkeit hin, daß die Disposition zum Konflikt, neben anderen Faktoren, auf das Eingreifen freier Aggression zurückgeführt werden kann. Als Freud diesen Gedanken äußerte, gab er mehr Beispiele von Trieb- als von strukturellen Konflikten (wenn wir die Termini im Sinne Alexanders, 1933, gebrauchen). Aber er fügte hinzu, daß wir mit der Frage konfrontiert werden, »ob dieser Gedanke nicht erweitert und auf andere Konfliktvorgänge angewandt werden sollte, oder ob wir nicht tatsächlich unsere ganze Kenntnis psychischer Konflikte von diesem neuen Gesichtspunkt aus revidieren sollten«. Diese Konfliktdisposition, die auf freie Aggression zurückgeführt wird, würde unabhängig von der Natur des Triebes, gegen den die Abwehr gerichtet ist, mitspielen. Was ich gerade über die neutralisierte aggressive Energie als Quelle der Gegenbesetzung gesagt habe, kann auf Freuds Vorstellungen gegründet werden, wenn wir für den Fall des Konfliktes zwischen Ich und Trieben annehmen, daß die aggressive Energie mehr oder weniger im Dienste der Abwehrmaßnahmen des Ichs gebunden ist. Diese Hypothese scheint sowohl besser mit dem, was wir heute über das Ich wissen, vereinbar zu sein, als auch mit Freuds sonstigen späteren Gedanken als andere Annahmen über die Gegenbesetzung, die sich auf Freuds früheres Konzept stützen.

Wir können dasselbe Problem von einem anderen Gesichtspunkt aus betrachten. In derselben Arbeit beschreibt Freud, wie wir uns, wenn wir an den Widerständen unserer Patienten arbeiten, dem gegenüber sehen, was er »Widerstand gegen das Aufdecken von Widerständen« nennt, und er erwähnt die bekannte Tatsache, daß in dieser Situation Züge der negativen Übertragung vorherrschen können. Könnte es nicht sein, daß, metapsychologisch gesprochen, ein Teil dieser gegen den Analytiker gerichteten Aggression wieder aggressiv gewordene Energie der Gegenbesetzungen ist, die als Folge unseres Angriffes auf den Widerstand des Patienten mobilisiert wurde? Dies würde wiederum mit der zur Diskussion stehenden Behauptung übereinstimmen.

Ehe wir weitergehen, möchte ich auf einen anderen Punkt hinweisen, obwohl ich mir über den etwas spekulativen Charakter dieser Schlußfolgerung im klaren bin. Eine aggressive Haltung gegenüber einer äußeren Gefahr ist normal, während Sexualisierung pathologische Erscheinungen hervorrufen kann. Wenn die Abwehrreaktion gegen Gefahr von innen derjenigen gegen Gefahr von außen nachgebildet ist, dann ist es möglich, daß auch hier in der Regel mehr oder weniger neutralisierte aggressive Energie verwendet wird und nicht allein desexualisierte Libido. Dies würde bedeuten, daß im Falle der Abwehr gegen eine Triebgefahr die Aggression leichter in der Abwehrreaktion des Ichs selbst (in der Gegenbesetzung) untergebracht werden könnte; dagegen müßte — bei Gleichheit der vorhandenen Gefahr und anderer Faktoren — mehr Energie der libidinösen Triebe, die nicht so leicht auf diese Weise erledigt werden könnte, verdrängt (oder auf andere Weise abgewehrt) werden. Um auf einen früher erwähnten Punkt zurückzukommen: ich möchte annehmen, daß in der Gegenbesetzung Energie, die von den Trieben abgezogen wurde, allgemeiner verwandt wird, wenn diese Triebe aggressiver, als wenn sie libidinöser Natur sind. Natürlich bin ich mir darüber klar, daß diese Behauptung sehr unvollkommen ist, und auch darüber, daß ich Dinge vereinfache, die in Wirklichkeit einen höchst verwickelten Prozeß darstellen. Wenn ich auch nicht zu entscheiden wage, ob diese Hypothese sich als richtig herausstellen wird oder nicht, so könnte sie doch sehr nützlich sein — wenn man sie in andere, von unserem analytischen Denken bereits akzeptierte Annahmen einfügt —, um das ätiologische Übergewicht sexueller über aggressive Faktoren in der Neurosenbildung zu erklären.

Eine systematische Untersuchung der Ich-Funktionen müßte diese im Hinblick auf ihre Ziele beschreiben (über den Unterschied zwischen Trieb-»Zielen« und »Zielen« des Ichs, vgl. 3. Kapitel) und auf die Mittel, die angewandt werden, um sie zu verfolgen; energetisch gesehen, müßte gezeigt werden, wie nahe oder wie entfernt von den Trieben die Energien sind, mit denen sie operieren; und schließlich müßte auch der Grad der erreichten Strukturierung und Unabhängigkeit aufgewiesen werden. Hier möchte ich nur einige Worte über eine besondere Gruppe von Ich-Tendenzen sagen, von denen Freud als ein Beispiel den »Egoismus« anführt (1916/17). Ihre Bedeutung hat Freud natürlich klar erkannt, und es wäre wünschenswert, ihnen einen bestimmten Platz in der psychoanalytischen Psychologie anzuweisen. Aber ihre Stellung ist auf der Ebene der Struktur-Psychologie niemals klar definiert worden, obwohl Freud versucht hatte, sie in einem früheren Stadium der Theoriebildung in Betracht zu ziehen. Zu jener Zeit setzte Freud die Selbsterhaltungstriebe den »Ich-Trieben« gleich und nannte die aus ihnen stammenden Besetzungen »Interessen«, im Gegensatz zur Libido der Sexualtriebe. Heute sprechen wir aber nicht mehr von »Ich-Trieben« im strengen Sinne, da alle Triebe als Teil des Systems »Es« anerkannt sind (vgl. auch E. Bibring, 1936). Diese Änderung in der Theorie erfordert auch eine neue Formulierung derjenigen Phänomene, die Freud im Auge hatte, als er von »Interessen« sprach. Unter den psychischen Selbsterhaltungsbestrebungen halten wir die Funktionen des Ich-Systems für ganz besonders wichtig (Freud, 1940; 3. Kapitel), was natürlich nicht heißt, daß sexuelle und aggressive Es-Tendenzen, einige Aspekte der Regulierungsprinzipien usw. keinen Anteil an der Selbsterhaltung haben. Es erscheint angemessen, diejenige Gruppe von Tendenzen, die Strebungen nach etwas, das »nützlich« ist, Egoismus, Selbstbehauptung usw. enthalten, dem Ich-System zuzuschreiben. Sie stellen unter den Motivierungen eine eigene Schicht dar. Die Bedeutung dieser Tendenzen ist in der Psychoanalyse vernachlässigt worden, wahrscheinlich weil sie keine entscheidende Rolle in der Ätiologie der Neurosen spielen, und weil wir sie in unserer Arbeit mit Patienten mehr vom Gesichtspunkt der genetisch zugrundeliegenden Es-Tendenzen ansehen als von ihrer teilweise unabhängigen Seite als Funktion des Ichs. Ihre Bedeutung wird offensichtlich, sobald wir sie, wie ich es hier tue, vom Gesichtspunkt der allgemeinen Psychologie her betrachten, oder auch etwa der Soziologie. Zweifellos erfüllt die Soziologie ihre Aufgabe nicht, solange sie ihre Interpretation menschlichen Handelns ausschließlich auf das Vorbild des auf Interesse gerichteten — wir können sagen »utilitaristischen« — Handlungstyps gründet. Anderseits sind viele Gebiete der Soziologie der Analyse praktisch nicht zugänglich, solange wir diese Schicht der Motivierung ganz außer acht lassen.

Welche Position können wir diesen Interessen in der gegenwärtigen analytischen Theorie zuweisen? Zunächst möchte ich vorschlagen, diese und ähnliche Tendenzen »Ich-Interessen« zu nennen; wir behalten also Freuds Bezeichnung »Interesse« bei, betonen aber auch, daß wir jenen Teil von dem, was er »Interessen« nannte, den wir hier im Auge haben, als zum System Ich gehörend betrachten. Es handelt sich um Interessen des Ichs; die Ziele werden vom Ich bestimmt, im Gegensatz zu den Zielen des Es oder Über-Ichs. Die spezielle Gruppe von Strebungen, auf die ich hier verweise, ist auch dadurch gekennzeichnet, daß ihre Ziele um die eigene Person (das Selbst) zentriert sind. Ich möchte hinzufügen, daß dies nur für ihre Ziele gilt. Offensichtlich benutzen sie und dienen auch Ich-Funktionen, die auf die Außenwelt gerichtet sind, und unter den Faktoren, die beim Menschen zu einer Änderung der äußeren Realität führen, spielen Ich-Interessen dieser Art bestimmt eine entscheidende Rolle.

Man sollte sich davor hüten, auf einem Gebiet, das uns so wenig bekannt ist, terminologische Fragen allzusehr zu betonen; es mag sich als praktisch erweisen, in den Begriff der Ich-Interessen neben dieser einen auch andere Gruppen von Ich-Strebungen ähnlicher Natur einzubeziehen, deren Ziele sich nicht um das Selbst konzentrieren, z. B. solche, die die Außenwelt nicht nur indirekt in dem gerade erwähnten Sinne betreffen, sondern die sich auch auf andere Personen oder Dinge konzentrieren; oder solche, die nach Zielen drängen, die aus dem Über-Ich stammen, aber vom Ich übernommen werden, und sich auf Wertungen (ethische Werte, Werte der Wahrheit, religiöse Werte usw.) gründen; und schließlich können auch Interessen des Ichs an dem psychischen Funktionieren selbst (z. B. an intellektueller Tätigkeit) mit einbezogen werden.

Diese Ich-Interessen sind im technischen Sinne fast nie unbewußt, wie es unter den Ich-Funktionen die Abwehrmechanismen im typischen Fall sind. Sie sind gewöhnlich vorbewußt und können bewußt sein; aber manchmal gibt es Schwierigkeiten beim Versuch, sie bewußtzumachen. Das ist anscheinend häufig so wegen ihrer Nähe zu darunterliegenden Es-Tendenzen; aber ich würde nicht zu entscheiden wagen, ob es immer der Fall ist. Jedenfalls wollen wir daran denken, was Freud (1915 b) über die Zensur sagte, nämlich daß sie nicht nur zwischen vorbewußten und unbewußten Prozessen arbeite, sondern auch zwischen den bewußten und den vorbewußten. Die Existenz der letzteren lehrt uns, gemäß Freud, daß Bewußtwerden wahrscheinlich von einer Überbesetzung herrührt, »einem weiteren Fortschritt in der psychischen Organisation«. Daß zwischen Ich-Interessen und Es-Tendenzen ein genetischer Zusammenhang besteht, liegt häufig auf der Hand; noch häufiger wird er in der Analyse nachgewiesen. Diese Entwicklung ist aber oft nicht umkehrbar, außer unter besonderen Bedingungen (z. B. durch Analyse, in Träumen, in der Neurose usw.). Die Ich-Interessen folgen nicht den Gesetzen des Es, sondern des Ichs. Sie arbeiten mit neutralisierter Energie und können, was oft geschieht (z. B. beim »Egoismus«), diese Energie gegen die Befriedigung von Trieben einsetzen.

Strebungen nach Reichtum, gesellschaftlichem Prestige oder nach etwas, was in anderem Sinne als »nützlich« gilt, sind genetisch zum Teil durch anale, urethrale, narzißtische, exhibitionistische, aggressive usw. Es-Strebungen bestimmt und führen entweder in modifizierter Form die Richtung dieser Triebe fort oder sind das Ergebnis von Reaktionen gegen sie. Offensichtlich können verschiedene Es-Strebungen zur Bildung eines spezifischen Ich-Interesses beitragen, wie auch andererseits eine Es-Strebung zur Bildung mehrerer Ich-Interessen beitragen kann. Sie werden auch vom Über-Ich, von verschiedenen Bereichen der Ich-Funktionen, von anderen Ich-Interessen, vom Verhältnis eines Menschen zur Realität, von seiner Denkungsart oder von seinen synthetischen Fähigkeiten usw. mitbestimmt, und das Ich ist bis zu einem gewissen Grade fähig, einen Kompromiß dadurch zu erzielen, daß es die Triebelemente für seine eigenen Ziele benutzt [8]. Die Quelle neutralisierter Energie, mit der die Ich-Interessen operieren, scheint nicht auf die Energie solcher Triebe beschränkt zu sein, aus denen oder gegen die sie sich entwickelt haben; sie können auch über andere neutralisierte Energien verfügen. Das ist auch in der Vorstellung mitenthalten, daß sie die charakteristischen Züge des Ichs als eines funktionell und energetisch teilweise unabhängigen Systems teilen. Wir können behaupten, daß anscheinend viele von ihnen (in verschiedenem Grade) zum Bereich der sekundären Autonomie gehören. Was die verhältnismäßig dynamische Wirksamkeit der Ich-Interessen anbelangt, so wissen wir zu wenig über ihre energetischen Aspekte, um daraus sichere Schlüsse ziehen zu können.

Selbst-gerichtete Ich-Interessen — Egoismus, Streben nach Dingen, die man für nützlich hält usw. — finden sich in verschiedenen Graden der Zusammenarbeit mit anderen Ich-Funktionen, sind manchmal auch gegen sie gerichtet. Ich habe an anderer Stelle (3. Kapitel) ausgeführt, daß der von ihnen dirigierte Aktionstypus nicht mit »rationalem Handeln« verwechselt werden sollte. Es besteht eine Wechselwirkung zwischen ihnen und den objektzentrierten Ich-Tendenzen, dem Grad von Selbst-Regulierung, den wir die organisierende Funktion nennen, der Realitätsanpassung und anderen Funktionen. Wir wissen nicht sehr viel darüber, welche Form der strukturellen Hierarchie der Ich-Funktionen am ehesten seelischer Gesundheit entspricht. Aber ich möchte deutlich machen, daß die Unterordnung anderer Ich-Funktionen unter diese Gruppe von Ich-Interessen kein Merkmal geistiger Gesundheit ist (obwohl man oft gesagt hat, daß diese Fähigkeit, andere Tendenzen dem sogenannten »Nützlichen« unterzuordnen, ein Unterscheidungsmerkmal zwischen gesundem und neurotischem Verhalten sei). Schließlich sind diese Ich-Interessen nur eine Gruppe von Ich-Funktionen unter anderen, und sie unterscheiden sich von jenen mit der Gesundheit in engerem Zu-

---

[8] Bezüglich der Kategorien von Problemen, deren Lösung sich das Ich widmet, vgl. Waelder (1930).

sammenhang stehenden Funktionen, die auch die Forderungen anderer psychischer Systeme integrieren (die synthetische oder organisierende Funktion).

Ich habe Ich-Funktionen erwähnt, die einander entgegengesetzt sind. Da diese Gegensätze klinisch nicht von der gleichen Bedeutung sind wie diejenigen zwischen Ich und Es oder Ich und Realität usw., betrachten wir sie gewöhnlich nicht als Konflikte. Doch wir können sie durchaus als *intra*systemische Konflikte bezeichnen, im Unterschied zu den besser bekannten *inter*systemischen Konflikten. Die intrasystemischen Beziehungen und Konflikte im Ich sind noch kaum zusammenhängend untersucht worden. Hierher gehören natürlich die früher beschriebenen Beziehungen zwischen Abwehr und autonomen Funktionen. Zu der Frage nach der vorhandenen oder fehlenden Kommunikation zwischen verschiedenen Bereichen des Ichs kann ich Freud anführen, der sagte, daß die Abwehrfunktionen im Ich in gewissem Sinne abgesondert sind. Es gibt viele Gegensätze im Ich: das Ich hat von Anfang an die Tendenz, sich den Trieben entgegenzusetzen, aber eine seiner Hauptaufgaben ist es auch, Triebbefriedigung herbeizuführen. Im Ich wird Einsicht, aber auch Rationalisierung gewonnen; es fördert die objektive Kenntnis der Wirklichkeit, aber übernimmt im Laufe seiner Entwicklung ebenso die konventionellen Vorurteile der Umgebung mit Hilfe von Identifizierung und gesellschaftlicher Anpassung; es verfolgt seine unabhängigen Ziele, aber es ist auch charakteristisch für das Ich, die Forderungen anderer Teilstrukturen der Persönlichkeit in Erwägung zu ziehen usw. Es ist natürlich richtig, daß die Ich-Funktionen einige generelle Merkmale gemeinsam haben — einige von ihnen wurden hier erwähnt —, die sie z. B. von Es-Funktionen unterscheiden. Viele Mißverständnisse und Unklarheiten lassen sich darauf zurückführen, daß wir uns noch nicht dazu erzogen haben, das Ich von einem intrasystemischen Standpunkt aus anzusehen. Man spricht vom »Ich« als rational, realistisch oder als einer integrierenden Instanz, während dies in Wirklichkeit nur Eigenschaften der einen oder anderen seiner Funktionen sind.

Die intrasystemische Betrachtungsweise wird wesentlich, sobald wir Begriffe wie »Dominanz des Ichs«, »Ich-Kontrolle« oder »Ich-Stärke« klären wollen. Alle diese Ausdrücke sind sehr vieldeutig, außer wenn man eine differenzierende Beschreibung der Ich-Funktionen hinzufügt, die tatsächlich mit den zu untersuchenden Situationen zu tun haben. Ich kann hier nicht näher auf die umfangreiche Literatur über Ich-Stärke (Glover, 1943; Nunberg, 1939) eingehen und muß mich auf einige Bemerkungen beschränken. Wir beurteilen gewöhnlich die Stärke des Ichs nach seinem Verhalten in typischen Situationen, ob diese nun aus dem Es, Über-Ich oder der Außenwelt stammen. Das würde besagen, daß Ich-Stärke wie Anpassung nur im Sinne einer Gruppe spezifischer Beziehungen formuliert werden kann. Wir können dies als eine Parallele zu vielen physiologischen Problemen auffassen: ein Versagen des Herzens kann durch große plötzliche Anstrengung hervorgerufen werden oder durch Ursachen, die in dem Organ selber liegen; es kann auch durch den Zustand der Blutgefäße verursacht werden, und diese Faktoren hängen wiederum untereinander, von den zentralen Regulierungen und anderen veränderlichen Größen dieses komplizierten Systems ab. Die ständige oder gelegentliche Stärke oder Schwäche des Ichs läßt sich auf viele Faktoren, die dem Es oder Über-Ich angehören, zurückführen; es wurde behauptet, daß sie ausschließlich davon abhängen, in welchem Ausmaß die anderen Systeme das Ich beeinträchtigen (Glover). Ich möchte jedoch hier betonen, daß auch die autonome Seite des Ichs berücksichtigt werden muß. Die Erörterung so vieler verschiedener Elemente, die man versucht hat, mit dem Grad von Ich-Stärke in Beziehung zu setzen — wie z. B. Triebstärke, Narzißmus, Toleranz oder Intoleranz gegen Unlust, Angst, Schuldgefühl usw. — hinterläßt noch immer eine gewisse Verwirrung. Die Antworten auf diese Fragen gelten, wie Nunberg ausführte, nur für einige eng umschriebene Situationen. Freud lenkte die Aufmerksamkeit auf ein typisches Beispiel solcher Schwierigkeiten, nämlich die bekannte Tatsache, daß, obwohl die Abwehr eine relative Stärke des Ichs gegenüber den Trieben anzeigt, sie anderseits auch der Grund für seine Schwäche werden kann. Wir müssen — wiederum wie im Falle der Anpassung — zugeben, daß es ziemlich allgemein richtig zu sein scheint, daß Leistungen in der einen zu Störungen in anderen Richtungen führen können. Im vorliegenden Zusammenhang möchte ich nur einen Zugang zu diesem Problem hervorheben, nämlich das sorgfältige Studium der Wechselwirkungen zwischen den verschiedenen Ich-Funktionen, wie Abwehr, Organisation und das Gebiet der Autonomie. Ob die Abwehr zu einer Erschöpfung der Kräfte des Ichs führt, hängt nicht nur von der Stärke des betreffenden Triebes und der Abwehr an den Ich-Grenzen ab, sondern auch von dem Nachschub, den das Hinterland zur Verfügung stellen kann. Jede Definition der Ich-Stärke wird unbefriedigend sein, wenn sie nur die Beziehung zu den anderen psychischen Systemen berücksichtigt, aber nicht die intrasystemischen Faktoren, wie sie oben erörtert wurden. Jede Definition muß als wesentliches Element die autonomen Funktionen des Ichs, ihre gegenseitige Ahängigkeit und ihre strukturelle Rangordnung berücksichtigen und ganz besonders feststellen, ob und wie weit sie in der Lage sind, einer Schwächung durch die Abwehrprozesse zu widerstehen. Dies ist ohne Frage ein Hauptbestandteil dessen, was wir mit Ich-Stärke meinen. Es ist wahrscheinlich nicht nur eine Frage der Quantität und Verteilung der verfügbaren Ich-Energie, sondern muß auch mit dem Grad in Beziehung gebracht werden, bis zu welchem die Besetzungen dieser Funktionen neutralisiert sind.

Ich bin von Freuds späteren, noch nicht voll integrierten Forschungs-ergebnissen ausgegangen und habe Ihnen eine Mischung und eine wohl leider nicht immer erfolgreiche Synthese von Synchronisierungen und Neuformulierungen, sowie Ergänzungen einiger allgemeiner Grundsätze der psychoanalytischen Theorie vorgetragen. Ich möchte mit einem Zitat aus Freuds Schriften (1926 a) schließen: »Lassen wir uns solche Korrek-turen nicht verdrießen; sie sind erwünscht, wenn sie unser Verständnis ein Stück fördern, und keine Schande, wenn sie das Frühere nicht wider-legen, sondern bereichern, eventuell eine Allgemeinheit einschränken, eine zu enge Auffassung erweitern.«

8. KAPITEL

DIE BEDEUTUNG DER ICH-PSYCHOLOGIE
FÜR DIE TECHNIK DER PSYCHOANALYSE

(1951)

In einer seiner letzten Arbeiten schrieb Freud (1937 a), seiner Meinung nach seien die Wege, auf denen die psychoanalytische Technik ihre Ziele erreicht, bereits hinlänglich klargestellt; man sollte daher eher fragen, welchen Hindernissen diese Therapie begegnet. Es sind jedoch in der analytischen Literatur noch viele Punkte nicht nur über die Praxis, sondern auch über die Theorie der Technik strittig. Wir werden erörtern, was diese Abweichungen bedeuten, und zu welchen Unterschieden in der theoretischen oder praktischen Methode wir sie zurückverfolgen können.

Der Fortschritt in der Entwicklung der Analyse beruht zweifellos in der Hauptsache auf klinischen Entdeckungen; jetzt jedoch, da die Analyse mündig geworden ist, sind wir uns auch der einander fördernden und voneinander abhängigen Rollen von Technik und Theorie klarer bewußt geworden. Rückschauend können wir sagen, daß die analytische Technik auf den verschiedenen Stufen ihrer Entwicklung auf verschiedene Weise angewandt wurde, nicht nur für die unmittelbaren therapeutischen Zwecke, sondern auch zur Bestimmung des möglichen Beobachtungsbereichs — zum Tatsachenfinden im allgemeinen. Theoretische Begriffe haben auf verschiedenen Stufen und auf verschiedene Weise dazu beigetragen, die Organisierung der beobachteten Daten zu erleichtern (und überhaupt die Tatsachen zu sehen) sowie die Genauigkeit und Wirksamkeit der Technik zu fördern. Im Zuge der Entwicklung kam es zu einer mehr oder minder vollständigen Integration der klinischen, technischen und theoretischen Elemente, zu einem Zustand gegenseitiger Beeinflussung. Ungenaue theoretische Begriffe und unvollständige Einsicht führen oft zu fehlerhafter Technik, und es gibt viele Beispiele von Festhalten an technischen Fehlern, die zu Verzerrungen und Fehldeutungen der Tatsachen führt.

Angesichts der engen Beziehung zwischen Technik und Theorie müßten unter einer mangelhaften Integration beide Aspekte leiden. Eine allmähliche Trennung von Theorie und Technik, wie sie von vielen empfohlen wird, würde sich heute als ebenso unzweckmäßig erweisen, wie sie sich in der Vergangenheit als unvorteilhaft erwies. Der oft gebrauchte Vergleich mit gewissen medizinischen Spezialfächern ist irreführend.

Ein Mangel an Integration auf beiden Seiten kann sich auch daraus ergeben, daß einer dieser Aspekte den anderen im Verlauf der analytischen Entwicklung überholt. An anderer Stelle habe ich zu zeigen versucht, daß zur Zeit ein Rückstand eher auf seiten der Technik als auf seiten der Theorie und psychologischen Einsicht zu verzeichnen ist. Das Umgekehrte galt, als Freud die systematische Widerstandsanalyse einführte, bevor noch alle ihre Folgen für die Ich-Psychologie klar erkannt waren. Heute wissen wir tatsächlich viel mehr, als wir technisch auf rationale Weise verwenden können. Echte technische Entdeckungen — wie es das Abreagieren und die Widerstandsanalyse waren — kommen in der neueren Phase der Analyse nicht mehr vor; aber der Umfang des systematischen psychologischen und psychopathologischen Wissens hat sich erheblich erweitert. Es ist jedoch wahrscheinlich, daß das Gleichgewicht wiederhergestellt wird, wie es schon früher geschah und sich als fruchtbar erwies. Wenigstens eine Richtung des analytischen Interesses an technischen Problemen ist seit einiger Zeit den Fortschritten der psychoanalytischen Psychologie und Psychopathologie gefolgt und hat sie allmählich assimiliert: die Linie, die wir als Ich-Psychologie bezeichnen.

Wenn wir nun dem Weg von der Psychologie zur Technik folgen, wissen wir natürlich, daß die psychoanalytische Technik mehr ist als eine bloße Anwendung der psychologischen Theorie. Freud hielt sich zugegebenermaßen und absichtlich bei der Formulierung technischer Regeln zurück; und wir sind noch immer weit davon entfernt, eine Sammlung technischer Vorschriften zu machen, die jede mögliche Situation erfassen würde. Um die Gegenwart zu kennzeichnen, können wir folgendes sagen: Wir kennen einige allgemeine technische Prinzipien, die uns helfen, gewisse typische Fehler zu vermeiden, und ferner steht uns in der gesammelten Erfahrung guter Analytiker ein riesiges potentielles Reservoir spezifischen technischen Wissens zur Verfügung, das im Verlauf von Lehr- und Kontrollanalysen den Studierenden der Psychoanalyse vermittelt wird. Es sind bis jetzt verhältnismäßig wenige systematische und gemeinschaftliche Bemühungen unternommen worden, dieses potentielle Reservoir in größerem Maßstab aufzuschließen, obwohl ich im Prinzip keinen Grund sehe, warum das nicht geschehen könnte. In der Zwischenzeit versuchen wir, einige Regeln etwa in der Mitte zwischen den allgemein anerkannten technischen Grundlagen und der Spezifität der klinischen Erfahrungen zu entwickeln, einige *principia media*. Das heißt, wir studieren Variationen unserer technischen Grundlagen je nach der psychischen Struktur, klinischen Symptomatologie, Altersstufe usw. jedes Patienten. Wenn wir jedoch die Wechselwirkung dessen, was wir den Aspekt einer rationalen Planung unserer Arbeit nennen könnten, mit deren unbewußten Elementen betrachten, so können wir nur voll unterschreiben, was Ferenczi vor mehr als zwanzig Jahren hervorhob: die große Wichtigkeit, die psychoanalytische Technik flexibel zu halten, vor allem wenn wir festzustellen versuchen, was die Technik von weiterer wissenschaftlicher Einsicht gewinnen könnte; auch in der Ausbildung muß man vermeiden, dem Studierenden den Eindruck zu vermitteln, als existierte eine vollständige Serie von Regeln, die er nur mangels Erfahrung noch nicht alle kennt. Auch dürfen wir nicht vergessen, daß neben der Führung durch Einsicht bei unserer Technik die Arbeit jedes Analytikers mit jedem einzelnen seiner Patienten auch den Charakter eines echten Experiments hat. Es ergibt sich eine fortwährende Folge von Versuch und Irrtum, während wir unsere technischen Verfahrensweisen an ihren unmittelbaren Folgen und an ihren therapeutischen Resultaten kontrollieren.

Welche Auswirkungen die Ich-Psychologie auf die Technik hatte, zeigt sich zuerst und vor allem darin, was die bessere Einsicht in die Abwehr uns über das Verstehen und Behandeln von Widerständen gelehrt hat; aber entsprechend der Natur des Ichs heißt das auch Fortschritt in bezug auf das Verstehen und Handhaben des Realitätsaspektes im Verhalten unserer Patienten. Das Zurückführen der neurotischen Angst auf die Realangst war ein entscheidender Schritt; er ergab sich offenbar aus der Tatsache, daß Freud (1926 a) sein Interesse der klinischen Bedeutung der Ich-Psychologie zuwandte. Ein klares Ergebnis dieser Wendung ist die Art und Weise, wie Anna Freud (1936) den Konflikt mit der Realität auffaßt und behandelt; sie stellt ihn den Konflikten des Ichs mit dem Es und dem Über-Ich an Wichtigkeit für die Analyse gleich. So wurde einem besseren Verstehen der Anpassung und deren Bedeutung für das neurotische wie für das sogenannte normale Individuum der Weg geebnet. Auch hier ergeben sich viele praktische Folgerungen, und wir glauben nicht, daß wir die Neurose eines Patienten behandeln können, ohne sie auch in ihrer Wechselwirkung mit den normalen Ich-Funktionen zu betrachten. Wir sind überzeugt, daß wir auch die Ätiologie der Gesundheit verstehen müssen, wenn wir die Neurose und ihre Ätiologie voll erfassen wollen. Es ist wahr, daß man sich dieser Dinge bis zu einem gewissen Grade in der Analyse immer bewußt war, aber es hat doch eine beträchtliche Verlagerung des Akzentes stattgefunden. Erst nachdem diese Umstellung im Denken eingetreten war und sich auf die Technik ausgewirkt hatte, kann mit Recht behauptet werden, daß wir es in der Analyse mit der Gesamtpersönlichkeit des Patienten zu tun haben. Auch die Berücksichtigung der wechselseitigen Abhängigkeiten von Konflikt und konfliktfreier Sphäre im Ich weist in dieselbe Richtung. Da kein Begriff von Ich-Stärke oder seelischer Gesundheit befriedigend sein kann, der neben den zentralen Konflikten nicht auch das konfliktfreie Funktionieren berücksichtigt (siehe 1. Kapitel), ist dies für die Technik ebenfalls von Bedeutung, weil es hilft, die Ziele der psychoanalytischen Therapie genauer zu definieren.

Wenn wir diesen Gedankengang weiterverfolgen und uns durch unsere Neugier dazu verführen lassen, in die Zukunft zu blicken, können wir sagen, daß der technische Fortschritt von einem systematischeren Studium der verschiedenen Funktionseinheiten innerhalb des Ichs abhängt. Die Untersuchung der Beziehungen des Ichs zum Es oder zum Über-Ich, das heißt der intersystemischen Konflikte und Zusammenhänge, werden wir durch ein eingehenderes Studium der intrasystemischen Zusammenhänge ergänzen müssen. Ich habe schon von einer solchen Einheit innerhalb des Ichs gesprochen: der konfliktfreien Sphäre. Aber wir müssen diese ständig in Beziehung zu den Funktionseinheiten sehen, die von den Gegenbesetzungen, dem Umgang mit der Realität, den vorbewußten Automatismen des Verhaltens oder jener besonderen Steuerung und Integration gebildet werden, die wir als synthetische oder besser organisierende Funktion kennen. Es würde mancher heute geleisteten Forschungsarbeit zugute kommen, wenn diese intrasystemische Zugangsmethode Gegenstand genauerer Untersuchungen würde. Was meinen wir, wenn wir sagen, daß wir dem Ich des Patienten helfen, oder daß wir sein Ich stärken? Man kann das sicher nicht angemessen beschreiben, wenn man nur auf die Neuverteilung von Energie zwischen Es und Ich oder zwischen Über-Ich und Es bezug nimmt; es sind Verlagerungen von gewissen Sphären des Ichs auf andere Funktionseinheiten innerhalb des Ichs im Spiel. Ich würde keine Definition von Ich-Stärke für vollständig halten, die nicht auch die intrasystemischen Strukturen berücksichtigt, das heißt, die dem relativen Überwiegen gewisser Ich-Funktionen gegenüber anderen nicht Rechnung trägt; zum Beispiel, ob die autonomen Ich-Funktionen [1] von den Abwehrfunktionen gestört werden, und auch das Ausmaß, in welchem die für die verschiedenen Ich-Funktionen benötigten Energien neutralisiert sind. Wenn Freud sagt, die Widerstände seien in einem gewissen Sinn innerhalb des Ichs abgeson-

---

[1] Eine genauere Definition der primären und sekundären Autonomie findet sich im 7. Kapitel.

dert (1937 a), oder das Ich spalte sich beim Abwehrprozeß (1940 b) oder wenn Richard Sterba (1934) von der Spaltung des Ichs in der Analyse spricht, sind das zweifellos Beispiele intrasystemischen Denkens, und ich könnte noch viele andere bringen. Was ich hier festhalten möchte, ist, daß diese Einsichten bis jetzt eher als Nebenprodukte gewonnen wurden denn als Resultate einer zusammenhängenden Untersuchung der intrasystemischen synergistischen und antagonistischen Beziehungen, und daß in vielen Fällen, wo wir einfach vom »Ich« sprechen, eine differenziertere Betrachtung der verschiedenen Ich-Funktionen angezeigt ist.

Das alles soll zeigen, daß die Analyse allmählich und unausweichlich, wenn auch zögernd, zu einer allgemeinen Psychologie wird, die das normale wie das pathologische, das konfliktfreie wie das konflikthafte Verhalten umfaßt (diese beiden Gegensatzpaare fallen nicht zusammen); und daß die Technik wahrscheinlich auch weiterhin von dieser Entwicklung profitieren wird, wie sie es getan hat, seit diese Linie von Freud aufgegriffen wurde.

Ich habe bis jetzt jenen Aspekt der Ich-Psychologie, den wir gewöhnlich als den strukturellen Gesichtspunkt bezeichnen, nicht ausdrücklich erwähnt. In Freuds älterer Auffassung des psychischen Apparates wird dieser als dreischichtig beschrieben: das Bewußte, das Vorbewußte und das Unbewußte. Die einschneidendste Veränderung, die in Freuds Modell der psychischen Persönlichkeit stattfand, kann man so beschreiben, daß die Darstellung als eine Reihe von Schichten durch die Betrachtung als ein (mehr oder weniger) integriertes Ganzes ergänzt wurde, das in Funktionszentren unterteilbar ist. Diese Substrukturen sind durch ihre Funktionen definiert, und ihre Abgrenzung gründet auf der Tatsache, daß Freud empirisch bei einigen Funktionen mehr Zusammenhang fand als bei anderen (Hartmann, Kris und Loewenstein, 1946). Das erleichtert eine multidimensionale Auffassung, welche, wie ziemlich allgemein anerkannt wurde, im Hinblick auf die psychoanalytische Psychologie und Therapie geeigneter ist, etwas über die dynamischen und ökonomischen Eigenschaften des psychischen Lebens auszusagen. In der Technik hat sich der Begriff der Schichtenbildung *(stratification)* als sehr nützlich erwiesen und ist es noch immer, insofern das Bewußtmachen unbewußter Prozesse über den Weg des Vorbewußten einer der hauptsächlichsten und beständigsten Faktoren für unsere therapeutischen Erfolge ist. Jedoch wurde, gegründet auf den Begriff der Schichten und auf die Widerstandsanalyse — vielleicht weil die Technik zu Zeiten allzu heftig in die Theorie eingriff —, von Wilhelm Reich (1933) der Begriff der historischen Schichtenbildung entwickelt, und damit ein Bild der Persönlichkeit, das, gemessen an der Entwicklung der psychoanalytischen Psychologie, ausgesprochen prä-strukturell ist. Nunberg (1928) hatte früh vor einer solchen Vereinfachung gewarnt. Auch Fenichel (1941) wies in seinem Buch über die Technik auf einige Nachteile dieses Modells hin und stellte fest, daß gewisse Charakterstörungen in der Analyse spontan chaotische Situationen zeigen und daß Verschiebungen der psychischen Schichten sowohl vom Alltagsleben des Patienten als auch von Triebversuchungen oder Verstärkung der Angst hervorgerufen sein können. Wir können hinzufügen, daß diese Faktoren, die einem klar umrissenen Bild historischer Schichtenbildung entgegenstehen, viel zahlreicher zu sein scheinen. Verschiebungen der historischen Schichten sind ganz allgemein ein wesentlicher Teil des seelischen Lebens, wie wir es in der Analyse sehen. Ohne die spezielle Theorie hier diskutieren zu wollen, erwähnen wir sie in diesem Zusammenhang, weil diese Auffassung — nicht die tatsachengetreueste, aber doch manches Wahre enthaltende — den Vorteil hatte, daß sie auf einfachste und radikalste Weise die »korrekte Folge von Deutungen« mit der Lebensgeschichte des Patienten verknüpfte; aber auch darum, weil sie, nachdem sie ihre Nützlichkeit in dieser radikalen Form überlebt hatte, wahrscheinlich in gewissem Maße zu einem Handicap wurde. Sie kann noch immer für eine gewisse Starrheit unserer Zugangsmethode verantwortlich sein, während wir versuchen, in unserer Technik den Strukturgedanken im Gegensatz zu einem einseitigen »Schichten«-Begriff besser zu nützen.

Es besteht jedoch kein Zweifel, daß allmählich eine große Anzahl der verschiedenen Zugangsmethoden in dieser Richtung zu konvergieren beginnt. Das wird sehr deutlich, wenn man die Schicksale und Folgen der Anwendung von Freuds Formel, es gelte, »unbewußtes Material ins Bewußtsein zu erheben«, in der Entwicklung der Psychoanalyse verfolgt. Diese Formel besteht weiter, aber ihre Bedeutung wurde schon durch Freuds wachsende Einsicht in die Struktur des neurotischen Konflikts erweitert und vertieft. Ihre topische Bedeutung wurde schon zur Zeit der »Studien über Hysterie« (1895) verstanden. Bald aber entdeckte Freud, daß es nicht genügte, dem Patienten einfach eine Übersetzung der Abkömmlinge seines Unbewußten zu geben. Der nächste Schritt war durch die genauere Einsicht in die dynamischen und ökonomischen Probleme des Widerstands gekennzeichnet, und es wurden dementsprechend Regeln für das »was«, »wann« und »wieviel« der Deutung aufgestellt; dieser Schritt ist in seinen Hauptaspekten in Freuds Schriften zur Technik klargestellt (1911—1915). Freud riet dem Analytiker, nicht bestimmte Elemente oder Probleme zur Bearbeitung auszuwählen, sondern einfach mit dem anzufangen, was sich auf der seelischen Oberfläche zeigt, und die Deutung hauptsächlich dazu zu benutzen, den Widerstand zu erkennen und ihn dem Patienten bewußtzumachen. Gewiß arbeitet sogar heute noch nicht jeder Analytiker auf genau diese Weise. Immerhin aber sind das die Grundlagen dessen, was wir die Standardtechnik der Analyse nennen können. So hat das »Bewußtmachen des Unbewußten« eine erweiterte Bedeutung erhalten. Der entsprechende theoretische Fortschritt ist in Freuds Schriften zur Metapsychologie enthalten.

Etwas später, in den zwanziger Jahren, wurden diese Prinzipien zum Gegenstand sorgfältiger Untersuchungen, aktiver Diskussion, Ausarbeitung und partieller Modifikation durch andere Analytiker. Diese Diskussionen wurden dann einschlägig durch die Aufstellung des Begriffs von Funktionseinheiten (Ich, Es, Über-Ich), das heißt des strukturellen Aspektes, beeinflußt. Hier wurde wieder einmal eine fruchtbare wechselseitige Abhängigkeit von Theorie und Praxis deutlich. Die unbewußte Natur des Widerstandes, eine Tatsache, die durch klinische Beobachtung unter den Bedingungen der analytischen Therapie entdeckt worden war, wurde zu einem Eckstein in der Entwicklung der späteren Formulierungen Freuds von den unbewußten Aspekten des Ichs. Nicht weniger wichtig war der umgekehrte Einfluß der Theorie auf die klinische Praxis. Zuallererst war und ist die Ich-Psychologie eine Erweiterung unseres Gesichtskreises. Eine »gute« Theorie hilft uns, die Tatsachen zu entdecken (z. B. einen Widerstand als solchen zu erkennen), und die Zusammenhänge zwischen den Tatsachen zu sehen. Dieser Teil unserer Psychologie gibt uns auch ein tieferes Verständnis für die Formen und Mechanismen der Abwehr und eine exaktere Betrachtung der Details des inneren Erlebens und Verhaltens eines Patienten; dementsprechend gibt es auf seiten der Technik eine Tendenz zu konkreterer, spezifischer Deutung. Diese Zugangsmethode schließt die unendliche Vielzahl individueller Charaktereigenschaften ein, sowie ein Maß von Differenzierung, das dem früheren, etwas schattenhaften Wissen über die Ich-Funktionen nicht zugänglich gewesen war. Sie schärfte unsere Augen auch für die häufige Identität von Verhaltensautomatismen in oft weit auseinanderliegenden Gebieten des Verhaltens eines Individuums, wie das Anna Freud beschrieb.

Ein mit dieser Entwicklung zusammenhängendes Problem möchte ich hier kurz erörtern: Sprechen und Sprache. Freud erkannte, daß beim Übergang vom unbewußten zum vorbewußten Zustand der Dingbesetzung eine Besetzung der Wortvorstellungen hinzugefügt wird. Später beschrieb Nunberg (1937), der schon in Strukturbegriffen dachte, die Rolle der synthetischen Funktion des Ichs in diesem Prozeß von Bindung und Assimilierung. Man könnte hinzufügen, daß die Funktion des verbalen Elementes in der analytischen Situation nicht auf die verbale Besetzung und Integration beschränkt ist, sondern auch den Ausdruck umfaßt. Ich verweise auf die spezifische Rolle der Sprache in der analytischen Situation [2]. Auch das trägt dazu bei, das vorher unbewußte Element in den vorbewußten oder bewußten seelischen Bereichen des Patienten zu fixieren. Eine andere strukturelle Funktion desselben Prozesses beruht auf der Tatsache, daß die Fixierung verbaler Symbole in der Entwicklung des Kindes mit der Begriffsbildung Hand in Hand geht und einen Hauptweg zur Objektivierung darstellt; dasselbe spielt auch in der analytischen Situation eine Rolle. Sie erleichtert den Weg des Patienten zu einem besseren Erfassen der physischen wie der psychischen Realität. Überdies hat der Akt des Sprechens auch eine spezifische soziale Bedeutung, insofern er der Kommunikation dient und in dieser Hinsicht zum Gegenstand der Übertragungsanalyse wird. Auch gibt es natürlich in der Sprache den Aspekt der Gefühlsentladung oder des Abreagierens. Schließlich ist uns der Einfluß des Über-Ichs auf die Sprache bekannt, vor allem aus der Psychopathologie. Die verschiedenen Apekte der Sprache, wie sie von Psychologen und Philosophen beschrieben wurden, werden also zusammenhängend und sinnvoll, wenn man sie aus dem Blickwinkel unseres Strukturmodells betrachtet, so daß heute wirklich alle strukturellen Folgen für unsere Handhabung in der analytischen Situation bedeutsam geworden sind. Wenn wir versuchen, die technischen Aspekte der in Frage stehenden Probleme zu klären, überlassen wir uns tatsächlich der Führung der strukturellen Psychologie.

Die Notwendigkeit, das Material unserer Patienten auf seine Herkunft aus den verschiedenen psychischen Systemen hin zu untersuchen, ohne das eine vor dem anderen zu bevorzugen, wird heute ziemlich allgemein als technisches Prinzip anerkannt. Auch begegnen wir vielen Situationen, in denen sogar der vertraute Gegensatz von Abwehr und Trieb viel von seinem absoluten Charakter einbüßt. Einige dieser Situationen sind recht gut bekannt, so wenn die Abwehr sexualisiert oder — ebensooft — »aggressiviert« wird (falls man mir diesen Ausdruck gestattet); oder Fälle, bei denen eine Triebtendenz zu Abwehrzwecken gebraucht wird. Die meisten dieser Fälle können nach allgemeinen Regeln angegangen werden, die von dem, was wir über die Dynamik und Ökonomie der Deutung wissen, hergeleitet sind, wie z. B.: die Widerstandsdeutung geht der Deutung des Inhalts voraus usw. In anderen Fällen erweisen sich

---

[2] Siehe auch Loewenstein (1956, 1957).

diese Regeln als nicht subtil genug; es können unerwartete und manchmal höchst störende quantitative oder qualitative Nebenwirkungen der Deutung auftreten. Das ist dann ein Problem, das die technischen Situationen, die ich soeben als Illustration nannte, überschreitet. Wenn solche Nebenwirkungen auftreten, kann unsere Dosierung oder die Wahl des Zeitpunktes falsch gewesen sein. Aber es kann auch sein — und das ist der aufschlußreichere Fall —, daß uns irgendwelche strukturellen Zusammenhänge entgangen sind, obgleich wir den quantitativen ökonomischen Prinzipien korrekt gefolgt sind. Es kann sein, daß wir nur diesen quantitativen Aspekt des Widerstandes berücksichtigt und nicht genügend beachtet haben, wie dasselbe Quantum verschiedene Funktionen des Ichs und des Über-Ichs in unterschiedlichem Maße ansprechen kann. Während wir uns auf die Analyse eines Widerstandes zu konzentrieren meinen, arbeiten wir in Wirklichkeit auf vielen Teilen des »Feldes« gleichzeitig. Aber wir achten nicht immer auf die möglichen Nebenwirkungen, wenn wir uns zu ausschließlich auf die Dualität Abwehr—abgewehrter Impuls kon zentrieren. Allgemeine Regeln über die Dynamik und Ökonomie der Deutung sind unvollständig, solange wir nicht berücksichtigen, daß die Widerstände nicht nur quantitative Faktoren darstellen. Sie stellen auch dar, auf welche Weise die verschiedenen psychischen Funktionen, direkt oder oft indirekt, sich an der Abwehr beteiligen — wobei »Beteiligung« auf intersystemische und intrasystemische Zusammenhänge weist, einschließlich auch ihrer genetischen Aspekte, womit hier die Gedächtnissysteme gemeint sind. Natürlich wissen wir einigermaßen, wie man verschiedene Formen von Widerstand verschieden handhabt, sogar wenn sie, vom ökonomischen Gesichtspunkt her gesehen, äquivalent erscheinen. Ich stelle diesen Punkt nur ausdrücklich fest, weil ich glaube, daß dieser strukturelle Aspekt der Deutung immer noch nicht so gut verstanden und ausdrücklich festgestellt wird wie ihre dynamischen und ökonomischen Aspekte. Eines Tages werden wir vielleicht imstande sein, das rationale Element unserer Technik, die »Planung« des voraussagbaren Ausganges unserer Interventionen, aufgrund dieser strukturellen Folgerungen systematischer zu formulieren.

Das wird teilweise vom Fortschritt auf einem vertrauten Gebiet der analytischen Forschung abhängen: dem tieferen Verständnis für die Wahl und die quantitative Seite der Abwehrmechanismen, für ihre typische und individuelle Chronologie, aber vor allem für ihre genetische und ökonomische wechselseitige Verbundenheit mit anderen Ich-Funktionen. Um wenigstens eines der beteiligten genetischen Probleme zu berühren: Wir können annehmen, daß viele Abwehrmechanismen auf primitive Abwehraktionen gegen die Außenwelt zurückzuverfolgen sind, die vermutlich teilweise der primären Autonomie des Ichs angehören, und daß sie erst später, in psychischen Konfliktsituationen, sich zu dem entwickeln, was wir spezifisch Abwehrmechanismen nennen. Auch können wir von vielen von ihnen sagen, daß sie, nachdem sie als solche etabliert sind, auf sekundäre Weise auch anderen Funktionen dienen (z. B. der Intellektualisierung). So ergibt sich eine komplizierte Überschneidung ihrer Rolle als Widerstand mit verschiedenen anderen Funktionen, welche sie repräsentieren. Das ist der Grund, warum wir, wenn wir Abwehrmechanismen auf rationale Weise analysieren wollen, ihre strukturellen, intersystemischen oder intrasystemischen Verzweigungen beachten müssen, über den Aspekt des Widerstandes, den sie der Analyse bieten, hinaus. Das ist natürlich prinzipiell bekannt, aber unser Wissen ist in dieser Hinsicht nicht immer genügend spezifisch. Genetisch können einige der diesbezüglichen Fragen der strukturellen Psychologie von dem Gesichtspunkt aus gesehen werden, den wir, mit einem Begriff aus der Biologie, »Funktionswechsel« genannt haben (Hartmann 1939 a)[3]. Er ist ein Teil dessen, was ich jetzt als »sekundäre Autonomie« bezeichne. Das bedeutet eine relative funktionelle Unabhängigkeit, trotz genetischer Kontinuität, und es wird dadurch der Funktionsaspekt klarer vom genetischen Aspekt abgesondert. Diese relative Unabhängigkeit kann mehr oder weniger vollständig sein. In einigen Fällen ist sie unter den Bedingungen des »normalen« Alltagsverhaltens praktisch irreversibel. Aber wir wissen aus Erfahrung, daß in sogar vielen Fällen unter besonderen Bedingungen eine Reversibilität beobachtet werden kann, wie in Träumen, bei Neurosen und Psychosen und in der Analyse. Deswegen kann die Entwicklung der sekundären Autonomie für das Studium jener Phänomene des Überschneidens und der Verzweigung, die ich eben erwähnte, fruchtbar gemacht werden.

Ich kehre zum Problem der Nebenwirkungen der Deutung zurück, welche oft über unsere unmittelbare Beschäftigung mit der spezifischen Trieb-Abwehr-Situation hinausgehen, und die nicht immer vorauszuberechnen sind. Um für diese und verwandte Beobachtungen, die aus verschiedenen klinischen Quellen stammen, eine generelle Erklärung zu finden, nehmen wir an, daß der durch einen Reiz ausgelöste Vorgang (die Deutung ist hierfür nur *ein* Beispiel) nicht nur sozusagen »lokale« Reak-

---

[3] Bei der Beschreibung eines ähnlichen Phänomens sprach Gordon Allport (1937) von »Funktionsautonomie« und nahm damit gegenüber dem Problem einen Standpunkt ein, der dem der Psychoanalyse näherkommt, als er selbst zu vermuten schien.

tionen hervorbringt. Er geht über das stimulierte »Gebiet« hinaus, verändert das Gleichgewicht der seelischen Energien und beeinflußt vielerlei Aspekte des dynamischen Systems. Dieser Prozeß aktiviert oder versetzt Elemente, die funktionell und genetisch mit ihm verbunden sind, in einen Zustand der Bereitschaft; er greift oft von einem System auf andere über, und seine unbewußten Nebenwirkungen können die Schranken der Gegenbesetzung übersteigen. Es wäre aber voreilig anzunehmen, daß diese »Verbindungen« immer und einzig im Sinne der Assoziationsvorstellung verstanden werden könnten. Im Gegensatz zur Auffassung der Assoziationisten setzen wir das Vorhandensein nicht nur dynamischer, sondern auch struktureller Faktoren voraus. Auch hat sich die Psychoanalyse, während sie oft die Sprache des Assoziationismus gebrauchte, von allem Anfang an von diesem unterschieden, und das noch stärker, seit die Begriffe Organisation und Struktur ausdrücklich zu einem Hauptbestandteil unserer Theorie geworden sind.

Was ich meine, könnte kurz als »Prinzip des mehrfachen Appells« bezeichnet werden. Ich möchte diese Methode versuchsweise einführen, ohne alternative Vorschläge zu erörtern. Ein etwas ähnlicher, aber physiologischer Begriff wurde von Gehirnphysiologen eingeführt; einige von ihnen benützten den Begriff »Resonanzeffekt«. Ich möchte auch erwähnen, daß Federn (1938) bis zu einem gewissen Grade in der gleichen Richtung dachte, als er seine Behauptung zu beweisen suchte, daß es im Gehirn eine nicht auf Nervengängen basierende Leitung gebe — was jedoch für unser Problem nicht unmittelbar von Bedeutung ist.

Wenn wir Veränderungen der Besetzung weniger als isolierte Phänomene betrachten, sondern sie uns als in einem »Feld« auftretend denken, so stimmen wir mit einem Trend der modernen Wissenschaft überein, der seine Fruchtbarkeit auf sehr vielen Gebieten bewiesen hat. Ich glaube, daß die Einführung des Feldbegriffes das Verständnis für die hier betrachteten Phänomene erleichtern kann. Aber ich muß hinzufügen, daß die Übersetzung der gesamten analytischen Psychologie in Feldbegriffe kaum möglich scheint, ohne ihr beträchtliche Gewalt anzutun — trotz der wiederholten Aufforderungen, die von Vertretern der Feldtheorie in der Psychologie ausgesprochen wurden.

Da ich in diesem kurzen Aufsatz eine lange Liste von Themen berührt habe, werde ich zusammenfassen: Beim Vergleich der theoretischen mit der technischen Entwicklung glaube ich, daß heute die letztere hinter der ersteren zurückgeblieben ist. Im Prozeß des allmählichen Ersetzens der älteren Schichtenbegriffe durch den Strukturbegriff sind bis jetzt noch nicht alle Folgerungen gezogen worden. Ich gebe ein Beispiel dafür, wie das Denken in Strukturen sich allmählich herausgebildet und zum besseren Verständnis und zur besseren Nutzung des analytischen Materials geholfen hat: indem ich die strukturelle Bedeutung der Sprache in der Analyse erörtere. Auf der technischen Seite wurde unsere Deutungstechnik bis jetzt besser in ihren dynamischen und ökonomischen Aspekten verstanden und dargelegt als hinsichtlich ihrer strukturellen Seite. Gewisse Nebenwirkungen der Deutung, denen, obwohl sie uns allen bekannt sind, von unserer Theorie der Technik noch nicht genügend Rechnung getragen wurde, verlangen nähere Untersuchung. Abschließend versuche ich zu zeigen, daß es sich als nützlich erweisen könnte, gewisse verwandte Probleme der psychoanalytischen Psychologie vom Standpunkt eines »Prinzips des mehrfachen Appells« her zu sehen.

9. KAPITEL

DIE GEGENSEITIGE BEEINFLUSSUNG VON ICH UND ES IN IHRER ENTWICKLUNG

(1952)

Ich kann nicht sagen, daß ich mich bei der Einführung zu diesem Symposion über die wechselseitigen Einflüsse in der Entwicklung des Ichs und des Es allzu wohl fühle. Es gibt in der Analyse kaum ein Thema, das umfassender wäre. Was immer ich Ihnen sagen könnte, würde nicht genügen, um ein geschlossenes Bild zu vermitteln. Die mir zugebilligte Zeit würde mir nicht einmal gestatten, die gesamten Probleme aufzuzählen. Ich hoffe aber, daß diese Schwierigkeiten, mit denen Sie zweifellos so vertraut sind wie ich, verhindern, mich irgendwelcher Unterlassungssünden zu bezichtigen, mir vielmehr das Vorrecht einer persönlichen Darstellung einräumen; nämlich das Recht, nach eigenem Ermessen zu akzentuieren und vor allem im Hinblick auf meine Ausführungen nur einige Aspekte des Problems herauszugreifen und andere zu vernachlässigen, auch wenn sie für eine umfassende psychoanalytische Theorie der Entwicklung ebenso wichtig sind.

Ich werde einige möglichen Zugänge zu diesem Problem zur Diskussion stellen, um es sozusagen zu »lokalisieren«; ferner werde ich einige Anregungen zur Klärung, Entwicklung und Integrierung einiger Aspekte geben, zunächst aber, wie üblich, mit ein paar kurzen historischen Bemerkungen beginnen.

Der Begriff eines Ichs findet sich bereits in Freuds physiologischer Psychologie von 1895 und in einigen klinischen Arbeiten desselben Zeitabschnittes. Diesen ersten Formulierungen folgen Jahre großer Entdeckungen: die psychologische Fundierung der Psychoanalyse durch »Die Traumdeutung«; die Libidotheorie; die Einsicht in die Ätiologie der Neurosen; die genetische Betrachtungsweise, das heißt die Entdeckung der entscheidenden Bedeutung der ersten Lebensjahre und die Entwicklung der psychoanalytischen Technik. In diesen Jahren wurde der Rolle des Ichs nur wenig Beachtung geschenkt. Zeitweise schien sie unter dem Eindruck der Theorie von den Trieben völlig unterzugehen. Erst in den zwanziger Jahren wurde die Ich-Psychologie ausdrücklich als ein legitimes Kapitel der Analyse definiert. Das Ich erschien nun als *ein*

System in der Persönlichkeit des Menschen, das sich eindeutig von den Funktionen des Es und Über-Ichs unterscheidet. Diese Renaissance des Ich-Begriffs umfaßt Freuds Einsichten in das Unbewußte und die Triebe, deren Vernachlässigung die Fruchtbarkeit der andern, voranalytischen Ich-Begriffe völlig einschränkte. Freud erarbeitete einen Ich-Begriff, der — verglichen mit seinen früheren Formulierungen — unendlich bedeutsamer, umfassender und in seinen Funktionen spezifischer war. So erscheint Freuds späterer Ich-Begriff als etwas grundsätzlich Neues, obwohl Elemente aus früheren Formulierungen mitverarbeitet wurden. Dies gilt auch hinsichtlich seiner Wirksamkeit, seiner revolutionierenden Wirkung auf die Entwicklung vieler Gesichtspunkte der Psychoanalyse, einschließlich der Trieblehre. Diese Entwicklung erschien mir übrigens immer als ein besonders eindeutiges Beispiel für die Hegelsche Theorie von der Bildung von Begriffen in Form von Thesis, Antithesis und Synthesis.

Um den Ich-Es-Problemen, wie sie heute diskutiert werden, näherzukommen, können wir sagen, daß die zunehmende Bedeutung der Rolle des Ichs im Denken Freuds beobachtet werden kann: strukturell, indem er es als eine zum Teil unabhängige Funktionseinheit der Persönlichkeit beschreibt; dynamisch, wenn er vor vereinfachender Verallgemeinerung warnt, wie er sie bei einigen Analytikern bemerkt hatte, die dazu neigten, die Ich-Stärke gegenüber dem Es zu unterschätzen (siehe auch Anna Freud, 1936); ökonomisch in der Hypothese, daß das Ich von einer von den Trieben unterschiedlichen Energie gespeist werde. Die Selbständigkeit des Ichs wird noch auffälliger in einer der späteren Freudschen Feststellungen betont, wo er annimmt, daß einige Ich-Elemente erblicher Natur seien.

Bei der Entwicklung seiner Vorstellung von der Ich-Es-Beziehung folgte Freud technischen, klinischen und theoretischen Einsichten. Das Interesse an diesem Problem reicht vom technischen Detail bis zur abstraktesten Ebene der Theoriebildung. Wir dürfen auch nicht vergessen, daß die Ich-Aspekte, die wir vom Blickpunkt der Widerstände aus sehen, nicht unbedingt die gleichen sind, die z. B. beim Studium der Psychosen im Vordergrund zu stehen scheinen. Auch wird keiner dieser Aspekte völlig mit dem Teil des Ichs übereinstimmen, der bei direkten Beobachtungen an Kindern sichtbar wird. So entstanden partielle Ich-Begriffe, die Freud in seine allgemeineren Vorstellungen einordnen konnte. Verschiedene Facetten der Überlegungen Freuds in Hinsicht auf das Ich und das Es sind von verschiedenen Analytikern in verschiedenen Richtungen weiterentwickelt worden. Außer der Natur der benutzten

Daten haben theoretische Vorlieben offensichtlich Einfluß darauf, ob ein Analytiker sich in seiner Forschung mehr auf diese oder jene Teilkonzeption des Ichs konzentriert. Die Betonung eines Teilbegriffs des Ichs auf Kosten anderer Aspekte kann eine Frage der Zweckmäßigkeit gegenüber spezifischen Problemen sein. Aber wir wollen daran denken, daß das Realitäts-Ich, das Ich der Abwehr, das organisierende, das rationale, das soziale Ich, das Ich, das ein Schattendasein zwischen den gewaltigen Mächten des Es und Über-Ich führt, das Ich, das sich unter dem Druck von Angstsituationen entwickelt, nicht »das Ich« im Sinne analytischer Psychologie sind. Es sind Teilkonzeptionen, die man von Freuds allgemeinem Ich-Begriff unterscheiden muß.

Freud wußte, daß die Zuverlässigkeit unserer Behauptungen und in besonderem Maße unserer Vorhersagen in der Psychoanalyse wie in anderen Wissenschaften davon abhängt, eine wie umfassende und folgerichtige allgemeine Theorie uns zu entwickeln gelungen ist. Freud wünschte sich Einblick »in die Ganzheit seelischer Funktionen«, wie er schon sehr früh schrieb. Wie er wiederholt sagte, zielte er, jenseits seiner klinischen Forschung, auf eine allgemeine Psychologie ab, die normale wie pathologische Phänomene umfassen sollte. Diese Bestrebung blieb durch all die Jahre ein Zug in seiner Arbeit. Der Grundriß einer allgemeinen Psychologie in Freuds Werk ist viel umfassender, als was davon bis heute in der Psychoanalyse systematisch durchgearbeitet wurde. Er sagte oft, die Tatsache, daß er ein Problem nicht bearbeitet habe, könne nicht dahin ausgelegt werden, daß er seine Bedeutung negiere.

Ich erwähne dies, weil unser heutiges Diskussionsthema *ein* Aspekt einer solchen Bemühung um eine allgemeine Psychologie ist — vielleicht der in der gegenwärtigen Situation der Psychoanalyse wichtigste. Offensichtlich überschreitet dieser Aspekt einen engeren Begriff der Psychoanalyse, der sie auf das Verständnis und die Behandlung von Neurosen begrenzen würde. Er zielt auf die Erforschung der normalen wie der pathologischen Entwicklung ab. Ferner geht die Beschäftigung mit diesen Entwicklungsproblemen oft auch über das hinaus, was der analytischen Methode direkt zugänglich ist. Ich meine die Reifung des Kindes und seine Entwicklung bis zum Beginn des Sprechenlernens. Aber diese Richtung der analytischen Forschung ist auch für das bessere Verständnis klinischer und technischer Probleme wichtig und wird seine besondere Bedeutung in Fragen der Vorbeugung seelischer Störungen haben.

Vorsichtige Schlüsse von dem, was wir von späteren Stufen der Entwicklung wissen, auf frühere haben in den genetischen Hypothesen der

159

Psychoanalyse weitgehend Anwendung gefunden. Es ist erstaunlich, wieviel uns die analytischen Rekonstruktionen sogar über diese Frühstadien gelehrt haben. Doch eine Unzahl Fragen hinsichtlich der relativen Bedeutung unserer verschiedenen Konstruktionen, über die Zeitfolge in der Entwicklung verschiedener Funktionen usw. bleibt noch umstritten. In dieser Lage ist die erfolgversprechendste Entwicklung die jüngst erfolgte Einführung in die analytische Kinderpsychologie in Form direkter Beobachtung des heranwachsenden Kleinkindes und Kindes durch Analytiker oder zumindest analytisch geschulte Beobachter (siehe Anna Freud u. a.) Diese Arbeit kann uns für die Überprüfung unserer genetischen Hypothesen durch die Daten aus der direkten Beobachtung hilfreich werden, und sie kann entscheidend sein, indem sie uns positive Hinweise für die Formulierung von Hypothesen liefern kann. Wir können aus der Korrelation rekonstruierter Daten mit denen direkter Kinderbeobachtung lernen, wie diese letzteren als Indikatoren von strukturell zentralen Entwicklungen gebraucht werden können usw. Diese Richtung hat unserem Wissen um die frühe Ich-Es-Entwicklung unvergleichlich mehr Konkretheit, insbesondere hinsichtlich des Realitätsaspekts, verliehen. So werden hier nicht nur der »negative« Aspekt des Ichs, seine Rolle als Widersacher der Triebe, sondern viele andere spezifische Ich-Funktionen und ihre Beziehungen untereinander notwendigerweise zum legitimen Anliegen des Analytikers. Das ist ein entscheidender Schritt vorwärts, in Richtung auf eine allgemeine analytische Theorie der Motivation.

Es ist, meiner Ansicht nach, auch klargeworden, daß es keine hinreichende Beschreibung der entwicklungsmäßigen Wirklichkeit, selbst in diesen frühen Stadien, mehr darstellt, wenn man vom Ich in summarischer Art spricht, etwa als bedroht vom Es oder hilflos ihm gegenüber, wie das noch oft geschieht. Es ist nicht immer ratsam, sich die Beziehungen zwischen dem Ich und dem Es so vorzustellen, als ob sie zwei feindliche Lager wären (Freud, 1926 a). Das Forschungsobjekt ist die große Vielfalt der sich entwickelnden Ich-Funktionen in ihrer antagonistischen, aber oft auch synergetischen Wechselbeziehung mit dem Es und ihre differenzierende Berücksichtigung (intrasystemische Betrachtungsweise, siehe 8. Kapitel).

Wenn wir von den wechselseitigen Einflüssen in der Entwicklung des Ichs und Es sprechen, betrachten wir das erstere gewöhnlich als die abhängige, das letztere als die unabhängige Variable. Wir sind beeindruckt von der Flexibilität, von dem Lernvermögen zumindest von Teilen des Ichs und andererseits von der hartnäckigen Opposition der Triebe gegen Veränderungen. Aber es gibt eben doch jene Veränderungen im Es, die bedingt sind durch das Wachstum oder die Entwicklung der Triebe in ihren verschiedenen Phasen; auch vermag das Ich einen gewissen Einfluß auf das Es durch Ableitung oder Stauung der Triebenergien zu nehmen; es gibt ferner jene Modifikationen, die die Analyse auf dem Weg über das Ich im Es veranlassen kann; hierher gehört auch der Es-Aspekt des Ergebnisses von Verdrängungen, den wir allerdings noch nicht völlig verstehen (siehe auch E. Bibring, 1937). Freud erkannte (1926 a), daß seine ursprüngliche, allgemeine Annahme, verdrängte Impulse blieben im Es unverändert, einer Revision bedürfe. Unter Umständen ist das nicht der einzig mögliche Ausgang der Verdrängung. Zwei Möglichkeiten sind in Betracht zu ziehen: »bloße Verdrängung oder das wirkliche Verschwinden eines alten Begehrens oder Impulses«. Verdrängte triebhafte Tendenzen können ihre Besetzungen verlieren, die dann in verschiedener Art und Weise benutzt werden könnten. Im Falle des Unterganges des Ödipuskomplexes werden sie nach Freud sublimiert und für die daraus resultierenden Identifizierungen verwendet. In anderen Fällen könnte man an eine Art Verschiebung dieser Energien denken, die dazu dient, die nächste Stufe der Triebentwicklung anzuregen. Diese wichtige Hypothese verdanken wir A. Katan (1937).

Die Stärke des Ichs in seiner Beziehung zum Es besteht darin, Wege zu finden, die eine Abfuhr ermöglichen; oder in anderen Fällen das Ziel oder die beteiligten Energieformen nachhaltig zu ändern; in der Fähigkeit, Gegenbesetzungen aufzubauen; in seiner Kontrolle von Wahrnehmung und Motilität, und in seinem Gebrauch des Gefahrensignals und des Zugangs zum Lust-Unlustprinzip. Ein Aspekt der Ich-Entwicklung kann so beschrieben werden, daß er in verschiedener Hinsicht der Triebentwicklung folgt. Wir sprechen oft von einem oralen und analen Ich usw. und suchen spezifische Ich-Haltungen auf spezifische libidinöse Charakteristika der entsprechenden Phase zurückzuführen. Dieser Aspekt zeigt die Phasen der Ich-Entwicklung in enger Verbundenheit mit der Abfolge libidinöser Phasen. Während jedoch viel klinisches Material und auch Daten aus direkter Beobachtung die Bedeutung dieser Beziehung bezeugen, ist die Art, wie die Ich-Haltungen durch die Charakteristika der libidinösen Phase bestimmt werden, nicht immer klar. Ich meine, daß in manchen Fällen die Charakteristika der Triebtendenzen wie der Haltungen des Ichs einen gemeinsamen Ursprung in der undifferenzierten Phase haben können. Von Geben, Bekommen usw. können wir annehmen, daß sie nach Triebtendenzen geformt sind. In gleicher Weise können wir uns eine teilweise Formung einiger Abwehrmechanismen vorstellen, z. B. der Identifizierung und der Projektion

(Hartmann, 1939 a). Aber die Ich-Bildung ausschließlich im Sinne ihrer Abhängigkeit von der Triebentwicklung zu beschreiben, gäbe ein unvollständiges Bild. Sie ist nur ein Aspekt unter anderen, worauf ich später näher eingehen werde. Wenn wir die Entwicklung des Kindes unter dem Aspekt der libidinösen Phasen beschreiben, wissen wir heute sehr gut, daß Querschnitte der Entwicklung nicht vollständig dargestellt werden können, indem man nur auf die libidinösen Ziele Bezug nimmt — nicht einmal wenn man die korrespondierenden Objektbeziehungen in die Darstellung miteinbezieht. Wir müssen sie auch in Hinblick auf die Beteiligung von zwei anderen Faktorenreihen beschreiben: die Schicksale der aggressiven Triebe und die teilweise unabhängigen Elemente des Ichs. Es könnte durchaus sein, daß selbst die zeitliche Aufeinanderfolge und die individuelle Ausformung der typischen Phasen bis zu einem gewissen Grad auf die individuellen Variationen der Ich-Entwicklung zurückgeführt werden können, z. B. auf die Frühreife bestimmter Ich-Funktionen, die vielleicht auch für die Pathologie bedeutsam werden könnte (siehe 6. Kapitel).

Einige Probleme der frühesten Ich-Es-Beziehungen konnten durch das Studium regressiver Phänomene bei Psychosen [1] teilweise geklärt werden, teils auch z. B. durch die Erforschung der Erscheinungen, die während des Einschlafprozesses auftreten (Isakower, 1938). Für das Verständnis teils der gleichen, in anderen Fällen anderer Probleme, hat sich der Zugang mittels des Studiums des Körper-Ichs und der Objektbeziehungen als wesentlich erwiesen. Der Körper ist der Mittler zwischen der Innen- und Außenwelt, und was wir Objekte nennen, sind die emotional wichtigsten Vertreter dieser Außenwelt. Das Studium des Körper-Ichs und der Objektbeziehungen stellt daher auch den bevorzugten Weg zu der Frage dar, wie sich die Ich-Es-Beziehungen im Umgang des Individuums mit der Außenwelt entwickeln. Die Entwicklung des Körper-Ichs wird von Hoffer (1952) in diesem Symposion erörtert.

Ich will hier ein paar Worte über jene Facetten der Objektbeziehungen sagen, die für unsere Diskussion bedeutsam erscheinen. Freud fand (1926 a), daß infolge der verlängerten Hilflosigkeit und Abhängigkeit des Kindes »der Einfluß der realen Außenwelt verstärkt, die Differenzierung des Ichs vom Es frühzeitig gefördert, die Gefahren der Außenwelt in ihrer Bedeutung erhöht und der Wert des Objekts, das allein gegen

---

[1] Ich darf hinzufügen, daß heute, als Folge des Fortschritts der analytischen Kinderpsychologie, eine Klärung von der entgegengesetzten Seite her in Gange gekommen ist, nämlich ein besseres Verständnis der Psychosen aus der Kenntnis des Säuglings- und Kleinkindalters.

diese Gefahren schützen... kann, enorm gesteigert« wird (S. 186). Wir können auch sagen, daß beim Menschen das Lustprinzip häufig ein unzuverlässiger Führer für die Selbsterhaltung ist und das Es — wie Freud einmal sagte — sie vernachlässigt. Die Entwicklung eines spezifischen Organs für das Lernen und die Anpassung, des Ichs, ist daher lebenswichtig geworden. Wir können das als einen Zirkelprozeß bezeichnen. Die Ich-Es-Differenzierung kompliziert die Beziehungen zwischen Lustgewinn und Selbsterhaltung beim Menschen. In offensichtlichem Gegensatz zu den Instinkten des Tieres vernachlässigt das Es die Selbsterhaltung. Aber gerade dieser Umstand wirkt wahrscheinlich als Anreiz für die weitere Ich-Es-Differenzierung (siehe 4. Kapitel). Ich betone hier die spezifisch menschliche Seite dieser Probleme, den Unterschied zwischen den Ich-Es-Strukturen des Menschen und den Instinkten der niederen Tiere, als Grundlage für eine spätere Diskussion der Ich-Es-Differenzierung. Bei der Erforschung der Objektbeziehungen des Kindes, seiner Befriedigungen und Versagungen, gewann das Studium des »Realitätsfaktors« und die Kenntnis immer spezifischerer Situationen im Leben des Kindes besondere Bedeutung — was Kris (1950 b) die »neue Berücksichtigung der Umgebung« nannte. Im Theoretischen basiert ein Aspekt dieser Forschungsrichtung eindeutig auf dem Teil Freudscher Neuformulierungen, der innere Gefahrensituationen auf äußere zurückführt, und auf den nachfolgenden Arbeiten von A. Freud und anderen. Zur Zeit ist es diese Richtung in der Analyse mehr als jede andere, die ganz natürlich zu etwas führt, das wir zuvor schon kurz erwähnten: zur Integrierung rekonstruierter Daten der Analyse mit systematischen, nicht zufälligen, direkten Beobachtungen bei Kindern und zu einem zunehmenden Interesse für eine umfassendere Betrachtungsweise der Entwicklung des Kindes. Einige dieser Arbeiten schließen auch die Erforschung der wichtigsten Objekte im Leben des Kindes ein (meistens der Mutter, die zusammen mit dem Kind untersucht wird). So kann z. B. die Bedeutung der Konflikte der Mutter für die Ausformung von Haltungen und Abwehrvorgängen beim Kind nachgewiesen werden (Jackson und Klatskin, 1950).

Diese neueren Arbeiten zeigen in detaillierter Form die Beteiligung triebhafter und Ich-Tendenzen an der Entwicklung von kindlichen Objektbeziehungen. Was wir »befriedigende Objektbeziehungen« nennen, hat einen Es-, aber offensichtlich auch einen Ich-Aspekt. In den letzten Jahren wurde die Wichtigkeit der ungenügenden oder fehlenden Beziehungen zur Mutter für die Ich-Entwicklung wiederholt betont (Durfee-Wolf, 1933; Ribble, 1943; Spitz, 1945; u. a.). Während diese Ergebnisse wichtig und ohne Zweifel zutreffend sind, wurde die Gefahr der Überbetonung und Simplifizierung dieser Seite des Problems nicht immer vermieden. Die Tatsache, daß die Mutter ihr Kind in dieser oder jener Weise »abgelehnt« hat, ist häufig in geradliniger Kausalbeziehung und ohne Unterschied für nahezu all die verschiedenen Formen späterer pathologischer Entwicklungen und besonders für die Ich-Störungen verantwortlich gemacht worden. Daß das Ich verläßlicher Beziehungen nicht nur zu den Trieben, sondern auch zu den Objekten bedarf, um ordentlich zu funktionieren und sich zu entwickeln, ist sicher richtig. Aber Ich-Entwicklung und Objektbeziehung sind in komplexerer Weise miteinander verbunden, als es uns einige neuere Arbeiten glauben machen wollen — wie wir das auch schon aus theoretischen Gründen erwarten müssen. Wir wissen recht wenig über Korrekturen sehr früher, unbefriedigender Situationen durch spätere Reifungsprozesse [2]. Es ist auch möglich, daß einerseits die Wirkung »schlechter« früher Objektbeziehungen durch die spätere Ich-Entwicklung ausgeglichen werden kann, und daß andererseits sogenannte gute Objektbeziehungen ein Hindernis für die Entwicklung werden können. Meiner Ansicht nach kann dies eintreten, wenn es dem Kind nicht gelungen ist, und soweit es ihm nicht gelungen ist, diese guten Objektbeziehungen für die Stärkung seines Ichs zu verwenden. Auch ist es ein langer Weg von den Objekten, die für das Kind nur so lange bestehen, als sie Befriedigung gewähren, zu jener Form befriedigender Objektbeziehungen, die ein konstantes Objekt enthalten. Die Arbeit, die Anna Freud und ihre Mitarbeiter geleistet haben, hat unmittelbar mit diesem Thema zu tun. Diese Konstanz der Objekte setzt wahrscheinlich auf seiten des Ichs ein gewisses Maß an Neutralisierung aggressiver wie libidinöser Energie voraus (Begriffe, die wir später besprechen werden); andererseits ist es durchaus möglich, daß diese Konstanz eine Neutralisierung begünstigt [3]. Das heißt, eine befriedigende Objektbeziehung kann nur richtig beurteilt werden, wenn wir sie auch unter dem Gesichtspunkt der Ich-Entwicklung betrachten.

Von all den mannigfachen Beziehungen zwischen dem Ich und dem Es sind wir in der Analyse am vertrautesten mit dem Konflikt, der Beziehung, in der die Triebe als eine Gefahr erscheinen — in welchem Fall das Angstsignal die Ich-Verteidigung veranlaßt. Die Konfliktbeziehung

---

[2] Siehe jedoch Lois Murphy (1944); ferner Beres und Obers (1950); und die wichtige Arbeit von A. Freud und S. Dann (1951).

[3] Hinsichtlich dieses zweiten Gesichtspunktes siehe auch A. Freud (1949) und E. Kris (1950 b).

ist die für unsere klinische Arbeit unmittelbar wichtige und zu gleicher Zeit, wegen bestimmter Besonderheiten unserer Technik, die am besten für unsere Methode zugängliche Beziehung. Daher stammt das meiste Wissen über die Wechselwirkung des Ichs und Es aus dem Studium der Konflikte.

Allerdings sprechen wir auch von dem Zusammenwirken von Ich und Es und weisen damit auf eine Vielfalt der Prozesse hin: das Ich kann den Zielen des Es dienen; oder die Energien des Es stehen den Zielen des Ichs zur Verfügung; auch gibt es den Fall der Substitution von Ich-Zielen für Es-Ziele, oder eine Neutralisierung triebhafter Energie. Die beiden letztgenannten Prozesse gehen oft Hand in Hand, können zum Teil aber auch unabhängig voneinander auftreten, wie das bei der Sexualisierung der Fall ist.

Welches die vom Ich und seinen Abwehrhandlungen angewandten Methoden sind, und was diese Mechanismen hinsichtlich des Ichs und des Es bedeuten, ist mit großer Genauigkeit in den klassischen Arbeiten von Freud (1926 a), Anna Freud (1936), Nunberg (1932) u. a. dargelegt worden. Freuds Vorstellungen von der Gegenbesetzung vermittelte uns einen metapsychologischen Einblick in den Ich-Aspekt. Dieser grundlegend bedeutsame Gegenstand, der Konflikt und die Abwehr, gehört heute zu den bestbekannten Kapiteln der analytischen Theorie, Technik und Praxis. Manche Gesichtspunkte, wie zum Beispiel die zeitliche Aufeinanderfolge der Abwehrmechanismen werfen allerdings noch eine Anzahl ungelöster Fragen auf.

An diesem Punkt möchte ich nur einige Aspekte besprechen, die für die Entwicklung wichtig sind, aber für die Abwehr mehr oder weniger an der Peripherie liegen. Es hat sich für bestimmte Zwecke als nützlich erwiesen, das Funktionspaar »Abwehrvorgang — abgewehrter Impuls« zu isolieren. Aber für das Studium der Entwicklung (und sogar manchmal für die klinischen oder technischen Aspekte) ist es natürlich wichtig und tatsächlich notwendig, auch zu fragen, wie jenes Funktionspaar in einem Quer- oder auch Längsschnitt der Entwicklung, der die Voraussetzungen und die Vorläufer (und auch die Nachwirkungen) der Abwehr in Rechnung stellt, mit anderen Funktionen des Ichs in Beziehung steht. Das ist es, woran ich dachte, als ich von den Beziehungen der konfliktuösen und der konfliktfreien Sphären des Ichs sprach (1939 a). Faktoren der konfliktfreien Sphäre bestimmen mit die Methoden, mit denen Triebreize behandelt werden, oder spezifischer, die Arten der Konfliktlösung, und werden ihrerseits von den letzteren beeinflußt. Die Untersuchung dieser Vorgänge scheint besonders wichtig für die frühen Stadien, in denen nicht nur die Verwendung, sondern die Entwicklung der Abwehrmechanismen in Frage stehen.

Es gibt noch einen Faktor ganz anderer Ordnung, der Einfluß auf Konflikte haben kann, dessen Ursprung ebenfalls über jene Faktoren, die die aktuelle Konfliktsituation ausmachen, hinausreicht. Ich denke dabei an eine Hypothese Freuds, die er in einer seiner letzten Arbeiten formulierte und die bisher wenig Beachtung fand. Freud (1937 a) spricht die Vermutung aus, daß es eine individuell unterschiedliche Tendenz zu Konflikten gibt, die, unabhängig von der Konfliktsituation selbst, mit dem Vorhandensein oder der Menge freier Aggression in Zusammenhang gebracht werden könne. Er schlägt vor, wir sollten »unser ganzes Wissen um psychische Konflikte von diesen neuen Gesichtspunkten aus betrachten«. Ich versuchte vor einiger Zeit (siehe 7. Kapitel), Freuds Vorschlag in eine bestimmte Richtung hin zu entwickeln, über die ich später noch einiges sagen möchte.

Im Zusammenhang mit unserer heutigen Diskussion können wir fragen, welches die Vorläufer der Wendung des Ichs gegen das Es sind. Diese Interessenrichtung einiger Analytiker ist in gewisser Weise derjenigen analog, die sich der präödipalen Phase zugewandt hat, nachdem die wichtigsten Aspekte der ödipalen Situation erforscht waren. Im Folgenden will ich nur einige wenige Punkte aus den frühesten Phasen dieser Entwicklung berühren. Im letzten Teil meines Aufsatzes werde ich mich einer späteren Phase zuwenden: zu einer Beurteilung der Art und Weise, wie man mit Es-Konflikten verfahren ist, und den ferneren Folgen, die sich daraus für das Ich ergeben.

Die frühesten Phasen der Ich-Entwicklung können von verschiedenen Blickwinkeln her beschrieben werden: als ein Prozeß der Differenzierung, die zu einer vollständigeren Abgrenzung zwischen Ich und Es und zwischen Selbst und äußerer Realität führt; als ein Prozeß, der vom Lustprinzip zum Realitäts-Ich führt; als die Entwicklung des Realitätsprinzips; als der Weg, der vom primären Narzißmus zu Objektbeziehungen führt; unter dem Gesichtspunkt der Aufeinanderfolge von Gefahrensituationen; als die Entwicklung des Sekundärprozesses usw. Das Wichtigste für ein systematisches Studium dieser Verhältnisse, was hier aber nicht versucht werden soll, wäre eine Klärung der gegenseitigen Beziehungen all dieser Aspekte der Ich-Entwicklung.

In den frühesten nachgeburtlichen Phasen ist es schwierig, Funktionskerne, die später dem Ich dienen, von denen zu trennen, die wir dem Es zuzählen. Auch ist oft schwer zu unterscheiden, was davon bereits als seelische Tätigkeit beschrieben werden kann. Es gibt in dieser Phase auch keinerlei Differenzierung des Selbsts von der Außenwelt. Es ist klar, daß es noch kein Ich in dem Sinne gibt, wie wir den Ausdruck für spätere Stadien benutzen. Vom Zustand des Es in dieser Zeit wissen wir nichts. Wir können diese Phase die undifferenzierte nennen (Hartmann, 1939 a; Hartmann, Kris und Loewenstein, 1946). Diese Auffassung vom frühesten nachgeburtlichen Stadium scheint mit dem späteren Denken Freuds übereinzustimmen. Zumindest spricht er einmal im »Abriß der Psychoanalyse« (1940) vom »noch undifferenzierten Ich-Es« (S. 72).

Freud führt bei seiner Beschreibung der Ich-Es-Differenzierung Hypothesen ein, von denen einige offensichtlich anatomischen oder physiologischen Modellen folgen. Auch benutzt er nicht nur ontogenetische, sondern auch phylogenetische Hypothesen. Ich beabsichtige nicht, hier die Beziehung von ontogenetischen zu phylogenetischen Vorstellungen abzuhandeln, so interessant dies auch sein mag. Auch hängt unsere Zustimmung zu den phylogenetischen Hypothesen mehr von unserer Zugehörigkeit zu dieser oder jener evolutionistischen Schule ab als von unserer analytischen Erfahrung und unserem analytischen Denken. Auf jeden Fall ist es im gegenwärtigen Zusammenhang wichtig, diese beiden Gruppen von Hypothesen eindeutig abzugrenzen.

In der Ontogenese folgt die Ich-Es-Differenzierung der Führung äußerer und innerer Wahrnehmungen, der Motilität und den Systemen der vorbewußten Erinnerungsspuren, der Erfahrung und des Lernens. Die Ersetzung von Halluzinationen durch das Denken, von direkter motorischer Entladung durch Handlung stellen ein wesentliches Element in der Freudschen Theorie der Ich-Entwicklung dar. Der Körper in seiner Doppelstellung als Teil der Innen- wie der Außenwelt spielt in diesem Prozeß eine entscheidende Rolle — nach Freuds Ansicht vor allem seine Oberfläche, aber auch die Reize, die den seelischen Apparat vom Körperinneren her erreichen, und hier in besonderer Weise der Schmerz. Nach Freud haben Schilder (1938), Bychowski (1943), Scott (1948), Hoffer (1949, 1950) uns geholfen, einige Einsichten in diese vielgestaltigen Entwicklungen zu gewinnen. Hoffers neuere Arbeiten über die frühen Beziehungen zwischen oralen Funktionen und dem Gebrauch der Hand und über die Rolle, die sie für die Entwicklung des primitiven Ichs spielen, haben einen der frühesten und folgenreichsten Schritte aufgeklärt.

Ich werde einen Aspekt dieses Differenzierungsprozesses näher erläutern, nicht unbedingt, weil er mir als der wichtigste erscheint, sondern weil seine Rolle in der Ich-Entwicklung nicht immer klar gesehen wurde. Allgemein gesagt, scheinen die der Wahrnehmung, Bewegung und anderen Ich-Funktionen zugrundeliegenden Apparate beim Klein-kind durch triebhafte Bedürfnisse aktiviert zu werden. Ihr von unmit-telbaren Bedürfnissen unabhängiger, in einer differenzierten Beziehung zu äußeren Reizen stehender Gebrauch ist schon ein Teil der Entwick-lung des Realitäts-Ichs. Aber sie sind nicht durch die Bedürfnisse geschaf-fen worden. Diese Apparate, ebenso wie diejenigen, die dem Phänomen des Gedächtnisses zugrunde liegen, sind teilweise angeboren; sie können nicht auf den Einfluß von Trieben und Realität im einzelnen Menschen zurückgeführt werden, sondern ihre Reifung folgt bestimmten Gesetzen, die ein Teil unserer Erbanlage sind [4]. Sie geraten schrittweise unter die Kontrolle des Ichs; andererseits wirken sie auf das Ich und auf die Phasen seiner Entwicklung ein (Hartmann, 1939 a; 7. Kapitel). Sie kön-nen auch als einer der Faktoren aufgefaßt werden, auf die die Ich-Es-Differenzierung zurückgeführt werden kann. Hier ist also einer der Punkte, wo phylogenetische Hypothesen scharf von ontogenetischen unterschieden werden müssen, wenn wir Mißverständnisse vermeiden wollen. Die Differenzierung von Ich und Es, die sich auf welche Weise immer im Evolutionsprozeß über Hunderttausende von Jahren ent-wickelte, ist zum Teil, in Form einer Disposition, ein angeborenes Cha-rakteristikum des Menschen. Das heißt, diese Differenzierung beginnt nicht bei jedem Neugeborenen von Grund auf neu.

Es ist verführerisch, diesen Aspekt der Ich-Entwicklung als im Prin-zip, wenn auch nicht im Ausmaß, analog dem zu sehen, was wir seit lan-gem für die libidinöse Phase akzeptiert haben. Bei ihrer Beschreibung pflegen wir die anatomischen und physiologischen Wachstumsprozesse, die ihnen zugrunde liegen, zu berücksichtigen. Freud erwähnt die Be-deutung des Zahnens, die Entwicklung des Sphincter ani usw. Ich meine, daß etwas Ähnliches auch für die Ich-Entwicklung anwendbar ist. Man könnte die Reifungsprozesse des motorischen Apparates und ihrer Wech-selwirkung mit spezifischen Ich-Funktionen hierher rechnen. Ein detail-liertes Wissen von den Entwicklungsphasen des Ichs wird unser wichtig-ster Führer für eine extrapolierende Rekonstruktion sein — für die Ent-scheidung, welche Grade der Differenzierung und Integrierung von

---

[4] Es wird in der Biologie ziemlich allgemein akzeptiert, daß sich das, was wir Reifung nennen, ohne die Führung der Funktion als solcher entwickelt, und daß Reifungsvorgänge oft nur in bezug auf ihre zukünftige Funktion die Bedeutung einer Anpassung haben (Weiss, 1949). Jedoch fügt derselbe Autor hinzu, daß es natürlich kein starres vorheriges Angepaßtsein (*preadaptedness*) gäbe, das genau auf einen besonderen, detaillierten Verlauf des Lebens passe. Über den Unterschied zwischen Angepaßtsein und Anpassungsvorgang siehe auch Hartmann (1939 a).

Funktionen, welcher Grad der Mechanismenbildung auf einer gegebenen Entwicklungsstufe angenommen werden darf. Hier sollte aber wiederum aus der Tatsache, daß ich nur einen Faktor herausgegriffen habe — nämlich die Reifung — nicht geschlossen werden, daß ich die besondere Wichtigkeit der Lernvorgänge für die Ich-Entwicklung unterschätzte.

Diese Betrachtung von Reifungsprozessen auch auf der Seite der Ich-Entwicklung scheint natürlich genug, wenn wir bedenken, daß der Ich-Aspekt der Entwicklung nicht weniger »biologisch« ist als deren Es-Aspekt. Es ist wohl nicht möglich, die Funktionen der Anpassung und Synthese (wir können auch sagen: Integration oder Organisierung; das heißt die zentralisierte Kontrolle der Funktionen) als nicht-biologisch zu bezeichnen, die wir doch beide dem Ich zurechnen. In einer späten Arbeit (1940 a) spricht Freud sogar den psychischen Aspekt der Funktion der Selbsterhaltung beim Menschen dem Ich und nicht den Trieben zu: »Das Ich hat sich die Aufgabe der Selbsterhaltung gestellt, die das Es zu vernachlässigen scheint.« (S. 130) Was die physiologische Seite anlangt, blieb Freud immer dabei, anzunehmen, daß irgendwann in der Zukunft physiologische Daten und Begriffe an Stelle der psychologischen gesetzt werden würden, und das gilt für alle seelischen Funktionen, nicht nur für die des Es. Ich darf hinzufügen, daß Analytiker wie auch Physiologen, wie mir scheint korrekterweise, betont haben, daß gerade das Studium der Ich-Funktionen eine Begegnung zwischen psychoanalytischen und physiologischen, insbesondere hirnphysiologischen Forschungen erleichtern kann.

In der Beziehung des Ichs zum Körper können wir nun drei Aspekte beschreiben: die physiologischen Vorgänge, von denen wir annehmen, daß sie der Tätigkeit des Ichs zugrunde liegen; jene somatischen Apparate, die allmählich unter die Kontrolle des Ichs geraten und die ihrerseits die zeitliche Aufeinanderfolge, die Intensität und die Richtung der Ich-Entwicklung beeinflussen; und schließlich, nicht unbedingt unabhängig von den beiden vorgenannten, jene speziellen Strukturen, die dem zugrunde liegen, was wir das Körper-Ich nennen.

In seinen letzten Lebensjahren meinte Freud, daß einige Züge der Abwehrmechanismen einen hereditären Kern haben könnten. Zu der Zeit, als er »Das Ich und das Es« schrieb, dachte er nicht, daß Ich-Funktionen in der gleichen Weise erblich sein könnten, wie er es für gewisse Charakteristika der Triebe angenommen hatte. Er sagt jedoch in »Die endliche und die unendliche Analyse« (1937 a): »Es besteht kein Grund, die Existenz und Bedeutung ursprünglicher mitgeborener Ichverschiedenheiten zu bestreiten« und es »bedeutet noch keine mystische Überschätzung der Erblichkeit, wenn wir für glaubhaft halten, daß in dem noch nicht existierenden Ich bereits festgelegt ist, welche Entwicklungsrichtungen, Tendenzen und Reaktionen es späterhin zum Vorschein bringen wird« (S. 85—86). Ich meine, daß wir nicht versäumen sollten, diese Formulierungen Freuds in unserer Diskussion zu berücksichtigen. Die Rolle der Analyse diesem Aspekt der Entwicklung gegenüber können wir auf das aufbauen, was Freud (1924 c) einmal über das Problem des Verhältnisses von Heredität und Umwelteinflüssen gesagt hat: »Doch bleibt es von Interesse zu verfolgen, wie dies mitgebrachte Programm ausgeführt wird, in welcher Weise zufällige Schädlichkeiten die Disposition ausnützen.« (S. 396)

Solche angeborenen Charakteristika des Ichs und ihre Reifung würden dann eine dritte Kraft sein, die auf die Ich-Entwicklung einwirkt, neben dem Druck der Realität und der Triebe. Die Elemente des Ichs, die ihren Ursprung in einem hereditären Kern haben und deren Entwicklung natürlich nicht unabhängig von der Entwicklung anderer Elemente ist, die aber als eine unabhängige Variante in diese Entwicklung eintreten, können wir als autonome Faktoren in der Ich-Entwicklung bezeichnen (primäre Autonomie) (Hartmann, 1939 a; 7. Kapitel).

Es kann sein, daß sehr frühe Prozesse im autonomen Bereich — Besetzungsorganisationen, aber auch physiologische Mechanismen, die sich in gegenseitiger Abhängigkeit mit ihnen entwickeln, Faktoren wie Verzögerung der Entladung und auch was Freud als Reizschutz bezeichnete (siehe auch Bergmann und Escalona, 1949), und sogar reflektorische Abwehr gegen unlustbetonte Reize — genetisch gesprochen Vorläufer dessen sind, was wir später als Abwehrmechanismen bezeichnen.

Zusammenfassend kann ich über diesen Teil meiner Ausführungen sagen, daß bestimmte Aspekte der Auswahl und der Chronologie von Abwehrmechanismen unserem Verständnis zugänglicher werden, wenn wir eine unmittelbare Einsicht in die Entwicklung ihrer Vorläufer haben. Hinsichtlich der Methode darf ich erwähnen, daß zumindest einige von ihnen durch direkte Beobachtung erforscht werden können. Wir wissen bisher nur wenig darüber, welche Rolle diese Faktoren in der sogenannten »primären« Störung des Ichs spielen (siehe z. B. Hendrick, 1951).

Man sollte auch versuchen, alle Ich-Es-Korrelationen hinsichtlich ihres energetischen Aspekts zu beschreiben. Wir sind mit Freud der Ansicht, daß das Ich im allgemeinen eine andere Art der Energie verwertet als die Triebe. Er spricht von desexualisierter und auch von sublimierter Energie. Wir wissen auch, daß Funktionsstörungen entstehen, wenn die

Energie, die in den Funktionen des Ichs verwendet wird, zu nahe an den Zustand der Triebenergie herankommt, wenn sie sexualisiert wird. Es scheint mir nicht zu gewagt, die Annahme Freuds zu erweitern und die Neutralisierung aggressiver Energie miteinzuschließen [5]. Diese Energie kann Ich-Funktionen dienen und vielleicht in modifizierter Form auch dem Über-Ich. Wenn die vom Ich verwendete modifizierte aggressive Energie dem triebhaften Modus zu nahe kommt, können ebenfalls Störungen der Ich-Funktion eintreten (siehe 7. Kapitel). Der Begriff der Neutralisierung, der hier und sonst verwendet wird, soll — neben dem, was Freud Sublimierung nannte, die er auf libidinöse Triebschicksale beschränkte — auch die analoge Veränderung im Zustand der aggressiven Triebe mit umfassen.

Wenn wir den Begriff der Neutralisierung so weit wie möglich fassen (einschließlich der Sublimierung) können wir sagen, daß sie zwar der Abwehr dienen kann, aber von weit allgemeinerer Natur ist als irgendein Prozeß sonst, der Abwehrzwecken dient. Neutralisierung in diesem Sinn könnte ein mehr oder weniger konstanter Prozeß sein — wenn wir annehmen, daß alle Ich-Funktionen ständig von ihr versorgt werden. Es ist aber gerade diese Eigenart, die ihr eine besondere Bedeutung für das Verständnis der Ich-Es-Beziehungen gibt, auch außerhalb der Konfliktsphäre [6].

Es ist nicht unwahrscheinlich, daß es, von diesem Standpunkt aus gesehen, Übergänge zwischen triebhafter und voll neutralisierter Energie gibt. Das bedeutet allerdings nicht, daß das Maximum der Neuralisierung in jedem Fall zu einem Optimum des Funktionierens führt. Es ist möglich, daß die Aggression, die das Über-Ich gegen das Ich anwendet, dem Triebzustand der Energie nähersteht als diejenige, die das Ich bei manchen seiner Funktionen verwendet. Wahrscheinlich stehen die Gradabstufungen, in denen der Primärprozeß vom Sekundärprozeß ersetzt wurde, in Beziehung zu diesen Vorgängen.

---

[5] Siehe 4.Kapitel; dasselbe unternahmen auch K. Menninger, 1938; Jeanne Lampl-de Groot, 1947 usw.

[6] Die Neutralisierung steht, selbst wo sie als Abwehr verwandt wird, abseits von anderen Abwehrtechniken des Ichs, insofern als sie spezifisch durch ihren energetischen Aspekt (unter anderem) definiert ist; in diesem Fall, durch den Wechsel von einer Energieform in eine andere. Sublimierung ist nicht eigentlich ein »Mechanismus« im üblichen Sinn, wie Fenichel klar erkannte (1945), und dies gilt für die Neutralisierung im allgemeinen. Ferner ist auch die Beziehung zur Gegenbesetzung von der, die wir bei anderen Abwehrformen finden, verschieden. Ich kann jedoch Fenichel nicht folgen, wenn er Sublimierung einfach mit erfolgreicher Abwehr gleichsetzt.

Neutralisierung von Energie darf man sicher von der Zeit ab voraussetzen, zu der sich das Ich als eine mehr oder weniger abgegrenzte Instanz der Persönlichkeit entwickelt. Von einem anderen Gesichtspunkt aus dürfen wir erwarten, daß die Bildung konstanter Objektbeziehungen einen gewissen Grad an Neutralisierung voraussetzt. Aber es ist nicht unwahrscheinlich, daß der Gebrauch dieser Energieform schon früher beginnt, und daß bereits die Frühformen der Verzögerung und Hemmung der Entladung von Energie gespeist werden, die teilweise neutralisiert ist. Manche Energieverteilungen, im Sinne von Gegenbesetzungen, entstehen wahrscheinlich schon in frühester Kindheit. Diese und verwandte Phänomene erscheinen wiederum leichter verständlich, wenn man sich der Hypothese von Abstufungsgraden der Neutralisierung bedient, wie ich es eben darlegte.

Als weitere Komplikation müssen wir noch die Tatsache erwähnen, daß wir ziemlich viele Phänomene kennen, die man als janusköpfig bezeichnen könnte, weil sie einerseits den Primärvorgang, andererseits den Sekundärvorgang zeigen. In dem Beispiel von Anna Freud (1936), der Verschiebung als Abwehrmechanismus, wird ein Charakteristikum des Primärvorgangs für Zwecke des Ichs verwandt. Dies sehen wir auch deutlich in Träumen. Auch können Vorgänge, die wir als Triebschicksale beschreiben, zur gleichen Zeit vom Ich für seine eigenen Zwecke benutzt werden (siehe auch Eidelberg, 1940). Im Falle der Verschiebung können wir hinzufügen, daß sie in gewisser Weise auch eine Frühform des Lernens ist. Sie erweitert die Erfahrung des Kindes und ist eine primitive Grundlage, auf der sich die Integrierung und Differenzierung von Erfahrungen aufbauen kann. Mir scheint, daß Melanie Klein (1930) Ähnliches meint, wenn sie die Bedeutung der Symbolbildung für die Ich-Entwicklung betont.

Es gibt viele frühe und wichtige Entwicklungen, die wir als zweigesichtig im Hinblick auf ihre Ich- und Es-Aspekte kennengelernt haben. Von diesem Gesichtspunkt der Entwicklungspsychologie aus ist es wichtig, ob die beiden Aspekte in der von uns erwarteten Weise koordiniert sind, entsprechend unserem Wissen über die parallele Entwicklung im Ich und Es; auf welcher Seite der funktionale Akzent — wenn ich so sagen darf — auf einer gegebenen Stufe liegt; ob einer der Aspekte den anderen weit überholt hat usw. Fälle, bei denen das erwartete Gleichgewicht zwischen Ich- und Es-Entwicklung fehlt, bieten uns oft gute Gelegenheit für einen Einblick in die psychologische Struktur der zur Diskussion stehenden Entwicklungsphase. Manchmal kann eine Störung in der typischen Reihenfolge der inneren Gefahrensituationen das Ergebnis sein. Entwicklungsbeschleunigende und verzögernde Faktoren finden wir sowohl auf seiten des Es wie des Ichs; vorzeitige Ich-Entwicklung z. B. kann auf spezifische Triebansprüche (Gefahrensituationen) zurückzuführen sein; oder auf frühe Identifizierungen, oder auf eine ungewöhnlich frühe Entwicklung des Körper-Ichs; oder auf autonome Elemente usw. Hier wähle ich für unsere Diskussion wiederum nur einen Aspekt der Entwicklung von Objektbeziehungen aus. Wir können sie von den zugrundeliegenden Bedürfnissen aus betrachten, aber sie haben auch eine cognitive, eine Wahrnehmungsseite usw. Der Begriff der »Objektbildung« hat in der analytischen und in der nichtanalytischen Kinderpsychologie etwas unterschiedliche Bedeutung. Ich betonte schon vor langer Zeit, daß das von den nichtanalytischen Psychologen in ihrer experimentellen Arbeit sorgfältig beschriebene Auftauchen von konstanten und unabhängigen Objekten in der Welt des Kindes (wie es z. B. an der Art geprüft werden kann, wie das Kind mit Spielzeugen umgeht) nicht ohne Berücksichtigung der Objektbeziehungen des Kindes in unserem Sinne verstanden werden kann (siehe auch Spitz und Wolf, 1949). Man könnte vermuten, daß das Element der Identität und Konstanz in dem, was man »Objekte« im allgemeinen Sinne nennt, teilweise auf das Element der Konstanz zurückzuverfolgen ist, das sich schrittweise in dem Prozeß entwickelt, den wir in der Analyse als libidinöse oder aggressive Objektbeziehung bezeichnen — wenn auch natürlich noch andere, teilweise autonome Faktoren daran beteiligt sind. Das Kind lernt »Dinge« wahrscheinlich nur mittels des Prozesses erkennen, durch den es diese mehr oder weniger konstanten Objektbeziehungen bildet. Wir nehmen an, daß Fortschritte in der Neutralisierung an beiden Entwicklungsschritten beteiligt sind und daß in Hinsicht auf diesen Faktor beide Schritte einen gemeinsamen Ursprung haben. Auch die Entwicklung der sogenannten »Intentionalität« — der Fähigkeit des Kindes, sich einer Sache zuzuwenden, ein Ziel anzustreben, wahrnehmend, aufmerksam, handelnd, usw., ein Prozeß, der nach Freud wahrscheinlich eine Überbesetzung voraussetzt — könnte man als einen Ich-Aspekt der sich entwickelnden Objektbeziehungen ansehen. Tatsächlich gehört die Intentionalität zu den ersten Leistungen des Kindes, die wir ohne Bedenken als echte Ich-Funktionen charakterisieren können. Andere der speziell vom Standpunkt der Entwicklung interessierenden, aber wenig erforschten objektgerichteten Ich-Tendenzen sollten systematisch in gleicher Weise untersucht werden.

Zum energetischen Aspekt ist noch folgendes zu sagen: Was Freud einmal »die Hexe Metapsychologie« nannte, würde, wie immer es hieße, gerade das sein, auf das wir uns in Fragen der allgemeinen psychoanalytischen Psychologie zu berufen hätten. Tatsächlich sehen wir es heute nicht als irgend etwas »meta«, etwas jenseits der Psychologie an, sondern gerade als die allgemeinste Ebene psychologischer Begriffe in der Psychoanalyse. Wir sollten prinzipiell fähig sein, alle Beziehungen, die wir zwischen Ich und Es finden, von der dabei verwandten Energie aus und in Begriffen der Besetzung zu beschreiben. Wir sind weit von der Erfüllung dieser Forderung entfernt. Einige Aspekte sind nach Freud z. B. von Glover und Rapaport studiert worden. Kris (1950 a) wandte sich kürzlich dem Problem der vorbewußten seelischen Funktionen von dieser Seite aus zu. Die bewußten und vorbewußten Erscheinungen sind durch den Sekundärprozeß charakterisiert, dessen einer Apekt die Hemmung der Entladung ist. Sie sind spezifisch für das Ich im Gegensatz zum Es. Die Phänomene des Vorbewußten in metapsychologischen Ausdrücken zu beschreiben, ist sogar noch wichtiger geworden, seit Freud (1940 a) nicht mehr annahm, daß ein anderes Charakteristikum, auf das er sich früher stützte — das heißt die Hinzufügung von Wort-Vorstellungen zu Ding-Vorstellungen — typisch für alle vorbewußten seelischen Vorgänge sei. Offensichtlich ist es für die Fragen der Ich-Es-Differenzierung und der Ich-Es-Wechselbeziehungen wesentlich zu verfolgen, wie der Sekundärprozeß seinen Ursprung nimmt. Glover (1935) nimmt als Ausgangspunkt die frühesten Systeme vorbewußter Erinnerungsspuren an und beschreibt die Synthesen dieser psychischen, mit Triebkomponenten verbundenen Elemente als Kerne der Ich-Bildung. Aus diesem Stadium entwickelt sich allmählich eine Organisation der Erinnerung, die die Elemente der Realität zu berücksichtigen gelernt hat. Rapaport (1950, 1951) legt besonderes Gewicht auf die Annahme, daß die unfreiwillige Verzögerung der triebhaften Abfuhr infolge äußerer Umstände später in eine Fähigkeit zur Verzögerung, das heißt in eine innere Kontrolle umgewandelt werden kann. Diese Hypothese paßt recht gut zu einem von uns als charakteristisch erkannten Punkt in der Ich-Entwicklung: daß nämlich das Ich in zunehmendem Maße Frühformen der Reizbewältigung aktiv für seine eigenen Zwecke verwendet. Die innere Kontrolle ist ein Aspekt des Problems der Gegenbesetzung, dem Freud wiederholt Rechnung zu tragen suchte, und ein fundamentaler Aspekt der Ich-Es-Differenzierung. Aber die Grundfrage, wie die ursprüngliche Umwandlung der primären Energieverteilung in eine den Trieb kontrollierende Verteilung vor sich geht, bedarf noch weiterer Klärung. Es könnte, wie ich schon sagte, sein, daß jene hemmenden Apparate, die der Verzögerung von Abfuhr dienen, und die schrittweise im Ich integriert werden

174

(und wahrscheinlich auch die Vorläufer späterer Abwehrmechanismen sind), bei der Verwandlung einer Energieart in eine andere eine Rolle spielen. Man mag fragen, was wir über den Modus der Triebenergien aussagen können, deren Charakter im Prozeß der Bildung der Gegenbesetzung verwandelt wurde. Wieder scheint es im jetzigen Augenblick gewagt, eine Hypothese dieses Aspekts der frühen oder Vor-Stufen der Differenzierung einzuführen. Für ein späteres Stadium habe ich versucht, eine Antwort in der Synthese zweier Freudscher Hypothesen zu finden: die eine ist die oben bereits erwähnte, die annimmt, daß freie Aggression ein wichtiger Faktor in der Disposition zu Konflikten sein kann; die andere setzt voraus, daß die Abwehrformen gegen Triebe der Abwehr gegen von außen drohende Gefahrensituationen nachgebildet sind. Der Abzug einer Besetzung würde der Flucht entsprechen, und die Gegenbesetzung dem Kampf. Auf Grund dieser beiden Hypothesen könnten wir die Vermutung entwickeln (7. Kapitel), daß die Gegenbesetzung des Ichs gegen die Triebe wahrscheinlich zum großen Teil von einer der Formen neutralisierter Aggression genährt wird, die nichtsdestoweniger noch einige Charakteristika der ursprünglichen Triebe enthält (Kampf)[7]. Diese Annahme kann uns ganz gut auch einige Schritte im Verständnis der pathologischen Entwicklung weiterführen. Ich meine, daß die Unfähigkeit, stabile Abwehrmechanismen zu errichten, wie wir sie bei verschiedenen Formen der kindlichen Pathologie sehen und die ein Kernproblem der Schizophrenie darstellt, in erheblichem Maß auf eine Störung der Fähigkeit zurückzuführen ist[8], aggressive Energie zu neutralisieren. Diese Hypothese enthält auch eine zweifache Korrelation stabiler Abwehr mit konstanten Objektbeziehungen, wenn das eben Gesagte zutrifft, daß nämlich die Entwicklung konstanter Objektbeziehungen einerseits die Neutralisierung erleichtert, aber andererseits auch von ihr abhängig ist.

Diese Hypothese würde bedeuten, daß Gegenbesetzungen ein ziemlich allgemeiner Weg sind, Aggression in einer ihrer neutralisierten Formen zu benutzen — ein Weg, der sich von der Benutzung von Aggression im Dienste des Über-Ichs unterscheidet, obwohl er vielleicht nicht ganz unabhängig davon ist. Es kann sehr wohl so sein, daß der aggressive Über-Ich-Druck auf das Ich auch dazu führt, daß das Ich aggressive Energie im Umgang mit dem Es verwendet — also eine Art Umwandlung einer intersystemischen aggressiven Beziehung (Über-Ich—Ich) in eine andere (Ich—Es). Dies könnte ein energetischer (sich auf die Bedingungen und

---

[7] Eine ziemlich ähnliche Vorstellung wurde von M. Brierley entwickelt (1947).
[8] Für einen anderen Aspekt der Störung der Neutralisierungsfähigkeit in der Pathologie der Schizophrenie siehe 7. und 10. Kapitel.

Verteilung der Energie beziehender) Aspekt der Rolle des Über-Ichs in der Verdrängung und anderer, uns aus der klinischen Erfahrung vertrauter Phänomene sein. Ich glaube jedoch nicht, daß diese Abhängigkeit aggressiver Ich-Abwehr von der Funktion des Über-Ichs für alle Abwehrvorgänge gilt. Sie kann natürlich auch nicht für die frühen Stufen der Abwehr gelten.

Ich möchte den letzten Teil meiner Arbeit für einen Aspekt der Ich-Es-Beziehungen in Entwicklungsstadien verwenden, in denen das Ich bereits als ein definierbares psychisches System mit spezifischen Funktionen sich entwickelt hat. Es hat durch seine Vorgeschichte die Fähigkeit erworben, einige Methoden zur Vermeidung von Gefahr, Angst und Unlust einzusetzen und zu gebrauchen. Es hat Funktionen wie Objektivierung, Antizipieren, Denken, Handeln usw. entwickelt und eine mehr oder weniger zuverlässige Synthese oder Integrierung oder Organisation seiner eigenen Funktionen und der psychischen Gesamtpersönlichkeit erreicht. Gerade die Kompliziertheit des Systems ist der Anlaß für seine erhöhte Labilität, wie das Freud nachwies. Wir finden aber, daß verschiedene Funktionen des Ichs bei verschiedenen Individuen verschiedene Grade effektiver Unabhängigkeit von Konflikten und regressiven Tendenzen erreichen können. Woran ich dachte, ist die Frage der Reversibilität oder Irreversibilität dieser Ich-Funktionen, die Frage ihrer relativen Stabilität gegenüber äußerer Belastung. Offenbar können viele, wenn auch nicht alle Haltungen des Ichs auf genetische Determinanten im Es, auf die Sphäre der Triebe, zurückgeführt werden — oder auch auf Abwehrprozesse. Wir sind gewohnt, Ich-Interessen und andere Ich-Tendenzen aus narzißtischen, exhibitionistischen, aggressiven und anderen Trieb-Tendenzen entstehen zu sehen. Wir sehen ferner, daß z. B. reaktive Charakterbildungen, die aus Abwehr gegen die Triebe entstanden sind, allmählich eine große Anzahl anderer Funktionen im Bereich des Ichs übernehmen. Daß unter gewissen Bedingungen die Errungenschaften des Ichs reversibel sind, sehen wir bei Neurosen, Psychosen, im Traum und in der Analyse. Darüber hinaus können wir sagen, daß Ich-Funktionen, wenn sie aktiv werden, oft eine mehr oder weniger starke Anziehungskraft auf ihre unbewußten genetischen Determinanten ausüben; auch finden wir, daß eine Anziehung von den genetischen Determinanten auf die Ich-Funktionen stattfindet; und ohne Zweifel finden wir auch manches davon im Wachleben der sogenannten Gesunden. Es gibt aber relevante Unterschiede in dem Ausmaß, in dem die Ich-Funktionen ihre Stabilität, ihre Freiheit von jenen potentiellen Regressionen zu ihren genetischen Vorläufern, aufrechterhalten. Auf jeden Fall ist beim gesunden Erwachsenen diese teilweise Reversibilität nicht einschneidend genug, um ernstliche Schwierigkeiten zu bereiten. Der Grad der sekundären Autonomie, wie ich diese Widerstandskraft der Ich-Funktion gegen Regressionen nannte, ist ein Problem von gleicher Wichtigkeit sowohl für die klinische wie die theoretische und technische Arbeit. Die sekundäre Autonomie hängt eng mit dem zusammen, was wir Ich-Stärke nennen, und stellt wahrscheinlich den sichersten Weg dar, sie abzuschätzen. Das Problem der sekundären Autonomie überschneidet sich offenbar auch mit dem Problem der seelischen Gesundheit und muß in der normalen Entwicklung, wie auch vom Gesichtspunkt der Pathologie aus, studiert werden [9].

Die relative Unabhängigkeit der Ich-Funktionen vom Es-Druck kann dargestellt werden als Distanz von Ich-Es-Konflikten oder als Distanz von den regressiven Tendenzen, wie sie von den Es-Determinanten ausgeübt werden: ein Aspekt dieser letzteren kann, angesichts der beteiligten Energien, als Distanz von der Sexualisierung oder Aggressivierung beschrieben werden. Hinsichtlich der Entwicklungsaspekte der Distanz der Ich-Funktionen vom Konflikt und von den Trieben erscheint es wichtig, daß neuerworbene Ich-Funktionen beim Kind einen höheren Grad von Reversibilität zeigen, das in seiner Bemühung, der Regression zu widerstehen, besondere Methoden anwendet. (A. Freud, 1951 a; E. Kris, 1951 b.) Ich darf hinzufügen, daß gelegentliche Regressionen im Dienste des Ichs (Kris) vom Ich des Erwachsenen geduldet werden können, wenn seine Funktionen ungehindert sind. Wir wissen ferner, daß das gesunde Ich für bestimmte Zwecke fähig sein muß, sich selbst dem Es zu überlassen (wie im Schlaf oder beim Geschlechtsverkehr). Es gibt auch noch andere, weniger gut erforschte Situationen, in denen das Ich selbst eine vorübergehende Ausschaltung einiger seiner differenziertesten Funktionen veranlaßt (1. Kapitel). Die Fähigkeit, dies nicht nur ohne Behinderung der normalen Funktion, sondern sogar zu ihrem Vorteil zu tun, muß erlernt werden. Das Kind ist bis zu einem gewissen Alter nicht in der Lage oder schreckt davor zurück, diese Mechanismen zu benutzen. Meiner Meinung nach ist das wahrscheinlich ein Grund dafür, daß das Kind gegenüber der Forderung des freien Assoziierens versagt (Hartmann, 1939 a).

Ernste Unregelmäßigkeiten in der Entwicklung der Autonomie sind

---

[9] Ich habe mich, vielleicht etwas willkürlich, entschieden, aus meiner Abhandlung jene Aspekte der »Autonomie« herauszulassen, die in Beziehung zu Über-Ich-Funktionen stehen.

für die Pathologie wichtig, und einige dieser Probleme gehören offenbar zu dem, was B. Rank (1949) als »fragmentiertes Ich« bezeichnete. Wir besitzen ferner erhebliche klinische Beweise für die Tatsache, daß selbst beim »normalen Erwachsenen« nicht alle Ich-Funktionen den gleichen Grad von Stabilität erreichen [10].

Am Schluß meiner Ausführungen möchte ich daran erinnern, daß in der Geschichte der Psychoanalyse Veränderungen der Begriffe oder neue Formulierungen von Hypothesen oft der Erschließung neuer Forschungsbereiche folgten, wie das auch bei anderen Zweigen der Wissenschaft der Fall ist. Im Augenblick stellt die Integrierung rekonstruktiver Daten mit den durch die direkte Beobachtung an Kindern gewonnenen eine der vordringlichen Forderungen an unser analytisches Denken dar. Ein Ziel meines Beitrags zu diesem Symposion war es, die Wechselbeziehung dieser beiden Datenreihen zu vereinfachen. Einige der von mir eingeführten Begriffe und Hypothesen, wie der Begriff der primären und sekundären Autonomie, werden vielen von Ihnen unvertraut erscheinen. Aber ich fand, daß sie nützliche Werkzeuge sind, besonders im Umgang mit der Art von Entwicklungsproblemen, die uns bei diesem Symposion am meisten interessieren. Obwohl Freud sie nicht anwandte, glaube ich doch, daß sie in Einklang mit und entsprechend der Gedankenrichtung seiner Entwicklungstheorien ausgeformt wurden.

Als Anna Freud ihr Buch »Das Ich und die Abwehrmechanismen« schrieb, wies sie in ihrer Einleitung die Ansicht zurück, die damals noch von vielen Analytikern vertreten wurde, daß das theoretische Studium des Ichs etwas grundsätzlich Unanalytisches oder sogar Analysenfeindliches sei. Seitdem haben diese Arbeiten innerhalb der Analyse volles Heimatrecht erworben und stehen auf gleicher Stufe mit den Untersuchungen über das Es. Es gibt keinen Grund für die Annahme, daß der Wunsch, »Niemandsland« zu erobern (um einen Ausdruck von E. Kris zu gebrauchen), die Reichweite der analytischen Methode auf psychologische Probleme jenseits ihrer heutigen Grenzen auszudehnen, am Ende angelangt ist. Wir treffen in der Ich-Psychologie Freuds, nicht weniger als in anderen Teilen seines Werkes, auf die Art von Wahrheiten, von denen wir erwarten dürfen, daß sie weitgehend zeitbeständig sind. Es gibt aber kaum einen Zweifel, daß er seine Skizzierung der Ich-Psychologie, so gewaltig sie uns erscheint, als einen Anfang und keineswegs als eine systematische Darstellung sah — im Gegensatz etwa zu seiner Psy-

---

[10] Mir scheinen gewisse Phänomene, die von J. Lampl-de Groot (1947) beschrieben wurden, in diesem Zusammenhang wichtig zu sein.

chologie des Traumes oder zur Libidoentwicklung — und daß er seine Darstellung einer Neuformulierung und Ausarbeitung bedürftig empfand, aber auch glaubte, daß sie dafür geeignet sei [11].

Schlußbemerkungen über die Funktion der Theorie in der Psychoanalyse

Dies Symposion sollte sich natürlich mit Fragen der Theorie beschäftigen [12]. Thesen in bezug auf Entwicklung und Struktur kamen zur Sprache. Es ist offensichtlich unmöglich, den ganzen Reichtum des individuell erarbeiteten klinischen Materials und all die Daten aus der direkten Kinderbeobachtung hier vorzulegen, auf denen unsere Hypothesen gegründet sind. Theorie bedeutet in gewisser Weise Abkürzungen; aber das ist natürlich nicht ihre einzige Funktion. Unsere Hypothesen helfen uns, aus dem Rohmaterial unserer Daten ein folgerichtiges und sinnvolles Gesamtbild zu formen. Nur diese Formulierung endgültiger Thesen läßt unser Wissen nachprüfbar sein, macht es zugänglich für Verifikation und Falsifikation und liefert uns die Grundlage für gültige Voraussagen. Sie hilft uns auch, sinnvolle und fruchtbare Fragen zu stellen und ist ein nützliches Werkzeug, um uns auf Gebiete zu lenken, wo weitere Forschung lohnend ist. All das ist durchaus bekannt und wird auch anderweitig akzeptiert, und seine Bedeutung für die Analyse unterscheidet sich im Prinzip nicht sehr von der für andere Wissenschaftszweige. Es lohnte kaum, davon zu sprechen, bestünde nicht die Tatsache, daß die Funktion der Theorie in der Analyse nicht immer so ganz verstanden wurde. Man begegnet gelegentlich der Neigung, die Psychoanalyse auf eine kli-

---

[11] Ich möchte an dieser Stelle den äußerst umfassenden Charakter des begrifflichen Gerüsts der Freudschen Ich-Psychologie erwähnen — obgleich nicht alle Aspekte und Schlußfolgerungen bisher wirklich ausgearbeitet worden sind. Sie hat sich als nützlicher erwiesen als andere Versuche für unser Verständnis auch jener Tatsachen der kindlichen Entwicklung, die von anderen psychologischen Schulen früher entdeckt und beschrieben worden sind. Es besteht für uns kein Anlaß, das von ihnen gefundene wichtige Beobachtungsmaterial nicht zu benutzen (obgleich seine Bedeutung sich oft ändert, wenn es von unserem Standpunkt aus betrachtet wird) oder die von ihnen angewendeten Methoden nicht zu prüfen. Ich möchte jedoch betonen, daß es meistens unnötig und verwirrend ist, sich von anderen psychologischen Schulen das begriffliche System und die allgemeinen Entwicklungstheorien auszuleihen, wie es bisweilen geschehen ist, oder einfach andere Begriffssysteme dem Freudschen überzustülpen.
[12] Diese abschließenden Bemerkungen sind weiter ausgeführt in »The Function of Theorie in Psychoanalysis« (Hartmann, Kris und Loewenstein, 1953).

nische Spezialität einzuschränken, und trifft auch auf die fehlende Einsicht, wieviel — besonders in der Analyse als Technik — die klinische Methode den höchst komplizierten Strukturen der Hypothesen verdankt, die Freud und andere entwickelt haben. Manche Analytiker haben die Gewohnheit, die Theorie zu entwerten, indem sie sie mit »Spekulationen« gleichsetzen. Oder wir hören Klagen darüber, daß die grenzenlose farbige Vielfalt der klinischen Einzelerfahrungen im Prozeß der Hypothesenbildung reduziert würde — eine Ansicht, die wieder die Tatsache außer acht läßt, daß diese Reduktion eine der allgemeinsten und notwendigsten Eigenschaften aller wissenschaftlichen Bemühung darstellt. Es gibt keinen Analytiker, der sich nicht der grundlegenden Bedeutung der klinischen Beobachtung auf unserem Gebiet bewußt wäre. Man sieht eigentlich nicht recht ein, warum die Bedeutsamkeit des theoretischen Denkens nicht in gleicher Weise begriffen wird und warum manchmal das Gewicht, das natürlich auf den klinischen Daten liegt, sich in ein Mißtrauen gegen die Theorie verwandelt. Die Diskussion der Rolle der Hypothesen in der Psychoanalyse verdiente zweifellos eine gesonderte Untersuchung. Hier möchte ich nur noch einmal feststellen, daß die Psychoanalyse von ihren Anfängen an in ihrem Ausmaß, ihren Zielen und auch in ihren Mitteln weit über den klinischen Aspekt hinausging, und daß das wohl auch in Zukunft so sein wird. Ich habe schon erwähnt, daß eine Tendenz der Arbeit Freuds durch all die Jahre auf eine allgemeine psychologische Theorie abzielte; sie aus der Analyse auszuschließen, wäre etwa so, als wolle man — *mutatis mutandis* — die physiologische Theorie aus der Medizin ausschließen. Außerdem sollten wir, so genau wir wissen, wieviel Freuds Werk seiner überlegenen Beobachtungsfähigkeit und seiner unbeugsamen Objektivität gegenüber neuen Tatsachen verdankt, nicht vergessen, in welchem Ausmaß die Formulierung entscheidender Begriffe und »guter« Hypothesen zu seinen Entdeckungen und zu ihrer sinnvollen Verknüpfung beitrug. Tatsächlich bildet die Geschichte der Arbeit Freuds ein klassisches Beispiel für das, was ich sagen möchte. Sie erscheint, so untersucht, als eine beständige wechselseitige Förderung von Beobachtung einerseits und Hypothesenbildung andererseits. Wir begreifen jetzt, wie unendlich viel ärmer in den Dimensionen und weniger fruchtbar sein klinisches und technisches Werk gewesen wäre, hätte seine Fähigkeit zur Theoriebildung nicht seiner Fähigkeit zur klinischen Einsicht entsprochen. Ich glaube nicht, daß die Notwendigkeit, nicht nur unsere klinische Erfahrung zu erweitern, sondern auch die Gesamtheit der von uns dabei verwendeten Hypothesen weiter zu entwickeln, heute weniger überzeugend ist, als in Freuds Tagen.

10. KAPITEL

EIN BEITRAG ZUR METAPSYCHOLOGIE
DER SCHIZOPHRENIE

(1953)

Wenn wir von Freuds erster Annäherung an das Problem der Psychosen in den neunziger Jahren absehen, finden wir in seinen Arbeiten hauptsächlich zwei charakteristischerweise sehr verschiedene Versuche, ihre spezifische Pathologie zu verstehen. Ich meine natürlich die Analyse des Falles Schreber (1911 b) und die zwei Arbeiten über Neurose und Psychose, die dreizehn Jahre später geschrieben wurden (1924 a und d). In diesem Zeitraum hatte Freud einige wesentliche Gesichtspunkte der Psychologie der Psychosen in seinen metapsychologischen Arbeiten aufgehellt. Die Unterschiede zwischen seinen früheren und den späteren Werken spiegeln sein wachsendes Interesse an den Problemen der Strukturpsychologie und vor allem der Ich-Psychologie wider. In einer seiner späteren Arbeiten ist deutlich gesagt: »die Neurose sei der Erfolg eines Konfliktes zwischen dem Ich und seinem Es, die Psychose aber der analoge Ausgang einer solchen Störung in den Beziehungen zwischen Ich und Außenwelt« (1924 a, S. 387). Der Umriß, den Freud in diesen Arbeiten gab, sowie die vielen Andeutungen in einer Reihe anderer, sind bisher noch nicht zur Grundlage einer systematischen Theorie der Psychosen gemacht worden.

Historisch gesehen, erkennen wir in der analytischen Betrachtungsweise der Psychosen eine Spiegelung der jeweilig vorherrschenden Richtungen der psychoanalytischen Psychologie. Der nächste Anstoß kommt nun vielleicht von der analytischen Kinderpsychologie her, die in den Arbeiten der letzten zwei Jahrzehnte einen hervorragenden Platz einnimmt. Tatsächlich spreche ich nicht nur von der Zukunft; diese Tendenz hat sich zum Teil schon durchgesetzt. Seit einiger Zeit versucht man, die regressiven Phänomene der Psychose als einen wichtigen Zugang für das Verständnis der frühen Kindheit zu benutzen. Während sicher kein Grund besteht anzunehmen, daß die Methode schon voll ausgeschöpft sei, ist doch auch eine Strömung in der entgegengesetzten Richtung vorhanden. Was wir der Forschung auf dem Gebiet der analytischen Kinderpsychologie verdanken — sei es durch Rückblick oder direkte Beobachtung —, hat viel zu einem besseren Verständnis der Psychosen und der Disposition zur Psychose beigetragen. Untersuchungen über die Entwicklung der frühen Objektbeziehungen, die Ich-Es-Beziehung, die Abwehr und die Realitätsprüfung haben ein außerordentlich weites Reservoir an Daten beigebracht, die wir heute als wesentlich für jeden systematischen Zugang zur Psychose betrachten. Die wachsende Zahl von Kindheitspsychosen oder ihnen verwandter Ich-Störungen, die in den letzten Jahren untersucht wurden (M. Klein, L. Bender, Kanner, Despert, Geleerd, Mahler, Rank und andere), machen einen wesentlichen Teil dieses unseres Wissens aus. Dieser Zugang ist um so wichtiger, als wir uns bewußt sind, daß uns regressive Phänomene zwar wertvolle Auskunft über einige Aspekte der frühen Kindheit geben, in anderer Hinsicht aber ein Bild vermitteln, das weder vollständig noch unzweideutig ist; deswegen müssen unsere ätiologischen Hypothesen, die sich auf eine Untersuchung der Regression stützen, an entwicklungsgeschichtlichen Daten nachgeprüft werden.

Freud war sich bewußt, daß die Trieb- und Ich-Aspekte des Psychosenproblems nie völlig miteinander koordiniert worden waren. Wenn wir dem folgen, was Freud in den erwähnten zwei späteren Arbeiten sagt, so ist der Faktor, der eine Psychose hervorbringt, ein Konflikt zwischen dem Ich und einer Realität, die unerträglich geworden ist. Dies scheint durch die klinischen Befunde bei Psychosen erwiesen zu sein, wenigstens bei der Schizophrenie und der Paranoia. Allerdings konnte die Frage, warum gewisse Persönlichkeiten auf einen gegebenen Konflikt mit der Realität mit einem völligen Rückzug aus ihr reagieren, bisher nur teilweise beantwortet werden [1]. Viele jener Realitätsfaktoren sind von einer Art, die die meisten Menschen ohne besondere pathologische Folgen meistern. Das Ich, das pathologisch auf solche Situationen reagiert, ist sehr wahrscheinlich schon ein gestörtes Ich; aber wir wissen wenig über die spezifische Natur dieser Verwundbarkeit. In mancher Hinsicht könnte die Situation uns an jene erinnern, die zur Zeit der »Studien über Hysterie« in bezug auf die Neurosen bestand; was damals als Ursache der neurotischen Störungen angesehen wurde, wurde später oft als akzidentell und nicht spezifisch erkannt, und erst Freuds spätere Arbeiten haben die ätiologischen Fragen der Neurose entscheidend beantwortet.

Freud nahm an, daß der Konflikt mit der Realität und der darauffolgende Bruch mit ihr entweder auf Ereignisse der Realität selbst oder auf

---

[1] Bezüglich einer interessanten neuen Hypothese vgl. Waelder (1951).

den zunehmenden Druck der Triebe zurückgeführt werden könnte —
»was bei den rivalisierenden Ansprüchen von Es und Außenwelt an das
Ich die gleiche Wirkung erzielen muß« (Freud 1940 a). Wenn das Ich in
der Psychose sich von der Realität zurückzieht, handelt es im Dienste
des Es; die Triebprobleme können nicht anders gelöst werden als durch
Kontaktbruch mit der Realität. Im Hinblick auf das, was ich später ausführen werde, möchte ich zusätzlich zu den beiden Faktoren, von denen
Freud sprach, noch einen dritten in Betracht ziehen, der die Rolle des
Ichs in diesem Prozeß stärker betont. Zunehmender Druck der Triebe
auf das Ich kann natürlich durch tatsächliches Stärker-Werden der
Kräfte im Es verursacht sein, was auch häufig der Fall ist. Aber es besteht auch die andere Möglichkeit, daß aus irgendwelchen Gründen das
Ich in seiner Rolle als Vermittler zwischen den Trieben und der Realität
geschädigt ist: entweder könnten die Abwehr-Gegenbesetzungen des Ichs
oder jene Ich-Funktionen, die den Kontakt mit der Realität aufrechterhalten, unvollständig entwickelt oder geschwächt sein. Während ein
Bruch mit der Realität die Folge aller dieser Situationen sein könnte,
kann »ein Konflikt mit der Realität«, was seine kausale Wirkung anbelangt, nur bewertet werden, indem die äußere Versagung nicht allein
zu den Trieb-, sondern auch zu den Ich-Aspekten der Situation in
Beziehung gesetzt wird.

Dieser letzte Punkt führt uns zu dem, was wir über die Struktur der
Abwehr in der Psychose wissen, was ich jedoch hier nur insoweit besprechen werde, wie es sich auf die Schizophrenie bezieht und auch nur auf
einige ihrer Seiten. Ein Gesichtspunkt ist die mangelhafte Verdrängung
und die Wirkung, die diese auf die libidinösen und aggressiven Züge der
Schizophrenie hat. Es ist manchmal behauptet worden — z. B. von Nunberg (1920) —, daß der Verlust der Objekt-Libido die Verdrängung
aufhebe, aber wie das geschieht, ist durchaus nicht klar. Im allgemeinen
und ohne die Wechselbeziehung der Abwehr mit der Außen- und Innenwelt, die von Freud so oft ausdrücklich hervorgehoben wurde, aus dem
Auge zu verlieren, könnte man hier sagen, daß die Schizophrenen eine
herabgesetzte Reaktionsfähigkeit gegen jegliche Art von Belastung zeigen (Redlich, 1952). Aber was am offensichtlichsten fehlt im Vergleich
zu dem, was wir bei Neurotikern und bei Normalen finden, ist die
organisierte, Ich-integrierte Stabilität der Abwehr. Wir wissen auch, daß
primitive Abwehrmechanismen — die Wendung gegen sich selbst, die
Verkehrung in das Gegenteil, die Projektion und am auffallendsten die
Ablösung der Libido — charakteristischer für die Schizophrenie sind als
andere, wie etwa die Verdrängung, die einen dauernden Aufwand von

Gegenbesetzungen erfordern. Diese Herabsetzung des Abwehrpotentials des Ichs, zuerst in der Untersuchung erwachsener Schizophrener beobachtet, wurde durch die Arbeit mit schizophrenen Kindern bestätigt. Zwei Faktoren stehen im Vordergrund: während wahrscheinlich eine verstärkte Tendenz zum Konflikt besteht, ist gleichzeitig eine Unfähigkeit des Ichs vorhanden, sich mit den üblichen Mitteln mit diesem Konflikt auseinanderzusetzen. Hendricks Bemerkung (1951), daß die Psychosen »primär ein Resultat der Defekte derjenigen Funktionen sind, die man gewöhnlich als Komponenten des Ichs betrachtet«, mag hierher gehören, und man kann an eine Mangelhaftigkeit jener primär autonomen Vorläufer der Abwehr denken, die ich an anderer Stelle beschrieben habe, oder an eine Form dessen, was B. Rank *ego-fragmentation* nennt. Wenn es stimmt, daß das Ich schon vor dem Ausbruch der Psychose — vielleicht lange vorher — ein schwaches Glied in der psychischen Organisation war, dann würden wir mehr über die genetische Seite auch der Abwehrmechanismen und ihrer Vorläufer wissen wollen.

Gestörte Objektbeziehungen der Säuglingszeit und Kindheit sind weitgehend von allen möglichen Gesichtspunkten aus erforscht worden, nicht nur um die Frage der Verschmelzung von Selbst und Welt zu erhellen, die ein zentrales Problem in der Symptomatologie der Schizophrenie darstellt, sondern auch wegen ihrer möglichen Bedeutung für die Ätiologie. Um nur einige Untersuchungen von vielen zu nennen: Mahler (1952) hat zwei unterschiedliche Gruppen von frühen Psychosen beschrieben: in der ersten, der autistischen Gruppe, scheint die Mutter überhaupt nicht besetzt zu sein, während in der zweiten, der symbiotischen Gruppe, die frühe Kind-Mutter-Beziehung sehr betont, aber die Mutter-Repräsentanz nicht vom Selbst getrennt ist. Hier möchte ich auch an die von Anna Freud (1951 c) beschriebenen Fälle erinnern. Sie fand bei diesen Kranken, daß die Hingabe an das Liebesobjekt als eine Rückkehr zur primären Identifizierung erlebt wird und daß diese Patienten sich vor der regressiven Auflösung ihrer Persönlichkeit fürchten, wogegen sie sich mit einer völligen Ablehnung aller Objekte wehren. Diese Patienten entwickeln keine schizophrene Psychose, aber sie passen in den Zusammenhang, weil sie Licht auf eine andere pathologische Entwicklung der frühen Objektbeziehung werfen. In seinen früheren, selten zitierten Untersuchungen beschreibt Hermann (1936) ein Funktions-Paar: »Anklammern« an die Mutter und »Auf-Suche-Gehen« nach etwas, fort von der Mutter — Aspekte der Objektbeziehung, würde ich meinen, und keine Partialtriebe, wie Hermann annimmt. Aber er hat einige Aspekte der Pathologie dieser Beziehungen wahrgenommen. Ein anderer seiner Beiträge (1929) bezieht sich auf Hypothesen über Temperatur-Orientierung und »Überfließen«, einen Vorläufer der Projektion. Diese Ideen wurden von Bak aufgenommen (1939, 1943), um den Transitivismus und das Gefühl des Beeinflußtwerdens in der Schizophrenie zu erklären. Die Temperatur-Orientierung würde nach ihm ein ursächlicher genetischer Vorläufer der Identifizierung und ein Modell für die Objektbeziehung sein. Wenn auch ihre verursachende Rolle nicht bewiesen worden ist, könnte man sie (und das »Überfließen«) durchaus als reguläre Bausteine einer Phase der Selbst-Objekt-Beziehungen und später häufig als eine ihrer symbolischen Repräsentanzen betrachten.

Der Narzißmus und die Störung spezifischer Ich-Funktionen

Die frühesten Phasen dieser Selbst-Objekt-Beziehungen werden gewöhnlich als Stufen, die vom primären Narzißmus zur Objektbeziehung führen, beschrieben. Wesentliche pathologische Züge der schizophrenen Regression könnten von diesem Gesichtswinkel aus erklärt werden. Wir kennen die Rolle, die der Narzißmus in der Verursachung von Störungen der Objektbeziehung spielt, auch die Rolle der geschädigten Objektbeziehung bei Zunahme des Narzißmus. Seit den zwanziger Jahren, als Freud die Ich-Funktionen im Einklang mit seinen späteren Ansichten neu definierte, wurde eine differenziertere — das heißt die strukturelle — Auffassung der Ich-Es-Beziehung mehr oder weniger allgemein von den Analytikern akzeptiert, und die entwicklungsgeschichtlichen Beschreibungen der Objektbeziehung einerseits und der damit zusammenhängenden Ich-Funktionen andererseits wurden konkreter und spezifischer. Dadurch erweitert sich das Feld unserer Fragestellung, aber auch der Zugang zu ihrer Beantwortung. Ich habe zwei Phasen der Objektbeziehung beschrieben: die Beziehung zum bedürfnisbefriedigenden Objekt und das Erreichen der Objektkonstanz. Das Hervorgehen der zweiten aus der ersten wurde von einem anderen Gesichtspunkt aus von M. Klein (1948) und W. Hoffer (1952) beschrieben. Anna Freud (1952) betrachtet dieses Fortschreiten im *quantitativen* Sinn; es ist nach ihrer Meinung »durch eine Verminderung der Triebstärke selbst bedingt«. Meine eigene Erklärung eines Aspektes dieses Vorganges war, daß in der späteren Phase konstante Beziehungen zum Objekt unabhängig vom Zustand des Bedürfnisses aufrechterhalten werden können, weil eine partielle Umwandlung der Trieb- in neutralisierte Besetzung des Objekts stattfindet. Diese Hypothese ist auch grundlegend für das, was ich weiter unten über die Folgen der Entneutralisierung in der Schizophrenie entwickeln werde. Es paßt auch gut zu Anna Freuds Formulierung, wenn wir annehmen — und ich halte das für statthaft —, daß Neutralisierung der Triebenergie das Gleichgewicht zwischen Trieb- und Nichttriebkräften ändert und den Drang der ersteren herabzusetzen vermag.

Hier möchte ich einige Worte über einen anderen Aspekt der Trennung von Selbst und Objekt, die einen Schritt vorwärts zur Objektkonstanz darstellt, einfügen. Zunächst unterscheidet das Kind zwischen den Objekten und seiner Aktivität diesen Objekten gegenüber nicht. In Piagets Worten (1937 b) ist das Objekt noch nichts anderes als eine Fortsetzung der Aktivität des Kindes. Später, im Laufe jener Vorgänge, die zu einer Unterscheidung von Objekt und Selbst führen, lernt das Kind zwischen seiner Aktivität und dem Objekt, auf welches die Aktivität gerichtet ist, zu unterscheiden. Die frühere Phase mag in einer Wechselbeziehung zur magischen Handlung stehen und stellt wahrscheinlich eine Übergangsstufe in der Ich- oder vielmehr Vor-Ich-Entwicklung dar, die zwischen einfacher Abfuhr und echter Ich-gelenkter und organisierter Handlung eingeschaltet ist. Die letztere Phase stellt einen Aspekt der »Objektivierung« dar, die ein Ich-Beitrag zur Entwicklung der Objektbeziehungen und ein wesentliches Element in der Einsetzung des Realitätsprinzip ist. Piagets Befunde stimmen recht gut mit den Befunden der Analyse überein. Metapsychologisch gesprochen, bedeutet diese Entwicklung, daß von nun an ein Unterschied besteht zwischen der Besetzung einer objektgerichteten Ich-Funktion und der Besetzung einer Objektrepräsentanz[2]. Ich erwähne diese Punkte, weil sie auch für unser Verständnis der Psychosen Bedeutung haben. Gerade hier ist es wichtig, sich diese Unterschiede bewußtzumachen — zumal der zweite Punkt durch den üblichen Gebrauch des Begriffs Narzißmus manchmal verwaschen erscheint.

Die Zeit erlaubt es nicht, den Begriff der »Intentionalität« zu erörtern — Intentionalität: die Fähigkeit, sich in Wahrnehmung, Denken oder Handeln an etwas zu orientieren, sich auf etwas zu richten —, also Aufmerksamkeit und Voraussicht. Diese Begriffe gehören in die gleiche Kategorie wie der der Objektivierung, insofern sie auch Ich-Beiträge zum Aufbau und zur Strukturierung des Objekts und teilweise auch der Innenwelt sind. Über Realitätsprüfung werde ich später einige Worte sagen.

[2] Wir werden später eine entsprechende Unterscheidung zwischen Ich-Funktion und Selbstrepräsentanz kennen lernen.

Verschiedene Formen der Zerrüttung des Denkens, die charakteristisch für die Schizophrenie sind, können im Sinne der Störung der Funktionen, die ich gerade erwähnt habe, beschrieben werden. Hierher gehört auch die Schädigung (wenn auch gewöhnlich nicht ein völliges Fehlen) der Fähigkeit zur Abstraktion, der sogenannte »Konkretismus« des schizophrenen Denkens, oder das, was man »Symbol-Denken« nennt. Eine wichtige Störung der Funktion der Voraussicht manifestiert sich in der schizophrenen Angst. Obwohl Angst ein häufiges und zentrales Phänomen bei der Schizophrenie ist, scheint ihre Verwendung als Signal, um Gefahr anzukündigen und zu verhindern, geschädigt zu sein (vgl. auch Mahler u. a. 1949; K. R. Eissler, 1953). Ich möchte auch auf die Schädigung jener Formung oder Organisation der Affekte hinweisen, welche dem Ich untersteht (K. R. Eissler, 1953).

Ich werde eine der Störungen genauer besprechen. Ein Aspekt der Sprache spielt in Freuds Psychologie der Schizophrenie eine wesentliche Rolle. Es ist die Tatsache, daß Worte dem Primärprozeß unterworfen werden oder daß sie behandelt werden, als wären sie Gegenstände. Im Verlauf des schizophrenen Prozesses verlieren die Vorstellungen der Objekte ihre Besetzung, dagegen werden die vorbewußten Wortrepräsentanzen, die mit den Objekten verbunden sind, überbesetzt[3]. Die Sprache spielt bei der Schizophrenie auch noch eine andere Rolle, und aus diesem Grunde erwähne ich sie in diesem Zusammenhang. Im allgemeinen dürfen wir der Sprache drei Funktionen zuteilen (vgl. K. Bühler, 1934). Sie drückt etwas im Sprechenden aus, Emotionen zum Beispiel; sie stellt Tatsachen oder Beziehungen von Tatsachen dar, darin besteht ihre »darstellende« Funktion; und sie liefert Signale zur Verständigung. Wir finden die Verwendung von Signalen auch bei bestimmten Tierarten. Aber Signale sind »operators« — um einen Ausdruck von Charles Morris (1938) zu benutzen —, während die Symbol-Sprache (Symbol ist hier in einem allgemeineren, nicht spezifisch analytischen Sinne gebraucht) »zeichenhaft« ist. Am wichtigsten ist in diesem Zusammenhang die Schädigung der zweiten, der darstellenden oder repräsentativen Funktion — ich spreche davon, daß Worte etwas bedeuten, auf etwas hinweisen, etwas aussagen —, jener Funktion der Sprache, durch welche nicht nur Wortvorstellungen zu Sachvorstellungen hinzugefügt werden, sondern auch erreicht wird, daß die ersteren (Wortvorstellungen) die letzteren (Sachvorstellungen) bedeuten. Gerade diese Beziehung zwischen dem

---

[3] Freuds spätere Formulierung des Inhalts des Vorbewußten in seinem »Abriß der Psychoanalyse« (1940 a) könnte auf eine veränderte Einstellung zu diesem Thema hinweisen.

Wort und dem, wofür es steht, ist bei der Schizophrenie so häufig entstellt[4]. Diese Schädigung reicht tatsächlich über die Sprache hinaus. Wenn das, was beim Normalen ein Symbol wäre (nun als analytischer Begriff verstanden), in der Schizophrenie behandelt wird, als ob es mit dem Objekt oder der Beziehung, die es symbolisiert, identisch sei, so gehört das zur gleichen Störung. Ich möchte auch daran erinnern, daß das plötzliche und unmittelbar evidente Auftauchen eines »neuen Sinnes«, die Ausstattung banaler Wahrnehmungen mit neuer und oft unheilvoller Bedeutung — obwohl von der Psychoanalyse nicht eingehend untersucht — ein ganz charakteristisches Symptom der Schizophrenie ist. Es ist tatsächlich für den schizophrenen Wahn viel charakteristischer als das so oft zitierte »unverbesserliche Festhalten an Irrtümern«, das er mit anderen psychopathologischen Zuständen teilt und das unter bestimmten Umständen sogar beim Normalen vorkommt. Um zur Sprache zurückzukehren: in ihrer Ontogenese gehen Ausdruckslaute und Versuche, sich durch sie zu verständigen, der Entwicklung ihres darstellenden Aspektes voran, der sich parallel zur Ausbildung des Ichs als einem feststehenden System der Persönlichkeit entwickelt. Die Rückbildung dieser Entwicklungsstufe in der Schizophrenie macht einen Teil der Auflösung des Ichs aus. Ich möchte hier unter dem Gesichtspunkt einer spezifischen Ich-Funktion ein Phänomen beschreiben, das Freud schon vor langer Zeit entdeckt hat. Wenn Worte behandelt werden, als seien sie Gegenstände, dann handelt es sich, von diesem Standpunkt aus betrachtet, um den Verlust der darstellenden Funktion, die normalerweise die Unterscheidung zwischen den Zeichen und dem, was sie bezeichnen, gestattet. Das Auseinanderhalten der beiden gehört zu dem Zustand und der Verteilung der seelischen Energie, den wir den Sekundärprozeß nennen. In diesem Sinne sprach Freud davon, daß die Sprache in der Schizophrenie dem Primärprozeß unterworfen werde.

Nicht alle Ich-Funktionen, auf die ich hinwies, sind in jedem Falle von der Schizophrenie geschädigt — das gilt auch für verwandte Störungen in der Kindheit (Rank und MacNaughton, 1950); z. B. können gewisse intellektuelle Funktionen erhalten bleiben. Der Ich-Apparat, der dem Gedächtnis, der Wahrnehmung usw. dient, ist gewöhnlich intakt; zumindest ist er nicht geschädigt wie bei den organischen Psychosen. Es könnte lohnend sein, bei der Untersuchung einzelner Fälle oder von Typen von Fällen nachzuforschen, welche der erwähnten Funktionen

---

[4] Ich kann hier nicht auf die Entstellungen im Gebrauch der Grammatik eingehen, die verhältnismäßig oft bei Schizophrenen zu finden sind.

(oder anderer ihnen verwandter, die ich nicht erwähnt habe) intakt bleiben. In ähnlicher Weise hat Katan (1953) zu einer näheren Untersuchung der Restpersönlichkeit aufgefordert. Ohne das Verständnis der Restpersönlichkeit können die pathologischen Züge nicht völlig verstanden werden. Man würde erwarten, daß das individuelle Erhaltenbleiben spezifischer Ich-Funktionen mit dem Grade der sekundären Autonomie in Verbindung gebracht werden könnte (mit ihrer Widerstandsfähigkeit gegen Regression und Sexualisierung oder Aggressivisierung), die diese Funktionen im Laufe der Kindheitsentwicklung erreicht haben; wie wir aus der analytischen Untersuchung von Kindern wissen, hängt ihre Tendenz zu regredieren auch von der Stufe ihrer Ich-Entwicklung ab (9. Kapitel; A. Freud, 1952). Aber bei der Schizophrenie spielt eine Vielfalt von Faktoren mit, die die wechselseitigen Beziehungen verwickelter machen und uns zwingen zuzugeben, daß diese Frage noch nicht genügend untersucht worden ist. Überdies ist es beim augenblicklichen Stand unseres Wissens schwer, die Tatsache zu erklären, daß bei verschiedenen Typen der Schizophrenie häufig auch jeweils verschiedene Teile dessen, was beim Normalen die autonomen Ich-Funktionen sind, ungestört bleiben.

Wenn ich hier die Ich-Aspekte der Schizophrenie [5] betone — die Störung der Abwehr, des Beitrags des Ichs zur Objektbeziehung und die Schädigung anderer, teilweise objektgerichteter Ich-Funktionen —, will ich natürlich nicht die beteiligten Triebfaktoren vernachlässigen, obgleich ich nur den einen ihrer Aspekte besprechen werde, der sich auf die Ökonomie der Aggression bezieht. Die Gründe für mein Vorgehen sind zweckbestimmte und durch die notwendige Beschränkung im Rahmen eines Vortrags diktiert; sie hängen aber auch damit zusammen, daß zumindest einige der Triebfaktoren in der Schizophrenie — die Loslösung der Libido, das Schicksal von Libido und Aggression in der Restitution — bisher viel sorgfältiger untersucht worden sind, während der andere Aspekt — die Ich-Störung, wie z. B. der Ich-Faktor in der Fixierung — in seiner Bedeutung zwar erkannt, doch niemals gut verstanden oder auch nur genügend definiert worden ist. Deshalb werde ich in dieser Darstellung nicht auf das Wesen der Triebprobleme eingehen (seien sie ödipal, präödipal, bisexuell oder aggressiv usw.), denen das Ich zu entgehen versucht, indem es die Verbindung mit der Realität abbricht. Jedoch bin ich mir klar, daß die Herstellung einer größeren Kontinuität zwischen den Trieb- und Ich-Aspekten eines der Hauptziele einer Theo-

---

[5] Freud erwähnt die Möglichkeit einer primären Ich-Schädigung, ohne jedoch diesen Gedanken weiter auszuführen.

rie der Schizophrenie sein sollte. Ich werde ein solches Verbindungsglied besprechen, das nach meiner Meinung gefunden werden kann, wenn wir uns der ökonomischen Grundlage der Phänomene zuwenden, die wir beobachten.

Die Erweiterung des ökonomischen Aspekts

Es wird notwendig sein, dazu einen erweiterten Begriff des ökonomischen Gesichtspunktes zu benutzen, der gewöhnlich nur im Sinne der Quantität psychischer Energie angewendet wird, hier aber auch die verschiedenen Modalitäten und Formen dieser Energie mit berücksichtigt. Wir müssen dazu zwei Differenzierungen vornehmen: eine zwischen libidinöser und aggressiver Energie, die allgemein akzeptiert ist, und eine weitere über den Ort, den ein Energiequantum auf dem Kontinuum zwischen uneingeschränkt triebhafter und vollkommen neutralisierter Energie einnimmt. Es kann eine Übereinstimmung zwischen dem Grad, in dem die Triebenergie transformiert worden ist, und dem Grad, in dem der Primärprozeß durch den Sekundärprozeß ersetzt worden ist, bestehen. Diese Ansicht geht auf Freuds Annahme (1926 a) zurück, daß die Ich-Funktionen mit einer abgeänderten Form von Energie arbeiten, die er auf eine Desexualisierung oder Sublimierung der Libido zurückführte. Die Gründe, die mich wie andere Autoren veranlaßten, seine Hypothese zu erweitern, und auch die entaggressivierte Aggression mit einzubeziehen, wurden an anderer Stelle aufgeführt (Hartmann, Kris und Loewenstein, 1949). Sexualisierung oder Aggressivisierung der Ich-Funktionen kann zu ihrer Störung führen. Sexualisierung oder Aggressivisierung haben natürlich hier wie überall auch einen Aspekt, der zur Regression in Beziehung steht.

Ich glaube, daß der Begriff der Neutralisierung auch für unser Verständnis der Schizophrenie bedeutungsvoll ist, da er uns einen günstigen Ausgangspunkt gibt, von dem aus mehrere ihrer Grundzüge sich einreihen zu lassen scheinen. Man könnte versuchen, die Schädigung der Ich-Funktionen, die ich kursorisch besprochen habe, mit Beziehung auf die narzißtische Regression zu beschreiben, aber eine solche Beschreibung wäre notwendigerweise unvollständig. Narzißmus ist, streng definiert, libidinöse Besetzung des Selbst, nicht des Ichs (siehe 7. Kapitel). Ihre Modalität kann entweder triebhaft oder neutralisiert sein. Eine Beschreibung vom Narzißmus aus trägt dem Unterschied zwischen »sexueller Überschätzung« des Selbsts, wie wir sie z. B. in der Megalomanie finden, und anderen Formen der Selbst-Besetzung nicht Rechnung; auch nicht dem Unterschied zwischen »Ich« und »Selbst« und dem zwischen der Besetzung des Selbst-Bildes (einem Repräsentanzenkomplex) und der Ich-Funktionen — eine Unterscheidung, die bedeutsam für die Entwicklungspsychologie und besonders für die Pathologie der Psychosen ist. Diese Ich-Funktionen sind nicht alle auf das Selbst gerichtet, wie es zu verstehen wäre, wenn wir bei ihrer Beschreibung den engen Begriff des Narzißmus verwendeten. Die Funktionen, die Freud typische Ich-Funktionen nennt, Denken und Handeln, können wohl auf das Selbst gerichtet (auf das Selbst bezogen) sein, aber sie können ebensowohl objektgerichtet sein (auf die Außenwelt bezogen); in diesem Fall bedeutet ihre Besetzung nicht ein vermehrtes Interesse am Selbst.

Mit dem Fall Schreber (1911 b) hat Freud uns eine klassische Beschreibung des pathologischen Prozesses der Schizophrenie gegeben, des Zurückziehens der Libido von den Objekten und ihrer darauffolgenden Investierung im Selbst. Wie ich in »Bemerkungen zur psychoanalytischen Theorie des Ichs« (7. Kapitel) erwähnt habe, ist diese Investierung nicht so sehr eine »Reaktion« auf den Rückzug, beide stellen vielmehr verschiedene Seiten desselben Prozesses dar. Über den narzißtischen Charakter des Prozesses besteht kein Zweifel. Doch kann man in Übereinstimmung mit dem von mir vorhin Gesagten den Prozeß nicht nur quantitativ, sondern auch im Hinblick auf den Grad der Neutralisierung der entsprechenden Energie zu beschreiben versuchen. Die Überbesetzung des Selbsts oder auch der Ich-Funktionen kann schwerlich allein für das Versagen der Ich-Funktionen, die wir tatsächlich geschädigt finden, verantwortlich gemacht werden. Ich erinnere hier an Freuds kritische Bemerkung über Jung, der seine Hypothese, daß die Loslösung der Libido von den Objekten und ihr Zurückzug in das Selbst den Realitätsverlust in der Psychose verursache, nicht akzeptieren wollte. Ich meine, daß Freuds Korrelierung des Realitätsverlustes mit dem Libidorückzug sehr wahrscheinlich richtig ist. Ich möchte jedoch den drei dafür angeführten Gründen noch den folgenden hinzufügen: Die schädigende Wirkung des Rückzuges ist nicht nur durch die dadurch resultierende Überbesetzung des Selbsts (und der Ich-Funktionen) bedingt, sondern auch durch die Tatsache, daß diese (und auch die objektgerichteten Ich-Besetzungen) in dem Prozeß mit nichtneutralisierter Libido überschwemmt werden. Die Selbst-Besetzung ist sexualisiert, was zur »sexuellen Überschätzung« des Selbsts führt. Dasselbe gilt zumindest für einen Teil der Ich-Funktionen, was dann zu Funktionsstörungen führt, um so mehr weil, wie ich später besprechen werde, die Fähigkeit zum Neutralisieren beim schizophrenen

Ich geschädigt ist. Magisches Denken und Handeln, die wir in der Schizophrenie finden, sind mit diesem Prozeß verbunden. Die Ich-Funktionen, die ich beschrieben habe, hängen normalerweise vom Gebrauch neutralisierter Energie ab.

In dem von mir besprochenen Beispiel ist der Zerfall des Ichs zum Teil die Folge von Objektverlust und Sexualisierung. Anderseits ist die Fähigkeit zur vollen Objektbeziehung und zum Neutralisieren und die Widerstandskraft gegen Objektverlust und Entneutralisierung teilweise in der Ich-Entwicklung verwurzelt. Die Wechselbeziehung zwischen den Trieb- und Ich-Aspekten der Objektbeziehung, wie auch der Beziehung zur Welt im allgemeinen, erscheint deutlich in der Entwicklung des Kindes. Die Art und das Ausmaß, in welchen Objekte aufgebaut oder verloren werden, sind durch Faktoren mitbestimmt, die wir dem Ich zuschreiben. Solche Daten sind nicht nur für unser Verständnis des schizophrenen Prozesses wichtig; sie werden besonders wichtig, sobald wir die Fragen der Ätiologie oder der Disposition in Betracht ziehen. Sie geben uns auch ein genaueres Bild von dem, was »Fixierung« von seiten des Ichs bedeuten mag.

Wenn Versagungen und besonders narzißtische Kränkungen, die bei anderen nur von geringer Bedeutung wären, häufig imstande sind, eine Ablösung der Libido herbeizuführen und einen schizophrenen Prozeß auszulösen, so ist das durch die Mangelhaftigkeit oder das Fehlen der stabilisierenden Kraft der Objektbeziehungen und bestimmter Ich-Funktionen bedingt. Die Verwundbarkeit des schizophrenen Ichs durch Versagungen von außen zeigt an, daß seine Beziehung zur Realität geschädigt gewesen sein muß. Das ist häufig und mit Recht als die »Schwäche« des schizophrenen Ichs beschrieben worden (neuerdings von Bychowski, 1952). Aber es scheint mir wichtig, die Ich-Funktionen, deren Schädigung die »Schwäche« bestimmt, zu spezifizieren. Das schizophrene Ich kann diese Versagungen nicht verarbeiten, wie sie normalerweise verarbeitet werden, weil seine Beziehung zur Realität, seine objektgerichteten Funktionen, die ich erwähnt habe, und seine Fähigkeit zu Abwehr und Neutralisierung geschädigt sind. Ich spreche von Neutralisierung und nicht von Sublimierung, weil diese Schädigung auch die Transformierung aggressiver Energie, über die ich später sprechen werde, mit einbezieht; aber der Ausdruck Neutralisierung ist auch ein in einem anderen Sinn umfassenderer. Er bezieht sich nicht nur auf gelegentliche Energieumsetzungen in bestimmten Konflikt- oder Gefahrensituationen. Er umfaßt auch den wahrscheinlich fortwährenden Prozeß, durch den Triebenergie modifiziert und in den Dienst des Ichs gestellt wird. Weiterhin legt das Ich in den Sekundärprozessen und in den Dispositionen zu Sekundärprozeß-Funktionen ein Reservoir von neutralisierter Energie an, und ein energetischer Austausch findet zwischen den verschiedenen Aspekten der Ich-Tätigkeiten statt (7. Kapitel).

Man hat natürlich häufig beobachtet, daß bei Schizophrenen ein Zusammenbruch dessen, was üblicherweise Sublimierung genannt wird, stattfindet, obgleich bestimmte Ich-Funktionen gewöhnlich einem Zerfall widerstehen. Was die Theorie der Schizophrenie betrifft, so hat man nicht viel mit diesen Beobachtungen anfangen können, aber ich würde denken (ich habe diese Gedanken im 9. Kapitel entwickelt), daß die Labilität der Neutralisierung oder ihre Schädigung einen wesentlichen Charakterzug der Ich-Störung in der Schizophrenie darstellt.

Die Hypothese von der Neutralisierung und Entneutralisierung aggressiver wie auch libidinöser Energie schließt mit ein, daß ein Anwachsen der aggressiven Strebungen in ihrer unveränderten Form nicht notwendigerweise auf eine Entmischung von Libido und Aggression zurückführbar ist. Ohne die Wichtigkeit der Triebverschmelzung und -entmischung herabsetzen zu wollen, können wir sagen, daß Entneutralisierung als ein zusätzlicher Faktor für die Erklärung eines solchen Anwachsens unmodifizierter Aggression angesehen werden muß [6]. Im übrigen erlaubt diese zusätzliche Hypothese eine direktere empirische Nachprüfung, z. B. in der Kinderpsychologie, als unsere Hypothese über Triebverschmelzung und -entmischung. Es ist möglich, daß zwischen den zwei Faktoren, die wir besprechen — Entmischung und Entneutralisierung — eine innere Beziehung besteht (Hartmann, Kris, Loewenstein, 1949); doch wäre die positive Behauptung eines solchen Zusammenhangs wohl noch verfrüht.

Wir finden häufig Defekte in der Über-Ich-Struktur bei Schizophrenen (Nunberg, 1932), die teilweise der Ablösung der Libido und der Regression zugeschrieben werden können. Der Zerfall der Über-Ich-Struktur geht oft mit Gewalttätigkeit einher, die verschiedentlich als »Brutalität« und »Selbst-Destruktion« usw. beschrieben worden ist (Zilboorg, 1930; Wexler, 1951; Pious, 1949; Rosenfeld, 1952). Gleichzeitig können die Idealbildung und die libidinösen Aspekte zerrüttet sein. Der Ausbruch einer außergewöhnlichen Gewalttätigkeit des schizophrenen Über-Ichs kann als Modifizierung seiner Energie beschrieben wer-

---

[6] Auch die Fähigkeit zur Differenzierung zwischen libidinösen und aggressiven Impulsen (Rosenfeld, 1950) kann wohl vom Gesichtspunkt der Ich-Funktion und der Fähigkeit zur Neutralisierung betrachtet werden.

den, welche seine schon normalerweise aggressive Besetzung noch mehr der völlig triebhaften Modalität annähert. Ein bedeutsamer Zug des schizophrenen Über-Ichs ist jedoch der geringe Grad von Organisation oder Integrierung und Differenzierung, mit dem es arbeitet; dazu gehört das Fehlen von Stabilität oder Beständigkeit. Man gewinnt den Eindruck, daß diejenigen seiner Schichten radikal verändert sind, die dem Ich am nächsten sind, was den Einfluß der synthetischen und differenzierenden Funktionen des Ichs, die Wirkung aller jener Ich-Funktionen zeigt, die normalerweise von einem gewissen Alter an für ein verhältnismäßig stabiles und brauchbares Gleichgewicht zwischen Über-Ich-Forderungen und dem tatsächlichen Funktionieren des Ichs verantwortlich sind. Es ist mir natürlich bewußt, daß viele andere wichtige Seiten der mehr oder minder spezifischen Über-Ich-Veränderungen beobachtbar sind, von denen die Archaisierung der vorherrschenden Identifizierung von überragender Bedeutung zu sein scheint.

Obgleich die Terminologie hier nicht einheitlich ist, würde ich vorziehen, ein Über-Ich nicht »stark« zu nennen, das in unberechenbarer Weise überstreng sein kann, sondern eher dasjenige, das seine Funktionen in stabiler und einheitlicher Art erfüllt. Eines der auffälligsten Kennzeichen bei den Über-Ich-Beziehungen der Schizophrenie — obgleich nicht allein spezifisch für diese — ist die Diskrepanz zwischen der Härte des Über-Ichs und der Fähigkeit des Ichs, die Über-Ich-Forderungen durchzusetzen. Das bringt uns zu dem Gegenstand zurück, den ich vorhin berührt habe: die Pathologie der Abwehrmechanismen bei der Schizophrenie.

Abwehrmechanismen bei der Schizophrenie
(Aggression und Gegenbesetzung)

Im 7. und 9. Kapitel habe ich auf zwei Gedanken Freuds Bezug genommen und die Gründe angegeben, die mich zu der Annahme brachten, daß die Energie, die für Gegenbesetzungen verwendet wird, in der Regel wahrscheinlich eine Form neutralisierter Aggression ist. Freud vergleicht die Abwehr gegen Triebe mit der Abwehr gegen Situationen der Gefahr von außen und mit ihren hauptsächlichen Charakterzügen: Kampf und Flucht. Die Gegenbesetzung, die im Ich-Es-Konflikt verwendet wird, würde, obgleich sie von neutralisierter Aggression gespeist wird, eine Form von Aggression darstellen, in der zumindest ein Charakter des Aggressionstriebs, nämlich »Kampf«, noch demonstrierbar ist. Wir wissen allerdings, besonders aus den Untersuchungen der Verdrängung, daß sie gewöhnlich mit einem verhältnismäßig hohen Grad von Neutralisierung arbeitet, einem höheren Grad, als wir den Funktionen des Über-Ichs zuschreiben würden. Die Hypothese, daß die Gegenbesetzung auf Neutralisierung der Aggression beruht, kann auch für eine Klärung gewisser Probleme in der Schizophrenie von Nutzen sein.

Wir kommen zu dem Schluß, daß die Fähigkeit des Ichs, sich gegen Triebe zu wehren, u. a. von seiner Fähigkeit abhängt, Aggression zu neutralisieren. Das trifft zumindest für jene Abwehrmechanismen wie die Verdrängung zu, die eine stabile Gegenbesetzung voraussetzen. Ich nehme an, daß die verringerte Fähigkeit des Schizophrenen, Aggression zu neutralisieren, einer der Hauptgründe für sein Versagen ist, brauchbare Abwehrmechanismen zu bilden, und für das Vorherrschen solcher Abwehrprozesse im Ich der Schizophrenen, die einen geringeren Grad von Neutralisierung erfordern [7]. Das Versagen oder die Schädigung der Neutralisierung und die Unfähigkeit, stabile Abwehrmaßnahmen aufzubauen, kann am Kinde studiert werden. Ich möchte annehmen, daß diese Schäden — besonders in ihrer Wechselbeziehung mit geschädigten Objektbeziehungen, über die ich später einige Worte sagen werde — als bedeutsam für die Disposition zur Schizophrenie anzusehen sind.

Die Beziehungen der verschiedenen Formen neutralisierter Aggression zur Ich-Organisation sind mannigfach, und es ist sehr wahrscheinlich, daß diese Formen der Energie eine wesentliche Rolle in der Besetzung einer großen Anzahl von Ich-Funktionen spielen. Aber hier sind wir vor allem an der Abwehr interessiert. Die Gegenbesetzung scheint ein typischer Weg zu sein, Aggression (eine der Transformierungen der Aggression) für die Zwecke des Ichs zu verwenden. Freie Aggression kann in seinem Dienst verwendet werden, wenn die Fähigkeit der Neutralisierung erhalten ist. Wenn sie geschädigt ist, werden nicht nur die Abwehrmechanismen mangelhaft und die Beherrschung der Triebe dadurch schwieriger, die relative Stärke der Triebe dem Ich gegenüber wird auch größer als Folge des Freiwerdens von aggressiver Triebenergie, die sonst in der Gegenbesetzung neutralisiert wäre [8]. Diese freiwerdende Trieb-

---

[7] Wieder handelt es sich, wie so häufig in der Biologie, um eine Wechselbeziehung. Der Prozeß der Libido-Ablösung kann, wie wir gesehen haben, zur Entneutralisierung führen, aber die Wahl dieser gefährlichen Abwehrmethode — sie ist »in sich selbst pathologisch«, wie Freud sagte — kann durch die Unfähigkeit des Ichs, besser angepaßte Abwehren aufzurichten, mitbestimmt sein.

[8] Ich gehe hier nicht weiter auf Freuds Unterscheidung zwischen »freier« und »gebundener« Energie ein.

energie kann dann gegen die Außenwelt gerichtet werden[9]. Ein Teil kann gegen das Selbst gewendet werden und unter bestimmten Umständen die Selbst-Vernichtung begünstigen. M. Klein (1947) und Rosenfeld (1947) haben bei der Schizophrenie »die Aufspaltung des Ichs« als Folge von Aggression beschrieben, die gegen das Selbst gewendet wurde. Ich hatte die Hypothese, die ich gerade entwickelt habe, im Sinn, als ich von einem Versuch sprach, wenigstens eine der Lücken, die die Trieb- und Ich-Aspekte der Schizophrenie trennen, zu überbrücken. Nunberg (1920) vergleicht die Destruktivität katatoner Patienten mit Abwehrmaßnahmen; dieser Vergleich ist um so plausibler, wenn wir uns an das soeben Gesagte erinnern. Ich möchte hier auch an Freuds Hypothese erinnern, daß freie Aggression die Neigung zum Konflikt verstärkt. Wenn das stimmt, würde die Entneutralisierung der Gegenbesetzungsenergie zu einer größeren Konfliktbereitschaft beitragen und gleichzeitig zu einer Unfähigkeit seiner Verarbeitung — wodurch das recht gut beschrieben ist, was wir wirklich in der Schizophrenie vorfinden. Daß ein Anteil der entneutralisierten Aggression verinnerlicht und vom Über-Ich absorbiert werden kann, ist sicherlich möglich. Es würde mit dem übereinstimmen, was uns im allgemeinen über einen der Wege, freie Aggression zu verwenden, bekannt ist.

Das Gesagte könnte uns auch zu einem besseren Verständnis der Über-Ich–Ich–Es-Beziehung in der Verdrängung verhelfen, sowohl in der normalen Psychologie als auch in der Psychopathologie. Wenn die Abwehr-Gegenbesetzung durch eine Form von aggressiver Energie genährt wird, dann kann das, was wir von der Rolle des Über-Ichs bei der Verdrängung oder besser der Verdrängung unter dem Druck der Über-Ich-Forderungen wissen, als Abhängigkeit einer Art aggressiver Beziehung (zwischen Ich und Es) von einer anderen (zwischen Über-Ich und Ich) beschrieben werden, und möglicherweise als eine Verschiebung aggressiver Besetzung, verbunden mit einer Vermehrung der Neutralisierung im Ich. Bei der Besprechung der Rolle des Über-Ichs bei der Verdrängung erwähnt Freud (1932) auch den Fall, in dem das »gehorsame Ich« auf Befehl des Über-Ichs die Verdrängung vornimmt. Was ich im Sinn habe, könnte so beschrieben werden, daß das gehorsame Ich diesen Befehl ausführt, indem es Mittel anwendet (umgewandelte Aggression), die denen ähnlich sind, mit denen ihm die Forderung aufgedrängt worden ist. Da

---

[9] Ich halte mich hier absichtlich nur an diesen Aspekt und werde das Problem der freien, auf die Trieb-Entmischung zurückführbaren Aggression nicht besprechen.

aber die Neutralisierung in der Schizophrenie geschädigt ist, funktioniert der Prozeß, den ich gerade beschrieben habe, nicht; das mag möglicherweise ein energetischer Aspekt der klinischen Tatsachen sein, die wir als Über-Ich-Zerfall beschreiben.

Aber all das ist schon deshalb eine augenfällige Übersimplifizierung, weil innere und äußere Versagungen in sehr verwickelter Weise miteinander verbunden sind. Ich erinnere nur an Freuds Befund (1930), daß äußere Versagung die Schuldgefühle erhöht, und an seine Erklärung, daß dies geschieht, weil Versagung Aggression hervorruft, die unterdrückt und an das Über-Ich »abgetreten« wird. Es besteht kein Zweifel an der Richtigkeit der Freudschen Beobachtung. Aber die Erhöhung des Schuldgefühls als Folge einer Versagung (wenn Aggression nicht nach außen abgeführt wird) scheint auch bei normalen Personen weitgehend zu variieren. Ich möchte behaupten, daß in Fällen, in denen diese Erhöhung eine verhältnismäßig geringe Rolle spielt, der Teil der Aggression, der durch Versagung hervorgerufen wurde, eher für die Abwehr-Gegenbesetzungen des Ichs als für das Über-Ich verwendet wurde. Diese unterschiedlichen Resultate werden von der relativen Stärke des Ichs gegenüber dem Über-Ich und von seiner Kapazität für höhere Grade der Neutralisierung abhängen.

In der Ontogenese sehen wir, daß sich die Abwehren gegen die Außen- und Innenwelt in naher Verbindung mit Objektbeziehungen und Realitätsbeziehungen im allgemeinen entwickeln. Störungen der Objektbeziehungen mögen die Bildung stabiler Abwehren stören — und umgekehrt (siehe auch Arlow 1952). Ich erwähnte schon, daß voll ausgebildete Objektbeziehungen (im analytischen Sinn, aber auch im allgemeineren Sinn von »Objekt-Welt« in der nichtanalytischen Psychologie) einen Grad von Neutralisierung libidinöser wie auch aggressiver Energie als Beitrag von seiten des Ichs voraussetzen, wodurch die Beständigkeit des Objekts unabhängig von der Bedürfnis-Situation gesichert wird. Aber es ist auch betont worden, besonders von Anna Freud (1949) und E. Kris (1950 b), daß gute Objektbeziehungen der Neutralisierung zugute kommen. Fassen wir das mit dem, was ich vorher über die neutralisierte Natur der Gegenbesetzung gesagt habe, zusammen, so scheint es, daß ein gemeinsamer ökonomischer Aspekt der Entwicklung sowohl von Abwehr als auch von Objektbeziehungen besteht, der bedeutsam für ihre entwicklungsgeschichtliche Wechselbeziehung sein mag. Auch ist dies vielleicht ein Kreisprozeß: beständige Objektbeziehungen fördern stabile Gegenbesetzungen, und diese sind beim Aufbau der ersteren behilflich. Ich sprach vorher sowohl von Neutralisierung libidinöser als auch aggressiver Energie. Wenn man aber die energetische Natur der Gegenbesetzung in Betracht zieht, scheint eine Untersuchung der Rolle, die die Ökonomie der Aggression in diesen Prozessen bei Kindern spielt, besonders vielversprechend. Es ist sehr wahrscheinlich, daß entstellte Objektbeziehungen — obgleich uns ihre genauere Definition noch nicht möglich ist — ein prädisponierender Faktor für die Entwicklung der Schizophrenie sind. Sie müssen sowohl vom Standpunkt der Aggression als auch der Libido angesehen werden und ebenso von dem des gegenseitigen Einflusses von Ich und Es; ein entscheidender Faktor auf seiten des Ichs ist dabei das Ausmaß der Neutralisierung. In der Schizophrenie ist dieses Ausmaß herabgesetzt — wie es sich bei der Abwehr, der Realitätsprüfung und dem Kontakt mit der Realität zeigt. Diese Entdifferenzierung des Ichs bedeutet auch, daß die differenzierten Formen der Objektbeziehungen (und ebenso der Objektivierung) nicht mehr aufrechterhalten werden können; an ihrer Stelle finden wir eine unvollständige Abgrenzung oder Verschmelzung von Selbst und Objekt und auch ein Fehlen von Differenzierung zwischen Ich und Es. Wir wissen, daß in der Entwicklung des Kindes die Selbst-Objekt- und die Ich-Es-Differenzierungen parallel laufen.

Eine Bemerkung über Beziehungen zur inneren und äußeren Realität

Eine stabile Objektbeziehung kann die Grundlage für stabile Beziehungen zur Realität im allgemeinen sein. Andererseits wissen wir, daß auch in der nicht-psychotischen Persönlichkeit ein Zurückziehen der Objektbesetzung zu einer Auflockerung der Verbindung mit der Realität führen kann. Wir können das, was dabei geschieht, vom Standpunkt der Regression aus betrachten. Ich habe früher eine spezifische Hypothese der Rolle diskutiert, die im Falle einer Psychose die Sexualisierung oder Aggressivierung von Ich-Funktionen in diesem Prozeß spielen kann. Aber wie gesagt, wir nehmen an, daß auch die Haltung der normalen Persönlichkeit gegenüber der Realität weitestgehend von den Schicksalen der unbewußten Schicht ihrer Objektbeziehungen beeinflußt wird. Gewöhnlich sehen wir kein besonderes Problem darin. Ich würde aber trotzdem nicht sagen, daß das metapsychologische Problem völlig verstanden ist.

Ich sagte schon, daß die Entdifferenzierung der Realitätsprüfung auch zur Entneutralisierung in Beziehung steht. Ich möchte hier hinzufü-

gen, daß wir klinisch verschiedene Schichten oder Aspekte der Realitäts-
prüfung beobachten; in pathologischen Zuständen sind nicht notwendi-
gerweise alle diese Schichten gleichzeitig geschädigt. Die wesentliche
Schicht ist jene, auf die Freud am häufigsten hinweist: die Fähigkeit,
Wahrnehmung von Vorstellung (Repräsentierung) zu unterscheiden; ihre
Schädigung ist auch eine Seite jener Verschmelzung von Innen- und
Außenwelt, die wir nirgendwo klarer sehen als bei der Schizophrenie.
Eine andere ist beobachtbar in dem, was ich kurz als einen Charakterzug des schizophrenen Wahns besprach. Bei den Fällen, die ich im Sinn
hatte, ist die Wahrnehmung unverändert, aber die Bedeutung der Wahrnehmung ist radikal verändert. Eine andere Seite der Realitätsprüfung,
die allgemeinerer Natur ist, kann als Richtigstellung oder Eliminierung
subjektiver Elemente in Urteilen, die objektiv sein sollen, beschrieben
werden. Der Wahn kann als eine Spezialform ihrer Pathologie eingeordnet werden, die sich aber auf ein weiteres Gebiet von Phänomenen
erstreckt. Die wesentlichen Schichten der äußeren Realitätsprüfung brechen nur in der Psychose zusammen; oberflächliche Schichten können
auch bei neurotischen und normalen Personen gestört sein. Da tatsächlich die psychischen Phänomene nicht weniger »wirklich« sind als die
der Außenwelt (obgleich wir uns oft nur auf die letztere beziehen, wenn
wir von »Realität« sprechen), kann es sich als nützlich erweisen, den Begriff der Realitätsprüfung so zu erweitern, daß die Prüfung der inneren
Welt mit einbeschlossen ist. Jede Neurose verfälscht die Einsicht in die
innere Realität. Die innere Realitätsprüfung ist sogar beim Normalen
niemals vollkommen (mit Ausnahme vielleicht des Idealfalles einer
»vollkommen analysierten« Person — sollte es je solch ein menschliches Wesen geben). Bei der schematischen Gegenüberstellung dessen,
was in einer bestimmten Situation ein Neurotiker und ein Psychotiker
tun würden, sagt Freud (1924 d): der Neurotiker verdrängt den Trieb-
anspruch, während der Psychotiker die äußere Realität verleugnet. In
diesem Falle könnten wir sagen, daß beim Neurotiker die Prüfung der
inneren Realität, beim Psychotiker die Prüfung der äußeren Realität gestört ist. Eine weitere Verwicklung wird jedoch dadurch herbeigeführt,
daß u. a. die zwei Aspekte der Realitätsprüfung aufeinander einwirken.
Die Verdrängung wird häufig das Bild der äußeren Realität beeinflussen,
obgleich nie so vollständig, wie es bei der Psychose beeinflußt ist. Während die Schizophrenen in gewisse Aspekte der inneren Realität eine bessere Einsicht als normale Menschen haben können, ist ihr Bild im Ganzen doch entstellt und unbeständig. Ich kann diesen Gedankengang
hier nicht weiterverfolgen; ich habe ihn nur angeführt, weil ich glaube,

daß gerade die Untersuchung der Wechselbeziehung zwischen innerer und äußerer Realitätsprüfung uns helfen könnte, spezifische Grundzüge der Psychosen klarer zu beschreiben. Diese Wechselbeziehung ist natürlich auch entwicklungsgeschichtlich bedeutsam. Eine Handlung kann nur dann wirklich realitätsgerecht sein, wenn sie nicht nur die äußere, sondern auch die innere Realität des Handelnden und deren beiderseitige Wechselbeziehung berücksichtigt. Das Kind macht nach meiner Meinung einen entscheidenden Schritt in der Annahme des Realitätsprinzips (im weiteren Sinne), wenn es lernt, nicht nur die Objekte der Außenwelt zu beherrschen, sondern dabei auch die Erwartungsvorstellungen äußerer mit Erwartungsvorstellungen innerer Folgen zu integrieren.

Klinisch kennen wir eine Reihe von Beziehungen zwischen Abwehr (die mit einer Form neutralisierter Aggression arbeitet) und den anderen Ich-Funktionen, von denen ich sprach (die von einer sowohl im höchsten Grad neutralisierten libidinösen als auch einer ebenso neutralisierten aggressiven Energie gespeist werden). Die synthetischen und differenzierenden Funktionen, die der letzteren Gruppe angehören, stehen sicherlich mit der Triebkontrolle in Beziehung. Andererseits beeinflussen die Abwehrfunktionen auf verschiedene Weise die Ich-Tendenzen, die den Kontakt mit der Realität aufrechterhalten, usw. Die Pathologie dieser Wechselbeziehungen der Ich-Funktionen würde in einer systematischen Untersuchung der Psychosen von besonderem Interesse sein. Während in der Regel die Stabilität der Abwehrmechanismen sicher die Beständigkeit des Kontaktes mit der Realität verstärkt, sehen wir bei der Schizophrenie, daß auch das Gegenteil geschehen kann. Wie ich schon sagte, ist dies deshalb der Fall, weil der Kontakt mit der Realität auch auf den Objektbesetzungen beruht. Daher kann die Abwehr gegen (das Zurückziehen von) Objektbeziehungen zu einer Auflockerung der Bindung des Ichs an die Realität führen. In diesem Fall muß das Ich zwischen der Aufrechterhaltung der Abwehr und dem Anklammern an die Realität wählen [10]. Vom ökonomischen Gesichtspunkt aus sehen wir, daß bei der Schizophrenie tatsächlich einige dieser Funktionen auf einer hohen Stufe der Neutralisierung verbleiben können, während andere sexualisiert oder aggressiviert worden sind. Ich habe versucht, einen Aspekt dieser Unterschiede zu erklären, aber ich glaube gewiß nicht, daß eine systematische Darstellung heutzutage auch nur versucht werden könnte. Man erhält den Eindruck, daß es sich nicht nur um eine teilweise Schädigung

---

[10] Dieser Punkt wird mit größerer Ausführlichkeit von M. Katan (1953) behandelt.

der Neutralisierung handelt, sondern daß auch gewisse »Verschiebungs-Operationen«, die Verteilung der neutralisierten Energie, ihr freies Ab-fließen zu den Punkten, an denen sie gebraucht wird, gestört sind.

Disposition zur Schizophrenie

Nirgendwo sonst in der Pathologie ist es so wichtig, die Entwicklung der psychischen Prozesse bis weit hinter die Phase der vollentwickelten Funktionen zurückzuverfolgen, wie es bei der Suche nach den disponierenden Faktoren der Schizophrenie der Fall ist. Was ihre Triebseite anbelangt, so hat man die Disposition in die oral-aggressive Phase verlegt (M. Klein, 1948). Aber das Problem ist tatsächlich auch unter verschiedenen Gesichtspunkten der Entfaltung der Objektbeziehungen erforscht worden. Jedoch benötigen wir für ein volleres Verständnis der Ätiologie und Fixierung eine weit spezifischere Kenntnis auch der Entwicklung gewisser anderer Ich-Funktionen, von denen ich schon einige besprochen habe. Warum die Hypothesen über den Narzißmus in einem Sinn zu breit und in einem anderen Sinn zu eng angelegt sind, um diesem Gegenstand völlig Rechnung zu tragen, habe ich schon gesagt. Im Zusammenhang mit dem, was in dieser Arbeit ausgeführt wurde, scheint die Kenntnis der Entwicklung der Neutralisierung und Gegenbesetzung wesentlich zu sein.

Die Frage, wie weit meine Annahme über die Art der Energie, die bei der Gegenbesetzung gefunden wird, auch für die ersten Gegenbesetzungsstrukturen, die wir sehr früh im Leben erwarten würden, zutrifft, kann bisher nicht beantwortet werden. In »Die gegenseitige Beeinflussung von Ich und Es in ihrer Entwicklung« (9. Kapitel) habe ich die Hypothese eingeführt, daß primitive Hemmungsapparate, die ein Teil der primären autonomen Ausstattung des Ichs sind, zur Entwicklung solcher sehr frühen Gegenbesetzungen beitragen. Brierley (1952) hat uns vor kurzem wieder darauf aufmerksam gemacht, welche Rolle die Identifizierung in der Errichtung dieser Gegenbesetzungsorganisation spielen kann. Nach Rapaport (1950) ist es »das Übliche, daß Energiebestände, die gewöhnlich nach Abfuhr streben, und die daran gehindert werden, Strukturen bilden, die ihre eigene Abfuhr verhindern oder regulieren«. Der Begriff der sekundären Energieverteilung fällt in Wirklichkeit mit einem Aspekt dessen zusammen, was wir Neutralisierung nennen. Diese Verteilungen der Gegenbesetzungsenergie sind z. B. für die Akzeptierung der äußeren Realität wesentlich; ohne sie würde nicht einmal die Trennung zwischen äußerer und innerer Welt zustande kommen. Sie repräsentieren eine Seite der Synthese und der Differenzierung und natürlich auch der Abwehr. Ich möchte hier betonen, daß diese Gegenbesetzungsstrukturen, Faktoren wie Aufschub von Abfuhr, aber auch das, was Freud »Reizschutz« genannt hat, wahrscheinlich unter die genetischen Vorläufer späterer Abwehrmechanismen gehören (siehe 6. und 7. Kapitel). Bergman und Escalona (1949) benutzten den Begriff eines »dünnen« Reizschutzes, um der ungewöhnlichen Sensitivität von Kindern, von denen die meisten als schizophren beschrieben werden, Rechnung zu tragen. Sensitivität gegen Stimulierung von außen spielt zumindest in einer Phase der Schizophrenie tatsächlich eine große Rolle (Glover, 1949). Bergman und Escalona (1949) nehmen an, daß ein dünner Reizschutz zu vorzeitiger Ich-Entwicklung führen kann (siehe 6. Kapitel). Tatsächlich können diese früh entwickelten Ich-Funktionen sich als höchst verletzlich erweisen. Manchmal scheinen sie später einen verhältnismäßig hohen Grad sekundärer Autonomie zu erreichen, aber häufig ist ihre Widerstandskraft geschädigt. Es ist nicht unmöglich, daß der Unterschied zwischen den frühreifen Funktionen des einen oder des anderen Typs sich der direkten Beobachtung zugänglich erweisen wird.

Um meine eigenen Eindrücke zusammenzufassen: ich bin geneigt, folgende Hypothese als wohlbegründet anzusehen: Mängel der primär autonomen Funktionen im Ich tragen zur Verletzlichkeit von Abwehr und Neutralisierung (und anderer Ich-Funktionen) bei und stellen daher einen ätiologischen Faktor für die Schizophrenie dar. Ich möchte noch einmal feststellen, daß diese Faktoren im Verlauf der Entwicklung in ständiger Wechselbeziehung mit anderen tätig sind. Ich leugne natürlich nicht die verursachende Rolle verschiedener Faktoren, deren bestuntersuchte die Objektbeziehungen sind, sondern möchte diese im Gegenteil betonen. Aber es ist nicht unmöglich, daß Anomalien der primären Autonomie zu den erblichen zentralen Faktoren der Schizophrenie gehören (ein anderer ist vielleicht die Bisexualität). Jedoch bietet die Erbmasse nur einen der Faktoren, die die Schizophrenie bestimmen. Während man ihre Existenz wohl kaum bezweifeln kann, ist doch ihre Manifestationswahrscheinlichkeit noch nicht eindeutig bestimmt. Wenn wir Freuds Annahme (1937 a), daß Abwehrmechanismen (und andere Ich-Funktionen) normalerweise einen Erbanteil haben, akzeptieren, werden wir nicht darüber erstaunt sein, daß dies auch für die Anomalien und für die Verletzbarkeit der Abwehrmechanismen (und anderer Ich-Funktionen) gilt. Das entscheidet natürlich nicht die Frage, ob in der Regel erbliche oder Umweltfaktoren in der Ätiologie der Schizophrenie vorherrschen. Ich will hier nicht die Rolle früher traumatischer oder anderer Umwelteinflüsse beschreiben, noch ihre Wechselwirkung mit den Reifungsfaktoren. Überdies ist es nicht unwahrscheinlich, daß pathognomonische Züge, die in bestimmten Fällen auf frühe Schwäche oder Entstellung der Ich-Funktionen zurückführbar zu sein scheinen, in anderen Fällen infolge späterer organischer Schädigungen zustande kommen [11].

Zusammenfassung

Ich habe den Versuch unternommen, einige Aspekte der Schizophrenie im Sinne der Schädigung nicht eigentlich des »Ichs«, sondern spezifischer Ich-Funktionen zu erklären. Ich versuchte, gewisse bekannte Daten über schizophrene Abwehr, Objektbeziehungen, Sprache, Realitätsprüfung usw. zu integrieren oder, bescheidener ausgedrückt, ihnen Rechnung zu tragen. Dies wurde von einem bestimmten Gesichtspunkt aus unternommen, ohne jedoch andere Möglichkeiten der Behandlung des Problems auszuschließen. Wenn ich zum Zwecke dieser Darstellung nur einen Aspekt auswählte, so möchte ich wiederholen, was ich schon früher gesagt habe: daß die Bedeutung dieses Aspektes nur dann vollkommen klar erkannt werden kann, wenn er in seiner Wechselbeziehung zu anderen betrachtet wird. Glover (1949) hat deutlich gesagt, daß viele Aspekte der Schizophrenie nur dann wirklich verstanden werden können, wenn wir sie im Sinne der Metapsychologie untersuchen. Die metapsychologischen Hypothesen, die ich benutzte, haben mir gestattet, wenigstens zum Teil die Kluft zwischen den Trieb- und den Ich-Aspekten der Schizophrenie zu überbrücken und einige Verbindungen zwischen ihnen herzustellen. Sie ließen mich besonders in die Ökonomie der Aggression und in ihre Rolle beim Normalen wie beim Schizophrenen

---

[11] Ein Versuch, unsere Befunde mit denen der Physiologie zu korrelieren, mag verfrüht erscheinen, obgleich zweifellos Freud eine solche Korrelation als Endziel der Psychoanalyse ansah. Ich möchte nur erwähnen, daß, wenn neuere Untersuchungen über die Pathophysiologie der Schizophrenie, vor allem des adrenalen Systems bestätigt werden, sie zu dem in Beziehung gesetzt werden könnten, was wir in der Psychoanalyse über die Abwehr des Schizophrenen denken. Natürlich würden wir den Begriff »Belastung«, der sich in der Physiologie nützlich erwiesen hat, differenzieren müssen, um Korrelationen mit analytischen Daten und Hypothesen bedeutungsvoller zu machen, das heißt, wir würden mit dem komplizierten System von »Gefahr«- und »Konflikt«-Situationen zu arbeiten haben.

Einsicht nehmen. Sie führten mich auch zu einigen Vermutungen über ein Problem, das für viele von uns im Vordergrund des Interesses steht: die Disposition zur Schizophrenie. In einem Aufsatz wie diesem, mit seiner heuristischen Einseitigkeit, begegnen wir notwendigerweise einer großen Zahl von Fragezeichen, die eine Insel vorläufiger Hypothesen umgeben. Ich glaube jedoch mit Sicherheit sagen zu können, daß die Hypothesen, die ich vorgeschlagen habe, zumindest nicht im Widerspruch zu empirischen Daten und zu dem Hauptteil nachgeprüfter psychoanalytischer Theorien stehen.

11. KAPITEL

PROBLEME DER INFANTILEN NEUROSE*

(1954)

Sowohl Anna Freud als Dr. Greenacre haben Beiträge zum Verständnis der frühesten, prästrukturellen Entwicklungsphase geliefert. Anna Freud (1954 a) sprach von Frustrationen sehr spezifischer Bedürfnisse, Bedürfnissen nach Nahrung, Schlaf, Atem, Körperkontakt, Ausscheidung und von der Wechselwirkung dieser Bedürfnisse in einer Periode, ehe die Triebe einen bestimmteren und charakteristischen Ausdruck finden. Auch Greenacre (1954) nimmt Bezug auf Erscheinungen, die in dieser Entwicklungsperiode auftreten. Beide Autoren schreiben diesen Faktoren keine wirklich spezifische ätiologische Bedeutung zu, sondern nehmen an, daß sie ein gewisses Maß an Prädisposition für spätere Erkrankungen schaffen. Derartige Untersuchungen zeigen, daß wir uns zunehmend der Komplexität dieser Prädispositionen zur pathologischen Entwicklung bewußt werden, und sie sagen etwas über die Suche nach einem Verständnis dieser Prädispositionen in ihrer Wechselwirkung zu denen aus, die uns schon früher bekannt waren.

Es ist allerdings nicht erkennbar, wieweit die beschriebenen Faktoren von sich aus irgendeine Art von phasenspezifischer Verletzlichkeit für eine neurotische Entwicklung determinieren; oder wieweit sie dadurch wirken, daß sie zu den phasenspezifischen Konflikten späterer Stadien beitragen, etwa zum ödipalen Konflikt in der phallischen Phase. Offensichtlich beeinflussen all die erwähnten Faktoren die Form und Intensität von Objektbeziehungen und die Entwicklung des Ichs. Aber es gibt fehlende Glieder zwischen diesen sehr frühen Ereignissen und dem, was wir heute über die ätiologische Bedeutung späterer Phasen wissen. Hier ist noch eine Lücke, und was hier und anderswo geleistet wird, soll tatsächlich zu einer Art von Inventar der beitragenden Faktoren und ihrer Wechselbeziehungen führen, über Freuds klassische Formulierungen in bezug auf die Ätiologie der Neurosen hinaus.

---

* Dieser Aufsatz war Teil einer Gremiums-Diskussion. Dr. Greenacre und Anna Freud hatten vor mir gesprochen. Wenn nicht anders angegeben, beziehen sich meine Bemerkungen auf ihre Beiträge zu diesem Gremium.

Ich muß hier, da es bisher noch nicht erwähnt wurde, darauf hinweisen, daß viele dieser Faktoren tatsächlich Teile der kindlichen Ausrüstung sind. Zum Beispiel gehören der Kern der Differenzierung zwischen dem Ich und dem Es und die individuellen Variationen dieser Differenzierung zu den Faktoren, die Teil der menschlichen Mitgift sind. Das ist wichtig, weil Freud, wie Sie sich erinnern, die Differenzierung von Ich und Es für eine grundlegende Voraussetzung für die Entwicklung der Neurosen hielt. Alle diese Fragen sind allerdings gerade jetzt sehr in Fluß geraten, und es wird schwierig, die Probleme, die die infantile Neurose hinsichtlich ihres Ursprungs, ihrer Struktur, ihrer Bedeutung für die spätere Entwicklung stellt, abzuschätzen.

Sie werden bemerkt haben, daß sowohl in Greenacres wie in Anna Freuds Beitrag relativ wenig über die infantile Neurose selbst gesagt wurde, was natürlich bezeichnend für die Lage der Dinge heute ist. Ich würde sagen, daß das meiste von dem, was Freud vor langer Zeit über die infantile Neurose sagte, auch heute noch gilt. Aber es ist auch klar, daß im Lauf der Entwicklung der Analyse Neuformulierungen unumgänglich sind.

Was unser Thema, die infantile Neurose anbelangt, so haben wir dazu mehr Fragen als Antworten. Doch ist es ein angenehmer Gedanke, daß der größte Teil des Unbehagens, das viele von uns empfinden, wenn sie sich heute diesem Problem zuwenden, der Tatsache zuzuschreiben ist, daß wir tatsächlich viel mehr wissen; das heißt, wir wissen viel mehr über Entwicklungspsychologie im allgemeinen, was uns bei der Spezifizierung unserer Hypothesen anspruchsvoller macht. Wir wissen mehr über die normale Entwicklung, und wir stimmen alle darin überein, daß ein Verständnis der neurotischen Entwicklung nicht möglich ist, wenn es sich nicht auf eine sehr detaillierte Analyse und ein präzises Wissen darüber stützt, was normale Entwicklung ist. Infolgedessen müssen wir uns heute mit einer größeren Anzahl von Hypothesen über diesen Gegenstand befassen.

Ich möchte hier zum Beispiel erwähnen, was Anna Freud über jene primitiven Bedürfnisse sagte, die sie in ihrer wechselseitigen Abhängigkeit untersuchte, wobei sie fand, daß manche von ihnen in synergetischer Weise wirken, andere in antagonistischer.

Diese Gruppe von Hypothesen über die frühesten Phasen hat den großen Vorteil, daß sie verifiziert werden, daß sie nachgeprüft werden kann (wenn auch nur auf der Grundlage direkter Kinderbeobachtung und retrospektiver Analyse von Erwachsenen), während eine ganze Anzahl früherer Hypothesen über das gleiche Problem tatsächlich irgendeiner Verifizierung oder Nichtverifizierung kaum zugänglich waren. Aber gegenwärtig sind die Begriffe der Entwicklungsphase, des Konflikts, des Traumas viel komplizierter für uns geworden, und ich glaube, sie werden immer komplizierter werden, ehe wir wieder den schönen, friedlichen Zustand erreichen, wo sowohl einfache wie umfassende Formulierungen möglich werden.

In diesem Zusammenhang darf ich noch eine andere Schwierigkeit erwähnen. Es ist tatsächlich nicht so einfach, zu sagen, was wir eine infantile Neurose nennen. Sie erinnern sich, daß Freud, als er sich zuerst diesem Problem zuwandte, feststellte, daß das, was er als Neurose ansah, von Eltern und Lehrern häufig für Bosheit oder schlechte Erziehung gehalten wurde. Heute stehen wir vor der umgekehrten Situation: in ziemlich weiten Kreisen gilt jede Ungezogenheit, ja jedes Verhalten des Kindes, das nicht dem Lehrbuchmodell der jeweiligen Entwicklungsphasen entspricht, als »neurotisch«. Was bedeutet das? Es bedeutet, daß der weite Spielraum normaler Verhaltensvariationen nicht erkannt und daß die spezifischen Züge dessen, was die Analytiker als Neurose bezeichnen, aus den Augen verloren wird. Abgesehen davon allerdings unterscheiden sich viele von den ganz frühen Neurosen wirklich von dem, was wir beim Erwachsenen Neurose zu nennen gewöhnt sind. Viele Probleme von Kindern, die wir neurotisch heißen, beschränken sich tatsächlich auf eine einzige funktionelle Störung, und der Weg vom Konflikt zum Symptom ist oft kürzer als bei der Neurose des Erwachsenen.

Ich darf auch noch bemerken, daß ein weiterer Aspekt der Kindheitsneurose nicht systematisch untersucht worden ist, das heißt ihre entwicklungsmäßige Signifikanz, die einfache klinische Frage, was tatsächlich für Wechselbeziehungen bestehen zwischen Kindheitsneurose und Form und Intensität der Erwachsenenneurose. Bei manchen gut analysierten Fällen kennen wir die Aufeinanderfolge von Kindheitsneurose, Latenzneurose und Erwachsenenneurose — zum Beispiel beim bestanalysierten Fall von allen, dem Wolfsmann. Aber selbst heute wäre es nicht so einfach, eine auch nur einigermaßen verallgemeinernde Aussage über viele der Probleme zu machen, die hier eine Rolle spielten. Wir können der Frage allerdings näherkommen, wenn wir zum Beispiel das Material einer unserer analytischen Kliniken verwenden. In der Tat gehört das zu den Themen, die für das Forschungsprogramm des New Yorker Forschungszentrums vorgeschlagen wurden.

Obgleich sich in unserer Literatur einige sehr schöne Analysen von Kindheitsneurosen finden, hat sich das analytische Interesse vieler, und wie mir scheint ganz übereinstimmend, von den rein klinischen Aspekten zu den zugrundeliegenden Entwicklungsprozessen gewendet, um dort eine Antwort zu suchen — das heißt zu den mehr oder weniger allgemeinen Gesetzen, die die Entwicklung der Libido, der Aggression, des Ichs und der Objektbeziehungen beherrschen, und zu dem, was wir generell von den starken und schwachen Punkten dieser Entwicklungen sagen können. Natürlich gilt auf dieser Ebene der Forschung, einer Forschung, die nicht mehr bloß klinisch, sondern auch entwicklungsorientiert ist, weiterhin, daß die Fixierungen und Konflikte, die wir bei der infantilen Neurose finden, sich auch häufig am Grunde der Neurosen Erwachsener aufdecken lassen. Die letztere ist häufig nach der ersteren gebildet, doch gilt das nicht in jedem Fall. Ohne Zweifel sind bestimmte Konstellationen in der Trieb- und Ich-Entwicklung, deren Wechselwirkungen wir bis zu einem gewissen Grad zu verstehen gelernt haben, pathogen. Allerdings ist die bloße Tatsache, daß diese Konflikte und Fixierungen des Kindes auch zu der Ausbildung einer Neurose in der Kindheit führten, nicht notwendig ein zusätzlicher pathogener Faktor für das spätere Leben.

Ich kann sie, um diesen Punkt zu klären, hier an eine ähnliche Entdeckung erinnern, die Helene Deutsch (1937) auf einem anderen Gebiet gemacht hat. Sie wies nach, daß in bestimmten Situationen die Tatsache, daß sich eine Depression entwickelt, weniger schädlich ist, als daß keine Depression zustande kommt. Wir müssen uns fragen, ob phasen-entsprechende neurotische Reaktionen des Kindes nicht auch häufig unter diesem Aspekt gesehen werden sollten. Wir könnten das allgemeiner formulieren, indem wir sagen: was in einem Querschnitt der Entwicklung als »pathologisch« erscheint, könnte, wenn man es in der longitudinalen Dimension der Entwicklung sieht, die bestmögliche Lösung eines bestimmten Kindheitskonflikts darstellen.

Was Anna Freud (1945) vor langem sagte, ist natürlich richtig, daß nämlich das scheinbar starke Ich eines neurotischen Kindes tatsächlich schwach ist, und auch, daß die infantile Neurose eine »Verkalkung« bedeuten kann. Diese Gefahr besteht bei starren Fixierungen auf bestimmte Triebziele oder auf bestimmte Abwehrmechanismen oder auch auf jene Grundverhaltensmuster, von denen Greenacre sprach. Die Folge ist dann, daß Teile der wachsenden Persönlichkeit zumindest zeitweilig von der weiteren Entwicklung ausgeschlossen werden. Aber es gibt verschiedene Punkte, an die hier gedacht werden muß. Vor allem gibt es auch sehr widerspenstige und dauerhafte Fixierungen, die nicht zur Neurose oder Psychose führen, und doch manche Aspekte der späteren Entwicklung stören. Ich erinnere sie zum Beispiel an jene »Verrenkungen« des Ichs

(»ungünstige Veränderungen des Ichs, im Sinne einer Verrenkung und Einschränkung«, Freud, 1937 a, S. 64) mit deren Hilfe die Entwicklung einer Neurose unter Umständen vermieden wird. Derartige Erscheinungen sind, wenn sie auch in der Analyse noch wenig beachtet wurden, wahrscheinlich sehr häufig. Auch die von Anna Freud beschriebenen Fixierungen auf frühe spezifische Frustrationen führen nicht notwendigerweise zu einer Neurose. Aber sie können, wenn sich eine Neurose entwickelt, die Symptombildung bestimmen. Eine frühe Traumatisierung kann ähnliche Auswirkungen haben, wie Greenacre schon erwähnte. Grinker (1954) glaubt, daß viele psychosomatische Störungen auf solche Faktoren zurückzuführen sind. Die entscheidende Frage ist natürlich, ob diese verschiedenen Wechselfälle in der Entwicklung reversibel sind, kompensiert werden können oder irreversibel sind.

So gibt es in der Kindheit eine Vielfalt an Faktoren, die man in einer Weise »pathogen« nennen könnte, die aber nicht von sich aus zur Neurose oder Psychose führen. Andererseits gibt es auch neurotische Erscheinungen in der Kindheit, die der Korrektur zugänglich sind, der Modifikation im Verlauf des Wachstums und der Entwicklung, die ich hier erwähnen muß, um das Bild nicht zu einseitig zu gestalten. Die theoretische Basis, auf die wir hier bauen können, ist ein Gedanke, den Freud in einigen seiner späteren Arbeiten zum Ausdruck brachte (z. B. 1926 a), nämlich daß die verdrängte Triebforderung nicht unbedingt starr im Es bewahrt wird. Das heißt, sie kann vom Ich bearbeitet oder vom Ich verwendet werden, wie das gewöhnlich beim normalen Untergang des Ödipuskomplexes der Fall ist, wo verdrängte Triebe sublimiert und bei den resultierenden Identifizierungen verwertet werden. Ein Aufsatz von Anny Katan (1937) entwickelt diese Anregungen Freuds weiter. Das liefert uns eine Erklärung für die Tatsache, daß die oft nach Kindheitsneurosen anzutreffende Verkalkung nur eine vorübergehende Erscheinung sein kann; und das wird uns weniger dazu veranlassen, aus theoretischen Gründen die Möglichkeit einer Spontanheilung dieser Neurosen abzustreiten. Sie wird uns sogar noch möglicher erscheinen, wenn wir uns die, auch von Anna Freud erwähnte, modifizierende Kraft der Reifung auf seiten des Es aber auch des Ichs vor Augen halten, durch die manche Angstbedingungen ihre Bedeutung verlieren können.

Es gibt keinen Maßstab für das pathogene Potential der infantilen Neurose, außer der Erwägung der entwicklungsmäßigen Faktoren auf lange Sicht. Wir dürfen nicht vergessen, daß jede neue Reifungsphase neue potentielle Konfliktsituationen schafft und neue Arten, mit diesen Konflikten umzugehen. Aber im Prinzip bringt sie auch, bis zu einem gewissen Maß, die Möglichkeit mit sich, den Einfluß früherer Konflikt-lösungen zu modifizieren. Der neue Aspekt der späteren Phasen besteht in der veränderten Dominanz bestimmter triebhafter und bestimmter Ich-Funktionen; dazu gehören auch phasenspezifische Fähigkeiten, mit Konfliktsituationen umzugehen und, bis zu einem gewissen Grad, alte Konfliktlösungen zu revidieren. Die Hauptsache beim Angehen dieser Probleme — und das rührt an das, was sowohl Greenacre wie Anna Freud sagten — ist, daß der genetische, der historische Aspekt späterer Konflikte klar von ihren phasenspezifischen Möglichkeiten getrennt werden muß (siehe auch 6. Kapitel).

Was einen weiteren Punkt betrifft: wenn wir versuchen, ein entwick-lungsmäßiges Potential zu bestimmen, dürfen wir nicht vergessen, daß viele der Begriffe, die wir hier benützen (z. B. Trauma, Ich-Stärke usw.), Beziehungen mit umfassen. Die Tatsachen, auf die sie Bezug neh-men, können nicht ohne Kenntnis des Zusammenhangs, in dem sie er-scheinen, beurteilt werden. Das ist offensichtlich bei einem Begriff wie dem Trauma, und es ist wichtig für das, was Greenacre sagte. Aus ähn-lichen Gründen haben wir uns daran gewöhnt, viele entwicklungsmäßige Erscheinungen im Sinn ihrer »Es-Aspekte« und ihrer »Ich-Aspekte« zu beschreiben, da diese Kategorie der Beziehungen zwischen Ich und Es grundlegend für unser Verständnis so vieler anderer ist.

Die Abschätzung des entwicklungsmäßigen Potentials umfaßt auch als wichtigen Faktor die Untersuchung der Lustmöglichkeiten in den drei psychischen Systemen und ihre Veränderungen auf den verschiedenen Stufen des Wachstums und der Entwicklung. Ich erinnere Sie hier an das, was Greenacre über zwei biologische Rhythmen sagte (lustvolle Be-friedigung und orgastische); aber auch die rhythmischen Aspekte der Ich-Aktivitäten sollten meiner Ansicht nach in diesem Zusammenhang untersucht werden. Verschiedene Formen rhythmischer Aktivität kön-nen mit den verschiedenen Bedingungen für den Lustgewinn verknüpft werden, und die Frage ist immer: welche Formen des Lustgewinns über-wiegen auf einer bestimmten Entwicklungsstufe?

Ein weiterer Punkt bezieht sich auf das, was wir eben von Anna Freud hörten (1954 b). Es ist sicher richtig, daß das Fortbestehen frühe-rer Erscheinungen in späteren Phasen häufig — jenseits gewisser Gren-zen — verdächtig oder bedrohlich ist. Ich darf hinzufügen, daß die vor-zeitige Entwicklung bestimmter Funktionen vermutlich auch zu einer pathologischen Weiterentwicklung führen kann.

Ich möchte nur noch eine Bemerkung machen über die Fähigkeit, Ent-wicklungen, die, wenn sie nicht aufgehalten werden, zur Pathologie führen können, zu modifizieren, umzukehren oder Kompensationen für sie zu schaffen. Ein wesentlicher Aspekt dabei ist die Fähigkeit des Kindes, sowohl libidinöse wie aggressive Triebenergie zu neutralisieren. Diese Fähigkeit zur Neutralisierung mag in bezug auf die Libido und auf die Aggression unter Umständen verschieden sein, wie es sich zum Beispiel bei einem von Berta Bornstein analysierten Fall [1] deutlich verfolgen ließ. Und diese Fähigkeit, Triebenergie durch neutralisierte Energie zu ersetzen, muß in Zusammenhang mit der Einsetzung von Ich-Zielen an Stelle von libidinösen Zielen gesehen werden — wobei die beiden Prozesse teilweise unabhängig voneinander variieren, wie man das in Fällen der Sexualisierung oder Aggressivierung von Ich-Funktionen sieht. Das ist besonders bedeutsam für das Verständnis von Fixierungen und ihren Folgeerscheinungen — die ein Kontinuum von der starren Fixierung an eine Triebforderung bis zu denen am anderen Ende der Linie bilden, die schließlich vorwiegend als eine individuelle Form oder Richtung oder Intensität einer Ich-Funktion überleben.

All dies zeigt, daß der Einfluß der Entwicklung auf die infantile Neurose nicht beurteilt werden kann, ohne daß man in jedem einzelnen Fall sowohl die Mittel benützt, die die Kinderpsychologie entwickelt hat, als auch die Kenntnis der relativen Bedeutsamkeit der vielen hier genannten Faktoren und vieler anderer nicht genannter. Die Frage nach dem Ausmaß, in dem die infantile Neurose eine spätere Neurose oder Psychose oder Charakterentwicklung oder ein positives Ergebnis determiniert, ist im Grunde genommen eine empirische. Aber die Entwicklungstheorie kann uns Modelle liefern, sie kann uns sagen, welche Faktoren in solch einer Untersuchung berücksichtigt werden müssen und mit welcher Wechselwirkung zwischen ihnen am ehesten zu rechnen ist. So kann die Theorie wohl die klinischen Untersuchungen von Kinderneurosen lenken, aber sie könnte diese Untersuchungen nicht etwa ersetzen. Und deswegen hoffen wir, daß wir in der weiteren Diskussion viele klinische Beispiele hören werden, um unsere Entwicklungshypothesen zu bereichern und zu überprüfen.

---

[1] Persönliche Mitteilung.

12. KAPITEL

BEMERKUNGEN ZUR THEORIE DER SUBLIMIERUNG

(1955)

In der Psychoanalyse wie auf anderen Gebieten ist es schon häufig vorgekommen, daß Begriffe, die zunächst für mehr oder minder beiläufige Beobachtungen benutzt worden waren, später für viel allgemeinere Phänomene, als ursprünglich beabsichtigt, Verwendung fanden. In diesen Fällen behalten die Begriffe für eine Weile den Stempel der spezifischen Situation bei, für die sie ursprünglich gemeint waren; aber sie lösen sich allmählich von den jeweiligen Entdeckungen ab, die zu ihrer Formulierung geführt hatten. Sie werden mehr oder weniger in das Gesamtgebiet von Erfahrung und Denken eingeordnet, was dann oft eine erneute Definition erfordert. Dies im einzelnen aufzuzeigen, wäre für die Geschichte der Psychoanalyse sicher eine lohnende Aufgabe. Es sei hier nur an Freuds Begriff der Abwehr in den neunziger Jahren erinnert, verglichen mit einer späteren Phase seines Werkes, als der Begriff der Abwehr im strukturellen Sinne angewendet und als ein Aspekt der allgemeinen Psychologie erkannt worden war, der für die Entwicklung des normalen wie des später kranken Individuums gleich wichtig ist. Oder denken wir daran, wie die Begriffsbildung der Aggression sich gewandelt hat, bis Aggression schließlich als einer der Grundtriebe erkannt und definiert wurde. Als drittes Beispiel möchte ich auf den Narzißmus hinweisen. Auch hier können wir mehrfach Neuformulierungen feststellen; die Tatsache, daß Freud den Begriff des »Narzißmus« nicht durchgehend dem Niveau seiner späteren Einsichten und Theorien angepaßt hat, führte in diesem Fall zu einer Reihe von Unklarheiten und Widersprüchen im psychoanalytischen Denken und Schrifttum.

Der Begriff der Sublimierung zeigt eine ziemlich ähnliche Entwicklung. In der ursprünglichen Anwendung Freuds bezog sich »Sublimierung« auf gewisse kulturelle oder anderweitig hochbewertete Leistungen, die sich aus triebhaftem — das bedeutete damals »sexuellen« — Quellen herleiteten. Diese Phänomene wurden auch als Möglichkeiten, Konflikte zu vermeiden und Abfuhr zu erzielen, untersucht, um der Notwendigkeit einer Verdrängung zu entgehen; ihre Beziehungen zu Reaktionsbildungen der Latenzperiode und ihre Rolle im künstlerischen Schaffen wurde festgestellt. Teilweise wurde auch ihre Beziehung zur Symptombildung einerseits und zur Symbolisierung andererseits erkannt. Dies alles wurde von Freud und anderen Analytikern beschrieben, bevor die Ich-Psychologie als ein gleichberechtigtes Teilgebiet der Psychoanalyse anerkannt wurde. Spätere Arbeiten über die Sublimierung haben die Tendenz, ihre Beziehung zum Aufbau des Ich im allgemeinen und zu spezifischen Ich-Funktionen zu betonen. Wie im Falle des Narzißmus finden wir in Freuds späteren Arbeiten neue Gedanken hierüber, die er jedoch nicht eigens für eine neue Definition der »Sublimierung« im Sinne seiner späteren Schriften entwickelt oder benutzt hat.

Ungeachtet der häufigen und allgemeinen Anwendung des Begriffs der Sublimierung und ungeachtet vieler Versuche, ihn eindeutig zu fassen, besteht doch kein Zweifel darüber, daß ein gewisses Maß von Unbehagen an einigen seiner Aspekte unter uns ziemlich verbreitet ist. Verschiedene von ihnen wurden von Sterba (1930), Bernfeld (1931), Glover (1931), Levey (1939) und anderen kritisiert. Brierley (1947) bezeichnet die Sublimierung als einen »Omnibusbegriff«, der eine große Zahl tatsächlich verschiedener Aktivitäten enthält. Jones (1941), der seine Kritik auf die frühere Anwendung begrenzt, weist auf »die Tage« hin, »als die Analytiker dazu neigten, das heilige Wort ›Sublimierung‹ als *deus ex machina* für alle sozialen und idealistischen Impulse zu zitieren«.

Nach der gebräuchlichsten Definition ist Sublimierung eine Ablenkung sexueller Triebe von Triebzielen auf sozial oder kulturell annehmbarere oder höher bewertete Ziele. Es kann auch ein Objektwechsel stattfinden. Mit dieser Definition ist Sublimierung in der Tat ein Spezialfall von Verschiebung, und zwar in dem Sinne, daß sie nur jene Verschiebungen umfaßt, die zur Substitution wertvoller Ziele führen. Der Vorteil dieser Auffassung lag in der klaren Feststellung, daß die höchsten Leistungen des Menschen — Kunst, Wissenschaft und Religion — ihren Ursprung in libidinösen Strebungen haben können und oft auch haben. Aber einige Autoren, zum Beispiel Bernfeld (1931) und Sterba (1930), haben gegen diese Definition Einwände erhoben, indem sie darauf hinwiesen, daß es immer fragwürdig ist, Werturteile in die Definition eines seelischen Prozesses einzuführen. Das soll natürlich nicht heißen, daß die Funktion der Bewertung nicht zum Objekt empirischer Forschung gemacht werden kann. Auf der Grundlage einer solchen Definition beruht auf jeden Fall jede Untersuchung über die Beziehungen zwischen Sublimierung und Wertbildung mehr oder weniger auf einer *petitio principii*.

Es war deshalb ein vernünftiger Vorschlag, das Element des Werturteils wegzulassen und von Ich-gerechten Zielen zu sprechen (Bernfeld). Diese wichtige Verbesserung ließ jedoch noch viele Fragen offen. Wir pflegen zu sagen, daß bei der Sublimierung Triebziele durch Ich-Ziele ersetzt werden, was von einem Objektwechsel begleitet sein kann. Aber ist es wirklich wahr, daß es nur von den Zielen (und Objekten) abhängt, ob wir von sublimierter Aktivität sprechen können oder nicht? Hier stoßen wir auf das Problem der Beziehung zwischen Sublimierung und Sexualisierung. Einige Definitionen der Sublimierung lassen die Frage offen, welche Unterschiede zwischen den beiden Prozessen bestehen; beziehungsweise sie vergessen, diese Unterscheidung zu machen. Klinisch wissen wir, daß die Sexualisierung von Ich-Funktionen über eine bestimmte Grenze hinaus das richtige Funktionieren stört; während in weiten Bereichen menschlicher Aktivität erfolgreiches Funktionieren von der Sublimierung abhängig ist.

Im Falle der Sexualisierung sagen wir oft, daß eine Ich-Funktion meist unbewußt mit einer »sexuellen Bedeutung« ausgestattet worden ist. Ich erinnere Sie auch an einige Formen der Hemmung, die vorkommen können (Freud, 1926 a). Jedoch bedarf dieser Begriff »Bedeutung« noch der Klärung. Augenscheinlich können wir auch im Falle der Sublimierung unbewußte genetische Determinanten sexueller Natur finden. Man könnte versuchen, die Unterschiede zwischen Sublimierung und Sexualisierung auf das Überwiegen des sekundären oder primären Prozesses zu beziehen; auf den Grad, in dem die in Frage kommenden Funktionen realitätsgerecht sind oder nicht; ob die Unterdrückung der Funktion zu Angst führen kann; wie wahrscheinlich es ist, daß die Ich-Aktivität in direkte Triebbefriedigung verwandelt wird und so weiter. All das sind zweifellos wichtige Aspekte dieser Unterscheidung, und ich möchte auf einige von ihnen später wieder zurückkommen. Auf jeden Fall scheint mir eine klare Darstellung dieses Problems die Einführung metapsychologischer Begriffe zu fordern. Für unsere Diskussion wollen wir bedenken, daß, wenn man den Begriff der Sublimierung auf die Ziele des Verhaltens beschränkt, man notwendigerweise eine unzureichende Definition erhält. Wir wollen auch feststellen, daß ein Nachteil einer derartigen Definition, die keinen Unterschied zwischen Sublimierung und Sexualisierung macht, darin besteht, daß sie die beträchtlichen Unterschiede in der Stabilität von Ich-Funktionen vernachlässigt, auch von solchen, die in ihrem Triebkern sehr ähnlich sind; Unterschiede in der Widerstandskraft gegenüber Regression und Sexualisierung — das heißt, eine Vernachlässigung dessen, was ich die Grade der sekundären Autonomie des

Ich zu nennen pflege. Indem wir die Diskussion des energetischen Aspekts aufschieben, das heißt der Arten der beteiligten Energie, können wir sagen, daß die Stabilität sexualisierter Ich-Funktionen und deren Integration gewöhnlich weniger gesichert ist und sie leichter dem Zug regressiver Tendenzen folgen.

Von der Entwicklung her betrachtet, kann man einen wichtigen Zug charakterisieren als weg von der Instinktualisierung der Ich-Funktionen und hin zu einer größeren »sekundären« Autonomie, das heißt, einem besseren Schutz gegen Sexualisierung und Regression. Die Grade der Autonomie sind natürlich individuell entsprechend der Entwicklungsstufe und den verschiedenen Ich-Funktionen unterschiedlich[1]. Wenn wir ein Gesamtbild eines Individual-Ichs geben, so entspricht der Grad an Autonomie dem, was wir Ich-Stärke nennen, obwohl sie nicht deren einzige Quelle ist[2].

Die Abhängigkeit der Ich-Funktion von Bedürfnissen ist beim Säugling deutlich. Während der gesamten Kindheit zeigen neuerworbene Ich-Aktivitäten einen beträchtlichen Mangel an Stabilität oder eine Tendenz, vorübergehend wieder in die Konflikte und Triebansprüche verwickelt zu werden, die zu ihrer Entwicklung beigetragen haben. Das Kind entwickelt besondere Methoden, derartigen regressiven Tendenzen entgegenzuwirken (Anna Freud und Dann, 1951; Kris, 1951 b).

Wir alle sind uns wohl über die Bedeutung früher libidinöser Besetzung der Ich-Aktivitäten für die Entwicklung einig. Aber ich würde in diesem Fall aus den gerade erwähnten und anderen noch zu besprechenden Gründen noch nicht von Sublimierung sprechen, obgleich manche Analytiker das tun. Ich glaube aber, daß es eine Vielzahl von Wegen gibt, auf denen diese frühen libidinösen Besetzungen der Ich-Aktivitäten spätere Sublimierungen beeinflussen können. Melanie Klein (1923 a) setzt die Fähigkeit, Ich-Aktivitäten mit Libido zu besetzen, der Fähigkeit zur Sublimierung gleich. Sie glaubt auch, daß libidinöse Fixierungen an Sprache und Lust an der Bewegung Vorbedingungen

---

[1] Eine interessante Darstellung der Stabilität der Ich-Funktionen im psychoanalytischen Prozeß, siehe Jokl (1950).

[2] In Diskussionen dieser Art zeigt sich der ursprünglich bewertende Begriff der Sublimierung noch sehr lebendig. Die Stellung der Probleme innerhalb einer Theorie der Sublimierung, wie sie ursprünglich gedacht war, werde ich kurz am Ende meiner Ausführungen im Sinne von Freuds späteren Gedanken aufzeigen. Hier scheint es mir richtig zu sein, uns zu vergegenwärtigen, daß sich der Begriff der sekundären Autonomie auf die Stabilität der Ich-Funktionen nur in dem gerade aufgezeigten Sinn bezieht und in keiner Weise auf irgendeinen »Wert« der betreffenden Aktivitäten oder ihrer Ergebnisse.

für die Fähigkeit zur Sublimierung schaffen. Die Ausbreitung der Besetzung auf Objekte, Funktionen und Ziele, die auf die eine oder andere Art mit den ursprünglichen in Beziehung stehen, ist in der Tat ein Teil des Primärprozesses. So werden das Ich und bereits die Vorläufer des vollentwickelten Ichs mit Triebenergie ausgestattet. Dies ist ein bedeutsamer Faktor, der zum Teil für die relative Betonung gewisser Ich-Funktionen beim heranwachsenden Kind, wie auch für den Zeitpunkt ihrer Entwicklung verantwortlich ist[3]. Aber solche Eigenschaften des Primärprozesses, wie zum Beispiel die Verschiebung, werden vom Ich bald integriert und zu seinen Zwecken, zum Beispiel der Abwehr, verwendet (Anna Freud, 1936). Verschiebung ist in gewisser Weise auch eine Form ursprünglichen Lernens, insofern sie das Verständnis des Kindes für seine innere und äußere Welt erweitert (siehe 9. Kapitel). Was die Symbolisierung anbetrifft, so ist ihre Bedeutung für die Entwicklung des Ichs und besonders der Sublimierung wiederholt von Melanie Klein hervorgehoben worden (zum Beispiel 1930). Hand in Hand mit der völligen Integration der Vorläufer in das sich allmählich entwickelnde Ich gehen gewisse Veränderungen in der Art der Besetzung einher, die wir noch beschreiben müssen. Von diesem Stadium an kann ein Aspekt dieser Funktionen noch als »Triebschicksal« beschrieben werden — Sie erinnern sich, daß Freud (1915 a) die Sublimierung unter anderem so beschrieben hat —, aber es wird nötig, eine Beschreibung ihrer Rolle im Aufbau des Ichs hinzuzufügen.

Ich glaube, daß es unser Verständnis dieser Entwicklungsvorgänge erheblich erleichtert, wenn wir hier einige Unterscheidungen einführen. Zur Sublimierung ist zu sagen: Abgesehen vom spezifischen Prozeß der Sublimierung[4], den wir später abhandeln wollen, besteht ein Unterschied zwischen der (sublimierten) Besetzung einer Ich-Funktion einerseits und der (sublimierten) Besetzung von Zielen, auf die diese Funktion gerichtet ist, und von Objekten, durch die diese Ziele erreicht werden, andererseits. Die Besetzung von Objekten des Denkens oder Tuns ist nicht identisch mit der Besetzung der Funktionen des Denkens oder Tuns. Klinisch wissen wir, daß Ziele, die einen hohen Grad von Sublimierung

---

[3] Ich habe nicht die Absicht, hier den Faktor der primären Autonomie des Ich abzuhandeln. Ich werde später einige Worte über die nicht unwahrscheinliche Hypothese sagen, daß das Ich in seiner Entwicklung auch andere als triebbedingte Energiequellen in Anspruch nimmt.

[4] Das Wort »Prozeß« ist in der Analyse in verschiedenem Sinn gebraucht worden. Ein wie mir scheint fruchtbarer Versuch, ihm einen endgültigen Platz in unserem Denken zu geben, stammt von Brierley (1944).

zur Voraussetzung haben, beibehalten werden können, obwohl die Funktionen regressiv triebnäher geworden sind (wie bei der Sexualisierung). Dieser Unterschied bestätigt sich auch in einer anderen Beziehung: Wir haben den Lustcharakter einer Aktivität vom Lustcharakter ihrer Ziele zu unterscheiden. Nebenbei bemerkt, scheint es auch ratsam, zwischen der Ich-Funktion und der Darstellung des Selbst zu unterscheiden. Die Vernachlässigung dieses Unterschieds hat unser Verständnis für eine Reihe von Phänomenen behindert, die häufig in Bausch und Bogen als »Narzißmus« bezeichnet worden sind (siehe 7. und 10. Kapitel). Es besteht natürlich eine Wechselwirkung zwischen den beiden erwähnten Aspekten. Ich möchte hier darauf hinweisen, daß einige Auffassungen von der Sublimierung, die sich nur auf die Ziele und nicht auf die Funktionen beschränken, die gleich wichtig für unser Verständnis des Ichs sind, für den Fortschritt der Ich-Psychologie weniger geeignet sind.

Selbst heute wissen wir weit mehr über den Ursprung spezifischer Inhalte von Sublimierungen, spezifischen Zielen, oder von Interessen an einem gegebenen Material oder Fall und so weiter, als von der Rolle der Sublimierung im Aufbau von Ich-Funktionen (obwohl auch hier wichtige Arbeit geleistet wurde [5]) und die Entstehung des Sublimierungsprozesses ist weit davon entfernt, eindeutig geklärt zu sein. Die spezifischen Inhalte der Sublimierung auf ihre Quellen hin zurückzuverfolgen, war für lange Zeit das Hauptziel der Forschung über das Problem der Sublimierung. Wir können genetische Beziehungen dieser Art vielfach in unserem klinischen Material nachweisen. Es war natürlich eine wichtige Entdeckung, daß die Konflikte des Kindes, sein Triebverhalten, seine Phantasien und seine Angstreaktionen zumindest die Inhalte späterer Sublimierungen mitdeterminieren. Wenn man — was auch geschehen ist — sagen würde, daß Sublimierung die Wiederholung einer kindlichen Situation sei, so ist dies in gewisser Weise wahr, insofern es die Inhalte betrifft, obgleich dadurch die charakteristischen Merkmale einer Sublimierung nicht völlig geklärt werden. Die Kenntnis der Konflikte und unbewußten Phantasien eines Künstlers ist oft keine ausreichende Erklärung dafür, daß ihre Verarbeitung in Form des künstlerischen Schaffens vor sich geht (siehe auch Kris, 1952). Die These, die die Sublimierung als einen Sieg des Es (über das Über-Ich; Róheim, 1943) auffaßt, beruht sicher auf einer mangelhaften Unterscheidung zwischen der Funktion der Sublimierung und ihrem genetischen Aspekt. Diese

---

[5] Siehe Anna Freud (1936) über Intellektualisierung und Rosen (1953).

Hypothese vernachlässigt die Tatsache, daß aus dem Es stammende Kräfte vom Ich benutzt und sogar gegen das Es gewendet werden können. Dies ist wiederum ein Beispiel für eine Art des genetischen Irrtums, den wir bereits früher bei der Besprechung des Problems der sekundären Autonomie streiften: die aktuelle Funktion wird mit ihrer Entstehung gleichgesetzt oder aber auf ihre genetischen Vorläufer reduziert, als ob genetische Kontinuität mit einem Wechsel der Funktion unvereinbar wäre [6].

Glücklicherweise stellen detaillierte genetische Studien mehr dar als eine Betonung der Persistenz vergangener Konflikte und Phantasien in den Inhalten gegenwärtiger Sublimierungen. Sie zeigen uns oft die Funktionen, die die Sublimierung in *statu nascendi* hatte, und wie sie in der Entwicklung des Ichs in seinen Beziehungen zum Es, zum Über-Ich und zur Realität benutzt werden. Sie vermögen uns die Frage zu beantworten, welches die aktuellen Situationen sind, die eine Sublimierung begünstigen oder stören. In dieser Hinsicht können uns die Beobachtungen an Kindern, die uns schon gewisse Hinweise gegeben haben, weiterhelfen, um das Zusammentreffen von Objekten, Objektbeziehungen, Identifizierungen und so weiter, mit konkreten Sublimierungsleistungen wie mit den verschiedenen Fragen der individuellen Sublimierungskapazität zurückzuverfolgen [7]. Es trifft wahrscheinlich zu, daß, wie Freud bemerkte, diese Fähigkeit teilweise angeboren ist — was uns heute noch mehr einleuchtet, seit wir erkannt haben, daß Ich-Funktionen ebenso wie Triebtendenzen einen hereditären Kern haben dürften; aber Freud bezweifelte niemals, daß auch äußere Einflüsse daran beteiligt sind. Wir würden uns auch freuen, in dieser Diskussion von den Kinderanalytikern und analy-

---

[6] Ich meine, daß die Unterscheidung zwischen Funktion und Genese und die Anerkennung des Prinzips eines Wechsels der Funktion einen wesentlichen Teil jener Gedankenrichtung darstellt, die wir in der Analyse den strukturellen Gesichtspunkt nennen. Unter nichtanalytischen Psychologen haben Bühler (1929) und Allport (1937) das Problem klar hervorgehoben, und letzterer hat diesen Aspekt der Psychologie systematisch entwickelt. Beide versäumten jedoch, seine tatsächliche Rolle im Rahmen der psychoanalytischen Theorien zu erkennen, und betrachten ihn als den analytischen Grundbegriffen widersprechend. Fast alle Analytiker würden meiner Ansicht nach jedoch darin übereinstimmen, daß es eines der bedeutendsten Charakteristika der psychoanalytischen Psychologie darstellt, daß es Freud gelungen ist, die genetische Auffassung mit einem strukturellen Gesichtspunkt zu integrieren. Siehe auch Hartmann (1939 a und 7. Kapitel).

[7] Nach Beendigung dieser Arbeit las ich den Aufsatz von Ernst Kris über »Neutralisation and Sublimation; Observations on Young Children«. Seine Beobachtungen an Kindern zeigen sehr eindrucksvoll, was ich hier meine.

218

tischen Kinderpsychologen mehr über die typischen oder individuellen zeitlichen Bedingtheiten der Sublimierung zu hören. Die »Anfänge der Sublimierung« werden vielfach in die Latenzperiode, in den Beginn der ödipalen Phase, aber auch in wesentlich frühere Entwicklungsstadien verlegt. Natürlich wird sich die Antwort auf diese Frage danach richten, ob der ursprünglich engere Begriff der Sublimierung benutzt wird oder ein wesentlich umfassenderer, dem wir uns jetzt zuwenden.

In »Das Ich und das Es« (1923 a) setzt Freud Desexualisierung und Sublimierung gleich und ordnet die Denkprozesse ganz allgemein der Sublimierung zu. Etwas später (1926 a) meinte er — wiederum ganz allgemein gehalten —, daß das Ich mit desexualisierter Energie arbeite. Wie ich bereits anfangs sagte, hat Freud den Begriff der Sublimierung nicht systematisch mit dem späteren Niveau seines Denkens in Übereinstimmung gebracht, aber in den eben erwähnten Bemerkungen sind grundsätzliche Veränderungen enthalten, die einer eingehenden Analyse bedürfen und weiter entwickelt werden müssen. Hiermit ist eine Stufe erreicht, auf der Sublimierung, wie vordem andere psychoanalytische Begriffe, sich auf einen psychologischen Prozeß bezieht, in diesem Fall eine Art Energieumwandlung, die vom Triebhaften zum Nicht-Triebhaften hinführt. Diese Formulierung beseitigt die Zweifel hinsichtlich früherer Auffassungen von der Sublimierung, die nicht die grundsätzlichen klinischen Unterschiede zwischen Sublimierung und Sexualisierung berücksichtigen. Darüber hinaus sehen wir die Beziehungen zwischen Verschiebung und Sublimierung in neuem Licht; nicht nur die Ziele wechseln in der Sublimierung, sondern auch die Art der Besetzung. Es ist sogar anzunehmen, daß dasselbe Ich-Ziel zeitweise mit weniger, zeitweise mit mehr sublimierter Energie angestrebt werden kann. Dies läßt sich im kindlichen Spiel und in anderen für die Entwicklung wichtigen Ich-Aktivitäten beobachten.

Der Sublimierungsprozeß kann mit verschiedenen Mechanismen verknüpft sein, von denen die Verschiebung lediglich einer ist. Ich erwähne nur die Identifizierung, deren Bedeutung in dieser Beziehung von Freud und vielen anderen oft betont worden ist. Was noch wichtiger ist: die Wechselwirkung zwischen dem Wechsel der Energieart einerseits und dem Wechsel von Zielen oder Objekten andererseits ist wieder zu einem Thema empirischer Forschung geworden und nicht länger, wie bisher, von dem Vorurteil einer zu engen Definition belastet. Auf dieser Basis kann die Rolle der Sublimierung in der Objektbildung, besonders von konstanten Objekten, hypothetisch dargestellt werden (siehe 9. Kapitel). Freud berührte dieses Thema, indem er von »zärtlichen« oder von »zielabgelenkten« Strebungen gegenüber einem Objekt sprach und sich vorstellte, daß, »wenn wir so wollen«, wir diese als einen »Anfang« eines Sublimierungsprozesses auffassen können. Ich nehme an, daß wir ihnen ihren Platz unter vielen Abarten von Neutralisierung in dem kontinuierlichen Übergang von rein triebhafter zu völlig neutralisierter Energie zuordnen. Ich werde hierauf noch zurückkommen.

Daß alle Ich-Funktionen durch desexualisierte oder sublimierte Energie (später wollen wir sie neutralisierte Energie nennen) gespeist werden, ist nur der letzte Schliff, den Freud seinen allmählich entstehenden Vorstellungen über das Ich gab, die zunehmend dessen Bedeutung für die seelische Ökonomie betonten. Mit dieser Wendung in seiner Theoriebildung werden die durch die Sublimierung gestellten Probleme für unser metapsychologisches Verständnis vom Ich von wesentlicher Bedeutung. Wenn wir Freuds späterem Vorschlag zustimmen, werden wir geneigt sein, in der Sublimierung nicht ein mehr oder minder gelegentliches Geschehen, sondern einen ziemlich kontinuierlichen Prozeß zu sehen, was natürlich nicht ein zeitweiliges Anwachsen oder Abnehmen sublimierender Aktivität ausschließt. Diese Hypothese ist natürlich ein Grund mehr für uns, und zwar ein entscheidender, die Forschung über Sublimierung nicht länger lediglich auf kulturelle oder sozial wichtige Leistungen zu beschränken. Die frühere Definition setzt einen grundlegenden Unterschied zwischen einigen eindrucksvollen Sublimierungsleistungen und anderen weniger eindeutigen, obwohl der grundlegende psychologische Prozeß, den wir definieren möchten, in beiden Fällen wahrscheinlich der gleiche ist; und in der Verfolgung dieser Gedankenrichtung können wir nicht »die Fähigkeit zur Sublimierung« nur »den wenigen« zusprechen, wie es früher geschah. Während Freuds spätere Definition eine grundsätzliche Beziehung zwischen schöpferischer Leistung und dem Ich betont, werden hierdurch doch nicht die vielen psychologischen Probleme beseitigt, die die schöpferische Leistung stellt. Der erstaunliche Ausdruck der Sublimierung, den wir »schöpferische Leistung« nennen, unterscheidet sich wahrscheinlich hinsichtlich der Qualität, aber sicher auch noch in subtilerer Weise von anderen Ich-Leistungen.

Glover (1931) geht von den gleichen Abschnitten in Freuds späterem Werk aus, die ich eben erwähnte, und kommt in einer gründlichen Studie über dies Thema zu dem Schluß, daß »ein qualitativer Wandel der Energie sich als das einzige metapsychologisch gültige Kriterium der Sublimierung erweist«. Die Vorteile dieser Auffassung sind vielfältig, besonders hinsichtlich spezifischer Ich-Funktionen; einige von ihnen habe ich bereits erwähnt. Glover schlägt eine Definition vor, die die Verschiebung zusammen mit dem Wandel in der Art der Besetzung umfaßt. Über die Rolle der Verschiebung machte ich bereits einige Bemerkungen. Aber die Frage, welcher Art die Beziehungen zwischen den verschiedenen Mechanismen wie Verschiebung, Identifizierung und anderen und der Energieumwandlung tatsächlich sind, bedarf in vieler Hinsicht weiterer Arbeit. Auf jeden Fall scheint es von Bedeutung zu sein, daß wir einen klaren Begriff von der Natur und Wichtigkeit dieses grundlegenden Prozesses der Energieumwandlung bekommen, und daß wir seine Rolle im Aufbau und in den Funktionen des Ichs verstehen.

Etwas ähnliches, nämlich eine auf die grundlegenden Prozesse abzielende Begriffsbildung wurde auch hinsichtlich anderer psychoanalytischer Begriffe versucht und trug wesentlich dazu bei, unsere Vorstellungen über die Entwicklungspsychologie, über klinische Probleme und so weiter zu klären. So pflegen wir heute »Abwehr« in allgemeinen Begriffen, nämlich topographisch, dynamisch, ökonomisch und strukturell zu definieren. Wenn wir von einem bestimmten Abwehrmechanismus sprechen, werden wir eine Angabe über seine spezifischen Charakteristika und Funktionen hinzufügen. Wir würden vorziehen, in diese Definition nichts über diese Angaben hinaus einzubeziehen, nicht zum Beispiel die ferneren Abwehrfolgen hinsichtlich Neurose, Gesundheit und Perversion. Viele von uns wären sich heute darin einig, daß wir uns mit der Feststellung einer »erfolgreichen Abwehr« auf die Tatsache beziehen, daß die Funktion des Abwehrmechanismus geleistet, sein Ziel erreicht wurde — jedoch nicht auf die Spätfolgen der Abwehr in Gesundheit oder Krankheit [8]. Der letztere Definitionstyp würde jedes Studium der Beziehungen von Abwehr zu Gesundheit und Krankheit der Gefahr eines Zirkelschlusses aussetzen.

Wenn wir das gleiche Niveau psychologischer Definition im Falle der Sublimierung erreichen wollen, so haben wir auch hier jede Bezugnahme auf das »Normale« oder »Abnorme«, die häufig darin enthalten sind, zu vermeiden. Daher können wir nicht der häufig benutzten Unterscheidung zwischen »echter« und »nicht echter« Sublimierung folgen, wenn sie diesen Gesichtspunkt enthält. Das bedeutet natürlich nicht, daß keine Korrelation zwischen der Sublimierungskapazität oder dem Sublimierungsgrad spezifischer Ich-Funktionen und Gesundheit oder Krankheit besteht oder daß sie nebensächlich ist. Das Gegenteil trifft zu (was natürlich nicht bedeutet, daß in der Verkettung von Faktoren, die zur

---

[8] Ich weiß, daß Fenichel (1945) dies anders definiert.

Krankheit führen, keine Funktionen eine Rolle spielen, die von sublimierter [neutralisierter] Energie gespeist werden; siehe später). Auf jeden Fall ist es vorzuziehen, die Frage nicht zu präjudizieren. Sie werden sich bei der analogen Situation der Abwehr daran erinnern, wie viele Mißverständnisse entstanden, als aus der richtigen Einsicht in die Rolle der Awehr für die Neurose unkorrekterweise gefolgert wurde, daß Abwehr mit Notwendigkeit zur Krankheit führt.

Die nächste Frage, obschon wesentlich für unsere Orientierung auf diesem Gebiet, möchte ich nur kurz abhandeln. Ich habe diesen Gesichtspunkt in einer Reihe von Arbeiten, zum Teil zusammen mit Kris und Loewenstein, in den letzten Jahren veröffentlicht. Wir haben Freuds Vorstellung bejaht, daß Sublimierung von Libido ein Prozeß ist, durch den das Ich mit seinen speziellen Bedürfnissen mit entsprechender Energie versorgt wird; das heißt, die Energien, die das Ich für seine spezifischen Funktionen gebraucht, sind in der Regel nicht triebhafter Natur, sie sind vielmehr desexualisiert. Aber gibt es hierzu eine Parallele im Falle der aggressiven Energie? Ich nehme in Übereinstimmung mit Melanie Klein, Kris, Loewenstein, Menninger, Lampl-de Groot, Hart und anderen an, daß die Art der aggressiven Energien in einer der Desexualisierung vergleichbaren Weise sich verändern kann. Es scheint auch so zu sein, daß diese von der Aggression abgezogene Energie für die Bildung und Funktion des Ichs nicht weniger bedeutsam ist als die desexualisierte Libido. Das bedeutet, daß Selbstzerstörung nicht die einzige Alternative zu der nach außen gewendeten Aggression ist; Neutralisierung ist eine andere Alternative (Menninger, 1942 [9]; 4. Kapitel; Hartmann, Kris und Loewenstein, 1949). Wenn Desexualisierung wirklich mit einer Triebentmischung verbunden ist (Freud, 1923 a), könnten die einer solchen Entwicklung innewohnenden möglichen Gefahren noch so lange wirksam bekämpft werden, als die Kapazität, Aggressionen zu neutralisieren, noch intakt ist. Wenn wir weiter annehmen, daß beim Menschen die Selbsterhaltung in erheblichem Maße eine Ich-Funktion ist (Freud, 1940 a), werden wir zu der Feststellung gelangen, daß sie tatsächlich von der Neutralisierung abhängt.

Wir bezeichnen den Wechsel libidinöser wie aggressiver Energie vom triebhaften zu einem nicht triebhaften Modus als Neutralisierung [10]. Der

---

[9] Menninger (1942) hält die Aggression bei der »Sublimierung« sogar für bedeutsamer als die Libido. Siehe auch Brierley (1932).

[10] Dieser Begriff wurde gelegentlich als zur triebhaften Energie gehörig interpretiert, und zwar etwa zwischen Libido und Aggression. Aber dies entspricht der von uns gemeinten Bedeutung nicht. Auch heißt »Neutralisierung« hier

Neutralisierungsprozeß gehört wesenhaft zu dem, was wir gewöhnlich Sublimierung nennen, und ich möchte in dieser Arbeit vor allem diesen Gesichtspunkt abhandeln. Aber in welcher Beziehung stehen die beiden Begriffe zueinander? Hier gibt es mehrere terminologische Möglichkeiten. Wir können weiterhin von Sublimierung nur in dem Fall sprechen, wo es sich um Neutralisierung von Libido handelt, denn so wurde es von Freud aufgefaßt und dominiert noch immer in der analytischen Literatur. Man kann Sublimierung auch für die Herabsetzung des Triebcharakters sowohl der Aggression wie der Libido benutzen und sie damit zu einem Synonym für Neutralisierung machen (Menninger, 1942). Als Alternative hierzu (Kris, 1952) könnte man den Begriff für den Wechsel von Zielen reservieren, der oft mit Neutralisierung einhergeht. Wiederum wurde der Begriff auch bisweilen für nicht der Abwehr dienende Ich-Funktionen und für deren Ziele und Besetzungen im Gegensatz zu den Abwehrfunktionen des Ichs gebraucht. Diese Nomenklaturfrage sollte an sich nicht zu wichtig sein, und es scheint mir für meine Darlegung nicht notwendig, eine Entscheidung zwischen diesen Alternativen zu treffen. Woran ich hier erinnern möchte, ist gerade, daß vieles, was ich zuvor über »Sublimierung« sagte, sich auf den jetzt als »Neutralisierung« bezeichneten Begriff bezieht. Im folgenden wird man aus dem Zusammenhang ersehen, wo ich von diesem Prozeß spreche und wo ich mich auf andere Aspekte beziehe, die oft mit dem Begriff der Sublimierung verbunden sind. Jenseits der zu betonenden zentralen Stellung des Neutralisierungsprozesses im allgemeinen für den Aufbau des Ichs und

---

nicht Triebvermischung, obwohl die beiden Prozesse miteinander in Beziehung stehen können (Hartmann, Kris, Loewenstein 1949). In Freuds Arbeiten findet man gelegentlich das Wort *neutralisieren*, z. B.: »Infolge der Verbindung der einzelligen Elementarorganismen zu mehrzelligen Lebewesen wäre es gelungen, den Todestrieb »der Einzelzelle zu neutralisieren« (1923 a, S. 269); oder: die Libido dient dazu, »die gleichzeitig vorhandenen Destruktionsneigungen zu neutralisieren« (1940 a, S. 72). Dieses Wort ist aber von Freud nicht als ein technischer Terminus definiert, sondern wird abwechselnd mit einer Anzahl anderer Ausdrücke benützt. Auf jeden Fall ist es klar, daß er mit der oben definierten »Neutralisation« nicht übereinstimmt. In einem anderen Zusammenhang spricht Freud von »indifferenter Energie«, die man als »desexualisierte Libido« und »sublimierte Energie« ansieht. Nun ist jedoch, was Freud dort beschreibt, nur in gewisser Hinsicht, nicht in jeder, identisch mit entweder »neutralisierter Energie« oder »primärer Ich-Energie«, in dem Sinn, in welchem ich sie hier gebrauche. Die letzteren Begriffe stehen der von Freud (1926) später eingeführten und deutlich verschiedenen Hypothese näher (die übrigens weitgehend in der analytischen Literatur vernachlässigt wurde): der allgemeinen Annahme, daß das Ich mit desexualisierter Energie arbeitet.

seiner Differenzierung vom Es ist eine gewisse Anzahl von spezifischen Hypothesen notwendig, um unsere Auffassung von der großen Vielzahl der Phänomene zu ordnen und zu klären, an die wir denken, wenn wir von Ich-Funktionen sprechen. Im folgenden werde ich einige dieser Vorschläge zu entwickeln versuchen, die auf den oben zitierten Feststellungen Freuds über die Enttrieblichung der vom Ich verwendeten Energieart fußt. Natürlich wird sich die Brauchbarkeit dieser Vorschläge erst durch die Ausarbeitung der Folgerungen und die Anwendung im Hinblick auf spezifische Probleme erweisen müssen.

Es ist eine in der analytischen Literatur oft diskutierte Frage, ob moralischer Masochismus oder Spiel oder eine Reihe anderer Phänomene Sublimierungen »sind« oder »nicht sind«. Aber dies ist nicht einfach ein Entweder-Oder. Ich meine, daß es den beobachteten Tatsachen näher kommt, nicht einfach von zwei Arten von Triebenergie zu sprechen: triebhafter oder neutralisierter. Klinische Erfahrungen wie auch die Theorie machen es wahrscheinlich, daß ein kontinuierlicher Übergang von Energie besteht, nämlich von der rein triebhaften zu der völlig neutralisierten Art (7. Kapitel; Kris 1950 a; Rapaport, 1950).

Wenn wir diesem Vorschlag folgen, so stellt sich als nächstes Problem die Frage, welche Grade der Neutralisierung üblicherweise für bestimmte Ich-Aktivitäten benutzt werden. Individuelle Unterschiede, durch die Situation und die Entwicklungsstufe bedingte Unterschiede müssen natürlich berücksichtigt werden. Aber einige allgemeine Gültigkeiten darf man wohl annehmen. Um es am Beispiel der Aggression aufzuzeigen: es gibt die ungemilderte Form freier Aggression; die Aggression, die das Über-Ich in seiner Beziehung zum Ich benutzt, ist bereits zum Teil modifiziert; noch entfernter von der triebhaften Energie ist jene Aggression, die das Ich gemäß der von mir in Kapitel 7 entwickelten Hypothese in der Gegenbesetzung benutzt — aber sie ist noch Aggression, sie behält deren Kampfcharakter; den höchsten Grad neutralisierter Aggression finden wir in nicht der Abwehr dienenden Ich-Aktivitäten. Es ist nicht unwahrscheinlich, daß die Unterschiede zwischen triebhafter und neutralisierter Energie meist mit den Unterschieden zwischen primären und sekundären Prozessen Hand in Hand gehen. Das würde bedeuten, daß auch in dieser Hinsicht Übergangsphasen berücksichtigt werden müssen.

Ich habe bereits bei der Diskussion der Sexualisierung erwähnt, daß Veränderungen im Neutralisierungsgrad nicht ausnahmslos mit Veränderungen der Ziele koinzidieren (siehe auch Kapitel 9). Die Ontogenese der Ich-Funktionen unter dem Gesichtspunkt der Änderung der Ziele und der Veränderung der Energieart systematisch zu verfolgen, würde den Rahmen dieser Arbeit sprengen. Ich möchte nochmals wiederholen: neben primären autonomen Ich-Funktionen und bevor das Ich als eine Organisierung besteht, kommen uranfängliche Ziele und Funktionen unter den Einfluß libidinöser und aggressiver Besetzungen. Im Lauf der Entwicklung werden ihre Besetzungen neutralisiert, und sie werden einen gewissen Autonomiegrad gegenüber den Trieben erreichen, was in einer ständigen Wechselwirkung mit Reifungsprozessen vor sich geht; das heißt, sekundäre Autonomie ist sicherlich von der Neutralisierung abhängig. Aber es wäre ein Irrtum anzunehmen, daß jede — vielleicht transitorische — Besetzung einer Funktion mit neutralisierter Energie Autonomie in dem von uns gemeinten Sinn konstituiere (das heißt die Stabilität einer Ich-Funktion oder genauer ihre Widerstandsfähigkeit gegen Regression und Vertrieblichung). Wenn das Ich einmal ein Reservoir eigener neutralisierter Energie angesammelt hat, wird es — in Wechselwirkung mit der Außen- und Innenwelt — Ziele [11] und Funktionen entwickeln, deren Besetzung aus diesem Reservoir bezogen wird, das heißt, daß sie nicht immer von Neutralisierungen *ad hoc* abhängig sind. Um es vollständiger und in Hinsicht auf die Beziehungen von Ich und Es auszudrücken (ohne aber die Wechselbeziehungen mit dem Über-Ich einzuschließen), dürfen wir folgendes sagen: Das Ich akzeptiert einige triebhafte Tendenzen und hilft, sie zu befriedigen, ohne daß dabei ein Wechsel der Ziele oder der Energieform zustandekommt. In anderen Fällen werden Ich-Ziele für die Ziele des Es substituiert, was auf verschiedenen Wegen erfolgen kann. Die Ich-Ziele können in der Richtung der Es-Tendenzen liegen; oder sie können ihnen feindlich gegenüberstehen (Gegenbesetzung); eine dritte Gruppe besteht aus den eben erwähnten Ich-Zielen, die nicht der Abwehr dienen und die das Ich im Laufe seiner Entwicklung sich aufstellt. Ich-Ziele werden normalerweise von neutralisierten Energien betrieben und erreichen einen gewißen Grad von sekundärer Autonomie. Aber unter bestimmten Umständen können die Ich-Ziele auch mit triebhafter Energie besetzt sein — wir nennen diesen Fall Sexualisierung oder Aggressivierung. Im ersten Fall, wenn diese Ziele neutralisierte Energie benützen, wird diese Energie entweder von *ad hoc* Neutralisierungsaktivitäten bezogen, oder von dem Reservoir der neutralisierten Energie, über die das Ich verfügt. Daraus ersehen wir, daß so dem Ich eine verhältnismäßige Unabhängigkeit vom augenblicklichen

---

[11] Daß das Ich sich selbst Ziele setzt, wurde von R. Waelder schon vor Jahren betont (1930).

Außen- oder Innendruck zukommt, eine Tatsache, die man gewöhnlich(wenn auch in der Regel nicht mit dieser Terminologie) als einen allgemeinen Zug in der menschlichen Entwicklung ansieht. Wir können daher sagen, daß, wenn auch Verschiebungen zum Teil die eingeschlagene Richtung der Neutralisierung determinieren, es ebenfalls richtig ist zu sagen, die Neutralisierung könne zu Verschiebungen führen, weil in der Regel verschiedene Grade der Neutralisierung nicht für alle Ziele und Funktionen des Ichs gleich gut geeignet sind (ich erinnere an meine Ausführungen über Neutralisierungsgrade der Aggression in bezug auf verschiedene Funktionen; siehe auch Kris, 1952).

Es gibt hierbei auch beträchtliche Variationen von einem Individuum zum anderen. Und in ein und demselben Individuum ist die Neutralisierungsstufe gegenüber einer spezifischen Funktion nicht gleichbleibend [12]. Ferner scheint die Neutralisierung libidinöser und aggressiver Energie unabhängig oder doch ziemlich unabhängig zu variieren. Berta Bornstein (1955) hat diesen Punkt besprochen [13].

Sublimierung (hier im Sinne der Neutralisierung) triebhafter Energie wird durch das Ich vermittelt (Freud, 1923 a) [14]. Freud hat besonders die Rolle betont, die die Identifizierung in diesem Prozeß spielt (es ist eine bekannte Tatsache, daß eine Störung der Identifizierung oft zu einer Störung der Sublimierung führt), aber es ist unwahrscheinlich, daß Neutralisierung nur auf diesem Wege erreicht werden kann. Ob ganz allgemein Libido im Falle der Neutralisierung zunächst in narzißtische Libido umgeformt werden muß — ein Problem, das zu den eben erwähnten in Beziehung steht — ist eine schwer zu entscheidende Frage. Wegen gewisser Verschiedenheiten in der Terminologie vermag ich nicht einmal sicher zu sagen, daß dies immer Freuds Ansicht war. Sie wissen, daß Freud und auch andere »Narzißmus« oft mit der libidinösen Ich-Besetzung gleichgesetzt haben. In diesem Sinne könnte die Feststellung, daß Neutralisierung durch eine narzißtische Phase hindurchgeht, gleichbedeutend sein mit der eben erwähnten: daß Neutralisierung durch das Ich vermittelt wird. Aber Narzißmus war auch die libidinöse Besetzung des

---

[12] Kris führte den Ausdruck des *energy flux* (Energieströmung) ein und definierte sie als »die transitorischen Veränderungen in der Energieverteilung und Neuverteilung, wie zum Beispiel die zeitweilige und wechselnde Verstärkung sexueller, aggressiver oder neutraler Energie, wie sie im Verlauf von jeder Art von Aktivität vorkommen kann«.

[13] Ihre Untersuchungen sind bisher noch nicht veröffentlicht.

[14] Und — meine weitere Diskussion vorwegnehmend — füge ich hier hinzu — bereits durch die Vorläufer des Ichs, bevor das Ich als ein endgültiges System errichtet ist.

Selbsts (nicht des Ichs), im Gegensatz zur Objektbesetzung, und diese Definition des Narzißmus scheint mir in vieler Hinsicht der eben erwähnten vorzuziehen zu sein. Wenn wir dies bejahen, können wir von Selbst-Repräsentation (im Falle libidinöser Besetzung: Narzißmus) im Gegensatz zu Objekt-Repräsentation sprechen; aber Selbst-Repräsentation in diesem Sinne ist nicht mit der Besetzung von Ich-Funktionen identisch. Es ist klinisch und theoretisch wichtig, zwischen der Besetzung des Selbst-Bildes einerseits und den Ich-Funktionen wie Denken und Handeln, die objektgerichtet oder auf das Selbst gerichtet sein können, andererseits zu unterscheiden (siehe 7. und 10. Kapitel). Dies, auf unser Thema angewendet, läßt die Hypothese unverändert bestehen, daß Neutralisierung durch Vermittlung des Ichs (oder seine Vorläufer) geschieht. Aber wenn wir diese Unterscheidung vornehmen, werden wir geneigt sein zu sagen, daß wenn auch ein Wechsel zu narzißtischer Besetzung oftmals ein Schritt im Neutralisierungsprozeß ist, wie zum Beispiel bei der Identifizierung, dieser Schritt doch nicht eine notwendige Voraussetzung für die Neutralisierung im allgemeinen ist.

Es ist allgemein bekannt, daß bei der Sublimierung (Neutralisierung) das Ich ein gewisses Maß an Abfuhr der ursprünglichen Tendenzen gestattet, vorausgesetzt, daß ihre Art (und oft ihre Ziele) modifiziert worden sind. Lustgewinn durch Sublimierung haben Freud und andere betont. Die Energiemenge, die auf diesem Wege zur Entladung kommen kann, wird von den einzelnen Analytikern verschieden hoch eingeschätzt. Die Tatsache an sich, daß Sublimierung uns auf anderen Wegen die Abfuhr von Triebimpulsen erlaubt, ist zur Grundlage ihrer Unterscheidung von der Reaktionsbildung geworden (Sterba, 1930; Glover, 1931; Fenichel 1945). Reaktionsbildungen gehen von Abwehrmaßnahmen des Ichs aus. Sie werden später auch in ihren Aspekten der Gegenbesetzung benutzt werden, aber wir sollten nicht vergessen, daß zum Beispiel reaktive Charakterzüge im Laufe der Entwicklung auch mit anderen, nicht der Abwehr dienenden Funktionen im Rahmen des Ichs investiert werden (ganz abgesehen von der Tatsache, auf die von Freud schon vor langem hingewiesen wurde, daß sie auch von triebhaften Tendenzen gespeist werden, die denjenigen entgegengesetzt sind, zu deren Abwehr sie gebildet worden waren). Dies konfrontiert uns mit einem ziemlich komplexen Thema. Glover rechnet Reaktionsbildungen zu den Verschiebungen, indem er sie als eine Verschiebung ins Gegenteil definiert. Der nächste Schritt würde der Versuch sein, sie mit energetischen Begriffen zu erklären. Man gewinnt aus analytischen Arbeiten manchmal den Eindruck, daß Sublimierung als ein Ausdruck für die nicht der Abwehr dienenden Leistung des Ichs benutzt wird (siehe jedoch weiter unten), was auf den im dynamischen Sinne richtigen Gegensatz zwischen der Abwehr und nicht der Abwehr dienenden Ich-Funktionen hinweist. Was die benutzten Energiearten angeht, so arbeiten, entsprechend den späteren Formulierungen Freuds, von denen ich hier ausgehe, auch die Reaktionsbildungen (und in diesem Falle alle Gegenbesetzungen) nicht mit triebhafter, sondern mit einer gewissen Abart neutralisierter Energie. Es kann jedoch sein, daß Gegenbesetzungen auch energetisch als von anderen Ich-Funktionen unterscheidbar charakterisiert werden können, was zumindest teilweise erklären könnte, warum sie nach Freud im Ich »für sich gesetzt« sind. Wie ich bereits erwähnte, halte ich es für wahrscheinlich, daß Abwehr gegen die Triebe (Gegenbesetzung) ein Element (Kampf) enthält, das es uns gestattet, sie als vorwiegend von einer Form aggressiver Energie gespeist zu beschreiben, und daß diese Form keine völlige Neutralisierung ist. In diesem Sinne erscheint die Gegenbesetzung in der Verdrängung als ein gutes Beispiel — auch in bezug auf die verwendete Energie — für den Kontrast zwischen Abwehr und den nicht der Abwehr dienenden Ich-Funktionen. Die Reaktionsbildung (z. B. in Charakterzügen) stellt ein weniger gutes Beispiel dar, weil hier, wie gesagt, die gegenbesetzende Funktion häufig von anderen Ich-Funktionen überlagert ist. Es ist nicht unwahrscheinlich, wenn es auch von einem gewissen Gesichtspunkt (siehe unten) paradox erscheinen mag, daß die nicht der Abwehr dienenden Ich-Aktivitäten einen höheren Abfuhrwert haben als die Gegenbesetzungen. Die typischen reaktiven Charakterbildungen würden eine Zwischenstellung einnehmen — sie stellen einerseits eine Abwehr dar, vertreten aber andererseits auch nicht der Abwehr dienende Funktionen [15]. Weiterhin scheint der Energiewechsel von einer Ich-Funktion zu einer anderen unter den nicht der Abwehr dienenden Funktionen leichter vonstatten zu gehen. Aber das heißt nicht, daß Abwehr nicht auch zu einem gewissen Grad aus dem Reservoir verschiedener Abarten neutralisierter Energie, das das Ich-System zu seiner Verfügung hat, gespeist wird. Die verhältnismäßige Starrheit in der Besetzung einiger Ich-Funktionen gegenüber der relativen Leichtigkeit, mit der die Besetzung anderer Funktionen wechselt, ist ein kaum erforschtes Kapitel der Psychoanalyse [16]. Wir haben von Freud die Unterschiede in der Beweglichkeit zwischen primären und sekundären Prozessen kennengelernt und ferner, daß in der Regel die sekundären Prozesse für die Ich-

[15] Freud beschreibt gelegentlich Reaktionsbildung als einen Fall der Sublimierung.
[16] Siehe jedoch 7. und 10. Kapitel; Kris (1951 b, 1952) und Rapaport (1951).

Funktionen charakteristisch sind [17]. Wir wissen jedoch, daß es auch Unterschiede in der Beweglichkeit zwischen verschiedenen Ich-Funktionen gibt. Wir könnten versuchen, diese Unterschiede mit Graden der Neutralisierung zu korrelieren, was tatsächlich zum Teil richtig sein dürfte; aber vielleicht ist es nicht völlig zutreffend. Einige besonders reizvolle Probleme der Psychoanalyse könnten uns zugänglich werden, wenn wir Breuers und Freuds Arbeit über gebundene und bewegliche Besetzung erneut betrachteten, indem wir sie auf die Verschiedenheiten der Ich-Besetzung ausdehnen [18]. Hier mag es genügen, daran zu erinnern, daß das System Ich außer den lokalisierteren Investierungen spezifischer Ich-Funktionen über Reserven neutralisierter Energie verfügt, die an Stellen verlagert werden können, an denen sie benötigt werden. Es ist wahrscheinlich, daß diese Vorgänge in gewissen Psychosen, vielleicht gleichzeitig mit einer Beeinträchtigung der Neutralisierung, gestört werden (siehe 10. Kapitel).

Wir sprachen von verschiedenen Graden der Abfuhr, die mit verschiedenen Ich-Funktionen korrelieren. Aber es gibt auch noch einen anderen Fall, der für unser Verständnis des Abfuhraspektes der Neutralisierung bedeutsam ist. Für viele Situationen, die ein Tun fordern, ist es wahrscheinlich, daß das Ich vom Es Energieunterstützung anfordert (das ist natürlich eine anthropomorphe Beschreibung; aber man wird verstehen, was ich meine). Es ist ferner wahrscheinlich, daß der Appell sich meistens an jene Kräfte des Es wendet, die, genetisch gesprochen, die Vorläufer der betreffenden Ich-Aktivität darstellen (siehe 9. Kapitel). Ich- und Es-Aktivitäten, obgleich oft antagonistisch, würden hier synergistisch sein, was häufig der Fall ist (Freud, 1926a). In diesen Fällen wird eine größere Menge von triebhafter Es-Energie durch das Ich in einer mehr oder weniger neutralisierten Weise zur Entladung gelangen. Dies würde ein Beispiel für einen jener »Schaltvorgänge« des Ichs sein, von denen es viele gibt.

Diese Art, Kräfte des Es zuzulassen, wird die Autonomie so lange nicht beeinträchtigen, als die der Kontrolle und Neutralisierung dienenden Ich-Kapazitäten nicht betroffen sind. Die Fähigkeit des Ichs, diese Hilfe ohne Funktionsstörungen anzunehmen, ist von Mensch zu Mensch und auch für die verschiedenen Funktionen verschieden. Der Prozeß, obwohl als solcher normal, enthält einen Gesichtspunkt, den man als

---

[17] Hinsichtlich der Fälle, in denen Ich-Funktionen vom Primärprozeß abhängig sind, siehe Kris (1934).

[18] Siehe jetzt die genaue Besprechung dieser und verwandter Fragen durch Holt (1962).

regressiv beschreiben kann, und ich möchte an dieser Stelle an die Arbeiten von Kris über »kontrollierte Regression« erinnern (seit 1934).

Bis jetzt haben wir, indem wir die der Abwehr und nicht der Abwehr dienenden Ich-Funktionen einander gegenüberstellten, kaum auf die Tatsache hingewiesen, daß es auch einen Abwehraspekt bei der Neutralisierung (oder Sublimierung) gibt. Sublimierung ist oft auch als ein Abwehrmechanismus beschrieben worden, und es stimmt, daß sie eines der wirksamsten Mittel darstellt, um mit den von den Trieben drohenden »Gefahren« fertig zu werden. Sie kann daher als Abwehr benutzt werden, obwohl sie nicht immer und häufig nicht ausschließlich Abwehr ist, da sie, ökonomisch ausgedrückt, auch für die nicht der Abwehr dienenden Ich-Funktionen sorgt. Wir dürfen hinzufügen, daß sogar dort, wo die Sublimierung der Abwehr dient, sie kaum ein »Mechanismus« im üblichen Sinn ist (Fenichel, 1945 und 9. Kapitel). Sie unterscheidet sich ferner, wenn wir sie mit Abwehrmaßnahmen vergleichen, dadurch, daß der Wechsel von triebhafter zu neutralisierter Energie zumindest ein Element ihrer Definition bildet, was sie von anderen Abwehrmethoden abhebt, in deren Definition dies Element Energiewechsel nicht vorkommt. Wir können sagen, daß der Neutralisierungsprozeß an sich und im allgemeinen Abwehrzwecken dienen kann, weit über den Spezialfall hinaus, in dem gewisse Anteile neutralisierter Aggression für die Gegenbesetzung verwendet werden.

Wie ich bereits erwähnte, kann sie auch unmittelbar mit einigen wirklichen Abwehr-»Mechanismen«, wie zum Beispiel Identifizierung und Verschiebung, verknüpft sein. Vielfältiger ist ihre Beziehung zur Verdrängung. Es ist oft gesagt worden, daß frühe Verdrängungen die Neutralisierung beeinträchtigen können (Freud; Melanie Klein, 1932 u. a.); aber auch, daß erfolgreiche Verdrängung eine Voraussetzung für die Neutralisierung sein kann (Nunberg, 1932). Jones bemerkt (1941), daß es »einen optimalen Punkt gibt, an dem weder zuviel noch zuwenig Verdrängung besteht, wo wir das Maximum an Sublimierung finden«. Es ist eine unbestrittene klinische Tatsache, daß Verdrängungen die Neutralisierung beeinträchtigen können. Aber das ist sicher nicht das notwendige Ergebnis jeder Verdrängung. Wenn Freud auch ursprünglich dachte, daß Verdrängung die Energie verdrängter Triebe für andere Zwecke absolut unverfügbar mache, erwog er später (1924 c, 1926 a) eine Alternative zu diesem Sachverhalt, nämlich daß sie vom Ich übernommen und zum Beispiel für die Identifizierung benutzt werden kann. Nebenbei möchte ich bemerken, daß es, wenn wir eine weitergefaßte Definition für die Neutralisierung benutzen, tatsächlich eine doppelte Korrelation mit der Ver-

230

drängung gibt; während Verdrängung häufig die Neutralisierung beeinträchtigt, kann andererseits eine Störung der letzteren die Bildung einer stabilen Verdrängung verhindern, was meiner Meinung nach bei der Schizophrenie der Fall ist (siehe 9. und 10. Kapitel).

Nach dem Gesagten dürfte es bereits deutlich sein, daß Neutralisierung (der Wechsel von rein triebhaften Strebungen zu einer den Ich-Funktionen gemäßeren Energieart, zusammen mit dem Aufschub unmittelbarer Triebabfuhr und der Kontrolle durch das Ich) eine entscheidende Rolle in der Realitätsbewältigung spielt. Die Bildung konstanter und unabhängiger Objekte, die Einsetzung des Realitätsprinzips mit allen seinen Aspekten, dem Denken, dem Tun, der Intentionalität, sie alle hängen von der Neutralisierung ab. Nach Hart (1948) stellt sie einen Kompromiß zwischen Trieb und Realität dar (siehe auch Hendrick, 1943). Wenn wir Freuds Auffassung folgen, daß Selbsterhaltung beim Menschen vorwiegend durch das Ich gewährleistet ist, lernen wir, wie ich bereits sagte, Neutralisierung auch als einen mächtigen Helfer für diesen zentralen biologischen Aspekt des Menschen kennen und nicht als seinen Gegner, wie das gelegentlich beschrieben wurde. Neben der Realitätsprüfung und den Anpassungsmechanismen haben die integrierenden (oder synthetisierenden oder organisierenden) Funktionen einen Anteil an der Selbsterhaltung, und auch sie sind ihrem Charakter nach nicht rein triebhaft, sondern gehören vorwiegend zu den Funktionen, die mit neutralisierter Energie arbeiten, obgleich sie zum Teil genetisch von den Trieben ableitbar sind (Freud, 1923a; Nunberg, 1932), wie es auch bei anderen Neutralisierungen der Fall ist.

Wir haben die Neutralisierung libidinöser und aggressiver Triebe diskutiert und wiesen auf das Gemeinsame dieser beiden Neutralisierungsformen hin, aber auch auf ihre Unterschiede, zum Beispiel in Beziehung auf spezifische Ich-Funktionen; ich erwähnte auch, daß Neutralisierung von Libido und Aggression nicht notwendigerweise Hand in Hand gehen. Ich möchte hier noch einige Worte zu einem Punkt hinzufügen, der schon zuvor angedeutet wurde: die Möglichkeit, daß es noch andere, nicht triebhafte Quellen neutralisierter Energie gibt. Die meiste im psychischen Apparat wirkende Energie geht nach Freud auf die Triebe zurück, aber seine spätere Hypothese, die für diese Fragestellung wichtig sein dürfte, nimmt an, daß es hereditäre Grundlagen nicht nur für die Triebe gibt, sondern auch für die Ich-Funktionen. Ich habe diese Vorstellung und einige Folgerungen daraus in meinen Arbeiten über die primäre Autonomie des Ichs entwickelt (1939a; und Kapitel 7 und 9), die den

Boden für die eben dargestellten Möglichkeiten vorbereitet haben: daß nämlich ein Teil der seelischen Energie — wir können nicht abschätzen, wie viel oder wie wenig — nicht primär Triebenergie ist, sondern vom ersten Anfang an dem Ich oder seinen angeborenen Vorläufern, die später zu spezifischen Ich-Funktionen werden, angehört, und vielleicht auch jenen Apparaten, die allmählich unter den Einfluß des Ichs gelangen und wiederum auf seine Entwicklung einwirken. Sicherlich kann eine derartige Hypothese, so anziehend sie auch sein mag, heute noch nicht als bewiesen gelten. Aber dies trifft ebenso für die Hypothese zu, daß wirklich alle seelische Energie von den Trieben abstammt. Beide Annahmen führen letzten Endes zur Physiologie zurück (Kapitel 7).

Die Sexualtriebe sind nicht nur die am längsten bekannten, sondern auch die am besten untersuchten Quellen neutralisierter Energie. Darf ich hier einige Bemerkungen über ein Problem einfügen, das in der analytischen Literatur ausführlich diskutiert worden ist: die Frage, welche Arten von sexueller Energie sich am besten zur Sublimierung eignen. Die Frage ist in verschiedener Weise beantwortet worden. In einem Abschnitt schreibt Freud (1916/17) über die Sublimierung: »Sie besteht darin, daß die Sexualbestrebung ihr auf Partiallust oder Fortpflanzungslust gerichtetes Ziel aufgibt und ein anderes annimmt« usw. Freud (1908 b) zieht das Vorkommen von Sublimierung als Folge sexueller Abstinenz in Betracht (im Falle des Wissenschaftlers). Hier setzt er die Möglichkeit einer Sublimierung von genitaler Libido voraus, und in dem zuerst erwähnten Zitat stellt er fest, daß sowohl die prägenitale wie die genitale Libido sublimiert werden können. An einer anderen Stelle (1908) nimmt er an, daß der größte Teil der Sublimierungen aus prägenitalen Strebungen entsteht. Fenichel (1945) und noch entschiedener Deri (1939) halten es für unwahrscheinlich, daß genitale Libido neutralisiert werden kann, und Flescher (1951) scheint dieser Meinung beizupflichten; andere dagegen, wie z. B. Sterba (1942), halten zumindest das Vorkommen von einem gewissen Grad genitaler Sublimierung für möglich. Fenichels und Deris These ist von theoretischen Voraussetzungen abgeleitet, auf die ich hier nicht näher eingehen kann. Ich persönlich kann diesen Voraussetzungen nicht völlig zustimmen und daher auch nicht ihren Argumenten für die Ablehnung genitaler Sublimierung. Es ist sehr wahrscheinlich, daß normalerweise ein beträchtlicher Teil prägenitaler Impulse sublimiert wird. Aber ich sehe keinen triftigen Grund, das Vorkommen auch neutralisierter genitaler Libido abzulehnen. Alpert (1949) betont den offensichtlichen Widerspruch, daß selbst dann, wenn die genitale Stufe erreicht ist, ausschließlich prägenitale Strebungen sublimiert werden sollten. Es besteht auch einige Unklarheit über die Frage, ob nur Objekt-Libido sublimiert werden kann. Glover (1931) weist auf die Tatsache hin, daß zumindest ein Teil der prägenitalen Tendenzen, von denen eine so große Menge von Sublimierung bezogen wird, nicht objektgerichtet ist. Diese und ähnliche Fragen berühren nicht unbedingt die Definition der Sublimierung. Aber diese und andere differenzierende Betrachtungen können bedeutsam werden, wenn wir die Entwicklungsaspekte der Neutralisierung studieren oder die Beziehungen zwischen gewissen Formen derselben (wie zum Beispiel hinsichtlich ihrer Abstufungen, ihres Ursprungs usw.) einerseits und spezifischen Inhalten oder Funktionen, welchen sie dient, andererseits betrachten. Mir wurde die Bedeutung dieser letzteren Kategorie von Problemen beim Studium des Energieaspektes der Gegenbesetzung klar, worüber ich weiter oben einiges gesagt habe.

Wie bereits erwähnt, ist es schwierig, mit Sicherheit zu bestimmen, wann Neutralisierung beim Kind einsetzt. Sie ist oft auf frühe Versagungen und Verzichte zurückgeführt worden. Hart (1948) hat besonders betont, daß der Verzicht aus Liebe die Neutralisierung mehr fördert als der Verzicht aus Furcht. Der Fall, daß sich das Kind auf die Seite der Realitätsanforderungen stellt (Anna Freud, 1954 a) und die frühen Identifizierungen sind ohne Frage ein wichtiger Schritt für Anwendung und Ausweitung der Neutralisierung [19]. Auf jeden Fall müssen wir annehmen, daß Neutralisierung sehr früh beginnt, falls wir der Richtung von Freuds späterer Definition folgen, die mir am logischsten erscheint. Sie muß sogar schon beginnen, bevor das Ich endgültig als System entwickelt ist und bevor konstante Objekte konstituiert sind — denn es ist wahrscheinlich, daß diese Leistungen bereits einen gewissen Grad von Neutralisierung voraussetzen [20]. Dies besagt auch, daß man sich Neutralisierung nicht durch das Über-Ich eingeleitet denken kann, obgleich ihre sekundären Beziehungen zum Über-Ich klinisch und entwicklungsmäßig von überragender Bedeutung sind. Daß gewisse Formen der Über-Ich-Bildung mit der Neutralisierung in Konflikt geraten, ist klinisch weithin erwiesen. Alexander (1923) betonte, daß jede Tendenz zur Selbstbeschädigung sie beeinträchtigen kann. Andererseits hat der Teil des Über-Ichs,

---

[19] Hinsichtlich der Bildung der frühen Ansätze zur Gegenbesetzung in ihrer Beziehung zur Neutralisierung siehe Rapaport (1950, 1951) und 9. und 10. Kapitel.

[20] Aspekte der Sublimierung, wie zum Beispiel die komplizierte Schichtung, die von Bergler (1945) beschrieben wurde, gehören offensichtlich einem wesentlich späteren Lebensalter an.

den Freud Ich-Ideal nannte, allergrößten Einfluß für die Lenkung der Neutralisierung auf gewisse Ziele und Funktionen — was nicht heißt, worauf Freud uns aufmerksam macht, daß die Fähigkeit zur Sublimierung in irgendeiner Weise der Höhe der Ideale entspricht.

Dies ist offensichtlich eines der Probleme, die am Anfang der psychoanalytischen Forschung über die Sublimierung standen: die Frage nach der Bedeutung und dem Ursprung jener Sublimierungen, die mit den Forderungen des Ich-Ideals synton sind. Heute würden wir sagen, daß dies nicht »das Problem« der Sublimierung oder Neutralisierung ist, aber es ist sicherlich einer ihrer Aspekte. Es war notwendig, den Begriff zu erweitern — vielleicht so weit, daß einige unter Ihnen sich beunruhigt fühlen —, um ihn möglichst fruchtbar für unser Verständnis der Ich-Funktionen zu machen (von denen ich heute einige wichtige Aspekte dargestellt habe) und zu einem umfassenderen Bild der Ich-Es-Beziehungen zu kommen. Auf dem Boden dieser Einsichten muß das ursprüngliche Sublimierungsproblem, die Sublimierung in Kunst, Religion usw. dann von neuem in Angriff genommen werden. Wenn unsere Überlegungen zutreffen, können wir erwarten, daß die späteren Formulierungen mehr Klarheit bringen, sogar hinsichtlich jener »kulturellen Leistungen«, denen der ursprüngliche Begriff gerecht werden sollte. Bisher sind differenzierende Untersuchungen noch nicht auf allen für dieses Thema wichtigen Gebieten gemacht worden. Aber auf einem dieser Gebiete ist es geschehen: auf dem der Kunst und des Künstlers. Ich glaube, daß eine Arbeit wie diejenige von Kris' »Psychoanalytic Explorations in Art« (1952), die sich des späteren und vollständigeren begrifflichen Rahmens bedient, diese Erwartung tatsächlich erfüllt.

Zusammenfassend ist zu sagen: wir sahen, daß, während die Begriffsbildung über die »Sublimierung« sich geändert hat, der wichtigste Einzelfaktor unter mehreren, die von Zeit zu Zeit diskutiert worden sind, der Prozeß der Enttrieblichung (Neutralisierung) ist. Mit der Annahme eines weitergefaßten Begriffes der Neutralisierung schließe ich mich den späteren Formulierungen Freuds über die Desexualisierung an. Er eröffnet uns den Zugang zu vielen Problemen, die für die Metapsychologie des Ichs und der Ich-Es-Beziehungen entscheidend sind. Aus offensichtlichen Gründen wurden die früheren Begriffe in dieser Hinsicht nicht ebenso bedeutungsvoll.

In Abhandlungen über »Sublimierung« sind Situationen, die zu Neutralisierungen führen, oder die genetischen Determinanten ihrer Inhalte, oder die oft damit verbundenen Mechanismen usw., manchmal nicht klar und deutlich von dem Prozeß selbst unterschieden, eine Nachlässigkeit, die oft zu Unklarheiten geführt hat. Ich habe in diesem Beitrag vorgeschlagen, neben dem allgemeinen Charakter des Prozesses auch den zweifachen (oder wahrscheinlich dreifachen) Ursprung neutralisierter Energie in den beiden Trieben (wahrscheinlich auch im Ich) zu beobachten [21]: die Fähigkeit zu neutralisieren, die ja individuell je nach der Situation, entsprechend der Entwicklungsstufe usw. verschieden ist; die Anreize zur Neutralisierung unter dem Druck des Es unter der Führung des Ichs (und später des Über-Ichs); die Ontogenese der Neutralisierung; die neutralisierte Besetzung von Ich-Zielen, im Gegensatz zu den Ich-Funktionen; die Rolle der Neutralisierung bei den Ich-Funktionen, die der Abwehr dienen, wie auch bei denen, die nicht der Abwehr dienen, und den Unterschied der Besetzung dieser beiden Funktionsgruppen; die Stufen oder Abarten der Neutralisierung, besonders hinsichtlich der verschiedenen Funktionen, denen sie dienen; die zum Teil verschiedene Anwendung neutralisierter Libido und neutralisierter Aggression; die Korrelation der Neutralisierung mit sekundärer Ich-Autonomie.

Ich weiß, daß diese Einführung zu unserer Diskussion in manchen Beziehungen unvollständig ist, und ich bin mir völlig über den vorläufigen Charakter einiger von mir eingeführter Hypothesen im klaren. Der Akzent lag auf der Bedeutung von Freuds späterem Begriff der Desinstinktualisierung für die Ich-Psychologie und andererseits darauf, wie unser Verständnis einiger Aspekte der Sublimierung (Neutralisierung) aus der Einführung ich-psychologischer Vorstellungen Nutzen ziehen kann. Ich habe ferner versucht, einige Hinweise darauf zu geben, wo mögliche Unklarheiten liegen und wo andererseits fruchtbare Möglichkeiten für künftige Forschung gefunden werden können.

---

[21] Hier ist eine terminologische Bemerkung angebracht. Genau ausgedrückt, kann Energie, die von Anfang an zum Ich gehört, natürlich nicht als »neutralisiert« bezeichnet werden. Sie kann vielleicht als »nicht triebhaft« und vielleicht am besten als »primäre Ich-Energie« bezeichnet werden.

13. KAPITEL

BEMERKUNGEN ZUM REALITÄTSPROBLEM

(1956)

Untersucht man die Vorgänge und Probleme, für die der Begriff
»Realitätsprinzip« geprägt wurde, dann gibt es noch immer keinen besseren Ausgangspunkt als Freuds »Formulierungen über die zwei Prinzipien des psychischen Geschehens« (zuerst 1911 veröffentlicht). Diese
Arbeit ist auch in einer anderen Beziehung wichtig und interessant. Sie
behandelt speziell eine Anzahl von Ich-Funktionen wie Bewußtsein,
Denken, Aufmerksamkeit, Urteil, Handeln — und zwar »avant la let-
tre«, wenn man so sagen darf, bevor nämlich die Ich-Psychologie zum
festen Bestandteil der Psychoanalyse geworden war; das heißt, Freuds
Studien über die Ich-Funktionen waren noch nicht zu dem System zu-
sammengewachsen, das wir heute Ich-Psychologie nennen. Damals gebrauchte Freud die Begriffe Lust-Ich und Real-Ich, und statt der späteren Begriffe Ich und Es sprach er noch von den einander opponieren-
den Ich- und Sexualtrieben. Einer der vielen wesentlichen Beiträge
dieser Arbeit liegt in der Beobachtung, daß die Ich-Triebe dem Einfluß
des Realitätsprinzips nachzugeben pflegen, während die Sexualtriebe
viel länger unter der Herrschaft des Lustprinzips bleiben — eine Tatsache, die für die seelische Entwicklung im allgemeinen und für die Neurose im besonderen wichtig ist.

Die Erkenntnis, daß Lust und Unlust in der Motivierung des menschlichen Verhaltens vorherrschend sind, war der Aufmerksamkeit früherer
Denker natürlich nicht entgangen; sie reicht weit in die Geschichte der
Philosophie zurück und ist besonders von einer Schule britischer Philosophen sehr betont worden. Bentham sagt, um wenigstens einen von
ihnen zu nennen, daß die Natur den Menschen unter die Herrschaft von
zwei souveränen Machthabern gestellt habe, Schmerz und Lust. Wir finden auch schon in der vor-Freudschen Literatur Hinweise auf eine Entwicklung zu einem realitätsgerechteren Zustand. Freud hat hier nie Prio-
ritätsrechte beansprucht; im Gegenteil, als er über das Lustprinzip
sprach, sagte er, daß »Priorität und Originalität ... nicht unter den Zielen, die sich die psychoanalytische Arbeit setzt«, seien (1920). War Ori-

ginalität nicht das Ziel, so war sie bei Freud jedenfalls immer das Ergebnis seiner Arbeit. Mit Freuds Lust- und Realitätsprinzip verhielt es sich ebenso, wie mit seinen Begriffen der unbewußten seelischen Prozesse: zwar waren die Begriffe schon früher gebraucht worden, aber es war Freuds entscheidende Leistung, eine Methode gefunden zu haben, diese Prozesse zu untersuchen, die Begriffe mit spezifisch psychologischer Bedeutung zu füllen und ihnen einen Platz in einer zusammenhängenden Struktur anzuweisen.

Wenn das Kleinkind sich in einer Bedürfnissituation befindet und wenn seine Versuche, halluzinatorisch eine Befriedigung zu erreichen, sich als enttäuschend erwiesen haben, dann wird es sich der Realität zuwenden. Die Wiederholung solcher Situationen wird es allmählich lehren, die Realität besser zu erkennen und nach solchen realen Änderungen zu streben, die die Befriedigung möglich machen. Das ist es, was Freud in den »Zwei Prinzipien« darlegt. Es gibt uns eine solide Grundlage und einen festen Ansatzpunkt für die nachfolgenden Betrachtungen. In dem beschriebenen Falle folgt der erste Schritt, die Wendung zur Realität in der Suche nach Befriedigung, einfach dem Lustprinzip. Wir schreiben das Erkennen und die vorsätzliche Änderung der Realität, die mit diesem Prozeß verbunden ist, den Funktionen des Ichs zu. Aber das Realitätsprinzip bedeutet nach Freud auch das Aufgeben ungewisser Lust, zu dem Zweck, auf eine neue Art und Weise später um so sicherer Lust zu erreichen. Das setzt deutlich zwei andere Ich-Funktionen von höchster Bedeutung voraus: Aufschub und Vorwegnahme. So ergibt sich die Frage (Hartmann, 1939 a): Wie weit spielt die Entwicklung von Ich-Funktionen als eine unabhängige Variable in die von Freud beschriebenen Prozesse hinein? Zwar pflegen wir zu sagen, die Forderungen der Realität seien dafür verantwortlich. Aber das ist natürlich eine bildliche Vorstellung der Tatsachen; sie ist nur richtig, wenn wir die Existenz von etwas im Individuum voraussetzen, das für die Realität spricht — eine Selbsterhaltungstendenz, die wir im menschlichen Seelenleben meist dem Ich und seinen Vorläufern zuschreiben. Die Frage, ob das Ich eine primäre Rolle bei der Einsetzung des Realitätsprinzips spielt, wird verschieden beantwortet, je nachdem, ob wir das Ich als eine von Anfang an, obwohl zuerst nur in einem begrenzten Sinne, tätige Instanz ansehen (wie Freud es in seinen späteren Schriften tat), oder als etwas, das ausschließlich auf die Wechselwirkung von Realität und Trieb zurückzuführen ist (wie er früher annahm). Freuds Formulierungen des Realitätsprinzips variieren. An vielen Stellen sagt er einfach, daß die Einsetzung des Realitätsprinzips infolge des Einflusses der

Außenwelt auf das Individuum zustande kommt. Oft beschreibt er das Realitätsprinzip als nur eine Form der Regulierung seelischer Vorgänge und als einen Weg, sie zu einem Teil zu beherrschen. In diesen Definitionen wird das Realitätsprinzip nicht auf die Tätigkeit spezifischer psychischer Funktionen oder Gruppen von Funktionen zurückgeführt. Aber ich kann auch einige Stellen anführen, in denen er ausdrücklich den Einfluß des Ichs auf seine Entstehung beschreibt. In »Jenseits des Lustprinzips« (1920) lesen wir, daß der Ersatz des Lustprinzips durch das Realitätsprinzip die Folge der »Selbsterhaltungstriebe des Ichs« sei; in »Die Frage der Laienanalyse« (1926 b) sagt er, daß das Ich das Lustprinzip, welches vordem die einzige herrschende Kraft war, durch das Realitätsprinzip ersetzt. In »Neue Folge der Vorlesungen zur Einführung in die Psychoanalyse« (1932) finden wir eine ähnliche Feststellung. Diese letzteren Beschreibungen scheinen mir besser mit dem, was wir über die Tatsachen wissen, übereinzustimmen, und auch besser mit Freuds späteren Beschreibungen der Rolle des Ichs.

Eine andere Seite derselben Frage ist eng mit dem soeben Erörterten verknüpft. Freud unterscheidet drei Regulationsprinzipien, die er Lustprinzip, Nirwanaprinzip und Realitätsprinzip nennt. Sie werden als Tendenzen beschrieben, die allgemein darauf hinzielen, die Erregungen im seelischen Apparat zu regulieren, indem sie sie nach Quantität, Qualität und Rhythmus modifizieren. Die beiden ersten, das Lustprinzip und das Nirwanaprinzip, fügen sich leicht in diese Definition ein; ihre Regulierungstätigkeit erstreckt sich auf den ganzen seelischen Apparat. Aber das Realitätsprinzip nimmt eine Sonderstellung ein. Es hat seinen Ursprung nur in einem der seelischen Systeme, und seine Macht im psychischen Apparat reicht nicht weiter als die Macht dieses Systems. Das Realitätsprinzip scheint die Modifikation darzustellen, die den Funktionen der anderen beiden Prinzipien vom Ich aufgezwungen worden sind, und es steht darum nicht genau auf der gleichen Ebene mit den beiden anderen (siehe 4. Kapitel). Es ist tatsächlich ein Ich-Prinzip; das heißt, die Tendenzen, die wir dem Realitätsprinzip zuschreiben, sind mit einer Gruppe von Ich-Funktionen identisch (obwohl nicht mit dem Ich als Ganzem). Man sollte das beachten, wenn man vom Realitätsprinzip spricht.

In unserer Literatur sind gegenwärtig mit dem Begriff Realitätsprinzip zwei Bedeutungen verknüpft. In dem einen Sinn angewendet, zeigt es eine Tendenz an, in der Form von Anpassung in Wahrnehmung, Denken und Handeln all das in Rechnung zu stellen, was wir als die »realen« Züge eines Objektes oder einer Situation ansehen. Aber in einem anderen, man könnte sagen, engeren Sinne meinen wir mit »Realitätsprinzip« eine Tendenz, unsere Aktivitäten von dem unmittelbaren Drang nach Abfuhr, der dem Lustprinzip eignet, zu befreien. In diesem Sinne sprechen wir vom Realitätsprinzip als dem natürlichen Gegner, oder wenigstens Verwandler, des Lustprinzips. Das stellt uns nun vor ein Problem. Man kann nicht allgemein sagen, daß realitätsgerechtes Verhalten die Lust beschneidet. Das wäre eine völlig unzulässige Verallgemeinerung, und nicht nur, weil — wie Freud es oft betonte, und wie ich gerade zitiert habe — Verhalten unter Anleitung des Realprinzips dahin zielt, auf neue Art zu einem späteren Zeitpunkt sicherere Lust zu gewinnen, wenn auf augenblickliche Lust verzichtet wird. In diesem Falle bestimmt ein Zeitfaktor, ob die Abfuhr realitätsgerecht ist oder nicht. Aber über diese Erwägung von erwartetem oder gesichertem Gewinn hinaus besteht auch die Tatsache, daß die Funktionen, aus denen sich das Realitätsprinzip zusammensetzt, selbst lustvoll sein können.

Ich erinnere hier an die Möglichkeit, aus sublimierter Tätigkeit Lust zu gewinnen. Organisiertes Denken oder Handeln, für die Aufschub wesentlich ist, können zu einer Lustquelle werden. Obwohl das auf den ersten Blick die Dinge zu komplizieren scheint, kann diese Tatsache doch nicht geleugnet werden; das wird in der Tat vollkommen klar, wenn wir das Realitätsprinzip im Sinne der Ich-Funktionen betrachten. Ich hebe hier die doppelte Bedeutung des Begriffs Realitätsprinzip hervor, um möglichen Mißverständnissen zu begegnen; das Ignorieren dieser zweifachen Bedeutung hat gelegentlich zu einer falschen Darstellung der Auffassung Freuds von diesen Dingen geführt. Als er das Realitätsprinzip dem Lustprinzip entgegenstellte, wollte er gewiß nicht sagen, daß wir der Außenwelt keine Lust abgewinnen könnten; er hat wiederholt auf die Vorzüge hingewiesen, die das Ich für die Erlangung von Triebbefriedigung besitzt, neben seiner anderen Rolle als Gegner der Triebe.

Ich habe vorhin darauf hingewiesen, daß Freud die Wichtigkeit von Versagungssituationen in der Entwicklung des Realitätsprinzips betont [1].

---

[1] Vor kurzem wurden zwei interessante Arbeiten veröffentlicht, die wesentliche Gedanken über diesen Punkt enthalten: Loewald (1951) und Székely (1951). Die Autoren betonen, daß Freuds Begriff der Realität mit der Vaterfigur verknüpft ist, und daß nach Freud die Kastrationsdrohung der deutlichste Ausdruck der Realitätsforderung sei. Andererseits ist aber der Realitätsbegriff auch mit der Rolle der Mutter verknüpft. Ich kann mich an dieser Stelle mit den Beiträgen der beiden Autoren nicht im einzelnen auseinandersetzen. Ich möchte nur auf die augenscheinliche Wahrheit aufmerksam machen, daß das Verhalten des Kindes gegenüber der Realität und seine Realitätsbegriffe durch mehrere Stadien seiner Beziehungen zu Objekten gehen, die ihnen ihren Stempel

Die Annahme, daß in dem hypothetischen Falle einer ständigen und völligen Befriedigung die objektivierenden und antizipierenden Funktionen stark geschädigt werden würden, ist in der Tat recht überzeugend. Aber wir müssen auch einen Gedanken in Betracht ziehen, der, wie ich glaube, zuerst von Anna Freud (1936) ausgesprochen wurde, daß der Aufschub oder die Abfuhrkontrolle von Anfang an einer der wesentlichsten Züge des menschlichen Ichs ist; er ist wahrscheinlich schon ein wichtiger Zug seiner Vorläufer, bevor das Ich als ein System der Persönlichkeit völlig ausgebildet ist. Wir müssen auch die meiner Meinung nach notwendige Annahme (siehe 9. Kapitel) berücksichtigen, daß das Kind mit einem gewissen Grad von »Vor«-Anpassung *(preadaptiveness)* geboren ist, das heißt, daß der Wahrnehmungsapparat, das Gedächtnis, die Motilität usw., die uns helfen, die Realität zu handhaben, in primitiver Form schon bei der Geburt vorhanden sind. Später werden sie, natürlich in dauernder Wechselbeziehung mit der Erfahrung, reifen und wachsen. Das System, dem wir diese Funktion zuschreiben, ist zugleich auch unser Lernorgan. Das gehört insofern in diesen Zusammenhang, als eine gewisse Bereitschaft, sich mit der Realität zu befassen, den Erlebnissen vorausgeht, auf die sich Freud in der zitierten Stelle bezieht.

Ein anderer Punkt, der mit dem vorhergehenden verwandt, aber nicht identisch ist, ist die Frage nach dem Auftreten der ersten »positiven« Einstellungen des Kleinkindes zur Außenwelt. Es ist ein komplexes Problem, dem sowohl Spitz wie Erikson viel Aufmerksamkeit geschenkt haben. Charlotte Bühler (1954) betont in einer bemerkenswerten Arbeit, die teilweise psychoanalytischem Denken folgt, die »primären positiven Reaktionen« neben den primären negativen Reaktionen auf die Realität

---

aufdrücken. In dieser Beziehung stimme ich völlig mit den Autoren überein, die die Bedeutung dieser Stadien ins Zentrum ihrer Ausführungen stellen, obwohl ich nicht vorhabe, diese Aspekte hier zu behandeln. Beide, Mutter wie Vater, spielen in der Entwicklung der Beziehungen des Kindes zur Realität eine beherrschende Rolle. Aber ich glaube, daß die Begriffe »Realität« und »Realitätsprinzip«, wie sie Freud dargestellt hat, viel allgemeinerer Natur sind. Die Realitätsbegriffe des Kindes können am Schicksal seiner Objektbeziehungen und seiner Konflikte verfolgt werden. Aber »der Realitätsbegriff der Psychoanalyse« kann nicht durch sie begrifflich definiert werden. Auch würde ein solcher Versuch, unsere Begriffe zu definieren, keinerlei Vorteil für die Behandlung anderer, allgemeiner psychologischer Vorgänge haben. In diesem Zusammenhang mag es nützlich sein zu erinnern, daß Freud das zurückwies, was er die »Sexualisierung« des Begriffes der Verdrängung nannte, nämlich den Versuch (der ihm von Wilhelm Fliess und Adler vorgeschlagen wurde), diesen Begriff auf den Gegensatz zweier spezifischer Gruppen von Triebtendenzen, männlich und weiblich (Freud, 1919) zu beschränken.

— und dies sowohl auf Grund von Beobachtungen als auf Grund theoretischer Betrachtungen. Es liegt kein Grund vor, diese Befunde abzulehnen. Die Annahme, daß später, wenn die Differenzierung von Selbst und Objekt stattgefunden hat, die positiven Objektbeziehungen auch auf diesen Urerlebnissen beruhen, ist einleuchtend. Obwohl das Kind nicht alles unter Schmerzen erlernen muß, ist dieser Umstand bei vielen wichtigen Funktionen doch unvermeidlich. Es gibt sicher nichts, was Freuds Theorie über die Wirkung der Versagungssituationen auf die Entwicklung des Realitätsprinzips entkräftet. Freud hat zwar nicht alle Folgerungen seiner Theorie erörtert, aber wir finden hier und dort Beiträge zu einigen Seiten dieses Problems, so zum Beispiel in seiner Schrift »Triebe und Triebschicksale« (1915 a).

Obgleich bisher nicht jeder der Schritte geklärt ist, entfernt sich das Kind früher oder später von denjenigen Entstellungen, die der Position des »purifizierten Lust-Ich« entsprechen, wie sie in dieser Arbeit beschrieben werden, und gibt sie auf. Der Einfluß aller Stadien der Kindheitsentwicklung — der typischen Konflikte, der Aufeinanderfolge der Gefahrensituationen und der Art, wie sie gehandhabt werden — kann in diesem Prozeß verfolgt werden. Das Problem ist am gründlichsten im Hinblick auf die Entwicklung der Objektbeziehungen untersucht worden. Objektivierung, Antizipierung, Intentionalität, Neutralisierung der Energie —, sie alle nehmen auf seiten des Ichs an diesem Prozeß teil. Die Frage ist berechtigt, warum diese ganze Entwicklung des Realitätsprinzips (oder der entsprechenden Ich-Funktionen) beim Menschen einen solchen Grad von Kompliziertheit aufweist, eine Kompliziertheit, zu der es sonst kaum eine Parallele gibt, vielleicht die Verhältnisse bei einigen höheren Säugetieren ausgenommen. Ein Grund dafür ist zweifellos, daß das Lustprinzip beim Menschen ein wenig zuverlässiger Führer für die Selbsterhaltung ist. Für die Selbsterhaltung sorgt beim Menschen hauptsächlich das sich langsam entwickelnde Ich mit seiner beträchtlichen Lernfähigkeit. Die Bedingungen, unter denen das Ich, beziehungsweise das Es beim Menschen Lust erleben, unterscheiden sich sehr voneinander, wogegen beim Tier die Instinkte sowohl das, was wir beim Menschen Ich-Funktionen als auch das, was wir Triebfunktionen nennen, gleichzeitig repräsentieren. Auch ist das Es, wahrscheinlich als Folge der Differenzierung der menschlichen Persönlichkeit in Funktionssysteme, viel weiter von der Realität entfernt als die Instinkte der Tiere (Hartmann, 1939 a).

Aber kehren wir zu der Bedeutung der Beziehung zwischen Realitäts- und Lust-Prinzip in der individuellen Entwicklung zurück. Hier, im

Studium der Ontogenese, liegt die Hauptquelle psychoanalytischer Erkenntnis, und das meiste, was wir psychoanalytisch über die Unterschiede zwischen Mensch und niedrigeren Tieren, über die besonderen Eigenschaften des menschlichen Seelenlebens oder verwandte Fragen aussagen, ist letztlich auf das zurückzuführen, was wir über die Ontogenese wissen. In das Realitätsprinzip ist der Aufschub der Befriedigung und ein zeitweiliges Ertragen von Unlust eingeschlossen. Eine andere bedeutsame Quelle unlustvoller Erlebnisse »ergibt sich aus den Konflikten und Spaltungen im seelischen Apparat« (Freud, 1920) im Laufe der Entwicklung. Das heißt, was unter anderen Bedingungen ein lustvolles Erlebnis gewesen wäre — nämlich ohne die Differenzierung in Ich, Es und Über-Ich — kann jetzt als Unlust empfunden werden. Dieser Vorgang ist deutlich von dem vorher behandelten zu unterscheiden. Im Falle von Befriedigungsaufschub und zeitweiligem Erdulden von Unlust ist die lustvolle oder unlustvolle Natur der betreffenden Elemente »etwas Gegebenes«. Aber im zweiten Falle können wir nur die allgemeine Aussage machen, daß sich die Bedingungen selbst geändert haben, auf denen der lustvolle oder unlustvolle Charakter der Situation beruht. Es gibt keine andere Erklärung hierfür als wiederum den Hinweis auf die Entwicklung des Ichs (wozu wir allerdings hier die Entwicklung des Über-Ichs rechnen müssen). Diese Wandlung in den Lustbedingungen, die als Folge der Ich-(und Über-Ich)-Entwicklung stattfindet, kann, insofern Reifungsprozesse an ihr teilnehmen, mit Veränderungen der Lustbedingungen verglichen werden, die von der Abfolge der libidinösen Phasen herbeigeführt werden. In der eben zitierten Feststellung gibt Freud eine Erklärung, warum die strukturelle Differenzierung Situationen herbeiführen kann, in der frühere Lustquellen im Laufe der Entwicklung ihre Lustqualität verlieren. Wenn wir von einem Punkt ausgehen, an dem die Strukturierung schon stattgefunden hat, haben wir das Recht, aus diesem Befund zwei Folgerungen zu ziehen. Das Realitätsprinzip im engeren Sinne legt dem Lustprinzip Beschränkungen auf, wenn auch nur, um einen künftigen Lustgewinn zu sichern. Aber der Aspekt der Strukturbildung, den wir jetzt untersuchen, hat auch die Bedingungen der Lustgewinnung verändert; er hat sie nicht nur eingeschränkt, sondern hat auch neu definiert, was lustvoll und was nicht lustvoll (oder was weniger unlustvoll) ist. Dies ist um so bemerkenswerter, als wir wissen, mit welcher Zähigkeit der Mensch so oft an den einmal erlebten Lustquellen hängt. Aber man kann nicht leugnen, daß eine Umwertung von Lustwerten stattfindet, eine Differenzierung je nach ihren verschiedenen Quellen, die man wohl als eine Modifizierung des

Lustprinzips oder vielleicht als eine teilweise »Zähmung« des Lustprinzips beschreiben kann — verschieden vom Realitätsprinzip im engeren Sinne. Nicht nur die auf die Wirklichkeit abgestimmten, sondern auch die organisierenden Funktionen des Ichs spielen hier eine Rolle. Offenbar wächst diese Verwandlung in den Lust-Unlust-Bedingungen parallel mit anderen Entwicklungsveränderungen [2]. Man kann sagen, daß dieser Aspekt des Lustprinzips allmählich mehr auf seiten des Ichs und des Über-Ichs zu stehen kommt oder, besser gesagt, daß es teilweise unter ihre Kontrolle gerät. Das eben Gesagte kann sicherlich nicht auf das Es angewandt werden, wo man nur Triebtendenzen findet, die Abfuhr suchen; aber es scheint für die Wechselbeziehung der Systeme untereinander gültig zu sein. Wenn wir uns daran erinnern, was Freud für den Fall der Verdrängung über das Ich gesagt hat, das die Macht des Lustprinzips in Bewegung setzt (1932), oder an seine Auffassung, daß der wesentliche Punkt in der Umwandlung »einer Lustmöglichkeit in eine Unlustquelle« der ist, »daß Lust und Unlust als bewußte Empfindungen an das Ich gebunden sind« (1920), dann sind wir nicht sehr weit von der Erklärung entfernt, die ich soeben gab. Das ist in der Tat eine interessante Entwicklung, besonders wenn wir den Abfuhrwert der Primärprozesse gegenüber dem der Sekundärprozesse in Betracht ziehen. Es mag schwierig scheinen, davon in metapsychologischer Sprache Rechenschaft zu geben. Es wäre besonders schwer, das auf der Grundlage von Freuds früherer Theorie zu tun, die eine direkte Koordination der Lust-Unlust-Gefühlsreihe mit der Verminderung oder Erhöhung der seelischen Reizspannung herstellt. Später sagte er, daß diese Ansicht nicht richtig sein könne. Er meinte vielmehr, daß Lust und Unlust auf Besonderheiten wie »Rhythmus, zeitlicher Ablauf in den Veränderungen, Steigerungen und Senkungen der Reizquantitäten« (1924 b) bezogen werden müßten. Dieses Problem ist eines der dunkelsten, mit denen sich die Psychoanalyse beschäftigt. Aber es ist meiner Meinung nach zumindest denkbar, daß Änderungen in den Beziehungen der von Freud erwähnten Faktoren zu Lust und Unlust parallel mit der seelischen Entwicklung vorangehen. Ob wir nun vorziehen, es auf diese oder auf andere Art metapsychologisch zu deuten, wir können jedenfalls sagen, daß auch das Lustprinzip selbst eine Geschichte hat, jenseits der Beschränkungen, die seinen Erscheinungsformen vom Realitätsprinzip im engeren Sinne auferlegt wer-

---

[2] Die Hypothese, daß gewisse Aktivitäten oder Organe ihr außerordentliches Lustpotential den wichtigen biologischen Funktionen verdanken, denen sie dienen, ist der Psychoanalyse von phylogenetischen Theorien her bekannt (Ferenczi, 1924; siehe auch Hartmann, 1939 a).

den. Um ein mögliches Mißverständnis zu vermeiden, möchte ich wiederholen: es sind natürlich nicht die wesentlichen Züge des Lust-Unlust-Prinzips, vermittels derer wir es definieren (das heißt das Streben nach Lust und die Vermeidung von Unlust), welche sich im Laufe der Entwicklung verwandeln; sondern was sich verwandelt, sind die Bedingungen, unter welchen Lust und Unlust zustande kommen.

Eine zweite, hier wesentliche Überlegung führt uns zu einem anderen Aspekt des Realitätsprinzips zurück. Ich habe vorher gesagt, daß im Menschen das Lustprinzip kein zuverlässiger Führer für die Selbsterhaltung ist. Aber es gibt Ausnahmen von der Regel; die Schmerzvermeidung zum Beispiel behält ihre biologische Bedeutung. Eine sehr wichtige Ausnahme ist auch folgende: In Situationen, in denen die Lust des einen Systems (Es) Unlust in einem anderen (Ich) mit sich bringen würde, lernt das Kind, das Gefahrsignal zu benützen (eine Dosis von Unlust), um das Lustprinzip zu mobilisieren und sich auf diese Weise zu schützen (Freud, 1926 a). Es benutzt diesen Mechanismus nicht nur gegen innere, sondern auch gegen äußere Gefahren. Der Vorgang wird direkt vom Lustprinzip geleitet; es ist wirklich das Lustprinzip, das ihm seine Kraft verleiht. Hier interessiert uns vor allem, daß durch einen besonderen seelischen Mechanismus ein Aspekt des Lustprinzips selbst (Unlustvermeidung) dazu verwendet wird, einer der wesentlichsten Funktionen zu dienen, von der wir in unserer Beziehung zur Realität Gebrauch machen. Das ist ein entscheidender Schritt in der Entwicklung, der von dem, was ich das Realitätsprinzip im engeren Sinne genannt habe (die sogenannte Modifizierung des Lustprinzips, das heißt Aufschub von Abfuhr, zeitweiliges Ertragen von Unlust) unterschieden werden muß. Ich erinnere an das, was ich — zum Teil schon mit diesem Fall vor Augen — über die Notwendigkeit gesagt habe, die zwei Begriffe des Realitätsprinzips auseinanderzuhalten. Genetisch ist selbstverständlich der hier erwähnte Gebrauch des Lustprinzips von der Entwicklung des Ichs abhängig, ebenso wie das Realitätsprinzip im engeren Sinne.

Immer wieder sehen wir, wie sehr unser Verständnis dieser Probleme von unserer Einsicht in die Entwicklung des Ichs abhängt, und wir sehen auch, daß diese Einsicht noch nicht weit genug fortgeschritten ist, um uns mehr als recht hypothetische Antworten auf eine Anzahl von Fragen zu erlauben. In der Zusammenfassung dieses ersten Teiles meiner Arbeit möchte ich sagen: wir nehmen an, daß zur Zeit der Geburt (oder eigentlich schon vorher) gewisse Anlagen zu künftigen Ich-Funktionen existieren, deren Entwicklung später das Lust- und das Realitäts-Prinzip in vielfältiger Weise beeinflussen wird. Freud nimmt an, daß die Tendenz zum Lustgewinn von Anfang an besteht und daß sie in einer frühen Phase über die Tendenz, Unlust zu vermeiden, dominiert. Beide zusammen können aber die Einsetzung des Realitätsprinzips im Sinne von Aufschub der Abfuhr und Erdulden von Unlust nicht völlig erklären; wir müssen hier voraussetzen, daß die Entwicklung der Ich-Funktionen als ein unabhängiger Faktor in diesen Vorgang eintritt. Zu diesem Zeitpunkt fangen Objektivierung und Voraussicht an, eine entscheidende Rolle zu spielen. Was man die Lust-Unlust-Bilanz nennen kann (das heißt, die Summe der lust- und unlustvollen Elemente in einer Situation, Tätigkeit usw.), schließt nun, über die Berücksichtigung der Gegenwart hinaus, auch die Zukunft mit ein [3]. Die Frage, ob der Akzent auf Lustgewinn oder auf Unlustvermeidung liegt, ist für die »Akzeptierung des Realitätsprinzips« wesentlich; sie stellt einen Faktor dar, der nicht nur entwicklungsgeschichtlich, sondern auch individuell variabel ist. Demnach könnten quantitativ identische Lust-Unlust-Bilanzen verschiedene Reaktionen hervorrufen. Die erwähnte Voraussicht umfaßt auch Urteile über die Beziehung zwischen Ursache und Wirkung sowohl hinsichtlich der Außenwelt, als auch dessen, was in der seelischen Innenwelt des Kindes vorgeht. Das neue Element der Struktur führt später, wie wir schon beschrieben haben, zu einem Wandel in den Lustbedingungen. Zu diesem Zeitpunkt wird die direkte Verwendung des Lustprinzips durch das Ich zum Zwecke der Beherrschung der äußeren und inneren Realität in einer spezifischen Weise von Wichtigkeit. Als ein weiterer Schritt wird im Falle des Gefahrsignals ein Unlustgefühl vom Ich absichtlich zu diesem Zwecke reproduziert.

Diese Zusammenfassung ist natürlich äußerst skizzenhaft. Sie gibt nicht einmal die Kenntnisse wider, deren wir ziemlich sicher sind. Darf ich darum wenigstens hinzufügen, daß sich die Lust-Unlust-Bilanz als Folge der Tatsache entscheidend verändert, daß das Kind für den Verzicht auf einen Triebwunsch eine Belohnung in Gestalt von Liebe und Beifall der Eltern erwartet und häufig auch bekommt. Dazu kommt die Lust, die das Kind aus seiner Teilnahme an der Welt der Erwachsenen gewinnt. Hier haben wir nun die Ersetzung einer Art der Befriedigung durch eine andere (durch das Objekt). Wir wissen auch, daß das Kind

---

[3] Wenn einmal ein gewisses Differenzierungs- und Integrierungsniveau erreicht ist, dann reicht es in einer immer größeren Anzahl von Fällen nicht hin, ein Erlebnis (sei es aktuell oder erwartet) einfach als »lustvoll« oder »unlustvoll« zu beschreiben. Was wir vor uns haben, ist mehr eine Reihe von lustvollen Elementen, die gegen eine Reihe von unlustvollen abgewogen werden. Ich gebrauche den Ausdruck Lust-Unlust-Bilanz, um dieser Tatsache Rechnung zu tragen und vor Vereinfachungen zu warnen.

nach der Einsetzung des Über-Ichs oft Stolz über den Verzicht auf einen Lustgewinn empfindet (Freud, 1940). Das gibt sicherlich einen starken Antrieb, gewisse Forderungen des Realitätsprinzips zu akzeptieren. Wie gesagt, ich denke, daß die allmähliche Entwicklung der Lustmöglichkeiten, die das Ich liefern kann, in der gleichen Richtung wirkt — nicht nur soweit sie uns mit Möglichkeiten versorgen, durch die wir Triebbefriedigung erreichen können, sondern auch wegen der lustvollen Gefühle, die so häufig mit Sublimierungen verbunden sind. Natürlich bleibt das Lustprinzip nicht an der Schwelle des Ichs stehen; es ist nur so, daß die Psychologie der Abfuhr bisher viel besser im Hinblick auf die Triebe als auf die Sekundärvorgänge untersucht worden ist.

Das Realitätsprinzip schließt sowohl die Kenntnis der Realität als auch das Handeln unter Berücksichtigung der Realität ein. In biologischer Sprache ist es ein Teil dessen, was wir gewöhnlich als Anpassung bezeichnen. Wie wir wissen, hat Freud die zwei Wege, auf denen eine besser angepaßte Beziehung zur Realität erreicht werden kann, alloplastisches und autoplastisches Verhalten genannt, je nachdem, ob das Individuum dabei eine Veränderung in der Außenwelt oder eine in sich selbst bewirkt. Ich möchte nebenbei hier vorschlagen (Hartmann, 1939 a), daß wir eine dritte Möglichkeit in Betracht ziehen, in der weder die Außenwelt noch das Individuum sich in Wirklichkeit wandelt; statt dessen wird deren gegenseitige Beziehung verändert; ich denke hier an die Suche nach und das Finden einer geeigneteren Umwelt. Auch dieser Vorgang spielt in der Entwicklung der Gattung wie des Individuums eine beträchtliche Rolle, wie es beim Menschen so deutlich ist.

Doch in diesem Zusammenhang möchte ich nur einen Punkt hervorheben, der sich auf das Verhältnis zwischen den Aspekten von Wissen und Handeln im Zusammenhang mit dem Realitätsprinzip bezieht. Vor allem: im allgemeinen bedeutet die maximale Beanspruchung einer hochdifferenzierten Teilfunktion (unter denjenigen, die der Anpassung dienen) nicht immer ein optimales Funktionieren des ganzen Systems (siehe 1. Kapitel). Ferner: wenn wir z. B. sagen, ein gewisser Gedanke sei realitätsgerecht in einer gegebenen Situation, so kann dies zweierlei bedeuten. Es kann bedeuten, daß ein Gedanke wahr ist in dem Sinn, daß er der Realität entspricht. Andererseits kann es auch bedeuten, daß seine Anwendung in einer gegebenen realen Situation zur erfolgreichen Beherrschung dieser Situation führt. Daß in einem weiten Sektor menschlichen Verhaltens keine einfache Korrelation zwischen dem Grad von objektiver Einsicht und dem der Angepaßtheit der korrespondierenden Handlung besteht, braucht nicht erst bewiesen zu werden. Objektive Kenntnis der Realität und praktische Orientierung in dieser Realität treffen nicht notwendigerweise zusammen. Wir wissen alle, daß Handeln im Einklang mit jenem *common sense*, der praktisch orientiert ist, erfolgreicher sein kann. Aber es ist schwer, generell zu sagen, wo Handeln nach dem »gesunden Menschenverstand« wirksam sein wird und wo vielmehr wissenschaftliches Denken am Platze ist. Die Franzosen unterscheiden höchst treffend zwischen *savoir-faire, savoir vivre* und *savoir tout court*. Wenn wir diese Unterschiede manchmal zu vergessen geneigt sind, so geschieht das wahrscheinlich, weil in unserer psychoanalytischen Arbeit die Beziehung zwischen dem Auffinden der Wahrheit und ihrer therapeutischen, eine Änderung herbeiführenden Wirkung so besonders eng ist. Wir können den therapeutischen Wert der Einsicht in der Psychoanalyse als erwiesen annehmen, und ich habe nicht vor, darüber zu sprechen. Die Unterscheidung, an die ich hier denke, wird in einem viel breiteren psychologischen Rahmen bedeutsam.

Vom Standpunkt der Entwicklung aus gesehen, kann ein gewisser Grad der Vermeidung der äußeren Realität, der Beschränkung der Einsicht oder der Verleugnung beim Kinde häufig harmlos und in bestimmten Situationen sogar nützlich sein, während das gleiche, wie Anna Freud (1936) ausgeführt hat, beim Erwachsenen viel ernstere Folgen haben würde. Was die innere Realität betrifft, kommt Zurückweichen vor der Einsicht, Beschränkung der inneren Realitätsprüfung als Folge von typischen Verdrängungen zweifellos auch in der normalen Entwicklung vor. Es scheint, daß die späteren, allerdings nicht so einschneidenden Methoden, Kompromisse zu schließen, die gewisse Aspekte der Realität vernachlässigen, aber nichtsdestoweniger adaptiv bleiben, zum Teil auf diesen frühen Vorbildern aufgebaut werden. Wir alle kennen selbstverständlich Fälle, in denen solche Kompromisse fehlschlagen; aber im vorliegenden Zusammenhang, in dem es sich vornehmlich um allgemeine Psychologie und nicht um Pathologie handelt, möchte ich gerade den entgegengesetzten Fall hervorheben: nämlich, daß sie oft nicht fehlschlagen. Die gelegentliche Vermeidung des vollen Anblicks der Realität, ohne daß damit das realitätsgerechte Handeln gestört würde, gibt es wohl überall. Sie kann sogar dem realitätsgerechteren Verhalten in jenem zweiten Sinn dienen — ein Thema, dem ich mich jetzt zuwenden möchte. Diese Erscheinungen können situationsbedingt sein und sind oft mehr oder weniger veränderlich. Sie können auch zu automatischen Verhaltensweisen werden. Sie sind in gewissem Sinn Abwehrmanöver, aber kaum je Abwehrmechanismen in dem strengeren Sinne, in dem wir dieses Wort als einen psychoanalytischen Terminus benutzen. Man kann vielleicht sagen, daß alles, was in diesen Erscheinungen nicht bewußte Vermeidung ist, sehr oft, wenn auch nicht immer, eher vorbewußt als unbewußt ist; es wird vom Bewußtsein von jener Zensur ferngehalten, die nach Freud zwischen dem bewußten und dem vorbewußten Denken wirkt.

Wenden wir uns nun wieder den Entwicklungsproblemen zu. Wir betrachten die einzigartige Lernfähigkeit des Menschen als etwas Selbstverständliches, aber wir sind auch von den komplizierten Wegen, von den Umwegen, und, man könnte sagen, von den Abwegen beeindruckt, die notwendig sind, um die »Akzeptierung der Realität« zu erreichen. Freud hat gesagt, daß beim Menschen ein langer Weg vom Lustprinzip zur Selbsterhaltung führe, und dies mag wohl einer der Gründe sein, warum so viel angepaßtes Verhalten dem Lustprinzip abgerungen werden muß. Wir können jetzt hinzufügen, daß dies nicht der einzige Grund für diese komplexe Sachlage ist. Wir müssen uns damit abfinden, daß, was in einer Hinsicht anpassungsgemäß ist, auf die Anpassung in anderer Hinsicht störend wirken kann. Ich habe diese Frage berührt, als ich von den Beziehungen zwischen objektiver Kenntnis der Realität und Handlung unter Berücksichtigung der Realität sprach. Ein Gleichgewicht zwischen den verschiedenen Anpassungstendenzen wird am Ende mehr oder weniger erfolgreich durch die Erfahrung und die integrierende oder synthetische oder organisierende Funktion des Ichs hergestellt, die auf mehreren Ebenen wirksam ist und die verschiedenen Seiten der seelischen Funktionen miteinander und mit der äußeren Realität in Beziehung setzt. Ähnliche Widersprüche bestehen sogar hinsichtlich der Formen der »Realitätskenntnis« selbst, und auch die Wege, auf denen das Kind seine Kenntnis der Realität erwirbt, sind von Anfang an voller Anreize, sie zu entstellen.

Die hauptsächlichen frühen Quellen des Lernens anhand der Realität liegen in der Beziehung des Kindes zu seinem eigenen Körper und zu den Objekten. Identifizierung und Objektbeziehungen beherrschen diesen Vorgang während einer entscheidenden Zeitspanne und sind auch später nie ganz unwesentlich [4]. Die Entwicklung der Ich-Funktionen und die Errichtung konstanter Objekte, die beide eng miteinander verknüpft sind, stellen ein Abrücken von dem Zustand dar, den Freud den primären Narzißmus nennt. Sie setzen wahrscheinlich schon die Verwendung einer Energieform voraus, die von der Triebenergie verschie-

---

[4] Siehe auch de Saussure (1950); Axelrad und Maury (1951).

den ist. Im Kontakt und durch die Kommunikation mit dem Objekt lernt das Kind, sein »Selbst« abzugrenzen und von ersten Umrissen der Objektwelt zu unterscheiden. Der Übergang vom »egozentrischen« Denken zum Erkennen der Relativität von Eigenschaften hängt von der Einsicht in die Relativität des »Ichs« ab. (Piaget, 1937 a; Rapaport, 1951). Hierüber ist in letzter Zeit viel sorgfältige und interessante Arbeit innerhalb und außerhalb der Psychoanalyse geleistet worden.

Die lange Abhängigkeit des menschlichen Kindes schafft eine Situation, in der »der Wert des Objektes ... enorm gesteigert« ist (Freud, 1926 a). Man kann wohl sagen, daß für den Menschen die menschlichen Objekte der bei weitem wichtigste Sektor der Realität sind. Die Abhängigkeit vom Objekt wird bekanntlich beim menschlichen Kinde zum wesentlichsten Faktor für das Kennenlernen der Realität. Sie ist aber auch für die typischen oder individuellen Entstellungen seines Realitätsbildes verantwortlich. So wirkt der gleiche Faktor in beide Richtungen (und ist auf jeder Seite natürlich mit anderen Faktoren verbunden). Seine »nicht-objektbezogenen« Wirkungen werden auf verschiedenen Sektoren des kindlichen Denkens verschieden sein. Wir können erwarten, daß sie auf dem Gebiete der Wahrnehmung verhältnismäßig unwichtig sind, obwohl selbst hier die höheren Prozesse, durch die die Sinnesdaten integriert werden, subjektiven Modifizierungen unterliegen können. Sie sind sicherlich deutlich bei der Begriffsbildung und bei den Denk- und Gefühls-Einstellungen. Die Sprache, eine der charakteristischsten Leistungen des Menschen, die das Kind hauptsächlich seinem Objekt verdankt, ist das allgemeinste Beispiel, weil sie einen der entscheidendsten Wege zur objektiven Kenntnis eröffnet, dabei aber gleichzeitig Denkformen beibehält, die oft weder realistisch noch logisch sind. Ein anderer Aspekt, nämlich die Übernahme von ›Stereotypen‹ durch das Kind, wurde von Sullivan (1953) behandelt. Ich kann natürlich in dieser Arbeit die vielfältigen praktischen Probleme nicht darlegen, die dieser doppelte Effekt der Sozialisierung auf die Realitäts-Erfassung des Kindes hervorruft.

Ein »realistisches« Objekt kann dem Kind bei der Unterscheidung zwischen Phantasie und Realität sehr behilflich sein; es wird ihm helfen, wirklichen Gefahren auf ihrem eigenen Boden zu begegnen, wie Anna Freud unlängst gesagt hat. Wenn Freud von der Realitätsprüfung spricht, meint er gewöhnlich die Fähigkeit, zwischen Vorstellungen und Wahrnehmungen zu unterscheiden. In einem erweiterten Sinne aber bedeutet Realitätsprüfung die Fähigkeit, subjektive und objektive Elemente in unserem Urteil über die Realität zu unterscheiden. Wir erwarten, daß die Realitätsprüfung im engeren Sinne bei normalen erwachsenen Personen ziemlich zuverlässig funktioniert; das Erlernen der Realitätsprüfung im weiteren Sinn ist ein nie endender Prozeß. Hier sind die Kriterien bei den meisten Menschen ziemlich schlecht definiert, und die Versuchungen, das objektive Urteil zu verfälschen, sind zahlreich. Dafür gibt es natürlich viele wohlbekannte Gründe, aber ich möchte mich absichtlich nur auf den einen, zur Diskussion stehenden Punkt beschränken. Ich habe die bekannte Tatsache erwähnt, daß ein Kind, daß sich den Forderungen der Realität und der Sozialisierung fügt, Lustprämien erwarten darf; aber diese sind auch dann zu erwarten, wenn das Sich-Fügen bedeutet, daß das Kind Vorurteile und allgemein irrige Anschauungen, die die Eltern von der Realität hegen, übernimmt.

Dieser von mir erwähnte, im wesentlichen fördernde, aber auch vorurteilvermittelnde Einfluß der Objekte auf das Erfassen der Außenwelt gilt auch für die Erfassung der inneren Welt des Kindes, und das unvermeidliche Resultat ist Selbsttäuschung. Die Art, in der die einzelnen Elemente der inneren Realität organisiert und integriert sind, das Bild des eigenen Selbst und dessen Einschätzung, werden von diesen Kräften in ihrer Rolle als Vorbilder oder verbietende Instanzen mitbestimmt. Dies beginnt nicht erst mit der Über-Ich-Bildung, findet darin aber seinen deutlichsten Ausdruck, zumal diese natürlich, neben anderen und teilweise einander entgegengesetzten Folgen, auch einen gewissen Grad von Verengerung und Verzerrung der kindlichen Kenntnis von seiner inneren Realität mit einschließt. Man darf nicht übersehen, daß das Über-Ich gelegentlich sogar die Prüfung der äußeren Realität beeinflußt (Freud, 1936). Andererseits kann das Über-Ich zur Motivierung in der Richtung auf Objektivität beitragen, insofern jedenfalls, als Objektivität, intellektuelle Ehrlichkeit, Wahrheitsliebe usw. in seine Forderungen einbeschlossen sind. Tatsächlich werden diese Forderungen auch in Wertsystemen, die sonst weit voneinander abweichen, recht häufig erhoben (Hartmann, 1960 a; Hartmann und Loewenstein, 1962).

So wird also das objektive Erkennen der Welt nicht nur durch die Wirkung der Triebbedürfnisse gestört, es kann auch durch Ich-(und Über-Ich-)Funktionen behindert werden, selbst durch Funktionen, welche unter anderen Umständen zur Anpassung beitragen können. Noch spezifischer ist der Fall, den ich gerade besprach, daß nämlich das Individuum dasjenige Realitätsbild übernimmt, das von seinen Liebesobjekten angenommen und ihm vermittelt wurde; darüber hinaus bedeutet das auch die Übernahme des Realitätsbildes der Kulturgruppe, zu der es gehört. Das Kind erlernt seinen eigenen Zugang zur Realität in ständiger Orientierung an dem Zugang, den der Erwachsene zur Realität hat. Es paßt sich einer Welt an, die nicht nur zu einem beträchtlichen Ausmaß von Menschen gemacht, sondern auch von Menschen erdacht worden ist. Infolgedessen entwickeln sich zwei verschiedene Kriterien und Realitäten, und in der Welt eines jeden Individuums spielen beide eine Rolle.

Ohne auf die philosophische Diskussion darüber, was die Realität eigentlich ist, eingehen zu wollen, scheinen mir einige Worte darüber angezeigt, wie wir diesen Begriff in der Analyse verwenden. Die von Freud angelegten Kriterien sind hauptsächlich solche der Naturwissenschaften, oder richtiger gesagt solche, die in den Naturwissenschaften am deutlichen ausgesprochen wurden. Die Naturwissenschaften streben nach Validierung ihrer Aussagen über die Realität; in ihnen gilt als »objektiv«, was mit bestimmten Methoden verifiziert werden kann. In der naturwissenschaftlichen Validierung spielt die »Intersubjektivität« eine Rolle. Für die »konventionelle« oder »sozialisierte Erkenntnis« der Realität ist oft keine intersubjektive Validierung möglich, sie ist etwas in weitem Ausmaß ohne Beweis oder sogar ohne Versuch eines Beweises intersubjektiv Akzeptiertes. Für das Kind bedeutet das: akzeptiert von seinen nächsten Objekten [5]. Was die Mutter nach objektivem Maßstab »neurotisch« befürchtet, kann, aber nur in dieser zweiten Bedeutung, eine »reale« Gefahr für das Kind bedeuten. Übrigens besteht in dieser Sozialisierung der Realitätserkenntnis ein traditionsschaffendes Element neben demjenigen, das Freud im Über-Ich erkannt hat [6].

In unserer klinischen Beurteilung des »realistischen« Verhaltens gebrauchen wir gewöhnlich beide Begriffe der Erkenntnis; in unseren theo-

---

[5] So können wir Piagets Begriff vom »Realismus« des Kindes erweitern und von einem »sozialen Realismus« sprechen: Meinungen der Objekte werden als objektive angenommen. Über dasselbe Problem (und auch über den Unterschied zwischen »Realitätsprüfung« und »Realitätssinn«) siehe Weiss (1950).

[6] In diesem Zusammenhang möchte ich auch einen anderen Aspekt erwähnen, der oft zu Entstellung des objektiven Denkens führt. Das Kind findet sich andauernd Werturteilen gegenübergestellt, die nicht objektiv bewiesen werden können, die ihm aber oft als Tatsachen hingestellt werden. »Dies ist gut« und »das ist schlecht« werden ihm oft in der gleichen Weise präsentiert wie »dies ist rot« und »das ist grün«. Solche Vorstellungen werden auch ein Bestandteil der »sozialisierten Realität«, und dies mag einer der Gründe sein, warum so viele Erwachsene (und unter ihnen einige der großen Philosophen) den logischen Unterschied zwischen einem moralischen Imperativ und einer Tatsachenaussage nicht akzeptieren können.

retischen Diskussionen beziehen wir uns meist auf den Begriff der »objektiven Erkenntnis«. Ich kann hier nicht im einzelnen darlegen, wie sich die Beziehungen zwischen den zwei Begriffen der Realitätserkenntnis, oder vielleicht sollten wir sagen, wie sich die Kriterien der »wahren Realität« [7] herausbilden. In seinen Rebellionsphasen lehnt sich das heranwachsende Individuum auch gegen die allgemein akzeptierten Ansichten über die Realität auf. Sein Streben nach objektiver Erkenntnis kann auch die Hilfe der Triebe herbeirufen. Nachdem jedoch dieses Streben autonom geworden ist, kann es einen beträchtlichen Grad an Stabilität erreichen. In gewissen Situationen kann der Widerstand gegen den Gruppengeist ein Zeichen von Ich-Stärke sein (Redl und Wineman, 1951) [8]. In der Tat müßten viele Faktoren in Betracht gezogen werden, falls wir die verschiedenen Typen von unabhängigem Verhalten im Gegensatz zu den verschiedenen Typen »konformistischen« Verhaltens untersuchen wollten. Mein Hauptargument ist, daß das Überwiegen einer anpassungsfördernden Funktion des Ichs die Schwäche einer anderen bedeuten kann, die an sich ebenso anpassungsfördernd ist. Der wissenschaftliche Begriff der Erkenntnis der Realität wird den anderen Begriff nie völlig ausschalten können, außer im Falle des Wissenschaftlers, und selbst bei ihm nur, soweit er wissenschaftliche Arbeit leistet. Man darf nicht vergessen, daß ein großer Teil unseres »Wissens« von der Realität nur von der Art des »sozial akzeptierten Wissens« ist, und daß die meisten unserer Handlungen auf dieser Art von Wissen beruhen. Die »objektive« Erkenntnis braucht dem akzeptierten Bilde der Realität natürlich nicht unbedingt zu widersprechen; es ist aber doch häufig der Fall. Vielleicht das beste Beispiel dafür ist die Psychoanalyse, die objektive Erkenntnis auf einem Gebiet eingeführt hat, in dem vorher nur sozial akzeptiertes Wissen existierte, wodurch sie das konventionelle Denken in einem besonders empfindlichen Bereich störte. Was Einstein (1950) über die wünschenswerte Freiheit des Denkens gesagt hat, frei »sowohl von Einschränkungen autoritärer und anderer sozialer Vorurteile als auch von unphilosophischen Routinen und Gewohnheiten im allgemeinen«, gehört hierher und ist Freuds Denken nahe verwandt. Es ist klar, daß nicht jedes Urteil über und jeder Kontakt mit unseren Mitmenschen das gleiche Niveau von objektivem Denken beansprucht. Was man gewöhnlich »Menschenkenntnis« nennt, gehört zum größeren Teil auf das Niveau des »gesunden Menschenverstandes«. Es ist aber einer der cha-

---

[7] Gide spricht von *vérités de constatation* und *vérités de convention*.

[8] Ich brauche aber kaum daran zu erinnern, daß andererseits die Unfähigkeit, sich einzufügen, sehr oft pathologischer Natur ist.

rakteristischsten Züge der psychoanalytischen Arbeit, daß sie über das konventionelle Niveau unseres Denkens über den Menschen hinausgeht, nicht nur gelegentlich, sondern ihrem Wesen nach. Auf diesem Gebiete scheint ein Zugang auf dem Niveau des »gesunden Menschenverstandes« kaum möglich. Ich glaube, es ist empirisch erwiesen, daß Anhänger der verschiedensten Philosophien und politischer oder religiöser Gruppen tüchtige Psychoanalytiker sein können. Es wäre recht unrealistisch anzunehmen, daß der Psychoanalytiker nicht einige der Vorurteile seiner Kultur, seiner Nation, seiner sozialen Klasse oder seiner Altersgruppe teilen kann. Aber es ist doch wahrscheinlich, daß eine zu starke Neigung zum Konformismus oder ein Konformismus, der eine gewisse Schwelle überschreitet, eine seiner Berufsarbeit abträgliche Disposition schaffen kann. Jedenfalls kann er, genaugenommen, nur Psychoanalytiker sein, insofern er fähig ist, in dem Denken und Handeln, aus dem seine Arbeit besteht, sich von der sozialisierten Menschenkenntnis loszulösen und sich auf dem Niveau zu bewegen, das Freud die »Realität« nennt.

So gibt es denn zwei Realitätsbilder, die dem Begriff der »objektiven« Realität, den Freud meistens gebraucht, entgegenstehen: das eine entspricht dem, was wir gewöhnlich in vereinfachender Weise magisches Denken nennen; das andere entspricht einer Anschauung, für die keine Verifizierung, sondern nur die intersubjektive Akzeptierung als Kriterium der Realität benutzt wird. Obwohl sich beide zweifellos bis zu einem gewissen Grad decken, sind ihre strukturellen und ökonomischen Unterschiede sehr bedeutend. Ich glaube, diese Unterscheidung erweist sich auch für unser Verstehen gewisser Aspekte der Pathologie als nützlich. Hier ein Beispiel: Wenn jemand sagt, der Prophet Elias sei zum Himmel aufgefahren, wird uns das nicht veranlassen, an seiner geistigen Gesundheit zu zweifeln, obwohl wir vielleicht seine Meinung nicht teilen mögen. Falls der Betreffende aber dasselbe über seinen Nachbarn behauptet, können wir die Diagnose »Psychose« stellen. Das bedeutet, daß von den beiden Realitätsbegriffen, die dem Begriff der objektiven Realität entgegenstehen, der eine pathognomonisch sein kann, während der andere es nicht ist. Es ist oft gesagt worden, daß die Unkorrigierbarkeit einer Vorstellung, die nicht durch objektive Kriterien bewiesen ist, sie zur Wahnvorstellung stempelt. Aber diese Annahme idealisiert die kritische Fähigkeit des Menschen. Jedermann hat sein Teil an irrigen und unkorrigierbaren Vorstellungen. Es scheint darum, daß zur Klärung, warum wir eine Idee pathologisch nennen, die Unterscheidung zwischen »konventioneller« oder einfach sozial akzeptierter »Kenntnis« und objektiver Kenntnis von Nutzen sein kann.

Ich habe von verschiedenen Funktionen gesprochen, die dem Realitätsprinzip dienen, wie Erkennen und Handeln. Beide sind deutlich adaptativ, stehen aber gelegentlich auch im Widerspruch zueinander. Ich habe hinzugefügt, daß allein hinsichtlich der Erkenntnis mindestens zwei verschiedene Begriffe für die Entwicklung bedeutsam sind. Die Kompliziertheit des Realitätsprinzips ist leichter zu verstehen, wenn wir es uns als eine Anzahl teilweise unabhängiger Ich-Funktionen, als deren Zusammen- und Gegeneinander-Wirken und als verschiedene Zustände von intrasystematischen Gleichgewichten vorstellen. Diese Notwendigkeit, die spezifischen Funktionen in Betracht zu ziehen, die unsere Beziehungen zur Realität neben dem umfassenderen Begriff des Realitätsprinzips bestimmen, wird natürlich dann am deutlichsten, wenn diese Funktionen zumindest teilweise im Gegensatz zueinander stehen. Um das klarzumachen, mußte ich diesen Aspekt besonders betonen, wobei ich aber die bekannteren Situationen, in denen sie im Dienste der Anpassung zusammenwirken, nicht übersehe und unterschätze.

Von dieser Diskussion über den Gegensatz von objektivem und konventionellem Wissen ausgehend, schlage ich vor, einen weiteren Schritt zu unternehmen, um unser Denken über die Realität zu klären, einen Schritt, der uns wiederum zu einer Art Dichotomie führt. Auch diese Dichotomie kann im Prinzip, aber nicht immer in der Praxis, mit psychologischen Begriffen erfaßt werden. Das Problem, das ich im Sinne habe, ist in der psychoanalytischen Literatur nur selten behandelt worden [9], aber ich glaube, daß es in den Rahmen meiner Darstellung gehört.

Das wissenschaftliche Denken, die reinste Art von objektivem Denken, verschafft uns eine Kenntnis der Realität, die sich formal, aber auch oft materiell von der Alltagserkenntnis unterscheidet. Ich habe die Frage des konventionellen Wissens schon erörtert; aber diese Unterscheidung hat noch eine andere Seite. Die Haltung des objektiven Denkens setzt einen gewissen Abstand vom unmittelbaren Erleben voraus. Freud beschreibt das Denken überhaupt als Probehandeln mit kleinen Besetzungsbeträgen. Das heißt, die Probe wird verinnerlicht. Denken ist eine Umwegleistung, die zunächst einen gewissen Abstand von der Außenwelt erfordert, um sie dann besser zu verstehen, vorauszusagen und zu beherrschen. Dieser Umweg ist notwendig für die Leistungsfähigkeit der Objektivierung. Objektives Denken ist für den Menschen um so wesentlicher, als seine Triebe viel weiter von Anpassungszielen entfernt sind als die Instinkte der niedrigeren Tiere. Ich erwähnte

---

[9] Siehe aber Winnicott (1953).

den Abstand vom unmittelbaren Erleben. Diese Welt des unmittelbaren Erlebens, die wir gewöhnlich meinen, wenn wir von »der Welt, in der wir leben« sprechen, ist nicht leicht zu definieren. Unwissenschaftlich gesprochen, würden die meisten Menschen sie die »reale« Welt nennen. Das wirft eine Anzahl interessanter Probleme auf. Aber uns interessiert hier nur ein Aspekt, nämlich die Beziehung dieser Welt zu dem, was ich vorher über die »Realität« sagte. Einerseits ist sie offensichtlich nicht das, was wir eine »autistische Welt« nennen. Anderseits deckt sich die Welt der exakten Naturwissenschaften nicht einfach mit der »Welt«, die wir hier betrachten. Vor allem enthält diese letztere das Element der Qualität, der Farbe, des Klanges, der Berührung und des Geschmackes, während die Welt der exakten Wissenschaft all dies nicht enthält. Der biologischen Bedeutung der Qualität ist in verschiedener Weise Rechnung getragen worden. Freud scheint an diesem Problem (im Zusammenhang mit der Funktion des Bewußtseins) in seinen frühen Arbeiten interessiert gewesen zu sein. Er schrieb darüber im »Entwurf« (1895) und in der »Traumdeutung« (1900), wo er meinte, daß die Qualitäten die Besetzung lenken, daß sie als Regulatoren funktionieren. Natürlich ist die Qualität nur einer der Unterschiede zwischen dem naturwissenschaftlichen Begriff der Welt und ihrer üblichen Bedeutung. Spezifische Faktoren der Kohärenz und der Organisation sind in unser alltägliches Wahrnehmungsbild der Realität eingegangen. Dies gilt auch von unserem Denken über die Realität, das heißt: Daten werden in einer Weise assimiliert, die uns Kenntnisse über die Außenwelt vermittelt, die aber auch gleichzeitig versucht, ihnen einen bedeutungsvollen Platz in unserem seelischen Funktionieren anzuweisen. Dies beruht auf der Struktur unseres seelischen Apparates (es hat gewiß auch eine physiologische Seite), auf dem vorhergegangenen bewußten und unbewußten Erleben und auch auf der gegenwärtigen seelischen Tätigkeit. Wenn wir von der Assimilierung eines Teiles der Realität sprechen oder sagen, daß wir sie uns zu eigen machen, dann beziehen wir uns nicht nur auf die Kenntnis der objektiven Daten, sondern auch auf deren Besetzung und Integrierung. Den Unterschied in der Besetzung objektiver Daten und derjenigen, die in einem persönlicheren Sinne Teile »unserer Welt« sind, kann ich an dieser Stelle nicht erörtern. Jedenfalls ist der ökonomische und dynamische Zustand des Wissens durch den Assimilierungsvorgang, der es in das Zusammenspiel unserer seelischen Tendenzen einführt, verändert. Die Welt, die wir hier besprechen, die anders als die Welt der Wissenschaft ist, ist deutlich ein wichtiger Teil unserer Beziehung zur »Realität«, und sie ist, besonders als ein Entwicklungsproblem, sehr wohl der wissenschaftlichen Erforschung wert. Das Fehlen, oder besser gesagt, die Einschränkung der Fähigkeit, eine solche Welt aufzubauen, kennen wir als eine pathologische Erscheinung. Man sieht am häufigsten, daß bei Schizophrenen die Realität bedeutungslos wird, daß sie zur »reinen Umgebung« reduziert wird und daß ihnen jene Prozesse nicht mehr zur Verfügung stehen, durch welche die Realität einen Platz in ihrer eigenen, persönlichen Welt erhält. In diesem Falle sprechen wir vom Abzug der Besetzung von der Realität (besser gesagt, von den Realitätsrepräsentanzen), was sicherlich eine richtige, obwohl wahrscheinlich unvollständige Beschreibung ist. Darüber hinaus ist es wahrscheinlich, daß spezifische Ich-Funktionen, die normalerweise dazu dienen, unsere Welt auch in persönlicher Weise bedeutsam zu machen, beim Schizophrenen beeinträchtigt sind. Auch hat sich, insofern die Welt persönliche Bedeutung für ihn hat, diese Bedeutung oft im Vergleich zu der in seinem früheren, normalen Zustand verändert.

Was man außerhalb der Wissenschaft gewöhnlich »Realität« nennt, wird also auch durch die Natur unseres seelischen Apparates im allgemeinen und durch unsere persönliche Geschichte geformt. Ein beständiger Vorgang des Hineinnehmens — Assimilierens — und des Nachaußen-Abgebens geht in unserer Psyche vor sich. Das stellt uns vor ein wohlbekanntes Problem, das in einigen Aspekten psychologisch gut verstanden ist, während andere allerdings Fragen aufwerfen, die die Physiologie angehen, und eine dritte Gruppe einen der zentralen Gegenstände der Erkenntnistheorie bildet. In einer gedankenreichen Arbeit über den »Realitätssinn« stellt Zilboorg (1941) die Frage: Was ist »außen« und was ist »veräußerlicht«? Er bemerkt auch, daß »der tatsächliche Umgang des Ichs mit der Realität noch kaum in Betracht gezogen worden ist«; das galt für die Zeit, als er es schrieb, mehr als für heute, aber selbst jetzt steckt dieser Teil unserer Forschung noch immer in den Anfängen. Wir kennen die Projektion als einen pathogenen Mechanismus, aber sie ist natürlich auch ein Teil normalen psychischen Funktionierens. Beim Erwachsenen stellt sich normalerweise ein brauchbares Gleichgewicht zwischen dem, was wir hier »unsere Welt« genannt haben, und der objektiven Kenntnis der Realität her. Das funktioniert, wenn das Ich stark genug ist, sich nicht in seinen wesentlichen Funktionen durch das Es beeinträchtigen zu lassen, und auch stark genug, sich nicht im Kampf gegen die Triebe zu erschöpfen, das heißt, wenn jene seiner Funktionen, die der Realität und der Synthese dienen, einen gewissen Grad von Autonomie erreicht haben. Die Realitätsprüfung kann dann nicht nur im engeren Sinne funktionieren — das heißt in der Unterscheidung zwischen Wahrnehmung und Vorstellung, die sich normalerweise ziemlich früh im Leben einstellt —, sondern auch im weiteren Sinne, den wir vorher erwähnt haben. Aber sie erreicht natürlich nicht immer eine streng »objektive« Erkenntnis, sondern wägt Elemente der »Welt der unmittelbaren Erfahrung« in dem etwas verschwommenen Sinne, in dem wir diese Worte hier benutzen, gegeneinander ab.

So haben wir eigentlich zwei organisierte Orientierungssysteme vor uns, die wissenschaftliche Welt und die Welt unmittelbarer Erfahrung. Die Prinzipien innerhalb dieser organisierten Systeme sind verschieden; beide sind »selektiv«, aber auf verschiedene Weise. Auch überschneiden sie sich. Die äußeren Anlässe unserer Handlungen finden sich weitgehend in der Welt der unmittelbaren Erfahrung. Es besteht kein Zweifel, daß die Entfaltung dieser Welt, obgleich sie weder die »objektive Realität« genau reproduziert, noch ihr ganz entspricht, doch von Nutzen für die Entwicklung unserer Beziehungen zu ihr ist. Indem wir sie assimilieren, lernen wir sie zu handhaben. Die Verwandlung oder Formung dieser Daten in eine mehr oder weniger zusammenhängende Welt erfüllt also eine notwendige Funktion. Wir sehen hier wieder einen Kompromiß zwischen zwei Arten, die Realität zu handhaben, von denen eine jede an sich adaptiv ist. Die Kohärenz dieser »Welt« ist unter anderem von den Fähigkeiten des Ichs zu integrieren abhängig, die bei der Behandlung der äußeren Realität auch dem Zustand der psychischen Systeme Rechnung tragen. Das ist ein Beitrag der synthetischen Funktion zu unserem Zugang zur äußeren und zur inneren Realität. Nunberg (1930) setzt die Entwicklung des kausalen Denkens mit der synthetischen Funktion in Beziehung. Das kausale Denken ist nur ein Aspekt, obzwar ein wesentlicher, der Vorgänge, die ich hier im Sinne habe.

Ein Teil von dem, was ich gesagt habe, läßt sich auch in anderen Worten darstellen, indem man sagt, daß die Beziehung zwischen äußeren Reizen und unserer Reaktion auf sie gewöhnlich ein sehr komplexer Vorgang ist. Der Reiz kann natürlich schon selbst komplex sein, aber es ist auch eine Tatsache, daß das gleiche Individuum auf gleiche Reize nicht immer in gleicher Weise reagiert. Es gibt gewöhnlich keine Eins-zu-Eins-Reaktion. Die Basis für die Reaktion umfaßt die Struktur des seelischen Apparates, die intersystemischen sowie intrasystemischen Beziehungen und ist von früherem Erleben geformt. Die Art dieser integrierten Reaktion bestimmt auch, ob eine Situation für uns »Bedeutung« hat oder nicht. In diesem Sinne meint Freud (1926 a) zum Beispiel, die äußere (Real-)Gefahr müsse »eine Verinnerlichung gefunden haben, wenn sie für das Ich bedeutsam werden soll; sie muß in ihrer Beziehung zu einer erlebten Situation von Hilflosigkeit erkannt werden«. Buytendijk (1955), der sich mit ähnlichen Problemen, jedoch von einem anderen Gesichtspunkt aus, beschäftigt und als Beispiel den Schmerz benützt erklärte vor kurzem in einem interessanten Aufsatz, der repräsentativ für eine bestimmte Richtung im zeitgenössischen Denken ist, daß »die Welt eines jeden ... nicht ein System von objektiven Korrelationen (ist), sondern ein System von Bedeutungen und daher von Werten«. Er bedauert, daß für den wissenschaftlich orientierten Arzt die Möglichkeit, daß etwas durch seine Bedeutung wirkt, ein Ärgernis sei. Ich glaube nicht, daß eine solche Möglichkeit auch für den wissenschaftlich orientierten Psychoanalytiker ärgerlich ist, obwohl der Psychoanalytiker sie von einem anderen Gesichtspunkt anzuschauen geneigt ist. Denn während wir uns bewußt sind, daß beides, Werte und Bedeutungen, zur »Welt eines jeden« gehören, würden wir »Wert« und »Bedeutung« begriffsmäßig auseinanderhalten. Und darüber hinaus betrachten wir Bedeutungen, wie wir sie im Rahmen unseres Denkens verstehen, als psychologische Tatsachen; sie beziehen sich auf psychische Tendenzen, die in einer Situation eine Rolle spielen, sie beziehen sich auf den Zeichen- oder den Symbol-Charakter, mit dem wir unsere Erlebnisse ausstatten. Daß eine Haltung der Realität gegenüber subjektiv ist, bedeutet für uns nicht, daß die psychologischen Faktoren, deren Resultat diese »Subjektivität« ist, nicht objektiv untersucht werden können. Diese neue Stellungnahme zu den Problemen der »Subjektivität« und »Objektivität« ist in der Tat einer der wesentlichen Züge der Psychoanalyse, die die »Welt«, von der wir sprachen, in maßgeblichen Aspekten dem objektivierenden Denken unterzogen hat. Im Laufe des psychoanalytischen Prozesses selbst werden die Beziehungen des Patienten zur inneren und äußeren Realität umstrukturiert, Entstellungen rückgängig gemacht und ein »objektiveres« Bild an ihre Stelle gesetzt. Das resultierende Bild ist, besonders soweit es sich auf Kindheitsmaterial bezieht, viel »objektiver« und auch zusammenhängender als das Bild, welches das Kind zur Zeit des Erlebens haben konnte. In dieser Hinsicht bedeutet die Psychoanalyse eine erweiterte Kenntnis der inneren und äußeren Realität im strengen, objektiven Sinne. Auch die Psychoanalyse neigt dazu, die »Qualitäten« aus ihren Grundkonzepten auszuscheiden (Hartmann, 1927). Aber im Laufe einer Analyse werden diese objektiven Einsichten ebenfalls, wenn auch in einem individuell verschiedenen Grade, in die »Welt« des Patienten einbezogen, in dem Sinne, in dem wir hier diesen Ausdruck gebrauchen.

Im Vorhergehenden habe ich wiederholt auf den Gegensatz von innerer und äußerer Realität hingewiesen. Ich muß nun klarstellen, daß die innere Realität nicht ganz dem entspricht, was Freud im Sinne hatte, als er von »psychischer Realität« sprach; er benutzte den Begriff, um zu erklären, daß die Phantasietätigkeit die gleiche motivierende Stärke haben kann wie realistisches Verhalten und daß in bestimmten Teilen unseres seelischen Apparates keine Realitätsprüfung existiert. Wenn ich von »innerer Realität« spreche, will ich auf die Tatsache hinweisen, daß in gewissem Sinne alle seelischen Funktionen, Tendenzen und Inhalte »real« sind; die Phantasietätigkeit ist demnach auch real, obwohl nicht realistisch. Das heißt, wenn man anerkennt, daß die Phantasie als ein seelischer Akt real ist, bedeutet das nicht, daß ihr Inhalt die Realität reproduziert [10].

Probleme des Akzeptierens, Entstellens und Verleugnens kommen ebenso mit Bezug auf die innere wie die äußere Realität vor. Wie die Haltung zur einen auf die Haltung zur anderen wirkt, ist ein faszinierender Gegenstand wissenschaftlicher Untersuchung. Vom Standpunkt der Entwicklung aus ist dieses Problem weitgehend von M. Klein (1932) untersucht worden, die darauf hinweist, daß die Beziehung zur inneren Realität schon zur Zeit der Einsetzung des Realitätsprinzips wichtig geworden ist; Winnicott (1953) bezieht sich auf ein Zwischenreich der Erfahrung, an dem beide, die innere und die äußere Realität, teilhaben; unter anderen hat Frumkes (1953) neuerdings dieses Thema behandelt. Um nur eine spätere Entwicklungsphase zu erwähnen: es ist sicher, daß das Kind von einem gewissen Alter an bei seinem erfolgreichen Umgang mit der Realität die Rücksicht auf die eigenen seelischen Vorgänge in seinen Handlungsplan mit einzuschließen lernt (siehe 3. Kapitel). Es lernt, die Wechselbeziehung zwischen innerer und äußerer Realität vorauszusehen. Das ist auch im Hinblick auf einen Aspekt des Handelns von Parsons und Shils (1951) gut beschrieben worden: »Im Einklang mit einem Wertmaßstab oder einer Erwartung bemüht sich der Handelnde, seine eigenen Kraftvorräte — seinen Körper, Stimme usw. — zu manipulieren, um eine direkte oder indirekte Annäherung an ein gewisses, libidinös besetztes Ziel — ein Objekt oder einen Zustand — zu ermöglichen.« Was man »auf realistischer Basis beruhende Einstellungen« genannt hat, schließt entschieden auch eine gewisse Kenntnis und Berücksichtigung der eigenen Person mit ein. Über die Entstellung der inneren Realität, über typische und individuelle Selbsttäuschung haben wir aus der analytischen Arbeit mehr gelernt, als man aus irgendeiner anderen

---

[10] Siehe auch Dorsey (1943).

Quelle erfahren konnte. Um dem Rechnung zu tragen, scheint es angemessen zu sein, neben der Prüfung des Außen auch von einer Prüfung des Innen zu sprechen — das heißt, eine innere Realitätsprüfung von einer äußeren Realitätsprüfung zu unterscheiden. Störungen der inneren Realitätsprüfung sind, was gewisse Funktionen und seelischen Inhalte anbelangt, so häufig, daß wir selbst bei einem normalen Menschen — außer im Laufe einer Psychoanalyse — keine große Objektivität erwarten. Diese Störungen verwandeln natürlich manchmal auch das Bild der äußeren Realität, z. B. als Folge einer Verdrängung. Aber beim neurotischen Patienten steht die störende Einwirkung auf die innere Realitätsprüfung im Vordergrund. Die grundlegenden Eigenschaften der äußeren Realitätsprüfung brechen, wie wir wissen, nur in den Psychosen zusammen.

Fassen wir zusammen: meine Arbeit hat sich mit Problemen der allgemeinen Psychologie beschäftigt, und nicht spezifisch mit der Neurosentheorie. Das steht im Einklang mit Freuds Gedankengang in der Arbeit, von der ich ausgegangen bin. Sie mögen wohl das Gefühl haben, daß ich eine verwirrende Anzahl von Unterscheidungen und komplizierten Sachverhalten in eine im Grunde einfache Frage eingeführt habe. Es würde mich freuen, wenn wenigstens einige mir zustimmen, daß diese Schwierigkeiten nicht willkürlich eingeführt wurden, sondern daß sie charakteristische Züge der heute erörterten Probleme sind. Gewöhnt man sich an die zahlreichen Aspekte der »Realität« und des »Realitätsprinzips«, so erscheint die Vielfältigkeit nicht mehr so verwirrend. Es scheint recht genau der Vielfalt jener Ich-Funktionen und ihrer Wechselwirkung zu entsprechen, die Freud schon vor langem dazu gebracht haben, vom Ich als von einem »Repräsentanten« der Realität zu sprechen. Ich glaube auch, daß diese Unterscheidungen in der Praxis von Nutzen sind, um die verschiedenen Arten von realitätsgerechtem Verhalten richtig zu bewerten.

14. KAPITEL

DIE ENTWICKLUNG
DES ICH-BEGRIFFES BEI FREUD

(1956)

Die Wahl meines Gegenstandes für den heutigen Tag mag einiger Erklärung bedürfen. In der täglichen Arbeit des Psychoanalytikers bleibt Freuds Denken weiterhin äußerst lebendig, mehr als das, es ist ein wesentlicher Bestandteil seiner Arbeit. In diesem Sinne ist Freud für uns noch nicht zu einer »historischen Gestalt« geworden, und unseren Gesichtspunkt so zu verändern, daß wir ihn mit den Augen des Historikers sehen, erfordert eine geistige Anstrengung. Doch ist diese Mühe unerläßlich, denn eine Darstellung seiner Entdeckungen und seines Denkens ohne historische Perspektive führt leicht zu Unklarheiten und Verwirrung. Auch können wir Freuds Leistung ohne genaue Kenntnis der ihm eigenen bemerkenswerten Wachstumsfähigkeit und der Wege, auf welchen diese Entwicklung zustande kam, schwerlich gerecht werden.

Auch nachdem die Fundamente der Psychoanalyse bereits gelegt waren, finden wir in Freuds Werk bis in seine letzten Arbeiten hinein viele recht radikale neue Ansätze und zahlreiche Neuformulierungen. Es gibt eine Reihe von Gegenständen in der Psychologie, deren Wichtigkeit er offen anerkannt, zu denen er aber, wie er oft sagte, noch nicht gekommen war. Diese Qualität des Noch-nicht-fertig-Seins, des Noch-nicht-das-letzte-Wort-gesagt-Habens hatte Freud im Sinn, wenn er bei Mißverständnissen seiner Lehren es für nötig fand, eine Trennungslinie zwischen der Psychoanalyse als empirischer Wissenschaft und den philosophischen Systemen zu ziehen. Er wollte natürlich damit nicht sagen, daß die Psychoanalyse weniger an die Prinzipien der Systematisierung gebunden sei als andere Naturwissenschaften. Freuds Hypothesen stehen in einem systematischen Zusammenhang: es besteht eine Rangordnung in der Bedeutung, der Nähe zur Beobachtung, dem Grad der Verifizierbarkeit seiner Hypothesen. Nichtsdestoweniger ist es wahr, daß es keine umfassende Darstellung der Psychoanalyse unter diesem Blickwinkel gibt. Auch scheint der Rückgriff auf eine historische Betrachtungsweise geboten — für die Gegenwart als Ersatz, für die Zukunft als Hilfe für die Schaffung eines solchen Systems —, indem man die wirklichen Probleme in ihren richtigen Proportionen und ihrer richtigen Perspektive aufzeigt.

Wie wir wissen, lag es Freud nicht, systematisch in einem Querschnitt darzustellen, wo und wann neue Gedanken frühere Begriffe ersetzten. Zwar hat er es gelegentlich getan, aber in vielen Fällen sind Änderungen in seinem Denken nicht ausdrücklich als solche aufgezeigt worden, sondern müssen aus der veränderten Verwendung der Begriffe erschlossen werden. Es kommt auch vor, daß aufgegebene Ideen häufig nach längerer Zeit wieder erweckt und mit neuem Leben erfüllt wurden. Dieser Tatbestand mag wohl die Entwicklung eines in der Geschichte der Psychoanalyse nicht seltenen Phänomens gefördert haben: die Fixierung mancher Psychoanalytiker an eine einzelne Phase in Freuds Denken. Alles frühere wird nur als Vorläufer dieser Phase betrachtet, alles Spätere nur als Nachlese. Natürlich sind im Einzelfalle noch viele andere Faktoren für solche Vorlieben und Einschränkungen maßgeblich. Bis zu einem gewissen Grade kann man diesen willkürlichen Urteilen durch ein genaueres Studium der Geschichte der Psychoanalyse entgegenwirken. Zum Studium der Biologie, Sozialwissenschaft und Literatur, die nach Freuds Auffassung zum Lehrplan eines Studenten der Psychoanalyse gehören, sollten wir noch ein gründliches Studium der Geschichte seines eigenen Faches hinzufügen.

Keine von Freuds historischen Schriften bezweckte eine wirklich umfassende oder detaillierte Darstellung all der Abenteuer der Entdeckungen und des erfinderischen Denkens, welche das Wachstum der Psychoanalyse begleiten. Glücklicherweise besitzen wir in einigen seiner nicht eigentlich historischen Arbeiten eine Reihe von zusammenfassenden Exkursen über gewisse historische Erscheinungen, zum Beispiel über die Entwicklung der Triebtheorie, zu deren Geschichte andere Psychoanalytiker verschiedene bedeutsame Beiträge geliefert haben (z. B. Jones, 1936; Bibring, 1936). In letzter Zeit haben wir eine Renaissance des historischen Bewußtseins in der Psychoanalyse erlebt. Wir haben vor allem Jones' imponierendes Werk (1953—57), unendlich reich an bedeutsamem Material und scharfsinnigen Betrachtungen; wir haben Kris' hervorragende Einführung zu Freuds Briefen an Fliess (1950 c), und wir haben die unschätzbaren Einführungen und Anmerkungen von Strachey in der Standard Edition, die detaillierten Untersuchungen von Bernfeld (1944—53) und einiges andere. Allen diesen schulde ich Dank, vor allem im Hinblick auf die vorliegende Arbeit.

Gleichwohl kann man selbst heute nicht sagen, daß historische Studien spezifischer Themen der Psychoanalyse im Überfluß vorhanden seien.

Nichtsdestoweniger scheinen gerade Untersuchungen dieser Art beim jetzigen Stande unserer Wissenschaft notwendiger zu sein als zusammenfassende Berichte der Hauptentwicklungslinien der Psychoanalyse, von denen es bereits eine ganze Anzahl gibt. Trotz der Tatsache, daß der Begriff eines Ichs vom Beginn der Psychoanalyse an existierte, ist die Ich-Psychologie erst verhältnismäßig spät zum selbständigen Kapitel der Psychoanalyse geworden. Ihre Bedeutung für die gesamte Psychologie, die weit über die Probleme hinausreicht, die sie ursprünglich umfassen sollte, ist sogar erst noch später erkannt worden. So ist lange Zeit von Freud und von anderen weniger über die Geschichte der Ich-Psychologie gesagt worden als über die Geschichte anderer Kapitel unserer Disziplin. Indessen besitzen wir einige Prolegomena über diesen Gegenstand, wie zum Beispiel einen Artikel von Kris (1951 a), der sich im besonderen mit diesem Thema beschäftigt, eine Arbeit, die für mich von Nutzen gewesen ist, wie auch einige aufschlußreiche Hinweise an anderen Orten.

Die Wahl des Gegenstandes scheint auch deshalb angemessen, weil das historische Studium des Ich-Begriffes direkt zu einigen späteren Neuformulierungen Freuds führt — neue Ansätze, Vorschläge, Hinweise oder wie immer man sie nennen mag —, die er nicht mehr systematisch ausarbeiten konnte und die von vielen von uns ungebührlich vernachlässigt worden sind. Obgleich von erheblicher Bedeutung, haben sie doch noch nicht den Platz in Forschung und Lehre gefunden, der ihnen eigentlich zukommt. Einige dieser Neuformulierungen haben nicht nur eine Bedeutung für die Ich-Psychologie selbst, sondern lassen explizit oder implizit eine veränderte Einstellung zu anderen Gebieten erkennen. Freuds letzte Beiträge scheinen mit von besonderem Interesse zu sein, da sie uns einige Hinweise darauf geben, in welcher Richtung seine Gedanken sich möglicherweise entwickelt hätten.

Ich möchte jedoch heute nicht über die Zukunft der analytischen Ich-Psychologie sprechen, sondern über ihre Vergangenheit; ich habe beschlossen, meine Bemerkungen auf Freud zu beschränken und nur gelegentlich auf einige seiner unmittelbaren Vorgänger Bezug zu nehmen, deren Auffassungen des Ichs offenbar seine eigene beeinflußt haben. Ich habe nicht die Absicht, Arbeiten über Ich-Psychologie zu diskutieren, die gleichzeitig mit oder nach den seinen erschienen sind. Ich hoffe, daß Sie keine vollständige Untersuchung dieses so komplizierten und selbst heute noch in vieler Beziehung verwirrenden Gegenstandes erwarten. Ich kann nicht mehr tun, als einige der vielen Fäden aufzugreifen und zu verfolgen, die zu seiner Ausgestaltung beigetragen haben — obgleich ich weiß, daß jede solche Auswahl in Frage gestellt werden kann. Ich werde nicht die Entwicklung von Freuds Vorstellungen vom Über-Ich behandeln — was meine Auswahl etwas künstlich werden läßt, obgleich es leicht zu verstehen ist, daß einem Vortrag natürlicherweise Beschränkungen auferlegt sind. Ich werde auch den Akzent mehr auf Begriffe und Hypothesen legen als auf Beobachtungen. Hierfür will ich nicht nur die beschränkte Zeit verantwortlich machen; nach meiner Meinung ist dieses Vorgehen im Falle Freuds besonders lohnend. Ich bin sicher, daß die Beobachtungen, zu deren Erklärung diese Begriffe geschaffen wurden, diesem Auditorium vertraut sind. Außerdem droht eine gewisse begriffliche Unklarheit, welche sich in viele Diskussionen eingeschlichen hat, ein ernstliches Hindernis für die Verständigung unter Psychoanalytikern und für das Verständnis der Psychoanalyse im allgemeinen zu werden. Wenn ich die theoretische Seite betone, so auch deshalb, weil, im Gegensatz zu früher, als die Psychoanalyse als Ganzes abgelehnt wurde, sich in letzter Zeit eine Neigung entwickelt hat, einzelne ihrer Entdeckungen anzunehmen, um die Kritik auf die Begriffe und Hypothesen der Freudschen Lehre zu konzentrieren.

Was die Vorgeschichte der Psychoanalyse anbelangt, so kennen Sie wohl alle das Buch von Dorer (1932), wenn nicht im Original, so doch von den zahlreichen Zitaten im ersten Band der Jonesschen Freud-Biographie her. Da die Verfasserin keine Psychoanalytikerin ist, entgehen ihr viele der feineren Bedeutungen, die in Freuds Ideen mitenthalten sind. Sie ist häufig nicht imstande, klar zu erfassen, wie Freud Ideen und Begriffe verwendet hat, die er von seinen Lehrern übernommen hatte. Ihre Behauptung, daß Freuds Psychologie hauptsächlich von früheren Quellen abgeleitet sei, ist offenbar falsch, und Jones' Einwände dagegen sind unbestreitbar richtig. Was dieser Historikerin der voranalytischen Zeit passierte, ist auch anderen Historikern vor ihr geschehen. Wenn man selbst das größte Werk nur unter dem Blickwinkel der »Vorläufer« betrachtet, kann man nicht umhin, ähnliche Ideen in der Geschichte des menschlichen Denkens zu finden. Wenn wir an ein Werk von der anderen Seite herangehen und verfolgen, wie die Ideen benutzt und modifiziert, wie sie mit der Erfahrung und miteinander integriert worden sind, kann man dazu kommen, dasselbe Werk als eine der originellsten Schöpfungen des menschlichen Geistes anzusehen, wie es für die Psychoanalyse zutrifft. Das gilt für alle ihre Kapitel, und gewiß für die Ich-Psychologie — was aber unser Interesse an den Bausteinen, die Freud für sein Werk ausgewählt hat, natürlich nicht vermindert.

Nachdem wir Dorers Mißverständnis über das aus dem Wege geräumt haben, was Originalität tatsächlich ist, können wir anerkennen, daß ihr

Buch von reichem dokumentarischem Wert und in gewisser Weise recht wertvoll ist; wir werden später auf einen ihrer Gesichtspunkte zurückkommen. Wir haben also zwei Fragen, beide wichtig für die Geschichte: welches waren die vorhandenen Begriffe, mit denen Freud am Beginn an sein Werk herantrat? Wann und warum wurden sie aufgegeben oder modifiziert; was ist an ihre Stelle getreten; welche Rolle hat die Erfahrung, welche Rolle hat das Denken in der Entwicklung seines späteren Ich-Begriffes gespielt, der höchst originell und ganz sein eigener in dem eben beschriebenen Sinne ist?

Freuds frühester Begriff definiert das Ich als eine Organisation mit konstanter Besetzung. In der Sprache der Physiologie ist es eine Gruppe von Neuronen, psychologisch betrachtet, eine Gruppe von Ideen. Schon im »Entwurf einer Psychologie« (1895) finden wir die drei Annäherungswege an die Psychologie, die er später den topographischen, den dynamischen und den ökonomischen genannt hat. Der Phantasiereichtum und gleichzeitig die Exaktheit der Hypothesen, die uns in diesem Werk dargeboten werden, sind in der Tat außergewöhnlich. Das ist von anderen ausführlicher beschrieben worden; ich werde nur so weit Bezug darauf nehmen, als es einiges von Freuds Gedanken, die er zu jener Zeit über das Ich hatte, zeigt. Wie zu erwarten, sind diese hier viel schärfer formuliert und in ihrer Tragweite weniger eingeschränkt als in den klinischen Schriften der gleichen Zeit. Die Funktionen, welche den Inhalt des Ich-Begriffes ausmachen, werden von anderen seelischen Prozessen abgegrenzt. Der Unterschied zwischen Primär- und Sekundärprozessen ist klar umrissen. Eine der Funktionen, die Abwehr, stand zu jener Zeit im Vordergrund seiner Forschung. Andere in diesem Entwurf untersuchte Funktionen — zu allen von ihnen kehrte Freuds Interesse während verschiedener Stadien seines Denkens zurück — umfassen Realitätsprüfung, Wahrnehmung, Gedächtnis, Denken, Aufmerksamkeit und Urteil.

Die Idee eines durch seine Funktionen, seine Beziehung zur Außenwelt und zu anderen seelischen Prozessen gekennzeichneten Ichs wird hier mit größter Bestimmtheit dargestellt und hat sich von dauerndem Wert erwiesen. Natürlich waren die meisten Tatsachen, welche später den Begriff des Ichs mit konkreter Bedeutung erfüllen sollten, noch nicht entdeckt. Vor allem hatte Freud in jenen Jahren, von den großen inneren Antagonisten des Ichs, den Trieben, nur eine begrenzte Kenntnis.

Einige Worte über die Herkunft dieses frühen Ich-Begriffes mögen hier angebracht sein. Wir wissen, daß Freud mit Herbarts Psychologie schon in seiner Gymnasialzeit bekannt wurde, obwohl wir, wie Jones sagt, keinen Beweis dafür haben, daß Freud Herbarts Schriften im Original gelesen hat. Jedenfalls wußte er, daß nach Herbart Ideen der wahre Gegenstand der Psychologie sind. Er war vertraut mit Herbarts quasi-dynamischen Hypothesen, mit den Assoziationsmechanismen, mit seinem Begriff vom unbewußten Denken; vielleicht hat er den Ausdruck »Verdrängung« von diesem Autor übernommen. Aber obwohl Freud anfänglich in der Sprache der Psychologie Herbarts schrieb, scheint sie ihm doch keine starke Anregung gebracht zu haben. Er gab diesen Begriffen neuen Inhalt oder verwarf sie völlig; und was noch wichtiger ist, Herbarts Begriffe scheinen in keiner spezifischen Weise dazu beigetragen zu haben, irgendeines der konkreten Probleme zu lösen, denen Freud begegnete — ein entscheidender Unterschied, wenn immer wir versuchen, »Einflüsse« zu bewerten. Mit Fechner war es anders. Einige seiner Ideen halfen Freud in einer spezielleren Weise, jedoch weniger auf dem Gebiet, mit dem wir uns heute beschäftigen. Der Begriff der dynamischen unbewußten Prozesse hat eine ganz andere Herkunft; man findet ihn in der deutschen Philosophie bei Schopenhauer und Nietzsche und auch bei einigen romantischen Philosophen. Aber über diese Ahnenreihe ist verhältnismäßig wenig bekannt, oder vielmehr wenig über das Ausmaß und die Art, in der dieses Denken Freuds Werk beeinflußt hat. Ich möchte jedoch daran erinnern, daß Freud im Jahre 1907 von Nietzsche gesagt hat, er habe eine tiefere Selbsterkenntnis gehabt als je ein Mensch vor ihm oder nach ihm (Jones, 1953—57, Band II, S. 405/6). Auf jeden Fall ist es offenbar, daß die Übereinstimmung mit Nietzsches Denken — ob es nun einen »Einfluß« ausübte oder nicht — sogar in einigen späteren Theorien Freuds auffällt, während die Eindrücke von Herbarts Psychologie bald überwunden waren. Meynert übte auf Freuds Ich-Begriff nach meiner Meinung einen weitergehenden und spezifischeren Einfluß aus — und zwar in dem Sinne, in dem ich dieses Wort soeben gebraucht habe — als Herbart. Das ist ganz natürlich. Für Freud war er »der große Meynert, in dessen Fußstapfen ich mit solch tiefer Verehrung getreten war«, und der Mann, von dem Freud wiederholt gesagt hat, er komme von allen, die er persönlich kannte, einem Genie am nächsten. Daß Freud alle Werke Meynerts und auch seine Vorlesungen gekannt hat, steht außer Zweifel.

Als ich mich nicht nur mit Zitaten begnügte, sondern einige Werke Meynerts im Original las, war ich von einigen entscheidenden Übereinstimmungen mit Freuds Ideen beeindruckt. Erlauben Sie mir, einige Beispiele anzuführen. Meynert (1884) unterscheidet zwischen einem primären und einem sekundären Ich (von Freud in der »Traumdeutung« zitiert, desgleichen von Dorer und Jones). Das primäre Ich repräsentiert den Teil des psychischen Lebens, welcher genetisch früh und unbewußt ist. Darübergelagert ist das sekundäre Ich. Der Kern des Ichs wird durch die Abgrenzung des kindlichen Körpers von der Umgebung bestimmt. Außerdem funktioniert das Ich als kontrollierendes Organ. Nahestehende Menschen können in es einbezogen werden, und im Laufe der Entwicklung wird das, was wir die Ideale eines Menschen nennen würden, zu einem Teil des Ichs. Ein anderer Punkt ist erwähnenswert, daß nämlich die Wahrnehmung hier nicht als ein passiver, sondern als ein aktiver Prozeß beschrieben wird.

Ich nehme an, daß Ihnen all das wohlbekannt vorkommt, obwohl der begriffliche Rahmen, in welchem es in Meynerts Schriften dargestellt ist, selbstverständlich von dem der Psychoanalyse sich unterscheidet. Aber die Analogien zwischen dem primären und dem sekundären Ich und Freuds Ich, Über-Ich und Es sind augenfällig. Auch brauche ich kaum auf die Parallelen zu Freuds Körper-Ich und zur Identifizierung hinzuweisen. Der Gedanke des aktiven Charakters der Wahrnehmung ist von Freud später in einer sehr interessanten Weise entwickelt worden; übrigens ist kürzlich eine große Anzahl von experimentellen Untersuchungen zu dem gleichen Ergebnis gekommen. Hier haben wir also, der Unterscheidung folgend, die ich eben eingeführt habe, nicht nur die Benutzung einer vorhandenen Terminologie, sondern Freud konnte auch in der Weiterführung jener Betrachtungsweise zur Lösung spezifischer Probleme gelangen. Meynerts starker Einfluß ist von Dorer betont worden, wenngleich ihre Darstellung an dem von mir oben erwähnten Vorurteil krankt; auch Kris teilt, wenigstens zu einem gewissen Grade, diese Auffassung. Jones vertritt eine andere Meinung, wenn er in seiner gewiß gründlichen Untersuchung der »Lehrjahre« Meynerts Einfluß als einen unter anderen von ähnlicher Bedeutung ansieht.

Obwohl Meynerts Ideen in jener Zeit weitgehend bekannt waren, wurden sie nur von Freud, allerdings in einem unvergleichlich breiteren Rahmen, in die klinische Erfahrung eingefügt, frei modifiziert und in Beziehung zu anderen Ideen gesetzt. Es gibt nur eine Ausnahme, und zwar nur für die ersten Schritte in dieser gewaltigen Umwandlung und Verarbeitung: Joseph Breuer. Freud hat stets mit Bewunderung Breuers theoretische Beiträge zu den »Studien über Hysterie« (1895) anerkannt. Bedauerlich für den Historiker ist es, daß man selbst heute den Anteil Freuds an diesem Werk nicht klar von dem Breuers trennen kann.

Ich weiß, daß der erste Entwurf von Freuds Begriff des Ichs manchen von Ihnen recht »theoretisch« oder vielleicht »spekulativ« erscheint, zu sehr entfernt von der klinischen Anwendung. Dies trifft nicht ganz zu: bereits im »Entwurf« hat Freud dem Studium des Traumes und der Neurose einen bedeutenden Platz eingeräumt.

Nachdem er später den entscheidenden Schritt getan hatte, den Weg über die Anatomie und Physiologie verließ und anfing, die psychologischen Probleme ausschließlich psychologisch zu behandeln, ist immer noch die Verbundenheit mit einigen seiner frühesten Konzeptionen, wenigstens in einigen Gesichtspunkten, nachweisbar. Seine frühere theoretische, zusammen mit der gleichzeitigen klinischen Arbeit zeigt klar die zweifache Einstellung, die sein ganzes Leben lang höchst charakteristisch für sein Werk geblieben ist. Freud ist verschiedentlich als großer Entdecker, Denker, Befreier beschrieben worden — er war gewiß all das und noch mehr. In Studien, wie der vorliegenden, ist es sehr wichtig, genau zu erkennen, wann er in seinem Werk der eine oder der andere war. Zusammenfassende Darstellungen der Psychoanalyse unterscheiden häufig nicht klar genug zwischen den Rollen, welche Beobachtung einerseits, Hypothesenbildung andererseits in Freuds Werk gespielt haben. Unter den wahrhaft großen Denkern war Freud einer der wenigen, der auch ein großer Kliniker war. Man kann diesen Satz auch umdrehen und sagen, daß unter den großen Klinikern er einer der nicht allzu vielen war, der gleich groß als Denker erscheint. Es gibt kaum ein besseres Beispiel in der Geschichte der Wissenschaft als Freuds Werk, wenn man die Wechselwirkung zwischen der klinischen Beobachtung und der Theorie studieren will. Gewiß, die Rolle, welche die Feststellung von Tatbeständen für die Bildung von Theorien spielt, ist seit langem erwiesen, aber heute wird auch die Rolle einer »guten« Begriffsbildung und einer »guten« Theorie allgemein anerkannt, nicht nur um Funde einzuordnen, sondern auch um sie zu entdecken. Das war natürlich immer einigen wenigen bekannt. Darwin hat gesagt, ohne Spekulation (was, wie ich annehme, Theorienbildung bedeutet) gäbe es keine gute und originelle Beobachtung. Für Einstein waren Theorien freie Schöpfungen der Phantasie, eingeschränkt von zwei Prinzipien: sie müssen durch Erfahrung bestätigt werden, und die grundlegenden Gesetze sollten so wenige wie möglich sein und miteinander logisch vereinbar. Freuds Fähigkeit, fruchbare Theorien zu schaffen, war seinem klinischen Genie ebenbürtig. Ich will damit nicht behaupten, daß seine Begriffe immer die Präzision haben, die wir bei denen der exakten Naturwissenschaft finden; aber ich möchte behaupten, daß sie bei weitem die fruchtbarsten sind, die uns auf dem Gebiete der Psychologie zur Verfügung stehen. Bei seinem ständigen Interesse für beide Seiten der Psychoanalyse geschah es häufig, daß die Hypothesenbildung der Beobachtung vorausging. Diese Tatsache ist hier von Wichtigkeit, denn es ist charakteristisch für sein frühes Denken, daß es in mancher Hinsicht seinem klinischen Werk voranging. Gewisse frühe Ideen tauchten viele Jahre nach der ersten Formulierung wieder auf und gewannen erst zu diesem späteren Zeitpunkt klinische Bedeutung. Der umgekehrte Fall, das Hinausschieben der Begriffsbildung, wird uns später beschäftigen.

Zwar sind in Freuds frühen klinischen Arbeiten hier und da verschiedene andere Funktionen des Ichs beschrieben, aber die Funktion der Abwehr stand eindeutig im Zentrum des Interesses. Im Gegensatz zur reinen Empirie der älteren Medizin ist bereits hier die Aufmerksamkeit auf den Mechanismus der Krankheitsentstehung gerichtet. Während ihrer Zusammenarbeit entwickelte Breuer die Idee der hypnoiden Zustände der Hysterie, während Freud, vielleicht vom Beginn an, gewiß aber bald darauf, die Abwehr als den entscheidenden Faktor ansah. Da beide von der gleichen klinischen Erfahrung ausgingen — übrigens wurden ähnliche Beobachtungen etwa zur gleichen Zeit von Janet gemacht —, möchte man wissen, wie die Unterschiede in ihren Schlußfolgerungen zu erklären sind. Freud sagte später (1914 c), als er seine Interpretation mit der Breuers verglich: »Ich hatte mir die Sache weniger wissenschaftlich zurechtgelegt, witterte überall Tendenzen und Neigungen analog denen des täglichen Lebens ...« Er sprach auch von einer Anzahl einfacher psychologischer Formeln, das heißt Hypothesen, mit denen er sich dem Gebiet zuwandte. Das ist dann wohl einer der Fälle, in denen die Bildung fruchtbarer Hypothesen für die wissenschaftliche Stoßkraft einer Entdeckung entscheidend ist. Freuds dynamisches Denken, sein Begriff eines abwehrenden Ichs, öffnete den Weg zur Wirklichkeit des seelischen Konflikts, und rückblickend können wir sagen, daß die Betonung des Konflikts, der Abwehr und des dynamischen Unbewußten sowohl in klinischer als auch in theoretischer Hinsicht zum Grundstein der Psychoanalyse werden sollte. Die Möglichkeit, den Konflikt in systematischer und objektiver Weise zu untersuchen und seine Rolle in der normalen und pathologischen Entwicklung zu verfolgen, verdanken wir ausschließlich Freud. Konflikte hatten gewiß schon immer das Interesse von Schriftstellern, Philosophen und religiösen Denkern auf sich gezogen. Aber kein Psychologe vor Freud hatte die Methode oder den Mut, den Konflikt zum Gegenstand wissenschaftlicher Forschung zu machen.

Wir erinnern uns, daß das Ich zu jener Zeit noch eine organisierte Gruppe von Vorstellungen war. Gewisse Vorstellungen konnten zugelassen werden, während andere ausgeschlossen wurden. Obgleich auch andere Möglichkeiten in Betracht gezogen wurden, herrschte die Auffassung vor, daß diese Ausschließung auch Ausschluß vom Bewußtsein bedeutete. Damit war ein entscheidender Schritt getan, den dynamischen mit dem topographischen Gesichtspunkt zu verbinden. Es ist jedoch bemerkenswert, daß Freud schon 1896 gefunden hatte, daß die Abwehrvorgänge unbewußt sind oder sein können. Erst viel später wurde diese Einsicht von entscheidender Bedeutung für die Neuformulierung seiner Ich-Psychologie.

Auch nachdem die Neigung des Ichs zur Abwehr erkannt war, wurden die dynamischen Faktoren, die auf beiden Seiten des Konflikts beteiligt sind, für geraume Zeit noch nicht ausdrücklich definiert. Aber zum Mechanismus der Assoziation wurde der bestimmende Einfluß von psychischen Tendenzen hinzugefügt, und im Zusammenspiel der Assoziationen wurde die Rolle von zielgerichteten Ideen erkannt. Diese Gedankengänge erschienen versuchsweise im »Entwurf« und fanden ihre klarste Ausführung in der »Traumdeutung«. Freud modifiziert bald die reine Assoziationstheorie früherer Tage und paßte sie an die Forderungen seiner sich rasch entfaltenden Erfahrung und seines Denkens an. Eine Zeitlang überschnitten sich das Alte und das Neue. Dann herrschten Begriffe wie Zielvorstellungen und psychische Tendenzen vor. Die Annahme der determinierenden Kraft dessen, was Freud generell als »Wünsche« bezeichnete, war ein frühes Merkmal seiner Theorien; gelegentlich sprach er von Wunscherfüllung auf seiten der verdrängenden wie auch der verdrängten Kräfte, und in diesen Fällen scheint das Wort gleichbedeutend mit psychischer Tendenz oder Intention zu sein. Freud sprach manchmal von der Intention des Ichs, zu vergessen oder zu verdrängen — eine Abweichung von der Assoziationslehre, welche uns an einen anderen Kritiker dieser Theorie, Franz Brentano, einen von Freuds Lehrern in Wien, erinnert. Sein Name ist in der Geschichte der Psychologie mit dem Begriff der Intentionalität verbunden. Ich möchte hinzufügen, daß zu der Zeit, als die Traumdeutung geschrieben wurde, auch eine neue Richtung in der Experimentalpsychologie begann, in der der Begriff der »determinierenden Tendenz« eine zentrale Stellung einnahm. Von dieser neuen Richtung hat Freud möglicherweise überhaupt nichts gewußt; doch diese Art historischer Parallele zu psychoanalytischen Ideen bleibt von Interesse, wenn auch nur, um zu zeigen, wie unterschiedlich ähnliche, gleichzeitig entstandene Ideen von verschiedenen Denkern entwickelt werden. In den beiden hier erwähnten Parallelentwicklungen zu Freuds Denken wurde niemals ein Stadium erreicht, eine

Methode entwickelt, in denen die zentralen dynamischen Faktoren untersucht werden konnten; noch wurde eine Methode entwickelt, mit deren Hilfe man solche Untersuchungen ausführen konnte.

Bevor wir unsere Diskussion von Freuds frühem Ich-Begriff schließen, möchte ich noch hinzufügen, weil es für die spätere Entwicklung von Wichtigkeit ist, daß der hier erörterte nur der vorherrschende und am besten definierte Teil des Bildes ist. Der Terminus »Ich« wurde in jener Zeit in der Wissenschaft über die Freudsche Definition hinaus in vielfältiger Bedeutung angewendet, was auch heute noch außerhalb und selbst innerhalb der Psychoanalyse geschieht. Der Ausdruck bezieht sich häufig auf das Subjekt des Erlebens im Gegensatz zu seinen Objekten. Er wird auch gebraucht, um die eigene Person gegen andere abzugrenzen. Für manche ist er gleichbedeutend mit dem, was Freud den seelischen Apparat nennt. Andere nennen »Ich« das Bewußtsein (oder das »Gefühl«) des eigenen Selbsts. In der letzterwähnten, das heißt in seiner phänomenologischen Bedeutung, benutzte Freud das Wort nicht. Für ihn war das subjektive Erleben des eigenen Selbsts zwar eine Funktion des Ichs, aber nicht *das* Ich; er akzeptierte auch nicht die oben erwähnte, in der Erkenntnistheorie geläufige Bedeutung. Nach Freud sind Wahrnehmung und Denken abhängig vom Ich, doch die Tätigkeiten des Ichs können ebenfalls zum Objekt von Wahrnehmung und Denken werden. Es ist klar, daß manche andere Bedeutung dieses Terminus' früher oder später eine Rolle in Freuds Denken gespielt hat. Der mehrdeutige Gebrauch des Ausdrucks, besonders seine Verwendung zur Bezeichnung dessen, was wir jetzt das Ich als »System« nennen, und zugleich zur Bezeichnung der eigenen Person im Gegensatz zu anderen, hat Freuds Theorien erst später beeinflußt; wir werden darauf zurückkommen.

In der Periode, die unmittelbar der oben umrissenen Begriffsbildung folgte, wurden einige bedeutende Zusätze gemacht, ohne jedoch die grundlegenden Eigenschaften des Ich-Begriffes zu ändern. Freuds erstes klassisches Werk, »Die Traumdeutung« (1900), in welchem er zum ersten Male zusammenfassend und in der Sprache der Psychologie allgemeine Gesetze formulierte, beschreibt die Beiträge des Ichs zum Traum (obwohl nicht in der ersten Auflage; siehe Stracheys Anmerkungen): »Der Wunsch zu schlafen, auf den sich das bewußte Ich eingestellt hat, und der, mit der Traumzensur und der ‚sekundären Bearbeitung‘, die Beiträge des Ichs zum Träumen darstellt...«. Die Zensur des Ichs ist ein Ausdruck, den Freud früher in seinen klinischen Arbeiten benutzt hat. Die sekundäre Bearbeitung, insoweit sie die Tendenz darstellt, zu vereinigen und zur Verständlichkeit beizutragen, erinnert an Freuds späteres Konzept einer synthetischen Funktion des Ichs. An anderer Stelle wurde der beherrschende Einfluß des Ichs auf die psychischen Impulse betont und durch seine Beziehung zum Bewußtsein und zur Motilität erklärt. Dies waren in der Tat entscheidende Beiträge zur Ich-Psychologie. Bald darauf setzte jedoch, was die Entwicklung der Ich-Psychologie betrifft, sozusagen eine Latenzperiode ein.

Was waren die Gründe dafür, daß Freuds Interesse am Ich vorübergehend in den Hintergrund trat? Man kann an verschiedene denken, aber es ist nicht leicht zu beurteilen, welche von ihnen in verschiedenen Zeiten sein Werk beeinflußt haben; daher ist ein gewisses Ausmaß an Interpretation unvermeidbar. Obgleich er sich in seinen Schriften über manche Seiten seines psychischen Lebens offener ausgesprochen hat als irgend jemand vor oder nach ihm, war Freud im allgemeinen nicht allzu geneigt, sich bei der Entwicklung seiner Ideen »Gedanken über sein Denken« zu machen. Er hat auch offenbar keine ausführlichen Mitteilungen darüber gemacht. Die wichtigen, uns bekannten Ausnahmen finden wir in den Briefen an Fliess und in manchen der Briefe an andere Freunde, die in Jones' Biographie veröffentlicht sind. In diesem Punkte haben es die Forscher, die sich mit dem Denken anderer großer Männer, zum Beispiel Nietzsches, beschäftigt haben, wesentlich leichter. Bei Nietzsche — dem einzigen Mann des 19. Jahrhunderts, der mit Freud hinsichtlich der Tiefe seiner psychologischen Einsichten verglichen werden kann — finden wir Selbst-Deutungen seines Denkens, Beschreibungen, wie seine Intuitionen zustande kamen, ausgesprochene und unausgesprochene Dialoge mit sich selbst in großer Zahl. Diese Art von Interpretation fehlt bei Freud nicht vollständig (ich werde später dafür ein Beispiel geben), aber man wünscht sich oft mehr davon, wenn man die Entwicklung seiner Ideen studiert. Wir wissen es von einigen Beispielen her und nehmen es von anderen an, daß seine Gedanken von dem Augenblick an, da er sie zum ersten Male faßte, bis zu dem Zeitpunkt, da er ihnen ihren bestimmten und ausdrücklichen Platz in seinem Werk gab, einen langsamen Reifungsprozeß durchliefen. In einzelnen Fällen sind die Gründe für solchen Aufschub leicht zu verstehen, während sie in anderen interessante Probleme aufwerfen. Auch gewisse klinische Beobachtungen fanden ihre klar umrissene begriffliche Fassung und Einordnung erst in viel späteren Phasen seiner Arbeit. Die besten Beispiele dafür liefern die Aggression und die unbewußte Natur der Abwehrmechanismen. Im ersteren Falle hat Freud sich später (1930) selbst gewundert, warum er die Allgegenwart nicht-erotischer Aggression übersehen hatte.

Der augenfälligste Grund für die zeitweilige Zurückstellung der Ich-

Psychologie in jenen Jahren waren zweifellos seine entscheidenden Entdeckungen auf anderen Gebieten der Psychoanalyse. Die große Überlegenheit seiner späteren Ich-Psychologie beruht zu einem erheblichen Grade auf der Tatsache, daß sein Werk über das unbewußte Seelenleben und die Triebe und seine Einsichten in die menschliche Entwicklung ihr vorausgegangen waren. Wesentliche Eigenschaften des Ichs könnten ohne die Kenntnis jener anderen Seite der Psyche dem Verständnis gar nicht erschlossen werden. Von diesem Gesichtspunkt aus erscheint die Verzögerung von Freuds Interesse am Ich sogar als ein recht glücklicher Umstand. Ich glaube, daß niemand mit Sicherheit sagen kann, wie weit die Reihenfolge, in der er sein Interesse den verschiedenen Gebieten zuwandte, bewußt beabsichtigt war. Zum Teil ergab sie sich wohl aus der Entwicklung klinischer und technischer Probleme. Dabei spielte gewiß eine Rolle, daß er sich auf die bewährte Leitung seines vorbewußten Denkens verließ. Was er in einem Brief an Jung über seine Arbeitsweise schrieb (veröffentlicht von Jones 1953—57, II. Band, S. 524/25), wirft vielleicht hierauf ein Licht: „Ich sehe sonst, Sie machen es mit dem Arbeiten gerade so wie ich, lauern darauf, wohin Sie Ihre Neigung zieht, und lassen den manifesten geraden Weg unbegangen. Ich glaube, das ist auch das Richtige, man erstaunt dann nachträglich, wie folgerichtig alle diese Umwege waren.«

Ein zusätzlicher Grund für Freuds damalige veränderte Haltung gegenüber dem Studium des Ichs war wahrscheinlich, daß dieser Begriff nur zum Teil seinen Ursprung in psychoanalytischer Erfahrung gehabt hatte. Freud fand es daher schwierig, dem Ich oder einigen seiner Aspekte den richtigen Platz unter manchen Entdeckungen auf anderen Gebieten psychischer Tätigkeit zu geben, die er ausschließlich der psychoanalytischen Methode verdankte. Und dann war es, zumindest eine Zeitlang, sein erklärtes Bestreben, gerade das zu untersuchen, was andere vernachlässigt hatten. Außerdem hatte Freud zweifellos eine Abneigung gegen das, was die Philosophen über das Ich gesagt hatten, und war mißtrauisch gegen mögliche metaphysische Nebenbedeutungen. Der Terminus war belastet mit den metaphysischen Bedeutungen, welche die Schöpfer philosophischer Systeme des frühen 19. Jahrhunderts ihm zugeschrieben hatten: wir wissen, daß gerade die Art philosophischen Denkens, welche in diesen Systemen zum Ausdruck kommt, Freud unsympathisch war. Nietzsche, der diese Abneigung teilte, hatte nicht viel früher geschrieben, daß der Aberglaube an die »Seele« noch nicht aufgehört habe, Unheil in der Form eines Aberglaubens an das Subjekt und das Ich anzurichten. In seinen frühen Schriften hatte Freud das Wort »Ich«

häufig in Anführungsstriche gesetzt (wie übrigens Meynert es auch gelegentlich tat), was ihm das Ansehen eines Fremdkörpers gab. Wahrscheinlich um metaphysische Mißdeutungen zu vermeiden, beschrieb Freud dann das Ich als Teil eines seelischen »Apparates« — ein Terminus, der seinen Ursprung aus dem Denken der Naturwissenschaftler nicht verleugnet, deren Einfluß auf Freud Bernfeld überzeugend darstellt. Wie man weiß, hat Freud in späteren Jahren, obwohl er den Philosophen noch immer kritisch gegenüberstand und umgekehrt von den meisten abgelehnt wurde, Ideen entwickelt, die man im gewöhnlichen Sprachgebrauch philosophisch nennen würde. Dabei handelt es sich um eine spekulative Erweiterung der Triebtheorie; in seiner Ich-Psychologie hingegen finden wir solche Gedanken nicht. Es wäre gewiß lohnend zu untersuchen, welche Art »philosophischen« Denkens Freud als fruchtbar betrachtete oder als berechtigt ansah, und wo für ihn die Grenzen der Berechtigung lagen; das liegt jedoch jenseits des Rahmens dieser Arbeit. Es genüge hier, darauf hinzuweisen, daß Freud zweifellos die verschiedenen neueren Versuche, aus der Psychoanalyse eine Art »Lebensphilosophie« zu destillieren, zurückgewiesen hätte; ebenso würde er es abgelehnt haben, die Bewertung der empirischen Funde der Psychoanalyse auf die Bewertung solcher angeblich ihr innewohnenden »Philosophien« zu gründen.

Mehr als zwanzig Jahre mußte nach Freuds frühen Formulierungen vergehen, bis die Ich-Psychologie endgültig als ein Kapitel der Psychoanalyse dargestellt werden konnte, und bis das Interesse des Psychoanalytikers sich gleichmäßig auf Es, Ich und Über-Ich verteilte. Ebenso wie bei der Triebtheorie können wir hier in der Entwicklung von Freuds Begriffen drei aufeinanderfolgende Phasen beschreiben. Aber weder hier noch in der Triebtheorie sind diese Phasen scharf voneinander abgegrenzt; in vielen Punkten besteht eine Kontinuität, ja in einem gewissen Grade überschneiden sich sogar die zentralen Themen der aufeinanderfolgenden Phasen.

Am Wendepunkt von der ersten zur zweiten Phase hat Freud nicht ausdrücklich widerrufen, was er früher über die Seiten des Ichs ausgesagt hatte, welche dem späteren System »Ich« am nächsten kamen, die Änderung im Akzent ist jedoch augenfällig. Unter dem Eindruck der beispiellosen Serie von Entdeckungen über das Unbewußte, über die Sexualität und ihre Ontogenese u. a., alle vornehmlich im Bereich dessen, was man später das Es nannte, wurde die Ich-Psychologie von den Analytikern allmählich als etwas außerhalb der richtigen Psychoanalyse stehendes angesehen und recht unpopulär (wie Anna Freud später [1936] in einem Buch sagte, welches mit einigen von Freuds Arbeiten das Ende dieser Tendenz bezeichnete). Doch selbst in dem dazwischenliegenden zweiten Stadium, als die direkte Beschäftigung mit dem Ich in den Hintergrund getreten war, gab es schon Änderungen in der Konzeption des Ichs, als eine Art sekundären Ergebnisses der Entwicklung der klinischen, theoretischen und technischen Grundgedanken

Nachdem Freud einmal unter den motivierenden Faktoren die Vorherrschaft der Triebe, insbesondere die der Sexualität, aufgedeckt hatte, konnte die Frage der Dynamik — das heißt, der im seelischen Apparat wirkenden Kräfte — in einer spezifischeren Weise definiert werden, als es in seinem früheren Werke möglich gewesen war. Das Wesen der Kräfte jedoch, welche in der typischen Situation des inneren Konfliktes den Trieben entgegentreten, nämlich die Kräfte des Ichs, blieb für geraume Zeit recht unbestimmt. Aber obwohl die psychischen Phänomene im wesentlichen vom Gesichtspunkt ihrer Triebanteile betrachtet wurden, waren die tatsächlichen Beiträge zum Verständnis des Ichs schon erheblich. Der genetische Gesichtspunkt, welcher in jenen Jahren zunächst im Hinblick auf die Triebe eingeführt wurde und bald die Psychoanalyse vollständig durchdrungen hatte, trug ebenfalls zum Verständnis der Entwicklungsfaktoren gewisser Charakterstrukturen bei, die nun als »Umwandlungen der Triebe« aufgefaßt wurden. Die Einführung des Begriffes der »Reaktionsbildung« und der »Sublimierung« bedeutete für die Klärung der Rolle des Ichs einen großen Schritt vorwärts, obgleich erst nach weiteren zwanzig Jahren »Sublimierung« in einem viel breiteren Sinne mit Ich-Funktionen im allgemeinen verbunden wurde. Das Wort Sublimierung [1] erscheint in Freuds Briefen an Fliess (siehe auch Strachey, 1953). Im Jahre 1905, nach einem latenten Reifungsprozeß, tritt dann der Begriff voll entwickelt hervor, klar definiert als der Mittelpunkt einer Theorie.

In den meisten der großen Krankengeschichten jener Jahre ist nur wenig über das Ich gesagt. Aber in einer von ihnen, im »Rattenmann« (1909), finden wir eine unübertreffliche klinische Beschreibung einer Anzahl von Abwehrtechniken (Regression, Isolierung, Ungeschehenmachen, Verschiebung), welche, obwohl in jener Zeit noch nicht ausdrücklich in ihrer Beziehung zum Ich definiert, doch eine wesentliche Grund-

---

[1] Der Ursprung des Begriffs »Sublimierung« in Freuds Werk ist unbekannt. Nietzsche hat ihn benutzt, es läßt sich aber nicht feststellen, ob er von ihm direkt oder über ein Zwischenglied zu Freud gelangt ist. Es ist natürlich ebenso gut möglich, daß Freud, selbst ein großer Schöpfer brauchbarer Begriffe, ihn für sich erfunden hat.

lage für Freuds spätere Theorie der Abwehrmechanismen des Ichs darstellen.

Die tiefste Analyse eines psychotischen Patienten, die existiert, der Fall Schreber (1911 b), enthält nach der Art von Freuds Krankengeschichten über seine klinischen Beiträge hinaus einen wahren Schatz theoretischer Erwägungen. Wir erhalten, unter anderem, einen hochinteressanten Einblick in die Wechselwirkung von Libido und Ich, die zu diskutieren die begrenzten Ziele meiner Arbeit überschreiten würde. Ich möchte jedoch auf eine Stelle hinweisen, die jenes Überschneiden zweier Reihen von Theorien aufzeigt, das ich oben erwähnt habe: in diesem Falle Freuds Vorwegnahme des Begriffs eines unabhängigen Ichs, so wie er ihn später vertrat, obwohl zur Zeit, als er den Fall Schreber schrieb, eine andere Gruppe von Hypothesen im Vordergrund stand. An einer Stelle dieser Arbeit erwähnt er, außer der möglichen Wirkung von Störungen der Libido auf die Ich-Besetzungen, die sekundäre oder induzierte Störung von Libidoprozessen als Resultat abnormer Veränderungen des Ichs. Solche Formulierungen waren in jener Zeit eine Ausnahme; aber Ausnahmen wie diese verdienen unser Interesse, weil sie manchmal spätere Entwicklungen ankündigen.

Wie eine Vorwegnahme einer noch in der Zukunft liegenden Ich-Psychologie mutet der bedeutende Teil der »Zwei Prinzipien« (1911 a) an, welcher die Entwicklung spezifischer Ich-Funktionen klar beschreibt. Dies bedeutete einen großen Schritt vorwärts über das hinaus, was Freud schon lange über die besonderen Beziehungen zwischen Ich und Realität gewußt hatte. Aber vom Standpunkt einer eindeutigen Begriffsbildung, mit der wir uns hier in erster Linie beschäftigen, handelt diese Arbeit nicht vorwiegend von der Entwicklung des »Ichs«, sondern von den Ich-Trieben und der Wirkung des Realitätsprinzips auf sie (im Gegensatz zu seinem Einfluß auf die Sexualtriebe). Erst später wurde klar, daß dieses Problem der Beziehungen zwischen dynamischem Aspekt, Funktion und Struktur in systematischer Weise gelöst werden mußte.

Im zweiten Jahrzehnt dieses Jahrhunderts war die Einschätzung der Rolle des Ichs als einer selbständigen Einheit, im Gegensatz zu den Trieben, auf ihrem tiefsten Punkt angelangt. Das Ich wurde nicht nur als ein Satellit der Triebe angesehen, sondern zeitweise fast völlig von ihnen in den Schatten gestellt. Ich habe nicht die Absicht, hier Freuds Theorie der Ich-Triebe und seine Einführung des Begriffes der Ich-Libido (oder narzißtischen Libido) zu besprechen. Diese Theorie ist in seiner Arbeit »Zur Einführung des Narzißmus« (1914 a) und in seinen Zusätzen zu den »Drei Abhandlungen«, die etwa aus der gleichen Zeit stammen, dargestellt; Wiederholungen und zum Teil Variationen dieser Themen findet man auch in einer Reihe anderer Arbeiten. Hier finden wir ebenfalls wieder ein Element der Kontinuität mit der Vergangenheit, insofern andere Formen psychischer Energie, außer der libidinösen, prinzipiell anerkannt werden, obgleich nicht ausdrücklich gesagt wird, ob die ersteren auch triebhaft sind. Aber die Quintessenz von Freuds Neuformulierung lag in der Einführung seines Begriffs einer libidinösen Besetzung des Ichs und in seiner Feststellung, daß wir keine Mittel haben, sie unmittelbar von anderen Energien, die im Ich aktiv sind, zu unterscheiden. Er fand außerdem, daß die Ich-Libido nur da leicht zugänglich ist, wo sie für Objektbesetzungen verwendet wird. Jedenfalls blieben jene »anderen Energien« vorläufig im Hintergrund. Diese Instinktualisierung des Ichs war eine radikale Abkehr von den früheren Ich-Begriffen, deren Kennzeichen die Unterscheidung von den Trieben und der allgemeine Gegensatz zu ihnen gewesen war. Die Neurose wird jetzt als das Ergebnis eines Konfliktes zwischen zwei Kräften beschrieben, die beide Triebcharakter haben. Verdrängung wird definiert als gegen die libidinöse Objektbesetzung gerichtet. Wir bekommen jedoch manchmal den Eindruck, daß selbst zu jener Zeit Freud mit diesen Formulierungen nicht recht zufrieden war.

Nicht lange danach machte Freud jedenfalls einen Versuch, jene »andern im Ich aktiven Energien« von den libidinösen zu unterscheiden, wenigstens hinsichtlich einiger Ich-Strebungen (in der »Metapsychologischen Ergänzung zur Traumlehre« (1917 a) und in den »Vorlesungen zur Einführung in die Psychoanalyse« (1916—17). Er fragte: »Wie unterscheiden sich Narzißmus und Egoismus begrifflich?« und antwortete: »Wenn man von Egoismus spricht, hat man nur den Nutzen für das Individuum ins Auge gefaßt; sagt man Narzißmus, so zieht man auch seine libidinöse Befriedigung in Betracht.« Narzißmus sei demnach die libidinöse Ergänzung zum Egoismus. Er fügte hinzu: »Als praktische Motive« ließen »sich die beiden ein ganzes Stück weit gesondert verfolgen.« Mit diesen Feststellungen eröffnete Freud der Forschung ein weites Feld, aber leider hat er es in seiner späteren systematischeren Exposition der Ich-Psychologie nicht genauer abgesteckt. Das führte dann in der Psychoanalyse zu der fast völligen Vernachlässigung dieses so wichtigen Kapitels der Psychologie, obgleich kein Grund vorliegt zu vermuten, daß Freud die motivierende Kraft des Selbstinteresses in Frage stellte.

Ich habe schon erwähnt, daß in der genannten Periode das Interesse an jenem Ich-Begriff, welchen wir unter Vorwegnahme zukünftiger Entwicklungen als den Beginn des Systembegriffes bezeichnen können, nachließ und vom Interesse an den triebmäßigen und besonders den libidinösen Anteilen des Ichs überschattet wurde. Aber ich möchte wiederholen, daß der Teil der Ich-Psychologie, welcher von dieser Phase entschieden Gewinn davontrug, der Gesichtspunkt der Entwicklung war, soweit die Entwicklung der Ich-Funktionen der Führung der aufeinanderfolgenden Libidophasen folgt.

Ich muß jetzt von einer Modifizierung von Freuds Ich-Begriff sprechen, der von der veränderten Einstellung zur Ich-Psychologie während jener Periode herzurühren scheint. Ich erwähnte bereits, daß Freud, wie auch andere, den Terminus Ich in mehr als einem Sinne gebrauchte, und nicht immer in dem Sinne, in dem er am besten definiert war. Gelegentlich schon früher, aber mehr noch in der Phase, die ich gerade bespreche, war der Terminus Ich gleichbedeutend mit der »eigenen Person« oder mit dem »Selbst«. In den meisten Fällen ist es klar, ob Freud, das letztere (manchmal auch die Vorstellung des Selbsts) oder das erstere meint; in manchen Fällen ist es fraglich. Das aber führt leicht dazu, die Tatsache zu verdunkeln, daß beim Studium der Probleme, die ich hier im Sinne habe (besonders des Narzißmus), zwei ganz verschiedene Reihen von Thesen verwendet werden. Die eine bezieht sich auf die Funktionen und Besetzungen des Ichs als eines Systems (im Unterschied zu den Besetzungen der anderen Teile der Persönlichkeit), die andere bezieht sich auf die Besetzung der eigenen Person im Gegensatz zu der anderer Personen (Objekte). Der Unterschied zwischen dem Interesse an der eigenen Person im Gegensatz zu dem an den Objekten, auf welchem die Unterscheidung von Ich-Trieben und Objekttrieben gründete, ist offenbar nicht der gleiche wie der zwischen dem Ich einerseits und den anderen Systemen der Person andererseits. Außerdem ist es klar, daß Ich-Strebungen häufig objektgerichtet sind — um noch eine andere Schwierigkeit der früheren Theorie zu erwähnen. Jedenfalls wurde zu jener Zeit der Terminus Narzißmus gebraucht, um sowohl die libidinöse Besetzung des Ichs wie auch die der eigenen Person zu erfassen. Aus diesem Gebrauch stammte auch die häufig benutzte Formulierung, daß zu Beginn des Lebens alle Libido im Ich ruht, von der später Teile ausgesendet werden, um die Objekte zu besetzen. In diesem Falle scheint vollständig klar, daß Freud sagen wollte, daß die Besetzung der eigenen Person derjenigen der Objekte vorausgeht — wenn aus keinem anderen Grunde als dem, daß er, wenigstens zu jener Zeit, nicht annahm, daß irgend etwas Ich-Ähnliches bei der Geburt vorhanden sei. Später, als der Systembegriff des Ichs vorherrschte, korrigierte Freud seine These, daß das Ich das ursprüngliche Reservoir der Libido sei (1923 a) — nach meinem Empfinden charakteristischerweise in einer Fußnote, wie um zu zeigen, daß sich das von selbst verstehe und keiner weiteren Diskussion bedürfe. Es ist jedoch nicht ausdrücklich vermerkt, daß diese Korrektur auch ein Aufgeben der oft benutzten Formulierung bedeutete, der Narzißmus sei als die libidinöse Besetzung des Ichs (als System) zu definieren. Natürlich muß eine solche Änderung nicht sagen, daß es keine libidinöse Besetzung des Ichs gibt; vielmehr wird dadurch, als entscheidendes Element für die Definition des Narzißmus, die Unterscheidung der libidinösen Besetzung der eigenen Person im Gegensatz zur Besetzung von Objekten hervorgehoben.

In einem späteren Werk (1926 a), in dem Freud es notwendig fand, einige seiner früheren Vorstellungen neu zu formulieren, sprach er in der Begründung hierfür von zwei Arten von Korrekturen: eine allgemeine Behauptung zu spezifizieren und eine zu enge Auffassung zu erweitern. Was den Ich-Begriff der hier erörterten Phase betrifft, ergibt sich der interessante Fall, daß die Beobachtungen (über den Narzißmus) zweifellos gut fundiert sind und sich als von entscheidender Bedeutung für die Entwicklung der Psychoanalyse erwiesen haben. Die Theorie der Libido, die zu ihrer Erklärung verwendet wird, ist eine der großartigsten, die Freud erdacht hat, und ihre Fruchtbarkeit ist über jeden Zweifel erhaben; und doch geht sie in einem Punkt über die Grenzen maximaler Brauchbarkeit hinaus. Ein ähnlicher Fall war der Versuch, die Angst mit Hilfe der Libido-Theorie zu erklären. In diesem Fall nahm Freud die »Korrekturen« vor. Anders war es in einem dritten Fall (1919): er weigerte sich von Beginn an zu akzeptieren, was er die »Sexualisierung des Verdrängungsprozesses« nannte, ein Gedanke, der in gewissen Hypothesen von Fliess und Adler angedeutet war.

Als Freud die Ich-Psychologie als ein legitimes Kapitel der Psychoanalyse einführte, hatte also der von ihm entwickelte Ich-Begriff bereits eine lange und ereignisreiche Geschichte. Gründe verschiedener Art veranlaßten diesen entscheidenden Schritt in den zwanziger Jahren. Da war einmal die technische Erfahrung, die zu einer zunehmenden Betonung des Widerstandes und der Beziehung zwischen Widerstand und Abwehr führte; da war die gewiß schon früher bemerkte, aber noch nicht völlig erklärte Tatsache, daß Abwehrmechanismen meistens unbewußt sind. Ein anderer bestimmender Faktor lag in Freuds klinischer Erfahrung mit Psychosen und mit anderen, nicht-psychotischen Ich-Störungen; ein weiterer war die Fülle jener Phänomene, die durch die Entdeckung der Konflikte zwischen Ich und Über-Ich zugänglich geworden waren; ferner die Einsicht in die Rolle unbewußter Schuldgefühle; die Schwierigkeiten, denen Freud bei der Anwendung der früheren Angsttheorie begegnete; ebenso die Bedeutung der Konflikte des Kindes mit der Realität, die den Konflikten zwischen Ich und Es zuweilen parallelgehen oder ihnen folgen, aber manchmal auch vorausgehen; sowie eine Reihe anderer Faktoren, die ich hier nicht erwähne. Was die theoretischen Gründe betrifft, muß nach meiner Meinung ein entscheidender Grund die Einsicht gewesen sein, daß zu einer systematischeren Darstellung der psychischen Phänomene — und die Tendenz zu einer allgemeinen Psychologie wohnte der Psychoanalyse von Anfang an inne — der genetische Gesichtspunkt durch einen strukturellen ergänzt werden müsse; allerdings hat Freud dies niemals in so allgemeiner Weise ausdrücklich festgestellt. In jedem Falle hat seine erfolgreiche Integrierung des genetischen mit dem strukturellen Gesichtspunkt keine Parallele in der Psychologie außerhalb der Psychoanalyse; sie bedeutet eine der charakteristischsten Kennzeichen von Freuds späteren Theorien. Seine Abgrenzung psychischer Strukturen war natürlich — und hier erkennen wir wiederum eine höchst fruchtbare Wechselbeziehung zwischen Klinik und Theorie — aufs engste auf die typischen Kofliktsituationen des Menschen eingestellt. Sie trug auch zu einem besseren Verständnis einiger wichtiger Punkte der Triebschicksale bei. Dafür ist die Rolle des ÜberIchs in der Ökonomie der Aggression vielleicht das beste Beispiel. Wir wollen aber nicht vergessen, daß auch das Ich passiv und aktiv an der Ökonomie der Triebe beteiligt ist; einige Worte darüber später. Hinsichtlich der theoretischen Gründe, welche diese Entwicklung herbeiführten, darf man nicht vergessen, daß viele topographische, dynamische und ökonomische Probleme, denen Freud zu verschiedenen Zeiten sein Interesse zugewandt hatte (in der Traumdeutung und den metapsychologischen Arbeiten seiner mittleren Periode), eine nicht immer einfachere, aber oft befriedigendere Lösung auf dieser neuen Ebene der Metapsychologie fanden.

Die strukturellen Hypothesen, die Freud einführte, um seine psychologische Erfahrung zu erklären und zu ordnen, und gleichzeitig, um die Richtung für die spätere Forschung zu bestimmen, waren in vieler Hinsicht handlicher, leistungsfähiger und, wenn man so sagen darf, eleganter als seine früheren Versuche, dieselben Gegenstände oder Teile von ihnen zu erfassen. Seiner Art entsprechend hat er nicht alle Folgerungen dieser neuen Gedankengänge systematisch ausgearbeitet, auch hat er nicht jeden Punkt aufgezeigt, in dem dieses neue Denken eine Abkehr von früheren Auffassungen bedeutete. Gelegentlich betonte er die Konti nuität neuer Formulierungen im Verhältnis zu früheren Auffassungen. Infolgedessen entstand bisweilen der Eindruck, das Neue bestehe tatsächlich nur in einer neuen Sprache, einer neuen Formulierung, die im Wechsel mit der älteren gebraucht werden könne. Ich glaube jedoch nicht, daß das zutrifft. Gewiß ist es richtig zu sagen, daß viele neue Elemente dieser Theorien bereits durch mehr oder weniger beiläufige Bemerkungen in seinen früheren Arbeiten vorweggenommen waren, und es trifft auch in diesem Falle zu, daß ältere und mehr oder weniger aufgegebene Begriffe nach langer Latenz wieder auftauchten. Ich möchte auf die Frage der früheren Modelle nicht ausführlicher eingehen, sondern hier nur erwähnen, daß in der frühesten wie in der späteren Konzeption die Organisation des Ichs stärker betont wird als in der mittleren Phase. Das Ich wird — wir könnten hinzufügen: erneut — als ein System von Funktionen definiert. Jetzt wird wie in den ersten Anfängen die relative Unabhängigkeit des Ichs, die Tatsache, daß menschliches Verhalten nicht allein vom Triebgeschehen her vorausgesagt werden kann, mit Nachdruck konstatiert. Aber während die Verwandtschaft mit der ersten Schicht der Theoriebildung Freuds unbestreitbar ist, ist es ebenso offenbar, daß in jeder Hinsicht neue Bedingungen hinzugekommen sind, daß die neuen Formulierungen unvergleichlich umfassender, systematischer, spezifischer und fruchtbarer sind — gestützt auf eine ganz neue Welt von Erfahrung und Denken. Der Akzent war in einer solchen Anzahl wesentlicher Punkte verschoben, daß es erlaubt ist, von neuen Theorien zu sprechen. In jenen entscheidenden Jahren hatten sich Gesicht und Leistungsvermögen der Psychoanalyse verwandelt.

In der strukturellen Phase seiner Theorien betonte Freud mit größerem Nachdruck als in den vorhergehenden Jahrzehnten die biologische Funktion des Ichs. Es ist höchst charakteristisch für Freuds Art des Denkens, daß er beim Aufspüren der Entwicklung des Ichs häufig versuchte, sich gleichzeitig über seine Phylogenese Rechenschaft zu geben. Aber ein anderer Punkt war bedeutungsvoller: während bis dahin die Triebe oft als die »biologische Seite« der Person bezeichnet worden waren, wurde jetzt mit der dem Ich zugeschriebenen mächtigen Trias der Funktionen: Anpassung, Kontrolle, Integration (synthetische Funktion) die Bedeutung des Ichs als biologische Instanz hervorgehoben.

Wiederum findet man manche Feststellungen, zum Beispiel solche über die synthetische Funktion, auch schon in früheren Schriften; aber erst zu diesem späteren Zeitpunkt erhalten sie das Gewicht, das ein Begriff durch seine Systematisierung erhält. Die biologische Rolle des Ichs hervorzuheben, ist auch heute noch nicht überflüssig, da, wie mir scheint, in den sogenannten »kulturistischen« Theorien — *intra muros et extra* — dieser Gesichtspunkt leicht unterschätzt wird. Ich möchte hier erwähnen, daß Freud in einigen seiner letzten Arbeiten diesen Punkt sogar noch schärfer betont hat. Physiologen und Psychoanalytiker haben festgestellt, daß besonders die Auffassung des Ichs als Organ »zentraler Funktionssteuerung« es mehr dem Denken im Sinne der Hirnphysiologie angenähert hat. Mit der integrierenden Funktion des Ichs fügte Freud seinen früheren Vorstellungen über das Problem des Gleichgewichts im seelischen Apparat einen neuen Gesichtspunkt hinzu. Die synthetische Funktion (andere Regulierungen nicht ausschließend, sondern zu ihnen hinzutretend) machte das Ich, welches stets als eine Organisation angesehen worden war, jetzt auch zu einem Organisator der drei Systeme der Persönlichkeit. Dies ist mit Recht mit Cannons Begriff der Homöostase verglichen oder als einer ihrer Aspekte beschrieben worden. Hier fügt sich ein harmonisierender Faktor zu der von Jones betonten Vorliebe Freuds ein, Theorien auf zwei entgegengesetzte Kräfte zu gründen. Es gibt nun nicht nur den »Kompromiß« als Ergebnis entgegengesetzt gerichteter Kräfte, sondern das Ich strebt nach Harmonisierung. Auf dem spekulativen Niveau finden wir eine analoge Tendenz in der bindenden Kraft des Eros.

Die Ausgeglichenheit, mit der Freud die Wirklichkeit erfaßt — eine Vorbedingung der Objektivität, dieses großen Zeichens von Mut — verhinderte, daß er seine biologische Auffassung des Ichs mit einer Vernachlässigung der sozialen und kulturellen Seite bezahlte. Wir können sagen, daß er gern kulturelle Phänomene in ihrem biologischen Zusammenhang und in ihrer biologischen Bedeutung studierte und biologische Phänomene in ihrer Beziehung zur sozialen und kulturellen Umwelt sah. Was gewiß als ein biologischer Faktor bezeichnet werden muß, »die lang hingezogene Hilflosigkeit und Abhängigkeit des kleinen Menschenkindes«, begünstigt neben der frühen Differenzierung des Ichs vom Es den Einfluß der Umweltfaktoren; dies bezieht sich auch auf die menschliche Fähigkeit des Lernens. Auch ist »der Wert des Objektes ... enorm gesteigert« (1926 a). Diese Auffassung der Ich-Entwicklung liegt vielem, was Ernst Kris (1950 b) *the new environmentalism* in der Psychoanalyse genannt hat, zugrunde. Sie ist der theoretische Kern für die Zuwendung zu einer eingehenderen Untersuchung des Einflusses von Objektbeziehungen auf die Entwicklung und die Rolle des Ichs in Objektbeziehungen, die noch zu der früheren Berücksichtigung der entwicklungsgeschichtlichen Bedeutung der libidinösen Phasen hinzukam. Daß Freud innere Gefahrsituationen von äußeren herleitete, weist in dieselbe Richtung. All dies eröffnete den Weg dafür, Daten direkter Beobachtung des Kindes fruchtbar zu integrieren. Das ist nach dem eingehenden Studium von Angst und Abwehr der zweite Schritt, welcher über Freuds frühere Erwartung hinausführte, daß man in erster Linie durch das Studium der Psychosen die wesentlichsten Einsichten in die Funktionen des Ichs gewinnen könnte.

Die Neuorientierung auf das Problem der Angst hin war natürlich ein entscheidender Wendepunkt in Freuds dritter Phase der Ich-Psychologie: das Ich wurde als die einzige Stätte der Angst erkannt, und Freud entwickelte »diese Reihe: Angst–Gefahr–Hilflosigkeit (Trauma)« (1926 a). Die verschiedenen Formen der Angst konnten mit den Abhängigkeiten des Ichs vom Es, vom Über-Ich und von der Außenwelt in Verbindung gesetzt und die typische Aufeinanderfolge von Gefahrsituationen verfolgt werden. Das ist natürlich alles wohlbekannt, und ich kann es auch hier nicht ausführlicher diskutieren. Ich muß aber betonen, daß Freuds Begriff des Angst-Signals wiederum seinem Ich-Begriff eine neue Dimension hinzufügt. Das Angst-Signal ist gewiß das am besten erforschte, hochwichtige Beispiel einer anscheinend allgemeinen Eigenschaft des Ichs: seiner Fähigkeit der Voraussicht. Dies und die Vorstellung, daß das Ich das Lust-Unlustprinzip beherrscht, wirft auf die Verdrängung ein neues Licht, in einem gewissen Sinne auch auf die Beziehung zwischen Lust- und Realitätsprinzip. Diese Formulierungen wären auf der Grundlage der vorhergehenden Theorien ebenfalls undenkbar gewesen.

Durch das Angst-Signal erscheint das Ich in einer dynamisch bedeutsameren Rolle, als man sie ihm vorher zuerkannt hatte. Jetzt wies Freud darauf hin, daß in den psychoanalytischen Arbeiten oft eine Unterschätzung der Macht des Ichs zu finden sei, während er früher häufig vor einer Überschätzung gewarnt hatte. In ökonomischer Hinsicht sprach er davon, daß die Gedankenprozesse — und bald darauf auch, daß die Ich-Prozesse im allgemeinen nicht mit Triebenergie arbeiteten, sondern mit einer modifizierten Form von Energie, die er als sublimiert oder desexualisiert bezeichnete. Dies scheint mir eine ziemlich radikale Neubewertung der ökonomischen Rolle des Ichs zu sein. In topographischer Hinsicht wird betont, daß wichtige Teile des Ichs unbewußt funktionierten, was uns dann endgültig erlaubt, den Abwehrmechanismen ihren wahren Platz in der psychischen Struktur anzuweisen. Die unbewußte Natur von Widerständen, lange vorher entdeckt, kann jetzt systematisch verstanden werden, und Ich-Widerstände werden nun klar von anderen Formen von Widerständen unterschieden.

Obwohl gewiß von seinen psychopathologischen Erfahrungen ausgehend, erstrecken sich Freuds Struktur-Hypothesen auf das gesamte psychische Leben und dessen Entwicklung, sowohl beim gesunden als auch beim kranken Individuum. Es wird seit langem anerkannt, was die Kenntnis des normalen Seelenlebens der Pathologie schuldet, aber es ist ebenso wahr, daß man die Psychologie der gesunden Person noch vollständiger übersehen muß, um die Neurose und ihre Ätiologie zu verstehen. Wir können wohl sagen, daß Freuds Verständnis spezifischer Ich-Funktionen und ihrer normalen Entwicklung, der normalen Grenzlinien der psychischen Systeme usw. ihm auch halfen, eine bessere Einsicht in die Neurose zu gewinnen. Im allgemeinen wird die Grenze zwischen Normalität und Neurose innerhalb der Psychoanalyse weniger scharf gezogen als außerhalb. Wir sehen auch die Abwehr an sich nicht als notwendigerweise pathogen an. Wenn aber die Abwehr des Ichs gegen die Trieb-Gefahr zur Neurose führt, so geschieht es wegen »einer Unvollkommenheit des seelischen Apparates« (1926 a). Die Fälle, in denen Schutzmaßnahmen, als solche normal, pathologisch ausarten, sind kürzlich als die Ursache zahlreicher Krankheiten beschrieben worden, welche als »Adaptationskrankheiten« (Selye, 1950) bezeichnet worden sind. Ich glaube, Freud würde diese späte Wiederbegegnung mit der Physiologie begrüßt haben.

Wir können sagen, daß Freuds strukturelle Hypothesen die größte und systematischste Annäherung an sein frühes Ziel einer allgemeinen Psychologie darstellen. Die Folgerungen daraus für eine Synthese psychoanalytischen Denkens mit anderen Erkenntnisgebieten sind bis jetzt erst zum Teil gezogen worden. Wieder wurden Freuds Arbeiten über das Ich in dieser dritten Phase von manchen wenigstens eine Zeitlang als übertrieben »theoretisch« angesehen oder doch als theoretischer als die früheren. Ich bin der Meinung, daß Freud nie — oder, um ganz genau zu sein, kaum jemals — das glückliche Gleichgewicht zwischen scharfsinniger Tatsachenbetrachtung und dem Erdenken »guter« Begriffe und Hypothesen verloren hat. Gewiß hat er sich niemals gescheut, Theorien aufzustellen. Aber der Grad der Abstraktion ist in manchen der metapsychologischen Schriften seiner Mittelperiode höher als zum Beispiel in »Hemmung, Symptom und Angst«. Wir müssen uns dann wohl fragen, woher der Eindruck übermäßigen Theoretisierens kommt. Wenn man lange Zeit mit einer gewissen Gruppe von Hypothesen gearbeitet hat, kann es geschehen, daß sie die Auffindung von Tatsachen derart durchsetzen, daß ihr hypothetischer Charakter nicht länger klar erkannt wird. Solche hoch abstrakten Begriffe wie zum Beispiel »libidinöse Besetzung« werden dann von vielen zu beschreibenden statt zu erklärenden Zwekken verwendet, für die sie eigentlich gedacht waren. Dagegen werden bei neuen Begriffen die hypothetischen Implikationen als solche eher wahrgenommen. Über den angeblich spekulativen Charakter seiner Ich-Psychologie schrieb Freud in der »Neuen Folge der Vorlesungen zur Einführung in die Psychoanalyse« (1932), dieser Eindruck »liegt irgendwie am Charakter des Stoffes selbst und an unserer Ungewohntheit, mit ihm umzugehen«.

Es ist eine historische Tatsache, daß Freud in jenen Jahren, welche trotz allem Jahre größter Schaffenskraft waren, drei umfassende Theorien gleichzeitig entwickelte. Neben seinen neuen Ideen über die psychische Struktur führte er die Aggression als einen primären Trieb auf der gleichen Stufe wie die Sexualität ein. Keine dieser Theorien ist spekulativer als viele andere in der Psychoanalyse; sie sind miteinander in mehr als einer Weise verbunden. Außerdem gibt es die weitreichenden Spekulationen über Eros und den Todestrieb. Sie unterscheiden sich von den beiden anderen Theorien, die ein Teil empirischer Psychologie sind, durch ihren weiten Schwung, aber auch dadurch, daß ihre Verifizierung Schwierigkeiten bietet. Die drei Theorien werden nicht immer getrennt betrachtet, und der spekulative Charakter, den Freud selbst der Eros-Thanatos-Theorie zuschrieb, hat vielleicht seinen Schatten auf die beiden anderen geworfen. Es ist höchst interessant, daß Freud zur gleichen Zeit, als er auf der Ebene biologischer Spekulation versuchte, die »Phänomene des Lebens« durch das Zusammenspiel der zwei Urtriebe zu erklären, auf dem Gebiete der empirischen Psychologie die relative Unabhängigkeit der nicht-triebgebundenen Kräfte des Ichs betonte. Offenbar haben wir es hier nicht nur mit zwei verschiedenen Terminologien zu tun, sondern auch mit zwei verschiedenen Stufen der Theoriebildung. Es ist nicht immer leicht, klar zu erkennen, was sich auf die eine oder was sich auf die andere bezieht, obgleich ihre Unterscheidung durchaus notwendig ist. Daß der Unterschied zwischen der empirischen und der spekulativen Triebtheorie durch die Anwendung verschiedener Nomenklaturen deutlich gemacht werden sollte, wurde kürzlich von Lampl-de Groot (1956) und Lantos (1955) vorgeschlagen.

Obwohl Freuds Ich-Theorie in ihrer dritten Phase unvergleichlich viel systematischer war als seine früheren Untersuchungen des Gegenstands, betrachtete er sie noch keineswegs als abgeschlossen. Wir finden Zusätze und Neuformulierungen in seinen letzten Arbeiten, vor allem in einer seiner bedeutendsten: »Die endliche und die unendliche Analyse« (1937 a) und im »Abriß der Psychoanalyse« (1940 a). Der Begriff des Ichs ist in diesen Arbeiten nicht grundlegend verändert, obwohl ihm neue

Dimensionen hinzugefügt sind, und die Neigung, dem Ich eine größere Unabhängigkeit und eine größere biologische Bedeutung beizumessen, verstärkt ist. Ich gebe zwei Beispiele: in der ersten Arbeit scheint die Einführung von ererbten Eigenschaften des Ichs ein radikal neuer Ansatz zu sein, wenn wir es mit dem vergleichen, was Freud über diesen Gegenstand noch in »Das Ich und das Es« sagte. Im »Abriß« wird die Selbsterhaltung als eine Funktion des Ichs beschrieben, während festgestellt wird, daß sie vom Es vernachlässigt werde; dies macht übrigens auch den Unterschied zwischen dem Es des Menschen und den Instinkten der Tiere klar.

Lassen Sie mich zum Schlusse sagen, daß nach meiner Erfahrung, die zweifellos die Erfahrung vieler anderer ist, das Verständnis der Psychoanalyse weitgehend bereichert wird, je mehr wir Freuds ständigen Kampf um die Schaffung von Begriffen verstehen, die tauglich sind, den Eigenarten des Materials, mit dem er es zu tun hatte, gerecht zu werden. Um es kohärent zu machen und Widersprüche soweit wie möglich auszuschalten, mußte er seine eigenen begrifflichen Werkzeuge erfinden. Die hier besprochenen Formulierungen und Neuformulierungen sind tatsächlich nur ein Teil dieser Bemühung, die erst mit dem Ende seines Lebens ausklang. Freud (1932) sprach von seinem Bestreben, die »richtigen abstrakten Vorstellungen einzuführen« und sagte: »Wir werden nicht müde, sie abzuändern und zu verbessern.« Von seinen Bemühungen lernen wir, was möglich und was fruchtbar ist, wenn wir uns mit den Anforderungen auseinandersetzen, welche die psychoanalytische Erfahrung an unser Denken stellt. Wir fragen uns, wie es möglich war, daß Freud seine großen Entdeckungen machte; wir fragen uns auch, wie er die neuen Werkzeuge entwickelte, mit denen er ihre vollste Bedeutung erkannte. Gregor Mendels Entdeckung der Gesetze der Vererbung war zweifellos bahnbrechend. Aber die Art und Weise, wie er mit seinen Entdeckungen verfuhr, war im Prinzip bekannt und verhältnismäßig einfach. Freuds psychologische Forschungsmethode konnte sich nicht auf methodologische Modelle stützen, die durch die Tradition geheiligt waren, wie es auf anderen Gebieten der Fall ist. In der wissenschaftlichen Psychologie gab es kaum etwas, jedenfalls nicht in Freuds Anfangszeiten, das er hätte benutzen können, um die Phänomene, die er als erster wahrnahm, aufzudecken und zu verarbeiten. Es ist charakteristisch für Freud, daß seine Schöpferkraft als Entdecker noch von seiner Kraft als Schöpfer von Begriffen und Hypothesen übertroffen wurde, welche sein Beobachtungsmaterial ordneten und gleichzeitig der Forschung die Richtung auf bedeutungsvolle Fragen wiesen. Unter den großen Wissenschaftlern gibt es manche, welche die Welt durch neue Tatsachen erschüttern, und einige, die nicht nur neue Fakten demonstrieren, sondern die Welt lehren, sie auf ganz neue Weise anzuschauen, und die damit die Art und Weise unseres Denkens ändern. In unserer Zeit gibt es nur wenige, die wir in diese zweite Kategorie einordnen können. Zweifellos gehört Freud zu ihnen.

15. KAPITEL

BEMERKUNGEN ZU DEN WISSENSCHAFTLICHEN ASPEKTEN DER PSYCHOANALYSE*

(1958)

Ich möchte in diesem Vortrag die Gesamtheit der Fakten und Theorien, die wir als Psychoanalyse bezeichnen, von einem Standpunkt aus untersuchen, der in unserer Literatur keineswegs gründliche diskutiert worden ist. Wir alle halten die Psychoanalyse, unter anderem, für eine Wissenschaft. Es wird aber nicht immer eindeutig verstanden, in welchem Ausmaß und in welcher Hinsicht diese Behauptung wahr ist, noch ist es immer leicht zu sagen, worin die charakteristischen formalen und methodologischen Eigenschaften dieser Wissenschaft bestehen. Wenn der Analytiker häufig davor zurückscheut, solche Fragen mit Vertretern anderer, höher systematisierter und methodologisch besser fundierter Wissenschaftsgebiete zu besprechen, so mag das durchaus auf die sehr beträchtlichen Schwierigkeiten zurückzuführen sein, diesen anderen selbst vergleichsweise einfache Aspekte der analytischen Methode oder des Inhalts der Analyse zu erklären. Aber es ist auch wahr, daß nicht gerade viele unter uns sich mit diesen Fragen beschäftigen, und bei noch wenigeren stehen sie im Vordergrund ihres wissenschaftlichen Interesses und ihrer Arbeit. Zweifellos ist das das Ergebnis eines charakteristischen Wesenszuges der Psychoanalyse als Beruf, die eine Vereinigung praktischer mit wissenschaftlicher Aktivität darstellt, und auch der Entwicklung unserer Profession. Das führt leicht zu dem, was E. Kris (1947) als Mangel an »ausgebildeten Klarstellern« der Art bezeichnete, wie wir sie in den physikalischen Wissenschaften antreffen. Ich glaube aber, daß der Fortschritt in der Klarlegung unserer Hypothesen und Systematisierungen und die Erwägung methodologischer Prinzipien in der Ana-

---

* Dieser und der folgende Aufsatz behandeln, obgleich sie sich als Vorträge an sehr verschiedene Auditorien wandten, etwa den gleichen Gegenstand und die gleichen Hauptpunkte. So konnten sich manche Überschneidungen nicht vermeiden lassen. Ich habe mich aber trotzdem entschieden, beide in dieser Sammlung zu veröffentlichen, weil in jedem von ihnen einige Feststellungen gemacht werden, die sich im anderen nicht finden.

lyse nicht weniger wichtig ist als in anderen Wissenschaften. Die Möglichkeit, ihre Bedeutung ganz aus unseren Beobachtungen abzuleiten, hängt davon ab. Später will ich kurz über Versuche in dieser Richtung sprechen, die teilweise von außerhalb der Berufsanalyse stammen. Es trifft zu, daß Hypothesen, die in unserer Arbeit angewendet werden, sich zum Beispiel experimentell nachprüfen lassen. Aber diese Feststellung gilt nicht allgemein. Außerdem ist die Funktion dieser Thesen im Zusammenhang der Analyse als Ganzes zweifellos sehr schwer von einem außer-analytischen Standpunkt aus zu beurteilen. Aus diesen Gründen bin ich überzeugt, daß der Hauptanteil dieser Klärungs- und Nachprüfungs-Arbeit dem Analytiker zufallen wird.

Da ein so großer Teil jedes Aspektes der Psychoanalyse seine Wurzeln in Freuds Werk hat, möchte ich hier kurz darstellen, wie er selbst in bezug auf ihren wissenschaftlichen Charakter empfand. Er wurde wegen seiner starren Wissenschaftlichkeit, wegen seines Positivismus angegriffen — und ebensooft wegen entgegengesetzter Tendenzen, die manche Autoren in seinen Arbeiten zu entdecken glaubten, zum Beispiel wegen einer Neigung zu metyphysischen Spekulationen, ja zum Mystizismus: er wurde als Rationalist und als Irrationalist, als Humanist und Anti-Humanist bezeichnet. Derartige Urteile, obwohl oft in erster Linie gegen seine Philosophie gerichtet, oder gegen das, was manche Leute für seine Philosophie hielten, enthalten in der Regel auch ein Urteil über die Psychoanalyse. Trotz dieser Vielzahl teilweise antithetischer Beurteilungen müßte es jedem Kenner seines Werkes klar sein, daß Freud schon früh in seinem Leben einen strikten Glauben an die wissenschaftlichen Methoden des Denkens entwickelt hatte, und daß dieser Glaube bis an sein Ende unerschüttert blieb. Das Wort »Glaube« deutet hier auf Freuds Überzeugung hin, daß zuverlässiges und nachprüfbares Wissen durch keine anderen Methoden als die der Wissenschaft erreicht werden kann. Ebenso deutlich ist, daß er in dem, was wir seinen »vorsichtigen Optimismus« nennen könnten, erwartete, daß das rationale Denken die Macht haben müßte, sich langsam und allmählich auszubreiten.

Schließlich bedeutete die Psychoanalyse für ihn zweifellos die Eroberung des menschlichen Verhaltens im weitesten Sinne für die wissenschaftliche Untersuchung — die Eroberung eines Feldes, das in seinen wesentlichen Bestandteilen bis dahin noch niemals von der Forschung berührt worden war. Er glaubte, wie viele Analytiker mit ihm, daß auf die Dauer selbst der therapeutische Gesichtspunkt der Analyse durch ihre Bedeutung für eine Wissenschaft vom Menschen überschattet werden würde. Dies Primat der wissenschaftlichen Zielsetzungen und die

Verantwortung gegenüber den dazugehörigen Regeln und Verfahrensweisen des wissenschaftlichen Denkens sind wesentlich für die Entwicklung der Psychoanalyse geworden — im Unterschied zu anderen psychologischen Schulen, die doch teilweise auf dem gleichen Boden erwuchsen. Weder bei Jung noch Adler noch Rank finden wir die gleiche Hingabe an die wissenschaftliche Methode, noch die unbedingte Bereitschaft, sich ihren Forderungen zu unterwerfen, noch auch die gleiche energische und anhaltende Bemühung, mit den unzähligen Schwierigkeiten zu kämpfen, denen zu begegnen unser Gegenstand uns zwingt.

Gerade aus diesem Verantwortungsgefühl gegenüber dem wissenschaftlichen Denken hat Freud niemals die Unvollkommenheiten der Psychoanalyse als Wissenschaft abgeleugnet, nicht anerkennen wollen oder übergangen. Nach einem Besuch, den Einstein ihm abstattete, schrieb Freud an einen Freund (11. Januar 1927): »Der Glückliche hatte es soviel leichter als ich, er konnte sich auf eine lange Reihe großer Vorgänger von Newton an stützen, während ich mir jeden Pfad durch die verworrene Wildernis allein bahnen mußte. Kein Wunder, daß diese Wege nicht sehr breit sind und ich nicht weit gekommen bin« (Jones, 1953—57, III, S. 160). Wir haben das Recht, diesem letzten Satz zu widersprechen. Aber der Brief zeigt, daß Freud tatsächlich sehr weit davon entfernt war, die Psychoanalyse als abgeschlossen oder vollständig anzusehen, ja in vieler Hinsicht nicht einmal als ein befriedigendes System. Da er sich der vielen weißen Flecken auf der Landkarte der Analyse durchaus bewußt war, glaubte er nicht »im Besitz aller Antworten« zu sein — eine Vorstellung von dem Stand der Analyse, die man gelegentlich innerhalb und außerhalb der Analyse antrifft. Freud war sich der Notwendigkeit der Neuformulierung vieler Gesichtspunkte der Analyse und des vorläufigen Charakters mancher seiner Feststellungen durchaus bewußt. Auch über einen wichtigen Aspekt der Analyse sagte er einmal, daß man noch nicht mit ihm arbeiten könne, ohne »unbewiesene Annahmen und unsichere Vermutungen« zuzulassen. Aber er zweifelte nicht an der Überlegenheit der Analyse über alle anderen Arten von Zugängen zu einer Psychologie der Persönlichkeit, die nicht nur die Phänomene, die er entdeckt hatte, erklären könnte, sondern auch einen immer breiteren Sektor des menschlichen Verhaltens im allgemeinen.

Wir wissen heute (aus den Briefen an Wilhelm Fließ), daß das Gebiet, das Freuds Psychoanalyse einmal umfassen sollte, nicht erst in seinen späteren Jahren, sondern von seinen Anfängen an Psychologie im allerweitesten Sinn war. Niemals bestand die Absicht, sie auf das Studium pathologischer Erscheinungen zu beschränken, obgleich selbst heute die analytische Psychologie manchmal als »Theorie der Neurosen« dargestellt wird. Ich möchte daher Freuds außerordentlich weitgespannte Auffassung der Psychoanalyse als Wissenschaft hervorheben, trotz der Tatsache, daß seine ersten entscheidenden Einsichten durch das Studium der Neurose gewonnen wurden und auch trotz der Tatsache, daß dies Studium noch immer im Mittelpunkt unserer therapeutischen Arbeit steht. Tatsächlich ging folgendes vor sich: während Freud lernte, die Neurose zu verstehen, enthüllten sich ihm gleichzeitig die wesentlichen Züge der Funktionen des Psychischen im allgemeinen: Konflikt, Abwehr, dynamische unbewußte Vorgänge und so fort. Angekündigt wurde sein umfassender Zugriff in seinem »Entwurf einer Psychologie« (»Aus den Anfängen der Psychoanalyse«, S. 297 ff.), ausdrücklich festgestellt wurde er in der »Traumdeutung«. Aber Freud brachte mehrfach zum Ausdruck, daß er nicht alle Teile der Psychologie zur gleichen Zeit angehen könne; außerdem solle der Umstand, daß er einen Gegenstand nicht oder nur beiläufig aufgegriffen habe, keineswegs dahin gehend mißdeutet werden, als erkenne er dessen Wichtigkeit nicht. Tatsächlich sind selbst heute noch nicht alle Folgerungen aus dieser umfassenden Konzeption ausgearbeitet worden, und der Prozeß der Erweiterung und Neuformulierung dauert an. Was ist also nun das Gebiet der Psychoanalyse?

Die Frage wird durch die schon erwähnte Vorstellung etwas verundeutlicht, auf die man innerhalb wie außerhalb der Analyse trifft, als wäre sie so etwas wie ein geschlossenes System. Das ist eine sehr einfache, aber keineswegs eine Freudsche Art, sich der Frage anzunähern. Das Bedürfnis nach Wachstum und Entwicklung ist schon allein in dem Abriß, den Freud uns gab, mitenthalten. Alles was wir mit den begrifflichen Werkzeugen der Analyse und mit ihren Methoden erklären und worauf wir mit Hilfe dieser Mittel unsere Aufmerksamkeit richten können, gehört ihr zu — natürlich solange die Beobachtung dem nicht widerspricht oder keine andere zuverlässigere Theorie vorhanden ist. Wir können auch, wenn wir das vorziehen, zwischen »aktueller« und »potentieller« Analyse unterscheiden, wobei die letztere, wie ich schon sagte, wahrscheinlich auf jedes Kapitel der Psychologie anzuwenden wäre. Ich kann hier hinzufügen, daß auch ein anderer Versuch, unsere Konzeption der Psychoanalyse als Wissenschaft zu erweitern, mehr oder weniger akzeptiert worden ist. Wir würden sie heute nicht länger auf das beschränken, was seinen unmittelbaren Ursprung aus der Anwendung der analytischen Methode in der analytischen Situation genommen hat. Wir rechnen heute auch die Arbeit dazu, die in der angewandten Analyse auf verschiedenen Gebieten der Medizin, der Sozialwissenschaft und so weiter geleistet wird. Auch die Anwendung psychoanalytischer Begriffe und Hypothesen bei der direkten Kinderbeobachtung wird heute als Teil der wissenschaftlichen Analyse anerkannt.

Die Psychoanalyse ist reicher an theoretischen Verzweigungen und Verflechtungen als irgendeine andere psychologische Methode, obwohl die Verflechtungen mancher physikalischer Wissenschaften noch komplizierter sein dürfte. Diese Kompliziertheit des Theoretisierens in der Analyse wird, meiner Meinung nach, durch die besondere Qualität ihres Gegenstandes diktiert. Was ihre Originalität und ihren Einfallsreichtum, und besonders, was die einzigartige Kombination von logischer Kraft und Phantasie bei ihrem Schöpfer angeht, kann die Psychoanalyse dem Vergleich mit den physikalischen Wissenschaften standhalten. Doch sind manche unserer Termini doppeldeutig. Die Hypothesen sind häufig hinsichtlich ihrer Nähe zur direkten Beobachtung oder hinsichtlich des Ausmaßes, in denen sie verifiziert wurden, nicht klar differenziert. Die Ebene der Systematisierung ist im allgemeinen vergleichsweise niedrig, trotz der Bemühungen, diesen Zustand zu bessern. Der Vorschlag, der von vielen Seiten gemacht wurde, ein höheres Maß an Klärung und Systematisierung dadurch zu erreichen, daß man die psychoanalytische Theorie entsprechend den neueren Entwicklungen in der Biologie oder Physik neu formuliert, könnte gelegentlich von Nutzen sein — wie das auch die Übernahme solcher Modelle durch Freud war. Aber derartige Vorschläge verkennen zu oft die besonderen Bedingungen unseres Gebiets und, allgemeiner gesagt, die Tatsache, daß derartige Übernahmen in jedem Fall hinsichtlich ihrer Fruchtbarkeit für das Gebiet, in das sie verpflanzt werden sollen, überprüft werden müssen. Außerdem ist die einfache Übertragung unserer Erfahrung in die Sprache eines Gebietes, das etwas faßbarer scheint (wie das z. B. bei der Hirnphysiologie der Fall ist), aber über das wir sogar noch weniger wissen (was sicherlich bei der Hirnphysiologie der Fall war), nicht immer durchführbar oder fruchtbar. Und neuerdings nehmen Vorschläge über eine erneute Zusammenarbeit von Psychoanalyse mit Hirnuntersuchungen überhand. Das sind Fragen, die nicht nur eine Wissenschaftstheorie betreffen — im allgemeinen werden sie so vorgetragen — sondern auch, wenn ich so sagen darf, praktische Überlegungen hinsichtlich einer bestimmten Wissenschaft in einem bestimmten Entwicklungsstadium. Die methodologischen Forderungen an eine Wissenschaft gehen meistens vom überlegenen Angriffspunkt ihres fortgeschrittensten Gebietes aus. Es wird sich nicht immer als ertragreich herausstellen, sie streng oder wörtlich auf einen Anfänger unter den Wissenschaften anzuwenden, wie die Psychoanalyse das ist. Es ist nicht klug, im Anfang das Gebiet auf jene Teile einzuschränken, die sich leicht auf methodologisch einwandfreie Weise erschließen lassen (siehe auch Rapaport, 1958). In vielen Fällen müssen methodologische Überlegungen vorerst zurückgestellt werden. Aber ich darf gleichzeitig erwähnen, daß manche Hypothesen, die vom Standpunkt einer Wissenschaftsphilosophie aus ziemlich fragwürdig waren, im Fall der Analyse ihren heuristischen Wert erwiesen.

Es ist schwierig, das, was allgemein als »klinische Forschung« bezeichnet wird, klar in logischen Ausdrücken zu beschreiben. Die Tatsache, daß die Beobachtungen des Analytikers im klinischen Milieu gemacht werden, haben auf mehr als eine Art auch die Entwicklung des wissenschaftlichen Aspekts der Analyse bestimmt. Das ist ganz klar. Was weniger deutlich ist — und tatsächlich niemals systematisch untersucht wurde — ist das vergleichende wissenschaftliche Potential der verschiedenen Arten der klinischen Angehungsmethoden. Es würde sich lohnen, diese Frage genauer zu untersuchen. Andererseits scheint mir die klinische Arbeit im Fall der Analyse in gewissem Sinne oft »wissenschaftlicher« als auf vielen anderen klinischen Gebieten. Ich stelle das nur als Eindruck fest, der aber sicher von vielen geteilt wird. Das Problem hat eine Vielzahl von Aspekten. Da gibt es vor allem einmal die großen Krankengeschichten von Freud, bei denen die wissenschaftlichen Probleme ausdrücklich festgestellt werden und bei denen gewöhnlich die Darstellung der klinischen Befunde mit der Diskussion der theoretischen (und oft auch technischen) Probleme kombiniert sind. Sie zeigen die ständige wechselseitige Förderung von Beobachtung und theoretischer Überlegung am Werk. Aber der Stil dieser Krankengeschichten ist sozusagen einzigartig geblieben. Er wurde selten nachgeahmt und kaum je mit Erfolg.

Dann gibt es noch den zweiten Faktor: Die Funde der Analyse sind auf sehr verschiedene Weise dargestellt worden. Man findet Berichte über »reine« Beobachtungen, (wie wir sehen werden, sind sie nur vergleichsweise »rein«), die in den früheren Jahren der Analyse häufiger waren, obwohl sie auch heute nicht ganz fehlen. Aber die Einsicht in Beziehungen dynamischer, genetischer oder struktureller Art stehen jetzt mehr im Vordergrund als die Darstellung isolierter Daten. Die Zuordnung der Daten in Hinsicht auf das seelische Funktionieren und dessen Entwicklung ist zum unmittelbaren Anliegen nicht nur der Theoretiker geworden. Das heißt, die Beobachtungen werden auch vom Blickpunkt unserer theoretischen Kenntnisse her gesehen, als Bestätigungen oder Nicht-Bestätigungen einer Hypothese oder, unter den günstigsten Umständen, als entscheidendes Experiment. Der Analytiker gleicht also nicht mehr einem Naturkundler, der eine neue Blume oder ein neues Tier entdeckt und beschreibt. Erklärende Begriffe treten ins Bild, und zwar gibt es mehrere Ebenen dabei. Einige liegen der Beobachtung noch vergleichsweise nahe, während andere sich weit vom offensichtlichen Verhalten und der unmittelbaren Erfahrung entfernen. Diese Entwicklung in der Analyse hat durchaus ihre Parallelen in der Entwicklung anderer Wissenschaften. Nachdem erst einmal gesetzartige Thesen in bezug auf die Struktur der Neurosen, die Triebe, die typischen Entwicklungsphasen formuliert worden waren, wurde unser Wissen hinsichtlich der seelischen Vorgänge und ihrer Wechselwirkungen weniger dürftig, und viele Hypothesen verloren ihren nur versuchsweisen Charakter. Der Analytiker lernte, sich sicherer zu fühlen, vertrauter mit diesen Dingen, und die entsprechenden Begriffe drangen mehr und mehr in die Darstellung des klinischen Materials ein. Das ist tatsächlich zu einem charakteristischen Zug klinischer und analytischer Diskurse geworden, im Gegensatz zu vielen anderen Zweigen der klinischen Arbeit. Es beweist die theoretische Schulung des Analytikers und sein wissenschaftliches Interesse. Es beweist vor allen Dingen, daß eine Beziehung zwischen dem Auffinden der Fakten und der Theorie besteht, die durch den Gegenstand gefordert wird, und typisch für die Analyse ist.

Überschaut man eine große Anzahl analytischer Schriften oder Vorträge, so findet man bestimmte Typen hinsichtlich der Art, in der die klinischen und die theoretischen Aspekte kombiniert werden. Es gibt da natürlich den klassischen Typus, bei dem klinisches Material vorgelegt, mit früheren Funden verglichen und dann nach theoretischen Implikationen durchforscht wird. Andere Arbeiten, wenn sie auch klinisch aussehen, haben in Wirklichkeit von Anfang an das Ziel, eine Hypothese, die dem Autor besonders am Herzen liegt, zu beweisen oder zu illustrieren. Sie kann als solche dargestellt werden oder als aus den klinischen Daten abgeleitet, während die letzteren tatsächlich reine Illustrationen der These sind und keineswegs ihr Ursprung. Es gibt noch eine Vielzahl anderer Darstellungsformen, und der Gegenstand verdient zweifellos eine besondere Untersuchung.

Der Fall, daß die Hypothese der Beobachtung vorangeht, ist natürlich ein vollständig legitimes Verfahren (Hartmann, Kris, Loewenstein, 1953), das schon in Freuds Anfängen eine beträchtliche Rolle spielte (und auf anderen Gebieten eine analoge Rolle spielt). Bevorzugungen bestimmter Denk- und Darstellungsformen treten in einem Kontinuum auf, von dem Fall, bei dem das, was wie ein klinischer Beitrag aussieht, tatsächlich vom Denken auf einer hohen Stufe der Abstraktion gelenkt wird, bis hin zum anderen Extrem, bei dem ein Versuch, der in Ausdrükken der Theorie formuliert wird, tatsächlich aufs engste an die Beobachtung geknüpft ist. Offensichtlich handelt es sich dabei auch um eine der Folgen der Unmöglichkeit, alle in der Analyse gesammelten beobachtungsmäßigen Daten in einem Aufsatz oder sogar in einem Buch darzustellen. So werden Abkürzungen notwendig. Was man »klinische« und »theoretische« Darstellungen in der Analyse nennt, sind verschiedene Stilarten der Abkürzung. In diesem Aufsatz möchte ich nur nachweisen, daß aufgrund spezifischer Züge der psychoanalytischen Methode die Demarkationslinie zwischen klinischer und theoretischer Arbeit häufig nicht leicht zu ziehen ist. Dieser Umstand kann vielleicht auch erklären, wie es kommt, daß in der Analyse komplizierte und gedankenreiche Konstruktionen in der Sprache der Daten dargestellt werden, aber auch in klinischer Sprache, ebenso wie in der Sprache der Begriffe oder der Theorie. Das ist zweifellos so, und die Feststellung dieser Tatsachen bedeutet natürlich keine Kritik. Aber diese, für die Psychoanalyse charakteristische Sachlage wirft ein Kommunikationsproblem auf. Alles Lesen psychoanalytischer Literatur fordert vom Leser eine Rekonstruktionsarbeit, wenn er das Gelesene in seinen Aspekten als einen wissenschaftlichen Beitrag sehen will: worin bestand der Hintergrund im Sinne von beobachtbaren Daten? Welches sind die Hypothesen, die der Autor entweder voraussetzt oder die sich aus seiner Arbeit ableiten lassen?

Wir können nicht erwarten, bei jedem Analytiker die schöne Harmonie zwischen klinischer und technischer Einsicht und Können zu finden, die das Kennzeichen eines Genies waren. Da wir die individuelle Bevorzugung einzelner Aspekte finden, ist ein gewisser Maß an Spezialisierung nur natürlich. Aber es gilt noch immer in der Analyse — und das ist auf anderen Gebieten eben auch anders — daß ohne weitgespannte klinische Erfahrung keine »gute Theorie« geschrieben werden kann und daß jedes klinische Verstehen theoretisches Wissen voraussetzt. Die volle Bedeutung der klinischen Befunde kann nur im Rahmen der Theorie entwickelt werden. Deswegen ist, wie ich schon sagte, die klinische Arbeit im allgemeinen durchtränkt von Hypothesen, da zum Beispiel nicht einmal die einfachste Feststellung in bezug auf unbewußte Vorgänge ohne sie gemacht werden könnte. Dies Beispiel zeigt, daß das, was ich hier beschreibe, nicht ein zufälliges Vorkommnis ist, sondern sich direkt auf einen grundlegenden Zug der Analyse zurückführen läßt.

Es gibt dabei natürlich auch ein Element, das leicht zu einem Hindernis für die wissenschaftliche Arbeit in der Analyse werden kann und das auch nicht so selten geworden ist. Das ist ein weiterer Grund, warum ich es in diesem Zusammenhang erwähne. Die Hypothesen kön-

nen sich nämlich mit dem Auffinden von Fakten in einer Weise wechsel-
seitig durchdringen, daß ihr hypothetischer Charakter nicht immer klar
erkennbar ist (Hartmann, Kris, Loewenstein, 1953). Höchst abstrakte
hypothetische Konstruktionen (wie etwa die libidinöse Besetzung und so
weiter) werden dann in einem deskriptiven Sinn dargestellt, als Daten
aus der Beobachtung. Ein derartiges Vorgehen ruft Verwirrung sowohl
in der klinischen Praxis wie in der Theorie hervor. Wenn die Hypothesen
nicht ausdrücklich — wie das sein sollte — als solche bezeichnet werden,
können sie nicht durch weitere Forschung nachgeprüft werden. Zweitens:
daß Konstruktion manchmal als Befunde beschrieben werden, könnte
durchaus ein Grund dafür sein (obwohl sicherlich nicht der einzig mögliche), warum bestimmte »Funde« von anderen Beobachtern nicht bestätigt werden können. Dieser Faktor macht es besonders wünschenswert
für die psychoanalytische Forschung, daß, wenn Konstruktionen vorliegen, wir zeigen, wie sie zustande kamen — ein Prinzip, das natürlich
auch für andere Wissenschaften gilt. Das bedeutet also, daß unsere
Hypothesen so deutlich und ausdrücklich wie möglich dargelegt werden
sollten, damit ihre Beziehungen mit anderen Hypothesen erkennbar und
sie durch weitere Arbeit überprüft werden können. Diese Stufe der wissenschaftliche Arbeit ist in der Analyse noch nicht in all ihren Aspekten erreicht. Bei manchen aber ist sie zustandegekommen, hauptsächlich
als ein Ergebnis exakterer Erforschung der theoretischen Annahmen, die
wir auf unser Material anwenden.

Dies ist die Stelle, um auf das Problem der Deutung einzugehen. Ich
meine hier nicht die Deutung als Teil unserer therapeutischen Technik,
sondern vielmehr als Werkzeug der Erkenntnis. Loewenstein (1957)
hat diese verschiedenen Aspekte gekennzeichnet. Nun bedeutet Deutung eine versuchsweise Erklärung. Auch hier finden wir unterschiedliche Ebenen, die wir als »tief« und »oberflächlich« unterscheiden
könnten — in Analogie, aber nicht identisch mit den Bedeutungen, die
diese Ausdrücke in der Technik haben. Deutung kann ein bloßer Hinweis auf gemeinschaftliche Elemente in einer Assoziationsreihe sein und
so eine Beziehung herstellen. Auf einer anderen Stufe der kognitiven
Deutung müssen eine große Zahl von Daten, die die unmittelbaren Gegebenheiten einer Situation bei weitem überschreiten, sowie eine beträchtliche Menge hypothetischen Denkens eingeführt werden, um zu einem
Schluß zu kommen. Hier stoßen wir wieder auf das schon erwähnte
Problem des Verhältnisses von beobachtungsmäßigen und hypothetischen Elementen. In der Analyse wäre es ganz falsch, eine einfache Korrelation zwischen diesem Verhältnis und dem wissenschaftlichen Wert

einer Deutung zu erwarten. Die Erfahrung widerspricht dieser einfachen Antwort. Häufig erweisen sich Deutungen, die sogar eine große Zahl von Variablen einführen, als überlegen — wenn sie auf einer entsprechenden konstruktiven Fähigkeit des Analytikers beruhen, der sein Wissen und sein theoretisches Denken integriert hat. Glücklicherweise ist in der Analyse eine »tiefere« Einsicht oft auch eine richtigere Einsicht. Das ist ein weiterer Aspekt, den die Analyse mit den theoretisch hochentwickelten Wissenschaften gemein hat.

Auf Grund der durchdringenden Natur des genetischen Aspekts in der Analyse ist die Rekonstruktion früher Kindheitserlebnisse oder Situationen in diesem Zusammenhang von wesentlichem Interesse. Wir haben gelernt, wie man theoretische Erwartungen mit beobachtbaren Elementen verknüpft, um »die Vergangenheit vorauszusagen«. Das funktioniert aufs schönste, so weit wir vermuten können, daß die Struktur des seelischen Apparats und die ihn beherrschenden Gesetze sich in den Stadien, die wir rekonstruieren, nicht zu sehr von den uns bekannteren Stadien unterscheiden — und wenn genug experimentelle Nachprüfungsmöglichkeiten zur Verfügung stehen.

Diese beiden Bedingungen sind nicht erfüllt, wo wir es mit den präverbalen Entwicklungsstadien zu tun haben. Daher sind unsere Extrapolationen, die sich auf diese Stadien beziehen, ziemlich dürftiger Natur. Was als Beweis erscheint, ist gezwungenermaßen häufig nur eine Widerspiegelung der Hypothesen, die wir eingeführt hatten; derartige Extrapolationen sind in ihren Ausgangspunkten schon mitenthalten. Angesichts des überragenden Interesses der Analyse an diesen präverbalen Entwicklungen ist es unerläßlich, daß sie auch mit Hilfe jeder anderen, uns zur Verfügung stehenden Methode untersucht werden. Das wurde durch direkte Kinderbeobachtung durch Analytiker unternommen, durch Untersuchungen, die hinsichtlich der Begriffe und Hypothesen analytisch sind, ohne daß die analytische Methode zur Anwendung kommt. Da die Begriffe, die für die späteren Entwicklungsstadien gedacht waren, nicht immer genügten, wurde es zu einem der Hauptbestreben besonders der Ich-Psychologie, Konzepte zu finden, die sowohl auf rekonstruktive Daten wie auf Daten aus der direkten Beobachtung passen und die ihre wechselseitige Verknüpfung erleichtern. Freuds Neuformulierung der Theorie der Angst, die die genetische Rolle der äußeren Gefahr unterstreicht, machte diese Ausweitung des Gebiets der Psychoanalyse möglich. Spätere Begriffe, wie die konfliktfreie Sphäre, die Ich-Apparate, die primäre Autonomie und so fort, weisen in der Richtung auf solch eine vereinheitlichende Theorie, die die direkte Untersuchung sowohl der Reifung wie der Entwicklung im Gesichtskreis der Psychoanalyse umfaßt.

Wenn ein gewisses Mißbehagen hinsichtlich der Beziehung zwischen Tatsachen und Theorien sowohl außerhalb der Analyse als auch häufig bei Analytikern selbst besteht, so kann das sicherlich nicht dem Mangel an Daten zugeschrieben werden. Die Menge der dem erfahrenen Analytiker zur Verfügung stehenden Daten ist eher überwältigend. Auch in dieser Hinsicht läßt die Analyse jeden anderen Zugangsweg zu einer Psychologie der Persönlichkeit weit hinter sich. Manchmal wird behauptet, daß die Analyse in Wirklichkeit nur eine vergleichsweise kleine Zahl von Fällen untersucht habe. Aber dieses Argument geht an der Sache vorbei. Bei jedem einzelnen Fall sammeln wir oft Hunderte von Daten, die zu einem in Frage stehenden Problem gehören, zusammenhängende Reihen von freien Assoziationen oder andere beobachtbare Regelmäßigkeiten. Das heißt, jeder klinische Fall stellt tatsächlich, klinisch gesprochen, Hunderte von Fällen dar. Oder wir können besser sagen, daß jeder »Fall« eine große Anzahl von Möglichkeiten bietet, in denen jede einzelne Hypothese, die eine Rolle spielt, nachgeprüft werden kann. Und unsere Technik beruht ständig auf Vorhersagen künftiger Reaktionen.

Die Fülle an Daten wächst, aber es ist nicht immer einfach, dieses Wissen mitzuteilen, es intersubjektiv zu machen — andererseits sind natürlich Kommunikationsmethoden für den Unterricht oder für berufliche Kontakte anderer Art ausgearbeitet worden.

Unsere Forderungen nach Klarstellung und Systematisierung der Theorie sind aber sehr gewachsen. Die neuere Arbeit von Rapaport und Gill (1959) stellt einen wichtigen Schritt in dieser Richtung dar. Es gibt aber, wie ich schon sagte, noch breite Sektoren unserer Theorie, auf denen diese Klärung und Systematisierung, die Einsicht in die Beziehungen zwischen den verschiedenen Aspekten der Theorie, die Unterscheidung zwischen ihren bestätigten und ihren nicht bestätigten Teilen, zwischen der Beobachtung nahestehenden Hypothesen und hypothetischen Konstruktionen, noch nicht gelungen ist. Das ist hauptsächlich auf die Tatsache zurückzuführen, daß wir in der Analyse, im Vergleich zu anderen Zweigen der Psychologie, mit einer ganz ungewöhnlichen Zahl von Variablen arbeiten — und letztlich auf das Wesen des Gegenstandes, der im Mittelpunkt des psychoanalytischen Interesses steht.

Es gibt einige andere Grundzüge der Analyse, die einer bequemen »Verwissenschaftlichung« (wenn Sie diesen Ausdruck verzeihen wollen) entgegenwirken, und es wäre gut, sie nicht zu vergessen. Jeder dieser Grundzüge verdiente eine sorgfältige Untersuchung [1]. Aber zum Zweck dieser Vorlesung muß ich ein höchst komplexes Thema abkürzen und vereinfachen. Die Daten, die bei der psychoanalytischen Beobachtung gewonnen werden, sind in erster Linie Daten über Verhalten. Und das Ziel ist offensichtlich die Erklärung des menschlichen Verhaltens — obgleich in einem weiteren Sinne als dem, den zumindest die älteren behavioristischen Schulen für annehmbar gehalten haben würden. Allerdings werden diese Daten in der Analyse im Sinne seelischer Vorgänge, der Motivation, der Bedeutung interpretiert. Unsere Konzepte in bezug auf die psychischen Vorgänge liegen im allgemeinen mehr als nur einen Schritt von den Verhaltensdaten entfernt — und, wie ich gerade hier bemerken möchte — auch von der unmittelbaren Erfahrung. Dieser Abstand vom Verhaltensaspekt ist einer der Gründe, weswegen eine objektive, oder vielleicht sollten wir besser sagen, eine intersubjektive Nachprüfung analytischer Thesen in den meisten Fällen eine mühselige Aufgabe ist. Daher die Überzeugung vieler Analytiker, daß diese Thesen nur in der analytischen Situation selbst nachgeprüft werden können. Das wiederum ist häufig, aber nicht immer, der Fall.

Bei der Analyse geht — wie übrigens auch auf anderen Gebieten — die Untersuchung offensichtlich in verschiedenen Schichten vor sich. Einmal gibt es dabei einen vorwiegend deskriptiven Aspekt. Dann gibt es eine Ebene, die sich noch eng an die Beobachtung hält, aber in der einen oder anderen Hinsicht schon über sie hinausgeht. Schließlich gibt es die Ebene der theoretischen Abhandlung. Die Beziehungen zwischen diesen Ebenen lassen sich in den psychoanalytischen Krankengeschichten gut untersuchen. Viele der wichtigsten Begriffe sind ihrem Wesen nach erklärend, wie etwa der Begriff der unbewußten seelischen Vorgänge, der Libido, der Besetzung und viele andere (Hartmann, 1927; Feigl, 1949; Frenkel-Brunswik, 1954). Dies Element war wesentlich, um eine umfassende Psychologie der Persönlichkeit möglich zu machen.

Wie ich schon sagte, rückt diese Eigenschaft der analytischen Abhandlung sie ziemlich weit vom offenkundigen Verhalten und von der unmittelbaren Erfahrung ab. Von manchen Seiten wurde dieser häufige Abstand vom subjektiven Erleben beklagt; aber angesichts der Art von begrifflichen Werkzeugen, die die Analyse verwendet, wäre es wohl kaum anders möglich (siehe auch Wisdom, 1953). In der Analyse stellen sich die Probleme der »Subjektivität« und »Objektivität« in etwas anderer Weise als der üblichen dar, denn wir bemühen uns, auch die psychologischen Faktoren, die für die Subjektivität verantwortlich sind, objektiv zu untersuchen. Ich darf hinzufügen, obwohl es im Zusammenhang dieser Dar-

---
[1] Manche davon sind im 16. Kapitel genauer dargestellt.

stellung nicht zum Thema gehörig erscheint, daß im Verlauf der Analyse die neuen Einsichten, die der Patient auf dem Wege der Objektivierung erreicht, allmählich auf sekundäre Art integriert, also in sein unmittelbares Erleben aufgenommen werden können.

Wir finden die beiden Punkte, den vergleichsweisen Abstand von der deskriptiven Ebene und den erklärenden Charakter, bei vielen Hauptaspekten des analytischen Denkens wieder. Das bedeutet unter anderem daß Elemente des Verhaltens, die in einem deskriptiven Sinn ähnlich sind, dynamisch oder genetisch als ziemlich unterschiedlich zu bewerten sind, und umgekehrt. Wir treffen dieses Problem natürlich auch auf anderen Wissenschaftsgebieten an, aber kaum im gleichen Ausmaß in anderen Zweigen der Psychologie. Da man sogar bei der klinischen Arbeit auf diese Ebene der Verbegrifflichung trifft, werden sich Leser, die nicht an diesen Denkstil gewöhnt sind, häufig nicht eben wohl fühlen.

Was nun die klinischen Beobachtungen im Gegensatz zu der Formulierung gesetzartiger Thesen anbelangt, möchte ich folgendes bemerken: man arbeitet in der Analyse zwischen den Extremen zweier Haltungen. Die eine Haltung möchte, um der Nähe zur farbigen klinischen Erfahrung willen, den überwältigenden Reichtum an Erscheinungen, ungeformt und ungenügend untereinander in Verbindung gesetzt, bestehen lassen; die andere möchte diese Vielfalt vorzeitig in das Prokrustesbett eines zu beschränkten Theoretisierens zwängen (Hartmann, 1929). Andererseits sind sich die Kritiker der Analyse oft nicht bewußt, auf was für einem Reichtum an Beobachtungen deren Aussagen begründet sind; aber sie beurteilen auch oft die Rolle der Theorie falsch. Dann werden theoretische Begriffe (wie Libido, die psychischen Systeme und so fort) diskutiert, als wären sie in einem deskriptiven Sinn gemeint.

Während die Stellung der Psychoanalyse zur Verhaltenslehre im allgemeinen klar ist, interessieren wir uns natürlich für die Frage: wie ist denn die Stellung der Psychoanalyse gegenüber den introspektiven Schulen der wissenschaftlichen Psychologie? Ich will hier nicht das Offensichtliche bemühen, daß nämlich die Analyse in weitem Maß auf Introspektion beruht, noch auch die Schwierigkeiten, die sich bei dem Versuch ergeben, eine introspektive Psychologie zu einer wissenschaftlichen, im üblichen Sinn dieses Ausdrucks, zu machen. Ich will vielmehr sagen, daß die Schwierigkeit sich in diesem Fall durch die Theorien der Analyse teilweise hat überwinden lassen, die zu Generalisierungen und zur Objektivierung, über die unmittelbare Erfahrung hinaus, führt und damit zu Hypothesen, die der Nachprüfung zugänglich sind. Ich glaube, daß unsere Erfahrung die Tatsache bestätigt, daß nur durch die Einführung von Hypothesen auf verschiedenen Ebenen, und manchmal auf einer hohen Ebene der Abstraktion, die volle Bedeutung beobachtbarer Daten erschlossen werden kann, was vor allem heißt, daß Voraussagen möglich werden.

Heute würde niemand eine Wissenschaft als eine bloße Summe von Tatsachen ansehen; auch ist die Rolle der Phantasie in der Wissenschaft in unseren Tagen eindeutig anerkannt worden (man denke an Einstein und andere). Aber es ist nicht allgemein bekannt, wie weit auf Selbstbeobachtung basierende Phantasie zur Hypothesenbildung im Bereich der Psychologie beitragen kann. Vermutlich spielt sie eine beträchtliche Rolle bei den Psychologen, die man als »intuitiv« zu bezeichnen pflegt. Nach Freud sind derartige »Intuitionen« das Ergebnis meist vorbewußter Beobachtung und Induktion. Während auf anderen Gebieten Ahnungen, Vermutungen, unerklärliche Einsichten oder Intuitionen vermutlich auch eine Rolle bei der Bildung von Hypothesen spielen, ist es möglich — wenn auch noch nicht hinlänglich erforscht — daß in der Psychologie die auf Selbstbeobachtung beruhenden Elemente oft sehr bedeutend sind, was heißen könnte, daß man manchen Aspekten der seelischen Vorgänge auf diese Weise näherkommen kann. Daß diese Möglichkeit zunimmt, wenn die objektivierenden Mittel der psychoanalytischen Methode auf sie angewandt werden, habe ich schon gesagt. Außerdem sollte man nicht überschätzen, in welchem Maß nichtkontrollierte Selbstbeobachtung für das psychoanalytische Denken bedeutsam ist. Es ist allerdings erstaunlich, daß es Denker gibt, die die Fähigkeit zu haben scheinen, ohne systematische und kontrollierte Beobachtung Hypothesen zu entwickeln, die später auf dem Weg der Induktion bestätigt werden. Natürlich gibt es unter denen, die weitgehend auf der Grundlage ihrer »Intuition« über menschliches Verhalten geschrieben haben, nur einige, die diese Gabe besitzen. Möglicherweise spielt in der Psychologie diese Art der Fähigkeit zur fruchtbaren Hypothesenbildung eine andere und wichtigere Rolle als auf anderen Gebieten. Ich will ganz gewiß die Vorzüge der unkontrollierten Vermutungen nicht überschätzen. Aber ich weise darauf hin, weil es zu einem faszinierenden Gegenstand für die Untersuchung des schöpferischen Denkens in der Psychologie werden könnte, eines Gegenstandes, den aufzugreifen nur die Psychoanalyse sich zutrauen dürfte. Wo später bestätigte Schlußfolgerungen auf Grund spärlicher Beobachtungen gezogen wurden, die man als ungenügende Grundlage für die Induktion ansehen würde, ließe sich vorstellen, daß in solchen Fällen Selbstbeobachtungen von bisher unbekannter Weite und Komplexheit eine entscheidende Rolle gespielt haben. Die Möglichkeit, daß die Selbstbeobachtung solch eine Funktion haben könnte, macht es natürlich keineswegs überflüssig, derartige »Intuitionen« mit jeder zur Verfügung stehenden Methode systematisch nachzuprüfen.

Es ist durchaus möglich, daß bei der Arbeit Freuds und anderer Analytiker derartige Einsichten, die sich nicht völlig erklären lassen, vorgekommen sind. Ist das der Fall gewesen, so ist doch, ganz gewiß bei Freud, deutlich, daß seine wissenschaftliche Disziplin, sein geduldiges Sammeln von Beobachtungsmaterial, seine Suche nach begrifflichen Werkzeugen, die diesem Material Rechnung tragen, die Anwendung dieser Intuitionen unter Kontrolle gehalten haben. Viele Gegenstände, die die Analyse in Angriff genommen hat, sind vor Freud nur von sogenannten intuitiven Psychologen untersucht worden. Aber er pflegte die psychoanalytische Psychologie als im Gegensatz zur intuitiven Psychologie stehend zu sehen, und die Entwicklung, die die Psychoanalyse genommen hat, unterstützt seine Ansicht. Doch bleibt die Beziehung zwischen dem verwendeten Material und der Theorie der Psychoanalyse zweifellos ziemlich kompliziert. Diese Überlegung führt uns zu dem zurück, was ich schon früher über diese Beziehung sagte. Ich glaube nicht, daß die Begriffsbildung in der Analyse sich im Prinzip von der wissenschaftlichen Begriffsbildung im allgemeinen unterscheidet (siehe Hartmann, 1927). Aber die Kompliziertheit der theoretischen Struktur und die Tatsache, daß die Verifizierung, mindestens bei manchen ihrer Aspekte, außerordentlich schwierig ist, wirft Probleme auf, die nicht immer klar verstanden und nicht immer auf befriedigende Weise gelöst worden sind.

Mehrfach ist der Vorschlag gemacht worden, die psychoanalytische Theorie in die Sprache des Operationismus zu übersetzen (Ellis, 1956, und andere). Aber derartige Versuche sind nie sehr weit gegangen. Außerdem wurde das Wesen der speziellen Probleme, mit denen die Psychoanalyse es zu tun hat, nicht immer genügend wahrgenommen. Andererseits möchte ich hier wenigstens erwähnen, daß Flew (1956) angesichts mancher dieser speziellen Probleme, mit denen die Psychoanalyse konfrontiert ist, zu dem Schluß kam, daß »diese Besonderheiten derart sind, um dafür zu sorgen, daß ihr zentraler und grundlegender Platz in der Psychoanalyse dieser Disziplin einen logischen Status verleiht, der sich von dem der Wissenschaften unterscheidet, die sich mit anderen Dingen als mit menschlichen Wesen befassen, und selbst von dem der Wissenschaften, die es mit weniger ausgesprochen menschlichen Aspekten menschlicher Wesen zu tun haben, wobei dieser Status natürlich aus diesem Grund weder geringer noch höher ist«.

Ich habe schon früher auf die ständige Verwendung von Voraussagen und deren Nachprüfung hingewiesen, die einen wesentlichen Teil der psychoanalytischen Technik ausmachten. Das bezieht sich aber, wenn auch nicht ausschließlich, meist auf Hypothesen, die der Beobachtung noch vergleichsweise nahe stehen. Aber jenseits dieser Ebene spielen eine große Anzahl von Konstruktionen eine Rolle in der Analyse, die dazu dienen, zu erklären und vorauszusagen und der weiteren Forschung die Richtung zu weisen. Die »logische Kluft« (Einstein) zwischen der Ebene der Konstruktion und der der Beobachtung, die in der modernen Physik so deutlich ist, zeigt sich auch auf weniger hochsystematisierten Gebieten, wie dem der Analyse. Ihre Konstruktionen entspringen in letzter Instanz der Beobachtung, der wir die legitime Rolle der Phantasie in der Theoriebildung hinzufügen müssen. Es ist natürlich schwierig, ihre vergleichsweisen Abstände von den beobachteten Daten bei der Analyse und auf anderen Gebieten abzuschätzen, aber wir werden darin übereinstimmen, daß wesentliche Aspekte der psychoanalytischen Theorie ziemlich weit von der klinischen Beobachtung abliegen. Freud und manche anderen Analytiker waren nicht ängstlich im Theoretisieren. Man hatte das Gefühl, daß eine zu puritanische Haltung gegenüber der Einführung neuer Hypothesen oder der Aufstellung von komplizierten Hypothesen sich nicht als günstig für die Entwicklung einer wissenschaftlichen Psychologie erwiesen hatte, und daß man nicht erwarten konnte, daß sie sich je als günstig erweisen würde. Es wurden daher, in Anerkennung ihrer Funktion, eine große Zahl von Hypothesen entsprechend den üblichen Kriterien aufgestellt, akzeptiert, modifiziert oder verworfen. Sie durften nicht in Gegensatz zu der Erfahrung und zueinander stehen und mußten ihren Wert für die Erklärung erweisen. Für manche Ebenen des Theoretisierens schien die Annahme »guter« und die Ablehnung »schlechter« Hypothesen vergleichsweise einfach zu sein; aber das gilt entschieden nicht für alle Ebenen der Theorie, weder in der Analyse noch bei anderen Wissenschaften. Ich möchte hier doch zum Ausdruck bringen, daß mir die Kompliziertheit der theoretischen Struktur der Psychoanalyse nicht einfach als ein Theoretisieren um der Theorie willen erscheint. Trotz entgegengesetzter und ziemlich allgemein vertretener Forderungen nach Vereinfachung, könnte diese Kompliziertheit durchaus eine notwendige und fruchtbare Reaktion auf die Anforderungen sein, die eine umfassendere Konzeption der Persönlichkeit heute an unser Denken stellt. Es ist eine historische Wahrheit, daß in der vor-freudschen Psychologie ein entschiedenes Mißtrauen gegen die Theorie herrschte. In verschiedenen Aspekten der Sozialwissenschaft ist diese Haltung noch erkennbar. Was das gegenwärtige Stadium der Analyse anbelangt, so ist es zweifellos ein Stadium wachsender Kompliziertheit. Alle Vereinfachungsversuche, von denen es viele gibt, und die sich auf einen einzigen Aspekt auf Kosten anderer konzentrieren, mußten durch eine bedenkliche Einschränkung der Reichweite der Erklärungen und des Voraussagewertes der Analyse bezahlt werden. Es ist möglich, daß die optimale Relation zwischen der Komplexheit der Theorie und der erklärerischen Leistungsfähigkeit in verschiedenen Stadien der Entwicklung eines theoretischen Systems verschieden ist. So kann man hoffen, ja vielleicht sogar erwarten, daß wir in der Zukunft ein entschieden befriedigenderes Stadium erreichen werden, wo einfache Formulierungen gleichen oder überlegenen Wert gewinnen (siehe 11. Kapitel).

Teilweise ist es dieser verwickelten wechselseitigen Abhängigkeit von Variablen zuzuschreiben, daß das Problem der Quantifizierung, das schon auf manchen anderen Gebieten der Psychologie schwierig genug anzugehen ist, in der Psychoanalyse sogar noch unzugänglicher erscheint. Offensichtlich ist die Messung, die als »die Aufgabe, Dinge mit Nummern zu versehen« definiert wurde (S. S. Stevens) nicht auf jedem Gebiet der Wissenschaft gleich einfach. Wir vergleichen die Stärke der Impulse, die Zähigkeit des Widerstandes, den Einfluß rationaler Tendenzen und so fort, wir schließen aus der Stärke des Widerstands auf die Kraft der Verdrängung, aber wir können diese Faktoren nicht messen. Es kann sein, daß sich »mehr, weniger, größer als, weniger von, Zunahme oder Abnahme von usw., mit mehr Erfolg anwenden ließen« (Brower, 1949) als Numerierungen. Man kann das offenliegende Verhalten oder physiologische Vorgänge im Zentralnervensystem und dergleichen messen, nicht aber seelische Vorgänge in dem Sinn, in dem wir diesen Ausdruck in der Analyse gebrauchen. Wie nehmen Beziehungen zwischen dem ersteren und den letzteren an, so daß ein Zugangsweg zur Messung über das ZNS nicht undenkbar wäre. Oft lassen sich »Vorgänge, die schwierig zu messen sind, in den Wissenschaften vom Verhalten wie in den physikalischen Wissenschaften dadurch untersuchen, daß man die Häufigkeit, die Dauer und den Grad ihrer Interferenz mit einem leichter zu messenden Prozeß untersucht« (Lindsley, 1957). In Wirklichkeit aber sind diese Beziehungen in unserem Fall immer höchst kompliziert und meist auch nicht hinlänglich geklärt. Bei den nichtanalytischen Zweigen der Psychologie ist eine Quantifizierung jener psychologischen Vorgänge, die vom Standpunkt einer Persönlichkeitspsychologie peripherer Art sind, möglich und sie ist auch weitgehend durchgeführt worden. Sie könnten, da sich die Analyse auf eine allgemeine Psychologie hin bewegt, auch für die Psychoanalyse selbst wichtiger werden, als sie es bisher waren. Ich muß Sie aber an diesem Punkt an das erinnern, was ich zuvor über den relativen Abstand der Faktoren, die in der Analyse vorwiegend in Betracht gezogen werden, von diesen Aspekten der Psychologie, gesagt habe. Das bedeutet, daß die Übersetzung aus der für diesen Aspekt geeigneten Sprache in die in der Analyse dominierende keine einfache Sache ist. Es ist aber in Hinsicht auf bestimmte Probleme versucht worden und hat sich als durchführbar erwiesen.

Natürlich besteht gar kein Zweifel daran, daß die Systematisierung in der Wissenschaft im Prinzip von der Messung profitieren kann. Aber es ist möglich, daß im gegenwärtigen Entwicklungszustand der Psychoanalyse Messung um jeden Preis, wie manche das anstreben, wobei die Variablen nur vom Blickpunkt unserer Fähigkeit, sie zu messen, gesehen werden, einen wesentlichen Aspekt der analytischen Forschung preisgeben würde.

Trotz allem, was ich eben über das Messen in bezug auf die Psychoanalyse gesagt habe, ist in vielen analytischen Begriffen eine Quantifizierung mitenthalten, so in der »Kraft« der Triebe, in der »Stärke« des Ichs, im Prinzip der Regulation und so fort. Tatsächlich finden wir diese quantifizierende Begriffsbildung selbst auf einer Ebene der Hypothesenbildung, die der klinischen Beobachtung vergleichsweise nahesteht. Wir verfolgen die Schicksale des Besetzungsaufwands von einem Traumelement zum anderen oder von einer Triebtendenz zu einem Symptom. Das führt ein Element der Kohärenz in unsere psychologischen Hypothesen ein. Natürlich wirft solch eine quantifizierende Begriffsbildung ohne Messungsmöglichkeit ein Problem auf, und dies Problem ist viel diskutiert worden. Ich will hier nicht weiter darauf eingehen, nur sagen, daß ich dies Vorgehen nicht für logisch unannehmbar halte.

Das Bemühen, psychoanalytische Hypothesen mit allen für diesen Zweck geeigneten Mittel zu verifizieren, ist in der Analyse selbstverständlich willkommen, weil es zu einer Klärung ihrer Theorien beitragen kann. Mit dieser Absicht durchgeführte experimentelle Arbeiten außerhalb der analytischen Situation sind auch von Analytikern selbst durchgeführt worden. Ich will zwei Beispiele zitieren. Bestimmte psychoanalytische Ideen in bezug auf die Verwendung und Bedeutung von Symbolen konnten extra-analytisch durch Roffenstein (1923) und Betlheim und Hartmann (siehe 17. Kapitel) bestätigt werden. Neuerdings hat Fisher (1954, 1956, 1957) einige Aspekte der Vorstellungen Freuds über Wahrnehmung, Bilderdenken und Träume verifiziert und in anderen Hinsichten Modifikationen der analytischen Theorie vorgeschlagen.

Direkte Beobachtungen an psychotischen Patienten haben in großem Maßstab bestätigt, was Freud über die Eigenschaften und Hauptinhalte des Primärprozesses erschlossen hat. Indirekte Verifikationen von psychoanalytischen Thesen sind infolge von deren Anwendung in der Psychologie, Anthropologie und anderen Gebieten zugänglich geworden, seit die Trennungslinie zwischen der Analyse und den angrenzenden Gebieten weniger streng gezogen wurde als es früher der Fall war. Derartige Untersuchungen sind oft die zufällige Frucht von Forschungsunternehmungen, die häufig nicht primär auf eine Verifizierung ausgerichtet waren. Um nochmals ein Beispiel zu geben, erinnere ich an G. Kleins Untersuchung (1954) über den Einfluß von Bedürfnissen (in diesem Fall Durst) auf die Wahrnehmungserkenntnisse *(cognition)*[2] und über den Einfluß der »cognitiven Stilarten« dabei. Dies Problem der Wechselwirkung von Bedürfnissen (die hier Triebe repräsentieren) und Wahrnehmungserkenntnisse (eine Funktion des Ichs) steht natürlich dem Zentrum des analytischen Interesses sehr nahe. »Cognitive Stilarten« sind zum Beispiel in Freuds Darstellung des Problems des Zwangsdenkens beschrieben und ihre Erklärung ist versucht worden. Unter den Studien über das Motivations-Wahrnehmungserkenntnis-Problem möchte ich auch die Arbeit von Frenkel-Brunswik erwähnen (1949).

Es gibt, wie sie alle wissen, eine umfängliche Literatur über Experimente an Tieren und am Menschen, die das Ziel verfolgen, psychoanalytische oder von der Psychoanalyse abgeleitete Hypothesen zu testen[3]. Diese Untersuchungen haben bisher keinen entscheidenden Beitrag zu einer Neuformulierung der analytischen Theorie geleistet. Aber es ist wahr, daß die besten von ihnen uns zu einer besseren Einsicht in bestimmte Schwierigkeiten verhelfen, die unserem Gebiet anhaften, und sie können uns zu erneuten Anstrengungen anspornen, nach besseren Formulierungen unserer Hypothesen, nach schärferen Definitionen und nach gesteigertem systematischen Zusammenhang zu streben. Frühe Kritiken an der Analyse haben oft den Eindruck vermittelt, als wäre es leichter, diese Hindernisse zu überwinden, wären nur die Analytiker interessierter und fähiger. Überließe man diesen Kritikern die Theoriebildung, dann ließe sich alles bequem arrangieren, entsprechend den besten erreichbaren Maßstäben. Aber derartige Methoden verfügen über gar keine Vorstellungen von dem spezifischen Charakter unserer Materie und von der Komplexität, auf die man bei jeder Methode trifft, die ernsthaft eine Erklärung der Persönlichkeit anstrebt. Sie übersehen

---

[2] *Cognition* bedeutet mehr als den einfachen Prozeß der Wahrnehmung *(perception)*; dieser Ausdruck schließt auch die individuelle Deutung (und Integrierung) des Wahrgenommenen ein (das Konzept ist nicht nur von der Psychoanalyse, sondern auch von der Gestalttheorie u. a. beeinflußt).

[3] Auch dieser Punkt ist im 16. Kapitel etwas ausführlicher behandelt.

gänzlich die wesentliche Einsicht, daß Hypothesen in erster Linie Werkzeuge sind, die den Bedürfnissen eines bestimmten Gebietes angepaßt werden müssen. Hätten die Analytiker diese Anweisungen und Warnungen befolgt, so hätte das bedeutet, daß sie zwar selbst akzeptabel geworden wären, aber auch, daß sie dafür (in bezug auf ihren methodologischen Stand) mit einer katastrophalen Einschränkung der Reichweite und Tiefe ihrer Arbeit hätten bezahlen müssen. Glücklicherweise ist diese Art von Kritik heute etwas im Rückzug. Aber selbst noch jetzt ist es manchmal nötig, darauf hinzuweisen, daß diese Auffassung von Hypothesen als Werkzeugen — ein in jeder Wissenschaft anerkanntes Prinzip — zu dem Schluß führt, daß auf einem beträchtlichen Teil unseres Gebietes ein Fortschritt in erster Linie von denen zu erwarten ist, die nicht nur befähigt sind, das logische Wesen derartiger Werkzeuge zu beurteilen, sondern auch deren Fruchtbarkeit in der tatsächlichen psychoanalytischen Arbeit nachprüfen können.

So ruht also die Erarbeitung größerer Klarheit und höherer Systematisierung noch immer in erster Linie auf den Schultern der Analytiker selbst. Aber jeder Schritt in dieser Richtung könnte seinerseits durchaus die potentielle Relevanz von Beiträgen, die von außerhalb der Analyse kommen, für diesen Prozeß erhöhen.

Ich möchte diesen Vortrag, der in erster Linie von der Methode und der Theorie handelte, mit einem praktischen Vorschlag beschließen. Wenn man von den wissenschaftlichen Aspekten der Analyse spricht, dann sollte man wirklich auch vom Analytiker als einem Wissenschaftler sprechen. Wenn das, was ich sagte, wahr ist, daß nämlich die methodologische Entwicklung der Analyse hauptsächlich auf der Arbeit der Analytiker selbst beruhen wird, dann würde man hoffen, daß sie für diese zusätzliche Arbeit vorbereitet sind. Es ist oft gesagt worden, daß seine persönliche Analyse den Studenten mit dem Maß an Objektivität ausstattet, das für die wissenschaftliche Arbeit wesentlich ist. Aber derartige Feststellungen sind, wenn auch nicht tatsächlich falsch, so doch unvollständig. Die persönliche Analyse ist sicherlich eine Vorbedingung für diese Art von Arbeit, aber sie ist nicht an sich genügend. Offensichtlich sind auch die Fragen der Begabung und des Interesses beteiligt — aber sie betreffen uns hier nicht. Mein Gedanke ist vielmehr, daß, da die Logik des Experimentierens oder der Statistik auf anderen Gebieten gelehrt wird, es etwas gibt — und tatsächlich sehr viel — das in Hinsicht auf die speziellen methodologischen Aspekte der Psychoanalyse als einer Wissenschaft lehrbar und erlernbar ist, und man möchte wünschen, daß unsere Lehrpläne es möglich fänden, Gelegenheit zu solchen Studien einzuschließen.

16. KAPITEL

DIE PSYCHOANALYSE
ALS WISSENSCHAFTLICHE THEORIE

(1959)

Als vor ungefähr fünfundvierzig Jahren Freud zum ersten Male über »das philosophische Interesse« an der Psychoanalyse schrieb (1913), lautete seine Hauptthese, daß die Philosophie es nicht vermeiden könne, in ausgiebigster Weise zur Kenntnis zu nehmen, was er damals »die Aufstellung der unbewußten Seelentätigkeiten« nannte. Er erwähnte auch, daß Philosophen vielleicht an der psychoanalytischen Deutung von philosophischen Lehren interessiert sein könnten, und fügte hinzu, wie er es auch andernorts tat, daß die Tatsache der Determinierung einer Theorie oder Lehre durch die verschiedenartigsten psychischen Prozesse keineswegs deren Wahrheitsgehalt entkräftet. Seither hat sich die Kenntnis menschlichen Verhaltens und menschlicher Motivation, die wir der Psychoanalyse verdanken, um vieles vermehrt und ist zugleich um vieles umfassender und spezifischer geworden. Die seitherige Entwicklung der Psychoanalyse hat sicher nicht nur die Soziologie, Anthropologie und Medizin, sondern auch die Philosophie im weiteren Sinne beeinflußt. Dies bedeutet aber nicht, daß die Psychoanalyse eine »Lösung« sogenannter philosophischer Probleme gibt, obwohl mit ihrer Hilfe das entsprechende Problem unter einem neuen Gesichtspunkt betrachtet werden kann. Von manchen dieser Möglichkeiten hat man aber bisher nur einen ungenügenden Gebrauch gemacht. Ich denke dabei an den Beitrag, den die Psychoanalyse z. B. zu einem besseren Verständnis ethischer Probleme leisten könnte. Die Psychoanalyse kann für Philosophen offenbar in zweierlei Hinsicht interessant sein: einerseits durch die neuen psychologischen Entdeckungen und Theorien der Psychoanalyse, andererseits aber auch wegen bestimmter methodologischer Fragen, die durch die Art und Weise der wissenschaftlichen Erforschung des Menschen, wie sie von Freud und anderen Psychoanalytikern geübt werden, aufgeworfen worden sind.

Wenn man von der Psychoanalyse spricht, denkt man gewöhnlich an eine Behandlungsmethode. Man mag auch eine Methode der psychologischen Untersuchung, die hauptsächlich auf freier Assoziation und Deutung beruht, oder schließlich einen Bestand von Tatsachen und Theorien im Sinne haben (Freud 1923 b). Im letzteren Sinne würden wir sicher jede Einsicht als psychoanalytisch betrachten, die unmittelbar durch Freuds Untersuchungsmethode gewonnen wurde. Viele von uns würden aber heute meinen, daß zur Psychoanalyse auch die mit dieser Methode in Beziehung stehenden Verfahren gehören, wie z. B. die Anwendung psychoanalytischer Einsichten auf die Ergebnisse direkter Beobachtungen an Kindern, ein Gebiet, das in den beiden letzten Jahrzehnten an Bedeutung gewonnen hat. Von den drei eben erwähnten Aspekten der Psychoanalyse hat sich die Methode der psychologischen Untersuchung im Laufe der Zeit am wenigsten geändert. Sie wird gewöhnlich in einer Situation benutzt, die durch eine Anzahl von Regeln definierbar ist und die psychoanalytische Situation oder das psychoanalytische Interview genannt wird. Die Technik der Therapie ist öfters abgeändert worden, und auch die psychoanalytische Theorie hat, sowohl durch das Wirken Freuds als auch das anderer Psychoanalytiker, eine Reihe von mehr oder weniger radikalen Modifikationen hinter sich. Ich möchte betonen, daß die Wechselbeziehung dieser drei Aspekte ein Zentralproblem der Psychoanalyse ist. Im Zusammenhang dieser Arbeit werde ich aber nur gelegentlich darauf zu sprechen kommen.

Die Theorien der Psychoanalyse folgen Prinzipien der Systematisierung, wie das auch für Theorien anderer Wissenschaftsgebiete gilt. Freud hat aber von der Psychoanalyse nicht als einem »System« gesprochen, sondern hat ihren unfertigen Charakter, ihre Modifizierbarkeit und die Vorläufigkeit der meisten ihrer Annahmen und Behauptungen betont. Tatsächlich sind Berichtigungen und Neuformulierungen verschiedener theoretischer Aspekte wiederholt notwendig geworden. Themen wie die Psychologie des Traumes, der libidinösen Entwicklung, der Angst und Symptombildung, sind systematischer als andere bearbeitet worden. Die Psychoanalyse ist offensichtlich weit davon entfernt, ein geschlossenes Lehrsystem zu sein, obwohl sie gelegentlich als solches dargestellt wurde. Obwohl über einige Grundprinzipien der Psychoanalyse alle Analytiker (der Freudschen Schule) sich einig sind, gibt es andere, die nicht allgemein akzeptiert werden.

Innerhalb der psychoanalytischen Hypothesen besteht im Hinblick auf ihre Nähe zur direkten Beobachtung, ihre Allgemeingültigkeit und den Grad, in dem sie Bestätigung gefunden haben, eine hierarchische Ordnung. Es scheint, daß eine reinlichere Unterscheidung nach diesen Merkmalen und eine genauere Bestimmung der Rangordnung (die die verschiedenen Ebenen der Theoriebildung in Betracht zieht), nicht nur meine Aufgabe erleichtern, die Psychoanalyse als eine wissenschaftliche Theorie zu diskutieren, sondern auch die Stellung der Psychoanalyse als die einer wissenschaftlichen Disziplin klären würde. Vielversprechende Versuche sind in dieser Richtung von Analytikern und Nichtanalytikern gemacht worden, aber noch ist kein vollständiger und systematischer Abriß unter diesem Gesichtspunkt vorhanden; jedoch verspricht eine Arbeit von David Rapaport (1958), die bald veröffentlicht wird, uns diesem Ziel näherzubringen. Dieser gegenwärtige Zustand birgt wahrscheinlich den Grund oder einen der Gründe dafür, warum in mehr oder weniger allgemeinen Darstellungen der Psychoanalyse historische Bezugnahmen so sehr überwiegen. Ich bitte den Leser um Entschuldigung, daß dies auch in dieser Arbeit, zumindest in ihrem ersten Teil, der Fall ist. Ich werde hauptsächlich auf Freuds Werk verweisen, da die meisten der allgemeinen psychoanalytischen Theorien von dort ihren Ausgang nehmen und da seine Denkweise in vielen Beziehungen die psychoanalytische vorbildlich repräsentiert.

Oft werden historische Erklärungen an Stelle von systematischen gegeben; es wird dann versucht, die Funktion von Hypothesen in ihrer Beziehung zu anderen dadurch klarzumachen, daß man ihren Ort in der Geschichte der Psychoanalyse bestimmt. Auch geschieht es ohne solche historische Bezugnahme immer wieder, daß psychoanalytische Hypothesen, die zu ganz verschiedenen Phasen der Theoriebildung gehören, sozusagen auf einer Ebene behandelt werden. Dabei sind manche dieser Hypothesen tatsächlich bereits fallengelassen und durch andere ersetzt worden. Ich glaube, daß auch heutzutage wegen der relativ geringen Systematisierung eine vertiefte Kenntnis zumindest einiger Themen der psychoanalytischen Theorie nur unter Berücksichtigung ihrer Geschichte erworben werden kann (siehe 4. Kapitel).

Von Anfang an waren Erklärungen menschlichen Verhaltens durch Hypothesen über unbewußte seelische Prozesse ein wesentlicher Teil und ein charakteristisches Merkmal der Psychoanalyse. Ich werde deswegen Freuds Begriffe unbewußter Prozesse zum Ausgangspunkt meiner Ausführungen nehmen. Freud unterscheidet zwei Formen unbewußter seelischer Tätigkeit. Die eine, die er vorbewußt nennt, verläuft mehr oder weniger wie die bewußten Tätigkeiten. Sie ist nicht bewußt im deskriptiven Sinne, sie kann aber bewußt werden, ohne mächtige Gegenkräfte bewältigen zu müssen. Wann immer die Bewältigung von Widerständen notwendig wird, wie im Falle von verdrängten Inhalten, sprechen wir von unbewußten Prozessen im engeren, dem dynamischen Sinne des Wortes. Die dynamische Einwirkung unbewußter Prozesse auf mensch-

310

liches Verhalten — nicht nur im Falle seelischer Erkrankung — ist einer der prinzipiellen Grundsätze der Freudschen Theorie unbewußter Seelentätigkeit.

Man scheint sich im allgemeinen darüber einig zu sein, daß die Daten des Bewußtseins für die Erklärung eines beträchtlichen Teiles des menschlichen Verhaltens nicht genügen, und zwar besonders nicht für jene Aspekte, die zuerst psychoanalytisch untersucht wurden. Gleichwohl haben Kritiker der Psychoanalyse behauptet, daß die Einführung unbewußter Prozesse überflüssig sei. Die erforderliche Erklärung könne im verläßlicheren Bereiche der Hirnphysiologie gegeben oder solle dort gesucht werden. Das Problem ist hier aber nicht nur, ob und warum Erklärungen auf hirnphysiologischer Grundlage verläßlicher wären, noch warum psychologische Hypothesen über seelische Prozesse nicht aufgestellt werden sollten, wenn menschliches Verhalten erklärt werden soll. Wir müssen auch bedenken, daß in Anbetracht des gegenwärtigen Standes der Hirnphysiologie viele und selbst verhältnismäßig einfache Verhaltensaspekte von der Art, mit der wir es in der Psychoanalyse zu tun haben, nicht erklärt werden können. Sich auf Gehirnphysiologie allein zu verlassen, würde den Verzicht auf die Erklärung des größten Teils des Gebietes, dessen Erklärung die Psychoanalyse sich zum Ziel gesetzt hat, bedeuten. Sollte man aber auf einem physiologischen Erklärungsversuch bestehen, dann würden die sich ergebenden Hypothesen notwendigerweise um ein Beträchtliches dürftiger und noch spekulativer sein, als es die Kritiker der Psychoanalyse heute den psychoanalytischen Hypothesen vorwerfen.

Freud, der ja mit der Anatomie und Physiologie des Gehirnes wohlvertraut war, begann seine Forschung mit einem Versuch, eine physiologische Psychologie zu entwerfen, die ihn mit Begriffen und Hypothesen versehen sollte, welche seinen klinischen Erfahrungen Rechnung trügen (1895). Aber dieses Vorgehen erwies sich jenseits einer bestimmten Grenze als unbrauchbar. Das brachte ihn dazu, diesen Versuch durch eine Reihe von psychologischen Hypothesen und Konstruktionen zu ersetzen; gerade dieser Schritt stellt wahrscheinlich den wichtigsten Wendepunkt in der Geschichte der Psychoanalyse dar. Es war der Anfang einer psychologischen Theorie in der Psychoanalyse, deren heuristischen Wert Freud bei weitem überlegen fand — ein Standpunkt, der, wie ich glaube, durch die nachfolgende Entwicklung bestätigt wurde.

Aber es ist richtig, daß selbst nach dieser radikalen Wendung in seiner Theoriebildung Freud bei der Erwartung blieb, die viele Analytiker teilen, daß eines Tages die Entwicklung der Hirnphysiologie es möglich machen werde, die Psychoanalyse auf deren Befunde und Theorien zu gründen. Er glaubte nicht, daß dies zu seinen Lebzeiten geschehen würde, und damit hatte er recht. Seither sind bestimmte Parallelen — allerdings nur in einem beschränkten Ausmaß — zwischen psychoanalytischen Hypothesen und Entdeckungen auf dem Gebiet der Hirnphysiologie offenbar geworden. Auch haben zumindest einige Vertreter der Hirnforschung (Adrian 1946) die Brauchbarkeit mancher psychoanalytischer Hypothesen für ihr Gebiet anerkannt. Was die Psychologie der unbewußten Prozesse betrifft, so kann, wie ich meine, wohl gesagt werden, daß Freud bei der Weiterentwicklung dieses Teiles der Psychoanalyse viel weniger daran interessiert war, was die elementare »Natur« oder »Essenz« dieser Prozesse sei — was immer dies bedeuten mag —, sondern vielmehr an einem Begriffssystem, das sich für die Phänomene, die er entdeckt hatte, am besten eignen würde.

Obwohl Freud nach den frühen Jahren seiner wissenschaftlichen Tätigkeit den Versuch, seine Befunde physiologisch zu erklären, aufgab, ist es nichtsdestoweniger charakteristisch, daß er für einen Teil seiner psychoanalytischen Theorien physiologische Modelle benutzte. Er war dabei durch eine in der deutschen Physiologie vorherrschende Neigung beeinflußt, die man physikalistisch genannt hat (Bernfeld, 1944), und deren Vertreter unter anderen Helmholtz und Brücke, letzterer einer von Freuds Lehrern, waren. Bestimmte psychologische Aspekte der Neurosen veranlaßten Freud, in die Psychoanalyse z. B. den Begriff der Regression (zu früheren Entwicklungsperioden) einzuführen, ein Begriff, der der damaligen Physiologie entstammte. Allerdings erwarb dieser Begriff in dem Zusammenhang, in dem Freud ihn gebrauchte, eine neue Bedeutung. Auch benutzte Freud die Physiologie als Vorbild, als er die »Funktion« zum Kennzeichen der Definition dessen machte, was er die psychischen Systeme (Ich, Es, Über-Ich) nannte. Dies aber bedeutet keine Korrelation mehr mit irgendeiner spezifischen physiologischen Organisation (Hartmann, Kris, Loewenstein, 1946). Der Wert solcher Anleihen oder Analogien muß natürlich in jedem Einzelfall durch eine Gegenüberstellung ihrer Anwendung mit dem erprobten Wissen (Tatsachen und Hypothesen) bestimmt werden. Physiologische Modelle (gelegentlich auch physikalische, wie es in Freuds Begriff eines »seelischen Apparates« augenfällig wird) sind auch von anderen Psychoanalytikern benützt worden, um bestimmte charakteristische Eigenschaften psychischer Phänomene zu veranschaulichen (vgl. z. B. Kubie, 1953). Selbst der Gebrauch von Metaphern muß nicht notwendigerweise zu Unklarheiten des Denkens führen, sobald ihr Platz in der Theorie fest umrissen ist. Die Gefahr, daß frühere Bedeutungen dieser Modell-Begriffe deren fruchtbaren Gebrauch im neuen Zusammenhang der Psychoanalyse schädlich beeinflussen, ist im großen und ganzen erfolgreich vermieden worden (Hartmann, Kris, Loewenstein, 1946).

Die Erweiterung des Gebietes der Psychologie durch Einbeziehung von Thesen über unbewußte seelische Prozesse bedeutete vor allem, daß viele Aspekte der Lebensgeschichte eines Menschen, die vorher niemals erklärt worden waren — und die man tatsächlich nicht einmal zu erklären versucht hatte —, jetzt durch Bezugnahme auf die Erfahrungen und Dispositionen des Individuums erklärt werden konnten. Kausalzusammenhänge können, wo es sich um die menschliche Persönlichkeit handelt, ohne diese Erweiterung der Theorie nur an Randphänomenen verfolgt werden. Freud war ein Determinist strengster Observanz. Er hat an verschiedenen Stellen sich in dem Sinne geäußert, daß es eine seiner primären Absichten bei der Entwicklung der psychoanalytischen Theorie war, jene Lücke in früheren psychologischen Systemen zu schließen, derentwegen die Erforschung der Persönlichkeit so unbefriedigend gewesen war. Der Mathematiker von Mises (1939) sagte vor einigen Jahren, daß die Beobachtungen der Analyse eher statistischen als kausalen Beziehungen zugeordnet werden können. Ich möchte an dieser Stelle erwähnen, daß das Interesse an der Verursachung seelischer Phänomene natürlicherweise auch das Interesse an dem, was wir den genetischen Gesichtspunkt nennen, einschloß, da Freuds Aufmerksamkeit auf viele vorher unbeachtete Tatsachen der frühen Kindheit gelenkt wurde und Gesetzmäßigkeiten in den Beziehungen zwischen frühen Kindheitssituationen und dem Verhalten des Erwachsenen sinnfällig wurden. Freuds Interesse konzentrierte sich bald auf die Untersuchung hochstrukturierter, sich über lange Zeitperioden erstreckender Reihen von Erlebnissen und Verhaltensweisen. Genetische Untersuchungen waren bestimmt, in gleicher Weise für die psychoanalytische Theorie und Praxis wichtig zu werden. Es ist bezeichnend, daß die Methode der Rekonstruktion in der Psychoanalyse nicht nur zur Entdeckung einer Fülle von Kindheitsmaterial in jedem individuellen Fall geführt hat, sondern auch zu der Feststellung von typischen Abfolgen von Entwicklungsphasen. Die genetische Betrachtungsweise ist nicht nur in der Psychopathologie, sondern auch in der psychoanalytischen Psychologie so allgemein geworden, daß oft in der Psychoanalyse Phänomene nicht nach ihren deskriptiven Ähnlichkeiten, sondern auf Grund eines gemeinsamen genetischen Ursprungs (oraler und analer Charakter) zusammengefaßt werden. Erst viel später wurde der vorherrschenden genetischen Begriffsbildung durch eine schärfere Differenzierung von Entwicklung und Funktion die Waage gehalten, über die ich mehr zu sagen haben werde, sobald ich auf den strukturellen Gesichtspunkt zu sprechen komme.

Ich habe soeben von der »Lebensgeschichte eines Individuums« gesprochen; es wäre aber irreführend, wegen dieses Aspektes die Psychoanalyse als eine historische Disziplin zu bezeichnen, wie es manchmal geschah. Diese falsche Auslegung kann auf den von Freud gelegentlich gebrauchten Vergleich der Psychoanalyse mit der Archäologie zurückgeführt werden. Es stimmt zwar, daß die meisten psychoanalytischen Einsichten im psychoanalytischen Interview gewonnen werden und daß das Interesse an Problemen der Entwicklung sich primär auf die Geschichte individueller Persönlichkeiten bezieht; dies alles darf aber nicht die Tatsache verdecken, daß das Ziel aller dieser Untersuchungen (abgesehen vom therapeutischen Zweck) die Entdeckung von Gesetzmäßigkeiten ist, die dann selbstverständlich die individuelle Beobachtung transzendieren.

An dieser Stelle möchte ich kurz die Rolle der Psychoanalyse als die einer Psychologie der Motivierung zusammenfassen, wobei wir aber nicht vergessen, daß die Psychoanalyse auch die Wechselwirkung zwischen Individuum und Umgebung und die sogenannten »inner-psychischen« Prozesse in Betracht zieht. Ich will hier, wenn auch kurz, das diskutieren, was die Psychoanalyse »Metapsychologie« nennt, ein Terminus, der nicht das bezeichnet, was jenseits der Psychologie liegt, wie es scheinen mag, sondern einfach jene psychologischen Untersuchungen, die sich nicht auf bewußte Phänomene beschränken und die die allgemeinsten Annahmen der Psychoanalyse auf der abstraktesten theoretischen Stufe formulieren. Die Metapsychologie beschäftigt sich auch mit den Teilstrukturen der Persönlichkeit, dem Ich, dem Es und dem Über-Ich, die als Gruppen von Funktionen definiert werden. Das Es bezieht sich auf den Triebaspekt, das Ich auf das Realitätsprinzip und die »Zentralisation der Funktionskontrolle« (um einen Terminus der Hirnphysiologie zu entleihen). Das Über-Ich hat seine biologischen Wurzeln in der langdauernden Abhängigkeit des Kindes von den Eltern und seiner Hilflosigkeit; es entwickelt sich aus den Identifizierungen mit den Eltern, und es ist für die Tatsache verantwortlich, daß der moralische Konflikt und die Schuldgefühle natürliche und grundlegende Züge menschlichen Verhaltens werden. Die strukturellen Formulierungen, die sich auf die Unterscheidung von Ich, Es und Über-Ich beziehen, haben verschiedene theoretische und klinische Vorteile. Der wichtigste ist wohl, daß die Abgrenzung der Systeme Ich, Es, Über-Ich den typischen Konflikten des

Menschen zugeordnet ist: Konflikte mit den Trieben, mit dem Gewissen und mit der Außenwelt. Die ausschlaggebende Wichtigkeit dieser Konflikte und der Wege zu ihrer Lösung für die neurotische *und* die normale Entwicklung war eine der frühesten Entdeckungen Freuds und hat seither einen zentralen Platz in der psychoanalytischen Praxis und Theorie beibehalten.

Kritiker der Psychoanalyse neigen dazu, die Fülle der individuellen Beobachtungen, auf denen sie basiert, zu unterschätzen. Andererseits geschieht es auch, daß der theoretische Inhalt von Begriffen wie Libido nicht voll erkannt wird; z. B. wird Libido oft mit sexuellem Erleben gleichgesetzt oder als eine bloße Verallgemeinerung einiger beobachtbarer Zusammenhänge angesehen.

In den Anfangsstadien der Psychoanalyse hielt Freud, selbst nachdem er die Wichtigkeit unbewußter Prozesse erkannt hatte, mehr oder weniger streng am Assoziationismus fest. Als er aber entdeckte, daß der Konflikt eine primäre motivierende Kraft des Verhaltens ist und eine spezifisch wichtige ätiologische Ursache der Neurose, entwickelte er allmählich den Begriff seelischer Tendenzen und zielgerichteter Vorstellungen. Die Psychoanalyse wurde eine Psychologie der Motivation, wobei die Motive teilweise, aber nicht allgemein, in Analogie zu den bewußt erlebten angesehen wurden. Der Begriff des Wunsches, der unter bestimmten Bedingungen durch Abwehrtechniken abgelenkt wird, hat in dieser Phase seinen Ursprung. Freud entdeckte die Rolle der Verdrängung und später die anderer Abwehrmechanismen wie Projektion, Isolierung, Ungeschehenmachen und dergleichen. Die Betrachtung seelischer Prozesse unter dem Blickwinkel synergistischer und antagonistischer Motivierungskräfte bildet seither den dynamischen Aspekt der Psychoanalyse. Die systematische und objektive Erforschung der Konflikte ist einer der wesentlichen Aspekte der Psychoanalyse geblieben und hat sich als ein notwendiger und fruchtbarer Zugang zur Erklärung menschlichen Verhaltens erwiesen. Dies war ein zweiter kühner Schritt in der Entwicklung der Psychoanalyse. Die Wichtigkeit des »Konflikts« war natürlich in religiösen und philosophischen Lehren und in der schönen Literatur erkannt worden, aber die vorfreudsche wissenschaftliche Psychologie hatte keine Möglichkeit, diesem Problem näherzukommen.

Die dynamischen Faktoren, die auf beiden Seiten eines Konfliktes im Spiele sind, waren eine Zeitlang nicht ausreichend definiert worden. Es waren dann in erster Linie wieder Daten der psychoanalytischen Beobachtung, die zu der Einsicht in die Wichtigkeit der Triebe unter den Konfliktmotiven führten. Ich nehme hier auf Freuds Entdeckung der infantilen Sexualität Bezug. Diese Entdeckung wurde seinerzeit von vielen als die Ausgeburt einer verabscheuungswürdigen Phantasie angesehen; heute kann sie leicht in jedem Kindergarten bestätigt werden.

Selbst in der Phase der Psychoanalyse, in der die Triebmotivation eigentlich allgegenwärtig zu sein schien, wurde die Grundtatsache des Konflikts nicht übersehen. Selbsterhaltungstriebe wurden damals als die Antagonisten der Sexualität angesehen. Abgesehen davon wurde der Begriff der Überdeterminierung, der auf die mehrfache Motivierung allen menschlichen Verhaltens Bezug nimmt, auch in der Phase beibehalten, in welcher Motivierung im Rahmen einer allgemeinen Theorie fast immer als triebhafte Motivierung angesehen wurde.

Freud war gezwungen, den Triebbegriff, wie er in anderen Gebieten allgemein gebraucht wurde, seinem Beobachtungsgebiet anzupassen [1]. Der von Freud verwendete Triebbegriff mußte seine Brauchbarkeit für die Psychologie des Menschen erweisen. Bei diesem aber sind die Quellen der Triebe von viel geringerer Bedeutung als deren Ziele und Objekte. Wenn man die Rolle der Triebe in der menschlichen Psychologie in Betracht zieht, so muß man deren geringere Starrheit, den verhältnismäßig leichten Wechsel ihrer Ziele, die relative Freiheit vieler Tätigkeiten von einer starren Verbindung mit einer bestimmten Triebneigung, die verhältnismäßige Unabhängigkeit von äußeren und inneren Reizsituationen und die sich daraus ergebende Reaktionsmannigfaltigkeit bedenken. Immerhin ist die psychoanalytische Triebtheorie breit genug, um eindrucksvolle Parallelen mit den Befunden einer modernen Richtung der Zoologie (der Ethologie) aufzuweisen.

Der Begriff der Kontinuität der Kraft des Triebes erlaubt es, eine große Mannigfaltigkeit psychologischer Akte unter dem Gesichtspunkt von deren Besetzung mit Triebenergie zu betrachten. In dieser Weise wird es möglich, die nahe Verwandtschaft vieler psychischer Prozesse zu verstehen, die oberflächlich betrachtet völlig heterogen scheinen würden. Einige der psychologisch wesentlichen Aspekte des psychoanalytischen Begriffs der menschlichen Triebe ist deren Fähigkeit der Verschiebung auf und Transformierung in verschiedene Arten menschlicher Betätigung; ihre motivierende Rolle, die man durch alle Wachstumsstufen in spezifischen Erscheinungsformen von der Geburt bis zur Reife verfolgen

---

[1] Im Original folgt eine Bemerkung des Autors über Freuds Triebbegriff, der in Englisch sprechenden Ländern zu Mißverständnissen führte, da das Wort Trieb meist mit *instinct* übersetzt wurde, was zur Auffassung führte, als ob Freud den alten Begriff der »tierischen Instinkte« übernommen habe. (D. Übersetzer.)

kann; ihre zentrale Rolle in typischen Konflikten und die Tatsache, daß sie Beziehungen zu menschlichen Objekten umfassen. Nach Freud kommen Sexualität und Aggression unter allen Trieben, die man beschreiben könnte, den Anforderungen am nächsten, die die Psychoanalyse an den Triebbegriff stellt.

Der Begriff der psychischen Energie wurde dann in dem Sinne ausgearbeitet, daß die Triebe die hauptsächlichen Energiequellen des von Freud so genannten »seelischen Apparates« sind. Jedoch ist bisher keine im strengen Sinne quantifizierende Methode zur Untersuchung dieser energetischen Probleme entwickelt worden. Oder anders ausgedrückt: während es möglich ist, von einem größeren oder geringeren Grade eines Widerstandes (gegen die Aufdeckung von verborgenen Inhalten) zu sprechen, besitzen wir doch keine Möglichkeit, ihn zu messen. Um über den Unterschied der unbewußten und bewußten (und vorbewußten) Prozesse Rechenschaft abzulegen, postulierte Freud zwei Arten der Energieverteilung, die begrifflich als Primär- und Sekundärprozesse erfaßt wurden. Der Primärprozeß stellt eine Tendenz zur sofortigen Abfuhr dar, während der Sekundärprozeß durch die Rücksichtnahme auf die Realität gesteuert wird. Auch diese Unterscheidung ist theoretisch wesentlich und klinisch nützlich. Die These, daß Verhalten auch im Hinblick auf die energetischen Besetzungen erklärt werden muß, führt zu dem, was in der Psychoanalyse der ökonomische Gesichtspunkt genannt wird.

Die Regulierung der Energien im seelischen Apparat folgt, wie angenommen wird, dem Lustprinzip, dem Realitätsprinzip, das sich unter dem Einfluß der Entwicklung des Ichs aus dem ersteren entwickelt, und einer Tendenz, die Erregungshöhe konstant oder auf einem Minimum zu halten. Parallelen dazu findet man in den Hypothesen anderer Forscher. Der Gebrauch physikalischer und physiologischer Modelle spielte in Freuds Begriffsbildung wiederum eine große Rolle.

Die drei Aspekte der psychoanalytischen Theorie, die ich bisher erwähnt habe — der topographische (bewußt — vorbewußt — unbewußt), der dynamische und der ökonomische (energetische) —, bilden Freuds ersten Zugang zu dem, was er »Metapsychologie« nannte. Es wird postuliert, daß eine ausreichende Erklärung menschlichen Verhaltens eine Darstellung unter Berücksichtigung aller metapsychologischer Aspekte erfordert. Das »Meta« des Terminus zeigt eine Theorie an, die über die Untersuchung bewußter Phänomene hinausgeht. Der in der Psychoanalyse allgemein akzeptierte Fachausdruck erwies sich als eine Quelle von Mißverständnissen für viele außerhalb der Psychoanalyse

Stehende. In Wirklichkeit ist »Metapsychologie«, wie schon erwähnt, nichts anderes als eine Bezeichnung für die höchste Stufe der Abstraktion, die in der psychoanalytischen Psychologie angewendet wird.

Ein vierter Aspekt der Metapsychologie, der strukturelle, wurde viel später explizit aufgestellt, obwohl er implizit bereits in frühen Theorien über seelische Konflikte enthalten war. Die Kräfte, die den Trieben in typischen Konfliktsituationen gegenüberstehen, sie abwehren und sie zu Kompromißbildungen zwingen (das neurotische Symptom mag als ein Beispiel dienen), bilden heute begrifflich einen wesentlichen Aspekt dessen, was wir das Ich nennen. Dieser Begriffsbildung unterliegt die Einsicht in die ausschlaggebenden Unterschiede zwischen Triebtendenzen, die nach Abfuhr drängen, und anderen Tendenzen, die Aufschub der Abfuhr erzwingen und durch Umwelteinflüsse modifiziert werden können. Dies bedeutet offensichtlich, daß die Anwendung des dynamischen und des ökonomischen Gesichtspunktes nicht länger auf Triebschicksale beschränkt werden kann. Auch der ursprüngliche Begriff des abwehrenden Ichs mußte erweitert werden, um in das Ich auch jene Funktionen des seelischen Apparates, die nicht der Abwehr dienen und im Wesen nicht triebhaft sind, einzuschließen. Viele von ihnen sind nicht, oder nicht notwendigerweise, Teile des Konfliktbereiches. Wir nennen sie heute die »konfliktfreie Ich-Sphäre« (Hartmann, 1939 a). Hierher gehören — obwohl sie in Konflikte einbezogen werden können, ohne jedoch in ihnen ihren Ursprung zu haben — Wahrnehmung, Denken, Gedächtnis, Handlung und dergleichen. Es ist wahrscheinlich, daß beim Menschen nicht nur Triebfaktoren zum Teil durch Vererbung bestimmt sind, sondern auch Ich-Apparate, die den eben erwähnten Funktionen zugrunde liegen. Wir sprechen von den primär autonomen Ich-Funktionen. Es ist richtig, daß die Psychoanalyse infolge ihrer Methode vor allem mit Umweltfaktoren und den Reaktionen auf diese zu tun hat; dies hat aber nie eine prinzipielle Verleugnung der Erblichkeit bedeutet. In diesem Sinne sprechen wir von Trieb-Konstitution und heutzutage auch von konstitutionellen Faktoren im Ich und von der Rolle von Reifungsfaktoren in der typischen Folge von Entwicklungsphasen.

Zu jenen nicht triebhaften Funktionen, die wir dem Ich zuschreiben, gehört auch das, was man die zentralisierte Funktionskontrolle nennen kann, die die verschiedenen Teile der Persönlichkeit miteinander und mit der Außenwelt integriert. Diese synthetische (oder organisierende) Funktion ist zu einem gewissen Maße ähnlich dem, was wir seit Cannon Homöostase nennen, und mag eine ihrer Stufen darstellen.

Das Ich ist also eine Teilstruktur der Persönlichkeit und wird durch seine Funktionen definiert. Der Triebaspekt der Persönlichkeit ist heute begrifflich als »das Es« erfaßt. Durch die Entwicklung des Ichs wird es möglich, daß das in den Trieben vorherrschende Lustprinzip so weit modifiziert werden kann, daß im Denken und Handeln auf die Wirklichkeit Rücksicht genommen wird, was Anpassung möglich macht und was daher, wie früher erwähnt, als Realitätsprinzip bezeichnet wird. In neueren Untersuchungen wurde ein Einblick in die Beziehung zwischen der Anpassung an die äußere Realität und dem Grad der Integration der inneren Realität gewonnen. Diese Entwicklung in der psychoanalytischen Theorie hat zu einem besseren Verständnis der Beziehungen des Menschen zu seiner Umgebung und deren wichtigsten Teil, seinen Mitmenschen, geführt, was jedoch nicht besagen will, daß die sozial-kulturellen Aspekte der psychischen Funktion und Entwicklung in den vorhergehenden Stadien der Analyse übersehen wurden. Die Psychoanalyse hat sich im Gegensatz zu einigen anderen Schulen der Psychologie niemals auf die Untersuchung der »inner-psychischen« Prozesse beschränkt, sondern hat auch immer und nicht nur beiläufig die Wechselwirkungen zwischen dem Individuum und seiner Umgebung untersucht. Wie dem auch sei, das Studium der Objektbeziehungen in der menschlichen Entwicklung ist in jüngster Zeit zu einem der fruchtbarsten Zentren des psychoanalytischen Interesses geworden (»der neue Environmentalismus«, Kris, 1950 b). Die Ich-Psychologie stellt eine ausgeglichenere Berücksichtigung des biologischen und des sozial-kulturellen Aspektes menschlichen Verhaltens dar. Man kann wohl sagen, daß in der Psychoanalyse kulturelle Phänomene oft in ihren biologischen Bezügen und Bedeutungen, die biologischen Phänomene aber in ihren Beziehungen zu der sozial-kulturellen Umgebung untersucht werden (siehe 14. Kapitel). Diese Frage wird später ausführlich diskutiert werden.

Einige Ich-Funktionen müssen im Laufe der Entwicklung dem Einfluß der Triebe entzogen werden. Allmählich erreichen sie dann durch einen Wechsel der Funktion einen gewissen Grad der Unabhängigkeit von ihrem triebhaften Ursprung und einen gewissen Grad des Widerstandes gegen eine abermalige Einbeziehung in die Triebvorgänge (sekundäre Autonomie — Hartmann, 1939 a und 7. Kapitel). Ein ähnlicher Begriff wurde, allerdings weniger spezifisch in bezug auf die Anschauungen der Psychoanalyse, von G. Allport (1937) aufgestellt. Diese relative Unabhängigkeit des Ichs ist auch unter Berücksichtigung der Energiequellen, die den Ich-Funktionen zur Verfügung stehen, begrifflich erfaßt. Die Notwendigkeit, Funktion und Genese mit größerer Klarheit zu differenzieren, ist eines der Hauptergebnisse des strukturellen Gesichtspunktes.

Die dritte Funktionsgruppe, die als eine Teilstruktur der Persönlichkeit angesehen wird, wird Über-Ich genannt. Ihr werden die Funktionen der Selbstkritik, des Gewissens und der Idealbildung zugeschrieben. Die Annahme moralischer Normen wird als ein natürlicher Schritt in der Ontogenese angesehen. Der moralische Konflikt und die Schuldgefühle, die dessen Ausdruck sind, sind ein fundamentaler Aspekt menschlichen Verhaltens von der Zeit an, da das Über-Ich eingesetzt worden ist. Das Über-Ich hat eine biologische Wurzel in der verhältnismäßig langen Abhängigkeit und Hilflosigkeit des menschlichen Kindes, was auch die erhöhte Bedeutung der Eltern für die Entwicklung des Kindes einschließt. Das Über-Ich entwickelt sich aus der Identifizierung mit den Eltern, zu der in später folgenden Entwicklungsschichten Identifizierungen mit anderen hinzugefügt werden. Auch ein sozial-kultureller Faktor, der einen wichtigen Sektor der Traditionsgestaltung erklärt, ist in der Genese des Über-Ichs augenfällig. Die Annahme gewisser Moralforderungen, die Ablehnung anderer, der Grad der Strenge des Über-Ichs und seine Fähigkeit, seine Forderungen zu erzwingen, können sehr häufig in klinischen Untersuchungen verfolgt werden.

Die Strukturhypothesen sind in vielen Beziehungen umfassender als frühere Formulierungen teilweise identischer Probleme. Sie haben auch einen beträchtlichen Wert für das klinische Denken, da sie besonders geeignet sind, den verschiedenen Formen der typischen Konfliktsituationen Rechnung zu tragen, ein Problem, das in der klinischen Arbeit zentral geblieben ist. Tatsächlich sind, wie ich schon erwähnt habe, die Grenzlinien der funktionalen Gruppeneinheiten oder Systeme oder Teilstrukturen der Persönlichkeit so gezogen, daß sie den menschlichen Hauptkonflikten entsprechen, die wir jetzt als Konflikte zwischen Ich und Es, Über-Ich und Ich sowie Ich und Realität beschreiben. Gerade in dieser Beziehung fand Freud das ältere topographische Modell, das Schichten-Modell (bewußt — vorbewußt — unbewußt) eher enttäuschend, während es in anderen Bezügen noch eine gewisse Bedeutung beibehält. Sowohl Abwehr als auch Triebe können unbewußt sein; daher können Unterschiede zwischen bewußten und unbewußten Prozessen für diese Konflikte nicht verantwortlich sein.

Ich hielt es für ratsam, eine Darstellung bestimmter Grundlagen der psychoanalytischen Theorie und ihrer Reichweite vorauszustellen, indem ich wenigstens auf einige ihrer Dimensionen und auch auf die Beziehungen verschiedener Teile der in Betracht kommenden Theorien untereinander hinwies. Ihre Reichweite bedeutet auch ihre aktuelle oder potentielle Wichtigkeit für Nachbargebiete. Meine Übersicht zeigt zumindest einige der Punkte, an denen Fragen unter dem Blickwinkel einer Philosophie der Wissenschaft aufgeworfen werden können. Ich hätte natürlich einen anderen Weg der Darstellung gehen können, ich hätte zeigen können, wie in der Psychoanalyse eines Symptoms oder eines Traumes unsere Beobachtungen zu Erwartungen führen, und wie die verschiedenen Schichten unseres begrifflichen Rüstzeuges auf sie angewendet werden; auch hätte ich vorführen können, wie in diesem Prozeß theoretisches Denken sich fortwährend am Beobachtbaren mißt. Diese Alternative hätte aber unvermeidlicherweise die Einführung einer großen Zahl von Variablen erfordert und hätte zu einer viel weitläufigeren Diskussion der psychoanalytischen Methode und der psychoanalytischen Situation geführt, als ich hier zu geben imstande bin. Selbstverständlich kann ein Teil der psychoanalytischen Hypothesen außerhalb der Psychoanalyse geprüft werden, und manche sind in solcher Weise geprüft worden. Aber es ist nicht zu leugnen, daß es äußerst schwierig wäre, die Eignung der psychoanalytischen Hypothesen für die Zwecke, für welche sie in erster Linie aufgestellt wurden, anders zu prüfen als mittels der psychoanalytischen Methode im Rahmen der analytischen Situation.

Seit ihren Anfängen hat die Psychoanalyse sich um ein Begriffssystem bemüht, das den charakteristischen Eigentümlichkeiten ihres Gegenstandes angemessen war. Freud erwähnte sein Bestreben, adäquate abstrakte Ideen einzuführen und sie fortwährend abzuändern und zu verbessern. Diese Arbeit wurde fortgesetzt. Trotzdem sind nicht alle in Gebrauch befindlichen Begriffe gleich gut definiert. Unabhängige, vermittelnde und abhängige Variabeln werden nicht immer genügend unterschieden. Auch wird im psychoanalytischen Schrifttum oft der Grad, in dem die verschiedenen Teile des komplizierten Geflechtes der psychoanalytischen Hypothesen bestätigt sind, nicht klar hervorgehoben. Tatsächlich gibt es viele Gründe für den Mangel an methodologischer Strenge, den wir oft in der Psychoanalyse finden. Einigen begegnet man bei jeder theoretischen Annäherung an die Zentralaspekte der Persönlichkeit. Außerdem muß man bedenken, daß der psychoanalytischen Forschung keine traditionellen methodologischen Modelle, die für sie brauchbar gewesen wären, zur Verfügung standen; die Unterschiede des Inhaltes und der Methode verhinderten diesbezügliche Anleihen.

Freud kannte die experimentelle Methode aus eigener Erfahrung und war mit der Wissenschaftstheorie der großen Naturwissenschaftler seiner Zeit völlig vertraut. Er war fasziniert von den Theorien der Evolution, die ihre Spur in seinem Denken hinterlassen haben. Natürlich müssen auch andere Faktoren im geistigen Klima seiner Bildungsjahre seine Entwicklung als Wissenschaftler beeinflußt haben. Der heuristische Charakter und Wert von Hypothesen war ihm ebenso wohlbekannt wie die Funktion der Grundbegriffe und Postulate. Freuds Interesse galt sicherlich nicht primär der Wissenschaftstheorie, und trotzdem ist wahr, was oft von Psychoanalytikern und jüngst auch von Nichtanalytikern (Frenkel-Brunswik, 1954) festgestellt wurde: daß Freuds subtile Sachkenntnis auch auf diesem Gebiet viel größer war, als man aus der frühen Reaktion auf seine Veröffentlichungen hätte erkennen können. Man muß auch in Betracht ziehen, daß die Klärung der Probleme der Wissenschaftslogik gewöhnlich nicht in den frühen Entwicklungsphasen einer Wissenschaft stattfindet und oft nicht Sache der großen Entdecker ist (Hartmann, Kris, Loewenstein, 1946). In der Psychoanalyse ist sie erst kürzlich zum Gegenstand besonderen Interesses für eine größere Zahl von Wissenschaftlern geworden.

Die Psychoanalyse war natürlich eine »neue« Wissenschaft, nicht nur wegen ihrer Begriffssprache, ihrer Methode und der methodologischen Probleme, die sie stellte, sondern auch was ihren Inhalt betraf. Die Neugestaltung von allgemein akzeptiertem Wissen, die durch die Entdeckung neuer Tatsachen und die Einführung neuer Denkweisen notwendig wird, und die Ersetzung von »Wahrheiten«, die auf traditioneller Wissenschaft, hergebrachtem gesunden Menschenverstand oder ungeprüfter Übereinkunft beruhen, durch neue, ist meistens ein langsamer und oft ein schwieriger Prozeß. In der Psychoanalyse sind solche neuen Einsichten, die nicht nur den Stand unseres Wissens vergrößern, sondern uns auch zur Revision alter Denkweisen zwingen, im Überfluß vorhanden. Eine zusätzliche Schwierigkeit besteht darin, daß einige (nicht alle) ihrer Entdeckungen nur unter spezifischen Bedingungen gemacht werden konnten (die psychoanalytische Situation); und bekannte Tatsachen erschienen oft bei einer Gegenüberstellung mit solchen Entdeckungen in einem neuen Licht. Wenn man sich anderseits diese Entdeckungen von einem Standpunkt außerhalb der Psychoanalyse ansah, schien es schwer, diesen unerwarteten und zunächst unwahrscheinlichen Einsichten, wenn ich so sagen darf, einen Platz anzuweisen, da ja ihre wirkliche Verbindung mit anderen Faktoren kaum verstanden wurde. Die Verhaltensweisen gegenüber der Forderung nach Revidierung scheinbar gesicherten Wissens werden natürlich nicht immer durch logisches Denken bestimmt. Die Psychoanalyse hat dieses Problem systematisch überprüft — und muß es tatsächlich in jedem einzelnen klinischen Fall überprüfen —, nämlich welches die Bedingungen sind, unter denen jemand fähig oder unfähig ist, neue psychologische Phänomene zu beobachten und rational über sie zu denken. Wie dem auch sei, Freuds Entdeckungen wurden ernster genommen, sobald der Anstoß etwas abflaute, den ihr Inhalt bei seinen Zeitgenossen erregt hatte, und einigen von ihnen wurde sogar ein gewisser Grad von Wissenschaftlichkeit zugesprochen. Dieser Prozeß der psychoanalytischen Rehabilitierung wurde weiter dadurch gefördert, daß psychoanalytische Befunde von der Medizin und von der Kinderpsychologie bestätigt wurden und daß sich psychoanalytische Hypothesen nicht nur für diese Gebiete, sondern auch in der Anthropologie und anderen Sozialwissenschaften als nützlich erwiesen. Natürlich führte das auch zu einer neuen Bewertung sowohl der psychoanalytischen Methode, die diesen Entdeckungen zugrunde lag, als auch der psychoanalytischen Theorie, der diese Hypothesen als ein Teil angehörten.

Wie zu erwarten war, machte die Neuheit und die Reichweite der psychoanalytischen Befunde die Einführung anderer Begriffe und neuer Hypothesen notwendig. Gelegentlich verschmähte Freud es nicht, in seinen vorläufigen Formulierungen Modelle der Motivation selbst der Psychologie des gesunden Menschenverstandes zu entlehnen. Elemente des gesunden Menschenverstandes verloren aber diesen Charakter, wenn sie mit den neuen Tatsachen konfrontiert und der psychoanalytischen Begriffsbildung unterworfen wurden. Überdies scheint unter der Perspektive jahrzehntelanger empirischer Arbeit eine ganze Reihe von Formulierungen, die vom methodologischen Standpunkt aus als fraglich angesehen werden müssen, ihren heuristischen Wert bewiesen zu haben. In Anbetracht des damaligen Zustandes der Psychologie der Persönlichkeit durfte man sich nicht scheuen, Risiken einzugehen, wenn es sich um die Entwicklung der Methode oder die Ausarbeitung von Hypothesen handelte. Es war nicht möglich, das Gebiet auf jene Teile zu beschränken, die man schon einwandfrei abhandeln konnte. Angesichts der Schwierigkeiten, die dem Gegenstand innewohnen, erscheint es im Rückblick, daß ohne den Mut und die Stoßkraft des Genies dieser unter allen Psychologien umfassendste Angriff auf die Erklärung menschlichen Verhaltens, der Psychoanalyse genannt wird, kaum zustande gekommen wäre.

Ich habe früher darauf hingewiesen, daß selbst gegenwärtig einige logische Unsicherheiten weiterbestehen. Die methodologischen Forderungen, denen die Wissenschaft genügen muß, die Wegweiser, die zeigen, welche Wege offen oder verschlossen und welche wahrscheinlich Sackgassen sind, sind im allgemeinen auf die logisch höchstentwickelten Zweige der Wissenschaft abgestimmt. Diese bewundern wir mit Recht als Vorbilder methodologischer Klarheit (was nicht ausschließt, daß selbst auf diesen Gebieten methodologische Kontroversen entstehen). Fortschritte in der Physik oder in der Biologie haben die Psychoanalyse oft herausgefordert, ihre Theorien im Einklang mit den Entwicklungen anderer Wissenschaften umzuformulieren. Es gibt keinen Grund, durch solche Anleihen das Instrumentarium oder die Klarheit analytischen Denkens nicht zu bereichern, wie es ja im Zusammenhang mit anderen Vorbildern geschah. Dieses Problem ist aber weniger eines der Wissenschaftstheorie, als vielmehr der »praktischen« Erfordernisse einer spezifischen Wissenschaft — es handelt sich um die empirische Frage, inwieweit bestimmte Elemente logisch adäquat strukturierter Wissenschaften sich für andere, weniger entwickelte Gebiete eignen. Natürlich besteht auch die Frage der notwendigerweise verschiedenen Bedingungen, die in verschiedenen Gebieten herrschen. Es besteht ein Bedürfnis nach einer Methodologie für die weniger systematisierten Wissenschaften, um auf dem gegebenen Niveau der Einsicht in die Beziehungen zwischen Tatsachen und Hypothese eine maximale Produktivität zu erreichen.

Ehe ich mich aber auf eine allgemeinere Diskussion der Beziehung zwischen Tatsachen und Theorien in der Psychoanalyse einlasse, werde ich erst über eine der Schwierigkeiten, die unserem Gebiete anhaften, etwas zu sagen haben. Jeder Psychologe steht dem Problem gegenüber, wie man Einsicht in die seelischen Prozesse, die in anderen stattfinden, erlangen kann. (Ich spreche hier nicht von der Möglichkeit, das subjektive Erleben eines anderen Menschen zu kennen.) Was unser eigenes seelisches Geschehen betrifft, so verweisen manche — andere tun es nicht — auf »Selbsterleben«. Für die ersteren aber entsteht, wenn sie, wie die Psychoanalyse, das Selbsterleben prinzipiell akzeptieren, eine neue Schwierigkeit, wenn deren Erkenntniswert als kritischer Untersuchung bedürftig angesehen wird. Es wird die Aufgabe weiterer Untersuchungen sein, herauszuarbeiten, welchen Aussagewert ein bestimmtes Element der Selbstwahrnehmung für den seelischen Prozeß hat. Unter diesem Gesichtspunkt kann die Psychoanalyse eine systematische Untersuchung der Selbsttäuschung und ihrer Motive genannt werden. Dies besagt, daß das Urteil über unser eigenes Seelengeschehen sich als richtig oder falsch erweisen kann. Wie bekannt, operiert die Psychoanalyse mit dem Begriff der »Rationalisierung«, um ein Beispiel zu nennen. Während also das Selbsterleben ein wichtiges Element der Psychoanalyse bildet, transzendieren ihre Theorien, wie früher gesagt, diese Erfahrungsebene.

Die metapsychologischen Hypothesen, die die Form von Gesetzlichkeiten haben, sind nicht auf der Ebene der Selbsterlebnisse formuliert. Freuds Ansichten über Selbstbeobachtungen wurden nicht immer klar verstanden. Sie kamen allerdings schon deutlich in der Art des psycho-analytischen Denkens zutage, das sich verhältnismäßig wenig von den Daten der Beobachtung entfernt, wie etwa in jenen Gedanken Freuds, die in der »Psychopathologie des Alltagslebens« (1901) enthalten sind. Wenn zum Beispiel an Stelle eines bewußt intendierten Wortes ein ande-res, bewußt nicht intendiertes erscheint, wie es beim Versprechen der Fall ist, so verwenden wir den Verhaltensaspekt, um die psychologische Situation zu beurteilen; das heißt, wir betrachten das tatsächlich ausge-sprochene Wort als Indiz für ein unbewußtes Motiv, das den Vorrang vor dem bewußten hat.

Die Daten, die in der psychoanalytischen Situation mit Hilfe der psy-choanalytischen Methode gewonnen werden, sind in erster Linie Anga-ben über Verhalten. Das Ziel ist eindeutig die Erforschung menschlichen Verhaltens. Die Daten beziehen sich meistenteils auf das Sprachverhal-ten des Patienten, schließen aber auch andere Handlungsarten ein. Sie umfassen auch die Perioden seines Schweigens, seine Körperhaltungen (F. Deutsch, 1952), seine Bewegungen im allgemeinen und im speziellen die Ausdrucksbewegungen. Da das Ziel der Psychoanalyse in der Erklä-rung menschlichen Verhaltens besteht, werden jene Daten in der Psycho-analyse auf seelische Prozesse hin gedeutet, auf Motivation, auf ihre »Bedeutung«. Hier existiert also ein scharfer Unterschied zwischen der psychoanalytischen und der sogenannten »behavioristischen« Einstel-lung. Dieser Unterschied wird noch schärfer sichtbar, wenn man nicht die neueren Formulierungen, sondern die Anfänge des Behaviorismus be-trachtet.

Was die Daten selbst betrifft, ist es schwer, außerhalb des psychoana-lytischen Prozesses einen Eindruck von der Fülle der Beobachtungen zu geben, die in einem einzelnen »Falle« gesammelt werden können. Oft wird auf die verhältnismäßig kleine Zahl der Fälle, die zur psychoana-lytischen Beobachtung kommen, hingewiesen, und man neigt dazu zu vergessen, wie überaus groß die Zahl der tatsächlichen Beobachtungen ist, auf denen in jedem individuellen Falle die Deutungen eines Charak-terzuges eines Menschen oder eines Symptoms beruhen [2].

Indem man bestimmte Variablen in der psychoanalytischen Situation zwar nicht ganz konstant hält, aber so konstant, wie die Gesamtsitua-tion es möglich macht, wird es leichter, die Bedeutung anderer Variab-len, die in Erscheinung treten, zu bewerten. Das bestuntersuchte Beispiel

[2] Infolgedessen bedeutet für die Forschung jeder einzelne klinische »Fall« Hunderte von Daten von beobachteten Regelmäßigkeiten in Hunderten von Bezügen.

ist das, was die Passivität des Psychoanalytikers genannt wird, im Gegensatz zu der beträchtlich entschiedeneren Aktivität des Psychotherapeuten. Dies darf aber nicht so verstanden werden, als ob die Psychoanalyse eine experimentelle Disziplin wäre. Es gibt allerdings Konstellationen, in denen sie sich einer solchen annähert. Wie dem auch sei, es gibt genug Belege für die Feststellung, daß Beobachtungen in der psychoanalytischen Situation, im Rahmen der psychoanalytischen Erfahrungen und Hypothesen Voraussagen möglich machen, die gewiß verschiedene Grade der Präzision und Verläßlichkeit aufweisen, aber in der Regel allen überlegen sind, die je in der Psychologie der Persönlichkeit versucht wurden. Da der genetische Gesichtspunkt in der Psychoanalyse so sehr betont wird, handelt es sich bei vielen Voraussagen um »Voraussagen der Vergangenheit« (Hartmann und Kris, 1945), das heißt, es handelt sich um Rekonstruktionen vergangener Ereignisse, die oft in erstaunlichem Detail bestätigt werden können (Bonaparte, 1945). Eine offenbare Einschränkung der potentiellen Möglichkeit der psychoanalytischen Voraussage liegt selbstverständlich in der großen Anzahl der determinierenden Faktoren, die der psychoanalytischen Theorie zufolge bei jedem einzelnen Element des Verhaltens im Spiele ist. Freud hat es »Überdeterminierung« genannt. Aber die psychoanalytische Technik wird ständig durch vorläufige Voraussagen der Reaktionen des Patienten gesteuert. Auch die Untersuchungen auf dem Gebiete der Entwicklungspsychologie mittels direkter Kinderbeobachtung, wie sie von E. Kris und anderen Psychoanalytikern (M. Kris, 1957) durchgeführt wurden, werden durch Formulierung dessen, was zu erwarten ist, und durch die Kontrolle der Voraussagen in individuellen Fällen bestimmt. Hier wollte ich nur auf einen Weg verweisen, wie psychoanalytische Hypothesen angesichts individueller Fälle benutzt und wie sie durch die praktische Erfahrung bestätigt werden können. Ich möchte an dieser Stelle auch erwähnen, daß das Problem der Überprüfung psychoanalytischer Hypothesen nicht mit dem Problem des Heilerfolges gleichgestellt werden sollte, wie es oft genug in der Vergangenheit getan wurde.

Eine weitere Schwierigkeit stammt aus der Tatsache, daß die psychoanalytische Theorie sich auch mit der Beziehung zwischen dem Beobachter und dem Beobachteten in der psychoanalytischen Situation auseinandersetzen muß. Es gibt Schichten der Persönlichkeit, wenn man so sagen darf, zu denen im Durchschnitt der Beobachtete ohne die Hilfe eines Beobachters und seiner Methode des Beobachtens nicht vorstoßen kann. Die Einsichten des Beobachters dürfen aber nicht mit der Einsicht des

Beobachteten verwechselt werden. Dies sind Probleme der Theorie der psychoanalytischen Technik. Das Problem der »persönlichen Gleichung« soll aber nicht vergessen werden (siehe 6. Kapitel; E. Kris, 1950 b). Das Beobachtungsfeld schließt nicht nur den Patienten, sondern auch den Beobachter ein, der mit ihm in Wechselwirkung steht (»teilnehmende Beobachtung«). Über die Wechselwirkung zwischen dem Psychoanalytiker und dem Analysanden legt die Theorie der Übertragung und Gegenübertragung Rechenschaft ab. Was die potentiellen Störungen der Beobachtung betrifft, die auf psychische Prozesse im Beobachter zurückgehen, so sind sie der Gegenstand ununterbrochener Kontrolle auf seiten des Psychoanalytikers. Manche solcher Störungen der psychologischen Beobachtung können sicherlich durch die persönliche Psychoanalyse des Beobachters ausgeschlossen werden, und das ist einer der Gründe, warum die Lehranalyse ein wesentliches Element der Ausbildung zukünftiger Psychoanalytiker ist. Was ich hier zum Ausdruck bringen will, ist nicht so sehr, daß Objektivität in der Psychologie der Persönlichkeit unmöglich ist, sondern daß die Psychoanalyse potentielle Irrtumsquellen entdeckt und Wege gefunden hat, sie zu bekämpfen.

Sowohl Entstellungen im Falle der Selbstbeobachtung als auch in dem der Fremdbeobachtung, die durch die Einwirkung der Triebe entstehen, können klinisch leicht nachgewiesen werden und sind auf Grund der psychoanalytischen Theorie erklärbar. Ein Aspekt dieses Problems findet sein Äquivalent im Verhalten der Tiere: die »Welt« des hungrigen Tieres unterscheidet sich von der »Welt« desselben Tieres während der Brunstzeit. Beim Menschen ist infolge der Bildung psychischer Strukturen die Situation viel verwickelter. Wieviel wir von uns selbst und von anderen psychologisch wahrnehmen und wie wir es wahrnehmen, wird von den abwehrenden und anderen Funktionen, die wir dem Ich zuschreiben, determiniert; auch das Über-Ich kann die Wahrnehmungsbreite beeinflussen und zu Entstellungen führen. Der Einfluß zentraler Persönlichkeitsfaktoren — Bedürfnisse, Wünsche, affektive Zustände — auf die Wahrnehmung im allgemeinen (nicht nur auf das psychologische Feld) ist experimentell aufgezeigt worden. Die Art und Weise, wie trotz dieser zentralen Faktoren »objektive« Wahrnehmung möglich ist, bildet den Gegenstand spezieller Untersuchungen (G. Klein, 1958). Die Probleme der Objektivierung und der Realitätsprüfung, wie Freud es nannte, finden ihren entsprechenden Platz in der psychoanalytischen Theorie und führen wieder zu dem Begriff von Graden der Ich-Autonomie, die ich vorher erwähnt habe.

Im Gesamt der psychoanalytischen Theorien über den »psychischen

Apparat« dürfen auch als wesentliche Bestandteile Hypothesen nicht fehlen, die die Entstellungen psychologischer Beobachtung erklären können. Es unterliegt keinem Zweifel, daß die Art des Beteiligtseins des Beobachters und seine potentiellen Irrtumsquellen in bezug auf Wahrnehmungen und Urteile eine weitere Schwierigkeit für die psychoanalytische Praxis und wissenschaftliche Untersuchung hinzufügen. Aber bekanntlich spielt dieses Problem auch auf anderen Gebieten eine Rolle, oft in einem beunruhigenden Grade. Diese Komplikation jedoch, der wir in der Psychoanalyse gegenüberstehen, ist eher ein wesentliches Merkmal bestimmter Aspekte menschlichen Verhaltens als die Folge von Mängeln der psychoanalytischen Theorie. Dieselben Verwicklungen, die Anlaß zur Unzufriedenheit mit der Methodologie gegeben haben, besitzen auch, wie ich früher gesagt habe, eine psychologisch fruchtbare Seite. Korrekturen wenigstens einiger Verzerrungen psychologischen Beobachtens und Denkens liegen innerhalb des Bereiches der psychoanalytischen Methode. In der umfassendsten Untersuchung von Freuds Entwicklung, der Biographie von Ernest Jones, wurde die Rolle, die seine Selbstanalyse in der Entfaltung seiner Ideen gespielt hat, betont. Freilich, die Selbstanalyse hat diese Funktion nur in Ausnahmefällen. Man hat aber ähnliche Erfahrungen in der Psychoanalyse anderer sehr häufig gemacht. In abgeschwächter Form kann die Korrektur blinder Flecke gelegentlich selbst außerhalb der Psychoanalyse zustande kommen, als Folge eines Wechsels in der Haltung gegenüber bestimmten Faktoren, die wesentlich für eine Psychologie der Persönlichkeit sind.

Es ist sehr wahrscheinlich, daß in Freuds Werk und dem anderer Psychoanalytiker die »Intuition« eine Rolle gespielt hat. Aber es ist mindestens im Falle von Freud klar, daß durch sein Bemühen um wissenschaftliche Disziplin, sein geduldiges Sammeln von Beobachtungsdaten und seine Suche nach dem begrifflichen Werkzeug, um diese zu ordnen, die Intuition nur die Rolle eines Anregungsfaktors für die psychoanalytische Theoriebildung hatte. Viele Themen der Psychoanalyse sind vor Freud nur von der sogenannten intuitiven Psychologie untersucht worden. Aber er pflegte der intuitiven Psychologie die psychoanalytische gegenüberzustellen, was durch die Entwicklung, die die Psychoanalyse genommen hat, gerechtfertigt erscheint. Trotzdem ist die Beziehung zwischen Tatsache und Theorie zweifelsohne in der Psychoanalyse recht verwickelt. Manchmal behandelte Freud, besonders in den Anfangszeiten, ein Problem mit dem, was er »einige psychologische Annäherungen« nannte, das sind vorläufige Hypothesen, deren heuristischer Wert erst zu bestimmen ist. Ich will ein Beispiel geben: Bestimmte klinische Beobachtungen an hysterischen Patienten sind vor Freud von Breuer und auch von Janet gemacht worden. Diese Entdeckungen wurden aber nur von Freud unter dem Gesichtswinkel der dynamischen unbewußten Prozesse von Konflikt und Abwehr betrachtet. Nur er und nicht die anderen, die ähnliche Beobachtungen gemacht hatten, öffnete den Weg zum allgemeinen Verständnis des seelischen Konflikts, der, wie sich später herausstellte, ein wesentlicher Faktor in der normalen und der abnormalen Entwicklung ist. In diesem Falle war die Einführung fruchtbarer Hypothesen für die wissenschaftliche Wirkung einer Entdeckung entscheidend (siehe 14. Kapitel). Sie führte zu einer Integration der beobachteten Tatsachen und weiter zur Entdeckung neuer Tatbestände. Es trifft auf die Analyse zu, was auch auf anderen Gebieten zutrifft, daß Theorien nicht einfach nur als bloße Zusammenfassungen von Beobachtungen angesehen werden können. Tatsächlich »beeinflußt die Vorratskammer der präexistierenden Kenntnisse unsere Erwartungen«, und oft »steuern vorbewußte Erwartungsvorstellungen die Auswahl dessen, was als Beobachtung registriert werden soll und was eine Erklärung zu erfordern scheint« (Hartmann, Kris, und Loewenstein, 1953). Auch in der Psychoanalyse ist es einleuchtend, daß der psychologische Untersucher wissen muß, »daß schließlich jeder Schritt vorwärts gebunden bleibt an das Vorwärtskommen in der Sphäre der Theorie, an den Grad begrifflicher Konsequenz, Breite und Tiefe, der in ihr erreicht wurde« (K. Lewin, 1926).

Angesichts der neuen Beobachtungen und der vielfach neuen Hypothesen ist es unvermeidbar geworden, den Sinn vieler Begriffe in der Psychoanalyse durch neue Definitionen zu ändern und neue Begriffe hinzuzufügen. Einige, die z. B. in der experimentellen Erforschung der Psychologie von niedrigeren Tieren sinnvoll angewendet wurden, sind weniger für die Erforschung menschlichen Verhaltens geeignet. Auch Begriffe, die im Alltagsgebrauch oder in der Medizin und Philosophie üblich sind, mußten für die Zwecke der Psychoanalyse neu definiert werden. Ich erwähne dies, da es manchmal die interdisziplinäre Verständigung erschwert hat. So wurde, wie schon gesagt, der Triebbegriff radikal geändert. Die Psychoanalyse gab auch den Begriffen Libido, Angst u. a. neue Definitionen. Im Anschluß daran möchte ich W. Heisenberg zitieren: »der Übergang der exakten Naturwissenschaft . . . zu einem neuen Erfahrungsbereich wird sich also nie so vollziehen, daß etwa die bisher bekannten Gesetze einfach auf die neuen Erfahrungen anzuwenden wären. Vielmehr wird ein wirklich neuartiger Erfahrungsbereich stets dazu führen, daß sich ein neues System wissenschaftlicher Begriffe und Gesetze herausbildet, die zwar nicht weniger rational analysierbar, aber grundsätzlich anders als die früheren sind« (Heisenberg, 1952).

Der Psychoanalytiker macht seine Beobachtungen in einem klinischen Rahmen. Das psychologische Objekt wird in einer lebensnahen Situation erforscht: der Patient kommt zu einer anderen Person, dem Psychoanalytiker, in der Hoffnung, von den Einschränkungen seiner Arbeits- und Genußfähigkeit befreit zu werden, die ihm durch als krankhaft, aber auch als heilbar angesehene Persönlichkeitsveränderungen aufgezwungen wurden. Dies bedeutet Bereitschaft für hunderte von Arbeitsstunden und die Konfrontierung mit der Geschichte seines Lebens, mit Anteilen seiner Persönlichkeit, die verdrängt worden sind, und im allgemeinen mit vielen überraschenden und oft unangenehmen Einsichten in seine psychischen Prozesse. In der therapeutischen Situation werden Motivationen aktiviert, die die Bekämpfung der natürlichen Widerstände gegen die objektive Untersuchung der eigenen Person begünstigen. Man kann kaum erwarten, daß solche Motivationen außerhalb einer Realitätssituation verfügbar sind. Tatsächlich haben viele Versuche, außerhalb der Psychoanalyse für Zwecke der Forschung Situationen zu schaffen, die Situationen des wirklichen Lebens nachahmen sollten, nicht sehr weit geführt. Dieser Umstand bezieht sich also hauptsächlich auf die Überlegenheit der Psychoanalyse, Daten zu verschaffen und eine Bereitschaft zu erwecken, diese Daten zu beobachten.

Anderseits ist es gut, sich an die Reaktion Freuds zu erinnern, der sich nach jahrelanger experimenteller Arbeit entschloß, sein Forscherinteresse dem klinischen Gebiete zuzuwenden (vgl. auch die sehr ähnlichen Reaktionen, denen man heutzutage bei jüngeren Wissenschaftlern begegnet, die sich der Psychoanalyse zuwenden). »Er (Freud) gestand ein Gefühl des Unbehagens ein. Er, der in der Schule der experimentellen Wissenschaft seine Ausbildung gefunden hatte, schrieb, was dem Leser wie ein Roman vorkommen mußte. Nicht persönliche Vorliebe, sagte er, sondern der Gegenstand der Untersuchung habe ihm diese Art der Darstellung aufgezwungen« (Kris, 1947). Er stand einem fast unerforschten Gebiet gegenüber: den menschlichen Motiven, Bedürfnissen und Konflikten. Später (1914 b) erinnerte er sich, daß er »überall Motive und Neigungen analog denen des täglichen Lebens« witterte. Manche Begriffe aus der Psychologie des gesunden Menschenverstandes, die, wie früher gesagt, versuchsweise angewendet wurden, mußten umdefiniert werden, obwohl die Bezeichnungen manchmal beibehalten wurden. Die Psychologie des gesunden Menschenverstandes erwies sich bald als ungenügend. Auch die wissenschaftliche Psychologie seiner Zeit und ihre

Methodologie konnten von keiner großen Hilfe sein. Freud hatte nur, was er »einige neue Formeln« oder Hypothesen nannte, als Richtschnur zur Verfügung. Erst nachdem die speziellen und allgemeinen Theorien der Psychoanalyse entwickelt worden waren, konnte die volle Bedeutung der klinischen Daten, die er gesammelt hatte, ausgewertet werden.

Die Bedeutung des Wortes »klinische Forschung« ist immer irgendwie unbestimmt. Soviel ich weiß, gibt es vom Standpunkt der Wissenschaftstheorie keine wirklich befriedigende Darstellung dieses Gegenstandes. Ich will hier nur eine Bemerkung über Freuds Krankengeschichten hinzufügen. Jede einzelne seiner umfassenden Krankengeschichten enthält gleichzeitig Beiträge zur psychoanalytischen Theorie. Ich erwähne sie an dieser Stelle, weil sie die beständige wechselseitige Förderung von Beobachtung und Hypothesenbildung, die Bildung bestimmter Thesen, die unsere Kenntnisse überprüfbar machen, und Versuche, dieselben zu bestätigen oder zu widerlegen, zeigen.

Eine andere Folge des klinischen Ursprungs der psychoanalytischen Theorie ist die Tatsache, daß anfänglich mehr über pathologisches als über normales Verhalten entdeckt wurde. Die Ätiologie der Neurose wurde früher als die Ätiologie der Gesundheit erforscht, obwohl die Psychoanalyse prinzipiell es immer auf eine umfassende allgemeine Psychologie abgesehen hatte. Auch wurde, wie ich bereits erwähnte, bei den ersten Versuchen, in dieses Gebiet einzudringen, mehr über die Triebe, besonders über die Sexualität und ihre Entwicklung erkannt, als über die Kräfte, die den Trieben in den typischen Ich-Es-Konflikten Widerstand leisten. Dies hat sich aber in den letzten zwei oder drei Jahrzehnten geändert, und die Psychoanalyse steht heute dem Ziele, dem sie seit jeher nachstrebte, weit näher, obwohl nicht jeder Aspekt und nicht jeder potentielle Weg, der in ihrem sehr umfassenden begrifflichen Rahmen enthalten ist, tatsächlich entwickelt worden ist.

In der klinischen Arbeit läßt man sich bei der Entscheidung über das Vorhandensein oder das Fehlen eines pathologischen Prozesses üblicherweise durch Anzeichen und Symptome leiten. Die Frage der Bedeutsamkeit und der Verwendung von Zeichen zum Zwecke der Kausalerklärung ist jedoch logisch von viel weiterer Relevanz. Verschiedene Bedeutungen können den Worten Anzeichen, Signal, Ausdruck, Symbol und dergleichen zugeschrieben werden, und die betreffenden Unterschiede sind auch in der Psychoanalyse von Wichtigkeit. Ich möchte mich jedoch an dieser Stelle nicht auf dieses Problem einlassen. Es genügt, darauf hinzuweisen, daß ein beträchtlicher Anteil der psychoanalytischen Arbeit dargestellt werden kann als die Verwertung von Zeichen

— wie einer Assoziationsreihe, eines Traums, eines Affekts dem Psychoanalytiker gegenüber — als Anzeichen seelischer Prozesse. In diesem
Sinne spricht man von der psychoanalytischen Methode als einer
Methode der Deutung (Hartmann, 1927; Bernfeld, 1932; Loewenstein,
1957). Diese besitzt einen wissenschaftlichen und einen therapeutischen
Aspekt. Beide fallen teilweise zusammen, insofern als das bedeutungs-
vollste therapeutische Instrument der Psychoanalyse darin besteht, daß
man dem Patienten vorher unbewußte und durch die Abwehr abgespal-
tene Prozesse zum Bewußtsein bringt und ihn fähig macht, dieselben zu
integrieren. Manche dieser Zeichen, z. B. manche der Traumsymbole,
haben allgemeine Verbreitung, während die Deutung von anderen eine
nähere Untersuchung der beobachteten Person erfordert. Wie dem auch
sei, es gibt viele Situationen, in denen die Beziehung zwischen Zeichen
und Bezeichnetem leicht erkennbar ist, z. B. in den Assoziationen, die
unmittelbar der Beobachtung eines Verhaltensdetails folgen. In anderen
Situationen müssen verschiedene Schichten der Theorie eingeführt werden, um diese Verknüpfungen zu erklären. Solche Zeichensysteme werden heute nicht nur in der psychoanalytischen Situation verwendet, sondern auch in den Untersuchungen über die kindliche Entwicklung, die
von Psychoanalytikern mit den Mitteln der direkten Beobachtung
durchgeführt werden. Es gibt viele Kindheitssituationen, die sich selten
direkt manifestieren, obwohl sie einen entscheidenden Einfluß auf die
Bildung der erwachsenen Persönlichkeit haben. Man versucht zu erfahren, welche Zeichen-Funktion den Daten kindlichen Verhaltens für die
Kenntnis der zentralen und oft unbewußten Entwicklung zukommt, die
wir vom psychoanalytischen Interview kennen (siehe 6. Kapitel). Was
ich weiter oben über die geringe Wahrscheinlichkeit gesagt habe, daß gewisse Prozesse, die in der Psychoanalyse untersucht werden, außerhalb
der Analyse in Erscheinung treten, mag leicht mißverstanden werden.
Deswegen will ich ausdrücklich hinzufügen, daß dies nicht als eine allgemeine Feststellung gemeint war. Viele Phänomene, die zuerst in der
psychoanalytischen Situation untersucht wurden, konnten später auch in
der direkten Beobachtung von Psychotikern, in der sogenannten angewandten Psychoanalyse oder in der direkten Beobachtung von Kindern
untersucht werden. Hier soll betont werden, daß vergleichende Untersuchungen von rekonstruierten Daten und Daten der direkten Beobachtung von Kindern einerseits zur Bestätigung psychoanalytischer Thesen
und andererseits zur Formulierung spezifischer Hypothesen führen kann.
   Die wesentliche Bedeutung von Konstruktionen für die Herstellung
eines zusammenhängenden psychoanalytischen Systems (oder mit wel-

chem Ausdruck wir es auch benennen wollen) kann bereits aus dem kurzen Abriß, den ich im ersten Teil meiner Arbeit gegeben habe, ersehen werden. Theorien und Hypothesen verschiedener Rangstufen verbinden sie mit den Daten der Beobachtung. Daß diese Konstruktionen, die wegen ihres Erklärungswertes eingeführt werden, nicht unmittelbar von den Beobachtungsdaten her definiert werden können, daß aber andererseits die Schlußfolgerungen aus diesen Konstruktionen an der Beobachtung geprüft werden können, ist seit langem in der Psychoanalyse bekannt (Hartmann, 1927). Trotzdem erscheinen vielen Kritikern der Psychoanalyse einige dieser Konstruktionen besonders verdächtig. Ein gelegentlicher Mangel an Vorsicht in der Formulierung von Hypothesen oder Freuds gelegentliche Vorliebe für auffallende Metaphern hat dazu geführt, daß die Analyse angeklagt wurde, ihre Begriffe zu anthropomorphisieren. Aber alle diese Fälle können durch eine sorgfältigere Formulierung, die diesen Einwand zunichte macht, ersetzt werden.

Es muß nun die Frage aufgeworfen werden, ob und in welchem Sinne diese Konstruktionen als »real« angesehen werden. In einem mehr spezifischen Sinne wurde oft gefragt, ob und in welchem Sinne Freud seine Konstruktionen wie Libido, das »System Unbewußt« und die Teilstrukturen der Persönlichkeit im Sinne der strukturellen Psychologie als real angesehen hat. Er hat sich dahin geäußert, daß die Grundbegriffe der Wissenschaft das Dach früher als die Grundmauern bilden und daß sie abgeändert werden müssen, wenn sie unseren Erfahrungen nicht mehr gerecht werden; auch meinte er, daß sie den Charakter von Konventionen besitzen. Sicherlich meinte er aber, daß das, was er mit diesen Grundbegriffen umfaßte, beobachtbare Wirkungen habe. Er stand keineswegs in der Gefahr, Begriffe und Wirklichkeit zu verwechseln; er war ein »Realist« in einem anderen Sinne. Er scheint nicht geglaubt zu haben, daß »real« bloß die »einfachste theoretische Darstellung unserer Erfahrungen« bedeutet, sondern eher, daß die Grundbegriffe auf etwas Reales im gewöhnlichen Sinne des Wortes verweisen.

Es ist durchaus möglich, daß Freud, ebenso wie jene »Wissenschaftler von großer Erfindungsgabe«, von denen Frenkel-Brunswik (1954) spricht, von den Beobachtungsdaten direkt zu hypothetischen Konstruktionen kam und erst später die vermittelnden Variablen ableitete. Es wird aber auch in Freuds Werk augenscheinlich, daß er keineswegs immer die Art und Weise, wie er zu den Formulierungen seiner Konstruktionen gelangte, explizit dargestellt hat. Es ist schwer, die allgemeinen Bedingungen anzugeben, unter denen ein direkter Übergang von Daten zu Konstruktionen legitim oder fruchtbar wäre. Von Ellis (1950) wurde vorgeschlagen, daß dort, »wo vermittelnde Variablen von begrenzter Nützlichkeit für die wissenschaftliche Theorie sind, hypothetische Konstruktionen die weitesten Gebiete der ausschlaggebenden Phänomene umfassen und, was Voraussage und Erklärung des Verhaltens betrifft, zu größtem Erfolg führen«.

Es ist klar, daß unter den vermittelnden Variablen der Begriff der Disposition in der Psychoanalyse eine entscheidende Rolle spielt. Der Terminus »psychische Disposition« ist tatsächlich in der Psychoanalyse gebraucht worden, derselbe Begriff wird aber oft mit anderen Termini bezeichnet. Es wurde darauf hingewiesen (Hartmann, 1927), daß der Begriff der »latenten Haltung«, von Koffka und anderen benutzt, sich dem psychoanalytischen Denken annähert. Der Terminus »psychische Tendenz« ist in der Psychoanalyse allgemein verbreitet, wobei stillschweigend vorausgesetzt wird, daß viele dieser Tendenzen, wie bereits gesagt, keine äußere Manifestation zeigen, sondern von der Natur einer Disposition sind.

Im Zusammenhang mit der Reihe: unabhängige — intervenierende — abhängige Variablen, will ich eine Feststellung Rapaports (1958) über einen bedeutsamen Aspekt der intervenierenden Variablen in der Psychoanalyse zitieren. Er enthält den Gesichtspunkt, den ich im Auge habe: »Nehmen wir an, ein aggressiver Triebimpuls sei die unabhängige Variable und manifestes Verhalten einem (aktuellen oder bloß vorgestellten) Objekt gegenüber die abhängige Variable. Man kann nun beobachten, daß bei einer bestimmten Person bei bestimmten Intensitätsgraden des Triebes aggressives Verhalten (in Tat oder Gedanken) gegen das Objekt auftritt, bei anderen Intensitätsgraden hingegen kein offen aggressives Verhalten sondern exzessive Güte (Reaktionsbildung). Bei anderen Personen wird bei bestimmten Intensitätsgraden das aggressive Verhalten von einem Objekt auf andere (Verschiebung) oder gegen das eigene Selbst (Wendung gegen die eigene Person) abgelenkt, oder es wird durch Vorstellungen und Gefühle, von anderen attackiert zu werden (Projektion), ersetzt. Die in diesen Beobachtungen enthaltene Abwehr in der Form von Reaktionsbildung, Verschiebung, Wendung gegen die eigene Person, Projektion usw. wird als intervenierende Variable begrifflich erfaßt.« Ich möchte hier daran erinnern, was ich oben gesagt habe, daß nämlich die Erklärung manifesten Verhaltens in jedem einzelnen Falle die Berücksichtigung einer großen Anzahl von Variablen voraussetzt. Die Behauptung, die in der Psychoanalyse gang und gäbe ist, daß dieselbe manifeste Handlung, Haltung, Phantasie, verschiedene »Bedeutung« haben kann, das heißt, das Resultat der Wechselwirkung verschiedener Tendenzen sein kann, ist oft mißverstanden worden. Es wurde eingewendet, daß dies dem Vorurteil und der willkürlichen Deutung Tür und Tor öffne. Dieser Einwand übersieht das von mir eben angeführte Argument; denn die psychoanalytische Untersuchungsmethode hat eine komplizierte Wechselwirkung, eine Mannigfaltigkeit von Faktoren und deren Gruppierungen nachgewiesen. Ich möchte hier auch in diesem Zusammenhang erwähnen, daß die Verwendung von einzelnen einreihigen Kausalbeziehungen allein sich nicht immer als ausreichend erwiesen hat. Die wesentliche Tatsache der wechselseitigen Abhängigkeit psychischer Funktionen erlaubt nicht immer eine eindeutige Antwort auf die Frage, welche Variable eine unabhängige und welche intervenierend ist. Ein Außenweltreiz wird manchmal als unabhängige Variable angesehen, in einem anderen Zusammenhang aber wird auch eine Triebtendenz oder eine autonome Ich-Tendenz als solche angesehen werden (Rapaport, 1958). Wir kamen auf dieses Problem der relativen Unabhängigkeit, als wir von der sekundären Autonomie des Ichs sprachen, aber es hat eine viel größere Bedeutung in der psychoanalytischen Psychologie.

Wenn wir uns nun der Validierung psychoanalytischer Hypothesen zuwenden, so werde ich Kris (1947) folgen, indem ich Validierungen innerhalb der Psychoanalyse von denen außerhalb derselben unterscheide. Um mit den ersteren zu beginnen, will ich nur wiederholen, daß das Ausmaß an Zeit, das für die Untersuchung eines einzelnen Individuums verwendet wird, enorm viel größer und die Fülle der Daten beträchtlich reicher ist als in irgendeiner anderen klinischen Untersuchungssituation. Dieser Umstand allein würde den Gebrauch der psychoanalytischen Situation zur *via regia* einer Psychologie der Persönlichkeit machen. In dieser Situation kommen Daten zum Vorschein, die anderen Methoden nicht oder nur schwer zugänglich sind. Dieser Vorteil im Auffinden von Tatsachen hat aber natürlich in einer anderen Beziehung einen Nachteil: Eine Beobachtung, die ein Psychoanalytiker macht, mag einem anderen Psychoanalytiker, der die nötige Erfahrung besitzt, ganz glaubhaft, eine Deutung ganz überzeugend erscheinen, während einem, der das Gebiet mit einer anderen Methode und unter anderen Untersuchungsbedingungen bearbeitet, dieselbe Beobachtung kaum glaublich, dieselbe Interpretation höchst unwahrscheinlich oder künstlich erscheinen mag. Für den Psychoanalytiker bilden die Beobachtungen von Daten und ihrer zeitlichen Folge, die vorläufigen Deutungen (auf der Suche nach den gemeinsamen Elementen in solchen Folgen) und die Sicherstellung seiner Deutungen durch den Vergleich mit nachfolgendem (und vorausgegangenem) Material einen konstanten

Aspekt seiner Arbeit. Man kann wohl mit Sicherheit sagen, daß der größere Teil der Beweise für die Richtigkeit der psychoanalytischen Thesen noch immer auf dieser Arbeit des Psychoanalytikers beruht.

Viele (so Kubie, 1952) haben vorgeschlagen (und manche haben es tatsächlich durchgeführt), Interviews mit Patienten auf Tonband aufzunehmen, nicht nur um dadurch den Bereich der Bestätigung über die kleine Gruppe der sich psychoanalytisch Betätigenden zu erweitern, sondern auch für Lehrzwecke und zum Vergleich verschiedener Techniken. Jüngst wurden auch Aufnahmen von psychoanalytischen Interviews anderen Analytikern vorgelegt, die man aufforderte, den Verlauf der folgenden Sitzungen vorauszusagen (Bellak, 1956). Solche Untersuchungen werden wahrscheinlich das Interesse einer großen Anzahl von Forschern finden; gegenwärtig kann jedoch ihr potentieller Beitrag zum wissenschaftlichen Aspekt der Psychoanalyse noch nicht abgeschätzt werden.

Was die genetischen Hypothesen der Psychoanalyse betrifft, so ist die direkte Kinderbeobachtung nicht nur eine reiche Quelle der Information geworden, sondern sie hat auch die Möglichkeit eröffnet, unsere Hypothesen spezifischer zu gestalten und ihre Gültigkeit zu überprüfen. Eine große Anzahl der Freudschen Hypothesen über die Kindheit konnten durch direkte Kinderbeobachtung bestätigt werden. Um aber die Richtigkeit der genetischen psychoanalytischen Hypothesen zu erweisen, sind »systematische Beobachtungen von Lebensverläufen von Geburt an« notwendig. »Wenn die Verlaufsbeobachtung in unserer eigenen Kultur systematisiert und die Erforschung von Lebensläufen mit der Erforschung der im Freudschen Sinne entscheidenden Situationen kombiniert werden sollte, dann können wahrscheinlich viele Vermutungen als Hypothesen formulierbar und andere fallengelassen werden« (Hartmann und Kris, 1945).

Die Literatur über die Experimentalforschung an Mensch und Tier, die den Zweck verfolgt, die aus der Psychoanalyse abgeleiteten Hypothesen nachzuprüfen, ist sehr weitläufig. Viele Forscher haben sie übersichtlich dargestellt (Sears, 1943; Kris, 1947; Benjamin, 1950; Frenkel-Brunswik, 1954, u. a.), so daß es nicht nötig ist, hier ins Detail zu gehen. Die folgenden Bemerkungen sind also unsystematisch und folgen keiner bestimmten Ordnung. Die klassischen Tierexperimente von Hunt, Levy, Miller und Masserman sind wohl den meisten bekannt. Viele Tierexperimente sind mit beträchtlichem Verständnis und großem Geschick durchgeführt worden. Wo die Experimentalsituation adäquat ist, beeindruckt die Häufigkeit der »Bestätigungen«. Ähnlich sagt Hilgard (1952): »Es war möglich, viele den psychoanalytischen gleichwertige Phänomene im

Laboratorium zu produzieren. Wo dies geschah, war die Übereinstimmung zwischen Vorhersage auf Grund der psychoanalytischen Theorie und dem tatsächlich Beobachteten im großen ganzen sehr befriedigend.«

Natürlich kann man nicht erwarten, daß jede psychoanalytische These im Tierexperiment geprüft werden kann (Frenkel-Brunswik, 1954). Es gibt auch auf dem Gebiet der Psychologie des Menschen ausgesprochene Grenzen der sogenannten »Experimentalpsychoanalyse«. Es scheint schwer zu sein (obwohl es gelegentlich versucht wurde), »reale« Konflikte mit dem Rüstzeug, das der »Experimentalpsychoanalyse« zur Verfügung steht (Hartmann und Kris, 1945, Kris, 1950 b), zu erforschen. Ich möchte hier aber hinzufügen, daß selbst Experimente, die darauf abzielen, »Lebenssituationen« nahe zu bleiben, wie dies in den Arbeiten von K. Lewin, Dembo, Zeigarnik und anderen der Fall ist, nicht ganz frei von solchen Einschränkungen sind.

Eine ziemlich harte Kritik an Sears »Survey« ist von Wisdom (1953) geäußert worden. Aber auch von anderer Seite, die seinen Gesichtspunkt nicht teilt, ist ein gewisser Grad der Unzufriedenheit zum Ausdruck gekommen (A. Freud, 1951 b; Rapaport, 1958; Kubie, 1952). Manchmal waren die in diesen Experimenten geprüften Hypothesen überhaupt keine psychoanalytischen, obwohl sie der Autor dafür gehalten hatte. Manchmal wurden die Hypothesen wörtlich aus psychoanalytischen Schriften übernommen, aber der Zusammenhang, in dem sie in der Psychoanalyse auftreten, und mithin ihre Funktion, wurden nicht genügend in Betracht gezogen. Daher mußte das Ergebnis unklar ausfallen. Es geschah auch, daß Experimente zwar vom psychoanalytischen Gesichtspunkt aus als Bestätigungen gewisser Punkte der Psychoanalyse angesehen werden konnten, aber nicht jener, die der Autor im Sinne hatte. Wenn man die Resultate der »Experimentalpsychoanalyse« bewertet, muß man den perspektivischen Charakter jeder Methode, der bestimmte Seiten zu stark beleuchtet und andere in den Schatten stellt, in Betracht ziehen. Jede Methode setzt eine Auswahl voraus, und die Daten werden je nach unserer Einstellung um verschiedene Zentren gruppiert (6. Kapitel; Rapaport, 1958). Das heißt, eine Analyse der verwendeten Methoden und ein Versuch, sie in Beziehung zueinander zu setzen, ist von größter Wichtigkeit.

Im ganzen hat dieses Forschungsgebiet bisher keinen entscheidenden Beitrag zu einer Klarstellung oder Systematisierung der psychoanalytischen Theorie geleistet. Im allgemeinen gehen solche Forschungen nicht über das, was die Psychoanalyse ohnehin gezeigt hat, hinaus (Hilgard, 1952; Kubie, 1952). Oft haben sie weder neue Einsichten gebracht, noch zu wissenschaftlichen Untersuchungen angeregt. Aber die besten von ihnen sind wertvoll als Bestätigungen oder Widerlegungen. Davon abgesehen, haben sie einen großen Beitrag zur Überbrückung der Kluft zwischen der Psychoanalyse und den anderen psychologischen Disziplinen geleistet. Auch setzt die »Experimentalpsychoanalyse« ihre Entwicklung fort, und es besteht die Möglichkeit, daß anfängliche Unzulänglichkeiten überwunden werden können.

Eine andere Quelle von möglicherweise fruchtbaren Kontakten birgt die Gegenüberstellung der Psychoanalyse und der Theorie des Lernens. So haben Dollard und Miller (1950) versucht, »eine systematische Analyse von Neurose und Psychotherapie im Sinne der psychologischen Prinzipien und sozialen Bedingungen des Lernens zu geben«. Sie rücken dabei die Freudschen Prinzipien in den Mittelpunkt, und der Theoretiker der Psychoanalyse wird, obwohl er oft nicht mit ihnen übereinstimmt, doch von diesen und ähnlichen Versuchen Nutzen ziehen.

Meine Übersicht der Versuche, psychoanalytische Hypothesen experimentell zu überprüfen, ist natürlich skizzenhaft. Aber selbst wenn dem nicht so wäre und ich das volle Bild gegeben hätte, so würde es ohne jeden Zweifel doch nichts an der Feststellung ändern, daß die hauptsächlichen, entscheidenden Beweise nicht in diesen Untersuchungen, sondern in der Fülle der empirischen Daten zu finden sind, die durch die psychoanalytische Methode in der psychoanalytischen Situation gewonnen werden. Die Aufgabe, Begriffe genauer zu definieren und nach einem höheren Niveau der Klärung und der Systematisierung von Hypothesen zu streben, bleibt noch immer den Psychoanalytikern überlassen. Diese Feststellung soll aber keineswegs besagen, daß Versuche, Beweise durch außer-analytische Methoden zu erbringen, oder Kritiken, die von nicht-analytischen Gesichtspunkten ausgehen, nicht willkommen geheißen werden sollen. Es sei jedoch die Hoffnung ausgesprochen, daß im Interesse einer tragfähigen interdisziplinären Verständigung die Kritik, in einem höheren Grade, als es in der Vergangenheit der Fall war, auf Vertrautheit mit den Methoden der Psychoanalyse, mit der besonderen Natur ihres Gegenstandes und mit der gegenwärtigen und vergangenen Rolle, die die Theorie in ihrer Entwicklung spielt, beruhen wird.

ZWEITER TEIL

17. Kapitel

ÜBER FEHLREAKTIONEN BEI DER KORSAKOFFSCHEN PSYCHOSE*

(1924)

Wenn wir von der Grundanschauung einer weitgehenden Verwandt-schaft organisch-zerebraler und psychischer Mechanismen ausgehen, scheint die Fragestellung berechtigt, inwieweit sich auf dem Gebiet orga-nischer Störung Phänomene aufweisen lassen, welche den psychologisch wohlcharakterisierten und bekannten Vorgängen der Verdrängung, Ver-schiebung, Verdichtung usw. entsprechen. Versuche zur Aufhellung hirn-pathologischer Fragen von psychologischen Gesichtspunkten aus sind ja mehrfach gemacht worden, wir erinnern hier nur an die Arbeiten von Pick (1913), Pötzl (1917) und Schilder (1922). Die beiden letzteren haben auch Ergebnisse der Psychoanalyse herangezogen und konnten an Aphasischen Mechanismen aufzeigen, welche als der Verdrängung ver-wandt aufzufassen sind. Wir haben uns die Aufgabe gestellt, die Trag-weite dieser Gesichtspunkte an den Fehlleistungen (Ersatzbildungen) zu erproben, welche die Gedächtnisstörung der Korsakoffschen Psychose bei Lernversuchen in Erscheinung treten läßt.

Die psychologische Erforschung des Korsakoff hat sich zunächst vor der Aufgabe gesehen, sein hervorstechendstes Symptom, die Herabset-zung der Merkfähigkeit für rezente Eindrücke, sowohl negativ, durch Feststellung und Abgrenzung des Defektes, als auch positiv, durch Nachweis etwaiger Spuren, welche solche Eindrücke hinterlassen, zu analysieren. Brodmann (1902) und Gregor (1907, 1909) verdanken wir den experimentellen Nachweis, daß bei der Korsakoffschen Psychose das gelernte Material nicht verlorengeht, sondern etwa, wie der letztere ge-sagt hat, mit Hilfe des Ebbinghausschen Ersparnisverfahrens nachweis-bar bleibt, nachdem schon einer Reihe von Beobachtern aufgefallen war, daß scheinbar vergessene Erlebnisse aus der Zeit der Psychose gelegent-lich nach überraschend langer Zeit wieder auftauchen können.

Wenngleich also angenommen werden kann, daß auch bei dieser schweren organischen Störung Erlebtes nicht vernichtet, seine Repro-

---

* Diese Arbeit wurde zusammen mit Stefan Betlheim verfaßt.

duktion jedoch auf eine uns zunächst unbekannte Art gehemmt wird —
Schilder (1924) hat das gleiche für den epileptischen Dämmerzustand
nachgewiesen — so wissen wir doch bisher nichts darüber, in welcher
Weise wir uns jene Erlebnisspuren repräsentiert zu denken haben. Auch
fehlen eingehendere Untersuchungen darüber, welche inhaltlichen Beziehungen zwischen den aufgenommenen Eindrücken und ihrer entstellten
Reproduktion bestehen mögen. Nur einige Ansätze zur Beantwortung
dieser Frage sind gegeben: Gregor hat beobachtet, daß beim Erlernen
von Wortreihen an Stelle des gelernten Wortes ein inhaltlich assoziiertes
oder klangähnliches auftreten kann, und daß gelegentlich »assoziative
Mischbildungen« (Müller und Pilzecker 1900) vorkommen [1]. Er sah ferner, daß die Entstellung oft eine »Richtung ins Triviale« erkennen läßt.
Häufig findet man die Ansicht vertreten, daß die fehlenden Erinnerungen durch »beliebige« Erlebnisse oder »zufällige« Einfälle ersetzt würden. Der Inhalt der Konfabulationen ist nach Ansicht mancher Forscher
(Mönckemöller 1898, Grünthal 1922, u. a.) meist dem Alltagsleben der
Kranken entnommen, während andere ihren phantastischen Charakter
hervorheben. Wieweit und in welcher Form sich Neuerlebtes und Neuer-
lerntes in den Konfabulationen nachweisen läßt, ist noch wenig erforscht. Bekannt ist, daß delirante Erlebnisse häufig in Form von Konfabulationen wieder auftauchen.

Wir sind von dem Vergleich des gelernten Stoffes mit der entstellten
Reproduktion ausgegangen. Neben kleinen harmlosen Prosastücken und
einem Gedicht ließen wir kurze Erzählungen grobsexuellen Inhaltes aus-
wendig lernen. Da die Entstellungen, welche anstößige und vor allem
sexuelle Vorstellungen und Gedanken unter der Wirkung psychischer
Einflüsse erleiden, aus der Analyse von Träumen und neurotischen Symptomen (Freud) besonders gut erforscht sind, konnten wir hier, wenn
überhaupt, für unsere oben skizzierte Fragestellung einen Gewinn erhof-
fen.

Es ist selbstverständlich, daß für unsere Untersuchungen nur sinnvolles Material in Betracht kommen konnte. Wir verwendeten vorzugsweise
folgende Prosastücke:

I. Rabbi Meïr, der große Lehrer, saß am Sabbat in der Lehrschule und
unterwies das Volk. Unterdessen starben zu Hause, von einem Blitz-
strahl getroffen, seine beiden Söhne.

II. a) Ein junges Mädchen ging allein auf einem Feld spazieren. Da
kam ihr ein junger Mann entgegen, überfiel sie und warf sie zu Boden.

---

[1] Sie entsprechen dem Freudschen Begriff der Verdichtung.

Das Mädchen sträubte sich, doch es nützte nichts. Der Mann hob ihre Röcke empor und steckte sein steifes Glied in ihre Scheide. Nach dem Verkehr ließ er das laut weinende Mädchen liegen und floh.

b) Ein junger Mann überfiel ein junges Mädchen, hob ihre Röcke empor und steckte sein steifes Glied in ihre Scheide.

III. Als die Mutter ausgegangen war, sperrte sich der Vater mit seiner Tochter in ein Zimmer ein, warf sie auf ein Bett und vergewaltigte sein eigenes Kind.

Diese Prosastücke wurden vorgelesen, dann wurden die Patienten zur Reproduktion aufgefordert. Wenn nötig, wurden Hilfen gegeben. Von einer systematischen Untersuchung der spontanen Konfabulationen mußten wir, obwohl wir der Ansicht sind, daß auch in ihnen die Mechanismen ihren Ausdruck finden müssen, welche wir für die Reproduktion des gelernten Materiales nachweisen konnten, deswegen Abstand nehmen, weil hier eine exakte Feststellung des Zusammenhanges zwischen den Erlebnissen und ihrer Verarbeitung kaum möglich erscheint.

Um ermüdende Wiederholungen zu vermeiden, bedienen wir uns einiger leicht verständlicher Zeichen. So bedeutet etwa: IIb, 3mal +, daß das unter IIb angeführte Prosastück nach dreimaligem Vorlesen fehlerfrei reproduziert wurde, + 1mal heißt: das betreffende Stück wurde noch einmal vorgelesen.

Eine vollständige Veröffentlichung der sehr umfangreichen Krankengeschichten schien uns nicht durchführbar. Wie mußten uns entschließen, hier nur Auszüge mitzuteilen.

Fall 1: M. R., eine siebenundzwanzigjährige geschiedene Frau, wird der Psychiatrischen Klinik am 16. Februar 1924 mit folgenden Angaben überstellt: Sie hat am 8. II. eine Geburt am normalen Ende der Schwangerschaft durchgemacht. In den letzten Tagen zeigte sie sich mangelhaft orientiert, an die Entbindung konnte sie sich nicht erinnern. Nach Aussagen einer guten Freundin trinkt die Patientin schon seit vielen Jahren, in den letzten Monaten sehr stark, hauptsächlich Schnaps. Sie soll bisher niemals psychisch auffällig gewesen sein.

Bei der Aufnahme ist die Patientin unruhig, weinerlich, mangelhaft orientiert. Sie zeigt grobe Störungen der Merkfähigkeit (ein Probewort und eine dreistellige Zahl werden nach einer Minute vergessen) und eine ausgesprochene Tendenz zum Konfabulieren. Bei einer oberflächlichen Intelligenzprüfung lassen sich keine Störungen der Auffassung und des Urteils nachweisen. Somatischer Befund: Pupillen o. B. Nystagmus beim Blick nach allen Richtungen. Tremor der oberen Extremitäten, PSR fehlen beiderseits. ASR beiderseits schwach. Hochgradige Paresen der unteren, leichtere der oberen Extremitäten. Keine EAR. Druckschmerzhaftigkeit der Muskulatur und der Nervenstämme sowohl der unteren als der oberen Extremitäten. Pamstiges Gefühl, Herabsetzung der Berührungs-, Schmerz- und Temperaturempfindlichkeit, besonders im Bereiche der unteren Extremitäten. Tiefe Sensibilität an oberen und unteren Extremitäten gestört. Liquorbefund: Pandy, Nonne-Apelt, Goldsol, Wassermann, Meinecke negativ. Serum-Wassermann negativ.

In den nächsten Tagen zeigt die Patientin leicht delirante Züge, eine geringfügige Bewußtseinstrübung, leichte motorische Unruhe und halluziniert vorwiegend optisch, gelegentlich akustisch und vielleicht auch taktil. Sie ist zeitweise ängstlich, sieht in ihrem Bett Frösche, Schlangen, ein Kind zwischen ihren Beinen, fürchtet, es zu erdrücken. Die Erinnerung an die Geburt ist nicht zu wecken. Diese deliranten Erregungszustände wiederholen sich mit den gleichen Inhalten durch mehrere Tage und klingen dann vollständig ab.

Seither ist die Patientin klar. Die Stimmung ist zunächst sehr labil, die Merkfähigkeitsstörung sehr ausgesprochen. In den spontanen Konfabulationen spielt ihre Familie eine große Rolle. Krankheitsbewußtsein und Krankheitseinsicht fehlen sowohl für den psychischen als auch für den somatischen Zustand. Die Konfabulationen werden teils mit großer Sicherheit vorgebracht, ja gelegentlich wird der Zuhörer überlegen belächelt, der ihren Erzählungen keinen Glauben schenken will, dann aber steht die Patientin ihren, und zwar oft denselben Konfabulationen, kurz darauf wieder etwa so gegenüber, wie der Gesunde seinen Tagträumen und scheint sie selbst nicht ernst zu nehmen. Es werden mit der Patientin Lernversuche begonnen, und zwar einerseits mit harmlosem, andererseits mit grob sexuellem Material. Der Wille zum Erlernen ist sehr wechselnd, ebenso ist die Aufmerksamkeit eine sehr schwankende.

28. Februar: Geschichte I wird nach sieben Wiederholungen bis auf geringe Fehler richtig reproduziert.

29. Februar: I, 4mal +.

3. März: Auf Befragen nach der erzählten Geschichte: »Die beiden Töchter des Rabbi starben, und zwar wurde ihnen der Kopf abgehackt.« Sie habe das zu Hause gelesen.

8. März: (Wie war die Geschichte, die Ihnen erzählt wurde?) »Von Abraham und von Isaak und von Abrahams Söhnen. (Was weiter?) Die beiden Söhne des Abraham sind gestorben und der Isaak war schwer krank.« Auf nochmaliges Befragen: »Von Nathan dem Weisen, er ist aus

dem Lande gewiesen worden, dann unterwies er das Volk.« IIa wird nach dreimaliger Wiederholung sinngemäß aber gekürzt und nicht wortgetreu reproduziert, doch ist es deutlich, daß die Patientin den Inhalt vollständig aufgefaßt hat. Nach einigen Minuten, ohne neuerliches Vorlesen von IIa: »Auf einem Felde fand ein junger Herr ein junges Mädchen liegen. Er hob ihre Röcke empor und mißbrauchte sie und steckte das Messer in ihre Scheide.« Auf Befragen, wieso sie von einem Messer spreche, meint sie: »Sie haben ja gesagt, er hat ein Messer gehabt!« Nach weiteren drei Lesungen: »Auf einem Feldrand kniete ein junges Mädchen und weinte. (Was noch?) Von einem jungen Jägersmann. Sie ist in ein Kloster gekommen.« + 1mal: »Auf einem Feldrand fand ein junger Herr ein junges Mädchen. Er hob ihre Röcke empor und wollte sie mißbrauchen. Doch sie sträubte sich, und die Sache mißlang. Ich hab's auch erzählen hören von meinem Cousin.« Nach einmaliger Lesung von IIb: »Ein Junger sah ein junges Mädchen liegen und steckte ihr das Scheidemesser in die Schneide.« Bei der Verlesung der sexuellen Tests ist die Patientin keineswegs schamhaft abwehrend, sondern zeigt im Gegenteil eine gewisse Freude am Inhalt.

9. März (1. Geschichte?) »Vom Isaak etwas, weiter weiß ich nichts,« später: »Vom Sabbat in der Bibel habe ich selber gelesen.«

10. März: (Geschichte?) »Vom Nathan habe ich schon einmal aufgeschrieben. Vom Isaak und wie hat's denn geheißen geschwind.«

11. März: IIb, 1mal +.

12. März: Nach der gestern vorgelesenen Geschichte befragt: »Weiß nicht ... stückerlweis kommt mir's in den Kopf ... (Junger Mann?) Sie hat er gestochen. Er war der Bruder von ihr. (Wen gestochen?) Die Schwester. (Was noch?) Der Bruder, der andere, Abraham hat er geheißen ... die Mutter hat gesagt, ich soll dem Katecheten sagen, er soll mich nicht so viel ausfragen!« In diesen Tagen spricht die Patientin den einen von uns beständig als Lehrer oder Katecheten, den anderen als einen Kaufmann aus ihrer Nachbarschaft an und meint, sie sei beim Religionsunterricht. Am Nachmittag desselben Tages: (Geschichte gehört?) »Ich weiß nicht. (Junger Mann und junges Mädchen?) Zum Schluß haben's geheiratet.«

13. März: IIb 1mal: »Er hob ihre steifen Röcke empor! ... (Was weiter?) Ich kann nicht.« IIb, 1mal. Plötzlich sehr ängstlich: »Herr Doktor könnten Sie denn nicht hinausschauen, meine Schwägerin ist verwundet worden! (Wo?) Im Kopf! (Auf welche Art?) Sie haben auf sie geschossen ... ein Soldat ist ihr nachgelaufen, er ist in den Eisenbahnzug gesprungen und hat mich wollen stechen.«

14. März: Erzählt, sie sei in der sechsten Volksschulklasse und vierzehn Jahre alt, hält Referenten für ihren Lehrer. III wird nach einmaligem Vorlesen vollständig sinngemäß aber nicht wortgetreu wiederholt, dann aber bei der zweiten und dritten Lesung (mit Hilfen) stark entstellt, wobei die anstößigen Stellen in der Reproduktion vollständig entfallen. Nach der vierten Lesung: (Als die Mutter ausgegangen war...) »Sperrte sich der Vater mit der Tochter ein. (Was dann?) Das Geschirr hat er zusammengehaut dann.« + 1mal: (Von wem handelt die Geschichte?) »Von der heiligen Maria.«

15. März: (Erzählen Sie! Als die Mutter ausgegangen war...) »Da sperrte sich der Doktor mit der jüngeren Schwester ein. (Lacht. Was weiter?) Da sperrte sich der Hauslehrer mit der Tochter ein ... (Erzählen!) Das nächste Mal.«

17. März: III wird nach dreimaligem Vorlesen sinngemäß reproduziert, als es dann noch mehrmals vorgelesen wird: (Was erzählt?) »Ich habe gehört, da habens die Kühe gebracht und haben mit einem Samtband den Stier zusammengebunden.« Auf die Aufforderung, noch einmal zu erzählen: »Als die Mutter ausgegangen war, nahm sie den Strick und wollte den Knecht aufhängen. Der Vater ist ertrunken, und dann haben sie ihn gefunden lebend.«

24. März: I wird langsam vorgelesen, erst bei »vom Blitz« erkannt und dann richtig ergänzt.

28. März: (Von einem Rabbi erzählt?) I +.

28. April: Die Patientin ist meist heiter, humoristisch, zu Scherzen aufgelegt. Der somatische Befund ist im großen ganzen unverändert. Befragt, ob man ihr nicht von einer Vergewaltigung erzählt habe, bejaht die Patientin und reproduziert (mit einigen Hilfen) richtig. I + III, 1mal +.

5. Mai: Nur mehr geringe Störungen der Merkfähigkeit. Keine Konfabulationen. Die Patientin ist zeitlich und örtlich orientiert. Sie ist amnestisch für die ganze Zeit ihrer Schwangerschaft, für ihre Entbindung und für die ersten vier Wochen ihres Aufenthaltes in der Klinik.

19. Juli: Die polyneuritischen Symptome haben sich weitgehend zurückgebildet. Die Patientin ist psychisch vollkommen frei, zeigt aber noch die Amnesie für die Zeit der Schwangerschaft und Geburt, welche auch in Schlafmittelhypnose (Dr. Schilder) nicht aufgehellt werden konnte. I, 1mal +. IIb, 1mal +.

Fall 2: K. P., eine achtundvierzigjährige Frau wird am 7. April 1924 von einer medizinischen Abteilung auf die psychiatriche Klinik verlegt.

Sie war vor zwei Monaten auf der Straße zusammengestürzt, seither besteht eine leichte Parese der linken oberen und unteren Extremitäten. In der Klinik ist die Patientin bei der Aufnahme unruhig, es besteht Störung der Merkfähigkeit und eine ausgesprochene Neigung zu Konfabulationen. Delirante Züge treten in den ersten Tagen hervor.

Neurologischer Befund: Pupillen über mittelweit, reagieren sehr träge auf Licht und Konvergenz. Motorische Hirnnerven frei. Kein Nystagmus. Im Bereiche der oberen Extremitäten leichte Parese links. Keinerlei Spasmen. An den unteren Extremitäten keine Paresen, keine Spasmen. Sehnenreflexe, BDR rechts = links +. Fußklonus links. Kein Babinski. Zittern im linken Bein vom Typus der Paralysis agitans. Beim Versuch zu gehen oder zu stehen sinkt die Patientin sofort nach hinten um. Sensibilität ungestört. Fundus o. B. Liquor: Nonne-Apelt, Pandy, Goldsol, Wassermann negativ. Zellzahl 5. Wassermann im Serum negativ. — Mit der rechten Hand konstantes Nachgreifen nach vorgehaltenen Objekten. Über dies Phänomen wird der eine von uns (Betlheim) an anderer Stelle des näheren berichten. — Keinerlei aphasische oder apraktische Störungen.

Es werden in derselben Weise wie in Fall 1 Lernversuche mit der Patientin begonnen.

11. April: I wird nach 3mal sinngemäß erzählt, aber nicht wortgetreu. Die Patientin knüpft an jedes Element der Erzählung Konfabulationen.

14. April: IIa, 1mal: »Ein junges Mädchen ging über das Feld, ein junger Mann ging die Stiege hinunter. Er hat fallen lassen das junge Mädchen und hob die Röcke empor und steckte sein schiefes Knie, wo hat er das hineingesteckt?« + 1mal: »Ein junges Mädchen ging über einen Weg, da kam ein junger Mann, das Mädchen stolperte, er ließ das Mädchen laut weinend und schreiend stehen. (Warum hat sie geweint?) Ich habe gesagt, sie ist heruntergefallen über die Stiege.« + 1mal: »Ein junges Mädchen ging über die Stiege, dabei rutschte sie und stolperte.« IIb, 2mal: »Ein junger Mann lief über die Stiege herunter, und das Mädchen fiel und brach sich das Knie.« 1mal IIb +. Die Inhalte werden vollständig aufgefaßt.

15. April: (Geschichte erzählt?) »Zwei Mädchen sind über eine Stiege hinauf, zwei Burschen sind dann hintennach hinauf, die haben dann die Mädchen geheiratet, weil die eine schwanger war, die andere ist nach Hause gegangen.« IIb, 3mal: »Jetzt erzähl ich's genau. Zwei Mädchen liefen über eine Wiese, die eine war schwanger, dann sind sie über die Stiege hinauf, da hat der junge Doktor das eine Mädchen niedergeworfen, hob ihr die Röcke empor und hat sie untersucht.«

16. April: (Geschichte?) »Zwei junge Männer und zwei junge Fräuleins liefen die Stiege hinauf. Als die zwei Männer hinaufliefen, blieben sie stehen und steckten ihr schiefes Knie in die Scheide.«

17. April: IIb, 1mal: »Zwei Mädel, die hüpften über die Stiege, sind von der Stiege heruntergesprungen, und zwei Burschen sind wieder hinaufgesprungen, das Mädel ist gefallen, und er hob ihr das Rockerl. Wie er gesehen hat, daß sie schwanger ist, hat er sie geheiratet. Angst habe ich nur, daß ich von der Seite angeschaut werde, wenn der Mann das von mir hört, er wird sagen: Derweil ich im Irrenhaus bin, machst es Du so! Ich bin nie in so einer Krankheit gesteckt. (Welcher?) No, Tripper! Da können's mir drohen, wie Sie wollen, daß Sie mir die Zunge abhakken und die Augen ausstechen! Ich habe nichts Unrechts getan.« Vorgezeigte Bilder werden sowohl in den Einzelheiten wie auch als Ganze gut aufgefaßt. Die Patientin spricht viel, scherzt gerne, trägt eine gewisse Überlegenheit zur Schau.

19. April: Die Patientin ist jetzt vollständig klar. »Die Leute glauben, vielleicht will ich die Kaiserin werden, aus Neid ... aber ich könnt's auch werden. (Kaiser?) No, ich glaube Wilhelm XXVIII.«

28. April: IIb, 1mal +. Kurz darauf zum Wiedererzählen aufgefordert: »Ein Mann trifft auf dem Feld ein junges Mädchen, er überfiel sie und steckte seinen krummen Finger in ihre Scheide, als er sah, daß das Mädchen Mutter wird, heiratete er sie.« — Somatisch unverändert.

5. Mai: Die Patientin gibt an, sie habe keinen Kaffee trinken wollen, weil Gift darin sei. Über die Ereignisse der letzten Tage oder Stunden, sowie über die Zeitdauer ihres Aufenthaltes in der Klinik macht sie objektiv vollständig unrichtige Angaben, die sie dann konfabulatorisch weiter ausspinnt. Nach erzählten Geschichten befragt: »Ja, das waren harmlose, von den zwei Mädels und den Buben. (Was noch?) Zwei Mädel sind über die Stiege herunter gehupft und die Buben.«

8. Mai: Exitus. Obduktionsbefund (9. Mai): Alte verruköse Endokarditis der Mitralis mit Insuffizienz und geringer Stenose. Cystitis und Pyelitis calculosa. Hochgradiges Ödem der Leptomeningen und der Hirnsubstanz. Chronischer Hydrocephalus internus. Der mikroskopische Befund ist noch ausständig.

Fall 3: M. P., eine neunundvierzigjährige Frau, wird der Psychiatrischen Klinik am 25. Juni 1924 mit folgender Anamnese überstellt: Die Patientin trinkt seit fünfzehn bis zwanzig Jahren stark, angeblich bis zu 1½ Liter Rum täglich. Sie ist seit einer Woche bettlägerig, desorientiert, behauptet, sie habe gestern mit Bundeskanzler Seipel zu Mittag gegessen und ähnliches mehr.

Bei der Aufnahme ist die Patientin weder zeitlich noch örtlich orientiert, sie ist in heiterer Stimmung, neigt zu Witzen. Die gestellten Fragen sowie aktuelle Wahrnehmungen werden nach wenigen Minuten vollständig vergessen, die konfabulatorische Tätigkeit ist eine sehr reiche. — Somatisch: Tremor der Zunge und der Finger, Pupillen reagieren beiderseits unausgiebig auf Licht. Paresen im Bereich der oberen und unteren Extremitäten. Gehen und Stehen ist unmöglich. Druckschmerzhaftigkeit der Muskulatur und der Nervenstämme aller Extremitäten. PSR und ASR ist beiderseits fehlend. Keine Pyramidensymptome. Keine EAR.

13. Juni: Die Patientin ist sehr unaufmerksam, verhält sich Lernversuchen gegenüber zunächst völlig ablehnend. An jede Äußerung knüpft sie eine Reihe von Konfabulationen. IIb, 8mal. Es wird niemals vollständig richtig reproduziert, vielmehr weitgehend entstellt, doch ergeben die zahlreichen Wiederholungen, daß die Patientin den Sinn des gebotenen Materials aufgefaßt hat. Die Auffassung ist auch sonst (bei grober Prüfung) eine gute.

14. Juni: IIb, 1mal: »Ein junger Mann und ein junges Mädchen sind beisammen ... das Bedürfnis ... das Glied in Nr. 4 (Nr. 4?) Ja, das weiß ich nicht.« Nach nochmaliger Lesung: »Ein junger Mann hat ein Verhältnis mit einem jungen Mädchen und steckte also das Glied Nr. 4 ... (Nr. 4?) Das möchte ich sagen.« Nach nochmaliger Wiederholung: »Der junge Mann hat mir vier Zigaretten gegeben, und ich werde die vier Zigaretten nehmen, versteckt ist es ja gleich.«

20. Juni: Exitus.

Die Kardinalsymptome der Korsakoffschen Psychose sind in allen Fällen nachweisbar. Die beiden ersten zeigen überdies im Beginn Züge deliranter Verworrenheit. Fall 2 und 3 starben nach einer Beobachtung von wenigen Wochen, ohne daß die Psychose abgeklungen wäre, während unsere 1. Patientin sich nunmehr seit mehr als fünf Monaten in der Klinik befindet und seit mehreren Wochen weder konfabuliert noch Störungen der Merkfähigkeit aufweist. Die Amnesie für die Zeit der Schwangerschaft und Geburt, sowie für die ersten Wochen ihres Aufenthaltes im Spital besteht jedoch unverändert weiter. Dabei ist es nicht uninteressant, daß das Kind, dessen Geburt die Patientin amnesiert hatte, und dessen Existenz sie auch auf Vorhalt leugnete, in der deliranten Phase spontan als Halluzination (das Kind im Bett, zwischen den Beinen) erlebt wurde (siehe dazu Bonhoeffer, 1901). Als ätiologisches Agens ist im

1. und 3. Fall, welche neurologisch das Bild der Polyneuritis zeigten, der chronische Alkoholismus anzusprechen, im 2. ergaben weder die Anamnese noch das klinische Bild noch auch der Obduktionsbefund in dieser Richtung sichere Anhaltspunkte; von internistischer Seite wurde der Verdacht auf Urämie ausgesprochen.

Die Auffassung schien bei grober Prüfung in allen drei Fällen ungestört (siehe aber dazu Gregor, 1909). Das Verhalten zu den Konfabulationen war ein sehr wechselndes: bald wurden sie mit großem Ernst und dem Ausdrucke tiefster Überzeugtheit vorgebracht, bald wieder spielerisch distanziert, oder etwa so betrachtet, wie der Normale seinen Tagträumen gegenübersteht. Es scheint nicht unwichtig, hervorzuheben, daß wir ein Parallelgehen von Merkfähigkeitsstörung einerseits, konfabulatorischer Tendenz andererseits nicht beobachten konnten. Obgleich man wohl annehmen darf, daß eine Herabsetzung der Merkfähigkeit das Vordringen subjektiven Materiales bis zu einem gewissen Grade begünstigt, wie auch umgekehrt dies letztere das Haften der äußeren Eindrücke erschweren mag, hat man es doch offenbar im wesentlichen mit Störungen zu tun, welche weitgehend unabhängig voneinander verlaufen. Ein zeitweiliger Zug zu humorvoller Kritik, welcher in buntem Wechsel mit Phasen depressiver Verstimmung auftrat, war allen Fällen gemeinsam und auch bei jenem, dessen Anamnese keinen Anhaltspunkt für Alkoholismus bot, sehr deutlich. Fall 2 zeigt flüchtige Größenideen. Das Perseverieren von Fehlreaktionen, welches ja mehreren Autoren aufgefallen ist, zeigten besonders der erste und zweite Fall in sehr ausgesprochener Weise, und wir werden noch später darauf zurückkommen, ebenso können wir die Picksche (1915) Beobachtung des unbeirrten Festhaltens an offensichtlich widerspruchsvollen Äußerungen bestätigen. Sehr auffallend war bei allen Patienten das starke Hervortreten der Ich-Beziehung, welches dazu führte, daß mitgeteilte fremde Erlebnisse sofort der eigenen Person zugerechnet wurden.

Unseren Versuchen standen die gleichen Schwierigkeiten entgegen, welche ja, als im Wesen der Korsakoffschen Psychose begründet, schon von früheren Untersuchern festgestellt wurden: Die Schwankungen der Aufmerksamkeit, die geringe Neigung zum Lernen des gebotenen Materiales, welche nicht selten bis zu seiner vollständigen Ablehnung führt, schließlich der eigenartig regellose Wechsel von Erinnern und Vergessen, welcher das scheinbar Verlorene plötzlich wieder auftauchen läßt, während das eben noch Reproduktionsfähige versinkt. In den beiden ersten Fällen ließen sich Spuren des erlernten Materiales mittels des Ebbinghausschen Ersparnisverfahrens mit Sicherheit nachweisen, dagegen war im dritten Fall ein systematisches Erlernen von auch noch so kurzen Prosastücken nicht durchführbar. Einen wesentlichen Unterschied in der Zahl der Wiederholungen, welche für das Erlernen des harmlosen und jener, welche für das Erlernen des anstößigen Materiales notwendig waren, konnten wir nicht feststellen. Als Beispiele für die entstellte Reproduktion eines harmlosen Stückes mögen die folgenden dienen: (Fall 1, I, 8. März): »Von Abraham und von Isaak und von Abrahams Söhnen«, oder an demselben Tage: »Von Nathan dem Weisen, er ist aus dem Lande gewiesen worden, dann unterwies er das Volk.« Hier tritt also an Stelle des gelernten Wortes »Rabbi Meïr« ein assoziativ verwandtes der gleichen Sphäre. Wie erinnern daran, daß wir ja denselben Mechanismus beim »physiologischen« Vergessen vor uns haben, nur mit dem Unterschied, daß wir hier, wie Freud (1901) nachgewiesen hat, in den meisten Fällen eine psychologische Tendenz als Ursache der Entstellung aufzeigen können. Ähnliches fanden wir auch bei der Reproduktion des anstößigen Materiales, darüber hinaus aber treten hier Ersatzbildungen in Erscheinung, für welche wir an dieser Stelle einige Paradigmata aus den Krankengeschichten auswählen wollen. (Fall 2, II a, 15. April): »Zwei Mädchen sind über eine Stiege hinauf, zwei Burschen sind dann hintennach hinauf, die haben dann die Mädchen geheiratet, weil die eine schwanger war, die andere ist nach Hause gegangen.« Hierher gehört es auch, wenn bei einer Patientin (Fall 1, IIa, 8. März) an Stelle der gelernten Worte »... steckte sein steifes Glied in ihre Scheide« die folgende Reproduktion eintritt: »... und steckte das Messer in ihre Scheide«, die Patientin aber auf die Frage, wieso sie von einem Messer spreche, meint: »Sie haben ja gesagt, er hat ein Messer gehabt«, oder wenn es einige Tage später bei der Reproduktion der Vergewaltigungsszene heißt: »Sie hat er gestochen« und ein anderes Mal: »Sie haben auf sie geschossen.« In einem 5. Beispiel (Fall 3, IIb, 14. Juni) werden die Worte »steifes Glied« durch »Zigarette« ersetzt usw. Hier steht also die Fehlleistung zum gelernten Material im Verhältnis des Symbols zum Symbolisierten. Die anstößigen Stellen werden durch Worte ersetzt, welche uns als typische Symbole aus der Traumanalyse usw. wohlbekannt sind. (Stiegensteigen, Stechen und Schießen als Symbole des Koitus, Messer und Zigarette als Penissymbole.) Wir stützen uns bei unseren Schlußfolgerungen nur auf die nicht zu große Zahl der typischen und ubiquitären Symbole und nicht auf jene Symbolisierungen, bei welchen der individuellen Variationsbreite ein größerer Spielraum zugemessen werden muß, weil uns eine Verwertung dieser letzteren ohne genaue analytische Durchforschung der persönlichen Vorgeschichte der Patienten unzulässig erscheint. Wir hoffen hiermit auch im voraus jenem Einwande zu begegnen, welcher, auf eine mißverständliche Auffassung der Lehre von der Symbolik gestützt, meinen könnte, da ja auf dem Boden der Psychoanalyse jede Sachvorstellung als Symbol gedeutet werden könne, komme dem Nachweis von Symbolen in unseren Fällen keine Beweiskraft zu. Von besonderer Bedeutung scheint uns etwa das Symbol des Stiegensteigens aus dem Grunde, weil es keinem Zweifel unterliegt, daß eine derartige Symbolisierung einem bewußten Entstellungswunsch unerreichbar wäre. Es ist wesentlich, daß auch dort, wo eine symbolische Entstellung stattgefunden hat, öfters kurz vorher und (ohne weitere Lesungen) kurz nachher fehlerfreie Reproduktionen der Erzählungen geboten wurden. Eine Entstellung, welche das Gelernte seines anstößigen Charakters beraubt und harmloser gestaltet, ist übrigens nicht nur in den Symbolbildungen gegeben, sondern auch daneben in Zusätzen und Ersatzbildungen kenntlich. Etwa wenn unsere 1. Patientin bei der Reproduktion von IIa (8. März) meint: »Aber sie sträubte sich, und die Sache mißlang«, oder wenn die 2. Patientin die Erzählung sozusagen gut ausgehen läßt: »Die haben dann die Mädchen geheiratet, weil die eine schwanger war.« Einen größeren Widerstand gegen das Erlernen der grob sexuellen als der harmlosen Geschichten haben wir, in Form einer schamhaften Ablehnung, nur bei der 3. Patientin und nur im Beginn feststellen können. Wir wollen noch hinzufügen, daß auch in jenen Fällen, in welchen sich die entstellte Reproduktion scheinbar wahllos aktuellen Wahrnehmungsmateriales bediente, oft eine tiefere Sachbeziehung der Verwertung gerade dieses bestimmten Wahrnehmungsbestandteiles zugrunde lag. Daß Fehlreaktionen oft hartnäckig perseverierten, haben wir hervorgehoben. Es will uns scheinen, daß dies bei den Symbolbildungen in noch höherem Maße als sonst der Fall gewesen ist [2]. Wir verweisen auf das Stiegensteigen im Fall 2, welches dann unverändert fast ausnahmslos in alle späteren Reproduktionen hinübergenommen wurde, während sonst alle Bestandteile bei den Nacherzählungen variierten. Wir möchten hierin in gewissem Sinne ein Analogon zu dem Beharrungsvermögen neurotischer Symptome sehen, welche ja, nach der Auffassung Freuds, ihre besondere Festigkeit dem Umstande verdanken, daß sie sowohl von den verdrängenden als auch von den verdrängten Tendenzen, also gleichsam von beiden Seiten gehalten werden.

Wir konnten also zeigen, daß die zweifellos im Organischen veran-

---

[2] Es stimmt hiermit gut überein, wenn Kogerer feststellt, daß beim Korsakoff Träume vielfach besser haften als wirkliche Erlebnisse.

kerte Merkfähigkeitsstörung des Korsakoff bei Lernversuchen zu Ersatz-bildungen führt, welche sich teils als Resultate von Verschiebungen auf assoziativ verwandte Vorstellungen der gleichen Sphäre charaktisieren lassen, teils zu der gelernten Vorstellung im Verhältnis des Symbols zum Symbolisierten stehen, welche also mit anderen Worten jenen entspre-chen, die wir aus der Analyse der Fehlleistungen, des Traumes, der neu-rotischen Symptome und des schizophrenen Denkens kennen. Auf die unterscheidenden Merkmale, welche es erlauben, jene beiden von uns festgestellten Abarten des Entstellungsvorganges vom psychogenetischen Standpunkte aus gegeneinander abzugrenzen, wollen wir hier nicht näher eingehen und nur nachdrücklich betonen, daß bei unseren Versuchen nur das grob sexuelle Material eine symbolische Verkleidung erfahren hat. Diese Erfahrung steht in gutem Einklang zu dem, was uns die Psycho-analyse über die engen Beziehungen zwischen Triebleben und symbo-lischem Denken gelehrt und was zu dessen Auffassung als »Sprache des Unbewußten« geführt hat, sowie zur Lehre Schilders (1920), welcher die Symbole als Durchgangsstadien der Gedankenentwicklung ansieht. Den Vorgang, welcher in unseren Fällen zu jener symbolischen Entstellung geführt hat, müssen wir also als einen organisch fundierten, aber in sei-nen Wirkungen der Verdrängung analogen bezeichnen, ohne daß wir über sein Wesen zunächst etwas aussagen könnten.

Nur nebenbei wollen wir darauf hinweisen, daß unsere Befunde als Resultate von Versuchen, deren Methodik eine von psychoanalytischen Voraussetzungen vollständig unabhängige ist, als experimentelle Bestäti-gung für die Geltung bestimmter Freudscher Symboldeutungen aufge-faßt werden dürfen. Sie reihen sich in diesem Sinne jenen Untersuchun-gen an, die sich mit der Frage befassen, welche Darstellung sexuelles Material im Traume findet, wenn es hypnotisierten Versuchspersonen mit dem Auftrage, posthypnotisch davon zu träumen, suggeriert wird. Schrötter (1911) und Roffenstein (1923) haben hier über positive, die Freudsche Deutung der Traumsymbole bestätigende Resultate berichtet.

Wir haben bereits darauf hingewiesen, daß sowohl bei der Korsakoff-schen Psychose als beim epileptischen Dämmerzustand Gedächtnisspuren wohl erhalten sind, ihre Reproduktion aber durch einen organischen Vorgang gehemmt zu denken ist, daß somit der Unterschied jener Amnesien gegenüber den sogenannten »funktionellen« offenbar darin zu suchen wäre, daß wir hier die psychologische Genese des Vergessens auf-zeigen können, während dort ein unbekannter organischer Faktor deren Stelle verträte. Ob die »Eintragung« der Gedächtnisspur als solche in beiden Fällen gleich verläuft, kann mit Sicherheit nicht entschieden werden. Eine gewichtige Stütze für diese Annahme bilden zweifellos die Untersuchungen Schilders (1924), welcher zeigen konnte, daß im Bereiche eines wesentlichen Teilgebietes der »organischen« Amnesien, und zwar bei jenen, welche nach Erhängungsversuchen auftreten — daß es sich hier um eine organisch bedingte Amnesie handelt, hat Wagner-Jauregg (1889) überzeugend dargetan —, sowie bei jenen, welche der epileptische Dämmerzustand zurückläßt, scheinbar endgültig vergessene Eindrücke im hypnotischen Tiefschlaf ins Bewußtsein gehoben werden können, und zwar in jener Form, in welcher sie erlebt wurden.

Dies führt uns zu der weiteren Frage, in welcher Weise wir uns denn die Repräsentierung der Gedächtnisspuren in unseren Fällen zu denken hätten. Die nächstliegende Annahme wäre wohl die, daß auch hier die Eindrücke in ihrer ursprünglichen, unentstellten Form erhalten bleiben und ihr Auftauchen in symbolischer Verkleidung eben jenem organischen reproduktionshemmenden Faktor zuzuschreiben wäre, doch wollen wir zugeben, daß uns auch die andere Möglichkeit nicht von der Hand zu weisen scheint, daß nämlich in gewissen Fällen und bei bestimmtem Material auch eine Eintragung der Gedächtnisspuren in symbolischer Form stattfinden könnte. Wir müssen hier wieder an Gedankengänge Freuds erinnern, welcher ja als erster die Lehre von einer im Bereiche entwicklungsgeschichtlich älterer Schichten bestehenden Identität von Symbol und Symbolisiertem aufgestellt hat.

Daß die Gedächtnisstörung des Korsakoff eine organische Grundlage hat, darüber sind sich wohl alle Forscher einig (nur Moebius hat die gegenteilige Ansicht vertreten). Man kann aber wohl die Vermutung wagen — wie dies schon vor langer Zeit Bonhoeffer (1901) getan hat — daß daneben ein funktionelles Moment wirksam sei, dessen Zusammenwirken mit dem organisch-zerebralen erst das volle psychologische Bild des Korsakoff ergibt. Am deutlichsten scheint sich der funktionelle Inhalt der Gedächtnisstörung bei den posttraumatischen Fällen zu offenbaren. Auch für unsere Fälle ist die Annahme erlaubt, daß sich psychologisch faßbare Tendenzen der organisch vorgebildeten Entstellungsmechanismen bedient hätten, wenn wir uns auch vorstellen, daß das funktionelle Moment hier nur als ein sekundäres zu denken ist. Es war Absicht unserer Untersuchungen, an dem Beispiel der symbolischen Entstellung zu zeigen, wie durch bewußte Anwendung psychologischer Erkenntnisse ein teilweiser Einblick in das Triebwerk jener organischen Mechanismen gewonnen werden kann.

18. KAPITEL

VERSTEHEN UND ERKLÄREN*

(1927)

Wir verstehen den Inhalt einer Aussage. Wir verstehen die Ableitung des Pythagoräischen Lehrsatzes, den Aufbau eines Bildwerks, eines Musikstückes. Wir verstehen das Hervorgehen einer Handlung aus dem Entschluß, die leidenschaftliche Abwehr, welche einer Beleidigung folgt. Eine Weltanschauung wird uns als Ausdruck der Schwäche und Unsicherheit, eine andere als Ausdruck überströmender Vitalität ihres Trägers verständlich. Wir verstehen bei einem Menschen die temperamentvoll affektive Art der Reaktion auf ein Erlebnis als adäquat, welche uns bei einem anderen den Eindruck des Unechten machen würde; und in einem anderen Falle kann uns dieselbe Reaktionsweise als unverständlich erscheinen. Hinter einer rationalen Fassade ist uns der Zusammenhang der Reden, der Handlungen eines Menschen aus bestimmten triebhaften Einstellungen einsichtig. Wir können ein neurotisches Symptom als Triebbefriedigung verstehen, eine Selbstbeschädigung aus Schuldgefühl und Selbstbestrafungstendenz. Ein Traumsymbol ist uns verständliche Darstellung eines unbewußten Vorgangs und so fort.

Hier muß gleich die grundlegende Scheidung der zwei Bedeutungen festgelegt werden, welche den Ausdruck »verstehen« zukommen. Rickert (1921 a, S. 429) grenzt das Verstehen als »Erfassen eines irrealen Sinnge-

---

* »Verstehen und Erklären« wurde zuerst als ein Kapitel eines Buches über die Grundbegriffe und Theorien der Psychoanalyse veröffentlicht. Das Kapitel handelt von einer psychologischen Schulrichtung, der verstehenden Psychologie, die vom Standpunkt der psychoanalytischen Funde und Hypothesen aus betrachtet wird. Sie hat niemals so viel Einfluß auf amerikanische und englische Psychologen gehabt, wie sie das, mindestens in einem Zeitpunkt, auf die deutsche Psychologie (und Psychiatrie) genommen hat. Trotzdem hielt ich es für ratsam, das Kapitel in diesen Band aufzunehmen. Einmal besteht die Tatsache, daß Gedanken, die den Arbeiten Diltheys, Jaspers', Sprangers entstammen, auch in der amerikanischen Literatur auftauchen. Aber vor allem entschied ich mich zu dieser Neuveröffentlichung, weil mir scheint, daß bei diesem kritischen Vergleich der Psychoanalyse und der verstehenden Psychologie manche Aspekte der Methode und Begriffsbildung der ersteren beträchtlich an Klarheit und Bestimmtheit gewinnen.

bildes« vom Verstehen als »Erfassen realen seelischen Seins« ab; das Verstehen in diesem Sinne setzt er — es handelt sich ihm um Fremdseelisches — dem Nacherleben gleich und bezeichnet es auch so. Die irrealen Sinngebilde aber — wie die Bedeutung von Worten, der Gehalt von Urteilen — sind, da sie ja keinesfalls Vorgänge darstellen, »die in dem nichtkörperlichen Leben einzelner Individuen zeitlich ablaufen« aus dem Gegenstand der Psychologie auszuscheiden. Dieselbe Begriffsabgrenzung finden wir bei Max Weber (1921, S. 2), welcher von einer »rationalen« und einer »einfühlend nacherlebenden« Evidenz des Verstehens spricht, und schließlich bei Simmel (1921, S. 38).

Jener Begriff des Verstehens, welcher auf den Zusammenhang von Sinngebilden, losgelöst von ihrer Verwirklichung im realen Geschehen Bezug hat, ist seinem Wesen nach der Psychologie nicht enger zugehörig als einer beliebigen anderen Wissenschaft. Den Gehalt eines Urteils über psychische Tatbestände verstehen wir natürlich in derselben Weise, wie wir ein Urteil über andere Gegenstände verstehen. Und was wir dabei verstehen, ist eine Bedeutung, aber kein psychischer Vorgang. Man könnte sagen, daß Bedeutung, Sinn, Gehalt doch eine besondere Beziehung zum Psychischen haben müßten, da sie an seelischen Vorgängen als ihren Trägern haften. Aber dabei vergißt man zunächst, daß ja zum Beispiel Kunstwerke, welche gewiß auch Gegenstände der Körperwelt sein können, einen Sinn haben, und daß ihre Bedeutung uns (objektiv sinnhaft) verständlich ist; zweitens, daß die Psychologie, sofern sie Realwissenschaft ist, ihren Gegenstand scharf gegenüber allen Sinngebilden, welchen reales Sein nicht zukommt, abgrenzen muß.

Damit ist freilich nicht gesagt, daß das Verstehen in diesem ersten Sinn für die Kenntnis des Fremdseelischen bedeutungslos wäre. In Worten und Sätzen werden wir durch die Bedeutung, durch den Sinn hindurch auf die seelischen Vorgänge im Sprechenden hingeführt. Die Kundgabe durch Sprache und Schrift bildet ja neben den Äußerungen in Mimik und Geste die wesentliche Brücke zum Erkennen des fremden Ichs. Dies gilt auch für die Bedingungen der analytischen Situation: Der bedeutendste Anteil an psychologischem Wissen um das Seelenleben unserer Patienten, auf welchem wir unsere Schlüsse aufbauen, wird nur durch ihre Aussagen, also durch den Bedeutungsgehalt von Urteilen vermittelt, welche wir »rational« verstehen. Daß aber überdies auch den unbeabsichtigten Ausdrucksphänomenen der Patienten gerade von seiten der Psychoanalyse die größte Aufmerksamkeit geschenkt wird, ist ja hinlänglich bekannt.

Wenn uns ein Patient in der Analyse von seinen Erlebnissen erzählt, verstehen wir also zunächst rational den Sinn einer sprachlichen Mitteilung, welche sich auf psychische Tatbestände bezieht. Hegen wir aber — etwa auf Grund der Beobachtung seines Mienenspiels — Zweifel an der Aufrichtigkeit seiner Aussage oder suchen wir uns zu vergegenwärtigen, aus welchen Motiven uns diese vermutete Unehrlichkeit verständlich werden kann, so haben wir es mit der zweiten Art des Verstehens zu tun: mit dem eigentlich psychologischen. In beiden Fällen kann man von einem Deuten auf Grund von Zeichen sprechen. Aber mit dem Worte »Zeichen« kann zweierlei gemeint sein. Husserl (1921) unterscheidet die beiden Bedeutungen als »Anzeichen« und »Ausdruck«: »Jedes Zeichen ist Zeichen für etwas, aber nicht jedes hat eine ›Bedeutung‹, einen ›Sinn‹, der mit dem Zeichen ›ausgedrückt‹ ist« (Bd. II, S. 23). Zeichen im Sinne von Anzeichen drücken nichts aus, gleichwohl zeigen sie etwas an. »In diesem Sinne ist das Stigma Zeichen für den Sklaven, die Flagge Zeichen der Nation.« Von Anzeichen ist also dann die Rede, wenn »irgendwelche Gegenstände oder Sachverhalte, von deren Bestand jemand aktuelle Kenntnis hat, ihm den Bestand gewisser anderer Gegenstände oder Sachverhalte in dem Sinn anzeigen, daß die Überzeugung von dem Sein der Einen von ihm als Motiv (und zwar als ein nicht einsichtiges Motiv) empfunden wird für die Überzeugung oder Vermutung vom Sein der Anderen« (S. 25).

Im Gegensatz zu den Anzeichen stehen die bedeutsamen Zeichen, die Ausdrücke. Jeder Satz, jede Rede ist Ausdruck. Mienenspiel und Geste, »mit denen wir unsere Rede unwillkürlich und jedenfalls nicht in mitteilender Absicht begleiten« sind dagegen, nach Husserl, nicht bedeutsame Zeichen, sondern bloß Anzeichen. Sie sind im Bewußtsein des sich Äußernden kein Ausdruck, sie »haben eigentlich keine Bedeutung«. Gegenüber dieser engeren Fassung des Ausdrucksbegriffes sei aber auf Allers (1925) verwiesen, der mit Recht, und in Übereinstimmung mit dem Sprachgebrauch, diesen Terminus auch dann anwendet, wenn »auf der Seite des Kundgebenden die explizite Intention kommunikativer Art fehlt, durch die sinnverleihenden Akte des Beobachtenden aber in den Erscheinungen am anderen eine Bedeutung erfaßt wird«. Die Bezeichnung »Ausdruck« ist also auch in jenen Fällen am Platze, in welchen wir einen seelischen Vorgang auf Grund von Haltungen oder Bewegungen im Bereiche der Gestik und Mimik verstehen.

In den Deutungen der Psychoanalyse spielen beide Arten von Zeichen eine Rolle: sie deutet bald Anzeichen und bald Ausdrücke. Es gibt aber einen breiten Zwischenbereich, wo die Zuordnung zu der einen oder anderen Gruppe von Zeichen zweifelhaft sein kann. So finden wir auf dem Gebiete der Symbolik nebeneinander solche symbolische Darstellungen, welche wir wohl zu den Ausdrucksphänomenen — in dem oben bezeichneten erweiterten Sinn, welcher über die Husserlsche Begriffsfassung hinausgeht — rechnen dürfen, und solche, bei welchen es sich um bloße Anzeichen handelt. In die erste Gruppe gehört es etwa, wenn uns bestimmte reibende Bewegungen eines Patienten Ausdruck seiner Onaniewünsche sind (hier ist übrigens in gewissen Fällen auch die Annahme einer unbewußten Tendenz zur Mitteilung zulässig), in die zweite, wenn uns das Holz als Traumsymbol latente Traumgedanken anzeigt, welche sich auf das weibliche Genitale beziehen; ein sinnhafter Zusammenhang ist hier zumindest nicht ohne weiteres erkennbar. Daß aber nach Ansicht der Psychoanalyse zwischen Symbol und Symbolisiertem in ihrem Sinne auch noch andere als sinnhafte Beziehungen bestehen, nämlich solche, welche gesetzmäßig faßbar und als Kausalzusammenhänge anzusprechen sind, und daß diese Ansicht auch experimentell verifiziert wurde, werden wir später hören.

Dem **Begriff** des psychologischen Verstehens als eines Erkenntnismittels, durch welches wir seelische Abläufe unmittelbar erfassen, sind wir schon in der Formulierung von Dilthey (1924) begegnet. Wir haben gehört, daß er, ausgehend von der — nach seiner Meinung — notwendigen Unfruchtbarkeit der erklärenden Psychologie für die Geisteswissenschaften, dieser eine andere, beschreibende gegenübergestellt hat, das heißt »die Darstellung der in jedem entwickelten menschlichen Seelenleben gleichförmig auftretenden Bestandteile und Zusammenhänge, wie sie in einem einzigen Zusammenhang verbunden sind, der nicht hinzugedacht oder erschlossen, sondern erlebt ist«. Beim Verstehen seelischer Vorgänge gehen wir vom Zusammenhang des Ganzen aus, »das uns lebendig gegeben ist« und: »Wir erklären durch rein intellektuelle Prozesse, aber wir verstehen durch das Zusammenwirken aller Gemütskräfte in der Auffassung.« An anderer Stelle heißt es: »Die Natur erklären wir, daß Seelenleben verstehen wir.« Unsere Erfahrungen im Bereiche der Körperwelt bringen wir durch Hypothesen und Schlüsse in Verbindung; auf seelischem Gebiet aber ist der Zusammenhang »im Erlebnis als Realität gegeben«. Die Wissenschaft vom Seelenleben kann »hinter denselben, wie er in der inneren Erfahrung selbst gegeben ist ... nicht zurückgehen«.

Wir finden in diesen Gedankengängen Diltheys die nachdrückliche Betonung der Beschreibung gegenüber der Erklärung und damit die Wurzel zur späteren phänomenologischen Psychologie. Bei Dilthey fallen seelische Zusammenhänge nicht minder in das Gebiet der Beschreibung als seelische Zustände. Es zeigt sich aber sofort, daß einer solchen

Beschreibung nach allen Seiten enge Grenzen gezogen sind: durch Lük-
ken der Selbsterfahrung, durch das Unbewußte, durch physiologische
Prozesse. Wo die konkrete Darstellung in Frage steht, muß auch Dilthey
sich psychologischer Konstruktionen bedienen.

Als ein zweites für uns wesentliches Merkmal seiner Psychologie
heben wir die scharfe Gegenüberstellung von Naturgeschehen und seelischem Geschehen und der ihnen zugeordneten Erkenntnisweisen hervor: Zusammenhänge in der Körperwelt werden durch Denkvorgänge
hergestellt, der Strukturzusammenhang im Seelischen aber unmittelbar
erlebt. Auch das »Erwirken«, das von einem seelischen Zustand zum andern führt, soll in die Erfahrung fallen. Der Kausalzusammenhang
wäre uns demnach schon im Erleben gegeben.

Dem seien an dieser Stelle nur — zunächst ohne Begründung — die
Worte von Ebbinghaus (1896) gegenübergestellt: »Die größten und
wichtigsten Zusammenhänge, die wir aus bestimmten Gründen für das
Seelenleben als wirksam behaupten, liegen uns nicht direkt als ... Tatsachen vor, sondern werden von uns erst hergestellt.« Der Strukturzusammenhang wird, wie Ebbinghaus in seiner Kritik Diltheys mit Recht sagt,
nicht erlebt, sondern erschlossen.

Die Aufgabe einer phänomenologischen Psychologie, zu deren Grundlegung als eigene Disziplin Dilthey den Weg gebahnt hat, besteht nach
Jaspers, welchem wir den Anstoß zu ihrer ungemein fruchtbaren Entfaltung auf psychopathologischem Gebiet verdanken, darin, »die seelischen
Zustände, die die Kranken wirklich erleben, uns anschaulich zu vergegenwärtigen, nach ihren Verwandtschaftsverhältnissen zu betrachten, sie
möglichst scharf zu begrenzen, zu unterscheiden und mit festen Terminis
zu belegen« (1920, S. 31). Vielleicht wäre die Beibehaltung ihrer Benen-
nung als »beschreibende« Psychologie glücklicher gewesen, weil der Ausdruck »Phänomenologie« in dieser Verwendung Anlaß zu begrifflichen
Unklarheiten und zur unberechtigten Gleichsetzung mit der von Husserl
begründeten Phänomenologie geben kann und tatsächlich gegeben hat.
Da der Terminus sich aber eingebürgert hat, wollen auch wir uns seiner
im Jaspersschen Sinne bedienen, nachdem wir ihn durch diese Bemerkung vor Mißverständnissen hoffentlich geschützt haben.

Die Psychoanalyse vertritt, gegenüber der Überschätzung der bloßen
Beschreibung, wie sie in der Lehre von Dilthey zutage tritt, das Recht
der Psychologie auf Erklärung und Hypothesenbildung. Sie hält daran
fest, daß es Aufgabe der Psychologie ist, die seelischen Vorgänge naturwissenschaftlich zu bearbeiten und zu Gesetzen oder Regeln psychischen
Geschehens zu gelangen, daß also die Bildung von Hypothesen nicht,

wie Dilthey meinte, dem Gegenstande der Psychologie im Grunde unangemessen sei, und daß die phänomenologische Forschung nur eine, allerdings notwendige, Vorarbeit zur Erreichung dieses Zieles bilden könne. Die Grenzen des Bereichs, welchen Dilthey der erklärenden Psychologie zugemessen hat, sind heute von dieser Disziplin längst überschritten. Manche Gebiete des »höheren Seelenlebens«, welche er als unzugänglich für die »konstruierende Methode« ansah, sind durch die experimentelle Arbeit der Denkpsychologen erschlossen, und die Psychoanalyse hat sich an die kausale Betrachtung der zentralsten Vorgänge des menschlichen Seelenlebens herangewagt. Das Drängen Diltheys nach wissenschaftlicher Erfassung der »mächtigen inhaltlichen Wirklichkeit« des Seelenlebens ist sein unvergängliches Verdienst, die Ansicht von der prinzipiellen Untauglichkeit naturwissenschaftlicher Psychologie zur Lösung dieser Aufgabe aber zeitbedingt und aus der Situation der erklärenden Psychologie in ihren Anfängen zu begreifen.

Die Kluft zwischen Erleben und Erkennen freilich, welche Dilthey hoffte, durch seine »beschreibende und zergliedernde« Psychologie vermeiden zu können, muß jede wissenschaftliche Bearbeitung, auch seelischer Gegenstände, hervortreten lassen. Auch eine beschreibende, mehr noch eine erklärende. Jedenfalls aber sollte man sich bei der Ablehnung dieser letzteren Betrachtungsweise nicht mehr auf die grundsätzliche Unmöglichkeit berufen, sich mit ihrer Hilfe den komplexen seelischen Vorgängen zu nähern.

Worin besteht denn nach Dilthey das Kerngebiet der menschlichen Persönlichkeit, welche der Erfassung durch eine erklärende Psychologie unzugänglich und der beschreibenden Wissenschaft vom Seelenleben vorbehalten sein soll? »Befriedigung der Triebe, Erreichen und Erhalten von Lust, von Lebenserfüllung und Steigerung des Daseins, Abwehr des Mindernden, Drückenden, Hemmenden. Das ist es, was das Spiel unserer Wahrnehmungen und Gedanken mit unseren willkürlichen Handlungen zu einem Strukturzusammenhang verbindet. Ein Bündel von Trieben und Gefühlen, das ist das Zentrum unserer seelischen Struktur ...« (1924, S. 206). Wir müssen sagen: eben das, was für Dilthey den zentralen Anteil der Persönlichkeit ausmacht, ist das eigentliche Arbeitsgebiet der naturwissenschaftlich verfahrenden Psychoanalyse geworden.

Zwar wird von Dilthey die Grenze jenes Bereichs, für welchen das Verstehen die adäquate Erkenntnisweise sein soll, nicht vollständig klar abgesteckt. Aber es ist deutlich, daß wesentlich die komplexen seelischen Vorgänge gemeint sind. Daraus erklärt es sich, daß das Problem des Verstehens, das in sich die Frage nach der Berechtigung und den Grenzen naturwissenschaftlicher Psychologie begreift, zu einem Grundproblem der psychoanalytischen Methodenlehre werden muß. Es ist richtig, daß die Psychoanalyse weit mehr als andere Richtungen der wissenschaftlichen Psychologie (von den Abkömmlingen der Psychoanalyse sehen wir hier ab) mit verständlichen Zusammenhängen arbeitet. Die Frage ist also zu beantworten, welche methodische Bedeutung die Psychoanalyse dem psychologischen Verstehen beimißt, welcher Wert ihm, vom Standpunkt der Psychoanalyse gesehen, für die Erkenntnis des Seelischen zukommt. Zuerst aber wollen wir uns jener Fortbildung zuwenden, welche die Diltheyschen Gedankengänge in den Lehren von Jaspers gefunden haben.

Bei diesem finden wir zuerst die wesentliche Unterscheidung von statischem und genetischem Verstehen: »In manchen Fällen verstehen wir, wie Seelisches aus Seelischem mit Evidenz hervorgeht. Wir verstehen auf diese nur dem Seelischen gegenüber mögliche Weise, daß der Angegriffene zornig, der betrogene Liebhaber eifersüchtig wird, daß aus Motiven ein Entschluß und eine Tat hervorgeht. In der Phänomenologie vergegenwärtigen wir uns einzelne Qualitäten, einzelne Zustände, wir verstehen statisch, hier erfassen wir ein Auseinanderhervorgehen, wir verstehen genetisch. Im statischen Verstehen (Phänomenologie) erfassen wir gewissermaßen den Querschnitt des Seelischen, im genetischen Verstehen (Verstehende Psychopathologie) den Längsschnitt« (1920, S. 19).

Die psychologische Phänomenologie und das statische Verstehen als die ihr zugeordnete Erkenntnisweise stehen im Grunde abseits von den eigentlich analytischen Fragestellungen. Doch sagten wir schon, daß ihre Ergebnisse die notwendige Vorstufe für die erklärende Psychologie bilden und, soweit sie einwandfrei feststehen, auch der psychoanalytischen Forschung als Unterlage dienen können. Wir unterschreiben durchaus die Worte Kronfelds: »Phänomenologie ist eine notwendige Vorwissenschaft jeglicher psychologischen Theorie, insofern diese die Aufgabe hat, Phänomene (genetisch) zu erklären, sie ist eine Vorwissenschaft in dem gleichen Sinne, wie jede psychologische Ontologie das ist. Einmal ist sie die Vorbedingung der Bildung jeder möglichen Theorie, sodann aber erfordert sie dieselbe; ohne diese bleibt sie in ihrem eigenen Wesen unabgeschlossen« (1920, S. 394).

Das genetische Verstehen ist nur in Verbindung mit Jaspers' Lehre von den Zusammenhängen des Seelenlebens zu begreifen. Schon Lipps (1909, S. 42) unterscheidet, im Gegensatz zu Dilthey, klar die kausale Beziehung, welche es nur für den Verstand gibt, von der »unmittelbar erlebten«. Jaspers stellt nun das Verstehen dem Erklären, den verständlichen Zusammenhang dem kausalen scharf gegenüber. Wir hörten schon: »Durch Hineinversetzen in Seelisches verstehen wir genetisch, wie Seelisches aus Seelischem hervorgeht«, aber »durch objektive Verknüpfung mehrerer Elemente zu Regelmäßigkeiten auf Grund wiederholter Erfahrungen erklären wir kausal« (1920, S. 170). Durch diese Gegenüberstellung entfernt sich Jaspers von Diltheys Auffassung des Verstehens; dieser meinte ja, daß auch der kausale Zusammenhang auf seelischem Gebiet in den Bereich der unmittelbaren Erfahrung falle. Das genetische Verstehen findet seine Grenzen nach Jaspers in folgenden drei Richtungen: an den phänomenologischen Daten, an den nur rational verstehbaren Inhalten und an den außerbewußten Mechanismen.

Ein großer Teil jener Zusammenhänge, deren Kenntnis wir der Psychoanalyse verdanken, ist ohne Zweifel genetisch, einfühlend, nacherlebend verständlich. Jene von ihr aufgedeckten Beziehungen, welche sich um den Zusammenhangstypus: Triebimpuls-Triebhandlung gruppieren, sind ebenso wie die Verdrängungen und manche Reaktionsbildungen verständlich, wir erleben hier überall das Auseinanderhervorgehen eines seelischen Zustandes aus einem anderen. Daß Ziel der Psychoanalyse jedoch nicht das Verstehen von Seelischem ist, sondern das kausale Erklären, haben wir schon festgestellt und wir werden noch darauf zurückkommen. Die von der Psychoanalyse gefundenen Zusammenhänge sind zwar vielfach auch verständlich, aber das ist für die analytische Theorie nicht das Wesentliche. Trotzdem konnte das Mißverständnis aufkommen, als handle es sich bei der Psychoanalyse im Grunde um einen Zweig der verstehenden Psychologie. So wird die klare Herausstellung ihrer Grundpositionen gegenüber den Anschauungen dieser Lehre zu einem dringenden Erfordernis.

Der Ausdruck »verständlicher Zusammenhang« kann eine besondere Art des Zusammenhangs bezeichnen oder eine besondere Art seiner Erkennbarkeit. Kronfeld (1920, S. 359) hat mit Recht darauf aufmerksam gemacht, daß beide Bedeutungen bei Jaspers ineinanderfließen. So heißt es einmal: »Während in der Naturwissenschaft nur Kausalzusammenhänge gefunden werden können, findet in der Psychologie das Erkennen noch in dem Erfassen einer ganz anderen Art von Zusammenhängen eine Befriedigung« (1920, S. 171), an vielen anderen Stellen aber ist das Verstehen eine besondere Methode, wie psychische Gegenstände erfaßt werden, und wird als solche dem Erklären gegenübergestellt. Eine weitere Zweideutigkeit der Jaspersschen Lehre liegt darin, daß zwar einerseits das kausale Erklären grundsätzlich nirgends seine Grenze finden soll, andererseits aber doch tatsächlich auf die unverständlichen Regelmäßigkeiten eingeschränkt wird, wie aus der folgenden Stelle hervorgeht: »(Das genetische Verstehen) ist das subjektive, evidente Erfassen der seelischen Zusammenhänge von innen, soweit sie auf diese Weise erfaßbar sind, (das Erklären) das objektive Aufzeigen von Zusammenhängen, Folgen, Regelmäßigkeiten, die unverständlich und nur kausal erklärbar sind« (S. 173). Man gewinnt bei Jaspers immer wieder den Eindruck, daß er zwar eine psychisch-physische, nicht aber eine psychisch-psychische Kausalität anerkenne. Wenn aber die kausale Erklärung vom Gebiet des Verständlichen ausgeschlossen sein soll — an anderer Stelle heißt es dann freilich, im Gegensatz hierzu, das Verstehen sei nur ein Plus, das zum Erklären hinzukomme — so sind ja Ausdrücke wie: »Wir verstehen genetisch, wie Seelisches aus Seelischem hervorgeht« im Grunde als irreführend zu bezeichnen, denn wir erfassen ja dann im genetischen Verstehen nicht ein wirkliches Auseinanderhervorgehen, sondern stellen lediglich ein Erlebnis des Auseinanderhervorgehens fest, ohne daß die Glieder des erlebten Zusammenhangs objektiv verbunden sein müßten.

»Das Erlebnis von Zusammenhängen ist nicht identisch mit dem Zusammenhang von Erlebtem« (Koffka, 1912, S. 6, ähnlich auch bei Kronfeld, 1920, S. 383). Das Erlebnis des Zusammenhangs kann Gegenstand phänomenologischer Betrachtung werden, ebenso wie jedes andere Erlebnis; innerhalb der erklärenden Psychologie kann es andererseits nach seinen Bedingungen, seiner Entwicklung usw. untersucht werden. Aber was kann uns dies Erlebnis über den *wirklichen* seelischen Zusammenhang sagen, welche Erkenntnis kann es uns vermitteln? Wie kann im Erleben selbst das Kriterium liegen für das reale Gegebensein des psychischen Zusammenhangs?

Wir stoßen hier — sofern es sich um das Verstehen des Nebenmenschen handelt — auf den Problemkreis des Wissens vom Fremdpsychischen. Es kann nicht unsere Aufgabe sein, an dieser Stelle die einzelnen Theorien, welche uns die Frage zu beantworten suchen, wie wir zur Konstituierung des fremden Ichs und zur Erkenntnis von fremdem Seelenleben gelangen können — also die Analogieschlußtheorien, die Einfühlungstheorien und die »Wahrnehmungstheorie« Schelers, der sich u. a. auch Binswanger angeschlossen hat — im einzelnen zu diskutieren. Es sei lediglich auf die Kritik hingewiesen, welche Rickert und Kronfeld an der Schelerschen Theorie geübt haben. Bei Jaspers wird das psychologische Verstehen auch als einfühlendes Verstehen bezeichnet, der Weg zur Erkenntnis fremdpsychischer Zustände und Zusammenhänge geht also nach seiner Ansicht über die Einfühlung. Das einfühlende Verstehen »führt uns ... in seelische Zusammenhänge selbst hinein«.

Wenn also das Einfühlen ein Erkenntnismittel sein soll — worin liegen die Richtigkeitskriterien dieser Methode? In dem Einfühlungserlebnis selbst können sie doch wohl nicht gelegen sein. Denn zunächst ist ja Einfühlung nichts anderes als ein Mittel, sich fremdpsychisches Geschehen zur Gegebenheit zu bringen. Wenn beim Einfühlen bestimmte Erlebnisse hervorgerufen werden sollen, welche den zu erkennenden fremdpsychischen analog sind, so liegt darin natürlich nichts über die Geltung einer solchen Einfühlung. Von Erkenntnis kann hier nicht gesprochen werden, solange nicht auf gedanklichem Wege ein In-Beziehung-Setzen stattfindet. Überdies ist das Wesen der Einfühlungserlebnisse recht wenig bekannt und ihre Wertigkeit für das Erkennen des Fremdpsychischen ohne Zweifel recht verschieden groß. Die nächste Aufgabe wäre also wohl die, eine Rangordnung dieser Erlebnisse nach ihrem Erkenntniswert aufzustellen, so etwa, wie es W. Baade (1915) versucht hat: die wertvollsten Einfühlungen sind nach seiner Anschauung und in seiner Terminologie die »darstellend fundierten nicht angleichbaren«.

Jaspers aber beruft sich auf die »Evidenz«, welche dem psychologischen Verstehen ebenso wie dem rationalen zukommen soll. Wenn uns ein Zusammenhang verständlich ist, »erleben wir eine unmittelbare Evidenz«. »Die Evidenz des genetischen Verstehens ist etwas Letztes« (S. 171). Nun ist es zwar dem rationalen Verstehen gegenüber ohne Zweifel berechtigt, von »Evidenz« zu sprechen; ob aber eine Übertragung des Evidenzbegriffes auf das psychologische Verstehen zulässig ist, bleibt zumindest fraglich. Die Bedeutung, welche der Evidenz in Logik und Mathematik zukommt, kann ihr jedenfalls auf dem Gebiete einer Realwissenschaft niemals zugestanden werden; denn in jenen Wissenschaften handelt es sich ja eben nicht um die Realität der untersuchten Gegenstände. Doch wollen wir auf diesen Einwand kein allzu großes Gewicht legen und uns des Ausdrucks »Evidenz« weiter auch im Jaspersschen Sinne bedienen. Es muß aber Jaspers gegenüber gleich gesagt werden, daß für die wissenschaftliche Psychologie ja nicht so sehr die Evidenz als der Erkenntniswert des Verstehens von Belang sein muß. Ein Kriterium dafür, wann das evidente Verstehen von Zusammenhängen zu wahren Urteilen führt und wann zu Irrtümern, gibt uns Jaspers nicht. Gerade das aber wäre erforderlich, insofern das evidente Verstehen ein Mittel der Erkenntnis sein soll und die Lehre von den verständlichen Zusammenhängen mehr besagen will als die bloße Feststellung von Evidenzerlebnissen.

Daß man den schwersten Irrtümern in der Beurteilung der wirklichen Zusammenhänge ausgesetzt ist, wenn man sich ausschließlich von der

Evidenz des psychologischen Verstehens leiten läßt, liegt auf der Hand. Geben wir ein Beispiel: Wir hätten einen Mann vor uns, der, selbst kraftvoll und ungebrochen, alles Krankhafte, Schwächliche und Halbe verabscheut und bekämpft. Aus der eigenen Gesundheit und Wohlgeratenheit des Mannes ist uns diese Stellungnahme verständlich, wir erleben diesem verständlichen Zusammenhang gegenüber eine unmittelbare Evidenz. Nun nehmen wir an, wir »lernten diesen Mann genauer kennen«, wie erführen von ihm oder anderen, daß er an einem nicht gern eingestandenen, uns bis nun verborgen gebliebenen, schweren Defekt leide, daß er im Grunde nicht nur ein schwerkranker, sondern auch ein innerlich unsicherer Mensch sei. Auch jetzt verstehen wir, auch der Zusammenhang zwischen der eigenen Schwäche und Unsicherheit eines Menschen und dem Abscheu und Haß gegenüber diesen Eigenschaften bei anderen ist uns einsichtig, und auch die Einsicht in diesen Zusammenhang ist von einem Evidenzerlebnis begleitet. Dies Beispiel darf nicht als Ausnahme beurteilt werden, Fälle wie dieser begegnen jedem Menschen alltäglich. Wir müssen dann sagen: das Evidenzerlebnis hat uns getäuscht, oder: Evidenzerlebnis steht gegen Evidenzerlebnis, und die Entscheidung »richtig oder falsch« kann offenbar aus der Evidenz nicht abgeleitet werden. Der verständliche Zusammenhang hat sich im konkreten Fall als Scheinzusammenhang erwiesen. Wir lernen daraus, daß die Verständlichkeit — zumindest sehr häufig — kein Mittel ist, wirkliche von Scheinzusammenhängen zu unterscheiden. Das Aufdecken des bloß scheinbaren Zusammenhängens spielt aber gerade in der Psychoanalyse eine ungeheure Rolle, und wir werden noch hören, daß es vor allem die Psychologie der unbewußten Prozesse ist, welche uns zwingt, der Zuverlässigkeit des Verstehens als eines Erkenntnismittels das schärfste Mißtrauen entgegenzubringen.

Nun, daß man sich bei der Beurteilung seiner Nebenmenschen irren kann, ist gewiß keine Entdeckung. Das wissen ja selbstverständlich die Vertreter der verstehenden Psychologie so gut wie wir und so gut wie irgend jemand. Es konnte sich für uns nur darum handeln festzustellen, daß auch die Evidenz des Verstehens uns vor solchen Täuschungen nicht bewahren kann. Freilich bliebe scheinbar noch der Ausweg, von der Evidenz des Durchschnittsmenschen auf die genialer Menschenkenner zu rekurrieren, auf die »Psychologie« von Dichtern und Philosophen also. Aber auch dieser Weg erweist sich sogleich als ungangbar, wenn man erwägt — man kann es hundertfältig belegen — wie es auf diesem Gebiete schwerfallen dürfte, abgesehen von den gröbsten Banalitäten einen evidenten Zusammenhang aufzuweisen, dem nicht aus dem Werke anderer

»intuitiver« Psychologen ein widersprechender gegenübergestellt werden könnte. Schon aus diesem Grunde vermag der Rekurs vom Alltagsmenschen auf die einsichtige Psychologie genialer Persönlichkeiten uns ein Geltungskriterium für das evidente Verstehen nicht zu geben; als wissenschaftliche Methode zumindest kommt er nicht in Betracht.

Es sei ferner gleich an dieser Stelle angemerkt: Es ist nicht so, daß die Evidenz des genetischen Verstehens zwar dem Einzelfall gegenüber versagen kann, für den Durchschnitt aber doch ihre Geltung behält, vielmehr gibt es evident verständliche Zusammenhänge, von welchen es durchaus fraglich ist, ob ihnen auch nur ein einziger wirklicher Zusammenhang entspricht.

Gehen wir einen Schritt weiter. In den Fällen, in welchen wir das Hervorgehen seelischer Entwicklungen oder Reaktionen aus Charaktereigenschaften und Erlebnissen verstehen, ohne daß dieser Zusammenhang aber wirklich gegeben wäre — in diesen Fällen wirkt die Evidenz des Verstehens als eine Täuschungsquelle. Gerade das Evidenzerlebnis erschwert es uns dann, zu den wirklichen Zusammenhängen vorzudringen. Wir lösen uns bei der Beurteilung seelischer Strukturen schwerer von dem evident verstandenen Zusammenhang los als von einer beliebigen Hypothese, welche nicht von einem Evidenzerlebnis begleitet ist. Wir sind weiter gerade durch die Evidenz des Verstehens versucht, vorschnell zu verallgemeinern und die Verschiedenheit der im Einzelfall vorliegenden Bedingungen zu vernachlässigen — wenn sich uns ein Zusammenhang bei Gelegenheit einer bestimmten Erfahrung einmal als evident herausgestellt hat. Hier liegen gefährliche Fehlerquellen für jede verstehende Psychologie — soweit sie nämlich noch Wirklichkeitswissenschaft ist und uns über reales seelisches Geschehen etwas aussagen will.

Die Hartnäckigkeit, mit der sich gewisse psychologische Maximen, welche kaum jemals durch die Erfahrung bestätigt werden, im vorwissenschaftlichen Denken erhalten, ist zum Teil Folge ihrer Evidenz. Die Zuordnung möglicher Denk- oder Handlungsweisen zu bestimmten Persönlichkeitstypen geschieht ja weitgehend nicht auf der Grundlage der Induktion sondern der Verständlichkeit. Sätze wie: als »guter Mensch«, oder als »frommer Katholik« oder als »ehrliebender« als »aufrichtiger« Charakter usw. »muß« er sich in dieser Weise entschieden haben oder »kann er unmöglich« in jener Weise gehandelt haben, erhalten sich vielfach auch dort, wo die Erfahrung lehrt, daß der »gute Mensch«, der »fromme Katholik« tatsächlich sich selten oder nie in dieser Weise entscheidet und fast immer oder immer in jener Weise handelt. Zumeist ist es in diesen Fällen das evidente Verstehen — von versteckten Wertungen, die häufig zugrunde liegen, sehen wir ab — welches das unrichtige In-Beziehung-Setzen verschuldet.

Nun verstehen wir ja nicht nur das fremde, wir verstehen natürlich auch das eigene Ich. Das Selbstverstehen ist ja sogar die primäre Funktion, über der sich erst das Fremdverstehen aufbaut. Es muß daher gleich festgestellt werden, daß dem Selbstverstehen gegenüber zwar jene Einwände wegfallen, welche sich auf die Einfühlung als Erkenntnisquelle beziehen, daß aber alles, was über die Unzuverlässigkeit der Evidenzerlebnisse für die Erkenntnis realer seelischer Zusammenhänge gesagt wurde, auch hier seine Geltung behält. Vor allem die Beobachtungen der Psychoanalyse, aber auch unzählige Alltagsbeobachtungen, lehren uns, daß das Zusammenhangserlebnis auch hier den wirklichen seelischen Zusammenhang durchaus nicht immer richtig wiedergibt. Die Psychoanalyse kann daher nicht die Entscheidung für oder gegen die Zulässigkeit von Annahmen über diese Zusammenhänge in letzter Linie von dem Vorhandensein oder Fehlen des Einsichtserlebnisses bei ihren Patienten abhängig machen, wie es die meisten unter ihren Kritikern — auch sachkundige, wie Roffenstein [1], sind in diesen Fehler verfallen — von ihr fordern.

Der Erkenntniswert des Selbstverstehens ist aber außerdem durch eine Fehlerquelle belastet, welche beim Fremdverstehen nicht, oder wenigstens nicht in dem gleichen Maße, in Betracht kommt. Die Psychoanalyse hat es über jeden Zweifel sichergestellt, daß uns das Bewußtsein von unserer Gesamtpersönlichkeit, von der Struktur unseres Seelenlebens immer nur einen Teil, immer nur einen Ausschnitt zeigt. Vieles oder, vom Standpunkt der erklärenden Psychologie, vielleicht sogar das Wesentliche, bleibt uns selbst verborgen: es ist unbewußt, und nur durch bestimmte technische Kunstgriffe ist es möglich, diesen Anteil unserer Persönlichkeit ins Bewußtsein zu heben. Die Schwierigkeiten, mit welchen diese Arbeit zu kämpfen hat, sind größer gegenüber dem eigenen als gegenüber dem fremden Ich. Diese Grenze des Selbstverstehens vermögen wir aus affektiven Momenten und Triebeinstellungen abzuleiten.

---

[1] Ztschr. f. d. ges. Neurol. und Psych., 80, 1922. — Nach Abschluß dieser Arbeit ist Roffensteins klares und gedankenreiches Buch »Das Problem des psychologischen Verstehens«, Stuttgart 1926, erschienen. Die Kritik, welche Roffenstein hier am Erkenntniswert des psychologischen Verstehens übt, stimmt in ihren Ergebnissen mit der meinen gut überein. Was er hingegen weiter speziell für oder vielmehr gegen die psychoanalytische Psychologie des unbewußten Seelenlebens folgert, läßt sich nach meiner Ansicht aus dieser Grundposition keineswegs ableiten. Im Gegenteil: gerade die Psychoanalyse scheint mir jene induktiv verfahrende, biologisch fundierte Wissenschaft vom höheren Seelenleben zu sein, welche er fordert!

Aber erst die Lehre von der psychischen Dynamik wird uns klar zeigen, wie es von einem Kräftespiel widerstreitender Triebregungen abhängt, welche seelischen Vorgänge ins Bewußtsein und damit zur Selbstwahrnehmung durchdringen dürfen.

Das Resultat einer solchen Betrachtungsweise ist: Mißtrauen gegen die Objektivität selbsterlebter Motivationszusammenhänge. Im Umkreis dieses Gedankens hat die Psychoanalyse durch systematische, kausal gerichtete Forschungsarbeit ein bedeutendes Stück heute gesichertes Neuland erobert. Aber gerade hier liegt einer der stärksten Gründe zu jener affektiven Ablehnung der Psychoanalyse, welche ihr, weit über den Bereich ihrer theoretischen Gegner hinaus, Feinde gemacht hat. In der Lehre nämlich, daß die seelischen Vorgänge »nur durch eine unvollständige und unzuverlässige Wahrnehmung dem Ich zugänglich und ihm unterworfen werden«, »daß das Ich nicht Herr sei in seinem eigenen Haus« (1917 b). Freud meint mit Recht, daß diese »psychologische Kränkung des Narzißmus«, mit der es der Psychoanalyse sehr ernst ist, für jeden, der sich dem analytischen Problemkreis nähert, eine gefühlsmäßige Erschwerung tieferen Eindringens bedeutet. Jenes Mißtrauen als Grundhaltung gegenüber den Scheinzusammenhängen, welche auf dem Boden des Selbstverstehens so oft erwachsen und das Bild der eigenen Persönlichkeit fälschen, ist gewiß nicht ausschließliches Eigentum der Psychoanalyse. Vor allem die Psychologie Nietzsches ist von diesem »Mißtrauen« durchzogen, und hier wie in manchen anderen letzten psychologischen Positionen dürfen wir die psychoanalytische Arbeit als systematische Begründung und legitime Weiterbildung Nietzschescher »Intuition« ansehen.

Wir »verstehen« es auch, wenn ein Mench gewisse Triebregungen, gewisse Wünsche, gewisse Vorlieben und Abneigungen »sich nicht eingestehen will« oder verdrängt. Und hier ist dann der Punkt, an welchem das Verstehen sich sozusagen selbst aufhebt: wir verstehen, wie in bestimmten Fällen das Selbstverstehen zu Scheinzusammenhängen führen muß.

Affektive Momente spielen auch bei der Aufgabe, durch Verstehen zu wahren Urteilen über fremdpsychische Zusammenhänge zu gelangen, als Erleichterung und als Hemmung eine Rolle. Dieser Erleichterung oder Hemmung kann in der affektiven Einstellung zu der betreffenden Person wurzeln, oder in der affektiven Einstellung zu bestimmten seelischen Teilgebieten: in beiden Fällen kann es (wir ziehen jetzt nur die Erkenntnishemmung in Betracht) aus affektiven Gründen zum Erleben von scheinbaren Zusammenhängen kommen, welche die wirklichen Zusammenhänge verdecken. Diese Erkenntnis ist für die Forderung maßgebend gewesen, jeder ausübende Psychoanalytiker müsse sich selbst einer Analyse unterzogen haben. Es hat sich nämlich gezeigt, daß das Erkennen von psychischen Zusammenhängen an anderen oft gerade auf jenen Gebieten einen »blinden Fleck« (Stekel) aufweist, deren restlose Durcharbeitung und Einordnung in das Ganze der eigenen Persönlichkeit dem Analytiker nicht gelungen ist.

Die Frage, warum ein Mensch sein Handeln aus falschen Voraussetzungen ableitet, warum er für bestimmte Eigenschaften blind ist, sich gewisse Wünsche nicht eingesteht, warum ihm verständliche Scheinzusammenhänge das Bild der eigenen Person verfälschen, warum, allgemein gesagt, das Selbstverstehen hier dem Fremdverstehen unterlegen ist, führt tief hinein in die analytische Triebpsychologie. Daß hier ein sehr bedeutungsvolles Problem liegt, hat Nietzsche (1882, I. Buch, 44) klar gesehen: »So wichtig es sein mag, die Motive zu wissen, nach denen wirklich die Menschheit bisher gehandelt hat: vielleicht ist der Glaube an diese oder jene Motive, also das, was die Menschheit sich selber als die eigentlichen Hebel ihres Tuns bisher untergeschoben und eingebildet hat, etwas noch Wesentlicheres für den Erkennenden.«

Wir sind durch die Untersuchung der vielfältigen Täuschungsmöglichkeiten, welchen das psychologische Verstehen ausgesetzt ist, zu dem Resultat gekommen, daß aus der Evidenz verständlicher Zusammenhänge ein zuverlässiges Kriterium für das wirkliche Zusammenhängen des Seelischen nicht gewonnen werden kann. Sofern Psychologie Wissenschaft vom realen Seelenleben, sofern sie empirische Realwissenschaft ist, kann uns keine psychologische Evidenz — diese ist ja im Grunde jener der Logik und Mathematik nachgebildet! — zu wahren Urteilen über den Zusammenhang ihrer Gegenstände führen.

Das Auseinanderfallen von evident verständlichen und wirklichen Zusammenhängen im Einzelfalle ist natürlich auch Jaspers nicht entgangen. »Das Urteil über die Wirklichkeit eines verständlichen Zusammenhanges im Einzelfalle beruht nicht allein auf der Evidenz desselben, sondern vor allem auf dem objektiven Material greifbarer Anhaltspunkte (sprachliche Inhalte, geistige Schöpfungen aller Art, Handlungen, Lebensführung, Ausdrucksbewegung), die einzeln verstanden werden, aber immer in gewissem Maße unvollständig bleiben« (1920, S. 172). Das ist zweifellos richtig, aber doch im Grunde zu wenig; denn es sind damit ja nur Grade des verstehenden Nacherlebens — und zwar hier Grade seiner Vollständigkeit, nicht aber Abstufungen der Evidenzerlebnisse — gemeint. Wir müssen hinzufügen, daß auch ein Verstehen, bei welchem »das Verstandene durch Ausdrucksbewegungen, sprachliche

Äußerungen, Handlungen seine volle Darstellung findet« ohne Kontrolle durch die Induktion, welche unter anderem auch die Beziehungen zum unbewußten Seelenleben notwendig in ihren Bereich ziehen muß, zu falschen Zusammenhängen führen kann und häufig auch führen muß. Unsere Einwände gegen die Zuverlässigkeit des Selbstverstehens haben das klar hervortreten lassen. Nur durch Aufstellung von Regeln und durch Analyse des Einzelfalls auf Grund der Kenntnis dieser Regeln können wir entscheiden, ob zwischen psychischen Gebilden ein Zusammenhang tatsächlich vorliegt oder nicht.

Jaspers faßt seine »verständlichen Zusammenhänge« als idealtypische Begriffsbildungen auf. Der Begriff des Idealtypus wird von ihm in folgender Weise definiert: »Idealtypen sind umfassende Einheitsbildungen, die zwar bei Gelegenheit der Erfahrung, aber nicht durch die Erfahrung, vielmehr aus wenigen gegebenen Voraussetzungen mit apriorischen Mitteln konstruiert werden« (1920, S. 338). Nach welchen Gesichtspunkten diese »Konstruktion« erfolgen soll, bleibt bei Jaspers unklar. Die Begriffsbestimmung des idealtypischen Verstehens, welche hier gegeben wird, entfernt sich weit von jener ursprünglichen Auffassung des Verstehens, wie sie uns bei Dilthey begegnet ist: an die Stelle des »unmittelbar erlebten Zusammenhangs« tritt jetzt eine »Konstruktion«. Auch bei Jaspers selbst findet sich übrigens — wir sind davon ausgegangen — neben dieser idealtypischen Bestimmung der verständlichen Zusammenhänge eine andere, welche das genetische Verstehen dem Nacherleben des Auseinanderhervorgehens gleichsetzt. An einer schon zitierten Stelle heißt es ja: »Durch Hineinversetzen in Seelisches verstehen wir genetisch, wie Seelisches aus Seelischem hervorgeht.« Aus der Auffassung der verständlichen Zusammenhänge als Idealtypen folgt aber weiter konsequenterweise, »daß sie zunächst gar keine empirische Bedeutung haben« (S. 338). Kann nun eine solche Konstruktion einen anderen Sinn haben als den, eine übersichtliche Ordnung der wirklichen seelischen Zusammenhänge zu ermöglichen? Und wenn die verständlichen Zusammenhänge »der Maßstab sind, an dem wir die wirklichen Einzelfälle messen«, in welchem Sinn kann dann das Verstehen ein Erkenntnismittel genannt werden?

Wo die Wirklichkeit dem Idealtypus entspricht, »ist die Erkenntnis auf eigenartige Weise befriedigt« (Jaspers, S. 338). Auch das ist richtig, aber andererseits doch wieder irreführend; denn dies eigenartige Erlebnis haben wir eben nicht nur in solchen Fällen, sondern darüber hinaus auch angesichts jener scheinbaren Entsprechung, von welcher wir festgestellt haben, daß sie nicht als »Ausnahme« vernachlässigt werden darf; wir wissen ja, daß gerade die Evidenz des Verstehens geeignet ist, zu Täuschungen über den wirklichen seelischen Zusammenhang Anlaß zu geben. Da die »eigenartige Befriedigung«, von welcher Jaspers spricht, uns über die Wirklichkeit oder Wahrscheinlichkeit des Zusammenhängens keinen Aufschluß geben kann, müssen wir verlangen, daß der Wert des idealtypischen Verstehens als eines Erkenntnismittels an der Erfahrung überprüft werde. Wo aber ein solcher verständlicher Zusammenhang — mag er nun als »nacherlebt« bezeichnet werden oder als »Konstruktion«, oder einen Kompromiß beider Auffassungen darstellen — sich an der Erfahrung nicht bewährt, wo er zu Täuschungen führt und als Maßstab nicht zweckdienlich ist, verliert er jede Bedeutung für eine realwissenschaftliche Psychologie.

Wenn verständliche Zusammenhänge idealtypische Begriffsbildungen sind, so sind sie weder wahr noch falsch: sie sind »Ausdrucksmittel der Darstellung«. Ob ein verständlicher Zusammenhang einen Platz in der wissenschaftlichen Psychologie beanspruchen darf, bestimmt sich somit nicht aus seiner Evidenz, vielmehr ausschließlich aus seiner Tauglichkeit zur Darstellung des realen Seelenlebens und kann nur mit Hilfe psychologischer Induktion entschieden werden — auch wenn der verständliche Zusammenhang nicht durch Induktion gewonnen wurde, und wenngleich es richtig bleibt, daß seine Evidenz sich nicht auf Erfahrung gründet. Jaspers aber lehnt diese Forderung, es müßten die verständlichen Zusammenhänge an Hand der Erfahrung überprüft werden, ausdrücklich ab. Es bleibt dann freilich die Frage unbeantwortet, welchen wissenschaftlichen Wert die Herausstellung dieser Zusammenhänge noch haben könnte.

Bei Max Weber, von welchem Jaspers den Gedanken der idealtypischen Begriffsbildung übernommen hat, finden wir es klar ausgesprochen, daß »das ›Verstehen‹ des Zusammenhangs noch mit den sonst gewöhnlichen Methoden kausaler Zurechnung, soweit möglich, kontrolliert werden (muß), ehe eine noch so evidente Deutung zur gültigen ›verständlichen Erklärung‹ wird« (1922, S. 404). Und an anderer Stelle heißt es: »›Sinnhafte‹ Deutungen konkreten Verhaltens rein als solche sind natürlich …, selbst bei größter ›Evidenz‹, zunächst nur Hypothesen der Zurechnung. Sie bedürfen also der tunlichsten Verifikation mit prinzipiell genau den gleichen Mitteln wie jede andere Hypothese. Sie gelten uns als brauchbare Hypothesen dann, wenn wir ein, im Einzelfall höchst verschieden großes, Maß von ›Chance‹ dafür annehmen dürfen, daß (subjektiv) ›sinnhafte‹ Motivationsverkettungen vorliegen« (S. 413). Die Evidenz der Deutung besagt nichts über die wirklichen Zusammenhänge: »… eine sinnhaft noch so evidente Deutung kann als solche und um dieses Evidenzcharakters willen noch nicht beanspruchen, auch die kausal gültige Deutung zu sein. Sie ist stets an sich nur eine besonders evidente kausale Hypothese« (1921, S. 4). Schärfer und konsequenter als bei Jaspers wird der logische Charakter des idealtypischen Verstehens als einer Konstruktion bestimmt und festgehalten. Solche »Gedankenbilder« vereinigen bestimmte Beziehungen und Vorgänge zu »gedachten Zusammenhängen«. »Inhaltlich trägt diese Konstruktion den Charakter einer Utopie an sich, die durch gedankliche Steigerung bestimmter Elemente der Wirklichkeit gewonnen ist« (1922, S. 190). Die idealtypischen Begriffe sind entweder heuristisch oder als Mittel der Darstellung wertvoll; sie sollen »das Zurechnungsurteil schulen« (1922, S. 190) und der Hypothesenbildung die Richtung weisen. Ohne den Nachweis aber, »daß der — wie wir annehmen wollen, gedanklich erschlossene — Ablauf des Sichverhaltens auch wirklich in irgendeinem Umfang eintritt«, wäre ein noch so evidenter Zusammenhang »für die Erkenntnis des wirklichen Handelns eine wertlose Konstruktion« (1921, S. 5).

Man darf Max Webers Lehre vom Idealtypus nicht, wie Kronfeld es tut, als »stümperhaftes logisches Flickwerk« aburteilen. Es scheint mir, daß die Heraushebung und scharfe methodologische Umreißung der idealtypischen Begriffsbildung durch Max Weber eine Leistung ist, deren Wert für Geschichte und Soziologie gar nicht hoch genug eingeschätzt werden kann. Ob freilich ihre Übertragung auf die Psychologie — auch abgesehen von den Unklarheiten, welche dem Jaspersschen Versuche anhaften — eine glückliche sein kann, ist zumindest recht fraglich. Binswanger (1922, S. 301) hat hier richtig die Gefahr eines psychologischen Rationalismus gesehen, welche darin gelegen wäre, daß das rational deutbare Sichverhalten auch auf seelischem Gebiet als Idealtypus zum Ausgangspunkt der Darstellung gemacht würde. Max Weber allerdings hält sich von diesem Fehler völlig frei. Er grenzt seine »verstehende Soziologie« scharf gegen jedes mögliche psychologische Verfahren ab. Auch Jaspers umgeht die Schwierigkeit, indem er die idealtypische Evidenz auch auf das Nichtrationale, nur psychologisch einfühlend Verständliche ausdehnt. Trotzdem ist — wegen der besonderen Art von Evidenz, welche das rationale Verstehen vor dem irrationalen auszeichnet — für eine Methode, welche das Kriterium der Erfahrung nicht anerkennt, die Gefahr, vor welcher Binswanger gewarnt hat, nicht auszuschalten.

Das vorwissenschaftliche psychologische Denken ist reich an Typenbegriffen welche weder Wertbegriffe noch durch Induktion gewonnen sind. Jedoch müßte es sich erst erweisen, ob der Begriff des Idealtypus (in seiner Fassung durch Max Weber) auch für die wissenschaftliche Psychologie überhaupt fruchtbar gemacht werden kann.

Doch sollten die Schwierigkeiten und die innere Unabgeschlossenheit, welche Jaspers' Lehre von den verständlichen Zusammenhängen anhaften, nicht blind machen für ihre große historische Bedeutung. Diese Lehre hat mehr als jede andere vor allem die Psychopathologen zur Besinnung über die methodologischen Grundlagen ihrer Wissenschaft geführt und durch die versuchte Abgrenzung gegenüber einer naturwissenschaftlichen Psychologie gerade auch die Vertreter der naturwissenschaftlichen Arbeitsrichtung geschult und bereichert. Die entscheidende Zuwendung zum Erleben der Kranken, zu den formalen und inhaltlichen psychologischen Besonderheiten der Psychosen, war die Grundlage, auf welcher eine Arbeitsrichtung erwachsen ist, deren Ergebnisse (in den Arbeiten von Jaspers selbst, von Kurt Schneider, Mayer-Groos und anderen) den wichtigsten der neueren psychiatrischen Literatur zuzuzählen sind. Das tiefere Eindringen in die Inhalte und Zusammenhänge der Psychosen ist — trotz aller methodischen Gegensätzlichkeit — seiner Schule und der Psychoanalyse gemeinsam. Mit dem Unterschiede freilich, daß — wir wiederholen es — für die Psychoanalyse das Erleben, ob es nun Zustände oder Abläufe betrifft, Ausgangspunkt der wissenschaftlichen Arbeit ist, nicht aber, wie für die verstehende Psychologie, ihr Ziel.

Betrachten wir jetzt das Verhältnis der verständlichen Zusammenhänge zu den kausalen von der anderen Seite, vom Standpunkt des realen psychischen Zusammenhangs aus, so ergibt sich folgendes: das Verstehen (im Sinne eines Nacherlebens realen psychischen Geschehens) findet seine notwendige Grenze an zwei Tatsachenkreisen: am unbewußten Seelenleben und an jenen Vorgängen, welche wir als »somatischen Einbruch« (Schilder) zusammenfassen. Die Annahme eines »Unbewußten«, das nach Art bewußter seelischer Zustände und Zusammenhänge zu beschreiben ist, kann keine Psychologie umgehen. Strittig kann nur sein, ob dies Unbewußte als ein Teil des Seelenlebens anerkannt oder ins Bereich des Physiologischen verwiesen wird; die beiden Möglichkeiten werden uns später beschäftigen. An dieser Stelle darf das Problem noch unentschieden bleiben. Die unbestreitbare Tatsache, um welche es sich uns hier handelt, ist: daß der Bewußtseinszusammenhang lückenhaft ist und daß weder von einer Kontinuität des Bewußtseinsstromes noch, auch davon abgesehen, von einer Geschlossenheit des Kausalzusammenhangs im Bereiche des bewußten Seelenlebens die Rede sein kann.

Wir werden noch zu zeigen haben, wie es die psychoanalytische Erfahrung unabweislich gemacht hat, die Psychologie der unbewußten

Prozesse aus dem Schattendasein, in welches sie die Lehren der meisten Psychologen gebannt hatten, zu befreien und dem Unbewußten eine, ja die dominierende Stellung im Seelenleben einzuräumen. Die Annahme, daß eben nur dort, wo der Bewußtseinszusammenhang Lücken aufweist, unbewußte Zwischenglieder angesetzt werden müßten, würde den Tatsachen nur sehr unvollkommen gerecht werden. Diese Lücken sind zwar der Ausgangspunkt, von welchem her sich die Einführung unbewußter Prozesse ergeben hat und sich die Notwendigkeit dieser Annahme am sinnfälligsten aufgedrängt — aber ein tieferer Einblick in die Psychologie des Unbewußten hat uns gelehrt, daß auch dort, wo die Kontinuität des Bewußtseins nicht unterbrochen ist, das Erleben im einzelnen wie in seinen Zusammenhängen dauernd der Einwirkung von seiten des Unbewußten unterliegt.

Die unbewußten Zwischenglieder aber wie die unbewußten Einflüsse auf bewußte Zustände und Abläufe sind nicht erlebt und also nicht nacherlebbar; sie entziehen sich sowohl dem nacherlebenden Fremdverstehen wie auch dem Selbstverstehen. Sind also die Lehren der Psychoanalyse von dem Umfang und der ubiquitären Wirksamkeit des Unbewußten im psychischen Geschehen glaubhaft, sind ihre Ergebnisse auf zuverlässigem Wege gewonnen — siehe Hartmann, 1927, 5. Kapitel — dann ist damit der Bereich, innerhalb dessen ein nacherlebendes Verstehen möglich ist, sehr wesentlich eingeschränkt. Das Verstehen kann uns nur dort ein richtiges Bild der Zusammenhänge ergeben, wo unbewußte Zwischenglieder nicht anzunehmen sind, ein annähernd richtiges dort, wo sie keine wesentliche Rolle spielen. Eine Folgerung, welche wir aus der Annahme des Unbewußten — und diese Annahme ist unausweichlich! — ziehen müssen, ist diese: die Grenzen möglichen Verstehens sind erst aus der Untersuchung des realen seelischen Zusammenhangs zu bestimmen. Die Mächtigkeit der Täuschungsquelle, welche hieraus einer verstehenden Psychologie erwachsen muß, wird verschieden zu beurteilen sein, je nach der determinierenden Bedeutung, welche man dem Unbewußten für das Seelenleben beimißt. Vom Standpunkt der Psychoanalyse aus gesehen, muß diese Täuschungsquelle als eine ungeheuer große eingeschätzt worden.

Erstens kann es sein, daß weder der wirkliche Zusammenhang im Erleben repräsentiert ist, noch überhaupt ein Erlebnis des Zusammenhangs besteht. Wir sprechen dann davon, daß uns unsere eigenen Gedanken »fremd« sind, unsere Entschlüsse »rätselhaft«, unsere Handlungen »unverständlich«. Eine noch größere Bedeutung als für das normale Seelenleben haben diese Fälle auf pathologischem Gebiet.

Die (psychische) Ursache eines psychischen Vorgangs kann ferner zwar im Erleben nicht selbst repräsentiert sein, an die Stelle des wirklichen Zusammenhangs tritt aber ein verständlicher anderer, es stellen sich verständliche Beziehungen zu Begleitumständen her. Das beste, oft angeführte Beispiel dafür ist der posthypnotische Befehl. Hier wird der Auftrag des Hypnotiseurs, der die anbefohlene Handlung verursacht, vergessen, aus dem Bewußtsein ausgeschaltet, im Erleben der Versuchsperson stellt sich aber ein anderer Zusammenhang her — etwa zu einem »Einfall«, einem »plötzlichen Wunsch« — aus welchem für sie die Handlung erfließt: ein verständlicher Zusammenhang also, welcher den wirklichen Vorgang in keiner Weise deckt. Dies Beispiel aber steht, als ein besonders klarer Fall, für eine ungeheure Menge analoger Vorgänge.

Weiter kann der wirkliche Zusammenhang sich zwar im Erleben widerspiegeln, aber in unvollständiger Weise, nur ein Teil des realen Vorgangs wird dann vom Verstehen erfaßt; anderes, oft das Wesentliche, bleibt im dunkeln. Viele affektive Reaktionen auf Erlebnisse gehören hierher, ferner Richtung und Stärke unserer Triebhaftigkeit, deren ständig fortwirkende Vorgeschichte uns ja zum größten Teile unbewußt ist, dann alle jene Vorgänge, welche durch die an sich nicht einsichtigen Gesetzmäßigkeiten der Assoziation und Reproduktion usw. mitbestimmt werden. Wenn jemand auf Grund der Introspektion seine »schlechte Laune« aus einer vor kurzem erlittenen Enttäuschung ableitet, seine Freude auf eine glückliche Nachricht zurückführt, seine Neigung zu einer bestimmten Person mit ihrer Anmut oder ihrer Schönheit oder ihrer Klugheit motiviert — wird damit wohl in der Regel eine Teilursache richtig bezeichnet sein. Sehen wir aber analytisch zu, so finden wir, daß etwa der Grad der affektiven Reaktion uns inadäquat scheint, oder der Zeitpunkt ihres Auftretens, oder ihre qualitative Färbung. Und es kann uns gelingen, festzustellen, daß vergessene Erlebnisse oder uneingestandene Wünsche oder verdrängte Haßregungen an Art und Grad der Reaktion mitbeteiligt waren. Oder: wir sind auf Grund unserer Kenntnis der Ontogenese des Trieblebens instand gesetzt, die Objektwahl eines Menschen aus früheren (unbewußten) Fixierungen herzuleiten; die Motivierung seiner Wahl aber, welche sich ihm selbst aus gewissenhaftester Introspektion ergeben hat, gibt den Zusammenhang nur lückenhaft wieder und läßt offenbar das Wesentliche außer acht. Es ist aber oft möglich, den verständlichen Zusammenhang aus bekannten, induktiv gewonnenen Regeln teils zu ergänzen und teils zu korrigieren. Wir können ganz allgemein sagen: der Wirkungsgrad jedes Erlebnisses wird von der individuellen Vergangenheit mitbestimmt; im subjektiven Erlebniswert aber erfährt er eine nur unvollständige Spiegelung.

Der zweite Umstand, der es grundsätzlich unmöglich macht, durch das nacherlebende Verstehen das Erklären sozusagen zu substituieren, liegt in der Tatsache der somatischen Einwirkungen auf das Seelenleben beschlossen. Die Annahme einer geschlossenen psychischen Kausalität ist, wie wir noch darlegen werden, nur auf dem Boden der metaphysischen Hypothese eines universellen psycho-physischen Parallelismus konsequent durchführbar. Wer diese Hypothese ablehnt, sieht sich gezwungen, in seinem Begriff vom psychischen Zusammenhang dem Vorgang des »somatischen Einbruchs« irgendwie Rechnung zu tragen.

Ein Vorsatz kann sich unter dem Einfluß von Rauschgiften in veränderter Weise zur Tat durchsetzen. Stimmungen, Vitalgefühle, Aktivität und Tempo werden in charakteristischer Weise von somatischen Zuständen beeinflußt. Die Nachwirkung von Erlebnissen ist nach Intensität, Dauer und qualitativer Färbung von dazwischentretenden physiologischen oder pathologischen Körpervorgängen abhängig. Das große Gebiet der Beziehungen zwischen den physiologischen Entwicklungsvorgängen und typischen Veränderungen der seelischen Struktur und das Gebiet der organischen Psychosen kann hier nur eben erwähnt werden. In allen diesen Fällen durchbrechen die Einflüsse somatischer Faktoren das Gewebe der verständlichen Zusammenhänge nicht, vielmehr werden die Kausalzusammenhänge durch verständliche Scheinzusammenhänge überlagert. Bestimmend für das Dasein und das Sosein der Handlungen, Stimmungen usw. — oder zumindest mitbestimmend — ist hier die Wirkung des somatischen Einbruchs; aber der verständliche Zusammenhang enthält davon nichts oder nicht die Hauptsache und läßt die Handlungen, Stimmungen usw. aus Erlebnissen einsichtig hervorgehen.

Auch das Eingreifen eines organischen Hirnprozesses muß die Verständlichkeit, mit der ein Erlebnis aus dem anderen hervorgeht, nicht durchreißen. Dies ist gegenüber Jaspers zu betonen, der die Verständlichkeit oder Nichtverständlichkeit der Zusammenhänge der Abgrenzung der Prozeßpsychosen zugrunde gelegt hat. Übrigens könnte schon wegen der von Beobachter zu Beobachter durchaus schwankenden Grenze des »Verständlichen« eine Einteilung nach diesem Gesichtspunkt niemals eindeutig sein. Die Fähigkeit zum psychologischen Verstehen zeigt ja eine bedeutende individuelle Variationsbreite, und sie kann weiter, wie gerade Jaspers immer mit Recht betont hat, geübt werden.

Wir wollen die Tatsache des somatischen Einbruchs nicht überschätzen. Gerade die Psychoanalyse hat gezeigt, daß auch dort noch die Anwendung psychologischer Begriffe zulässig ist, wo man früher physiologische Vorgänge der Erklärung zugrunde gelegt hatte. Und es wäre ganz unrichtig, wenn man etwa sagen wollte, die teils nachgewiesene, teils vorauszusetzende Wirkung des Somatischen auf die seelischen Abläufe gefährde den Bestand einer Psychologie als selbständiger Wissenschaft. Wie immer man aber ihre Bedeutung einschätzen mag — die Tatsache der organischen Einwirkung auf das Psychische besteht zu Recht. Sie ist neben den unbewußten Prozessen die zweite wesentliche Ursache für das notwendige Auseinanderfallen kausaler und verständlicher Zusammenhänge. Und schon aus diesem Grunde könnte das Verstehen niemals die psychologische Methode sein — für das Erklären bedeutet aber weder das Unbewußte noch der somatische Einbruch eine Grenze.

Hier sei noch einer möglichen Erweiterung des Begriffes »Verstehen« gedacht. Man spricht von Verstehen auch dort, wo der Zusammenhang im Unbewußten wurzelt oder über Unbewußtes führt. Man meint die Handlung eines Menschen auch dann aus seinen Grundpositionen, seinen Zielsetzungen verstehen zu können, wenn ihm selbst dieser Zusammenhang nicht bewußt ist, wenn sein Handeln durch unbewußte Triebhaltungen mitbestimmt oder sonstwie nicht durch Bewußtseinsvorgänge determiniert ist. Jaspers spricht hier von »als ob verstandenen« Zusammenhängen. Man versteht dann so, als ob der Zusammenhang als solcher erlebt worden wäre. Logisch betrachtet, ist dies Als-ob-Verstehen eine Kompromißbildung zwischen dem einfühlenden Verstehen und einer Hypothese. Vom ursprünglichen Begriff des Verstehens als eines Nacherlebens führt es also weit ab.

Bei dieser Art des Verstehens darf auch nicht die Rede davon sein, daß es sich um ein »Anschauen« des Auseinanderhervorgehens handle, wie es Binswanger (1922, S. 290) — das Verstehen ist für ihn »das Anschauen einer realen Aufeinanderfolge von Qualitäten« — seiner Theorie des Verstehens zugrunde legt. Ein großer Teil der kausalen psychoanalytischen Zusammenhänge ist auch in diesem zweiten Sinne verständlich. Aber niemand wird meinen, daß man etwa den Übergang von Analerotik zu Geiz oder Pedanterie anschauen könne.

Auf Grund des Wissens um andere verständliche Zusammenhänge werden bei diesem Verstehen im übertragenen Sinne Annahmen über das Vorliegen bestimmter seelischer Zustände gemacht und diese Annahmen ermöglichen dann das Verstehen. Es handelt sich also um Konstruktionen, welche als dem erlebten Zusammenhang analog gedacht sind: erlebte Zusammenhänge werden verallgemeinert, auf Unerlebtes ausgedehnt, der Deutung des seelischen Geschehens als Schemata zugrunde gelegt.

In ihrer extremsten Ausprägung nimmt die verstehende Psychologie (in diesem Sinne) folgende Gestalt an: das Interesse an den psychischen

Vorgängen als solchen tritt zurück gegenüber dem Interesse an den objektiven Bedeutungen, welche sie vermitteln. Es zeigt sich ein Wille zur sinnhaften Deutbarkeit, der letzten Endes nicht nur die Grenzen des Bewußtseins, sondern auch des Seelischen überhaupt überschreiten muß, um endlich im Bereich des objektiven Geistes zu landen. Das Verstehen wird hier immer mehr zu einem Deuten von Sinnzusammenhängen. Schließlich entscheidet über die Zulässigkeit einer Deutung die mögliche Einordnung in »geistige« Zusammenhänge. Das Verstehen formt die psychologische Erfahrung. Von »Sinn« — in dieser Bedeutung — kann aber nur mit Rücksicht auf Werte die Rede sein. Das Verstehen hört damit auf, eine psychologische Methode darzustellen, es liegt hier nicht mehr dasjenige vor, was wir als psychologisches Verstehen kennen gelernt haben, wir befinden uns auf dem Gebiete des Verstehens von Sinngebilden, von Bedeutungen. Daß eine solche Deutungsweise des Psychischen auch die Tatsache des somatischen Einbruchs nicht sieht oder nicht berücksichtigen kann, ist selbstverständlich.

Wir dürfen nicht allgemeine Verständlichkeit voraussetzen und auf Grund dieser willkürlichen Annahme die nichtverständlichen Determinanten ausschalten wollen. Die Aufgabe der empirischen Psychologie ist es gerade, das Seelenleben darzustellen, wie es unabhängig von »Wert« und wertgeborenem »Sinn« abläuft; Werte kommen für sie nur in Betracht, sofern menschliches Denken oder Wollen an ihnen orientiert ist.

Für die psychologische Forschung ist es notwendig, an dem Unterschied von psychologischem und rationalem Verstehen festzuhalten. Nur das erstere kann als psychologisches Verfahren diskutiert werden, und es ist für den Psychologen und den Psychopathologen von der höchsten Wichtigkeit, zu entscheiden, wann er es mit diesem, wann mit jenem zu tun hat. Schon die klinische Alltagserfahrung macht diese Scheidung notwendig — von der Forderung nach begrifflicher Reinlichkeit ganz zu schweigen —, und es ist Kurt Schneider (1922) darin zuzustimmen, daß die Äquivokation, welche der Doppelsinn des Wortes »Verstehen« nahelegt, zu verhängnisvollen Folgen auch für Probleme der speziellen Psychiatrie führen kann.

Auch das teleologische Deutungsschema, welches der »Individualpsychologie« Alfred Adlers (1912, 1920) ihr charakteristisches Gepräge gibt, führt zur Mißachtung des somatischen Faktors, und der Unterschied zwischen Bewußtsein und Unbewußtem wird für sie irrelevant. Aber Adler bleibt doch im Psychologischen und geht nicht über das Seelische ins Reich des irrealen Sinnhaften hinaus, sein Deuten bleibt doch immer ein psychologisches Verfahren.

Von der Psychoanalyse werden, obgleich sie die Grenzen des Seelischen weiter gesteckt hat als ihre wissenschaftlichen Vorgänger, die Einflüsse des Somatischen nicht verleugnet. Ihr Triebbegriff wurzelt im Organischen, und mit Hilfe dieses Begriffs hat sie es unternommen, das seelische Geschehen dem biologischen einzugliedern. Freud hat auf die organische Seite seines Triebbegriffs nachdrücklich hingewiesen (1905). Die Berücksichtigung des phylogenetischen Moments, der Konstitution, der physiologischen Grundlagen der Pubertät und des Klimakteriums, überhaupt der somatischen Entwicklungsvorgänge und auch die Libidotheorie weisen in dieselbe Richtung. Libido im analytischen Sinne meint auch organisches Geschehen. Die Anerkennung und systematische Einordnung des somatischen Einbruchs, die Wirkung körperlicher Vorgänge auf den Libidohaushalt ist ein wesentliches Problem der psychoanalytischen Theorie.

Wenn die Psychoanalyse eine Handlung, ein Symptom als Triebbefriedigung deutet, obgleich dieser Zusammenhang dem Patienten nicht bewußt ist, so kann man zwar diese Deutung als Einordnung in einen Sinnzusammenhang bezeichnen — aber das für die Analyse Wesentliche ist damit nicht gesagt. Nicht daß das Hervorgehen der Triebhandlung aus dem Triebimpuls sinnvoll ist, hat die Psychoanalyse dazu geführt, den Triebbegriff zu erweitern und ihrer Ordnung der seelischen Vorgänge zugrunde zu legen, das Entscheidende für sie war die Möglichkeit, mit Hilfe dieser Annahme Gesetzmäßigkeiten des seelischen Geschehens auf Gebieten zu finden, auf welchen alle Psychologie bisher ein Tappen im dunkeln gewesen war. Kurz gesagt: die psychoanalytische Zugrundelegung von Triebvorgängen ist eine Hypothese.

Das Erlebnis von Zusammenhängen wird von der Psychoanalyse in demselben Sinne zu erklären gesucht wie jedes andere Erlebnis. Wo die Erweiterung des Umfangs psychologischer Erfahrung durch systematische Beobachtungen in der Analyse zu Widersprüchen mit Zusammenhangserlebnissen geführt hat, hat sie diese — mögen sie noch so evident gewesen sein — rücksichtslos fallengelassen und zerstört. Die Freudschen Lehren vom unbewußten Seelenleben sind ein großes Gericht über die Selbsttäuschungen, welche im evidenten Verstehen ihren Ursprung haben. Und der Kampf gegen die Psychoanalyse ist nicht unwesentlich eine Auflehnung der Triebkräfte, welche hinter diesen Evidenzerlebnissen stehen, gegen die naturwissenschaftliche Kontrolle.

Die Psychoanalyse hat uns eine große Zahl von Zusammenhangserlebnissen kennengelehrt, welche der psychologischen Feststellung früher entgangen waren. Diese Zusammenhänge sind uns heute verständlich;

aber nicht alle waren es immer: der Blick für das Verstehen von Zusammenhängen kann ja geschult werden. Vor allem das analogisierende Verfahren, welches der analytischen Deutung des Unbewußten zugrunde liegt (siehe Hartmann, 1927, 5. Kapitel) hat unsere Kenntnis der Zusammenhänge im Seelenleben ungeheuer erweitert. Daß solche psychoanalytische Zusammenhänge auch verständlich sind, kann uns nicht wundernehmen; sie sind ja aus der Psychologie des Bewußtseinslebens auf das Unbewußte übertragen und entsprechen wesentlich der einfühlbaren Folge von Triebimpuls und Triebhandlung. Hierin kann kein Grund erblickt werden, die Psychoanalyse als verstehende Methode anzusprechen: denn diese Folge ist nicht nur einfühlend verständlich, sie ist gleichzeitig einer der wichtigsten Kausalzusammenhänge im Seelischen.

Diesem Gesichtspunkt kommt eine allgemeinere Bedeutung zu. Denn die Aufeinanderfolge zwischen Trieb und Triebhandlung ist ja nicht der einzige verständliche Zusammenhang, der gleichzeitig als kausal aufzufassen ist, sondern es bestehen Kausalzusammenhänge auch zwischen Willensentschluß und Willenshandlung, zwischen Beleidigung und Abwehr, zwischen dem Tod einer nahestehenden Person und der darauf folgenden traurigen Verstimmung, zwischen der Anstößigkeit einer Triebregung und ihrer Verdrängung, zwischen der Verdrängung eines Wunsches und seiner Durchsetzung auf Umwegen und so fort. Hier handelt es sich überall nicht nur um verständliche, sondern auch um kausale Folgen, die zum Teil schon dem vorwissenschaftlichen Denken als solche geläufig sind. Solche vorwissenschaftliche Zusammenhänge hat die Psychoanalyse an ihrem Material immer wieder überprüft, ergänzt, korrigiert, gereinigt, oft auch verworfen; die Gesetzmäßigkeiten, welche sich ihr so ergeben haben, hat sie dann als Hypothesen möglichen Zusammenhängens auf noch unbekannte seelische Gebiete übertragen. Die Bedeutung der analytischen Annahmen besteht aber keinesfalls in einer »höheren Evidenz«, welche sie gegenüber anderen auszeichnen würde. Man vergleiche daraufhin nur etwa die psychoanalytische Auffassung der Trauer oder der Eifersucht mit den sonst gangbaren Erklärungen. Von einem höheren Grad von Verständlichkeit kann da nicht die Rede sein, aber die Erklärung der vorgefundenen Tatsachen hat die Aufstellung dieser Hypothesen durch die Psychoanalyse notwendig gemacht.

Viele Begriffe der Psychoanalyse, und nicht die unwichtigsten, weisen ja auch gar nicht auf verständliche Zusammenhänge hin; so Teile der psychoanalytischen Dynamik und Energetik. Manche Mechanismen, welche uns Freud kennengelehrt hat — denken wir an die Verdichtung, an die symbolische Darstellung — sind als solche unverständlich (sinnhaft ist hier allein die Beziehung der Inhalte) und ebenso die biologisch gemeinten Begriffe der Fixierung oder der Regression. Wenn es noch eines Beweises bedürfte, daß die Psychoanalyse nicht der verstehenden Psychologie zugerechnet werden darf: ein Verstehen des Unbewußten nach Analogie bewußt erlebter Zusammenhänge ist zwar denkbar; niemals aber könnte eine solche analogisierend-verstehende Betrachtung zur Annahme einer besonderen, im Bewußtsein nicht nachweisbaren, Arbeitsweise des Unbewußten führen, wie sie Freud (1915 b) lehrt. Diese Annahme ist nur begreiflich, wenn man sich klargemacht hat, daß ihr Wert ein erklärender ist, daß es sich um eine theoretische Konstruktion handelt.

Die Ablehnung, welche die Psychologie Alfred Adlers (in wesentlichen Teilen) auf Seite der Psychoanalyse gefunden hat, ist keineswegs auf ihre Nicht- oder Minderverständlichkeit zurückzuführen — es ist nicht so, daß hier ein Deutungsschema gegen das andere kämpft —, vielmehr gründet sich diese Ablehnung hauptsächlich auf die Abwendung Adlers vom Biologischen und seine Preisgabe oder Vernachlässigung der Mechanismen; das sind aber Bestandstücke der analytischen Lehre, welche zum Teil nicht sinnhaft deutbar sind.

Ein weiterer Unterschied gegenüber der verstehenden Psychologie: die Psychoanalyse überprüft ihre Lehren an der Erfahrung, für die verstehende Psychologie ist aber die Evidenz ihrer Deutungen maßgebend, sie steht der Kontrolle durch die Induktion fremd gegenüber. Wir sagten schon, daß in der Geschichte der psychoanalytischen Lehren wiederholt Annahmen fallengelassen wurden, nicht etwa weil sie einer sinnhaften Deutung widerstrebten, sondern weil sich die angenommenen Zusammenhänge angesichts einer erweiterten Erfahrung nicht aufrechterhalten ließen. So sah sich Freud infolge der Unzulänglichkeit der ursprünglichen Traumatheorie (als Erklärungsprinzip der Neurosen) gezwungen, die Determinanten der Neurosenentstehung in die Kindheit seiner Patienten zurückverfolgen, und entdeckte dabei die infantile Sexualität. Aber sinnvoll wäre auch die Deutung aus dem traumatischen Erlebnis gewesen, und man kann durchaus nicht sagen, daß die heutige analytische Ansicht von der Ätiologie der Neurosen vor der Traumatheorie ein höherer Grad von Evidenz auszeichnet.

Man hat der Psychoanalyse zum Vorwurf gemacht, daß sie zu viel verstehen wolle. Das würde, nach dem oben gesagten, zunächst wohl heißen: daß sie die Grenzen des Bereichs, innerhalb dessen seelische Vorgänge zur Erklärung herangezogen werden dürfen, zu weit gesteckt habe. Es ist schwer zu entscheiden, ob der Vorwurf berechtigt ist oder nicht; eine Methode, die uns erlauben würde, im Einzelfall eine scharfe Grenze zwischen unbewußtem Seelenleben und organischen Vorgängen zu ziehen, gibt es heute nicht. Auch auf diesem Gebiet ist die Psychoanalyse ein Anfang. Einen Beweis gegen die Annahme von unbewußten seelischen Prozessen darf man aus dieser Schwierigkeit nicht ableiten, denn die Notwendigkeit der Annahme ist anderwärts gut verankert. Man muß sich aber klarmachen, daß auch wenn sich in der psychoanalytischen Literatur bewußte Ansätze dazu finden, den psychologisch nachweisbaren Zusammenhang der Triebvorgänge auf das organisch-biologische Gebiet zu übertragen, es sich hier nicht um die unerlaubte Gebietsüberschreitung einer verstehenden Methode handelt, die in sich widerspruchsvoll wäre, vielmehr um logisch einwandfreie Versuche, die Kenntnis gewisser primitiver psychologischer Mechanismen als Hypothesen an das organisch-biologische Geschehen heranzutragen. Ob ein solcher Versuch fruchtbar sein kann, und wo die Grenzen seiner Anwendungsmöglichkeit liegen, ist aber allein aus Erfahrungen zu entscheiden möglich — die uns heute noch größtenteils fehlen.

Die zuerst von Jaspers ausgesprochene Ansicht, daß es sich bei der Psychoanalyse »tatsächlich um verstehende Psychologie, nicht um kausale Erklärung« (1913) handle, haben wir damit zurückgewiesen. Auch bei Binswanger gewinnt man übrigens den Eindruck, daß er die Freudschen Lehren für die verstehende Psychologie in Anspruch nehmen wolle; sein Begriff des Verstehens ist freilich ein ganz anderer als der Jasperssche.

Schilder (1923) lehnt die Scheidung in kausale und verständliche Zusammenhänge ab. Für ihn gibt es echte und scheinbare Zusammenhänge, die echten sind nach seiner Ansicht gleichzeitig kausale Folgen. Die Schwierigkeit, welche darin gelegen ist, daß uns ja das Verstehen selbst kein Mittel in die Hand gibt, echte von Scheinzusammenhängen zu trennen, bleibt dabei ungelöst. Aber auf der Grundlage einer solchen Begriffsbestimmung, für welche die eigentlichen verständlichen Zusammenhänge mit den kausalen Folgen auf seelischem Gebiet identisch sind, dürfte auch die psychoanalytische Methode eine verstehende — das heißt hier nichts anderes als: eine psychologisch erklärende — genannt werden.

Eine Täuschung über den naturwissenschaftlichen Charakter der Psychoanalyse ist bei denjenigen, welche sich selbst der analytischen Methode bedient haben, schwer zu begreifen; bei jenen, welche sie ausschließlich aus der Literatur kennen, mag vielleicht dem Mißverständnis durch die Freudsche Nomenklatur Vorschub geleistet werden. Von Freud wird nämlich zwischen »sinnvoll« und »kausal determiniert« nicht immer scharf unterschieden; dies erklärt sich so, daß jene psychischen Determinanten, welche Freud bei seiner Analyse der Fehlleistungen, des Traumes, der Neurosen immer wieder begegnet waren, sich eben auch als sinnvoll herausgestellt hatten. Das Ergebnis war: Zusammenhänge nach Art der verständlichen reichen über die Grenze des Bewußtseins hinaus. In dieser Bedeutung verwendet Freud z. B. auch den Ausdruck »unbewußte Motivierung«, oder er spricht von dem »Sinn« der neurotischen Symptome. Aber die Deutung des Symptoms ist doch für Freud immer die Einordnung in den kausalen seelischen Zusammenhang (im Grundfall: von Trieb und Triebbefriedigung); daß diese Beziehung kausal gemeint ist, daran hat Freud keinen Zweifel gelassen. Wenn ein Symptom als — in der Nomenklatur Freuds — »sinnvoll« erkannt ist, so bedeutet das also nichts anderes als die Möglichkeit, ihm einen Platz im (kausalen) seelischen Zusammenhang anzuweisen. Wenn Freud zeigt, daß die Träume, »sinnvolle« Gebilde sind, so ist damit gemeint, daß ihnen unbewußte, aber den bewußten analoge, also (im Grundfall auch) sinnvolle Denkzusammenhänge zugrunde liegen, aus welchen der scheinbar absurde manifeste Trauminhalt bei Kenntnis der Traummechanismen erklärt werden kann. Daß die Annahmen der Psychoanalyse Hypothesen sind und die Methode den naturwissenschaftlichen einzugliedern ist, hat Freud ausdrücklich betont, ebenso daß über die Richtigkeit oder Falschheit der analytischen Lehren nur die Erfahrung entscheiden kann. Es sollte also über den gemeinten Sinn der Freudschen Ausdrucksweise kein Zweifel bestehen.

Die Ansicht, das Verstehen sei die adäquate Methode zur Erfassung der Vorgänge des »höheren« Seelenlebens, ist, wie wir gezeigt haben, falsch. Über die Grenzen des Verstehens und über die Wirklichkeit der verständlichen Zusammenhänge kann nur die Induktion entscheiden — jene Methode des Beweisens, welche in den Naturwissenschaften geübt wird, und welche auch auf dem Gebiete der »elementaren« seelischen Vorgänge die herrschende ist. Auch für den Übergang vom einzelnen zum allgemeinen erweist sich ja die induktive Methode als unentbehrlich: der Schluß vom individuell einleuchtenden Zusammenhang auf seine mögliche allgemeine Geltung ist nur auf diesem Wege zulässig.

Unsere Kritik des psychologischen Verstehens hat uns also eine Bestätigung der Anschauung erbracht: daß nicht nur die Begriffsbildung der Psychoanalyse die der Naturwissenschaften, wie schon früher gezeigt wurde (siehe Hartmann, 1927, 1. Kapitel), sondern auch die wissenschaftliche Zielsetzung, nämlich das Erkennen von Regeln und Gesetzmäßigkeiten, hier wie dort die gleiche ist. Urteile über das Bestehen oder Nichtbestehen von Zusammenhängen sind auch in der Psychoanalyse nur induktiv beweisbar. Und wieder ist der Vorwurf abzuwehren, daß die Psychoanalyse — ungleich der »verstehenden Psychologie« — zur Vereinfachung dränge. Nur vom Standpunkt der verstehenden Methode kann das ein Mangel sein, nicht aber vom Standpunkt einer naturwissenschaftlichen Theorie. Eine verstehende Psychologie könnte ja — Jaspers sagt es mit Recht — niemals, eine erklärende aber muß zur Theorienbildung führen, mögen die von ihr induktiv gefundenen Zusammenhänge überdies verständlich sein oder nicht.

Psychoanalyse ist also: eine induktive Wissenschaft von den Zusammenhängen komplexer seelischer Gebilde. Ihre Sätze sind aus der Erfahrung gewonnen und unterstehen der Nachprüfung durch die Erfahrung. Die induktive Basis, auf welcher ihre Erkenntnisse ruhen, ist schmal, wenn man die Körperwissenschaften zum Vergleich heranzieht, und der Zugang zu experimentellen Bestätigungen schwierig. Wo solche Experimente angestellt wurden, haben aber ihre Resultate die analytischen Lehren gestützt; übrigens sind hier durchaus noch nicht alle Möglichkeiten ausgeschöpft. Jene Schwierigkeiten der Beweisführung sind aber nicht einer Untauglichkeit der analytischen Methode zuzuschreiben, es sind Hemmnisse, mit welchen heute jede Psychologie zu kämpfen hätte, die sich die »volle Inhaltlichkeit« des Seelenlebens zum Gegenstand nehmen wollte. Nur die Vermehrung der Zahl der Beobachter und der Beobachtungen kann uns weiterführen.

Einen Gesichtspunkt, der nicht selten für die Zuwendung zur verstehenden Methode entscheidend gewesen ist, haben wir bisher vernachlässigt. Das Verstehen scheint nämlich im Gegensatz zum Erklären, »in den inneren Zusammenhang einzudringen« (Spranger, 1924, S. 3). Wir dürfen daran erinnern, daß wir schon im Beginn unserer Untersuchungen über die wissenschaftliche Stellung der Psychoanalyse zu dem Resultat gekommen sind, daß keine mögliche wissenschaftliche Psychologie die erlebte Unmittelbarkeit ihres Ausgangsmaterials bewahren kann, und daß jede das scheinbar »tiefere Eindringen« in den Gegenstand, welches dem Erleben zukommt, ihrem Ziel als Wissenschaft zum Opfer bringen muß. Was wir dafür gewinnen, ist: gesicherte, systematische Erkenntnis. Wenn hier von »Resignation« gesprochen wird, so müssen wir sagen, daß die wissenschaftliche Betrachtung in der Psychologie wie auch sonst »Resignation« nur vom Standpunkt des Erlebenden bedeutet. Eine Auffassung übrigens, die dem Primitiven — er »versteht«, auf dem animistischen Standpunkt, auch Veränderungen in der unbelebten Natur — ein »tieferes Eindringen« in die Naturvorgänge (im Sinne nicht etwa eines tieferen Erlebens, sondern einer tieferen Erkenntnis!) beimißt als der

Wissenschaft, muß schon aus diesem Grunde als schwer annehmbar erscheinen.

Der Anwendungsbereich des Kausalprinzips umfaßt auch das seelische Gebiet. Man darf nicht, wie z. B. O. Schwarz (1925) es tut, das Verstehen als die Methode der Psychologie dem kausalen Erklären der Naturvorgänge gegenüberstellen, indem man Kausalität auf die Welt des Quantifizierbaren beschränkt und als »die spezifische Kategorie des physikalischen Denkens« bezeichnet: denn das Reich des Kausalprinzips beschränkt sich nicht auf das Anwendungsgebiet von Kausalgleichungen. Die teleologische Deutung, deren sich auch die Psychoanalyse bedient, vor allem aber die Individualpsychologie Alfred Adlers, indem seelische Vorgänge aus ihren Zielen begriffen werden, welche entweder bewußt gesetzt sein können, oder unbewußt sind — Zielvorstellungen können auch aus dem Unbewußten wirksam sein — widerspricht nicht der kausalen Erklärung. Ganz allgemein kann in der Biologie für die kausale Forschung die Beurteilung eines Vorgangs unter teleologischen Gesichtspunkten ein methodisch wertvolles Prinzip sein, »die Aufweisung der Ganzheitsbeziehungen, der Zweckmäßigkeiten ermöglicht die erste kausale Verknüpfung von Teilen mit dem Ganzen« (Max Hartmann, 1925, S. 24).

Fassen wir zusammen: Wir haben das Verstehen als die Methode der Psychologie abgelehnt, seine Grenzen aufgezeigt und nachgewiesen, warum es zu Fehlerquellen für die psychologische Erkenntnis führen muß, deren Ausschaltung nur der induktiven Beweisführung gelingen kann. Damit soll nun keineswegs die Wertlosigkeit des Verstehens für die Psychologie dekretiert sein. Viele verständliche Zusammenhänge (auch »als ob verstandene«) sind tatsächlich auch Kausalzusammenhänge. Wir dürfen ja nicht vergessen, daß das Hervorgehen der Willenshandlung aus dem Willensakt das Vorbild nicht nur der verständlichen sondern auch der kausalen Beziehung ist. Der Kausalitätsbegriff aber — und das ist das Entscheidende — hat sich von seinem Ursprung im Kausalitätserlebnis befreit, dies Erlebnis gilt nicht mehr als Kriterium kausalen Zusammenhängens. Als Hypothesen sind uns verständliche Zusammenhänge vielfach unentbehrlich — ihre Geltung aber muß in jedem Falle durch die Erfahrung verifiziert werden. Keine Psychologie des »höheren« Seelenlebens kann das Verstehen vollständig ausschalten, aber sie darf sich seiner, sofern sie Wissenschaft ist, nicht bedienen, ohne die Grenzen seiner Zuverlässigkeit festgestellt zu haben. Diese Grenzen zu erkennen und damit den Bereich zu bestimmen, innerhalb dessen verständliche und kausale Zusammenhänge zusammenfallen können, ist eine der wesentlichen Aufgaben der Psychoanalyse.

19. KAPITEL

EIN EXPERIMENTELLER BEITRAG
ZUR PSYCHOLOGIE DER ZWANGSNEUROSE

Über das Behalten erledigter und unerledigter Handlungen

(1933)

Die Frage, ob und inwiefern das Erledigtsein oder Unerledigtsein von Handlungen, Wünschen, Gedanken für ihre Reproduktion von Bedeutung ist, wurde auf einem Sondergebiet — in der Psychologie des Traumes — schon lange diskutiert. In einer 1886 erschienenen Arbeit von W. Robert heißt es: »Die Ursachen (der Träume) sind immer dieselben: Aufnahme von geistig unverarbeiteten Sinneseindrücken oder unvollendete Gedankenarbeit«; »Träume sind Ausscheidungen von im Keime erstickten Gedanken«; »Es werden nie Dinge, die man voll ausgedacht hat, zu Traumerregern, immer nur solche, die einem unfertig im Sinne liegen oder den Geist flüchtig streifen.« Der Autor deutet seine Beobachtung im Sinne einer Theorie, die dem Traum eine entlastende Funktion zuschreibt: der Traum hat heilende Kraft, er ist ein Sicherheitsventil unseres Geistes; »ein Mensch, dem man die Fähigkeit nehmen würde zu träumen, müßte in gegebener Zeit geistesgestört werden, weil sich in seinem Hirne eine Unmasse unfertiger, unausgedachter Gedanken und seichter Eindrücke ansammeln würde, unter deren Wucht dasjenige ersticken müßte, was dem Gedächtnis als Fertiges, Ganzes einzuverleiben wäre«.

Denselben Gesichtspunkt finden wir noch schärfer betont bei Y. Delage (1891). Der Autor geht von den folgenden Beobachtungen aus: »En règle générale, les idées qui ont obsédé l'esprit pendant la veille ne reviennent pas en rêve« und: »La condition fondamentale pour qu'une impression provoque un rêve est donc que l'esprit en ait été détourné presque aussitôt après l'avoir perçue, ou qu'il ait été naturellement distrait au moment de la perception. Cet état de distraction de l'esprit peut être poussé si loin que la perception ait été tout à fait inconsciente, au point de ne laisser aucune trasse dans le souvenir. On comprend que, dans ce cas, le rêve paraisse s'être formé spontanément et de toutes pièces.«

Das Stück Theorie, das Delage zur Einordnung dieser Befunde heranzieht, lautet: »Chaque sensation, chaque idée contient en elle une certaine dose d'énergie qu'elle dépense en occupant la pensée; si notre attention est détournée d'elle la dépense s'arrête; moins cette dépense a été forte, plus le reste dispensible est grand. Pendant le sommeil, l'attention n'est plus ni dirigée par la volonté ni détournée par des sensations nouvelles, et nous sommes livrés à nos impressions anciennes qui sortent de leur état d'inhibition passagère et, chacune avec l'énergie qui lui reste, tendent à reprendre leur évolution interrompue.« Die unerledigten Eindrücke bilden »des ressorts tendus« und »il peut y avoir plus de force dans un petit ressort bandé à fond que dans un plus grand qui a presque repris sa position d'inertie.« »En somme, nos impression sont des accumulateurs d'énergie« und hieraus folgt für den Autor ein Rat zur Vermeidung von Angstträumen: »Si vous craignez leur fluide, il est prudent de les décharger avant de vous endormir.«

Ein Beispiel aus der Arbeit von Delage sei hier angeführt, das auch für unsere späteren Überlegungen von besonderem Interesse ist, weil das »Unerledigte« hier durch eine Zwangsbefürchtung repräsentiert wird: »Un de mes cousins, jeune homme d'un tempérament très nerveux, va souvent à la chasse accompagné de son jeune frère. Parfois au moment de tirer, une vive impression traverse son esprit comme un éclair: son frère n'est-il pas dans la direction du coup de fusil? Mais comme le frère est là, à ses côtés, à l'abri de tout danger, l'idée s'évanouit aussitôt. Souvent la nuit il rêve l'avoir tué à la chasse. Un jour le danger fut réel, non pour le frère, mais pour une vieille femme que le chasseur n'avait pas aperçue. Le coup de fusil passa juste au-dessus de sa tête. Cette fois l'émotion fut terrible. Toute la journée il ne cessa d'y penser, et le soir dans la famille on ne parla pas d'autre chose. Jamais en rêve il n'a revu cet incident.«

Es ist bekannt, daß Freud (1900) — der auch die beiden erwähnten Autoren zitiert — die Beobachtungen, die dort zur Grundlage der Theorienbildung gemacht sind, zum Teil bestätigt und sie in seine Lehre vom Traum eingebaut hat. Freilich spielen sie im Gesamtbau der Freudschen Traumtheorie eine bescheidenere, nicht die strukturell zentrale Rolle. So heißt es in der »Traumdeutung«: »Das Unbewußte umspinnt mit seinen Verbindungen vorzugsweise jene Eindrücke und Vorstellungen des Vorbewußten, die entweder als indifferent außer Beachtung geblieben sind, oder denen diese Beachtung durch Verwerfung alsbald wieder entzogen wurde« (S. 480) und an anderer Stelle (S. 475): »Die psychischen Intensitäten, welche durch diese Reste des Tageslebens in den Schlafzustand eingeführt werden, zumal aus der Gruppe des Ungelösten, braucht man nicht zu unterschätzen. Sicherlich ringen diese Erregungen auch zur Nachtzeit nach Ausdruck, und ebenso sicher dürfen wir annehmen, daß der Schlafzustand die gewohnte Fortführung des Erregungsvorganges im Vorbewußten und deren Abschluß durch das Bewußtwerden unmöglich macht.« Aber jeder Tagesgedanke muß sich den Anschluß an einen infantilen verdrängten Wunsch verschaffen können, um Zutritt in den Traum zu erlangen. Zur Frage, ob im Traum nichterledigte Wünsche traumbildend wirken können, meint Freud: »Die Kinderträume lassen ja keinen Zweifel darüber, daß ein bei Tage unerledigter Wunsch der Traumerreger sein kann. Aber es ist nicht zu vergessen, das ist dann der Wunsch eines Kindes, eine Wunscherregung von der dem Infantilen eigenen Stärke. Es ist mir durchaus zweifelhaft, ob ein am Tage nicht erfüllter Wunsch bei einem Erwachsenen genügt, um einen Traum zu schaffen« (S. 472).

Wir können diesen Gedanken nicht weiter verfolgen. Für unseren Zweck muß es genügen, darauf hingewiesen zu haben, welche Bedeutung der Reproduktion des Unerledigten in der heutigen Traumlehre zuerkannt wird.

In tachistoskopischen Versuchen (Expositionsdauer 1/100 Sekunden) konnte dann Pötzl (1917) in der Mehrzahl der Fälle (bei neun Versuchspersonen von zwölf) einen deutlichen Einfluß der am Traumtag exponierten Bilder auf die Gestaltung des manifesten Traumes nachweisen. Unmittelbar nach Exposition der Bilder wurde in einem Protokoll alles fixiert, was die Versuchspersonen über ihre Wahrnehmungen angeben konnten; ein zweites Protokoll hält die Einfälle des Tages dazu fest. Aus der Gegenüberstellung mit den Träumen der danach folgenden Nacht ergab sich, daß gerade die Bildelemente im Traum formgetreu und gut erkenntlich erschienen, die in den Protokollen nicht vorkamen, also bei der Exposition scheinbar völlig unbemerkt geblieben und den Versuchspersonen auch nachträglich nicht eingefallen waren. »Es bestand eine exklusive Beziehung, vermöge deren dasjenige, was einmal als gestaltet psychisch gegeben war, von der nächsten Entwicklung ausgespart blieb, so daß nur Teilquanten der originalen Erregung entwickelt werden konnten und mit der einmal geschehenen gestaltlichen Entwicklung die fortwirkende Kraft verlorenging« (S. 117).

Über ähnliche Versuche mit teilweise veränderter Fragestellung haben später Malamud und Linder (1931) berichtet. Der Gedankengang, von dem die Autoren ausgehen, ist etwa folgender: wenn Elemente einer Situation nicht wahrgenommen oder vergessen werden und dieselben Elemente dann in den Träumen der folgenden Nacht als zusammenhängend mit bestimmten verdrängten Erregungen nachgewiesen werden können, versteht man den Mechanismus jenes Vergessens oder Nichtwahrnehmens. Die Versuche ergaben, daß manche Bildelemente erschienen, die in der Beschreibung des bei der Exposition Wahrgenommenen ausgelassen worden waren. Diese in den Protokollen ausgelassenen Elemente scheinen in bestimmter Beziehung zu früheren Erlebnissen der Versuchsperson, häufig zu ihren zentralen Konflikten zu stehen. Offenbar können aber Erlebnisse während des dem Traum vorhergehenden Tages, sofern sie zu komplexen Elementen in Verbindung treten, die Ergebnisse beeinflussen.

Bis zu einem gewissen Grad werden unsere Probleme auch durch die Arbeit von Allers und Teler (1924) berührt, die eine experimentelle Antwort auf die Frage suchen, ob in unserem bewußten Gedankenablauf der Einfluß von »Unbemerktem« nachweisbar sei. Die Versuchsanordnung war hier: tachistoskopische Bildexposition (Expositionsdauer 4/100 Sekunden, also wesentlich länger als in den Versuchen von Pötzl), Protokolle über die Wahrnehmungen der Versuchsperson, Assoziationsversuch am darauffolgenden Tage; neben indifferenten Reizworten wurden solche gewählt, die sich auf Elemente der dargebotenen Bilder bezogen, welche in den Protokollen nicht namhaft gemacht waren. »In der dargebotenen Wahrnehmungsmannigfaltigkeit objektiv vorhandene Elemente, welche von den Wahrnehmenden in der unmittelbar nach der Darbietung gelieferten Beschreibung nicht erwähnt werden, erscheinen unter dem Einfluß geeigneter Reizworte bildhaft in den zwischen Reiz- und Reaktionswort sich einschiebenden Darstellungen, ohne in diesem Augenblick oder auch nachher als ehemals wahrgenommen, d. i. eben als Elemente der seinerzeitigen Darstellung erkannt zu werden« (S. 141). Für die Auswahl des Wahrgenommenen ist, nach Ansicht der Autoren, infolge der Einstellung der Versuchsperson auf Wiedergabe, die Wortnähe, die Benennbarkeit der Elemente von Bedeutung.

Im Gegensatz zu den Traumversuchen von Pötzl traten hier in den Darstellungen der Versuchsperson die deutlich aufgefaßten Bildelemente immer hervor. Wie weit dies mit den Besonderheiten des Traumvorgangs zusammenhängen mag, soll hier nicht diskutiert werden. Allers und Teler meinen, daß der Unterschied der Ergebnisse möglicherweise auf die verschiedene Expositionszeit zurückzuführen sein könnte [1].

Im Rahmen einer weiter gespannten Untersuchungsreihe Kurt Lewins zur Handlungs- und Affektpsychologie hat B. Zeigarnik (1927) sich mit der Frage der Auswirkung aktueller bedürfnisartiger Spannungen auf gewisse Gedächtnisleistungen beschäftigt. Es war die Frage zu beantworten, wie sich die Erinnerung an Handlungen, die vor ihrer Beendigung unterbrochen worden sind, zum Behalten beendeter Handlungen verhält.

---

[1] Neuere Untersuchungen haben die Erforschung einiger in der Einleitung zu diesem Aufsatz berührter Probleme beträchtlich gefördert. Ein Überblick über die neue Literatur bei Charles Fisher (1960).

Jede Versuchsperson erhielt teils Aufgaben, die bis zu Ende durchzuführen waren, teils solche, die vor Beendigung unterbrochen wurden. Um etwaige Unterschiede, die mit der Eigenart der Aufgaben zusammenhängen könnten, auszuschalten, wurden die Aufgaben auf die verschiedenen Versuchspersonen so verteilt, daß schließlich jede Aufgabe ebensooft als erledigt wie als unerledigt vorkam.

Der Quotient aus den behaltenen unerledigten (BU) und den behaltenen erledigten Aufgaben (BE) ist ein Maß für die Bevorzugung oder Benachteiligung einer dieser Gruppen bei der Reproduktion. Lewin und Zeigarnik konnten nun zeigen, daß die unerledigten Aufgaben durchschnittlich um 90 % besser behalten werden als die erledigten, das heißt,

das arithmetische Mittel von $\dfrac{BU}{BE}$ beträgt 1,9.

Die Autoren geben ihren Befunden die folgende theoretische Grundlage: »Im Augenblick, wo die Versuchsperson sich vornimmt, auf Grund der Instruktion die Aufgabe auszuführen, entsteht ein Quasibedürfnis, das von sich aus zur Erledigung der Sache drängt. Dynamisch gesprochen, entspricht dieser Vorgang dem Entstehen eines gespannten Systems, das nach Entspannung tendiert. Die Erledigung der Aufgabe bedeutet dann eine Entladung des Systems, eine Entspannung des Quasibedürfnisses. Wird eine Aufgabe unterbrochen, so bleibt eine Restspannung übrig, das Quasibedürfnis ist nicht befriedigt.« Als Ursache der Bevorzugung unerledigter Handlungen bei der Reproduktion ergibt sich also das Fortbestehen eines »Quasibedürfnisses«. Die Reproduktion spielt hier die Rolle eines Indikators für die bedürfnisartige Spannung.

Wir erinnern uns bei dieser theoretischen Fassung der Tatsachen an die dynamisch-energetischen Begriffe der Psychoanalyse, aber auch an die »ressorts tendus«, von welchen bei Yves Delage die Rede war. Zeigarnik schreibt: »Wie solche Spannungen sich in dem anscheinend ganz andersartigen Vorgang der Reproduktion äußern sollen, läßt sich nur aus einer allgemeinen Theorie der seelischen Dynamik ableiten, die insbesondere zu entscheiden hätte, ob es sich im Reproduktionsvorgang zugleich um ein Entladen der einzelnen Spannungen handelt.« Es gibt aber eine solche allgemeine Theorie der seelischen Dynamik — die psychoanalytische —, die uns für bestimmte Gruppen von Erlebnissen ihre energetischen Beziehungen zur Reproduktion aufzuklären vermag. Freud (1920) geht von der Beobachtung aus, daß die Träume der traumatischen Neurotiker diese immer wieder in die Unfallssituation zurückführen. Dieser Umstand widerspricht offenkundig der Tendenz zum Lustgewinn und zur Unlustvermeidung, die uns sonst ein zweckdienlicher Leitfaden von sehr weitgehender Anwendbarkeit zum Verständnis seelischer Zusammenhänge ist. Wir haben es mit einer Auswirkung des von Freud so genannten Wiederholungszwanges zu tun. Die traumatische Neurose wird als Folge einer Durchbrechung des Reizschutzes verstanden, und die Träume der Unfallsneurotiker »suchen die Reizbewältigung unter Angstentwicklung nachzuholen«. Von demselben Gesichtspunkt her ist auch das Wiederholungsmoment im Kinderspiel zu verstehen. Die Reproduktion steht auch hier im Dienste der Erlebnisbewältigung. Das Kinderspiel ist ein »Assimilationsverfahren durch Wiederholung« (Waelder, 1932). Aus diesen beiden Beispielen ergibt sich zwingend, wie der Reproduktionsvorgang in den Dienst der Entladung von Spannungen treten kann. Wir wollen aber darüber nicht vergessen, daß nicht jede Wiederholung im Seelischen unter den psychoanalytischen Begriff des Wiederholungszwanges fällt.

Die Versuche von Zeigarnik haben weiter ergeben, daß die verschiedene Auffassung des Abfragens den Reproduktionswillen und damit auch das Verhältnis von BU zu BE beeinflußt. Es zeigte sich auch, daß Versuchspersonen, die charakterologisch als relativ unbeherrscht anzusehen sind, ein besonders starkes Überwiegen von BU über BE aufweisen. Bei Kindern ist der Quotient $\dfrac{BU}{BE}$ höher als bei Erwachsenen. »Je ungebrochener die Bedürfnisse des Menschen sind, je weniger er auf die Stillung des Bedürfnisses verzichten kann, je ›kindlicher‹ und natürlicher er im Versuch steht, desto stärker ist bei ihm das Überwiegen der unerledigten Handlungen.« Für die einzelne Versuchsperson besteht eine sehr starke Konstanz der $\dfrac{BU}{BE}$-Werte. Schließlich: entscheidend für die Bevorzugung bei der Reproduktion ist das innere Erledigtsein der Aufgabe, nicht das äußere Fertigsein.

W. Schlote (1930) hat die Versuche von Zeigarnik nachgeprüft. Der Autor findet, »daß die unvollendeten Handlungen insofern eine bevorzugte Stellung den vollendeten Handlungen gegenüber einnehmen, als die einer unvollendeten Handlung entsprechende Tätigkeit die Tendenz zeigt, bei sich bietender Gelegenheit wieder ins Bewußtsein einzutreten, und daß dieser Wiedereintritt weit schneller und sicherer vor sich geht als bei erledigten Handlungen. Naturgemäß muß sich bei Wirksamkeit einer solchen Tendenz diese bevorzugte Stellung auch in besserem Behalten äußern«. Als Ursache des besseren Behaltens unerledigter Handlungen läßt Schlote — der sich eng an die psychologischen Auffassungen von Ach anschließt — lediglich die Wirksamkeit der auf Realisierung der Zielvorstellung gerichteten determinierenden Tendenzen gelten. Auf die Einwände, die der Autor gegen den Lewinschen Begriff des Quasibedürfnisses, gegen die Methode und zum Teil auch gegen die Ergebnisse der Versuche von Zeigarnik erhebt, können wir an dieser Stelle nicht eingehen.

Die Versuche, über deren Ergebnisse ich im folgenden berichten will, haben die Reproduktion erledigter und unerledigter Handlungen bei Zwangsneurotikern zum Gegenstand. Es schien mir aus verschiedenen Gründen von Interesse, das Verhalten der Zwangsneurotiker gegenüber der gekennzeichneten Fragestellung zu untersuchen. Vor allem ist es die Unabgeschlossenheit oder Abschlußunfähigkeit des Denkens, die von verschiedenen Autoren mit Recht als für die Zwangskranken charakteristisch hervorgehoben wurde, welche die Erwartung nahelegte, es könnten die »gespannten Systeme« hier ein gegenüber dem normalen verändertes Verhalten aufweisen, das sich möglicherweise auch im Experiment dokumentieren würde. Von hier aus könnte vielleicht auch einiges Licht fallen auf die Tendenz zur Wiederholung, die ein bekanntes, aber noch nicht vollkommen verstandenes Wesensmerkmal der Zwangsneurose bildet. Daß diese Tendenz zur Wiederholung sich — wir möchten einschränkend sagen: zum Teil — diesseits und nicht jenseits des Lustprinzips abspielt und daher nicht restlos mit dem Wiederholungszwang im Sprachgebrauch der Psychoanalyse gleichgesetzt werden soll, hat Federn vor kurzem richtig hervorgehoben. Doch ist auch die Wirkung des echten Wiederholungszwanges in der Zwangsneurose unverkennbar.

Die Versuchsanordnung schließt sich an die von Zeigarnik mitgeteilte Methodik an (1927). Die Versuchspersonen bekamen folgende Aufgaben: 1. Ein Gedicht aufschreiben. 2. Aus Plastilin einen Kopf kneten. 3. Eine Blumenvase zeichnen. 4. Eine Adresse in Druckschrift schreiben. 5. Einen Plan von Wien zeichnen. 6. Aus einer größeren Zahl von Pappdreiecken je zwei zu einem Viereck passende zusammensetzen. 7. Innerhalb eines Quadrates in bestimmtem Abstand Löcher stechen. 8. In einem Satz alle l und n ausstreichen. 9. Aus vier Wörtern einen sinnvollen Satz bilden. 10. Von 90 bis 49 rückwärts zählen. 11. Eine Multiplikation (5457×6337). 12. Zehn Städte aufschreiben, die mit L beginnen. 13. Eine Streichholzaufgabe. 14. Aus Papier eine Spirale schneiden. 15. Ein Paket machen. 16. Drei berühmte Männer, drei Werke, drei Städte, drei Tiere, drei Pflanzen mit dem Anfangsbuchstaben K aufschreiben. 17. Ein Puzzle lösen. 18. Einen auf einer Ecke stehenden Würfel zeichnen. 19. Ein angefangenes Wabenmuster fortsetzen. 20. Eine zerschnittene Postkarte zusammensetzen. 21. Nadeln einer bestimmten Art aus einer größeren Menge heraussuchen. 22. Papierstreifen der

Länge nach ordnen. 23. Flechten. 24. Zehn Hauptworte ohne e und r aufschreiben. — Die Hälfte der Aufgaben wurde bis zu Ende durchgeführt, bei den anderen wurde die Versuchsperson vor Beendigung unterbrochen. Die von der ersten Versuchsperson beendigten Aufgaben wurden bei der nächsten unterbrochen usw. — Der Berechnung wurden nur die spontan eingefallenen Aufgaben zugrunde gelegt (über die Gründe dafür siehe bei Zeigarnik, S. 39).

Die Versuche wurden zunächst zur Kontrolle an 5 gesunden Versuchspersonen durchgeführt. Dabei konnte ich das von Zeigarnik gefundene Überwiegen von BU über BE durchwegs bestätigen. Der Quotient $\frac{BU}{BE}$ betrug bei den 5 gesunden Versuchspersonen: 1,75, 1,50, 1,43, 1,25, 1,50; das arithmetische Mittel 1,48. Diese Werte bleiben immerhin hinter den von Zeigarnik angegebenen nicht unbeträchtlich zurück. Worauf dieser Unterschied der Ergebnisse im allgemeinen zurückzuführen ist, weiß ich nicht. Vielleicht ist es aber nicht uninteressant hervorzuheben, daß es sich bei der Versuchsperson 4, die den niedrigsten Wert von $\frac{BU}{BE}$ aufweist, um eine Persönlichkeit handelt, die einigermaßen autistisch ist und charakterologisch dem Zwangstypus nahesteht. Sieht man bei der Berechnung von dieser Versuchsperson ab, so erhöht sich das arithmetische Mittel auf 1,55.

Die Versuche mit Zwangskranken wurden an 9 Versuchspersonen durchgeführt. Ihre zahlenmäßigen Ergebnisse sind in der folgenden Tabelle zusammengefaßt.

Versuchsperson	BU	BE	$\frac{BU}{BE}$
Lö	9	10	0,90
Ep	8	8	1,00
See	4	4	1,00
May	7	5	1,40
Mr	8	8	1,00
Sp	9	7	1,28
Bl	6	7	0,86
Er	3	7	0,43
Li	4	2	2,00
Arithm. Mittel	6,4	6,4	1,10 *

* $\frac{a \cdot M \cdot BU}{a \cdot M \cdot BE}$ ist nicht gleich dem Durchschnitt von $\frac{BU}{BE}$

Der Wert von $\frac{BU}{BE}$, den wir an gesunden Versuchspersonen als 1,48

festgestellt hatten, beträgt bei Zwangsneurotikern 1,10. *Zwangsneurotiker reproduzieren unerledigte Handlungen nicht wesentlich besser als erledigte.*

Der relativ hohe Wert des Quotienten bei Person IX, der einigermaßen aus der Reihe fällt, ließ sich aus den Angaben der Versuchsperson während des Versuches und nachher nicht aufklären. Es war daran zu denken, ob nicht die Auffassung, die sich die Versuchsperson vom nachträglichen Aufzählenlassen der Aufgaben zurechtgelegt hatte, dabei eine Rolle gespielt hat. Die Versuche von Zeigarnik haben ergeben, daß Versuchspersonen, für die das Aufzählen ein bloßes Erzählen bedeutet, im

allgemeinen einen höheren Wert von $\frac{BU}{BE}$ aufweisen als solche, von wel-

chen das Aufzählenlassen als Gedächtnisprüfung aufgefaßt wird. Nun gehört aber Person IX zu der letzteren Gruppe — ein Umstand, der übrigens nicht nur den Wert des Quotienten, sondern auch die geringe Zahl der behaltenen Aufgaben (BU + BE = 6) als regelwidrig erscheinen läßt. Außer ihr gehören diesem Typus, der das Aufzählenlassen als eine Prüfung des Gedächtnisses auffaßt, noch Person I, V, VIII an. Die Werte von BU + BE sind bei ihnen: 19, 16 und 10, im Durchschnitt also 15. Wenn man aber IX in die Berechnungsgrundlage einbezieht, ergibt sich BU + BE = 12,9, gegenüber BU + BE = 13 im Durchschnitt der Ver-

treter des anderen Typus. Auch die Werte für $\frac{BU}{BE}$ unterscheiden sich

dann nur unwesentlich (1,08 gegenüber 1,11).

Die beiden erwähnten Gruppen differieren also weniger als in Zeigarniks Versuchen an gesunden Versuchspersonen; offenbar spielt bei Zwangskranken die Auffassung des Aufzählens als einer Gedächtnisprüfung im Rahmen der den Versuchen gegenüber eingenommenen Gesamthaltung keine nennenswerte Rolle. Wir müssen auch daran denken, daß

die Verschiedenheit von $\frac{BU}{BE}$ bei den beiden Gruppen nach Zeigarnik

wesentlich durch die Verschiedenheit der Werte von BE zustande kommt, die sich in dem einen Fall mehr, in dem anderen weniger an die Werte von BU annähern (siehe S. 37), und daß ja bei den von uns untersuchten Zwangsneurotikern ein wesentlicher Unterschied von BU und BE (im Durchschnitt) nicht nachweisbar war.

Der Versuch wurde von allen Versuchspersonen als Intelligenz- oder Eignungsprüfung oder als diagnostisches Hilfsmittel aufgefaßt. Er soll der Feststellung dienen, »ob mein Geist gelitten hat« (Person II), »ob ich normal bin« (Person IV); »Sie zweifeln an meiner Intelligenz!« (Person III); »es ist so wie die Fingerabdrücke bei den Verbrechern« (Person VI). Es sei so wie bei der Stellenvermittlung (Person VIII); es handle sich um eine psychotechnische Prüfung (Person VII). Person I, V und IX sagen: »Intelligenzprüfung«.

Person I, II, IV, V und VII erklären spontan, die Untersuchung mache sie »nervös«. V sagt: »Ich bin so aufgeregt. Angstgefühle habe ich und Herzklopfen, als ob mir's würde herausspringen vor lauter Furcht.«

Zeigarnik hat gefunden, daß sich bei den »aufgeregten« unter ihren gesunden Versuchspersonen keine Bevorzugung der unerledigten Handlungen nachweisen läßt. Bei unseren Zwangsneurotikern hat das manifeste »Nervöswerden« während des Versuches und durch den Versuch keine — oder richtiger keine nennenswerte — Verminderung des Wertes von $\dfrac{BU}{BE}$ gezeitigt. Er beträgt bei dieser Gruppe 1,03, gegenüber 1,18 bei der anderen Gruppe, deren Vertreter während dem Versuch oder nachher keine »Nervosität« in diesem Sinne zeigten oder angaben. Angesichts der Schwierigkeit, diesen Faktor des »Nervöswerdens« einigermaßen sicher abzugrenzen, möchte ich jedoch dieser Abweichung von den Befunden Zeigarniks keine sehr wesentliche Bedeutung beimessen.

Die Mehrzahl unserer Versuchspersonen gibt nachträglich spontan an, sie hätten das Gefühl, eine mangelhafte Leistung vollbracht zu haben, oder sie hätten das Gefühl einer allgemeinen Unfähigkeit, oder auch, sie zweifelten an der Richtigkeit der Aufgabelösungen (II, III, VII, VIII, IX). So Person VII: »Das erste Mal bin ich niemals sicher ... bestimmt habe ich es nicht gut gemacht!« Oder IX: »Ich habe das Gefühl, ich hätte es besser machen sollen!« Oder VII: »Habe ich es richtig gemacht? Das ist doch sicher ganz falsch!« Solche Äußerungen finden sich auch nach den einzelnen Aufgaben. Auch die Absicht, die Aufgabe wiederaufzunehmen, wird gelegentlich ausgesprochen.

In den Untersuchungen von Zeigarnik hat sich gezeigt, daß eine Reihe von Versuchspersonen gewisse Aufgaben trotz »objektivem« Fertigsein als subjektiv unerledigt erlebt; ferner daß manche bei subjektiv fertigen Aufgaben doch mit ihrer Leistung unzufrieden sind. Diese Aufgaben wurden *besser behalten* als die sonstigen erledigten Aufgaben. Wir haben aber gesehen, daß ein solches Verhalten der Versuchspersonen bei Zwangsneurotikern die Regel bildet. Jener Befund würde also gut mit der Tatsache übereinstimmen, daß sich bei Zwangskranken die Werte von BU und BE weniger unterscheiden als bei Gesunden. Vergleicht man aber innerhalb unserer Reihe die Versuchspersonen, die angeben, mit ihren Leistungen unzufrieden zu sein, mit den übrigen, so ergeben sich keine wesentlichen Unterschiede (1,06 gegen 1,14). Freilich ist es gut denkbar, daß solche Merkmale wie »Unzufriedenheit mit der Leistung« in den Aussagen unserer Versuchspersonen keinen adäquaten Ausdruck gefunden haben. Zeigarnik erklärt die Tatsache, daß erledigte Aufgaben, mit welchen ihre Versuchspersonen unzufrieden waren, besser behalten wurden, als es bei erledigten Aufgaben sonst der Fall war, mit dem Umstand, »daß die Versuchsperson subjektiv sich in einer ähnlichen Situation befindet wie nach dem Unterbrochenwerden. Es entsteht bei ihr das Bedürfnis, die Aufgabe zu wiederholen.« Jedenfalls wollen wir festhalten, daß dem subjektiven Unerledigtsein einer Handlung und der Tendenz zur Wiederholung ein Einfluß auf die Reproduktion zuerkannt werden muß.

Wie verhält es sich nun mit diesem »Bedürfnis, zu wiederholen« bei unseren Versuchspersonen? Damit kehren wir zur Psychologie der Zwangsneurose zurück. Die Tendenz zur Wiederholung spielt im Krankheitsbild der Mehrzahl unserer Versuchspersonen eine große Rolle (so der Zwang, das Genähte wieder aufzutrennen (Person I), auf der Straße immer wieder umzukehren (II), alles zweimal zu tun (IV) usw.); daneben auch die Zweifelsucht und die zwanghafte Unentschlossenheit. Auf das übrige Symptomenbild will ich hier nicht eingehen. Vergleicht man die Fälle, in deren Krankheitsbild die erwähnten Symptomgruppen eine dominierende Rolle gespielt haben (sie decken sich nur zum Teil mit denjenigen, die angaben, mit ihrer Leistung unzufrieden zu sein), mit den anderen, bei welchen sie weniger deutlich hervorgetreten sind, hinsichtlich des untersuchten Verhaltensmerkmals (Quotient $\frac{BU}{BE}$), so zeigt sich allerdings ein merklich geringerer Wert bei den ersteren (0,93 gegenüber 1,43). Dieser Unterschied ist groß genug, um unsere Beachtung zu verdienen. Er spricht klar für die Wirkung der Wiederholungstendenz und des subjektiven Unerledigtseins auf die Reproduktion.

Es war vor allem Friedmann (1920), der das Moment der Unabgeschlossenheit oder Abschlußunfähigkeit des Denkens in das Zentrum einer Theorie der Zwangsneurose gestellt hat. Der Denkzwang erscheint hier als Folge der logischen Abschlußunfähigkeit von Zweifel, Sorge, Erwartung.

Heute wissen wir — durch Freud — mehr über Struktur und Genese der Zwangsneurose, wenn diese Krankheit auch immer noch »als Problem unbezwungen ist« (Freud); wir haben auch eine bessere

Einsicht in die Natur der zwangsneurotischen Wiederholung. Die Rolle, die der »Wiederholungszwang« (im strengen Sinne) in der Zwangsneurose spielt, ist dunkel; aber auch das wenige, das wir bisher über seine Wirksamkeit als fixierendes Moment in der Verdrängung und das wir über seine Beziehung zu den Destruktionstrieben wissen, die in der Zwangsneurose so stark in den Vordergrund treten, muß hier außer Betracht bleiben (vgl. dazu Federn, 1930). Ich will hier überhaupt nicht die psychoanalytische Theorie des Denkzwangs und der Zwangsneurose im allgemeinen diskutieren und verweise hierfür auf zwei ausgezeichnete Bücher, die dieses Thema ausführlich behandeln (Nunberg, 1932; Fenichel 1931); an dieser Stelle erwähne ich nur einige gesicherte Ergebnisse, die in engerer Beziehung zu unserem Gegenstand stehen. Der Zwang, unmittelbar nacheinander entgegengesetzte Handlungen zu vollführen (zweizeitige Symptome), wird uns verständlich, seit viele Analysen gelehrt haben, daß eine dieser Handlungen die Befriedigung einer Triebregung, die anderen deren Abwehr darstellt. Der Glaube des Zwangsneurotikers an eine magische »Allmacht der Gedanken« erklärt uns (in Verbindung mit unserer Kenntnis der Triebstruktur dieser Kranken) seine Denkhemmung, die magische Technik des »Ungeschehenmachens«, die für diese Krankheit charakteristisch ist, läßt uns ein Stück weit die zwangsneurotischen Wiederholungen verstehen. Die Tendenz zum Ungeschehenmachen »kann auch die Erklärung des in der Neurose so häufigen Zwanges zur *Wiederholung* geben, bei dessen Ausführung sich dann mancherlei einander widerstreitende Absichten zusammenfinden. Was nicht in solcher Weise geschehen ist, wie es dem Wunsche gemäß hätte geschehen sollen, wird durch die Wiederholung in anderer Weise ungeschehen gemacht, wozu nun alle die Motive hinzutreten, bei diesen Wiederholungen zu verweilen. Im weiteren Verlauf der Neurose enthüllt sich oft die Tendenz, ein traumatisches Erlebnis ungeschehen zu machen, als ein symptombildendes Motiv von erstem Range« (Freud, 1926 a). Die magische Bedeutung einer Handlung soll durch die Wiederholung abgeschwächt oder aufgehoben werden. Ist aber das strenge Über-Ich des Zwangsneurotikers mit der Durchführung des Wiederholens nicht zufrieden gewesen, so erfolgen weitere Wiederholungen. Aus der magischen Welt des Zwangsneurotikers, aus der Überbesetzung der Denkvorgänge — die mit der zwangsneurotischen Regression zusammenhängt und mit der Aktivitätsbeschränkung (Aktivität = Destruktion) — stammt auch seine Verwischung der Unterschiede zwischen dem, was wirklich geschehen ist, und dem, was möglicherweise geschehen könnte, zwischen Getanem und Gedachtem.

Wir verstehen jetzt, wodurch der Charakter des »Erledigtseins« einer Handlung beim Zwangsneurotiker relativiert wird, und wo das »Bedürfnis zu wiederholen« seinen Ursprung hat. Dies ist die Wurzel, aus der auch die Besonderheit der Ergebnisse bei unseren zwangsneurotischen Versuchspersonen ableitbar wird. Hier liegen die Momente, die in der veränderten Struktur ihrer »Quasibedürfnisse« zum Ausdruck kommen.

So stehen wir nun vor der Frage, in welcher Weise die »Quasibedürfnisse« von den *echten Bedürfnissen* abhängig gedacht werden müssen. Offenbar wird es ja für jede allgemeine dynamische Theorie des Seelischen darauf ankommen, wie weit ihre Begriffe den dynamisch *entscheidenden* Triebkräften gerecht zu werden vermögen. Aus unseren Untersuchungen scheint sich mir zu ergeben, daß die Lewinsche Dynamik der Ergänzung durch eine umfassendere Trieblehre bedarf — aber auch fähig ist; angesichts der mannigfachen begrifflichen und inhaltlichen Übereinstimmungen würden wir einen Versuch, die Psychologie Lewins durch die psychoanalytische Trieb- und Affektdynamik zu unterbauen, als durchaus aussichtsreich beurteilen. Das im einzelnen nachzuweisen liegt jedoch nicht mehr im Rahmen dieser Arbeit.

20. KAPITEL

PSYCHIATRISCHE ZWILLINGSSTUDIEN*

(1933—35)

Auf keinem Wissensgebiet ist die Frage nach der formenden Kraft von Anlage und Umwelt sachlich so wenig geklärt und gleichzeitig so leidenschaftlich umstritten wie in der Charakterkunde. Zwei Standpunkte stehen einander schroff gegenüber. Auf der einen Seite wird der Versuch gemacht, die Gesetzlichkeiten des Charakters und seiner Entwicklung unter Vernachlässigung aller oder fast aller Milieufaktoren aus den Gegebenheiten der Erbanlage abzuleiten; Charakterologie wird, von hier aus gesehen, ein Zweig der Erblichkeitslehre. Auf der anderen Seite wird der Mensch sozusagen »von außen« begriffen, man stellt die Anlagen als ein beinahe beliebiges Material hin, das seine Prägung durchaus erst den Einflüssen der Umwelt verdankt. Die optimistischen Erwartungen, die an eine rationelle Ordnung der Milieufaktoren geknüpft werden, kennen bei den extremsten Vertretern dieser Richtung kaum mehr irgendwelche Grenzen.

Auf beiden Seiten wird mit großer Sicherheit dekretiert, was in der Entwicklung des Charakters endogen ist und was nicht, ohne daß die notwendige induktive Basis bereits gegeben wäre. Man gewinnt nicht selten den Eindruck, daß die Autoren nur scheinbar um empirische Er-

---

* Im Folgenden handelt es sich um Teile einer Untersuchung über identische Zwillinge, die ursprünglich in zwei Abschnitten in den *Jahrbüchern für Psychiatrie und Neurologie* erschienen sind (»Psychiatrische Zwillingsstudien« Bd. 50, H. 3—4, 1933 und »Zur Charakterologie erbgleicher Zwillinge« Bd. 52, H. 1, 1935). Das Original enthielt sowohl die klinischen Daten (die auf der Beobachtung von zehn Paaren identischer Zwillinge beruhten), wie deren theoretische Diskussion. Die hier vorgelegte Version enthält vor allem die theoretische Diskussion mit besonderer Bezugnahme auf die Charakterologie identischer Zwillinge. Ihre Bedeutsamkeit für bestimmte Aspekte der psychoanalytischen Theorie veranlaßten mich, diese Teile der ursprünglichen Arbeit in diesen Band aufzunehmen. Ohne hier die neuere Literatur über Zwillings-Psychologie aufführen zu wollen, möchte ich doch darauf hinweisen, daß während der letzten Jahre Psychoanalytiker viele Beiträge zu diesem Gebiet geleistet haben. Infolgedessen sind eine Anzahl von Punkten, die ich in meinem Aufsatz diskutierte, und dies oft nur als Vorschlag und Versuch, inzwischen ihrer Lösung nähergekommen.

gebnisse kämpfen, während in Wahrheit vorgefaßte Meinungen aufeinanderstoßen. Es kann auch nicht übersehen werden, daß weltanschauliche und auch politische Erwägungen bei der Entscheidung in der einen oder anderen Richtung oft eine ausschlaggebende Rolle spielen; daneben mögen es auch gewisse beruflich (therapeutisch, pädagogisch, eugenisch) diktierte Stellungnahmen sein.

Die Mehrzahl der Forscher aber nimmt einen vermittelnden Standpunkt ein. Als Beispiel eines solchen sei an dieser Stelle nur die Konvergenztheorie von W. Stern (1919) erwähnt: »An jedem wirklichen Sein und Tun der Person ist Außen- und Innenfaktor, Vorwelt und Umwelt, zugleich beteiligt. Und zwar nicht in Gegensätzlichkeit oder in gleichgültigem unorganischem Nebeneinanderstehen, sondern in einem Sich-Bedingen und -Fördern derart, daß das eine ohne das andere nicht denkbar wäre. Gewiß kann man, ja muß man oft genug gedanklich isolieren, inwiefern an einem Merkmal der Persönlichkeit der innere, inwiefern der äußere Faktor zum Ausdruck komme; aber diese Isolierung ist eine bloß gedankliche; real gibt es am Menschen keine Eigenschaft, keine Tat, kein Phänomen, kurz kein Merkmal psychischer, physischer oder neutraler Art, von dem man sagen könne, es sei angeboren oder es sei erworben. Darum verzichte man endlich auf die irreführende Fragestellung: ›Ist dies oder jenes Merkmal angeboren oder erworben?‹ und ersetze sie durch die allein zutreffende Frage: ›*Was an diesem Merkmal* ist angeboren, *was an ihm* ist erworben?‹ Das aut — aut ist immer falsch, das et — et ist immer richtig.« Der Konvergenz unterliegen nicht nur die Akte, sondern auch die Dispositionen. An allen Konvergenzvorgängen ist die Person als ganze beteiligt. Schließlich legt der Konvergismus ein besonderes Gewicht darauf, daß Außen- und Innenfaktoren nicht nur nach mehr oder weniger wichtig geordnet, sondern auch nach ihrer qualitativen Struktur untersucht werden. — Damit ist eine gewisse methodische Klärung erreicht, aber natürlich noch kein konkreter Forschungsweg gewiesen.

Die Sternsche Konvergenzlehre nimmt einen Gedanken auf, der sich — wenigstens grundsätzlich in gleicher Weise — schon früher in der Neurosenlehre geltend gemacht hatte: Freud (1916—17) spricht von »Ergänzungsreihen« und meint damit den folgenden Sachverhalt: »Für die Betrachtung der Verursachung ordnen sich die Fälle der neurotischen Erkrankungen zu einer Reihe, innerhalb welcher beide Momente — Sexualkonstituion und Erleben, oder wenn Sie wollen: Libidofixierung und Versagung — so vertreten sind, daß das eine wächst, wenn das andere abnimmt... Bei den Fällen innerhalb der Reihe trifft ein Mehr oder Minder von disponierender Sexualkonstitution mit einem Minder oder Mehr von schädigenden Lebensanforderungen zusammen.« Die Psychoanalyse leugnet nicht die Bedeutung der Anlagen für die Gestaltung von Charakter und Neurose; aber sie vertritt diesem Problem gegenüber insofern einen besonderen Standpunkt, als sie aus methodischen Gründen die Erlebnisfaktoren in den Vordergrund rückt. Erbanlagen sind für die psychoanalytische Methode nicht direkt faßbar, sondern ergeben sich ihr erst sozusagen per exclusionem, als der ungeklärte Rest, der verbleibt, wenn die Erlebnisse und Reaktionen einer Person bis in alle Details ihrer Entwicklung klargelegt sind. Hier ist also die vorgängige Analyse der Erlebnisse von der Methodik gefordert und bedeutet keine Vorwegnahme der Entscheidung im Sinn einer Leugnung der determinierenden Kraft von Erbanlagen.

Das Beispiel der Psychoanalyse ist in diesem Zusammenhang nicht zufällig gewählt. Tatsächlich verdankt die Charakterforschung ihr, aber auch der medizinischen Psychologie im allgemeinen, sehr wesentliche Antriebe. Medizinische Fragestellungen führen immer wieder in das charakterologische Gebiet hinein, aber ich meine, daß die Charakterologie ihrerseits der Grundlegung auf einer biologischen Auffassung vom Menschen bedarf, wie sie die medizinische Psychologie entwickelt hat. Die starke methodische und inhaltliche Bereicherung, welche der Charakterforschung vom medizinischen Denken her zugeströmt ist, haben auch Vertreter der geisteswissenschaftlichen Charakterologie, wie z. B. Utitz (1925), stets dankbar anerkannt. — Abseits von diesem Weg halten sich die Weltanschauungs- und Wertcharakterologien der Philosophen, die Bemühungen der verstehenden Psychologie (siehe 18. Kapitel) und der phänomenologischen Schule um eine Erfassung des Charakters, und schließlich das mächtige Gebäude der Klages'schen (1928) Charakter-Metaphsysik. Die Charakterkunde verdankt auch diesen Richtungen wesentliche Forschungswege und grundlegende Einsichten; eine Auseinandersetzung mit ihnen fügt sich aber nicht in den Rahmen der vorliegenden Arbeit.

Rein deskriptive charakterologische Querschnitte werden über die Struktur eines Charakters oft nicht viel aussagen können. Die Begriffe der Charakterologie müssen über das bewußt Gegebene, sie müssen aber auch über eine einfache Beschreibung des Verhaltens notwendig hinausgreifen. Ziel der Charakterkunde muß es sein, die Gesetzmäßigkeiten aufzudecken, denen die Entwicklung des Charakters folgt. Dazu aber bedarf es der erklärenden Begriffsbildung. Der aussichtsreichste Weg heißt auch hier: genetische Analyse. Schon das Problem der Ordnung von

Charaktermerkmalen oder Charakteren kann auf Grund einer reinen Beschreibung nur unvollständig gelöst werden. Denn phänomenologisch »ähnliches« Verhalten kann, dynamisch oder genetisch betrachtet, sehr Verschiedenes bedeuten und umgekehrt; daher wird die Zusammenfassung der Merkmale nach ihrer deskriptiven Ähnlichkeit gewiß nicht immer wirklich homologe Gebilde einander zuordnen. Wir können auf diesem Wege nicht, oder nur schwer, das Nebeneinander »gegensätzlicher« Charaktermerkmale bei einem und demselben Individuum erfassen und ebenso schwer den oft nur geringen symptomatischen Wert »gleicher« Eigenschaften bei verschiedenen Menschen; wir können von hier aus kein Urteil über die Dauerhaftigkeit oder über die Beeinflußbarkeit von Charaktereigenschaften gewinnen, wir können auch über das Verhältnis gegenseitiger Verträglichkeit oder gegenseitiger Ausschließung von Charaktermerkmalen mit Hilfe dieser Methode wenig aussagen (Hartmannn, 1929). Es ist daher notwendig, auf Dispositionen, auf Reaktionsbereitschaften, auf Strukturen zurückzugreifen. Ähnlich urteilt auch Kronfeld (1920): »Echte charakterologische Forschung geht über die bloß beschreibende Typologie wesensmäßig hinaus.«

Dieser Weg ist nun tatsächlich der Weg der medizinischen Charakterologie gewesen. Der Kretschmersche (1918) Versuch einer psychiatrischen Charakterlehre, der auf den Grundmerkmalen der Eindrucksfähigkeit, Retentionsfähigkeit, intrapsychischen Aktivität und Leitungsfähigkeit aufbaut, gehört hierher und auch die psychiatrische Charakterkunde von Ewald (1924). Ebenso müssen wir, wenigstens seiner grundsätzlichen Haltung nach — und zwar zunächst wegen seiner dynamischen und dispositionellen Begriffsbildung — den Ansatz zur psychoanalytischen Charakterologie hier anreihen. Die Notwendigkeit einer »trieb- und tendenzmäßig orientierten Charakterologie« hat ja auch ein Gegner der Psychoanalyse, wie Hoffmann (1928), ausdrücklich betont. Natürlich bestehen auch wichtige Unterschiede: so hebt sich die psychoanalytische Charakterlehre etwa von dem Versuch von Ewald vor allem durch den Umstand ab, daß sie nicht schon im Ansatz der Begriffsbildung zum Rekurs auf das Organische (als Erklärungsprinzip) ihre Zuflucht nimmt; und von allen anderen Charakterlehren dieser Art unterscheidet sie sich ja durch die viel weitergehende Betonung des entwicklungsgeschichtlichen Gedankens (gleichzeitig als Basis für die Ableitung der Charaktermerkmale und für ihre Ordnung). Aber der Ausgangspunkt im Medizinischen und die Betonung der biologischen Grundlagen hier wie dort schaffen eine immerhin tragfähige Brücke.

Nun unterliegt es keinem Zweifel, daß in der medizinisch-psychologischen Literatur das Problem des Charakteraufbaus nicht selten allzu einseitig von der somatischen Seite her gesehen wurde. Man hat gemeint, der naturwissenschaftliche Versuch einer Charakterkunde müsse notwendig letztlich mit somatischen Begriffen arbeiten. Das ist gewiß irrig; es liegt im Wesen des Psychischen nichts, das eine naturwissenschaftliche Betrachtungsweise ausschließen würde. Die reine Beschreibung ist in keiner Weise der Sonderart des Psychischen in einem höheren Maße notwendig zugeordnet als anderen Gegenstandsgebieten, vielmehr stellt das beschreibende Verfahren in der Psychologie und Psychiatrie vermutlich lediglich ein bestimmtes Entwicklungsstadium dieser Wissenschaften dar. Natürlich besteht zwischen der psychologisch und der organisch orientierten Betrachtungsweise keinerlei Widerspruch, der Widerspruch beginnt erst dort, wo man sich fragt, was denn Charakter, was Geisteskrankheit usw. »eigentlich ist«. Mit dieser Frage wollen wir uns aber jetzt nicht auseinandersetzen. Wichtig ist für uns hier nur die Feststellung, daß auch für eine medizinisch orientierte Charakterlehre kein berechtigter Grund besteht, der psychologischen Begriffsbildung aus dem Weg zu gehen. Tut man es doch und spannt man den Begriffsbogen vom Charakter zu seinen organisch-biologischen Grundlagen zu kurz, so liegt bei unserer gegenwärtigen unzulänglichen Kenntnis der psycho-somatischen Korrelationen die Gefahr nahe, daß die empirisch recht schwankende Brücke dieser Zuordnungen konstruktiv überbelastet wird.

An die bekannteste Zuordnung von Körperbau und Charakter, die von Kretschmer, sei an dieser Stelle wenigstens erinnert. Aber es handelt sich eben — hier wie bei allen gleichgerichteten Versuchen — um eine *Zuordnung*, und es wäre durchaus abwegig, etwa Körperbautypen und Charaktertypen kritiklos zu »identifizieren«. Kretschmer ist in diesen Fehler nicht verfallen. Er meint selbst, daß die »inneren Gründe« der psycho-physischen Zusammenhänge erst zu erforschen seien; vielleicht führt uns übrigens gerade die Kretschmersche Zuordnung schon einen Schritt über die einfache Formel »Körperbau — Charakter« hinaus, und es besteht etwa zwischen dem pyknischen Habitus und seelischer Ausgeglichenheit (oder zirkulärer Psychose), wie Ewald meint, ein echter funktionaler Zusammenhang. Die Art nun, wie diese Zuordnungen vorgestellt werden, kann eine recht verschiedene sein. Ich erinnere nur daran, daß auch an eine rein reaktive Beziehung zwischen Charakter, Neurose und so weiter auf der einen und Körperbau oder Körperfunktion (insbesondere aber: Organminderwertigkeit) auf der anderen Seite gedacht wurde (A. Adler, 1912). Daß solche reaktive Beziehungen im Gebiet des Charakters tatsächlich vorkommen, darüber kann es wohl keinen Zweifel geben — ich glaube aber nicht, daß mit der Aufdeckung dieser Beziehungen die Frage als erledigt gelten kann; sie stellen, insbesondere für die Neurosen (aber auch für den Charakter), nicht das entwicklungsgeschichtlich entscheidende Moment dar. An dieser Stelle aber sollte uns der angeführte Gedankengang nur als Beispiel dafür dienen, daß hier ein Problem liegt, welches keine Charakterkunde übersehen darf — von wo immer sie auch ihren methodischen Ausgangspunkt nehmen mag.

Ob nun die seelischen oder die körperlichen Grundlagen des Charakters mehr in den Vordergrund gerückt werden — in jedem Fall stehen der Forschung grundsätzlich beide Wege offen: der über die Umweltanalyse und der über die Erbbiologie. Hoffmann (1926), der den letzteren Weg konsequent verfolgt hat, bezeichnet als den Sinn der erbbiologischen Persönlichkeitsanalyse die Isolierung erbbiologisch selbständiger Einzelanlagen (genischer Radikale) im Erbgang und die Aufdeckung der Art, in welcher ihre strukturellen Verbindungen die seelische Eigenart des Individuums aufbauen. Allen derartigen Versuchen — die gewiß schon eine Reihe von wertvollen Ergebnissen gebracht haben — liegt der oft ausgesprochene Satz zugrunde, daß doch die Umwelt aus einer Persönlichkeit nichts »herausholen« könne, was nicht schon anlagemäßig gegeben sei. Aber es scheint mir, daß durch eine solche Formulierung der Sachverhalt eher verdunkelt als erhellt wird. In diesem »Aus-der-Persönlichkeit-Herausholen« liegt ja gerade das Problem. Setzen wir den Charakter den »genischen Radikalen« gleich, so enthält der Satz eine Selbstverständlichkeit. Aber die meisten Charakterologen sind sich darin einig, daß sich gegen eine solche Begriffsfassung schwerwiegende Bedenken erheben. Definieren wir aber den Charakter so, wie es gewöhnlich geschieht (etwa als »die Persönlichkeit, gesehen unter dem Gesichtspunkt ihrer Strebungen« (Utitz, 1925)), dann dürfen wir eben nicht mehr von einer »Persönlichkeit« in jenem Sinne ausgehen, der die »Umwelt« gegenübersteht — diese »Persönlichkeit« ist dann nicht mehr lediglich die Summe oder der »Strukturzusammenschluß« von Anlageelementen, sie ist vielmehr bereits gebildet durch alle früheren »Konvergenzvorgänge«; oder, mit anderen Worten, es »verlaufen alle empirischen Konvergenzvorgänge zwischen Bedingungsgruppen, die ihrerseits bereits Konvergenzergebnisse sind« (Stern, 1919).

Der Weg der erbbiologischen Charakteranalyse ist der, daß der charakterologische Phänotypus der untersuchten Persönlichkeit mit den charakterologischen Phänotypen der Familienmitglieder verglichen wird. Gewiß ist ein solcher Weg denkbar, er muß aber mit großen Fehlerquellen rechnen. Im Grunde wären Schlüsse aus einem solchen Vergleich auf die Erblichkeit von Charaktermerkmalen nur dann zwingend, wenn schon nachgewiesen wäre, daß paratypische Faktoren hier keine entscheidende Rolle spielen können. Dieser Beweis steht aber aus. Ganz abgesehen davon müssen wir erwarten, daß eine erbbiologische Charakteranalyse erst dann ihre mögliche Fruchtbarkeit entfalten wird, wenn vorerst die Charakter-Radikale in der Ontogenese freigelegt sind.

Auch hier wird es aber notwendig sein, allzu weitgehende Konstruktionen zu vermeiden. Nur eine ins einzelne gehende Analyse der Persönlichkeitsentwicklung wird uns darüber belehren können, was denn nun in der Ontogenese »primär« ist, und was »sekundär«. Es ist immer gefährlich, wenn man — wie z. B. Pfahler (1932) es tut — einfach von einer Reihe von »Grundfunktionen« ausgeht, die als nach Art und Stärke angeborene Bedingungen des seelischen Geschehens vorausgesetzt werden (etwa bei diesem Autor: Aufmerksamkeit, Perseveration, Ansprechbarkeit des Gefühls, vitale Energie), und von diesen in ihrem Zusammentreffen mit der Umwelt dann das Gesamtgebiet der phänotypischen Persönlichkeitsmerkmale ableiten will. Bedenklich ist ein solcher Versuch zunächst deshalb, weil weder für ein solches »Grundfunktionsgefüge« noch für irgendein anderes die Unwandelbarkeit im Laufe der Entwicklung tatsächlich erwiesen ist; weiter aber auch aus dem Grunde, weil die »Ableitung« der Charakter- und Temperamentsmerkmale aus diesem Gefüge konstruktiv bleiben muß, solange das Auseinanderhervorgehen der konkreten Verhaltensweisen nicht durch alle Entwicklungsstufen hindurch tatsächlich verfolgt worden ist. Wenn etwa der Sinn für Konsequenz und Genauigkeit als »unausweichliche Reaktionsform« aller Menschen hingestellt wird, die enge, fixierende Aufmerksamkeit und starke Perseveration besitzen, oder wenn der Typus »Betriebmacher« auf starke vitale Energie, schwache Ansprechbarkeit des Gefühls, weite fluktuierende Aufmerksamkeit und geringe Perseverationsstärke zurückgeführt wird, so wird man den Eindruck nicht los, daß die hypothetische Zugrundlegung dieser Zusammenhänge als der entscheidenden gerade an den wesentlichen entwicklungspsychologischen Beziehungen vorbeisieht, auf die eine biologisch orientierte Psychologie Gewicht legen müßte. Das hängt nun zum Teil gewiß mit einem Gesichtspunkt zusammen, dem eine allgemeinere Bedeutung zukommt; es verhält sich nämlich so, daß die Abgrenzung eines entwicklungspsychologischen Aufbaues nach formalen Merkmalen wohl möglich ist (vgl. z. B. Ch. Bühler, 1930), daß aber die individuellen Abweichungen vom Schema eines solchen Aufbaues, daß die relative Bedeutung der Phasen für den individuellen Lebenslauf, daß die Ablösung der Phasen durcheinander usw. nur durch eine inhaltliche Betrachtung aufgehellt werden können, das heißt durch eine Betrachtung, welche die Richtung der konkreten Tendenzen der sich entwickelnden Persönlichkeit auf konkrete Gegenstände des Begehrens, Ablehnens usw. in den Vordergrund rückt. Eine Ableitung inhaltlich bestimmter Strebungen aus rein formalen Voraussetzungen ist also grundsätzlich nur sehr unvollkommen möglich; die Einstellung auf das Inhaltliche des Seelenlebens ist aber an eine genaue Analyse der Umweltsituationen geknüpft.

In diesem Zusammenhang sei auf den schon erwähnten Ansatz zu einer psychoanalytischen Charakterologie hingewiesen (vgl. dazu Freud, 1932). Ich habe in einer früheren Arbeit zu den methodischen Voraussetzungen und Möglichkeiten dieser psychoanalytischen Charakterlehre Stellung genommen (Hartmann, 1927).

Sehen wir uns jetzt näher an, welche Faktoren es denn sind, die »von außen« an den Menschen formend herantreten, so können wir dabei zweckmäßig drei Gruppen scheiden: »1. Die (außermenschliche) Natur: Licht, Luft und Wasser, Nahrung, Boden, Klima, Tier- und Pflanzenwelt; 2. die Nebenmenschen: Angehörige und Kameraden, Freunde und Feinde, Untergebene und Vorgesetzte, Lehrer und Schüler; 3. die (vom Menschen erzeugte) Kultur: Staat und Recht, Kunst und Wissenschaft, Verkehr und Wirtschaft, Stand und Beruf« (W. Stern, 1919). Für einen umschriebenen Teil dieser Umwelteinflüsse verdanken wir Hellpach (1921) besonders eindrucksvolle Einzeluntersuchungen, die auch das Somatische einbeziehen. So konnte er (am Beispiel des fränkischen Gesichts) zeigen, daß z. B. der Gesichtsschädel nicht so weitgehend hereditär fixiert ist, wie man angenommen hatte, daß er vielmehr durch Temperament und Charakter der Umwelt geprägt wird, und daß dabei der Sprache eine wesentliche Rolle zufällt (vgl. auch Gruhle, 1924). Versuchen wir aber die eben aufgezählten »Außenfaktoren« nach ihrem faktischen Einfluß auf die Prägung des Individuums zu ordnen, so besteht wohl kein Zweifel darüber, daß wir die entscheidenden Wirkungen den (affektiven) Beziehungen zum Nebenmenschen zusprechen müssen.

Bei vielen, vielleicht bei den meisten Arbeiten, welche die Klarstellung der Reichweite von Anlage und Umwelt für die Formung der Persönlichkeit zum Gegenstand haben, gewinnt man aber den Eindruck, daß die zu beweisende These im Grunde schon vorausgesetzt ist, daß als sicher unterstellt wird, was der wissenschaftlichen Sicherheit noch durchaus entbehrt. Oder anders gefaßt: wir stehen in Wirklichkeit noch am Anfang einer Entwicklung, deren Ende die Autoren oft schon in der

Hand zu haben meinen. In dieser Sachlage sind wir berechtigt, gerade an die Zwillingsmethode besondere Erwartungen zu knüpfen. Gerade auf diesem Gebiet können ihre Möglichkeiten voll ausgeschöpft werden, insofern wir uns nicht auf die Feststellung des Vorhandenseins oder Fehlens eines Merkmales (im Phänotypus) bei einem oder bei beiden Zwillingspartnern beschränken — was für die erbbiologische Analyse bestimmter Krankheiten gewiß ausreicht —, sondern an geeignetem Material auch das Werden der Persönlichkeit im Wechselspiel von Erbmasse und Milieu verfolgen können; und gerade das wird, nach dem oben Gesagten von besonderer Bedeutung sein. Darum müssen wir auch der Untersuchung von jugendlichen eineiigen Zwillingen innerhalb des Gesamtproblems einen besonderen Rang anweisen. Leider ist die Zahl der Mitteilungen, die sich diese wichtige Frage zum Gegenstand nehmen, bis heute eine sehr geringe gewesen.

Zwei Arbeiten, die hierher gehören, möchte ich wenigstens kurz streifen, weil sie etwas ausführlichere Angaben enthalten, als das sonst in der Literatur meistens der Fall ist. In der Beobachtung von Hahn (1926) handelt es sich um jugendliche weibliche Zwillinge, deren Gesamtverhalten anfänglich recht verschieden war. Im Lauf der Entwicklung aber wurden sie sich weitgehend ähnlich, und zwar unter der Wirkung eines bestimmten Erlebniskomplexes. Hahn kommt zu dem Ergebnis, daß sich — da die beiden früher unter verschiedenen Einflüssen aufgewachsen waren — vermutlich auch die anfänglichen Unterschiede aus Umwelteinflüssen erklären lassen. Bei diesem Zwillingspaar haben aber auch wesentliche körperliche Unterschiede bestanden; vielleicht sind sie auf Rachitis zurückzuführen. Jedenfalls müssen wir mit der Beurteilung der Ergebnisse vorsichtig sein, weil die Erbgleichheit der Zwillinge nicht mit Sicherheit festgestellt werden konnte. — Die zweite Arbeit, von H. Meyer (1929), enthält sehr gründliche Untersuchungen über zwei jugendliche erbgleiche weibliche Zwillingspaare. Die Autorin faßt ihre Eindrücke — im Anschluß an Lange — dahin zusammen, daß »das Entscheidende für die bestehenden Unterschiede nicht in seelischen Einwirkungen, nicht in erblichen Bedingungen, sondern in greifbaren äußeren Schäden gesucht werden muß«.

Lange (1929) selbst hat auf Grund seiner Untersuchungen an (erwachsenen) praktisch gesunden eineiigen Zwillingen gefunden, daß die Übereinstimmungen zwar nicht so durchschlagend sind, wie Galton und manche nach ihm angenommen hatten, daß aber erbgleiche Zwillinge »in den tiefen Schichten ihres Wesens doch überwiegend häufig ganz gleichartig sein müssen, mögen die Oberflächenunterschiede auch noch so hervortreten«. — Lassen (1931) hat die »sozialen und sittlichen Charakter-merkmale« einer größeren Zahl von Zwillingen untersucht. Sie bediente sich der Fragebogenmethode. Beobachter waren hauptsächlich Lehrer, in einem Teil der Fälle auch die Eltern. Es ergab sich, daß sich erbgleiche Zwillinge in bezug auf alle untersuchten Eigenschaften des sittlichen und sozialen Verhaltens ähnlicher verhalten als erbungleiche.

Ein sehr umfangreiches Material liegt heute schon über die Intelligenzleistungen von Zwillingen vor. Eine Reihe von früheren Arbeiten leidet an dem Mangel, daß gleichgeschlechtliche und ungleichgeschlechtliche Zwillinge miteinander verglichen werden, nicht aber erbgleiche und erbverschiedene; die Ergebnisse sind daher nicht ohne weiteres verwertbar. Es kommt noch hinzu, daß nach den Untersuchungen von Peters (1925) die Unterschiede zwischen intellektuellen Leistungen von gleichgeschlechtlichen Geschwistern (nicht Zwillingsgeschwistern) überhaupt geringer sind als zwischen verschiedengeschlechtlichen. Eine von diesem methodischen Fehler freie Untersuchung, die nicht nur den Erbwert der intellektuellen Fähigkeiten im allgemeinen, sondern auch den der verschiedenen Intelligenztypen zum Gegenstand hat — es wurden die Ergebnisse des Rorschachschen Versuches zugrunde gelegt — verdanken wir v. Verschuer (1930). Über Konkordanz [1] und Diskordanz in Schulzeugnissen von Zwillingen liegen aus früheren Jahren Berichte von Siemens (1924), Weitz (1926) und anderen vor. Aus der letzten Zeit stammt eine Untersuchung von Frischeisen-Köhler (1930). Ihre Ergebnisse deuten darauf hin, daß sich Umwelteinflüsse (innerhalb der Schulzeit) bei Mädchen am stärksten im 7. bis 9. Jahr, bei Knaben im 8. bis 9. Schuljahr bemerkbar machen. Die Schulleistungen von eineiigen Zwillingen zeigten weitgehende Konkordanz. Zu demselben Ergebnis führten die Untersuchungen von Bouterwek (1932); zur Erklärung diskordanten Verhaltens legt dieser Autor besonderes Gewicht auf schwere Erkrankungen, die einen der beiden Partner betroffen haben. Ich möchte aber auf diese Dinge hier nicht näher eingehen und verweise dazu auf eine andere Arbeit (Hartmann, 1933).

Unser besonderes Interesse verdienen die charakterologischen Zwillingsuntersuchungen von Lottig (1931 a). Es ist dies die bisher einzige ausführliche Veröffentlichung über Charakterbefunde an praktisch normalen Zwillingen, die an einem größeren Material durchgeführt wurde. Der Autor hat der Ordnung der »Charaktereigenschaften« (Charakter hier im weitesten Sinn verstanden), die Einteilung von Klages (1928) in

---

[1] Konkordanz bezieht sich auf die Übereinstimmung spezifischer Merkmale.

Stoff, Artung und Gefüge (Materie, Qualität, Struktur) zugrunde gelegt. Unter den zahlreichen sehr wichtigen Ergebnissen der Arbeit möchte ich nur hervorheben, daß sich bei eineiigen Zwillingen sehr weitgehende Konkordanz in bezug auf den Stoff (Gedächtnis, Aufnahmefähigkeit, Vorstellungsbesitz usw.), etwas weniger weitgehende Übereinstimmung in bezug auf die Artung (Triebfedern, Interessen usw.) und noch deutlichere Diskordanz hinsichtlich des Gefüges (Ablaufsformen des seelischen Geschehens, Tempo, Stimmungsverhältnisse usw.) fand; die Konkordanz ist in bezug auf alle drei Bereiche wesentlich größer bei eineiigen als bei zweieiigen Zwillingen.

Die Frage, ob diskordantes Verhalten bei eineiigen Zwillingen deutlicher in der Intelligenz, im Temperament oder im Charakter zum Ausdruck kommt, ist aber noch vielfach strittig. Wir haben bei einem solchen Vergleich schon grundsätzlich mit besonderen Schwierigkeiten zu rechnen. Zunächst ist es bekanntlich nicht einfach, mit der Testierung der Intelligenz »die Intelligenz« wirklich festzustellen. Es muß auch in Betracht gezogen werden, daß bei Intelligenzprüfungen unbeabsichtigt gewiß oft Charakterhaltungen mitgeprüft werden. Schließlich ist die Abgrenzung von Charakter und Temperament bei verschiedenen Autoren eine ganz verschiedene und oft sehr unsichere. Ewald (1932) z. B. formuliert folgendermaßen: »man könnte ... cum grano salis sagen: daß und wieviel Trieb (oder besser ›Drang‹) ist, ist Sache des Temperaments; in welcher Richtung der Trieb geht, ist Sache des Charakters.« Aus einer solchen Begriffsfassung geht die gegenseitige Abhängigkeit dieser beiden Seiten der Persönlichkeit deutlich genug hervor. Ich habe bei der Analyse der eigenen Beobachtungen[2] aus diesem und anderen Gründen auf die Scheidung in Temperaments- und Charaktermerkmale niemals sehr großes Gewicht gelegt. Meine Untersuchungen sprechen — wie die von Lottig — dafür, daß diskordantes Verhalten bei eineiigen Zwillingen stärker in der Charakter- und Temperamentssphäre (im engeren Sinn) als in der Intelligenzsphäre in den Vordergrund tritt; ich werde darauf bei der Diskussion meiner eigenen Ergebnisse noch zurückkommen. Die sonst so aufschlußreichen Beobachtungen an getrennt aufgewachsenen erbgleichen Zwillingen (Muller, 1925; Newman, 1929, 1932) haben gerade in diesem Punkt bisher kein eindeutiges Resultat ergeben. ...

Die Zahl der bisher mitgeteilten Beobachtungen an getrennt aufgewachsenen eineiigen Zwillingen ist eine zu geringe, und die Untersuchung dieser Fälle hauptsächlich nach der Charakterseite eine zu wenig

---

[2] Diese Beobachtungen wurden in Teil I und II der ursprünglichen Arbeit dargestellt, hier aber nicht aufgenommen.

eingehende, um endgültige Schlüsse zu gestatten. Schon heute aber gewinnen wir daraus ein gewisses Augenmaß für die Reichweite paratypischer Faktoren. Da die Außenfaktoren wohl kaum in einem der Fälle extrem verschieden gewesen sind — über die Unsicherheit solcher Angaben siehe aber später —, dürfen wir hinzufügen, daß durch die bisher bekanntgewordenen Untersuchungen diese Reichweite gewiß noch nicht in ihrem maximalen Umfang abgesteckt ist. In einer Arbeit, die sich aber nur auf die drei ersten von ihm veröffentlichten Zwillingspaare stützt, kommt Newman zu folgendem zusammenfassenden Urteil: Die Unterschiede sind beim ersten und zweiten Paar bei allen Tests und beim dritten Paar bei allen mit Ausnahme von einem doppelt so groß als bei gemeinsam aufgewachsenen eineiigen Zwillingen; sie sind mindestens ebenso groß wie die von zweieiigen, die zusammen aufgewachsen sind. Die Einflüsse verschiedener Umgebung auf gleiche Veranlagung wären also annähernd ebenso groß wie die Einflüsse gleicher Umgebung auf verschiedene Anlagen. Das ist nur ein vorläufiges Urteil. Newman meint selbst, daß weitere Erfahrungen noch Korrekturen notwendig machen könnten, und in einer anderen Arbeit spricht er sogar davon, daß die Anlage sich ungefähr doppelt so stark bemerkbar mache wie die Umwelt. Wir möchten aber weder auf diesen noch auf jenen zahlenmäßigen Ausdruck ein allzu großes Gewicht legen.

Hinsichtlich des Problems der relativen Modifikabilität von Intelligenzmerkmalen auf der einen, Charakter- und Temperamentsmerkmalen auf der anderen Seite, stehen einige Beobachtungen von Newman wohl mit dem Fall von Muller in Einklang, der eine stärkere Diskordanz in der Charaktersphäre gefunden hat; aber andere Fälle von Newman stehen dazu in Gegensatz, so daß diese Frage auch von hier aus noch nicht als erledigt gelten darf.

Ich möchte betonen, daß mir ein eindeutiger Parallelismus zwischen »gleicher« und »verschiedener« Umwelt und größerer oder geringerer Konkordanz aus den Mitteilungen von Newman nicht hervorzugehen scheint. Auch besteht durchaus kein deutlicher Parallelismus zwischen Verschiedenheit der Schulbildung und Diskordanz in bezug auf die Intelligenz, oder auch z. B. zwischen Verschiedenheit des wirtschaftlichen und sozialen Milieus und Diskordanz in der Temperaments- und Charaktersphäre; so überwiegt in zwei Fällen, von welchen der eine weitergehende Verschiedenheit der Schulbildung, der andere weitergehende Unterschiede des sozialen und wirtschaftlichen Milieus zeigte, beide Male die Diskordanz der Intelligenz die Diskordanz im Charakterologischen. Das wird uns gewiß nicht wundernehmen. Wir wissen, daß wesentliche Milieufaktoren sich der einfachen anamnestischen Erhebung regelmäßig entziehen, und daß mit dem Begriff »Schule« oder »soziales Milieu« nur ein Bruchteil der tatsächlich wirksamen Umwelteinflüsse gefaßt wird.

Ich spreche daher auch bei der Diskussion meiner eigenen Zwillingsbeobachtungen niemals von »gleicher Umwelt«. Aber ich möchte auf diesen Punkt wenigstens kurz hinweisen, weil er in den Schlußfolgerungen vieler Autoren eine gewisse Rolle spielt. Sogar Newman bedient sich in seinen Überlegungen des Begriffes der »gleichen« oder »ähnlichen« Umwelt, wenn etwa Schulbildung, soziales Milieu, Beruf zusammenfallen oder einander ähneln. Ebenso argumentiert auch Bouterwek, und bei Pfahler finden wir das Urteil: »Es ist eine jeden Tag zu beobachtende Tatsache, daß zwei Kinder, die als Geschwister in genau derselben Lebensluft aufwachsen, gänzlich wesensverschiedene Menschen werden: eine wirkende Welt — zwei verschiedene Charaktere.« Die »Elternsituation« ist aber für Geschwister niemals »gleich«; das muß auch gegenüber Hoffmann (1928) betont werden, der meint, verschiedenartige Entwicklung von Kindern derselben Eltern sei ohne Rekurs auf die Anlage völlig unverständlich. Wer weiß, wie grundverschieden die faktisch wirksame Umwelt (also vor allem die Stellung zu Eltern und Geschwestern) für Kinder aus ein und derselben Familie sein kann, wird sich einer Fundierung der Beweisführung auf solche und ähnliche Sätze nicht anschließen wollen.

Hier knüpft ein Gedankengang an, den ich schon in der Einleitung gestreift habe: wir dürfen nicht voraussetzen, daß sich (in bezug auf psychische Merkmale) ein Unterschied im Konkordanzgrad erbgleicher und erbverschiedener Zwillinge restlos auf idiotypische Faktoren zurückführen lassen muß. A. und M. Holub (1933) haben sich vor kurzem dieser Überlegung angeschlossen. Ich habe diesen Standpunkt mit der Tendenz erbgleicher Zwillinge, sich miteinander zu identifizieren, begründet. Daß die Konkordanz auch in bezug auf den Charakter bei eineiigen Zwillingen durchschnittlich größer ist als bei zweieiigen, ist bekannt; aber die Ableitung dieses Unterschiedes ist noch keineswegs restlos geklärt. Da wir wissen, daß gerade beim Aufbau des Charakters Identifizierungsprozesse eine besonders wirksame Rolle spielen, wird man gerade in der Zwillingscharakterologie in dieser Richtung besonders auf der Hut sein müssen. Ich habe mich darum auch hier auf die Mitteilung von Beobachtungen an den Persönlichkeiten erbgleicher Zwillinge beschränkt [3].

---

[3] Die Darstellung dieser Beobachtungen findet sich in Teil I und II der ursprünglichen Arbeit.

Wenn ich jetzt darangehe, die Ergebnisse meiner eigenen Beobachtungen [4] zusammenzufassen, scheint es mir zweckmäßig, jene Momente in den Vordergrund zu stellen, die mit der Realitätsbewältigung auf der einen, mit der Triebbewältigung auf der anderen Seite in Beziehung stehen; also alles, was mit sozialer Einordnung, Berufsleben, Sexualität, Ehe usw. zu tun hat. Wir sind uns heute darüber klar, daß uns diese Verhaltensweisen über die Struktur der untersuchten Persönlichkeiten oft mehr verraten als das gegenseitige Abwägen von Einzeleigenschaften. Lange (1933) sagt dasselbe, wenn er den Satz: »An den Wendepunkten des Daseins entscheidet das ursprüngliche Wesen« zu einem methodischen Leitgedanken für die Zwillingsforschung am Normalen macht.

Beginnen wir mit dem Beruf; die beiden neunjährigen Zwillingspaare scheiden hier natürlich aus. Von den vier übrigen verhalten sich drei bezüglich ihres Berufes diskordant. Die Trennung der Berufslinien beginnt (wenn wir die berufliche Vorbereitung hinzurechnen) beim VII. und VIII. Paar in der Pubertät, beim VI. nach der ersten juristischen Staatsprüfung. Vollkommen konkordant verhält sich in dieser Hinsicht nur unser V. Paar. Ich möchte betonen, daß dieser Befund mit einer Reihe von Angaben in der zwillingspsychologischen Literatur in Widerspruch steht, die über vorwiegende Konkordanz in bezug auf die Berufswahl berichten. Auch die Berufsinteressen decken sich bei unseren diskordanten Paaren nicht, oder nicht durchaus, und es bestehen Unterschiede auch insofern, als dem Beruf jeweils bei einem Partner eine zentrale, beim anderen eine periphere Bedeutung innerhalb der Gesamtstruktur der Persönlichkeit zufällt. Ebenso zeigen sich in der Art, wie das Studium betrieben wird, gelegentlich wesentliche Differenzen (so beim VI. Paar).

Hinsichtlich der sozialen Stellung besteht Diskordanz bei Paar VI und VIII; in beiden Fällen ist der sozial »niedriger« stehende Partner mit seiner Position nicht recht zufrieden. Bei VIII wird diese Unzufriedenheit ausdrücklich damit begründet, daß der Bruder es weitergebracht hat. Bei V finden wir auch für die soziale Position Konkordanz, ebenso wie für den Lebenslauf im allgemeinen. VII nimmt eine Zwischenstellung ein; wesentliche Verschiedenheiten des sozialen Niveaus bestehen aber auch hier nicht.

In der Stellung zum Nebenmenschen — um diesen Punkt gleich hier

---

[4] In der ursprünglichen Arbeit wird über zehn Paare identischer Zwillinge berichtet (als I bis X bezeichnet). I bis III waren psychotisch, IV schwachsinnig, bei V bis VIII handelte es sich um »normale« Erwachsene, bei IX und X um »normale« Kinder. Der hier angeführte Teil der ursprünglichen Untersuchung beruht hauptsächlich auf den Beobachtungen V bis VIII, aber in manchen Zusammenhängen bezieht er sich auch auf I bis IV und auf IX und X.

anzuschließen — zeigen sich oberflächlichere oder tiefere Unterschiede bei allen vier Paaren. Jeweils einer der beiden Partner »schließt sich schwerer an«. Deutlichere Unterschiede finden sich da bei Paar VI und VIII; aber gerade bei diesen Paaren zeigen sich im sozialen Verhalten doch wieder sehr charakteristische Gemeinsamkeiten (so in dem betonten Standesbewußtsein bei VI; bei VII ist es so, daß beide besonders kollegial und bei ihren Kollegen sehr beliebt sind). Auch bei Paar V und VII finden wir neben Verschiedenheiten im sozialen Verhalten auch Übereinstimmungen. Von völliger Diskordanz kann also in keinem Fall gesprochen werden. Bei V sind beide ausgesprochene Egoisten, bei VI ist der weniger gesellige gleichzeitig der altruistischere, bei VII und bei VIII finden wir in bezug auf Egoismus-Altruismus keine wesentlichen Unterschiede. Bei den beiden jugendlichen Zwillingspaaren, die wir ja hier hinzunehmen können, ist in dem einen Fall der eine Partner egoistischer, der andere hilfsbereiter; bei dem zweiten ist es wieder so, daß der eine der Zwillinge sich schwerer anschließt.

In bezug auf das sexuelle Verhalten sind die vorliegenden Anamnesen natürlich lückenhaft. Aus unserem Material ergibt sich etwa folgendes Bild: Die Art und der Grad der seelischen Pubertätskrise zeigen eine gewisse Diskordanz bei Paar VII und eine viel weitergehende bei VIII; hier ist sie durch die Neurose des einen Partners kompliziert. Wir werden darauf noch zurückkommen. Es ist auffallend, daß alle vier Paare (in bezug auf die körperlichen Veränderungen während der Pubertät) sexuell spätreif sind. Ich glaube nicht, daß diesem Befund allgemeine Bedeutung zukommt, er bedarf der Nachprüfung an einem größeren Material. Aber es wäre nicht unmöglich, daß hier ein Zusammenhang mit der Zwillingschaft als solcher vorliegt. Es ist weiter bemerkenswert, daß Paar V und VIII ein ausgesprochen schwaches sexuelles Bedürfnis haben, und auch bei VII ist das sexuelle Bedürfnis nicht stark entwickelt. Man müßte daran denken, daß auch der psychologische Faktor der Zwillingsgemeinschaft dabei eine Rolle spielen könnte. Die Pubertätsonanie fällt bei V, VI und VIII bei beiden Partnern in dieselbe Zeit. Ausgesprochene Diskordanz des sexuellen Verhaltens finden wir bei VI; beide Zwillinge zeigten in diesem Fall bis zu ihren zwanzigsten Lebensjahr eine starke Bindung an die Mutter und eine sehr distanzierte Beziehung zu Frauen. Die Änderung bei dem einen von ihnen, die dazu führte, daß er jetzt sexuell weniger wählerisch ist und seine Beziehung zum anderen Geschlecht recht leicht nimmt, wird von den Zwillingen selbst auf eine sexuelle Enttäuschung zurückgeführt.

Hinsichtlich des Verhaltens zur Ehe finden wir — wenn wir zunächst

einmal darunter nur »verheiratet« oder »nicht verheiratet« verstehen —
Konkordanz bei V und VI, und auch VIII dürfen wir hierher rechnen
(der eine Partner ist seit einem Jahr verheiratet, der andere derzeit ver-
lobt); diskordant verhält sich VII. Wenn wir auch die psychologische
Einstellung zum Eheproblem einbeziehen, ergibt sich: bei V wird die
Ablehnung der Ehe von beiden genau in der gleichen Weise begründet;
bei VI wünscht sich der eine Partner sehr, eine Familie zu gründen und
Kinder zu haben, während dieser Wunsch bei seinem Bruder anscheinend
gar keine Rolle spielt; VII verhält sich diskordant nicht nur in bezug
auf »verheiratet« und »nicht verheiratet«, sondern auch die Einstellung
zu diesem Problemkreis ist bei beiden Partnern eine verschiedene. —
Nehmen wir noch die präpsychotischen Persönlichkeiten der Zwillings-
psychosen und das imbezille Paar hinzu, so verändert sich das Bild nicht
wesentlich (Paar II und III scheiden hier aus, weil die Psychosen bei ihnen
schon in der Pubertät einsetzten). Bei I ist der eine Partner verheiratet,
der andere ist ledig; bei IV sind beide ledig geblieben (aber dabei muß
natürlich auch die Konkordanz hinsichtlich der Imbezillität berücksichtigt werden).

Wir haben den ersten Zugang zum Problem der Gemeinsamkeiten und
Verschiedenheiten von eineiigen Zwillingen über eine Untersuchung des
Verhaltens gegenüber jenen Aufgaben genommen, die dem Ich gestellt
sind. Es haben sich in der Stellung zum Beruf, zur Ehe usw. wohl vielfach sehr deutliche Übereinstimmungen ergeben; diese gehen aber doch
wohl nicht ganz so weit, wie manche Konkordanz-Enthusiasten meinen.
Dabei haben wir aber bisher einen sehr wichtigen Punkt außer Betracht
gelassen, der gleichfalls bis zu einem gewissen Grad in den Rahmen dieser Auseinandersetzungen mit dem Triebproblem, der Realität usw. gehört: die Neurose.

Ich möchte hier mit den Präpsychosen von Paar I bis III beginnen.
Beim ersten Paar ist es so gewesen, daß der eine Partner in den acht Jahren vor dem Einsetzen des schizophrenen Prozesses (im Anschluß an ein
psychisches Trauma) an hysterischen Anfällen gelitten hat; bei III finden
wir die Angabe, die Zwillinge seien »seit jeher nervös gewesen«. Neurotische Bilder, die sich in der Präpsychose entwickeln, dürfen gewiß nicht
anderen Neurosen ohne weiteres gleichgesetzt werden. Wir wissen über
die klinische und psychologische Bedeutung solcher präpsychotischer
Neurosen noch nicht sehr viel, und es mag sein, daß auch dieser Zusammenhang sich auf Grund vergleichender Untersuchungen an einem größeren Zwillingsmaterial wird besser durchschauen lassen; oft ist es gewiß so, daß in der präpsychotischen »Nervosität« sich schon der kom-

mende Prozeß ankündigt. Für Paar I möchte ich das aber nicht annehmen. Über das Bild der präpsychotischen Neurose bei I ist wenig zu sagen; sie unterscheidet sich in nichts von anderen Anfallshysterien. Bei III habe ich dagegen den Eindruck, daß die »Nervosität« in der Präpsychose, die übrigens mit einer Reihe von charakterologischen Auffälligkeiten verbunden ist (siehe Hartmann und Stumpfl, 1930), eher die Züge einer schizoiden Psychopathie als einer echten Neurose trägt. — IV müssen wir, da es sich um keine Psychose handelt, für diese Betrachtung von I bis III sondern. Hier verhält es sich so, daß beide Zwillinge in der Kindheit eine Neurose durchgemacht haben — von dem Typus, den wir bei infantilen Neurosen in der Regel finden —, daß diese Neurose aber bei dem einen von ihnen stärker in den Vordergrund getreten ist als bei dem anderen.

Gehen wir zu den »praktisch gesunden« Zwillingspaaren über. Bei V findet sich in der Anamnese nichts von neurotischen Erscheinungen, wir müssen aber daran denken, daß in diesem Fall über die Vorgeschichte überhaupt sehr wenig zu erfahren war. Beim VI. Paar zeigt der eine Partner zwischen dem 4. und 7. Jahr Dunkelangst, Gespensterangst, Angst vor Räubern; etwas davon findet sich auch bei seinem Bruder, aber die Symptome sind dort viel weniger ausgesprochen. Ähnlich verhält es sich mit VII; die Neurose (Dunkelangst, Gespensterangst, Schlafstörung, leichte Zwangserscheinungen) tritt hier etwas später auf. Beide Zwillinge zeigen neurotische Erscheinungen, aber es besteht zwischen ihnen ein deutlicher Unterschied der Intensität. Bei der in der Kindheit neurotischeren Schwester finden wir auch in den letzten Jahren wieder neurotische Züge. Bei VIII wissen wir über eine Kindheitsneurose nichts. Dagegen zeigt der eine Partner vom 14. Jahr an bis zum Ende der Pubertät eine Neurose; er wird empfindlich, fahrig, erregbar, näßt ins Bett, und es wird um diese Zeit auch eine Magenneurose bei ihm konstatiert. Sein Bruder hat weder damals noch früher oder später neurotische Erscheinungen aufgewiesen. Bei den beiden jugendlichen Zwillingspaaren hat jeweils der eine Partner eine infantile Neurose durchgemacht (bei IX beginnt sie mit 4, bei X mit 7 Jahren), der andere ist davon freigeblieben. In dem ersten Fall ist die Neurose durch Schreckhaftigkeit, Reizbarkeit, Empfindlichkeit gekennzeichnet, im zweiten Falle durch Angstzustände, Schlaflosigkeit, Erbrechen und Tic.

Der erste Eindruck, den wir aus solchen Feststellungen gewinnen, mag vielleicht ein Erstaunen darüber sein, daß sich unter diesen »praktisch gesunden« Paaren — wenn wir von dem einen absehen; aber hier war die Anamnese überhaupt sehr dürftig — keines findet, bei welchem nicht wenigstens der eine Partner mindestens zeitweise neurotische Züge aufgewiesen hätte. Lange (1929) hat seine Untersuchungen an »normalen« eineiigen Zwillingen (abgesehen von der Verbrecherserie) leider nicht im einzelnen mitgeteilt. Aber in seiner Zusammenfassung ist ein Satz enthalten, der mit meinen Befunden bis zu einem gewissen Grad übereinstimmt. Er schreibt dort über seine Beobachtungen an »gesunden« eineiigen Zwillingen: »Es findet sich keiner, dessen Seelenleben nicht an irgendeiner Stelle brüchig gewesen wäre.« Nun handelt es sich bei meinem Material zumeist um Neurosen, die in der Kindheit oder in der Pubertät aufgetreten sind. Da verliert nun jener Eindruck sehr wesentlich an Schärfe, wenn wir uns erinnern, daß Kindheitsneurosen zu jenen Grenzzuständen zwischen Normalem und Pathologischem gerechnet werden müssen, von welchen eine überaus große Zahl von Menschen betroffen wird; wollten wir den Begriff der Gesundheit statistisch definieren, so dürften wir diese Erscheinungen vielleicht überhaupt nicht als pathologisch bezeichnen, legen wir aber einen Normbegriff zugrunde, so besteht diese Bezeichnung allerdings zu Recht. Ich meine also nicht, daß wir dieses häufige Vorkommen von Kindheitsneurosen bei eineiigen Zwillingen — solange keine vergleichenden Untersuchungen über ihre etwaige Sonderart oder über etwa vorhandene Intensitätsunterschiede vorliegen — ohne weiteres mit der Tatsache der Zwillingsgemeinschaft in Zusammenhang bringen dürfen; wenngleich zugegeben werden muß, daß ein solcher Zusammenhang denkbar wäre.

Der nächste Umstand aber, der unser Interesse erweckt, ist das Ausmaß der Diskordanz gerade bei den neurotischen Erscheinungen. Wir haben gesehen: unter den drei ersten Fällen dürfte es sich nur bei I um eine echte Neurose handeln, und da finden wir die Erscheinungen der Hysterie nur bei einer Zwillingsschwester. Von den imbezillen Zwillingen haben beide in der Kindheit neurotische Symptome gezeigt, aber bei dem einen von ihnen war die Neurose deutlich schwerer. Diskordanz hinsichtlich der Intensität der Neurose finden wir auch bei VI und bei VII. Die Pubertätsneurose bei dem einen Partner von VIII findet bei seinem Bruder keine Entsprechung; hier besteht also Diskordanz auch hinsichtlich des Merkmals »Neurose«. Dasselbe Verhalten finden wir auch in bezug auf die infantile Neurose von IX und von X. Einzig bei V könnte man völlige Konkordanz (Fehlen aller neurotischen Erscheinungen) annehmen, aber hier erhebt sich der schon oben erwähnte Einwand. (Im Hinblick auf unsere späteren Überlegungen sei auch gleich hier hervorgehoben, daß in 6 von 7 Fällen der neurotische oder neurotischere Partner gleichzeitig der eigensinnigere gewesen ist.)

416

Es kann — nach dem eben Gesagten — fraglich sein, wie hoch man den Wert diskordanten Verhaltens bei jenen Fällen einschätzt, bei welchen der eine Partner eine leichte, der andere eine schwere infantile Neurose durchgemacht hat. Die Antwort wird davon abhängen müssen, ob man die Kindheitsneurose, wie wir es tun, als etwas betrachtet, das wohl die Mehrzahl der Menschen — auch die später gesund gebliebenen — durchgemacht hat, oder ob man darin ein ausnahmsweises Ereignis sieht, dem eine wesentlichere pathognomonische Bedeutung zuerkannt werden muß.

Es liegen bisher noch recht wenig zwillingspathologische Untersuchungen vor, die für die Ätiologie der Neurosen zu verwerten sind. Einzelne Gesichtspunkte und Tatsachen finden sich bei Weitz (1925), Löwenstein (1928), Hartmann und Stumpfl (1928), Lottig (1931 b). Langes Untersuchungen sprechen für eine nicht unbeträchtliche Paravariabilität der Hysterie (1933), wir verdanken ihm aber auch Beispiele, die erstaunliche Übereinstimmungen bis ins Detail des Symptomenbildes zeigen. Ebenso ergibt sich für die Zwangsneurose noch kein klares Bild. Zwillingspsychologische Untersuchungen über infantile Neurosen liegen bisher nicht vor.

Ich habe, aus dem hier vorgelegten Material, den Eindruck gewonnen, daß Diskordanz in bezug auf neurotische Erscheinungen bei eineiigen Zwillingen nicht nur überhaupt häufig ist, daß vielmehr unter den seelischen Merkmalen gerade die neurotischen zu denjenigen gehören, welche die stärkste Modifikationsbreite zeigen. — Wir wollen aber das Thema der Neurose jetzt verlassen und uns der Besprechung der Intelligenz-, Charakter- und Temperamentsmerkmale unserer Zwillinge zuwenden. Über die Zusammenhänge, die sich zwillingspsychologisch zwischen neurotischer und charakterologischer Diskordanz zu ergeben scheinen, wird dann am Schluß noch einiges zu sagen sein.

Was nun zunächst die Merkmale anlangt, die man gewöhnlich unter der Sammelbezeichnung Intelligenz zusammenfaßt, so ergibt sich weitgehende Konkordanz. Dies steht im Einklang mit den Angaben mehrerer Autoren. Gedächtnis, Beobachtungsgabe und Auffassung stimmen zumeist überein. Die Schulleistungen sind überwiegend konkordant; die Schulzeugnisse scheinen übrigens gelegentlich noch stärker übereinzustimmen als die Leistungen. Es kommt natürlich vor, daß ein Zwilling in der intellektuellen Entwicklung etwas voraus ist, oder daß sich auf dieser oder jener Schulstufe deutlichere Unterschiede zeigen. Aber von wesentlicher Diskordanz kann bei keinem der Fälle die Rede sein. So weitgehende Intelligenzunterschiede, wie ich sie gelegentlich bei einem später psychotischen Zwillingspaar gesehen habe (Hartmann und Stumpfl, 1933), sind mir in diesem Material niemals begegnet. Daß dort, wo Intelligenzunterschiede vorkommen, immer auch an die mögliche Wirksamkeit charakterologischer Diskordanz gedacht werden muß, habe ich schon hervorgehoben.

Überwiegend konkordant verhalten sich auch sonst die meisten »Begabungen«. Ausgesprochene künstlerische Talente kommen unter meinen Fällen nicht vor. Beide Zwillinge sind entweder sehr musikalisch oder mittelmusikalisch oder unmusikalisch; auch hier kann man hie und da geringfügige Unterschiede beobachten (z. B. bei Paar IX), die aber ebenfalls niemals so weit gehen, wie bei dem eben erwähnten später psychotischen Paar. Am häufigsten (in der Mehrzahl der Fälle) findet sich auf diesem Gebiet Diskordanz hinsichtlich der Zeichenbegabung und zwar auch bei jenen Paaren, von welchen nicht der eine Partner Linkshänder ist. Auch Unterschiede in der manuellen Geschicklichkeit sind nicht selten.

Unter den Eigenschaften des Charakters und Temperaments und den Interessenrichtungen finden sich alle Übergänge von schlagendster Konkordanz bis zu recht weitgehenden Verschiedenheiten. Wir haben gehört, daß Lottig besonders starke Konkordanz für den »Stoff« des Charakters, etwas weniger starke Übereinstimmung für die »Artung« und noch geringere für das »Gefüge« (nach Klages) gefunden hat. Das Überwiegen der Konkordanz für den Stoff (Auffassung, Gedächtnis usw.) im Vergleich zu den anderen Gebieten der Persönlichkeit konnte ich, wie gesagt, bestätigen. Das Problem der relativen Paravariabilität der übrigen Gebiete der Persönlichkeit ist nicht ganz einfach zu beantworten. Es erscheint mir auf Grund meiner Beobachtungen fraglich, ob wirklich die Eigenschaften des Temperaments (Gefüges) eine stärkere Modifikabilität zeigen als dasjenige, was man gewöhnlich »Charaktereigenschaften« nennt. Es finden sich wohl auch in meinem Material deutliche Abweichungen in der Sphäre des Temperaments (so bei Paar VI und VIII, zeitweise auch bei IX); aber gewisse Diskordanzen des Charakters im engeren Sinne sind mir noch eindrucksvoller gewesen. Hinsichtlich der »Interessen« ergaben sich schwer zurückführbare starke Schwankungen zwischen Konkordanz und Diskordanz. Unter den psychologisch sicherlich sehr disparaten Tendenzen, die in diesem Begriff zusammengefaßt erscheinen, gehört ein großer Teil gewiß zu den abgeleiteten, peripheren menschlichen Verhaltensweisen.

Als Hilfsmethode zur Feststellung der Konkordanz- und Diskordanzverhältnisse habe ich mich auch der Untersuchung von Handschriften bedient. Es schien mir zweckmäßig, dies im »unwissentlichen Verfahren«

durchzuführen, nämlich so, daß der Gutachter keine Kenntnis davon hatte, woher das Material stammte und welche Fragestellung der Untersuchung zugrunde lag. Im ganzen wurden dem graphologisch ausgebildeten und tätigen Kollegen, der so freundlich war, die Gutachten für mich abzufassen (Dr. W. Marseille), dreizehn Handschriften vorgelegt, unter welchen zehn von fünf Paaren erbgleicher Zwillinge stammten. Die Gutachten will ich an anderer Stelle mitteilen. Hier möchte ich nur hervorheben, daß Marseille in seinen Gutachten bei vier Paaren die Möglichkeit diskutiert hat, daß die Schriften der beiden Partner von einem und demselben Schreiber stammen könnten; auch beim fünften Paar ist ihm die weitgehende Übereinstimmung aufgefallen. Auf die einzelnen Probleme, welche uns diese Untersuchung gestellt hat, will ich aber hier nicht eingehen. Bisher liegen erst wenige ausführliche Mitteilungen über Handschriften von eineiigen Zwillingen vor. So deutliche Konkordanz, wie ich sie von meinem Material berichtet habe, scheint nicht die Regel zu sein (Lange, 1929; Lottig 1931 a; Kockel, 1931).

Bei der Abwägung diskordanten Verhaltens ist noch folgender Umstand zu berücksichtigen: es kommt vor, daß ein Merkmal bei einem Partner deutlich hervortritt, bei dem anderen noch deutlicher; in anderen Fällen aber ist es so, daß das Merkmal bei einem »vorhanden« ist, bei dem anderen aber »fehlt«. Was das »Vorhandensein« oder »Fehlen« bei den hier in Rede stehenden Eigenschaften bedeutet, darüber wäre im Rahmen einer allgemeinen Psychologie der Persönlichkeit zu reden. Bei solchen Abgrenzungen (ob einer ein gutes Gedächtnis hat — oder nicht, ob einer mutig, ehrgeizig, eigensinnig ist — oder nicht, in gewissen Fällen auch: ob einer neurotisch ist — oder nicht) spielen alle möglichen Einteilungsprinzipien hinein, die wir hier nicht im einzelnen analysieren wollen. Für die Zwecke einer empirischen Untersuchung, die keinerlei Theorie der Persönlichkeit (oder Neurose) zugrunde legen will, wird es am zweckmäßigsten sein, von Durchschnittswerten auszugehen, die nun freilich nach Möglichkeit in ihrer Abwandlung nach Geschlecht, Altersstufe, sozialer Lage usw. beurteilt werden müssen.

Unter den Merkmalen des Charakters, hinsichtlich deren Diskordanz besteht, ist mir nun immer wieder eine Gruppe aufgefallen, die etwa folgende Eigenschaften umfaßt: Ordnungsliebe (Pedanterie), Sinn für Reinlichkeit, Eigensinn, Beziehung zum Geld, Ehrgeiz, Eitelkeit. Besonders deutlich aber — und besonders häufig nachweisbar — waren Unterschiede in bezug auf Ordnungsliebe, Eigensinn, Geldwirtschaft [5]. Es

---

[5] Diese Charakterzüge entsprechen dem »analen Charakter«, den Freud beschreibt (1908 a).

handelt sich dabei manchmal wohl um den eben gekennzeichneten Sachverhalt, daß eine dieser Eigenschaften zwar auch bei dem einen Zwilling vorhanden, bei dem zweiten aber stärker ausgeprägt ist; in den anderen Fällen findet sich aber bei den Partnern einer erbgleichen Zwillingschaft recht weit voneinander abweichendes Verhalten.

Es scheint mir, daß dieser Befund — aus den gleich anzugebenden Gründen — empirisch und methodisch wichtig ist, und ich will daher alle hier in Betracht kommenden Paare einzeln nach dieser Richtung durchgehen; dabei beginne ich mit den später psychotischen, bei denen freilich zur Beantwortung dieser Frage relativ wenig Material vorliegt: Paar I gehört zu diesen Fällen, bei welchen die Anamnese über die Präpsychose leider sehr kursorisch ist; aber auch hier finden wir Diskordanz in bezug auf Eigensinn vermerkt. — Bei II zeigen sich schon in der Kindheit offenbar recht deutliche Unterschiede: die eine Schwester ist eigensinnig, hart, eigenbrötlerisch, die andere lenkbar, ehrgeizig. — Über III wird berichtet, daß beide eigensinnig waren; Einzelheiten sind nicht bekannt. — Die imbezillen Zwillinge (IV) verhalten sich wieder diskordant: der eine ist eigensinniger, pedantischer, der andere nimmt es mit der Reinlichkeit genauer, er ist sparsamer und ehrgeiziger; es sind das (abgesehen von der Neurose) die wesentlichsten Diskordanzen, die bei diesem Paar überhaupt in Erscheinung treten. — Von V haben wir gehört, daß der eine Zwillingsbruder ordentlicher, fast pedantisch ist. Beide sind sparsam, eigensinnig und reinlich. Hier möchte ich auf die Diskordanz geringeres Gewicht legen, weil der pedantischere Zwilling epileptisch ist. — Bei VI ist der eine eigensinniger; nur der andere ist pedantisch und sparsam. Die Diskordanz ist hier sehr eindrucksvoll, aber nicht bei allen drei Eigenschaften gleich stark. Beim Eigensinn verhält es sich so, daß wohl beide dieses Merkmal haben, aber der eine deutlich ausgesprochener. Sparsamkeit und Ordnungsliebe finden wir jedoch nur bei einem Partner. Diese Diskordanz ist (neben den Verschiedenheiten im sexuellen Verhalten) die entscheidendste, die dieses Paar überhaupt aufweist. — Auch das nächste Paar (VII) zeigt hinsichtlich dieser Merkmale Diskordanz; aber die Merkmale sind hier anders verteilt: die eine Schwester, die auch als Kind trotziger gewesen ist, ist eigensinniger und hat eine rationellere Geldwirtschaft, die andere hat mehr Ordnungsliebe und Reinlichkeitssinn. Der Unterschied in der Beziehung zum Geld ist (abgesehen wieder von einem einzigen anderen Merkmal) dasjenige, was unter den Verschiedenheiten der Zwillinge am stärksten in den Vordergrund tritt. — Beim VIII. Paar finden wir die Merkmale, um die es sich uns hier handelt, bei einem Zwilling konzentriert. Er ist sparsamer, pedantischer, eigensinniger und auch kleinlicher als sein Bruder. Es liegt aber nicht grobe Diskordanz vor, sondern eine stärkere Akzentuierung von Eigenschaften, die auch der andere Zwilling zeigt. Deutlichere Unterschiede liegen bei diesem Paar — wie schon erwähnt — auf dem Gebiet des Temperaments. — Von den jugendlichen Paaren zeigt das erste (IX) folgenden Sachverhalt: der eine ist eigensinniger, der andere ordentlicher, jähzorniger, egoistischer. — Bei dem anderen Paar (X) ist die eine Schwester eigensinniger und ordentlicher, kann aber Geld nicht halten, die andere ist sparsamer und ehrgeiziger. Hier sind diese Abweichungen wiederum sehr ins Auge fallend; allerdings sind es in diesem Fall nicht die einzigen deutlichen Unterschiede.

Wir haben es demnach offenbar mit einem Eigenschaftskomplex zu tun, der einer weitgehenden Paravariabilität unterliegt (natürlich muß auch hier vorläufig noch der Vorbehalt der kleinen Zahl gemacht werden). Nun ist es mir aufgefallen, daß es sich dabei um eine Gruppe von Merkmalen handelt, der die psychoanalytische Charakterlehre ihr besonderes Augenmerk zugewendet hat (vgl. Freud, 1908 a). Ich habe schon kurz darauf hingewiesen, daß die Psychoanalyse bei der Beurteilung der Charakterentwicklung einerseits auf die Identifizierungen (mit Eltern, Geschwistern usw.) Gewicht legt, anderseits auf Sublimierungsvorgänge, welche die Funktion von Reaktionsbildungen auf frühkindliche Phasen der Triebentwicklung zugeschrieben wird. Auf solche Reaktionsbildungen wird nun auch die hier in Rede stehende Gruppe von Eigenschaften (Eigensinn, Pedanterie, Sparsamkeit) zurückgeführt.

Nun ergibt sich aber aus den eben mitgeteilten Beobachtungen, daß die Eigenschaften, die in dieser Gruppe zusammengefaßt sind, eine recht weitgehende Unabhängigkeit voneinander aufweisen. Nur in einem Fall (VIII) finden wir alle hierher gehörigen Eigenschaften bei dem einen Zwilling stärker ausgesprochen. Sonst verhält es sich immer so, daß wenn beim einen ein Merkmal aus dieser Gruppe überwiegt, der andere ein anderes deutlicher zeigt. Diese Aufspaltung geht erstaunlich weit: so ist einmal die im allgemeinen reinlichere und ordentlichere Schwester unordentlicher in ihrer Geldwirtschaft; bei einem anderen Paar ist der eine Partner pedantischer, der andere aber geht mit Geld ordentlicher um und ist reinlicher usw.

Diese Tatsache erscheint mir aus einem bestimmten Grund bedeutsam: eine verstehende Charakterologie (siehe 18. Kapitel), welche die Eigenschaften nach ihrer verständlichen Ableitbarkeit auseinander ordnet, kann einer so weitgehenden tatsächlichen Unabhängigkeit an sich »ähnlicher« Verhaltensweisen niemals gerecht werden. Nun zeigt sich aber, daß man eine solche genetische Unabhängigkeit aus dem vorliegenden Zwillingsmaterial, wenn auch nicht exakt beweisen, so doch zumindest sehr wahrscheinlich machen kann. Darin liegt wieder ein Argument für die schon oben betonte Notwendigkeit charakterologischer Einzelanalysen an eineiigen Zwillingen, die gewiß noch manches umstoßen werden, das über charakterologische Ordnungsschemata gedacht und geschrieben wurde.

Ich glaube, daß wir dem beschriebenen Tatbestand am ehesten gerecht werden, wenn wir uns mit der Vorstellung der *Vertretbarkeit* [6] jener Merkmale (Eigensinn, Pedanterie, Sparsamkeit) vertraut machen. Eine einfache Überlegung zeigt, daß die Zwillingspathologie und die Zwillingspsychologie besser als jede andere Methode geeignet sein werden, uns über die Vertretbarkeit von Krankheiten, Charakterzügen usw. Aufschluß zu geben. So spielt bei zwillingspsychiatrischen Untersuchungen die Frage eine Rolle, ob die Unterformen der Schizophrenie oder des manisch-depressiven Irreseins einander im Erbgang substituieren können. Hierher gehört auch eine eigene Beobachtung (mit Stumpfl, 1930) an einem schizophrenen Zwillingspaar, bei welchem der eine Partner (schon vor der Psychose) musikalisch ausgezeichnet begabt, der andere ein vorzüglicher Schachspieler war. Auch hier könnte man an die Differenzierung eines gemeinsamen Faktors denken.

Diesen Gedankengang möchte ich deshalb unterstreichen, weil der hier hervorgehobene Befund vielleicht als Modell für die Möglichkeiten der Zwillingsforschung gegenüber der Charakterologie überhaupt gelten darf. Wir hätten dann die Charakter-Anlagen in gewissen primitiven biologischen Momenten der vital-psychischen Schichten zu suchen, deren Differenzierung zum Charakter-*Merkmal* des Phänotypus paratypisch bedingt wäre; die verschiedenen möglichen Ergebnisse dieses Differenzierungsprozesses wären dann untereinander genetisch vertretbar. Es ist natürlich ungenau, wenn wir allgemein sagen, die Auswahl unter den an sich durch die Anlage zu einer Merkmalsgruppe ermöglichten Eigenschaften sei umweltbedingt; wir müssen ja dabei auch die Gesamtheit der sonstigen psychischen und somatischen Anlagemomente in Betracht ziehen. Die von uns herausgehobene Merkmalsgruppe ist hier nur ein Beispiel; sie wurde aus dem gegebenen Material besonders nahegelegt. Weitere Untersuchungen werden gewiß zur Aufdeckung anderer derartiger Komplexe von Eigenschaften führen. ...

Ein regelmäßiger Zusammenhang zwischen geringerer körperlicher

---

[6] Dieser Begriff schließt auch die Vorstellung in sich, daß bei gleichen Anlagen spezifische Charakterzüge einander vertreten können.

Widerstandskraft (soweit sie eben aus solchen anamnestischen Daten herausgelesen werden kann) und schwererer neurotischer Erkrankung scheint sich mir also aus meinem Material nicht zu ergeben. Dagegen läßt sich wenigstens bei einigen Fällen offenbar eine Beziehung zu den Besonderheiten der Familiensituation aufzeigen, worauf schon bei Besprechung der einzelnen Paare gelegentlich hingewiesen wurde; auch das »Sich-älter-Fühlen« des einen Partners, die vorwiegende Identifizierung mit Vater oder Mutter, die Differenzierung in eine mehr »männliche« und in eine mehr »weibliche« Haltung mögen da mit hineinspielen.

Es ist auch nicht so (oder nicht regelmäßig so) gewesen, daß dort, wo sich wesentlichere Persönlichkeitsunterschiede finden, nur einer der Partner (oder der eine öfter und intensiver) von schwereren körperlichen Krankheiten befallen worden wäre. Dagegen hat sich mir ein anderer Zusammenhang aufgedrängt. Die drei Paare, bei welchen die neurotische Erkrankung des einen Zwillings beim anderen keine Entsprechung findet (VIII, IX, X) gehören auch zu denjenigen, bei welchen wir einen etwas tieferen Einblick in die Entwicklung der Persönlichkeit gewinnen konnten; und zwar bei dem einen offenbar deshalb, weil deutlichere Diskordanz hier erst nach der Pubertät in Erscheinung getreten ist, bei den anderen aber, weil es sich um jugendliche Zwillinge handelt. Diese Paare sind nun auch unter jenen, die relativ starke Diskordanz in der Persönlichkeitsstruktur zeigen.

Es scheint mir, daß wir in diesen Fällen das Hervorwachsen von Charakter- und Temperamentsunterschieden aus der Neurose (oder aus den Faktoren, die ihrer Entstehung zugrunde liegen) recht deutlich verfolgen können. Es bleibt abzuwarten, ob und wieweit dies durch andere Untersucher und Untersuchungen bestätigt werden wird. Gewiß können sich solche Unterschiede im Laufe der Entwicklung teilweise oder ganz wieder ausgleichen. Jedenfalls habe ich bei meinen Beobachtungen relativ oft die Erfahrung gemacht, daß weiterreichende Persönlichkeitsunterschiede der eineiigen Zwillinge, wo wir sie in ihrer Entwicklung genauer verfolgen konnten, mit der mitgemachten neurotischen Erkrankung im Zusammenhang gestanden sind. Bei der weiten Verbreitung der infantilen Neurosen (die sich aus meinem Material ergeben hat, aber auch sonst vielfach hervorgehoben wurde) könnte diesem Befund für die Zwillingscharakterologie eine allgemeinere Bedeutung zukommen; man könnte dann annehmen, daß gerade Diskordanz in bezug auf das Merkmal »Neurose« (aber auch in bezug auf ihre Art, ihre Intensität, ihre Verarbeitung) — und wir haben gesehen, wie häufig sich bei eineiigen Zwillingen Diskordanz hinsichtlich dieses Merkmals findet — in engste Beziehung zu den Verschiedenheiten des Charakters und Temperaments erbgleicher Zwillinge zu setzen ist. Aber vielleicht wäre eine andere Formulierung besser, die mit meinen Befunden gleichfalls vereinbar ist: daß nämlich den Momenten, welche der Neurose zugrunde liegen, auch unter jenen paratypischen Faktoren, die an der Entwicklung des Charakters und des Temperaments mitarbeiten, ein wichtiger Platz eingeräumt werden muß.

Bis zu dieser Schlußfolgerung konnten uns die mitgeteilten Befunde führen. Der Schritt darüber hinaus — zu einer zwillingspathologischen Untersuchung der Ätiologie der Neurosen — muß einer anderen Beobachtungsreihe vorbehalten bleiben.

BIBLIOGRAPHIE

Ach, N. (1905): Über die Willenstätigkeit und das Denken, Göttingen (Vandenhoeck & Ruprecht).
— (1910): Über den Willensakt und das Temperament, Leipzig (Quelle & Meyer).
— (1921): Über die Begriffsbildung, Hamburg (Buchner).
Adler, A. (1912): The Neurotic Constitution, New York (Dodd Mead) 1930.
— (1920): Praxis und Theorie der Individualpsychologie, Darmstadt (Wissenschaftliche Buchgesellschaft) 1965.
Adrian, E. D. (1946): The Mental and the Physical Origins of Behaviour, Int. J. Psycho-Anal., 28.
Alexander, F. (1923): The Castration Complex in the Formation of Character, Int. J. Psycho-Anal., 6.
— (1933): The Relation of Structural and Instinctual Conflicts, Psychoanal. Quart., 2.
Allers, R. (1925): Begriff und Methodik der Deutung. In: Psychogenese und Psychotherapie körperlicher Symptome, hrsg. v. O. Schwarz, Berlin (Springer).
— & Teler, J. (1924): On the Utilization of Unnoticed Impressions in Associations. In: Preconscious Stimulation in Dreams, Associations and Images. Psychological Issues, Monogr. 7. New York (International Universities Press) 1960.
Allport, G. (1937): Persönlichkeit. Struktur, Entwicklung und Erfassung der menschlichen Eigenart, übers. v. H. v. Bracken, Stuttgart (Klett) 1949.
Alpert, A. (1949): Sublimation and Sexualization, The Psychoanalytic Study of the Child, 3/4 *.
Angel, A., siehe Katan, A.
Arlow, J. A. (1952): Discussion of Dr. Fromm-Reichmann's paper. In: Psychotherapy with Schizophrenics, hrsg. v. E. B. Brody & F. C. Redlich, New York (International Universities Press).
Axelrad, S. & Maury, L. M. (1951): Identification as a Mechanism of Adaptation. In: Psychoanalysis and Culture, hrsg. v. G. B. Wilbur & W. Muensterberger, New York (International Universities Press).
Baade, W. (1915): Über die Vergegenwärtigung von psychischen Ereignissen durch Erleben, Einfühlung und Repräsentation, sowie über das Verhältnis der Jaspersschen Phänomenologie zur darstellenden Psychologie, Z. Neurol. & Psychiat., 29.
Bak, R. C. (1939): Regression of Ego-Orientation and Libido in Schizophrenia, Int. J. Psycho-Anal., 20.
— (1943): Dissolution of the Ego, Mannerism and Delusion of Grandeur, J. Nerv. & Ment. Dis., 98.

* The Psychoanalytic Study of the Child, 19 Bde., hrsg. v. R. S. Eissler, A. Freud, H. Hartmann, M. Kris, New York (International Universities Press) 1945—1964.

— (1954): The Schizophrenic Defence against Aggression, Int. J. Psycho-Anal., 35.

BELLAK, L. & SMITH, B. (1956): An Experimental Exploration of the Psychoanalytic Process, Psychoanal. Quart., 25.

BENDER, L. (1947): Childhood Schizophrenia: Clinical Study of 100 Schizophrenic Children, Amer. J. Orthopsychiat., 17.

BENJAMIN, J. (1950): Methodological Considerations in the Validation and Elaboration of Psychoanalytical Personality Theory, Amer. J. Orthopsychiat., 20.

BERES, D. & OBERS, S. J. (1950): The Effects of Extreme Deprivation in Infancy on Psychic Structure in Adolescence, The Psychoanalytic Study of the Child, 5.

BERGLER, E. (1945): On a Five-Layer Structure in Sublimation, Psychoanal. Quart., 14.

BERGMAN, P. & ESCALONA, S. K. (1949): Unusual Sensitivities in Very Young Children, The Psychoanalytic Study of the Child, 3/4.

BERNFELD, S. (1931): Zur Sublimierungslehre, Imago, 17.

— (1932): Der Begriff der Deutung in der Psychoanalyse, Z. angew. Psychol., 52.

— (1944): Freud's Earliest Theories and the School of Helmholtz, Psychoanal. Quart., 13.

— (1946): An Unknown Autobiographical Fragment by Freud, Amer. Imago, 4.

— (1949): Freud's Scientific Beginnings, Amer. Imago, 6.

— (1951): Sigmund Freud, M.D., 1882—1885, Int. J. Psycho-Anal., 32.

— (1953): Freud's Studies on Cocaine, 1884—1887, J. Amer. Psychoanal. Assn., 1.

— & BERNFELD, S. C. (1952): Freud's First Year in Practice, 1886—1887, Bull. Menninger Clin., 16.

BETLHEIM, S. & HARTMANN, H. (1924): Über Fehlreaktionen bei der Korsakowschen Psychose, Arch. Psychiat., 72.

BIBRING, E. (1936): The Development and Problems of the Theory of Instincts, Int. J. Psycho-Anal., 22, 1941.

— (1937): On the Theory of the Therapeutic Results of Psycho-Analysis, Int. J. Psycho-Anal., 18.

BINSWANGER, L. (1922): Allgemeine Psychologie, Berlin (Springer).

BLEULER, E. (1911): Dementia praecox oder Gruppe der Schizophrenen. In: Handbuch der Psychiatrie, Spez. T., Abt. 4, Leipzig & Wien (Deuticke).

BONAPARTE, M. (1945): Notes on the Analytical Discovery of a Primal Scene, The Psychoanalytical Study of the Child, 1.

BONHÖFFER, K. (1901): Die akuten Geisteskrankheiten der Gewohnheitstrinker, Jena (Fischer).

BORNSTEIN, B. (1955): In: Panel on Sublimation, berichtet v. J. A. Arlow, J. Amer. Psychoanal. Assn., 3.

BOUTERWEK, H. (1932): Ein Beitrag zur Zwillingspädagogik, Arch. Rassen- & Gesellschaftsbiol., 26.

BREUER, J. & FREUD, S. (1895): Studien über Hysterie, Leipzig & Wien (Deuticke).

BRIERLEY, M. (1932): Some Problems of Integration in Women, Int. J. Psycho-Anal., 13.

— (1944): Notes on Metapsychology as Process Theory, Int. J. Psycho-Anal., 25.

— (1947): Notes on Psychoanalysis and Integrative Living, Int. J. Psycho-Anal., 28.

— (1952): Besprechung von Rapaports "Organization and Pathology of Thought", Int. J. Psycho-Anal., 33.

BRODMANN, K. (1902): Experimentelle und klinische Beiträge zur Psychopathologie der polyneurotischen Psychose, J. Psychol. & Neurol., 1.

— (1904): Experimentelle und klinische Beiträge zur Psychopathologie der polyneuritischen Psychose, J. Psychol. & Neurol., 3.

BROWER, D. (1949): The Problem of Quantification in Psychological Science, Psychol. Rev., 56.

BRUN, R. (1946): General Theory of Neurosis, New York (International Universities Press) 1951.

BÜHLER, C. (1930): Kindheit und Jugend, Leipzig (Hirzel).

— (1954): The Reality Principle, Amer. J. Psychother., 8.

BÜHLER, K. (1929): Die Krise der Psychologie, Jena (Fischer).

— (1929): Die geistige Entwicklung des Kindes, Jena (Fischer) 1930.

— (1934): Sprachtheorie, Jena (Fischer).

BUYTENDIJK, F. J. J. (1955): Über den Schmerz, Psyche, 9.

BYCHOWSKI, G. (1943): Disorders in the Body Image in the Clinical Picture of Psychoses, J. Nerv. Ment. Dis., 97.

— (1952): Psychotherapy of Psychosis, New York (Grune & Stratton).

CANNON, W. B. (1932): The Wisdom of the Body, New York (Norton).

DELAGE, Y. (1891): Essai sur la théorie du rêve, Rev. Scientifique, 48.

DERI, F. (1939): On Sublimation, Psychoanal. Quart., 8.

DE SAUSSURE, R. (1950): Present Trends in Psychoanalysis, Congrès International de Psychiatrie, Paris 1950, 5. Paris (Presses Universitaires de France).

DESPERT, J. L. (1940): A Comparative Study of Thinking in Schizophrenic Children and in Children of Preschool Age, Amer. J. Psychiat., 97.

— (1941): Thinking and Motility Disorder in a Schizophrenic Child, Psychiat. Quart., 15.

DEUTSCH, F. (1952): Analytic Posturology, Psychoanal. Quart., 21.

DEUTSCH, H. (1937): Absence of Grief, Psychoanal. Quart., 6.

— (1944): Psychologie der Frau, Bern (Huber) 1948—1954.

DEWEY, J. (1922): Human Nature and Conduct, New York (Henry Holt).

— (1939): Theory and Valuation, Chicago (University of Chicago Press).

DILTHEY, W. (1924): Ideen über eine beschreibende und zergliedernde Psychologie, Gesammelte Schriften, 5, Leipzig (Teubner).

DOLLARD, J., DOOB, L. W., MILLER, N. E., & SEARS, R. R. (1939): Frustration and Aggression, New Haven (Yale University Press).

— & MILLER, N. E. (1950): Personality and Psychotherapy, New York (McGraw-Hill).

DORER, M. (1932): Historische Grundlagen der Psychoanalyse, Leipzig (Meiner).

DORSEY, J. (1943): Some Considerations on Psychic Reality, Int. J. Psycho-Anal., 24.

DURFEE, H. & WOLF, K. M. (1933): Anstaltspflege und Entwicklung im ersten Lebensjahr, Z. Kinderforsch., 42/43.

EBBINGHAUS, H. (1896): Über erklärende und beschreibende Psychologie, Z. Psychol. Neurol. Sinnesorg., 9.

EIDELBERG, L. (1940): Instinctual Vicissitudes and Defense against Instincts,

Studies in Psychoanalysis, New York (International Universities Press) 2. A. 1952.

EINSTEIN, A. (1950): Aus meinen späteren Jahren, übers. v. H. Blomeyer, Stuttgart (Deutsche Verlagsanstalt) 1952.

EISSLER, K. R. (1953): Notes upon the Emotionality of a Schizophrenic Patient and Its Relation to Problems of Technique, The Psychoanalytic Study of the Child, 8.

ELLIS, A. (1950): An Introduction to the Principles of Scientific Psychoanalysis, Genet. Psychol. Monogr., 41.

— (1956): An Operational Reformulation of Some of the Basic Principles of Psychoanalysis. In: The Foundations of Science and the Concepts of Psychology and Psychoanalysis, hrsg. v. H. Feigl & M. Scriven, Minneapolis (University of Minnesota Press).

ERIKSON, E. H. (1940): Problems of Infancy and Early Childhood, Cyclopedia of Medicine, Surgery and Specialities, Philadelphia (Davis).

EWALD, G. (1924): Temperament und Charakter, Berlin (Springer).

— (1932): Biologische und »reine« Psychologie im Persönlichkeitsaufbau. Prinzipielles und Paralleles (Temperament und Charakter, II. Teil); zugleich ein Beitrag zur somatologischen Unterlegung der Individualpsychologie, Berlin (Karger).

FEDERN, P. (1929): Ichpsychologie und die Psychosen, übers. v. W. Federn u. E. Federn, Bern & Stuttgart (Huber) 1956.

— (1930): The Reality of the Death Instinct, Especially in Melancholia. Remarks on Freud's book Civilization and Its Discontents, Psychoanal. Rev., 19, 1932.

— (1938): The Undirected Function in the Central Nervous System, Int. J. Psycho-Anal., 19.

FEIGL, H. (1949): Some Remarks on the Meaning of Scientific Explanation. In: Readings in Philosophical Analysis, hrsg. v. H. Feigl & W. Sellars, New York (Appleton-Century).

FENICHEL, O. (1931): Hysterien und Zwangsneurosen. Wien (Internationaler Psychoanalytischer Verlag).

— (1941): Problems of Psychoanalytic Technique, New York (Psychoanalytic Quarterly, Inc.).

— (1945): The Psychoanalytic Theory of Neurosis, New York (Norton).

FERENCZI, S. (1924): Versuch einer Genitaltheorie, Wien (Internationaler Psychoanalytischer Verlag).

FISHER, C. (1954): Dreams and Perception, J. Amer. Psychoanal. Assn., 2.

— (1956): Dreams, Images and Perception, J. Amer. Psychoanal. Assn., 4.

— (1957): A Study of the Preliminary Stages of the Construction of Dreams and Images, J. Amer. Psychoanal. Assn., 5.

— (1960): Introduction to Preconscious Stimulation in Dreams, Associations, and Images, Psychological Issues, Monogr. 7, New York (International Universities Press).

FLESCHER, J. (1951): Mental Health and the Prevention of Neurosis, New York (Liveright).

FLEW, A. (1956): Motives and the Unconscious. In: The Foundations of Science and the Concepts of Psychology and Psychoanalysis, hrsg. v. H. Feigl & M. Scriven, Minneapolis (University of Minnesota Press).

428

FOULKES, S. H., siehe FUCHS, S. H.

FRENCH, T. (1936): Learning in the Course of a Psychoanalytic Treatment, Psychoanal. Quart., 5.

— (1937): Reality and the Unconscious, Psychoanal. Quart., 6.

— (1941): Goal, Mechanism and Integrative Field, Psychosom. Med., 3.

— (1945): The Integration of Social Behavior, Psychoanal. Quart., 14.

FRENKEL-BRUNSWIK, E. (1949): Intolerance and Ambiguity as an Emotional and Cognitive Personality Variable, J. Personal., 18.

— (1954): Psychoanalysis and the Unity of Science, Proc. Amer. Acad. Sci., 53.

FREUD, A. (1936): Das Ich und die Abwehrmechanismen, London (Imago) 1946.

— (1945): Indikationsstellung in der Kinderanalyse, Psyche, 21, 233—253.

— (1949): Aggression in Relation to Emotional Development: Normal and Pathological, The Psychoanalytic Study of the Child, 3/4.

— (1951 a): Observations on Child Development, The Psychoanalytic Study of the Child, 6.

— (1951 b): The Contributions of Psychoanalysis to Genetic Psychology, Amer. J. Orthopsychiat., 21.

— (1951 c): Negativism and Emotional Surrender. Vortrag auf dem 17. Internationalen Psychoanalytischen Kongreß, Amsterdam.

— (1952): The Mutual Influences in the Development of Ego and Id, The Psychoanalytic Study of the Child, 7.

— (1954 a): Psychoanalysis and Education, The Psychoanalytic Study of the Child, 9.

— (1954 b): In: Problems of Infantile Neurosis: A Discussion, The Psychoanalytic Study of the Child, 9.

— & DANN, S. (1951): An Experiment in Group Upbringing, The Psychoanalytic Study of the Child, 6.

FREUD, S. (1887—1902): Aus den Anfängen der Psychoanalyse. Briefe an Wilhelm Fließ, Frankfurt a. M. (S. Fischer) 1962.

— (1895): Entwurf einer Psychologie. In: Aus den Anfängen der Psychoanalyse. Briefe an Wilhelm Fließ, Frankfurt a. M. (S. Fischer) 1962.

— (1896): Weitere Bemerkungen über die Abwehr-Neuropsychosen, Ges. W., 1. *

— (1900): Die Traumdeutung, Ges. W., 2/3.

— (1901): Zur Psychopathologie des Alltagslebens, Ges. W., 4.

— (1905): Drei Abhandlungen zur Sexualtheorie, Ges. W., 5.

— (1908 a): Charakter und Analerotik, Ges. W., 7.

— (1908 b): Die ›kulturelle‹ Sexualmoral und die moderne Nervosität, Ges. W., 7.

— (1909): Bemerkungen über einen Fall von Zwangsneurose, Ges. W., 7.

— (1911 a): Formulierungen über die zwei Prinzipien des psychischen Geschehens, Ges. W., 8.

— (1911 b): Psychoanalytische Bemerkungen über einen autobiographisch beschriebenen Fall von Paranoia (Dementia Paranoides), Ges. W., 8.

— (1911—1915 [1914]): Zur Einleitung der Behandlung, Ges. W., 8, und andere Schriften zur Technik aus diesen Jahren.

— (1913): Das Interesse an der Psychoanalyse, Ges. W., 8.

---

* Sigmund Freud, Gesammelte Werke in 18 Bänden, Frankfurt a. M. (S. Fischer).

— (1913—1914): Totem und Tabu, Ges. W., 9.
— (1914 a): Zur Einführung des Narzißmus, Ges. W., 10.
— (1914 b): Zur Geschichte der psychoanalytischen Bewegung, Ges. W., 10.
— (1915 a): Triebe und Triebschicksale, Ges. W., 10.
— (1915 b): Das Unbewußte, Ges. W., 10.
— (1915 c): Die Verdrängung, Ges. W., 10.
— (1916—17): Vorlesungen zur Einführung in die Psychoanalyse, Ges. W., 11.
— (1917 a [1915]): Metapsychologische Ergänzungen zur Traumlehre, Ges. W., 10.
— (1917 b): Eine Schwierigkeit der Psychoanalyse, Ges. W., 12.
— (1919): ›Ein Kind wird geschlagen‹, Ges. W., 12
— (1920): Jenseits des Lustprinzips, Ges. W., 13.
— (1921): Massenpsychologie und Ich-Analyse, Ges. W., 13.
— (1923 a): Das Ich und das Es, Ges. W., 13.
— (1923 b): Psycho-Analysis, Ges. W., 14.
— (1924 a [1923]): Neurose und Psychose, Ges. W., 13.
— (1924 b): Das ökonomische Problem des Masochismus, Ges. W., 13.
— (1924 c): Der Untergang des Ödipuskomplexes, Ges. W., 13.
— (1924 d): Der Realitätsverlust bei Neurose und Psychose, Ges. W., 13.
— (1926 a): Hemmung, Symptom und Angst, Ges. W., 14.
— (1926 b): Die Frage der Laienanalyse, Ges. W., 14.
— (1927): Brief an Marie Bonaparte. In: E. Jones, Das Leben und Werk von Sigmund Freud, 3 Bde., Bern & Stuttgart 1960.
— (1930 [1929]): Das Unbehagen in der Kultur, Ges. W., 14.
— (1932): Neue Folge der Vorlesungen zur Einführung in die Psychoanalyse, Ges. W., 15.
— (1936): An Romain Rolland (Eine Erinnerungsstörung auf der Akropolis), Ges. W., 14.
— (1937 a): Die endliche und die unendliche Psychoanalyse, Ges. W., 16.
— (1937 b): Konstruktionen in der Psychoanalyse, Ges. W., 16.
— (1937—1939): Der Mann Moses und die monotheistische Religion, Ges. W., 16.
— (1940 a [1938]): Abriß der Psychoanalyse, Ges. W., 17.
— (1940 b [1938]): Die Ichspaltung im Abwehrvorgang, Ges. W., 17.
FRIEDMANN, M. (1920): Über die Natur der Zwangsvorstellungen und ihre Beziehungen zum Willensproblem, Wiesbaden (Bergmann).
FRIES, M. & LEWI, B. (1938): Interrelated Factors in Development, Amer. J. Orthopsychiat., 8.
FRISCHEISEN-KÖHLER, I. (1930): Untersuchungen an Schulzeugnissen von Zwillingen, Z. angew. Psychol., 37.
FRUMKES, G. (1953): Impairment of the Sense of Reality as Manifested in Psychoneurosis and Everyday Life, Int. J. Psycho-Anal., 34.
FUCHS, S. H. (1936): Zum Stand der heutigen Biologie, Imago, 22.
GELEERD, E. R. (1946): A Contribution to the Problem of Psychoses in Childhood, The Psychoanalytic Study of the Child, 2.
GLOVER, E. (1931): Sublimation, Substitution and Social Anxiety, Int. J. Psycho-Anal., 12.
— (1935): A Developmental Study of Obsessional Neurosis, Int. J. Psycho-Anal., 16.

— (1943): The Concept of Dissociation, Int. J. Psycho-Anal., 24.
— (1947): Basic Mental Concepts, Psychoanal. Quart., 16.
— (1949): Psychoanalysis, New York & London (Staple Press).
GREENACRE, P. (1954): In: Problems of Infantile Neurosis: A Discussion, The Psychoanalytic Study of the Child, 9.
GREGOR, A. (1909): Beiträge zur Psychopathologie des Gedächtnisses, Mschr. Psychiat. & Neurol., 25.
— & RÖMER, H. (1907): Beiträge zur Kenntnis der Gedächtnisstörung bei der Korsakowschen Psychose, Mschr. Psychiat. & Neurol., 21.
GRINKER, R. R. (1954): Psychosomatic Research, New York (Norton).
GROOS, K. (1901): The Play of Man, New York (D. Appleton).
GRUHLE, H. W. (1924): Konstitution und Charakter, Naturwissenschaften, 12.
GRÜNTHAL, E .(1923): Zur Kenntnis der Psychopathologie des Korsakowschen Symptomenkomplexes, Mschr. Psychiat. & Neurol., 53.
HAHN, R. (1926): Persönlichkeitsstudien bei einem 8jährigen Zwillingspaar, Z. Kinderforsch., 32.
HART, H. (1948): Sublimation und Aggression, Psychiat. Quart., 22.
HARTMANN, H. (1927): Die Grundlagen der Psychoanalyse, Leipzig (Thieme).
— (1929): Über genetische Charakterologie, insbesondere über psychoanalytische, Jb. Charakterol., 6.
— (1933): Über Zwillingsforschung in der Psychiatrie, Wien, Med. Wschr., 83.
— (1939 a): Ich-Psychologie und Anpassungsproblem, Stuttgart (Klett) 2. A. 1970.
— (1939 b): Psycho-analysis and the Concept of Health, Int. J. Psycho-Anal., 20.
— (1933—1935): Psychiatrische Zwillingsstudien, Jb. Psychiat. Neurol., 50 & 52.
— (1944): Psychoanalysis and Sociology. In: Psychoanalysis Today, hrsg. v. Lorand, New York (International Universities Press).
— (1947): On Rational and Irrational Action. In: Psychoanalysis and the Social Sciences, 1, New York (International Universities Press).
— (1948): Comments on the Psychoanalytic Theory of Instinctual Drives, Psychoanal. Quart., 17.
— (1950 a): Comments on the Psychoanalytic Theory of the Ego, The Psychoanalytic Study of the Child, 5.
— (1950 b): Psychoanalysis and Developmental Psychology, The Psychoanalytic Study of the Child, 5.
— (1950 c): The Application of Psychoanalytic Concepts to Social Science, Psychoanal. Quart., 19; Psyche, 18, H. 6/7.
— (1951): Technical Implications of Ego Psychology, Psychoanal. Quart., 20; Psyche 23, H. 3.
— (1952) Die gegenseitige Beeinflussung von Ich und Es in der psychoanalytischen Theoriebildung, Psyche, 9, H. 1.
— (1953): Contribution to the Metapsychology of Schizophrenia, The Psychoanalytic Study of the Child, 8.
— (1954): In: Problems of Infantile Neurosis: A Discussion, The Psychoanalytic Study of the Child, 9.
— (1955): Notes on the Theory of Sublimation. The Psychoanalytic Study of the Child, 10; Psyche, 10, H. 1—3.

— (1956 a): Notes on the Reality Principle, The Psychoanalytic Study of the Child, 11; Psyche, 18, H. 6/7.
— (1956 b): The Development of the Ego Concept in Freud's Work, Int. J. Psycho-Anal., 37; Psyche, 18, H. 6/7.
— (1958): Comments on the Scientific Aspects of Psychoanalysis, The Psychoanalytic Study of the Child, 13.
— (1959): Psychoanalysis as a Scientific Theory. In: Psychoanalysis, Scientific Method, and Philosophy (The Second Annual New York University Institute of Philosophy), hrsg. v. S. Hook, New York (New York University Press).
— (1960 a): Psychoanalysis and Moral Values, New York (International Universities Press), erscheint in deutscher Übers. im Klett Verlag, Stuttgart.
— (1960 b): Towards a Concept of Mental Health, Brit. J. Med. Psychol., 33.
— & Kris, E. (1945): The Genetic Approach in Psychoanalysis, The Psychoanalytic Study of the Child, 1.
— — & Loewenstein, R. M. (1946): Comments on the Formation of Psychic Structure, The Psychoanalytic Study of the Child, 2.
— — — (1949): Notes on the Theory of Aggression, The Psychoanalytic Study of the Child, 3/4.
— — — (1951): Some Psychoanalytic Comments on »Culture and Personality.« In: Psychoanalysis and Culture, hrsg. v. G. B. Wilbur & W. Muensterberger, New York (International Universities Press).
— — — (1953): The Funktion of Theory in Psychoanalysis. In: Drives, Affects, Behavior, hrsg. v. R. M. Loewenstein. New York (International Universities Press).
— & Loewenstein, R. M. (1962): Notes on the Superego, The Psychoanalytic Study of the Child, 16.
— & Stumpfl, F. (1928): Ein zwillingspathologischer Beitrag zur Frage: Idiotypus, Paratypus und Neurose, Wien. Med. Wschr., 78.
— (1930): Psychosen bei eineiigen Zwillingen, Z. Neurol. & Psychiat., 123.
Hartmann, M. (1925): Biologie und Philosophie, Berlin (Springer).
Heisenberg, W. (1952): Philosophic Problems of Nuclear Science, New York (Pantheon); Physik und Philosophie, Stuttgart (Hirzel) 1959.
Hellpach W. (1921): Das fränkische Gesicht, Sitzungsberichte der Heidelberger Akademie der Wissenschaften, 1.
Hendrick, I. (1942): Instinct and the Ego during Infancy, Psychoanal, Quart., 11.
— (1943): Work and the Pleasure Principle, Psychoanal. Quart., 12.
— (1946): Facts and Theories of Psychoanalysis, New York (Knopf).
— (1951): Early Development of the Ego: Identification in Infancy, Psychoanal. Quart., 20.
Hermann, I. (1929): Das Ich und das Denken, Imago, 15.
— (1936): Sich Anklammern — Auf Suche Gehen, Int. Z. Psychoanal., 22.
Hilgard, E. (1952): Experimental Approaches to Psychoanalysis. In: Psychoanalysis as Science, hrsg. v. E. Pumpian-Mindlin. Palo Alto (Stanford University Press).
Hitschmann, E. (1947): The History of the Aggression-Impulse, Samiksa, 1.
Hoffer, W. (1949): Mouth, Hand and Ego Integration, The Psychoanalytic Study of the Child, 3/4.
— (1950): Development of the Body Ego, The Psychoanalytic Study of the Child, 5.

— (1952): The Mutual Influences in the Development of Ego and Id: Earliest Stages, The Psychoanalytic Study of the Child, 7.

HOFFMAN, H. (1926): Das Problem des Charakteraufbaus, Berlin (Springer).

— (1928): Charakter und Umwelt, Berlin (Springer).

HOLT, R. R. (1962): A Critical Examination of Freud's Concept of Bound vs. Free Cathexis, J. Amer. Psychoanal. Assn., 10.

HOLUB, A. & HOLUB, M. (1933): Zur Frage der Charakterentwicklung bei Zwillingen, Int. Z. Individ.-Psychol., 11.

HUSSERL, E. (1921): Logische Untersuchungen. I: Prolegomena zur reinen Logik. II: Untersuchungen zur Phänomenologie und Theorie der Erkenntnis, Halle (Niemeyer).

ISAKOWER, O. (1938): A Contribution to the Pathopsychology of Phenomena Associated with Falling Asleep., Int. J. Psycho-Anal., 19.

JACKSON, E. B. & KLATSKIN, E. H. (1950): Rooming-In Research Project: Development and Methodology of Parent-Child Relationship Study in a Clinical Setting, The Psychoanalytic Study of the Child, 5.

JAMES, W. (1890): The Principles of Psychology, New York (Dover 1950).

JASPERS, K. (1913): »Kausale« und »verständliche« Zusammenhänge zwischen Schicksal und Psychose bei der Dementia Praecox (Schizophrenie), Z. Neurol. & Psychiat., 14.

— (1920) Allgemeine Psychopathologie, Berlin (Springer) 2. A.

JOKL, R. (1950): Preservation of Sublimation in Classical Psychoanalytic Procedure, Bull. Menninger Clin., 14.

JONES, E. (1913): The Attitude of the Psycho-Analytic Physician towards Current Conflicts, Papers on Psycho-Analysis, London (Ballière, Tindall & Cox) 3. A. 1923.

— (1924): Social Aspects of Psycho-Analysis, London (Williams & Norgate).

— (1936): Psycho-Analysis and the Instincts, Brit. J. Psychol., 26.

— (1941): Evolution and Revolution, Int. J. Psycho-Anal., 22.

— (1953—1957): Das Leben und Werk von Sigmund Freud, 3 Bde., Bern & Stuttgart 1960.

KANNER, L. (1943): Autistic Disturbances of Affective Contact, Nerv. Child, 2.

— (1949): Problems of Nosology and Psychodynamics of Early Infantile Autism, Amer. J. Orthopsychiat., 19.

KARDINER, A. (1945): The Psychological Frontiers of Society, New York (Columbia University Press).

KATAN, A. (1937): The Role of »Displacement« in Agoraphobia, Int. J. Psycho-Anal., 32, 1951.

KATAN, M. (1953): Schreber's Prepsychotic Phase, Int. J. Psycho-Anal., 34.

KLAGES, L. (1928): Grundlagen der Charakterkunde, Leipzig (Barth).

KLEIN, G. (1954): Need and Regulation. In: Nebraska Symposium on Motivation, hrsg. v. M. R. Jones. Lincoln (University of Nebraska Press).

— (1958): Cognitive Control and Motivation. In: Assessment of Human Motives, hrsg. v. G. Lindzey. New York (Rinehart).

KLEIN, M. (1923 a): Die Rolle der Schule für die libidinöse Entwicklung des Kindes, Int. Z. Psychoanal., 9 (1924).

— (1923 b): Zur Frühanalyse, Imago, 9 (1926).

— (1930): Die Bedeutung der Symptombildung für die Ichentwicklung. In: Das Seelenleben des Kleinkindes, Stuttgart (Klett) 1962.

— (1932): Die Psychoanalyse des Kindes, Wien (Int. Psychoanal. Verlag) 1934.
— (1946): Bemerkungen über einige schizoide Mechanismen. In: Das Seelenleben des Kleinkindes, Stuttgart (Klett) 1962.
— (1948): Contributions to Psycho-Analysis, 1921—1945, London (Hogarth Press).
KOCKEL, H. (1931): Handschriftenstudien bei Zwillingen, Dtsch. Z. ges. & gericht. Med., 18.
KOFFKA, K. (1912): Zur Analyse der Vorstellungen und ihrer Gesetze, Leipzig (Quelle & Meyer).
KOGERER, H. (1920): Beitrag zur Psychologie der Gedächtnisstörungen, Allg. Z. Psychiat., 76.
KOHNSTAMM, O. (1917): Über das Krankheitsbild der retro-anterograden Amnesie und die Unterscheidung des spontanen und des lernenden Merkens, Mschr. Psychiat. & Neurol., 41.
KRETSCHMER, E. (1918): Der sensitive Beziehungswahn, Berlin (Springer).
— (1931): Körperbau und Charakter, Berlin (Springer).
KRIS, E. (1934): The Psychology of Caricature, Psychoanalytic Explorations in Art, New York (International Universities Press) 1952.
— (1941): The »Danger« of Propaganda, Amer. Imago, 2.
— (1947): The Nature of Psychoanalytic Propositions and Their Validation. In: Freedom and Experience, hrsg. v. S. K. Hook & M. R. Konwitz, Ithaca, N. Y. (Cornell University Press).
— (1950 a): On Preconscious Mental Processes, Psychoanalytic Explorations in Art, New York (International Universities Press) 1952.
— (1950 b): Notes on the Development and on Some Current Problems of Psychoanalytic Child Psychology, The Psychoanalytic Study of the Child, 5.
— (1950 c): Einführung zu: Aus den Anfängen der Psychoanalyse. Briefe an Wilhelm Fließ, Frankfurt (Fischer) 1962.
— (1951 a): The Development of Ego Psychology, Samiksa, 5.
— (1951 b): Opening Remarks on Psychoanalytic Child Psychology, The Psychoanalytic Study of the Child, 6.
— (1952): Psychoanalytic Explorations in Art, New York (International Universities Press).
— (1955): Neutralization and Sublimation: Observations on Young Children, The Psychoanalytic Study of the Child, 10.
— & Speier, H. (1944): German Radio Propaganda, London, New York, Toronto (Oxford University Press).
KRIS, M. (1957): The Use of Prediction in a Longitudinal Study, The Psychoanalytic Study of the Child, 12.
KRONFELD, A. (1920): Das Wesen der psychiatrischen Erkenntnis, Berlin (Springer).
— (1928): Fragestellungen und Methoden der Charakterologie. In: Konstitution und Charakter, hrsg. v. M. Hirsch. Leipzig (Kabitsch).
KUBIE, L. (1948): Instinct and Homeostasis, Psychosom. Med., 10.
— (1952): Problems and Techniques of Psychoanalytic Validation and Progress. In: Psychoanalysis as Science, hrsg. v. E. Pumpian-Mindlin, Palo Alto (Stanford University Press).
— (1953): Some Implications for Psychoanalysis of Modern Concepts of the Organization of the Brain, Psychoanal. Quart., 22.

LAMPL-DE GROOT, J. (1947): Development of the Ego and Superego,Int. J. Psycho-Anal., 28.
— (1956): Psychoanalytische Trieblehre, Psyche, 10.
LANGE, J. (1929): Leistungen der Zwillingspathologie für die Psychiatrie, Allg. Z. Psychiat., 90.
— (1933): Zwillingsbildung und Entwicklung der Persönlichkeit, Naturwissensch., 21.
LANTOS, B. (1955): On the Motivation of Human Relationships, Int. J. Psycho-Anal., 36.
LASHLEY, K. S. (1938): Experimental Analysis of Instinctual Behavior, Psychol. Rev., 45.
LASSEN, M.-Th. (1931): Zur Frage der Vererbung »sozialer und sittlicher Charakteranlagen« (auf Grund von Fragebögen über Zwillinge), Arch. Rassen- & Gesellschaftsbiol., 25.
LASSWELL, H. (1930): Psychopathology and Politics, Chicago (University of Chicago Press).
LEVEY, H. (1939)· A Critique of the Theory of Sublimation, Psychiatry, 2.
LEWIN, K. (1926): Comments Concerning Psychological Forces and Energies, and the Structure of the Psyche. In: Organization and Pathology of Thought, hrsg. u. übers. v. D. Rapaport, New York (Columbia University Press), 1951.
— (1935): A Dynamic Theory of Personality, New York (McGraw-Hill).
— (1936): Principles of Topological Psychology, New York (McGraw-Hill).
LINDSLEY, E. O. (1957): Operant Behavior During Sleep: A Measure of Depth of Sleep, Science, 126.
LOEWALD, H. W. (1951): Ego and Reality, Int. J. Psycho-Anal., 32.
LOEWENSTEIN, R. M. (1950): Conflict and Autonomous Ego Development During the Phallic Phase, The Psychoanalytic Study of the Child, 5.
— (1956): Some Remarks On the Role of Speech in Psycho-Analytic Technique, Int. J. Psycho-Anal., 37.
— (1957): Some Thoughts on Interpretation in the Theory and Practice of Psychoanalysis, The Psychoanalytic Study of the Child, 12.
LOTTIG, H. (1931 a): Hamburger Zwillingsstudien, Leipzig (Barth).
— (1931 b): Zwillingsstudien zur Frage der psychopathischen Reaktionsbreite, Deutsch Z. Nervenh., 117—119.
LOWENFELD, H. (1944): Some Aspects of a Compulsion Neurosis in a Changing Civilization, Psychoanal. Quart., 13.
LÖWENSTEIN, O. (1928): Muskeltonus und Konstitution. Experimentelle Zwillingsuntersuchungen zur Kenntnis der psychophysischen Konstitution, Mschr. Psychiat. & Neurol., 70.
MAHLER, M. S. (1952): On Child Psychosis and Schizophrenia: Autistic and Symbiotic Infantile Psychoses, The Psychoanalytic Study of the Child, 7.
— & ELKISCH, P. (1953): Some Observations on Disturbances of the Ego in a Case of Infantile Psychosis, The Psychoanalytic Study of the Child, 8.
— ROSS, J. R., & FRIES, de Z. (1949): Clinical Studies in Benign and Malignant Cases of Childhood Psychosis (Schizophrenia-Like), Amer. J. Orthopsychiat., 19.
MALAMUD, W. & LINDER, F. E. (1931): Dreams and Their Relationship to Recent Impressions, Arch. Neurol. & Psychiat., 25.

MANNHEIM, K. (1935): Man and Society in an Age of Reconstruction, New York (Harcourt, Brace) 1940.

MENNINGER, K. A. (1938): Man Against Himself, New York (Harcourt, Brace).

— (1942): Love Against Hate, New York (Harcourt, Brace).

— (1954): Psychological Aspects of the Organism Under Stress, Teil I und II, J. Amer. Psychoanal. Assn., 2.

MEYER, H. (1929): Studien an Jugendlichen Zwillingen, Z. Neurol. & Psychiat., 120.

MEYNERT, T. (1884): Psychiatrie, Wien (Braumüller).

MÖNCKEMÖLLER, O. (1898): Casuistischer Beitrag zur sogenannten polyneuritischen Psychose, Allg. Z. Psychiat., 84.

MORRIS, C. (1938): The Foundation of the Theory of Signs, Encyclopedia of the Unified Sciences, Chicago (Chicago University Press).

MÜLLER, G. (1911): Zur Analyse der Gedächtnistätigkeit und des Vorstellungsverlaufes, Z. Psychol., Suppl.-Bd. 5; Suppl.-Bd. 8, 1913; Suppl.-Bd. 9, 1917, Leipzig (Barth).

— & PILZECKER, A. (1900): Experimentelle Beiträge zur Lehre vom Gedächtnis, Z. Psychol. (Suppl.-Bd. 1), Leipzig (Barth).

MÜLLER-BRAUNSCHWEIG, K. (1925): Desexualization and Identification, Psychoanal. Rev., 13, 1926.

MULLER, H. J. (1925): Mental Traits and Heredity, J. Hered., 16.

MURPHY, G. (1947): Personality, New York (Harper).

MURPHY, L. B. (1944): Childhood Experience in Relation to Personality Development. In: Personality and the Behavior Disorders, hrsg. v. McV. Hunt. New York (Ronald Press).

MYERS, C. S. (1945): The Comparative Study of Instincts, Brit. J. Psychol., 36.

NEWMAN, H. H. (1929): Mental and Physical Traits of Identical Twins Reared Apart. J. Hered., 20.

— (1932): Mental and Physical Traits of Identical Twins Reared Apart: Case V, Twins »B« and »D«; Twins Ada and Ida, J. Hered., 23.

NIETZSCHE, F. (1882): Die fröhliche Wissenschaft, Nietzsches Werke, VI, Leipzig (C. G. Naumann) 1906.

NUNBERG, H. (1920): On the Catatonic Attack. Practice and Theory of Psychoanalysis, New York (International Universities Press) 1960.

— (1928): Probleme der Therapie. In: Int. Z. Psychoanal., 14, Wien & Leipzig.

— (1930): Die synthetische Funktion des Ichs, Int. Z. Psychoanal., 16.

— (1932): Allgemeine Neurosenlehre (Huber) Bern.

— (1937): Theory of Therapeutic Results of Psychoanalysis, Int. J. Psycho-Anal., 18.

— (1939): Ego Strength and Ego Weakness, Practice and Theory of Psychoanalysis, New York (International Universities Press) 1960.

ORR, D. W. (1942): Is There a Homeostatic Instinct? Psychoanal. Quart., 11.

PANEL: Theories of Psychoanalysis (1949), berichtet von E. Kris, Bull. Amer. Psychoanal. Assn., 5.

PARSONS, T. (1950): Psychoanalysis and Social Structure, Psychoanal. Quart., 19.

— & SHILS, E. (1951): Toward a General Theory of Action, Cambridge (Harvard University Press).

PETERS, W. (1925): Die Vererbung geistiger Eigenschaften, Jena (Fischer).

PFAHLER, G. (1932): Vererbung als Schicksal, Leipzig (Barth).

PIAGET, J. (1937 a): Primary Factors Determining Intellectual Evolution from Childhood to Adult Life, Factors Determining Human Behavior, Cambridge (Harvard University Press).
— (1937 b): The Construction of Reality in the Child, New York (Basic Books) 1954.
PICK, A. (1913): Die agrammatischen Sprachstörungen, Berlin (Springer).
— (1915): Beiträge zur Pathologie des Denkverlaufes beim Korsakoff. Z. Neurol. Psychiat., 28.
PIOUS, W. L. (1949): The Pathogenetic Process in Schizophrenia. Bull. Menninger Clin., 13.
PÖTZL, O. (1917): The Relationship Between Experimentally Induced Dream Images and Indirect Vision. In: Preconscious Stimulation in Dreams, Associations and Images, Psychological Issues, Monogr. 7. New York (International Universities Press) 1960.
RANK, B. (1949): Aggression, The Psychoanalytic Study of the Child, 3/4.
— & MACNAUGHTON, D. (1950): A Clinical Contribution to Early Ego Development, The Psychoanalytic Study of the Child, 5.
RAPAPORT, D. (1950): On the Psycho-Analytic Theory of Thinking, Int. J. Psycho-Anal., 31.
— Hrsg. (1951): Organization and Pathology of Thought, New York (Columbia University Press).
— (1958): Die Struktur der psychoanalytischen Theorie. Versuch einer Systematik, übers. v. M. v. Eckardt, Stuttgart (Klett) 2. A. 1970.
— & GILL, M. M. (1959): The Points of View and Assumptions of Metapsychology, Int. J. Psycho-Anal., 40.
REDL, F. & WINEMAN, D. (1951): Children Who Hate, Glencoe, Ill. (Free Press).
REDLICH, F. C. (1952): The Concept of Schizophrenia and Its Implications for Therapy. In: Psychotherapy with Schizophrenics, hrsg. v. E. B. Brody & F. C. Redlich, New York (International Universities Press).
REICH, W. (1933): Charakteranalyse, Berlin (Selbstverlag).
RIBBLE, M. (1943): The Rights of Infants, New York (Columbia University Press).
RICHTER, C. (1941): Biology of Drives, Psychosom. Med., 3.
RICKERT, H. (1921 a): Die Grenzen der naturwissenschaftlichen Begriffsbildung, Tübingen (Mohr) 3. & 4. A.
— (1921 b): Kulturwissenschaft und Naturwissenschaft, Tübingen (Mohr), 5. A.
ROBERT, W. (1886): Der Traum als Naturnotwendigkeit erklärt, Hamburg (H. Seippel).
ROFFENSTEIN, G. (1922): Zum Problem des Unbewußten, Z. ges. Neurol. & Psychiat., 80.
— (1923): Experimentelle Symbolträume, Z. ges. Neurol. & Psychiat., 87, übers. teilweise in: Organisation and Pathology of Thought, hrsg. v. D. Rapaport, New York (Columbia University Press) 1951.
— (1926): Das Problem des psychologischen Verstehens. Ein Versuch über die Grundlagen von Psychologie, Psychoanalyse und Individualpsychologie, Stuttgart (Püttmann).
RÓHEIM, G. (1943): Sublimation, Psychoanal. Quart., 12.
ROSEN, V. (1953): On Mathematical »Illumination« and the Mathematical Thought Process, The Psychoanalytic Study of the Child, 8.

437

ROSENFELD, H. (1947): Analysis of a Schizophrenic State with Depersonalization, Int. J. Psycho-Anal., 28.
— (1950): Note on the Psychopathology of Confusional States in Chronic Schizophrenias, Int. J. Psycho-Anal., 31.
— (1952): Notes on the Psycho-Analysis of the Super-Ego Conflict of an Acute Schizophrenic Patient, Int. J. Psycho-Anal., 33.
SCHILDER, P. (1920): Über Gedankenentwicklung, Z. Neurol. & Psychiat., 59.
— (1922): Bemerkungen über die Psychologie des paralytischen Größenwahns, Z. Neurol. & Psychiat., 74.
— (1923): Medical Psychology, New York (International Universities Press) 1953.
— (1924): Zur Psychologie epileptischer Ausnahmezustände (mit besonderer Berücksichtigung des Gedächtnisses), Allg. Z. Psychiat., 80.
— (1938): The Image and Appearance of the Human Body, New York (International Universities Press) 1950.
SCHLOTE, W. (1930): Über die Bevorzugung unvollendeter Handlungen, Z. Psychol., 117.
SCHMIDEBERG, M. (1938): After the Analysis . . ., Psychoanal. Quart., 7.
SCHNEIDER, K. (1922): Versuch über die Arten der Verständlichkeit, Z. Neurol. & Psychiat., 75.
SCHRÖTTER, K. (1911): Experimentelle Träume, Zbl. Psychoanal., 2.
SCHUR, M. (1961): Animal Research, 4, Discussion: A Psychoanalyst's Comments, Amer. J. Orthopsychiat., 31.
SCOTT, W. C. M. (1948): Some Embryological, Neurological, Psychiatric and Psycho-Analytic Implications of the Body-Scheme, Int. J. Psycho-Anal., 29.
SEARS, R. (1943): Survey of Objective Studies of Psychoanalytic Concepts, Soc. Sci. Res. Council Bull., 51.
SELYE, H. (1950): Stress, Montreal (Acta).
SELZ, O. (1913): Die Gesetze der produktiven Tätigkeit, Arch. Psychol., 27.
— (1922): Zur Psychologie des produktiven Denkens: eine experimentelle Untersuchung, Bonn (Cohen).
SIEMENS, H. W. (1924): Die Zwillingspathologie, Berlin (Springer).
SIMMEL, G. (1921): Die Probleme der Geschichtsphilosophie, Leipzig (Duncker & Humblot) 4. A.
SPITZ, R. A. (1945): Hospitalism: An Inquiry into the Genesis of Psychiatric Conditions in Early Childhood, The Psychoanalytic Study of the Child, 1.
— (1950): Relevancy of Direct Infant Observation, The Psychoanalytic Study of the Child, 5.
— & WOLF, K. M. (1949): Auto-erotism, The Psychoanalytic Study of the Child, 3/4.
SPRANGER, E. (1924): Psychologie des Jugendalters, Leipzig (Quelle & Meyer).
STERBA, R. (1930): Zur Problematik der Sublimierungslehre, Int. Z. Psychoanal., 16.
— (1934): The Fate of the Ego in Analytic Therapy, Int. J. Psycho-Anal., 15.
— (1942): Introduction to the Psychoanalytic Theory of Libido, New York (Nervous & Mental Disease Publishing Co.).
STERN, W. (1919): Die menschliche Persönlichkeit, Leipzig (Barth).
STRACHEY, J. (1953): Note in the Standard Edition, 7, S. 156, London (Hogarth Press).

Sullivan, H. S. (1953): The Interpersonal Theory of Psychiatry, New York (Norton).
Székely, L. (1951): Die Realität in der Auffassung Freuds, Theoria, 17.
Utitz, E. (1925): Charakterologie, Charlottenburg (Pan-Verlag R. Heisse).
von Mises, L. (1944): The Treatment of »Irrationality« in the Social Sciences, Philos. phenomenol. Res., 4.
von Mises, R. (1939): Kleines Lehrbuch des Positivismus, den Haag (van Stockum & Zoon).
von Verschuer, O. (1930): Erbpsychologische Untersuchungen an Zwillingen, Z. ind. Abstamm. & Vererbungslehre, 54.
Waelder, R. (1929): Psychological Aspects of War and Peace, New York (Columbia University Press) 1939.
— (1930): Das Prinzip der mehrfachen Funktion, Int. Z. Psychoanal., 16, 286—300.
— (1932): The Psychoanalytical Theory of Play, Psychoanal. Quart., 2. 1933.
— (1936 a): Bedeutung des Werkes Sigmund Freuds für die Sozial- und Rechtswissenschaften, Revue internationale de la théorie du droit, 10.
— (1936 b): The Problem of Freedom in Psycho-Analysis and the Problem of Reality-Testing, Int. J. Psycho-Anal., 17.
— (1951): Structure of Paranoid Ideas, Int. J. Psycho-Anal., 30.
Wagner-Jauregg, J. (1889): Über einige Erscheinungen im Bereiche des Zentralnervensystems, welche nach Wiederbelebung Erhängter beobachtet werden, Jb. Psychiat. & Neurol., 8.
Weber, M. (1921): Wirtschaft und Gesellschaft, Tübingen (J. C. B. Mohr).
— (1922): Gesammelte Aufsätze zur Wissenschaftslehre, Tübingen (J. C. B. Mohr).
Weil, A. P. (1953 a): Certain Severe Disturbances of Ego Development in Childhood, The Psychoanalytic Study of the Child, 8.
— (1953 b): Clinical Data and Dynamic Considerations in Certain Cases of Childhood Schizophrenia, Amer. J. Orthopsychiat., 23.
Weiss, E. (1950): Reality and Reality Testing, Samiksa, 4.
Weiss, P. (1949): The Biological Basis of Adaption. In: Adaption, hrsg. v. J. Romano, Ithaca (Cornell University Press).
Weitz, W. (1925): Studien an eineiigen Zwillingen, Z. klin. Med., 101.
Wexler, M. (1951): The Structural Problem in Schizophrenia: Therapeutic Implications, Int. J. Psycho-Anal., 32.
Winnicott, D. W. (1953): Transitional Objects and Transitional Phenomena, Int. J. Psycho-Anal., 34.
Wisdom, J. (1953): Philosophy and Psycho-Analysis, New York (Philosophical Library).
Wittels, F. (1943): Struggles of a homosexual in pre-Hitler Germany, J. Crim. Psychopathol., 4.
Zeigarnik, B. (1927): Über das Behalten von erledigten und unerledigten Handlungen, Psychol. Forsch., 9.
Zilboorg, G. (1930): Affective Reinterpretation in the Schizophrenias, Arch. Neurol. & Psychiat., 24.
— (1941): The Sense of Reality, Psychoanal. Quart., 10.
— (1943): Psychiatry as a Social Science, Amer. J. Psychiat., 99.

NACHWEISE

1. Kapitel »Psychoanalysis and the Concept of Health« erschien ursprünglich im *International Journal of Psycho-Analysis«*, 20 (1939), 308—321.

2. Kapitel »Psychoanalysis and Sociology« erschien ursprünglich in *Psychoanalysis Today*, Herausgeber S. Lorand, New York (International Universities Press) 1944, 326—341.

3. Kapitel »On Rational and Irrational Action« erschien ursprünglich in *Psychoanalysis and the Social Sciences*, 1, 359—392, New York (International Universities Press) 1947.

4. Kapitel »Comments on the Psychoanalytic Theory of Instinctual Drives« erschien ursprünglich in *The Psychoanalytic Quarterly*, 17 (1948), 368—388.

5. Kapitel »The Application of Psychoanalytic Concepts to Social Science« erschien ursprünglich in *The Psychoanalytic Quarterly*, 19 (1950), 385—392. Nachdruck in *The Yearbook of Psychoanalysis*, 7, 81—87, New York (International Universities Press) 1951.

6. Kapitel »Psychoanalysis and Developmental Psychology« war ein Beitrag zur Ausschußsitzung über »Psychoanalysis and Developmental Psychology«, vorgetragen beim Jahrestreffen der American Psychoanalytic Association, Detroit; veröffentlicht wurde die Arbeit in *The Psychoanalytic Study of the Child*, 5, 7—17, New York (International Universities Press) 1950.

7. Kapitel »Comments on the Psychoanalytic Theory of the Ego« wurde vorgetragen auf dem Jahrestreffen der American Psychoanalytic Association, Montreal, Mai 1949. Veröffentlicht wurde die Arbeit in *The Psychoanalytic Study of the Child*, 5, 74—96, New York (International Universities Press) 1950.

8. Kapitel »Technical Implications of Ego Psychology« wurde vorgetragen beim Midwinter Meeting der American Psychoanalytic Association, New York, Dezember 1948. Veröffentlicht wurde die Arbeit in *The Psychoanalytic Quarterly*, 20 (1951), 31—43.

9. Kapitel »The Mutual Influences in the Development of Ego and Id« wurde vorgetragen bei dem Symposion über das gleiche Thema, das auf dem 17. Kongreß der International Psycho-Analytic Association in Amsterdam am 8. August 1951 abgehalten wurde. Veröffentlicht wurde die Arbeit in *The Psychoanalytic Study of the Child*, 7, 9—30, New York (International Universities Press) 1952.

10. Kapitel »Contribution to the Metapsychology of Schizophrenia« war ein Beitrag zum Symposion über die Theorie der Schizophrenie auf dem 18. Psychoanalytischen Kongreß in London im Juli 1953. Veröffentlicht wurde die Arbeit in *The Psychoanalytic Study of the Child*, 8, 177—197, New York (International Universities Press) 1953.

11. Kapitel »Problems of Infantile Neurosis« war ein Teil einer Ausschuß-

diskussion über das gleiche Thema, die am 8. Mai 1954 von der New Yorker Psychoanalytic Society and Institute im Arden-Haus, New York, abgehalten wurde. Veröffentlicht wurde die Arbeit in *The Psychoanalytic Study of the Child*, 9, 31—36, New York (International Universities Press) 1954.

12. Kapitel »Notes on the Theory of Sublimation« war der Einleitungsvortrag zu der Ausschußsitzung über »Sublimierung« während des Midwinter Meeting der American Psychoanalytic Association am 4. Dezember 1954 in New York. Veröffentlicht wurde die Arbeit in *The Psychoanalytic Study of the Child*, 10, 9—29, New York (International Universities Press) 1955.

13. Kapitel »Notes on the Reality Principle« wurde vorgetragen auf der Hundert-Jahr-Feier für Freud an der Hampstead Child-Therapy Clinic in London am 4. Mai 1956. Veröffentlicht wurde die Arbeit in *The Psychoanalytic Study of the Child*, 11, 31—53, New York (International Universities Press) 1956.

14. Kapitel »The Development of the Ego Concept in Freud's Work« wurde vorgetragen auf der Hundert-Jahr-Feier der British Psycho-Analytical Society am 5. Mai 1956; ebenfalls vorgetragen wurde die Arbeit beim Midwinter Meeting der American Psychoanalytic Association im Dezember 1956. Veröffentlicht wurde sie im *International Journal of Psycho-Analysis*, 37 (1956), 425—438.

15. Kapitel »Comments on the Scientific Aspects of Psychoanalysis« war die A.-B.-Brill-Vorlesung der New York Psychoanalytic Society am 25. März 1958. Veröffentlicht wurde sie in *The Psychoanalytic Study of the Child*, 13, 127—146, New York (International Universities Press) 1958.

16. Kapitel »Psychoanalysis as a Scientific Theory« war ein Beitrag zu den Proceedings of the Second Annual New York University Institute of Philosophy am 28. und 29. März 1958. Ursprünglich wurde er veröffentlicht in *Psychoanalysis: Scientific Method and Philosophy. Ein Symposion*, Herausgeber S. Hook, New York (Universities Press) 1959; desgleichen New York (Grove Press) und London (Evergreen Books) 1960, S. 3—37.

17. Kapitel Erschien zuerst auf Deutsch im *Archiv für Psychiatrie und Nervenkrankheiten*, 72, 275—286, Berlin (Julius Springer) 1925. Die Arbeit wurde zusammen mit S. Betlheim verfaßt.

18. Kapitel Erschien ursprünglich in deutscher Fassung als drittes Kapitel des Buches von Heinz Hartmann, *Die Grundlagen der Psychoanalyse*, Leipzig (Georg Thieme) 1927, 36—61.

19. Kapitel Erschien zuerst auf Deutsch in *Jahrbücher für Psychiatrie und Neurologie*, 50, 243—278.

20. Kapitel Setzt sich zusammen aus Teilen zweier Arbeiten zur psychiatrischen Zwillingsforschung, die zuerst auf Deutsch in den *Jahrbüchern für Psychiatrie und Neurologie* erschienen sind und zwar »Psychiatrische Zwillingsstudien« in Bd. 50, H. 3—4 (1933) und »Zur Charakterologie erbgleicher Zwillinge« in Bd. 52, H. 1 (1935).